VBA-Programmierung mit Microsoft Office 2003

Das bhv Taschenbuch

D1719327

Helma Spona

VBA-Programmierung mit Microsoft Office 2003

Das bhv Taschenbuch

Die Informationen im vorliegenden Buch werden ohne Rücksicht auf einen eventuellen Patentschutz veröffentlicht.

Warennamen werden ohne Gewährleistung der freien Verwendbarkeit benutzt.

Bei der Zusammenstellung von Texten und Abbildungen wurde mit größter Sorgfalt vorgegangen. Trotzdem können Fehler nicht vollständig ausgeschlossen werden. Verlag, Herausgeber und Autoren können für fehlerhafte Angaben und deren Folgen weder eine juristische Verantwortung noch irgendeine Haftung übernehmen.

Für Verbesserungsvorschläge und Hinweise auf Fehler sind Verleger und Herausgeber dankbar.

Copyright © 2005-2006 by bhv, REDLINE GMBH, Heidelberg www.vmi-Buch.de

1. Auflage

08 07 06
10 9 8 7 6 5 4 3 2 1

ISBN-10: 3-8266-8155-X
ISBN-13: 978-3-8266-8155-4
Printed in Germany

Inhaltsverzeichnis

Teil II   Techniken und Praxis   91

5 Programmablaufsteuerung 159

Teil IV Tipps, Tricks und Tuning 643

Teil V   Anhang 721

Einleitung

Seit Erscheinen der ersten VBA-Version mit Excel 5.0 hat sich im VBA-Bereich einiges getan. Nun wird VBA nicht nur von den Programmen des Microsoft-Office-Pakets unterstützt, sondern auch von ganz vielen anderen Anwendungen. Dazu gehören beispielsweise Grafikprogramme wie Visio, iGrafx Process, AutoCAD und CorelDRAW 9.0 und auch andere Office-Pakete wie Corel WordPerfect Office 2000 und 2002. Damit stehen vielfältige Anwendungen zur Verfügung, die Sie per VBA steuern und manipulieren können.

Durch die vielen verschiedenen VBA-Anwendungen und VBA-Versionen, die es mittlerweile gibt, wird es aber immer wichtiger, auch auf die Eigenheiten der einzelnen Anwendungen Rücksicht zu nehmen, wenn Sie VBA-Code erstellen mochten, der in mehreren Word- oder Excel-Versionen gleichermaßen funktioniert. Daher reicht es nicht mehr aus, mit dem Makrorekorder ein paar Zeilen Code zu generieren. Vielmehr ist richtige Programmierarbeit gefragt und ein grundlegendes Verständnis dafür, wie Programmiersprachen funktionieren. Dennoch ist es in vielen Fällen immer noch einfacher, auf Basis von Word, Excel oder Access eine VBA-Anwendung zu erstellen, als mit Visual Basic oder anderen Programmiersprachen eine Textverarbeitung oder Tabellenkalkulation zu erstellen und mit den benötigten Funktionen auszustatten. Gerade im Bereich von Word beschränken sich die meisten VBA-Tools aber ohnehin auf die Automatisierung von Routinevorgängen. In diesem Bereich gibt es daher keine Alternative zu VBA. Es lohnt sich also sicherlich, sich mit VBA zu beschäftigen.

In diesem Taschenbuch wird vorausgesetzt, dass Sie über grundlegende Windows-Kenntnisse bzw. Macintosh-Kenntnisse, falls Sie einen Mac einsetzen, verfügen. Sie sollten wissen, wie Sie Programme starten und schließen, was Drag&Drop ist, wie Sie Dateien und Verzeichnisse anlegen, löschen und verwalten. Außerdem sollten Sie über grundlegende Kenntnisse in Word und Excel verfügen. Das macht es Ihnen gerade am Anfang leichter, die Programmie-

rung mit VBA zu verstehen. Je besser Ihre Kenntnisse in den entsprechenden Office-Anwendungen sind, mit denen Sie programmieren möchten, desto leichter wird Ihnen das Verständnis des
Objektmodells fallen. Für den Fall, dass Sie mit VBA in Access programmieren möchten, sollten Sie überdies grundlegende Daten-
bankkenntnisse haben.

Verwendete Office-Versionen

Alle Beispiele des Buches wurden mit Microsoft Office 2003 für
Windows erstellt und getestet, viele dieser Beispiele sollten jedoch
auch mit Office 2000 und Office XP funktionieren. Wo es diesbezüglich Einschränkungen gibt, werden Sie darauf hingewiesen werden.

Viele Beispiele funktionieren auch mit den Mac-Versionen von Microsoft Office. Hier gibt es allerdings größere Einschränkungen, da
auch Office 2004 für Mac nur die VBA-Version 5.0 unterstützt und
nicht die stark erweiterte Version 6.x der neueren Windows-Versionen.

Die knapp 800 Seiten dieses Buches reichen natürlich nicht aus, um
die Programmierung von Excel, Word, Access und PowerPoint in
allen Einzelheiten zu erläutern. Nach den Grundlagen der Programmierung erfahren Sie aber so viel zu VBA und den Objektmodellen der Anwendungen, dass es Ihnen nicht schwer fallen wird,
sich diesbezüglich mithilfe der Online-Hilfe weiterzubilden. Sie
werden sehen, wenn Sie erst einmal selbstständig ein Problem mit
VBA gelöst haben, werden Sie schnell Ihre Begeisterung für das
Programmieren entdecken, selbst wenn Sie jetzt noch Zweifel
haben sollten.

Der Aufbau dieses Buches

Dieses Buch besteht aus fünf Teilen, die schwerpunktmäßig folgenden Inhalt haben.

Im ersten Teil geht es darum, die grundlegenden Programmfunktionen zu erläutern, die Installation mit den möglichen Optionen zu erklären und so eine Grundlage zu schaffen, auf der die anderen Teile aufbauen können. Sie finden hier unter anderem eine ausführliche Erläuterung der Entwicklungsumgebung sowie der Programmiergrundlagen. Außerdem lernen Sie dabei, wie Sie Probleme programmiertechnisch umsetzen und lösen.

Im zweiten Teil lernen Sie dann die VBA-Grundlagen sowie die Objektmodelle der einzelnen Office-Anwendungen kennen. Nach diesem Teil sind Sie in der Lage, vorhandene Office-Makros zu verstehen, Änderungen vorzunehmen und auch eigene kleinere Lösungen zu programmieren.

Der dritte Teil vertieft Ihre Kenntnisse und zeigt Ihnen, wie Sie Benutzeroberflächen, Assistenten und Menüleisten erstellen. Zudem erfahren Sie hier, wie Sie auf das Dateisystem und externe Programme zugreifen und welche Möglichkeiten Sie zum Erstellen von Add-Ins haben.

Teil vier erläutert wichtige Themen wie die Datenbankanbindung bei VBA-Anwendungen. Zudem finden Sie hier Tipps und Tricks zur anwendungs- und versionsübergreifenden Programmierung.

Der fünfte Teil besteht aus dem Anhang mit wichtigen Übersichten, ergänzenden Literaturvorschlägen und Informationen zum CD-Inhalt.

Zur schnelleren Orientierung finden Sie in allen Kapiteln Abschnitte, die mit Symbolen gekennzeichnet sind. Diese haben folgende Bedeutung:

So gekennzeichnete Absätze weisen auf eine Datei oder ein Programm auf der Buch-CD hin. Meist erfahren Sie hier, wo Sie das Beispiel finden, das nachfolgend erläutert wird. Es kann aber auch ein Hinweis auf ein nützliches Programm oder eine Shareware, Freeware oder Demo-*Komponente* sein.

Hier erhalten Sie Hinweise auf Fehlerquellen, Tipps zur Abkürzung eines Vorgangs oder zur Verbesserung des Ergebnisses. Lesen Sie diese Abschnitte aufmerksam durch, sie enthalten meist wichtige zusätzliche Informationen, die nicht in der Hilfe zu finden sind. Sie ersparen Ihnen oft eine langwierige Fehlersuche.

Diese Abschnitte enthalten zusätzliche Informationen zum zuvor geschilderten Thema sowie Hintergrundwissen zu verwandten Themen.

Außer diesen Symbolen helfen Ihnen auch der ausführliche Index und das Inhaltsverzeichnis das zu finden, was Sie suchen. Im Index finden Sie die wichtigsten Begriffe und VBA-Befehle und die Seitenangaben, auf denen Sie Informationen dazu finden.

Im Glossar werden wichtige Begriffe erläutert. Die dort enthaltenen Ausdrücke werden im Buchtext *kursiv* dargestellt, wenn Sie das erste Mal verwendet werden, so dass Sie sofort wissen, ob dieser Begriff im Glossar erklärt wird.

Das Ziel des Buches

Dieses Buch soll Ihnen dabei helfen, die wesentlichen Eigenschaften, Konzepte und Funktionen von VBA und den Objektmodellen der einzelnen Office-Anwendungen zu beherrschen, um schnell eigene VBA-Anwendungen erstellen und Ihre speziellen Probleme lösen zu können. Dazu führt dieses Buch Sie in die wesentlichen Funktionen von VBA und die wichtigsten Themen rund um die Programmierung ein. Sie sind nach Durcharbeitung dieses Buches in der Lage, eine Anwendung zu entwickeln und Sie sind fähig, Ihre Kenntnisse mithilfe der Online-Hilfe zu erweitern.

Was dieses Buch mit Sicherheit nicht ist, ist eine ausführliche Referenz zu Office bzw. den einzelnen Office-Anwendungen. Dazu gibt es Bücher, die sich ausschließlich darauf beschränken und daher mehr Informationen auf weniger Platz unterbringen können, als es dieses mehr praktisch orientierte Buch kann.

Ich habe mich daher bemüht, Ihnen das Lernen mit und an Beispielen so einfach wie möglich zu machen, indem ich Beispiele gewählt habe, die Sie im täglichen Einsatz auch verwenden können. Nicht immer können Sie die Beispiele allerdings so wie sie sind nutzen. Einige müssen Sie sicherlich noch an Ihre Anforderungen anpassen und erweitern. In der Regel geht es dabei um das Prinzip, das heißt, das Beispiel soll erklären, wie Sie eine Datenbanken abfragen oder eine andere Anwendung starten. Alle Beispiele zum Buch finden Sie auf der Buch-CD, geordnet nach Kapitel.

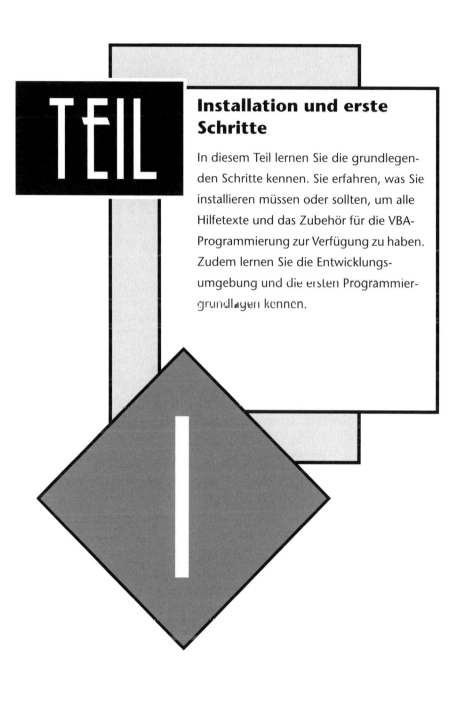

TEIL

Installation und erste Schritte

In diesem Teil lernen Sie die grundlegenden Schritte kennen. Sie erfahren, was Sie
installieren müssen oder sollten, um alle
Hilfetexte und das Zubehör für die VBA-
Programmierung zur Verfügung zu haben.
Zudem lernen Sie die Entwicklungsumgebung und die ersten Programmiergrundlagen kennen.

I

1 Microsoft Office und VBA-Hilfe installieren

Zur Programmierung von eigenen Office-Anwendungen benötigen Sie natürlich eine funktionierende Installation von Microsoft-Office bzw. der Anwendungen, mit denen Sie programmieren möchten. Mit einer Standardinstallation ist es da allerdings leider nicht getan. Sie benötigen unbedingt auch die VBA-Hilfetexte und für die Erstellung von COM-Add-Ins zusätzliche Tools. Daher soll hier anhand der Installationsroutine von Office 2003 Professional gezeigt werden, worauf Sie bei der Installation achten sollten.

Bedenken Sie, dass Sie unter Umständen leicht unterschiedliche Dialogfelder und Auswahlmöglichkeiten angezeigt bekommen, wenn Sie beispielsweise nur die Standard-Version von Office 2003 besitzen. Das ändert jedoch nichts an den grundlegenden Einstellungen, auf die Sie achten sollten.

Installationsreihenfolge

In welcher Reihenfolge Sie Microsoft Office und seine optionalen Komponenten bzw. Entwicklungsumgebungen installieren möchten, richtet sich vor allem danach, was Sie installieren möchten und was Sie programmieren möchten.

Falls Sie lediglich kleinere VBA-Anwendungen, aber keine COM-Add-Ins erstellen möchten, können Sie einfach Microsoft Office installieren. Zusätzlich benötigen Sie nichts. Problematisch wird es erst, wenn Sie COM-Add-Ins für Microsoft Office 2003 erstellen möchten.

COM-Add-Ins sind Erweiterungsprojekte, mit denen Sie dem Benutzer einer Office-Anwendung zusätzliche Funktionen in kompilierter Form zur Verfügung stellen können. Anders als bei herkömmlichen Add-Ins müssen Sie dazu nicht für jede Office-Anwendung ein eigenes Add-In erstellen, sondern erzeugen einfach eine Komponente, die dann in mehreren Office-Programmen (nicht jedoch in mehreren Programmversionen) verfügbar ist. Den Großteil Ihres Codes können also mehrere Anwendungen gleichzeitig nutzen.

Für die vorherigen Versionen Office 2000 und Office XP gibt es die Developer-Tools (MOD), mit denen die Add-In-Erstellung recht einfach und unkompliziert ist. Möchten Sie diese benutzen, gilt folgende Reihenfolge bei der Installation:

1. Installation von Microsoft Office, optimal ist eine Komplettinstallation

2. Installation der Developer-Tools

3. Installation der Dokumentation (MSDN)

Anders sieht es aus, wenn Sie COM-Add-Ins für Microsoft Office 2003 erstellen möchten.

Für Office 2003 können Sie COM-Add-Ins nur noch mit .NET erstellen. Die Developer-Tools in der alten Form gibt es nicht mehr. Sie werden ersetzt durch die Visual Studio-Tools für Microsoft Office System, kurz VSTO genannt. Diese Tools sollen zwar die MOD ersetzen, tun dies aber nur bedingt. Gerade was die Erstellung von COM-Add-Ins angeht, stehen Sie damit vor Problemen. Die in der VSTO enthaltene Version Visual Basic .NET ist zwar in der Lage, die entsprechenden COM-Add-Ins zu erstellen, es gibt dafür aber keine Projektvorlagen. Es ist daher verhältnismäßig aufwändig, damit COM-Add-Ins zu erstellen, zumal wenn Sie keinerlei .NET-Kenntnisse haben. Wenn Sie es also möglichst einfach haben möchten, COM-Add-Ins zu erstellen, sollten Sie Visual Studio .NET einsetzen. In diesem Fall sollte die Installationsreihenfolge wie folgt aussehen:

1. Visual Studio .NET (mindestens mit Visual Basic .NET als Programmiersprache und allen Projektvorlagen)

2. Installation der Dokumentation (MSDN)

3. Installation von Office 2003 (Komplettinstallation)

Für den Fall, dass Sie nicht über Visual Studio .NET verfügen und die VSTO einsetzen möchten:

1. Installation von Visual Basic .NET (Bestandteil der VSTO)

2. Installation der Dokumentation (MSDN)

3. Installation von Office 2003 Professional (Komplettinstallation)

4. Installation der sonstigen VSTO-Tools

In jedem Fall gilt: Falls Sie Visual Studio .NET oder Visual Basic .NET installieren, muss deren Installation vor der Installation von Microsoft Office erfolgen. Haben Sie Microsoft Office schon installiert, sollten Sie nach der Installation von Visual Studio .NET Microsoft Office deinstallieren und neu installieren und dabei auf jeden Fall eine Komplettinstallation vornehmen, das sonst die erforderlichen Bibliotheken nicht verfügbar sind. Dennoch kann es dann sein, dass die COM-Add-Ins nicht korrekt erzeugt werden und nicht in Office 2003 funktionieren, sondern nur in Office XP, falls Sie beide Versionen installiert haben.

Die Installation von Visual Basic .NET und Visual Studio benötigt Windows 2000 (SP4), Windows 2000 Server, Windows 2003 Server oder Windows XP Professional bzw. Windows XP Home als Betriebssystem.

VBA-Hilfe nachträglich installieren

Wenn Sie Microsoft Office bereits installiert haben, alles funktioniert, Sie aber bei der Installation nicht auf die Installation der VBA-Hilfe geachtet haben, müssen Sie Office nicht zwingend neu installieren. In diesem Fall können Sie auch die Hilfe nachträglich installieren. Gehen Sie dazu wie folgt vor:

✔ Schließen Sie alle Office-Anwendungen und sonstigen Programme.

✔ Beenden Sie gegebenenfalls auch Virenscanner.

✔ Legen Sie Ihre Microsoft-Office-Installations-CD-ROM in Ihr CD-Laufwerk ein.

✔ Führen Sie nun per Doppelklick die Datei *Setup.Exe* aus.

✔ Das Setup-Programm startet und zeigt Ihnen ein Dialogfeld an, in dem Sie wählen können, ob Sie Office installieren, ergänzen oder reparieren möchten. Aktivieren Sie hier die Option *Features hinzufügen oder entfernen* und klicken Sie dann auf *Weiter*.

Abbildung 1.1: Aktivieren Sie die Option *Features hinzufügen oder entfernen*, um die Installation zu ergänzen

✔ Im nächsten Schritt können Sie die Anwendungen auswählen, die Sie installieren möchten. Normalerweise sind hier bereits

die installierten Anwendungen aktiviert. Sie können weitere Anwendungen hinzufügen, wenn Sie welche ergänzen möchten.

Da es in diesem Buch nur um Excel, Word, PowerPoint und Access geht, benötigen Sie auch nur diese Anwendungen. Dennoch macht es nichts, wenn Sie eine Komplettinstallation durchführen.

✔ Aktivieren Sie nun unbedingt das Kontrollkästchen *Erweiterte
Anpassung von Anwendungen* und klicken Sie dann auf *Weiter*.

Abbildung 1.2: Anpassung des Installationsumfangs aktivieren

✔ Im nächsten Schritt können Sie dann die Details zu den An-
wendungen einstellen. Im Bereich *Gemeinsam genutzte Office-
Features* müssen Sie sicherstellen, dass für den Bereich *Visual
Basic für Applikationen* die Online-Hilfe komplett installiert
wird. Wählen Sie dazu aus der Pulldownliste der Eintrag *Vom
Arbeitsplatz starten* aus.

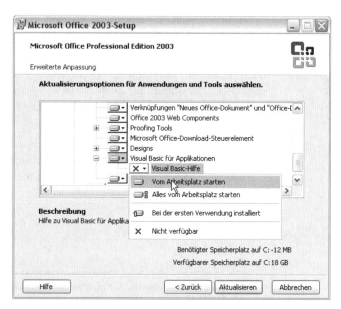

Abbildung 1.3: Auswählen der VBA-Hilfe

✔ Weiter oben finden Sie in der Liste für jede ausgewählte Office-Anwendung einen übergeordneten Eintrag. Wählen Sie dort für jede Office-Anwendung, die Sie per VBA steuern möchten, in der Rubrik Hilfe den Eintrag *Alles Vom Arbeitsplatz starten* aus.

✔ Klicken Sie anschließend auf *Aktualisieren*.

Abbildung 1.4: Installieren der kompletten Hilfe für jede Anwendung

Microsoft Office wird nun ergänzt und nach Abschluss der Installation erhalten Sie eine entsprechende Meldung.

Microsoft Office installieren

Haben Sie Microsoft Office noch nicht installiert, empfiehlt sich eine Komplettinstallation zumindest der von Ihnen benötigten Anwendungen. Gehen Sie dazu folgendermaßen vor. Beachten Sie aber die Hinweise zur Installationsreihenfolge im Abschnitt »Installationsreihenfolge« weiter vorn in diesem Kapitel, bevor Sie beginnen.

✔ Legen Sie Ihre Microsoft-Office-CD ein und folgen Sie dann den Anweisungen des Assistenten. Sollte die CD nicht automatisch starten, führen Sie die Datei *Setup.exe* im Stammverzeichnis der CD aus.

✔ Geben Sie dann als Erstes den CD-Key ein, den Sie im Innern der CD-Hülle oder auf deren Rückseite finden. Klicken Sie dann auf *Weiter*. Anschließend wird ein Dialogfeld angezeigt, in dem Sie Ihren Namen, die Initialen und gegebenenfalls einen Firmennamen eingeben. Klicken Sie dann auf *Weiter*.

Abbildung 1.5: Eingeben Ihrer Benutzerinformationen

✔ Das Setup-Programm zeigt nun die Lizenzbedingungen an. Akzeptieren Sie die, indem Sie das einzige Kontrollkästchen des Dialogs aktivieren und dann auf *Weiter* klicken.

✔ Im nächsten Schritt können Sie den Umfang und die Art der Installation bestimmen. Wenn Sie Office 2003 zusätzlich zu älteren Versionen installieren möchten oder andere Anwendungsprogramme als bei der Vorversion installieren möchten, sollten Sie hier unbedingt die Option *Vollständige Installation* aktivieren und die Option *Aktualisierung* damit deaktivieren. Ansonsten werden Ihre alten Versionen entfernt, was natürlich ungünstig ist, falls Sie Ihren VBA-Code in mehreren Versionen testen möchten.

In diesem Fall sollten Sie auch das Verzeichnis im Feld *Installieren nach* korrigieren, sonst wird die neue Version in das Verzeichnis von Office XP oder Office 2000 installiert. Wählen Sie dazu einfach ein neues Verzeichnis über die *Durchsuchen*-Schaltfläche aus.

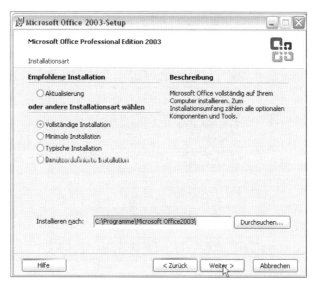

Abbildung 1.6: Art und Umfang der Installation bestimmen

✓ Wenn Sie auf *Weiter* klicken, können Sie weitere Eigenschaften der Installation bestimmen. Falls das Setup-Programm festgestellt hat, dass es ältere Versionen auf dem Rechner gibt, haben Sie nun die Möglichkeit festzulegen, welche Sie behalten möchten. Falls Sie alle älteren Versionen behalten möchten, aktivieren Sie die Option *Alle älteren Versionen behalten*. Ansonsten können Sie die einzelnen Programme über die Kontrollkästchen bestimmen. Die Anwendungen, deren Kontrollkästchen aktiviert sind, werden entfernt, wenn Sie gleichzeitig die Option *Nur die folgenden Anwendungen entfernen* aktiviert haben. Klicken Sie anschließend auf *Weiter*.

Sie können zwar generell mehrere Office-Versionen auf einem Rechner installieren, aber für Outlook gilt dies nicht. Daher müssen Sie zumindest die Vorversion von Outlook entfernen, wenn Sie Outlook 2003 installieren möchten.

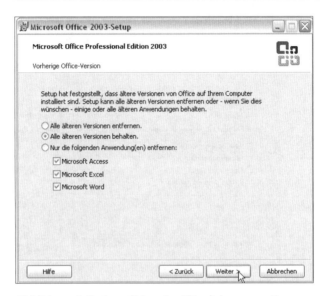

Abbildung 1.7: Auswählen der Aktualisierungsoptionen

✔ Klicken Sie im nächsten Dialog auf Installieren, um die gewählten Anwendungen zu installieren.

✔ Nach Abschluss der Installation sollten Sie den Rechner neu starten. Für den Fall, dass Sie die Developer-Edition von Office 2002 oder früher besitzen, sollten Sie diese nun installieren.

Developer-Tools installieren

Microsoft Office XP und früher für Windows gibt es in einer speziellen Entwickler-Version, die sich Developer-Edition (kurz MOD für Microsoft Office Developer) nennt. Diese Version besteht aus Microsoft Office Professional und den auf einer separaten CD ausgelieferten Developer-Tools. Sie benötigen diese Programme und Tools, wenn Sie beispielsweise COM-Add-Ins entwickeln möchten. Besitzen Sie die MOD, legen Sie zu deren Installation einfach die entsprechende CD ein, starten das Setup und folgen den Anweisungen des Setup-Programms.

Für Microsoft Office 2003 gibt es diese Developer-Tools in einer etwas anderen Form. Sie heißen nun Microsoft Visual Studio-Tools für Microsoft Office System (kurz VSTO). Neben den notwendigen Tools zum Steuern von Office-Anwendungen mit .NET und der Laufzeitlizenz für Access, beinhaltet das Paket aber auch Microsoft Visual Basic.NET sowie Microsoft SQL-Server 2000 Developer Edition. Leider ist es alleine mit den Developer-Tools aber nicht mehr möglich, COM-Add-Ins genauso einfach zu erstellen wie mit der MOD. Das liegt daran, dass Sie das Add-In-Projekt aufgrund der fehlenden Vorlagen manuell einrichten müssen. Das erfordert sehr viel Hintergrundwissen zu COM-Add-Ins und ist recht aufwändig. Allerdings können Sie mit den Developer-Tools Word- und Excel-Vorlagen programmieren, die auf .NET basieren, dennoch aber ähnliche Möglichkeiten wie Add-Ins bieten.

Bitte beachten Sie unbedingt die Hinweise zur Installationsreihenfolge im Abschnitt »Installationsreihenfolge« weiter vorn in diesem Kapitel.

Visual Basic .NET installieren

Zur Installation von Visual Basic .NET gehen Sie wie folgt vor:

✔ Beenden Sie Ihren Virenscanner, wenn Sie einen installiert haben. Das verzögert ansonsten die Installation ungemein.

✔ Falls auf Ihrem Rechner noch nicht Visual Studio .NET 2003 installiert ist, müssen Sie zunächst Visual Basic. NET 2003 installieren. Legen Sie dazu die CD *Microsoft Visual Basic .NET Std.* ein.

✔ In aller Regel werden Sie nun aufgefordert, veraltete Windows-Komponenten zu aktualisieren. L⟨   ⟩ʲe dazu die CD *Visual Studio .NET* ein und klicken Sie ⟨ ⟩. Folgen Sie dann den Anweisungen des Setup-Progra⟨ ⟩ʲis die Installation der Windows-Komponenten abgeschlossͺ̨ ist.

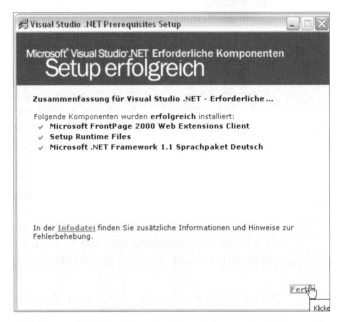

Abbildung 1.8: Abschluss der Aktualisierung der Windows-Komponenten

✔ Legen Sie nun wieder die Visual-Basic.NET-CD ein und klicken Sie im Startbildschirm auf den Link *Visual Basic. NET*. Nachdem das Setup die Dateien kopiert hat, müssen Sie im ersten Dialogfeld den Lizenzbestimmungen zustimmen und den Produkt-Key eingeben. Den finden Sie auf der Rückseite der Visual-Basic. NET-CD-Hülle. Klicken Sie dann auf *Weiter*.

✔ Sie haben nun die Möglichkeit, das Zielverzeichnis für die Installation zu bestimmen. Vorgeschlagen wird Laufwerk C:, das Sie auch verwenden sollten, falls Sie dort ausreichend Platz haben. Wenn Sie ein anderes Verzeichnis wählen möchten, klicken Sie auf die Schaltfläche ... neben dem angezeigten Verzeichnis.

Abbildung 1.9: Auswählen des Zielverzeichnisses

✔ Wenn Sie das Verzeichnis ausgewählt haben oder das angezeigte übernehmen möchte, klicken Sie auf *Jetzt installieren*. Wenn die Installation abgeschlossen ist, wird wieder ein Dialogfeld mit einer entsprechenden Information angezeigt. Klicken Sie dort auf *Fertig*.

✔ Sie gelangen nun wieder zum Anfangsbildschirm zurück. Klicken Sie hier auf *Produktdokumentation*, um die Hilfetexte zu installieren (siehe Abbildung 1.10).

✔ Sie werden nun aufgefordert, die MSDN-CD 1 einzulegen. Das sind die hellblauen CDs. Klicken Sie anschließend auf *OK* und dann auf *Weiter*. Sie müssen nun wieder die Lizenzbedingungen akzeptieren. Aktivieren Sie dazu die Option *Ich stimme den Be-dingungen des Lizenzvertrags zu* und klicken Sie dann auf *Weiter*.

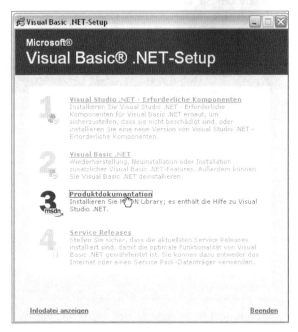

Abbildung 1.10: Installieren der Dokumentation

✔ Klicken Sie nun dreimal auf *Weiter*. Dadurch wird eine vollstän-dige Installation durchgeführt. Sie können nun durch Klicken auf *Ändern* den Zielpfad für die Installation ändern. Ansonsten können Sie aber auch diesen Dialog mit *Weiter* beenden.

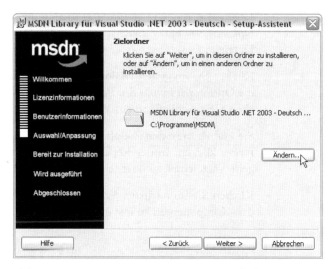

Abbildung 1.11: Zielpfad für die MSN-Installation ändern

✔ Klicken Sie zuletzt auf *Installieren*, um die Installation zu beginnen. Sie werden dann nach und nach aufgefordert, die anderen beiden CDs einzulegen. Ist die Installation beendet, schließen Sie das Dialogfeld mit *Fertig* und gelangen dann wieder zum Anfangsbildschirm zurück.

✔ Dort wird nun vorgeschlagen, Update- und Aktualisierungen zu installieren. Klicken Sie darauf, wenn Sie das tun möchten, ansonsten können Sie auch auf *Beenden* klicken, um die Installation ohne Update-Suche zu beenden.

Installation der sonstigen Developer-Tools

Installieren Sie nun Microsoft Office 2003 Professional bzw. deinstallieren Sie eine vorhandene Installation und installieren Sie sie neu (Komplettinstallation), bevor Sie mit den nachfolgenden Schritten fortfahren.

✔ Legen Sie die CD *Microsoft Visual Studio-Tools für Microsoft Office System* ein. Zunächst entpackt Windows dann die Setup-Dateien.

✔ Klicken Sie im ersten Dialog auf *Weiter* und aktivieren Sie dann die Option *Ich stimme den Bedingungen des Lizenzvertrags zu*. Klicken Sie anschließend auf *Weiter*.

✔ Sie können nun den Zielpfad bestimmen, indem Sie auf *Durchsuchen* klicken. In der Regel ist es aber ratsam das vorgeschlagene Verzeichnis zu übernehmen. Klicken Sie dann auf *Weiter*.

✔ Klicken Sie im nächsten Schritt auf *Installieren*, um alle fehlenden Komponenten zu installieren.

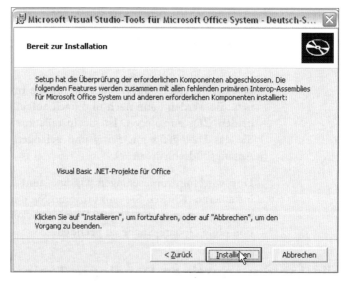

Abbildung 1.12: Installation der Developer-Tools starten

✔ Klicken Sie zum Schluss auf *Fertig stellen*.

Access-Laufzeitumgebung installieren

Wenn Sie auch die Access-Runtime-Umgebung und besondere Access-Tools benötigen, müssen Sie diese nun separat installieren. Für die nachfolgenden Kapitel benötigen Sie die jedoch nicht.

✔ Legen Sie den Datenträger *Microsoft Access 2003 Developer Extensions* ein.

✔ Als Erstes müssen Sie nun den Produktschlüssel eingeben. Sie finden ihn auf der Rückseite der CD-Hülle auf dem orangefarbenen Aufkleber.

✔ Im nächsten Dialogfeld werden Ihre Benutzerdaten angezeigt, ergänzen oder korrigieren Sie sie und klicken Sie dann auf *Next*.

✔ Aktivieren Sie nun das Kontrollkästchen *I accept the terms in the License Aggreement* und schließen Sie dann den Dialog mit *Next*.

✔ Wählen Sie nun das Ziellaufwerk mit *Browser* aus oder übernehmen Sie den vorgeschlagenen Pfad, indem Sie auf *Next* klicken.

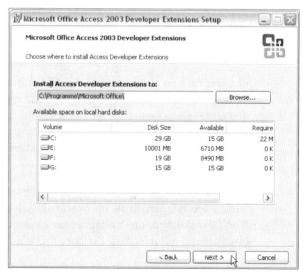

Abbildung 1.13: Bestätigen des Zielverzeichnisses für die Access-Tools

✔ Aktivieren Sie zum Schluss das Kontrollkästchen *Delete installation files*. Damit werden die temporären Installationsdateien entfernt. Klicken Sie dann auf *Finish*.

Installation von Visual Studio .NET 2003

Wenn Sie COM-Add-Ins für Office 2003 erstellen möchten, sollten Sie dazu Visual Studio .NET verwenden. Die Installation erfolgt im Prinzip genauso wie die zuvor beschriebene Installation von Visual Basic .NET, nur dass außer Visual Basic auch die anderen Programmiersprachen installiert werden.

Für die Installation benötigen Sie natürlich die Visual-Studio-CDs. Für Studenten und Schüler gibt es jedoch spezielle Versionen, die preiswerter sind, und wenn Sie erst einmal testen möchten, ob Visual Studio etwas für Sie ist, können Sie auch eine 30-Tage-Testversion bei Microsoft bestellen. Mehr dazu finden Sie auf der Microsoft-Webseite *www.microsoft.de*.

✔ Legen Sie zunächst die CD mit der Aufschrift *Visual Studio .NET CD1* ein und klicken Sie dann im Start-Dialog auf *Visual Studio .NET - Erforderliche Komponenten* (siehe Abbildung 1.14).

✔ Sie werden nun aufgefordert, die CD mit den erforderlichen Komponenten einzulegen. Das ist die CD mit der Beschriftung *Voraussetzungen*. Legen Sie sie ein und aktivieren Sie im nächsten Dialogfeld die Option *Ich stimme zu*, um sich mit den Lizenzbedingungen einverstanden zu erklären. Klicken Sie anschließend auf *Weiter* und dann auf *Jetzt installieren*.

✔ Ist dieser Teil der Installation abgeschlossen, klicken Sie auf *Fertig*. Sie können dann im Startdialog den Link *Visual Studio.NET* anklicken, um Visual Studio zu installieren. Sie werden anschließend aufgefordert, die erste CD wieder einzulegen.

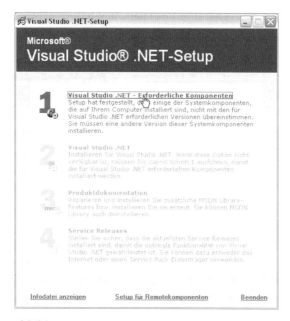

Abbildung 1.14: Windows aktualisieren

✓ Nachdem das Setup die Dateien kopiert hat, müssen Sie im ersten Dialogfeld den Lizenzbestimmungen zustimmen und den Produkt-Key eingeben. Den finden Sie auf der Rückseite der Visual-Studio-.NET-CD-Hülle. Klicken Sie dann auf *Weiter*.

✓ Sie haben nun die Möglichkeit, das Zielverzeichnis für die Installation zu bestimmen. Vorgeschlagen wird Laufwerk C:, das Sie auch verwenden sollten, falls Sie dort ausreichend Platz haben. Wenn Sie ein anderes Verzeichnis wählen möchten, klicken Sie auf die Schaltfläche ... neben dem angezeigten Verzeichnis. Außerdem können Sie hier bestimmen, welche Teile von Visual Studio Sie installieren möchten. In der Regel werden Sie beispielsweise nicht alle Programmiersprachen benötigen. Wichtig für COM-Add-Ins ist nur *Visual Basic .NET*. Deaktivieren Sie einfach die Kontrollkästchen vor den .NET-Sprachen, die Sie nicht benötigen.

✓ Wenn Sie Ihre Wahl getroffen haben, klicken Sie auf *Jetzt installieren*.

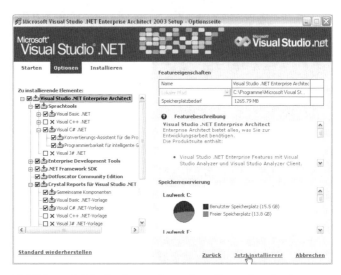

Abbildung 1.15: Festlegen der zu installierenden Optionen

✓ Irgendwann werden Sie dazu aufgefordert, die nächste CD einzulegen. Das Setup fährt danach mit der Installation fort. Am Ende wird eine Zusammenfassung angezeigt, die einen Link *Fertig* bietet. Darauf klicken Sie, um wieder zum Startdialog zurückzukehren.

✓ Klicken Sie dort auf *Produktdokumentation*, um die MSDN-Bibliothek mit den Hilfetexten zu installieren.

Diese Option steht nicht zur Verfügung, wenn Sie zuvor schon die MSDN-Dokumentation der Developer-Tools installiert haben.

Zum Schluss klicken Sie auf *Beenden*, um die Installation abzuschließen und nun Microsoft Office 2003 zu installieren.

Makrosicherheit einstellen

Die Makrosicherheitseinstellungen sollen verhindern, dass schädlicher Code ausgeführt wird und sich so Viren, Würmer und Trojaner verbreiten können. Standardmäßig schützt Microsoft Office Ihren Rechner davor, dass schädlicher Code ausgeführt wird, indem der Makrovirenschutz auf Hoch eingestellt ist. Mit dieser Sicherheitsstufe können Sie jedoch nur signierte Makros ausführen, was zum VBA-Lernen natürlich ungünstig ist.

Makrovirenschutz unter Office 2000 und höher

Der Makrovirenschutz wurde in der aktuellen Form erst mit VBA 6.0 eingeführt. Daher steht er in allen Mac-Versionen von Office nicht zur Verfügung, weil dort erst VBA 5.0 integriert ist. Lediglich in Excel und Word 97 war schon eine Option für den Makrovirenschutz enthalten. Standardmäßig war der Schutz hier jedoch deaktiviert. In Access steht der Makrovirenschutz erst ab Access 2003 zur Verfügung.

Sie sollten daher den Makrovirenschutz so einstellen, dass Sie Code ausführen können. Gehen Sie dazu wie folgt vor:

✔ Starten Sie die Anwendung, für die Sie den Virusschutz einstellen möchten, also z.B. Excel, Access, PowerPoint oder Word.

✔ Öffnen oder erstellen Sie eine Datei oder Datenbank in der jeweiligen Anwendung.

✔ Wählen Sie in Ihrer Anwendung *Extras / Makro / Sicherheit* aus.

✔ Aktivieren Sie die Option *Mittel*. Sie werden dann zwar gewarnt, wenn die Datei Makros enthält, haben aber dennoch die Möglichkeit, Makros auszuführen, indem Sie den angezeigten Dialog beim Öffnen mit *Makros aktivieren* schließen.

✔ Schließen Sie das Dialogfeld mit *OK*.

✔ Starten Sie die Office-Anwendung anschließend neu.

Abbildung 1.16: Den Makrovirenschutz auf *Mittel* einstellen

Haben Sie bereits eine Datei mit Makros geöffnet und konnten diese aufgrund des Virenschutzes nicht ausführen, müssen Sie die Datei schließen, die Anwendung neu starten und dann die Datei erneut öffnen, damit die neuen Virenschutzeinstellungen wirksam werden und Sie die Makros ausführen können.

In Access steht der Makrovirenschutz erst ab Access 2003 zur Verfügung. In den vorherigen Access-Versionen gibt es ihn noch nicht. Daher fehlt natürlich auch der Menüeintrag.

Makrovirenschutz in Word und Excel 97

Wenn Sie Word und Excel 97 installiert haben, gehen Sie dort wie folgt vor, um den Schutz zu aktivieren. Er entspricht dann der Einstellung *Mittel* der neueren Versionen.

✔ Starten Sie Excel oder Word und stellen Sie sicher, dass eine Datei geöffnet ist.

✔ Wählen Sie in der Menüleiste *Extras / Optionen* aus.

✔ Aktivieren Sie die Registerkarte *Allgemein* und dort das Kontrollkästchen *Makrovirus-Schutz*.

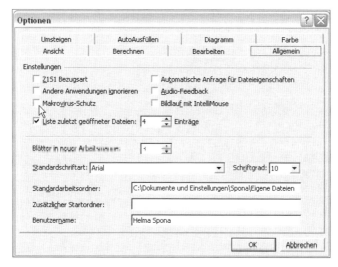

Abbildung 1.17: Aktivieren des Makrovirenschutzes in Excel 97

2 Die Entwicklungsumgebung im Überblick

Bevor es an die Programmierung mit VBA geht, soll jedoch eine wichtige Frage beantwortet werden, nämlich was VBA überhaupt ist. Viele setzen VBA mit Visual Basic oder VBScript gleich. Das ist allerdings nicht ganz richtig. VB ist die Abkürzung für Visual Basic. Dabei handelt es sich um eine vollwertige Programmiersprache mit Entwicklungsumgebung, mit der sich auch EXE-Dateien und DLLs erstellen lassen. Das geht mit VBA nicht. VBA ist die Abkürzung für Visual Basic for Applications und stellt eine Teilmenge von VB dar. Diese Teilmenge wird durch die Objektmodelle der einzelnen Anwendungen ergänzt, in denen der VBA-Code ausgeführt wird. Zusammen ermöglichen VBA und das Objektmodell die Erweiterung und Automatisierung der jeweiligen Anwendung. Mit VBA alleine können weder EXE-Dateien noch DLLs oder Steuerelemente erstellt werden.

VBScript ist wiederum eine Teilmenge von VBA, die eine Skriptsprache darstellt. VBScript-Skripte können von einem Webserver mit ASP-Unterstützung ausgeführt werden, wenn sie in ASP-Seiten enthalten sind. Außerdem kann VBScript vom Internet Explorer in Webseiten und vom WSH (Windows Script Host) ausgeführt werden.

> Wenn Sie sich neben VBA auch für VBScript, VB und den Windows Script Host interessieren, sind die im Anhang aufgeführten Bücher und Zeitschriften als weiterführende Literatur zu empfehlen.

Die Entwicklungsumgebung starten

Wenn Sie das Office-Paket programmieren möchten, benötigen Sie einen Editor, mit dem Sie den Quellcode erfassen können, und be-

stimmte Werkzeuge, die Ihnen das Testen und die Fehlersuche ermöglichen. Dazu sind alle Programme des Office-Pakets, die VBA
unterstützen, mit einer Entwicklungsumgebung ausgestattet, der so
genannten IDE.

IDE ist die Abkürzung für Integrated Development Environment
und stellt die integrierte Entwicklungsumgebung dar.

Sie enthält alles, was eine IDE einer modernen Programmiersprache benötigt, unterstützt den Anwender jedoch darüber hinaus mit
zusätzlichen Hilfsmitteln, die ihm die Programmierung erleichtern.
Die IDE verwaltet VBA-Anwendungen in Form von Projekten.
Diese Art der Quelltextverwaltung wird auch in vielen anderen visuellen Programmiersprachen eingesetzt, so in Delphi, Visual Basic
und Optima++. Zu einem Projekt zählen alle Module und Formulare der Anwendung. Projekte werden im Projekt-Explorer der IDE
angezeigt und verwaltet.

Aufrufen der IDE

Wenn Sie die IDE aufrufen möchten, müssen Sie dazu zunächst die
Office-Anwendung erstellen, in der Sie den Code eingeben möchten. Welche Anwendung Sie nutzen, sollten Sie davon abhängig machen, was Sie programmieren möchten. Zwar können Sie auch in
Word Code erstellen, der Excel steuert und Berechnungen mithilfe
einer Excel-Arbeitsmappe ausführt, dann muss der Rechner jedoch
neben Word zum Ausführen des Codes auch Excel im Hintergrund
laden. Wenn das nicht ohnehin notwendig ist, sollten Sie in solch
einem Fall den Code auch in Excel erfassen und ausführen.

Falls Sie aber genau so etwas machen möchten, finden Sie Informationen dazu in den Kapiteln 17 »Auf externe Programme zugreifen« und 19 »Programmübergreifend programmieren«.

Generell gilt, dass der VBA-Code immer in einer Dokumentdatei der Anwendung gespeichert wird. In Excel wird Code also in der Arbeitsmappe, in Word im Word-Dokument und in Access in der Datenbankdatei gespeichert. Das bedeutet also, dass Sie Code, den Sie in Excel erstellen, auch nur in Excel ausführen können, weil Word die Arbeitsmappe nicht öffnen kann.

Alle nachfolgenden Beispiele werden, wenn nicht anders angegeben, in Excel erstellt.

Möchten Sie die IDE aufrufen, gehen Sie folgendermaßen vor:

✔ Starten Sie Excel.

✔ Drücken Sie [Alt] + [F11].

Die IDE wird nun ausgeführt und im Projekt-Explorer erscheinen alle geöffneten Dateien. Normalerweise sollte dort also die leere Arbeitsmappe stehen, die beim Start von Excel erzeugt wird.

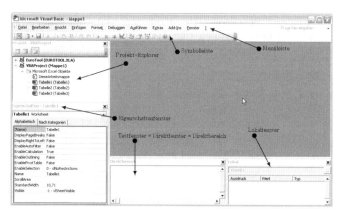

Abbildung 2.1: Die IDE mit einem leeren Projekt

Die IDE im Überblick

Die IDE besteht aus verschiedenen Fenster, die Sie ein- und ausblenden können. Standardmäßig werden die wichtigsten Komponenten automatisch angezeigt. Dies sind die Fenster:

✔ der Quelltexteditor zur Eingabe des Quellcodes

✔ das Eigenschaften-Fenster für die Einstellung von Objekteigen-
schaften

✔ der Projekt-Explorer bzw. das Projektfenster zur Verwaltung des
VBA-Projekts

✔ das Direktfenster zum Testen von Quellcode

✔ die Visual-Basic-Symbolleiste zum schnellen Zugriff auf die
Funktionen der IDE

✔ das Menü zur Bedienung der IDE

Ein weiteres wichtiges Fenster, das Sie jedoch über das Menü
Ansicht / Objektkatalog einblenden müssen, ist der Objektkatalog. Er
hilft Ihnen, Informationen über das *Objektmodell* der VBA-Anwei-
sung zu finden, die Sie für die Programmierung benötigen. Der
Objektkatalog dient zur Anzeige von Informationen zu Objekten,
Eigenschaften und Methoden des Objektmodells.

Das Objektmodell einer Anwendung bestimmt, welche Befehle
für die Programmierung zur Verfügung stehen. Je komplexer das
Objektmodell ist, desto mehr Möglichkeiten haben Sie, aber
desto komplizierter wird auch die Anwendung. Und eben dabei
hilft Ihnen der Objektkatalog, er stellt das Objektmodell mit seiner kompletten Hierarchie dar und zeigt zu den einzelnen Elementen auch zusätzliche Informationen an.

Abbildung 2.2: Der Objektkatalog

Mehr zum Objektkatalog erfahren Sie etwas weiter unten im Abschnitt »Den Objektkatalog verwenden«.

Projekt-Explorer

Mithilfe des Projekt-Explorers können Sie den Inhalt eines VBA-Projekts verwalten. Er zeigt zunächst einmal an, welche Art Datei geöffnet ist (Word, Excel, Access oder Outlook etc.) und welche Objekte darin enthalten sind. Ein VBA-Projekt einer Excel-Arbeitsmappe würde z.B. im Projekt-Explorer wie folgt dargestellt werden:

Abbildung 2.3: Darstellung eines Excel-VBA-Projekts im Projekt-Explorer

In diesem Fall enthält der Projekt-Explorer insgesamt zwei Projekte, ein Add-In namens *EuroTool* sowie ein VBA-Projekt in der Arbeitsmappe *Mappe1.xls*. Das VBA-Projekt *Mappe1* besteht wiederum aus drei Tabellen und deren Klassenmodulen sowie aus einem Klassenmodul für die gesamte Arbeitmappe. Dieses Modul heißt *DieseArbeitsmappe*.

Sie können durch Anklicken mit der Maus die aufgelisteten Objekte markieren und dann die drei Schaltflächen im oberen Fensterbereich zur Navigation nutzen. Klicken Sie beispielsweise auf die Tabelle und dann auf das mittlere Symbol, so wird das Tabellenblatt aktiviert und zu Excel gewechselt. Haben Sie zuvor ein Formular markiert, wird dieses angezeigt und aktiviert.

Formulare dienen der Gestaltung von Benutzeroberflächen und individuellen Eingabeaufforderungen und werden in Form von besonderen Codemodulen den UserForms definiert. Mehr zu Formularen finden Sie in Kapitel 12 »Benutzeroberflächen gestalten«.

Über den linken Button können Sie sich den Quellcode des markierten Objekts anzeigen lassen. Ist keiner vorhanden, so wird ein leerer Quelltexteditor gezeigt, in den Sie dann Code eingeben können.

Abbildung 2.4: Die Symbole zur Bedienung des Projekt-Explorers

Sie sehen im Projekt-Explorer normalerweise die Aufteilung der Objekte nach Typen, also z.b. Module und Tabellenblätter. Diese Ordner sind durch das Ordnersymbol, das auch von den Öffnen- und Speichern-Dialogen von Windows bekannt sein dürfte, gekennzeichnet. Davor steht ein + oder ein -, je nachdem, ob es Einträge in dem Ordner gibt oder nicht. Durch Klicken auf das Pluszeichen können Sie den Ordner öffnen und die darin enthaltenen Objekte bearbeiten. Um das ständige Öffnen und Schließen der Ordner zu vermeiden, gibt es die Schaltfläche mit dem Ordnersymbol, die die Ordner einfach ausblendet.

Sie können den Projekt-Explorer über *Ansicht / Projekt-Explorer* einblenden oder die Tastenkombination ⎡Strg⎤ + ⎡R⎤ drücken. Geschlossen wird der Projekt-Explorer über die Schließen-Schaltfläche des Fensters.

Das Eigenschaften-Fenster

Im Fenster *Eigenschaften* werden die Eigenschaften des gegenwärtig aktivierten Objekts im Projekt angezeigt. Ist der Code-Editor aktiviert, wird die einzige Eigenschaft *Name* angezeigt. Wenn Sie hingegen eine Tabelle aktiviert haben, werden dort auch noch weitere Eigenschaften gezeigt. Über die Registerkarten des Fensters können Sie zwischen alphabetischer Auflistung und Sortierung nach Kategorien wählen. Klicken Sie dazu einfach die entsprechende Registerkarte an.

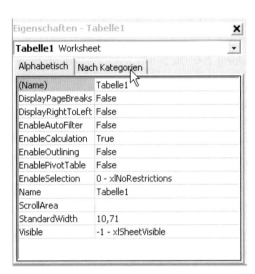

Abbildung 2.5: Das Eigenschaften-Fenster

Über das Eigenschaften-Fenster können Sie sich natürlich nicht nur Eigenschaften anzeigen lassen, sondern diese auch ändern. Wenn Sie z.B. eine Tabelle oder ein Modul eines Projekts umbenennen möchten, editieren Sie dazu die Eigenschaft *Name* des Objekts. Zu diesem Zweck sollten Sie zunächst das Objekt durch Anklicken im Projekt-Explorer aktivieren. Daraufhin wird im Eigenschaften-Fenster die Liste der Eigenschaften des Objekts gezeigt. Setzen Sie nun den Cursor in die Zeile mit der Eigenschaft *Name* und geben Sie dort einen neuen Namen ein. Wenn Sie anschließend den Cursor in eine andere Zeile setzen oder ⏎ drücken, werden Sie sehen, dass das Objekt den neuen Namen trägt.

Um die IDE zu schließen, verwenden Sie die Tastenkombination Alt + Q oder Sie wählen *Datei / Schließen und zurückkehren zu.*

Code im Codefenster bearbeiten

Wenn Sie VBA-Code erstellen oder bearbeiten möchten, benötigen Sie dazu ein Codemodul. VBA kennt drei verschiedenen Modultypen: normale Module, Klassenmodule und UserForms. Normale Module speichern Quellcode in Form von benannten Werten (Variablen und Konstanten), benannten Codeblöcken (Prozeduren und Funktionen) und Deklarationen. Auf den Code eines normalen Moduls können Sie aus jedem anderen Modul zugreifen.

Darüber hinaus gibt es Klassenmodule. Dazu gehören beispielsweise das Modul *DieseArbeitsmappe*, die Module, die den Tabellenblättern zugeordnet sind, *Tabelle1*, *Tabelle2* und *Tabelle3* sowie Klassenmodule, die Sie über *Einfügen / Klassenmodul* in das Projekt einfügen.

Klassenmodule definieren eine *Klasse*. Klassen sind eine Art Schablone, um gleichartige Elemente, die Objekte, zu erstellen. Ein *Objekt* ist in der Programmierung ein virtuelles Element der Software. Es kann beispielsweise in Form einer Schaltfläche, eines Dialogfeldes oder als Zelle in einem Excel-Tabellenblatt sichtbar sein. Jedes Objekt wird aus einer Klasse erzeugt. So stellen beispielsweise alle Zellen eines Tabellenblattes ein Range-Objekt dar, das aus der Klasse Range erzeugt wird. Daher haben alle Zellen die gleichen Eigenschaften und verfügen über die gleichen Fähigkeiten, weil diese durch die Klasse definiert werden. Dennoch können sie unterschiedlich aussehen, weil die Werte der Eigenschaften, die die Füllfarbe und die Rahmeneinstellungen festlegen, für jede Zelle und jedes Objekt unterschiedlich sein können.

UserForms stellen eine besondere Art von Klassenmodulen dar. Sie erzeugen ein Dialogfeld, das Sie frei gestalten können, indem Sie darauf Steuerelemente einfügen. Auf diese Weise können Sie Meldungen ausgeben oder den Benutzer Werte eingeben lassen.

Wenn nichts anderes angegeben wird, erstellen Sie für die nächsten Beispiele immer ein normales Modul.

Ein Modul erstellen

Um ein Modul zu erstellen, wählen aus dem Menü der IDE den Eintrag *Einfügen / Modul* aus. Mit *Einfügen / Klassenmodul* bzw. *Einfügen / UserForm* würden Sie entsprechend eine Klasse bzw. eine UserForm erstellen.

Die IDE fügt das Modul automatisch in die Rubrik *Module* des Projekt-Explorers ein. Wenn Sie das Modul benennen möchten, markieren Sie es dort, indem Sie den entsprechenden Eintrag im Projekt-Explorer anklicken. Im Eigenschaften-Fenster wird dann die Eigenschaft *Name* angezeigt. Geben Sie hier den gewünschten Namen für das Modul ein und drücken Sie ⏎.

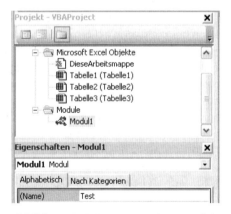

Abbildung 2.6: Benennen eines Moduls

Module öffnen und schließen

Wenn Sie ein Modul bearbeiten möchten, müssen Sie es öffnen. Haben Sie es soeben erst erstellt, ist es automatisch geöffnet. Das erkennen Sie daran, dass ein leeres Modulfenster in der IDE angezeigt wird, das den Namen des Moduls trägt.

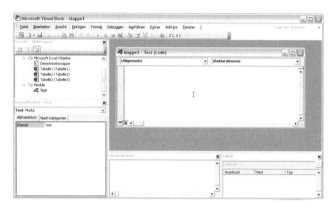

Abbildung 2.7: Das geöffnete Modul

Möchten Sie ein vorhandenes Modul öffnen, doppelklicken Sie dazu auf den Modulnamen im Projekt-Explorer. Zum Schließen verwenden Sie die X-Schaltfläche des Fensters.

Abbildung 2.8: Schließen des Moduls

Code bearbeiten und speichern

Der Quelltexteditor unterteilt den gesamten Quelltext in einzelne Abschnitte. Jeder Abschnitt enthält nur genau eine Prozedur oder die Variablendeklarationen auf Modulebene. Die einzelnen Abschnitte werden innerhalb des Moduls durch Linien voneinander getrennt. Diese Linien werden Trennlinien oder Prozedurtrennlinien genannt.

Abbildung 2.9: Aufbau des Modulfensters

In der Auswahlliste *Objektauswahl* können Sie zwischen den vorhandenen Objekten wechseln. Wenn Sie z.b. ein Modul aktiviert haben, das als Klassenmodul zu einer Tabelle gehört, können Sie dort das Objekt *Worksheet* auswählen und in der *Ereignis- oder Prozedurauswahlliste* die verfügbaren Ereignisse für ein Tabellenblatt einsehen. Durch Auswahl eines Ereignisses erstellt der Editor automatisch eine Ereignisprozedur oder zeigt die vorhandene Prozedur zu diesem Ereignis an.

Als Prozedur werden benannte Codeblöcke bezeichnet, die Sie aufrufen können, indem Sie deren Namen im Code angeben. Mehr zu Prozeduren erfahren Sie in Kapitel 4 »VBA-Grundlagen«.

Die Schaltflächen in der unteren linken Ecke des Editors erlauben das Umschalten zwischen Prozeduransicht und Modulansicht. In der Modulansicht werden alle Prozeduren des aktuell ausgewählten Objekts gezeigt und wie bereits erwähnt durch Linien getrennt. Dies ist die Standardansicht. Die andere Schaltfläche ermöglicht die Anzeige einzelner Prozeduren. Die gewünschte Prozedur kann dann über das Listenfeld *Prozedurauswahl* ausgewählt werden. Das ist die rechte Auswahlliste, die in Klassenmodulen die Ereignisse beinhaltet.

Wenn Sie Code eingeben möchten, setzen Sie wie in Ihrer Textverarbeitung einfach den Mauszeiger in das Codefenster und drücken die linke Maustaste um den Cursor an der Stelle des Mauszeigers zu positionieren. Nun können Sie den gewünschten Code einfach eingeben. Mit den folgenden Schritten können Sie beispielsweise eine Prozedur *Test2* erstellen, die eine Meldung Hallo Welt ausgibt.

🗸 Setzen Sie den Cursor an den Anfang des Moduls.

🗸 Geben Sie Sub Test2 und geben Sie dann [↵] ein.

🗸 Die IDE ergänzt nun die Zeile End Sub und setzt den Cursor zwischen die beiden Zeilen.

🗸 Geben Sie nun MsgBox "Hallo Welt!" ein.

Sie haben damit eine Prozedur *Test2* erstellt. Sie könnten sie natürlich auch Test nennen, das geht aber nur, wenn das Modul nicht auch Test heißt, da Namen von Prozeduren und Modulen nicht doppelt vergeben werden dürfen.

Da der Code eines Projekts immer in der entsprechenden Office-Datei gespeichert wird, in der Sie den Code erfassen, können Sie das Projekt jederzeit über die Speichern-Funktion der Office-Anwendung speichern. Alternativ können Sie auch die *Speichern*-Schaltfläche in der Symbolleiste in der IDE verwenden.

Abbildung 2.10: Speichern des VBA-Projekts

Prozeduren ausführen

Damit haben Sie nun die erste Prozedur erstellt. Möchten Sie diese ausführen, haben Sie dazu mehrere Möglichkeiten. Im einfachsten Fall setzen Sie den Cursor in die Prozedur (zwischen Sub und End Sub) und drücken dann [F5]. Sie können aber auch den Namen der Prozedur im Direktfenster eingeben und mit [↵] bestätigen.

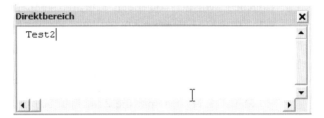

Abbildung 2.11: Ausführen der Prozedur *Test2* im Direktfenster

Können Sie Code nicht ausführen, weil eine Meldung erscheint, dass Makros deaktiviert sind, liegt das am eingestellten Modus für den Makrovirenschutz. Dieser steht in diesem Fall auf *Hoch* bzw. auf *Mittel* und Sie haben beim Laden der Datei angegeben, dass Makros deaktiviert werden sollen.

Virenschutz korrekt einstellen

Gehen Sie folgendermaßen vor, um den Virenschutz so einzustellen, dass Sie Quellcode ausführen können:

- ✔ Starten Sie die Anwendung, für die Sie den Virenschutz einstellen möchten, also z.b. Excel, PowerPoint, Access oder Word.

- ✔ Öffnen Sie in der Anwendung eine Datei oder erzeugen Sie eine neue.

- ✔ Wählen Sie in Ihrer Anwendung *Extras / Makro / Sicherheit*.

- ✔ Aktivieren Sie die Option *Mittel*. Sie werden dann zwar gewarnt, wenn die Datei Makros enthält, haben aber dennoch die Möglichkeit, Makros auszuführen, indem Sie den angezeigten Dialog beim Öffnen mit *Makros aktivieren* schließen.

Haben Sie bereits eine Datei mit Makros geöffnet und konnten diese aufgrund des Virenschutzes nicht ausführen, müssen Sie die Datei schließen, die Anwendung neu starten und dann die Datei erneut öffnen, damit die neuen Virenschutzeinstellungen wirksam werden und Sie die Makros ausführen können.

Mehr Informationen zum Einstellen des Makrovirenschutzes finden Sie in Kapitel 1 »Microsoft Office und VBA-Hilfe installieren« im Abschnitt »Makrosicherheit einstellen«.

Effiziente Codeeingabe dank IntelliSense!

Die IDE stellt verschiedene Hilfen zum Eingeben und zum Testen des Quellcodes zur Verfügung. Alle zusammen werden als Intelli-Sense bezeichnet. Sie sind insbesondere für VBA-Einsteiger sehr nützlich und sollen hier deshalb ausführlich beschrieben werden.

Diese Hilfsmittel können Sie über die Optionen des Visual-Basic-Editors aktivieren oder deaktivieren. Standardmäßig sind sie aktiviert. Möchten Sie die Einstellung prüfen oder ändern, gehen Sie dazu wie folgt vor:

- Öffnen Sie die IDE und wählen Sie den Menübefehl *Extras / Optionen* aus.

- Anschließend aktivieren Sie die Registerkarte *Editor*. Dort können Sie im Gruppenfeld *Code-Einstellungen* die Hilfsmittel aktivieren oder deaktivieren. Aktiviert ist ein Hilfsmittel immer dann, wenn das betreffende Kontrollkästchen aktiviert ist.

- Schließen Sie das Dialogfeld mit *OK*, um die Einstellungen zu speichern.

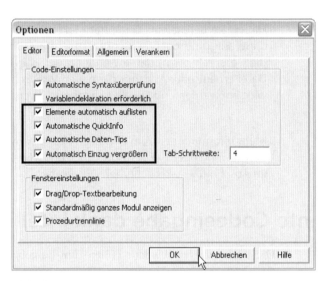

Abbildung 2.12: IntelliSense aktivieren

Die wichtigsten Bestandteile von IntelliSense werden nachfolgend näher erläutert.

Die automatische Elementliste

Die automatische Elementliste erscheint von selbst, wenn Sie ein Objekt und einen Punkt eingeben. Sie listet die für das Objekt verfügbaren Eigenschaften und Methoden auf und Sie können aus dieser Liste das gewünschte Element in Ihren Quelltext einfügen. VBA kennt beispielsweise ein Objekt Debug, das Methoden zum Testen zur Verfügung stellt. Geben Sie Debug. ein, erscheint die automatische Elementliste, die in der folgenden Abbildung gezeigt ist.

Abbildung 2.13: Die automatische Elementliste

Manuell können Sie die Elementliste aufrufen, indem Sie den Cursor hinter ein Objekt setzen, dessen Methoden und Eigenschaften Sie auflisten möchten. Wählen Sie nun im Kontextmenü den Eintrag *Eigenschaften und Methoden anzeigen* aus.

Bei Erscheinen der Elementliste können Sie ein Element auswählen, indem Sie auf einen Listeneintrag klicken, um das Element der Liste zu markieren. Wenn Sie das markierte Element der Liste einfügen möchten, drücken Sie Strg + ⤶ oder einfach ⇥. Zur Auswahl eines markierten Elements und zum gleichzeitigen Einfügen eines Zeilenumbruchs können Sie auch ⤶ drücken und zum Schließen der Liste Esc. Auch ein Doppelklick auf den Listeneintrag fügt ihn in den Quelltext ein.

Automatische Direkthilfe

Die automatische Direkthilfe stellt Informationen zur Syntax, also dem Aufbau einer Funktion oder Prozedur, zur Verfügung. Keiner kann alle Syntaxbeschreibungen der Methoden und Funktionen im Kopf haben. Die Direkthilfe dient dazu, das ständige Nachschlagen in der Hilfe zu vermeiden, und spart deshalb eine Menge Zeit bei der Quelltexteingabe und der späteren Fehlersuche. Sie wird automatisch aufgerufen, wenn Sie eine Methode oder Funktion eingeben, zu der die Parameterinformationen zur Verfügung steht. Sie können beispielsweise die Parameterhilfe zur `Msgbox`-Anweisung anzeigen lassen, mit der Sie im ersten Beispiel die Meldung erzeugt haben. Geben Sie dazu `MsgBox` gefolgt von einem Leerzeichen ein.

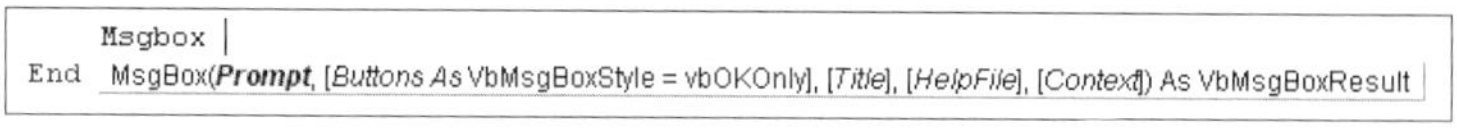

```
     Msgbox |
End   MsgBox(Prompt, [Buttons As VbMsgBoxStyle = vbOKOnly], [Title], [HelpFile], [Context]) As VbMsgBoxResult
```

Abbildung 2.14: Die automatische Direkthilfe

Um die Direkthilfe für eine Funktion oder Methode manuell aufzurufen, setzen Sie den Cursor hinter die öffnende Klammer der Methode oder Funktion oder hinter das Leerzeichen nach dem Funktionsnamen. Wählen Sie nun im Kontextmenü den Eintrag *Parameterinfo* oder *QuickInfo* aus.

Wenn der Cursor innerhalb der Funktion oder Methode steht und Sie die Syntaxinformation angezeigt bekommen möchten, sollten Sie statt *Parameterinfo* den Eintrag *QuickInfo* aus dem Kontextmenü wählen.

Der Parameter, der als Nächstes einzugeben ist, wird in fetter Schrift dargestellt. Die Parameterinfo verschwindet automatisch, wenn Sie den letzten Parameter angegeben haben oder vorher eine schließende Klammer eingeben und so das Ende der Parameterliste kennzeichnen.

Automatische Konstantenliste

Mit der automatischen Konstantenliste zeigt die IDE Ihnen eine Liste aller an dieser Stelle zulässigen Konstanten an.

Konstanten sind benannte Werte, die Sie einmal zur Entwurfszeit definieren und deren Werte sich zur Laufzeit des Codes nicht ändern können. Ab VBA 6.x, der in Office 2000 und höher verwendeten VBA-Version, können Sie solche Konstanten zu Listen zusammenfassen. Diese werden als Konstantenlisten bezeichnet.

Wenn Sie alternative Konstanten anzeigen lassen möchten, dann setzen Sie den Cursor in die aktuell eingestellte Konstante. Wählen Sie im Kontextmenü den Eintrag *Konstanten anzeigen* aus. Doppelklicken Sie nun auf die Konstante, die Sie einfügen möchten, oder markieren Sie einen Eintrag und drücken Sie Tab, um ihn einzufügen. Wenn die Funktion die Angabe mehrerer Konstanten zulässt – wie bei der Funktion MsgBox, bei der Sie unter anderem eine bzw. mehrere Schaltflächen bestimmen können –, drücken Sie + und die automatische Konstantenliste wird erneut geöffnet, damit Sie eine weitere Konstante auswählen können.

Hilfe aufrufen

Gerade, wenn man mit der Programmierung in einer Programmiersprache beginnt, ist es wichtig zu wissen, wie man möglichst schnell bestimmte Informationen in der Online-Hilfe findet.

VBA stellt dazu verschiedene Methoden zur Verfügung. Die einfachste ist dabei folgende: Geben Sie das Schlüsselwort, zu dem Sie Informationen benötigen, in ein Modul ein, platzieren Sie dann den Cursor in diesem Wort und drücken Sie $\boxed{F1}$. Die IDE zeigt nun den zum Schlüsselwort passenden Hilfetext an. Kommt das Schlüsselwort in mehr als einem Hilfetext vor, können Sie in einem Dialog wie dem folgenden auswählen, zu welcher Anwendung das Schlüsselwort gehört. Wenn Sie die Anwendung ausgewählt haben, klicken Sie auf *Hilfe*.

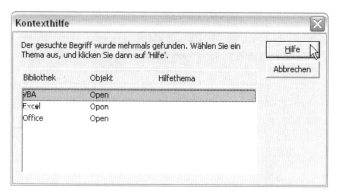

Abbildung 2.15: Aufrufen der Hilfe für ein Schlüsselwort

Zusätzlich zu der Möglichkeit, die Hilfeseiten im Objektkatalog aufzurufen, können Sie auch in der IDE jederzeit die VBA-Hilfe über das Menü *? / Microsoft Visual Basic-Hilfe* aufrufen. Daraufhin wird der Office-Assistent eingeblendet, dem Sie eine Frage stellen können: Geben Sie sie einfach ein und klicken Sie dann auf *Suchen*.

Der Office-Assistent sucht nun nach einer Antwort und schlägt Ihnen mehrere Hilfeseiten vor, die Sie auswählen können, indem Sie auf die Einträge in der Sprechblase klicken.

Egal, wie Sie die Hilfe aufrufen, Windows öffnet den Hilfetext in einem separaten Fenster im HTML-Format und zeigt die gewählte Hilfeseite an. Die Hilfeseite enthält einzelne unterstrichene oder farbig dargestellte Textstellen, so genannte Hyperlinks, auf die Sie klicken können, um zu der betreffenden Seite zu wechseln.

Abbildung 2.16: Die Hilfeseite mit den Hyperlinks zum Navigieren

Am oberen Fensterrand finden Sie außerdem vier Symbole. Mit dem linken Symbol können Sie dafür sorgen, dass die Hilfe neben der Entwicklungsumgebung angeordnet wird. Die beiden Pfeilsymbole ermöglichen Ihnen zur vorher ausgewählten Seite bzw. zu der nachfolgenden Hilfeseite zu wechseln. *Vorwärts* und *Rückwärts* bezieht sich auf die Reihenfolge, in der Sie die Seiten zuvor aufgerufen haben. Das Druckersymbol sendet die Hilfeseite an den Drucker.

Den Objektkatalog verwenden

Über den Objektkatalog können Sie nicht nur Syntaxinformationen zu Objekten, Methoden und Anweisungen abrufen, sondern von dort aus gleich die Hilfeseite zum ausgewählten Eintrag öffnen. Außerdem ermöglicht der Objektkatalog die Suche nach Schlüsselwörtern und die Rückkehr zu vorher ausgewählten Einträgen.

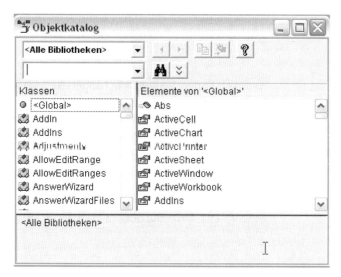

Abbildung 2.17: Der Objektkatalog in der IDE

In der oberen Auswahlliste des Objektkatalogs können Sie eine bestimmte VBA-Bibliothek auswählen, deren Inhalt der Objektkatalog anzeigen soll. Hier finden Sie alle Bibliotheken vor, auf die Verweise eingerichtet sind.

Verweise dienen dazu, Objektbibliotheken, die als externe Dateien vorliegen, in das VBA-Projekt einzubinden und sie nutzen zu können. Um Verweise zu erstellen, wählen Sie *Extras / Verweise*.

In der linken Liste mit Klassen und Aufzählungen können Sie einen Eintrag durch Anklicken mit der Maus auswählen. Daraufhin zeigt der Objektkatalog in der rechten Liste die in der Aufzählung oder Klasse enthaltenen Elemente an. Wenn Sie diese anklicken, erhalten Sie in der Statusleiste des Objektkatalogs eine kurze Beschreibung zu dem ausgewählten Element.

Wenn Sie nun auf die Schaltfläche *Hilfe* klicken, wird die Hilfeseite zum ausgewählten Element geöffnet.

Natürlich haben Sie auch die Möglichkeit, das ausgewählte Element in den Quelltext einzufügen. Wählen Sie dazu das Element aus und klicken Sie anschließend auf die Schaltfläche *Kopieren*. Daraufhin wird das Listenelement in die Zwischenablage kopiert. Sie können nun in den Quelltext wechseln, den Cursor positionieren und dann *Bearbeiten / Einfügen* wählen oder Strg + V drücken, um den Inhalt der Zwischenablage an der aktuellen Cursorposition einzufügen. Sie können den Objektkatalog über *Ansicht / Objektkatalog* oder mit der Taste F2 aufrufen.

3 Programmiergrundlagen

Wenn Sie mit der Programmierung beginnen, haben Sie in der Regel weniger Probleme damit, die Sprache zu lernen, als vielmehr den Schritt vom zu lösenden Problem zum Programm nachzuvollziehen. Kurz gesagt, Sie wissen nicht, wie Sie das Problem angehen sollen, um zum Schluss das Programm erstellt zu haben. Neben der Erläuterung der wichtigsten Begriffe, wird es in diesem Kapitel darum gehen, welche Methoden es zur Lösung eines Problems nach den Regeln der *strukturierten Programmierung* gibt. Wie kommen Sie also am einfachsten vom Problem zum Programm?

Wenn Sie bereits Programmiererfahrung mit einer objektorientierten Programmiersprache haben, können Sie dieses Kapitel überschlagen und mit dem nächsten Kapitel fortfahren.

Was sind Variablen, Konstanten ... ?

Wesentliche Bestandteile einer jeden Programmiersprache bilden Konstanten, Variablen, Funktionen und Prozeduren. Konstanten und Variablen können Werte während des Programmablaufs speichern und tragen so zur flexiblen Nutzung eines Programms bei.

Variablen sind vergleichbar mit Variablen in der Mathematik. Sie stellen einen bestimmten Wert dar. In Programmiersprachen sind sie aber nicht nur Platzhalter für einen bestimmten Wert, sondern können ihren Wert auch während des Programmablaufs ändern. Dies unterscheidet sie von Konstanten. Ein einmal im Programm definierter Wert für eine Konstante lässt sich zur Laufzeit des Programms nicht mehr ändern. Sie können dies einfach mal testen.

Das Beispiel finden Sie im Modul *K03* in der Datei *K02-03.xls* auf der CD.

✓ Erstellen Sie dazu ein neues Modul in einer Arbeitsmappe Ihrer Wahl oder öffnen Sie ein vorhandenes Modul zum Bearbeiten.

✓ Geben Sie am Modulanfang die folgende Anweisung ein. Sie definiert eine Konstante A mit dem Wert 1.

```
Const A=1
```

✓ Erstellen Sie nun eine einfache Prozedur mit dem Namen *Grundlagen1*. Am einfachsten geht das, indem Sie den Menübefehl *Einfügen / Prozedur* auswählen. In das Feld *Name* tragen Sie den Namen der Prozedur ein und klicken dann auf *OK*.

Abbildung 3.1: Erstellen einer Prozedur per Dialogfeld

✓ In der Prozedur geben Sie die folgende Anweisung ein.

```
A=2
```

Ihr Code sollte dann also folgendermaßen aussehen:

```
Const A = 1
Public Sub Grundlagen1()
    A = 2
End Sub
```

Wenn Sie nun die Prozedur ausführen, indem Sie den Cursor in die Prozedur setzen und F5 drücken, erhalten Sie in der Prozedur eine Fehlermeldung, weil Sie versucht haben, den Wert der Konstanten A zu ändern.

Abbildung 3.2: Erzeugte Fehlermeldung durch den Versuch, einer Konstanten einen neuen Wert zuzuweisen

Wenn Sie die Fehlermeldung schließen, befinden Sie sich im Unterbrechungsmodus. Den erkennen Sie daran, dass die Zeile, die den Fehler ausgelöst hat, oder die erste Zeile der Prozedur, in der der Fehler aufgetreten ist, mit einem gelben Balken markiert wird. Im Unterbrechungsmodus haben Sie die Möglichkeit, Werte von Variablen und Konstanten anzeigen zu lassen, indem Sie mit der Maus darauf zeigen. Bevor Sie den Code ändern, sollten Sie den Unterbrechungsmodus beenden. Klicken Sie dazu auf die Schaltfläche *Zurücksetzen* in der Symbolleiste.

Wenn Sie anschließend die Konstantendeklaration Const A=1 durch Dim A ersetzen, erhalten Sie keine Fehlermeldung mehr. Nun ist A keine Konstante mehr, sondern eine Variable und die Wertzuweisung innerhalb der Prozedur ist zulässig. Der korrekte Code sollte also wie folgt lauten:

```
Dim A

Public Sub Grundlagen1()
    A = 2
End Sub
```

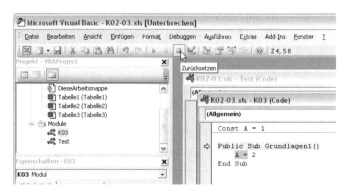

Abbildung 3.3: Den Unterbrechungsmodus beenden

Konstanten werden verwendet, um auf längere Texte oder Zahlen zuzugreifen, die mehrmals verwendet werden. Angenommen, an verschiedenen Stellen des Programms soll eine bestimmte Meldung ausgegeben werden. Der Text der Meldung ist immer gleich und ziemlich lang. Anstatt immer den kompletten Text einzugeben, sollten Sie besser eine Konstante definieren und sie dann im Quelltext verwenden. Außerdem ermöglicht diese Vorgehensweise auch eine einfachere Wartung des Quelltextes. Sollte sich der Text der Meldung nämlich ändern, brauchen Sie nur die Konstante zu ändern (natürlich nicht zur Laufzeit, sondern im Quelltext) statt jede einzelne Meldung, die den Text ausgibt.

Programmcode liegt in mindestens zwei Phasen vor. Zur Entwurfszeit, also wenn Sie den Code eingeben und bearbeiten, liegt er im Klartext – also als lesbarer Text – vor. Führen Sie den Code aus, befindet er sich im Laufzeitmodus. Damit der Computer den Code ausführen kann, muss er ihn aber in eine maschinenlesbare Form übersetzen, den so genannten Maschinencode. Er ist nach menschlichem Ermessen nicht mehr lesbar, da er ausschließlich aus Nullen und Einsen besteht. Für die Übersetzung sorgt ein Compiler oder Interpreter. Im Allgemeinen gilt, dass Interpreter den Code direkt vor der Ausführung Zeile für

Zeile übersetzen und direkt ausführen. Der übersetzte Code wird daher nicht irgendwo als ausführbare Datei gespeichert wie bei einem Compiler. Ein Compiler erzeugt beispielsweise EXE- oder DLL-Dateien, die den ausführbaren Code enthalten. Vom Prinzip her ist VBA eine Interpretersprache. Beim Ausführen des Codes wird dieser nämlich erst übersetzt und muss nicht zuvor kompiliert werden. Genau betrachtet handelt es sich jedoch bei VBA um eine Compilersprache mit einigen Einschränkungen. Der Compiler kann nämlich keine EXE-Dateien erzeugen. Stattdessen wird beim Kompilieren des Codes eine Art Zwischencode erzeugt, der dann erst beim Ausführen mit einem Interpreter in Maschinencode umgewandelt wird. Durch den Zwischencode ist die Ausführung von VBA-Code schneller in der Ausführung als normale Interpretersprachen. Sie brauchen sich darum aber nicht großartig zu kümmern, weil die IDE Ihnen alles Notwendige abnimmt. Ist eine Kompilierung erforderlich, weil Sie den Code nach der letzten Kompilierung geändert haben, sorgt die IDE vor der Ausführung des Codes selbstständig für die Kompilierung.

Prozeduren und Funktionen

Außerdem enthält eine Programmiersprache noch Funktionen und Prozeduren, die nichts anderes sind als eine Zusammenfassung mehrerer einzelner Befehle unter einem Namen. Sie haben eine solche Prozedur bereits erstellt. Prozeduren werden mit dem Schlüsselwort Sub eingeleitet, Funktionen hingegen mit Function.

Der Unterschied zwischen Prozeduren und Funktionen besteht darin, dass eine Prozedur lediglich Befehle nacheinander ausführt, Funktionen können jedoch einen Rückgabewert haben. Damit Sie den Rückgabewert der Funktionen verwenden können, müssen Sie sie zwingend mit einem Klammerpaar aufrufen. Sie können beispielsweise mit der Funktion Date() das aktuelle Datum zurückgeben. Wenn Sie das testen möchten, geben Sie im Testfenster der Entwicklungsumgebung Debug.Print Date() ein und drücken Sie dann ⏎. Die Print-Methode des Debug-Objekts sorgt dafür, dass

der Rückgabewert der aufgerufenen Funktion im Testfenster ausgegeben wird.

Innerhalb der Klammern können Sie Werte angeben, die dann
an die Funktion übergeben werden. Diese Werte werden Parameter genannt, der Inhalt der Klammern ist die Parameterliste.
Ob es eine Parameterliste gibt, hängt von der Funktion ab. Bei
der Date-Funktion geben Sie immer ein leeres Klammerpaar an.

Sprachkonstrukte zur Programmablaufsteuerung

Jede Programmiersprache muss über Konstrukte zur Programmablaufsteuerung verfügen. Das sind Anweisungen, mit denen Sie steuern können, ob Befehle überhaupt ausgeführt werden sollen (Verzweigungen) oder ob und wie oft sie wiederholt werden sollen
(Schleifen). VBA kennt sowohl bei den Schleifen, als auch bei den
Verzweigungen eine ganze Reihe Varianten und ist daher sehr flexi-
bel. In der Praxis werden Sie nicht alle Schleifen benötigen.

Jeder VBA-Programmierer entwickelt im Laufe der Zeit Sympa-
thien und Abneigungen für bestimmte Schleifen und Verzweigungen. Das ist auch nicht tragisch. Dem einen liegt vielleicht
mehr die While-Wend-Schleife, dem anderen die Do-While-
Schleife. Das ist reine Geschmackssache. Große Geschwindig-
keitsvor- bzw. -nachteile ergeben sich nicht. Wichtig ist nur, dass
Sie mindestens eine abweisende und eine nichtabweisende
Schleife sowie eine Zählschleife kennen.

Bei einer abweisenden Schleife handelt es sich um eine Schleife die
vor Ausführung des Schleifeninhalts, *Schleifenrumpf* genannt, prüft,
ob eine Eintrittsbedingung erfüllt ist. Nur in diesem Fall wird der
Schleifenrumpf ausgeführt. Bei nichtabweisenden Schleifen ist das
anders. Bei diesen Schleifen wird eine Austrittsbedingung geprüft,
die erst nach erstmaligem Ausführen des Schleifenrumpfes geprüft
wird. Ist sie wahr, wird die Schleife verlassen. Eine nichtabweisende
Schleife wird also mindestens einmal durchlaufen. Darüber hinaus

gibt es Zählschleifen. Sie verwenden eine *Laufvariable*, deren Wert von einem Anfangs- bis zu einem Endwert gezählt wird. Der Schleifenrumpf wird dann für jeden Wert der Laufvariablen einmal ausgeführt.

Verzweigungen dienen dazu, je nach aktuellen Bedingungen die Programmausführung anders fortzusetzen. Dabei wird überprüft, ob eine Bedingung erfüllt ist oder nicht. Je nach Ergebnis werden eine oder mehrere bestimmte Anweisungen ausgeführt. Bei Ausgabe der Meldung »Möchten Sie das Programm beenden?« ist es z.B. möglich abzufragen, mit welcher Schaltfläche, *JA* oder *NEIN*, der Anwender die Meldung geschlossen hat. Bei Auswahl von *JA* wird das Programm beendet, bei *NEIN* wird es fortgesetzt.

Objektorientierte Programmierung – Grundlagen

Bereits im vorherigen Kapitel war die Rede von Objekten, Methoden und Eigenschaften. Dies sind Begriffe aus der Welt der *OOP* (= objektorientierte Programmierung). Schon damit Sie mit der Dokumentation zurechtkommen, ist es erforderlich, dass Sie die Bedeutung und Zusammenhänge dieser Begriffe kennen. Aber auch bei der Programmierung kommen Sie ohne grundlegende Kenntnisse der OOP mit VBA nicht weit. Sie können zwar kleine mathematische Aufgaben lösen, Office-Anwendungen steuern können Sie aber nur mithilfe von Objekten, Methoden und Eigenschaften und müssen daher natürlich auch grundlegende Konzepte der OOP beherrschen.

Nun, worum geht es bei der OOP? Die Idee, die dahintersteckt, ist folgende: Die Objekte, Methoden und Eigenschaften der Programmiersprache sollen die zur Problemlösung notwendigen Objekte der realen Welt nachbilden. Soll also eine Anwendung zur Verwaltung von Bankkunden und ihrer Konten erstellt werden, muss es verschiedene Objekte geben, die die Realität auf das notwendige Maß reduzieren und abbilden.

Es gäbe in diesem Fall also ein Objekt »Bankkunde«, das verschiedene Eigenschaften und Methoden hat. Die Eigenschaften beschreiben das Objekt, und die Methoden stellen die Aktionen dar, die der Bankkunde in der realen Welt ausführen könnte. Dieses Objekt hätte also z.b. die Eigenschaften *Name, Anschrift, Alter, Kontonummer* und die Methoden *Konto_eröffnen, Konto_auflösen, Geld_einzahlen, Geld_abheben* etc. Andere Eigenschaften, die der Kunde in der Realität hat, die aber für die Problemlösung nicht relevant sind, wie beispielsweise Hobbys, Automarke, Haarfarbe etc., werden durch das Objekt nicht abgebildet.

Jedes Objekt unterscheidet sich von allen anderen Objekten durch die Ausprägung, also den Wert mindestens einer Eigenschaft. Jeder Kunde der Bank, also jedes Objekt »Bankkunde«, hat z.b. die Eigenschaft Kontonummer, aber deren Wert ist für jeden Kunden anders. Kunde Maier hat also eine andere Kontonummer als Kunde Müller. Alle existierenden Objekte »Bankkunde« sind gleichartig, das heißt, sie haben die gleichen Eigenschaften und Methoden aber mit anderen Ausprägungen. Diese gleichartigen Objekte sind *Instanzen* einer Klasse. Genauso gut kann man sagen, Klassen fassen gleichartige Objekte zusammen. Objekte können auch über Methoden in Beziehung zueinander stehen. Eine solche Beziehung liegt z.b. vor, wenn Bankkunde A mit der Methode *Überweisen_an* an Bankkunde B einen Geldbetrag überweist.

In der OOP-Theorie werden Methoden daher auch als Nachrichten bezeichnet, weil sie von einem Objekt an ein anderes gesendet werden. Die Objekte sind dann Nachrichtensender und Nachrichtenempfänger.

Außerdem gibt es auch noch *Ereignisse*, die für ein bestimmtes Objekt eintreten können. Ein mögliches Ereignis für den Bankkunden wäre beispielsweise sein Tod. Für ein Ereignis können in VBA bestimmte Anweisungen festgelegt werden, die automatisch ausgeführt werden, wenn das Ereignis eintritt. Solche Anweisungen werden in *Ereignisprozeduren* zusammengefasst.

> Klassen definieren Sie in VBA mit Klassenmodulen, die Sie einem Projekt über *Einfügen / Klassenmodul* hinzufügen können. Mehr dazu erfahren Sie in Kapitel 6 »Objektorientierte Programmierung«.

Code planen und dokumentieren

Neben der OOP gibt es eine ältere Methode des Programmierens, nämlich die strukturierte Programmierung. Sie verfolgt das Ziel, die Wartung des Programmcodes zu erleichtern, um damit Kosten bei der Software-Entwicklung und Wartung zu senken. Dazu fordert sie:

- ✔ Zur Programmablaufsteuerung dürfen ausschließlich Verzweigungen und Schleifen, aber keine Sprünge (Goto) verwendet werden.

- ✔ Die Programme sollen modular erstellt werden. Abläufe sollen also bausteinartig in kleinere und wiederverwendbare Abschnitte (Prozeduren und Funktionen) zerlegt werden.

- ✔ Der Quelltext sollte gut dokumentiert und übersichtlich gestaltet sein, damit er nicht nur vom Programmierer selbst, sondern auch von jedem anderen verstanden und gewartet werden kann.

Um diese Forderungen zu erfüllen, wurden verschiedene Methoden entwickelt, die vor allem die Dokumentation und Planung von Programmen betreffen.

Mit Einführung der OOP wurden die Ziele der strukturierten Programmierung jedoch etwas aus den Augen verloren, weil die Existenz von Ereignissen eine Software-Entwicklung mit den Methoden der strukturierten Programmierung unmöglich machte. Dies ändert jedoch nichts daran, dass diese Methoden es gerade dem Programmiereinsteiger ermöglichen, einfache und fehlerfreie Programme zu erstellen, und da VBA zumindest nicht auf Ereignisse angewiesen ist, wenn Sie kleinere Anwendungen erstellen möchten, sind diese Methoden für den VBA-Einstieg problemlos anwendbar und vor allem sehr lehrreich.

Mit Hilfe von Programmablaufplänen (= PAP) oder Struktogrammen, die vor der Erstellung des Quellcodes angefertigt werden, soll der Programmierer bereits vor der Kodierung den Ablauf des Programms vollständig kennen. Damit sollen Fehlerquellen vermieden und einfacher, leicht wartbarer Code erzeugt werden.

Genau diese Überlegung ist es, die die strukturierte Programmierung für den Programmieranfänger so nützlich macht. Er ist damit gezwungen, sich vor der Umsetzung der Problemlösung in Quellcode ausführlich Gedanken über den Lösungsweg zu machen. Er (oder sie) programmiert also nicht einfach drauflos.

Angenommen, Sie beabsichtigen, in Urlaub zu fahren, und kennen weder den Weg zu Ihrem Urlaubsort noch den Urlaubsort. Dann fahren Sie ja auch nicht einfach los, ohne sich vorher Gedanken darüber gemacht zu haben. Zunächst werden sie den Urlaubsort festlegen und dann nachsehen, welche Autobahn Sie benutzen müssen und wie Sie innerhalb Ihres Urlaubsortes das Hotel finden. Wahrscheinlich studieren Sie doch auch vorher Straßenkarten und schreiben sich Ihre Fahrtroute detailliert auf. Genau das erwarten die Methoden der strukturierten Programmierung von Ihnen.

Programmablaufpläne

Programmablaufpläne (kurz: PAP) verwenden bestimmte Symbole zur Darstellung von Verzweigungen, Anweisungen sowie Ein- und Ausgaben. Diese werden durch Pfeile miteinander verbunden und stellen so den Programmablauf dar. Ein PAP kann so weit von der verwendeten Programmiersprache abstrahiert werden, dass kein einziger Befehl der Sprache für die Erstellung des PAPs benötigt wird. Sie können daher auch dann schon einen PAP für die Lösung eines Problems erstellen, wenn Sie die Programmiersprache noch nicht kennen oder noch gar nicht wissen, welche Programmiersprache Sie nutzen möchten.

Der folgende PAP verdeutlicht den Programmablauf einer Prozedur, die nacheinander

✔ zwei Zahlen vom Anwender eingeben lässt,

✔ prüft, ob die zweite Zahl ungleich 0 ist,

✔ wenn möglich, die erste Zahl durch die zweite teilt oder eine entsprechende Meldung ausgibt und

✔ das Berechnungsergebnis ausgibt.

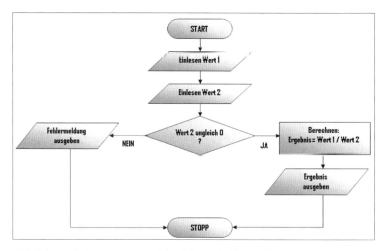

Abbildung 3.4: Programmablaufplan mit Verzweigung

Sie können einen solchen PAP sowohl mit Papier und Bleistift als auch am PC erstellen. Es gibt dafür spezielle Programme, aber auch jedes Grafikprogramm ist tauglich. Besonders gut geht es auch mit der Zeichnen-Symbolleiste von Word 2000 und höher. In den AutoFormen finden Sie eine Rubrik *Flussdiagramm,* in der alle notwendigen Symbole für einen PAP definiert sind.

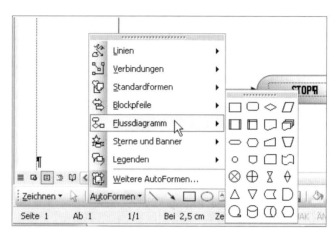

Abbildung 3.5: Die Symbole für den PAP in den AutoFormen von Word

Programmablaufpläne lassen sich für einfache Programme auf vier Symbole reduzieren. Für Start- und Endpunkt wird ein Oval verwendet, für Verzweigungen und Schleifenabbruchbedingungen werden Rauten, für Ein- und Ausgaben Parallelogramme (Vierecke mit schrägen Seiten) und für sonstige Anweisungen Rechtecke verwendet. In die Elemente schreiben Sie die Texte, wie beispielsweise Prüfbedingungen, Anweisungen und Ausgabetexte. Die alternativen Wege aus einer Raute sollten Sie mit *Ja* und *Nein* oder *Wahr* und *Falsch* beschriften. Die verschiedenen Elemente des PAPs verbinden Sie dabei durch Pfeile, die immer in die Richtung des Programmablaufs weisen müssen, also vom Anfang zum Ende und von einer Anweisung zur nächsten.

Für komplexere Anwendungen, die auch Prozeduren und Funktionen aufrufen, können Sie ein Rechteck mit Doppellinien an der Seite verwenden, um Prozeduraufrufe kenntlich zu machen.

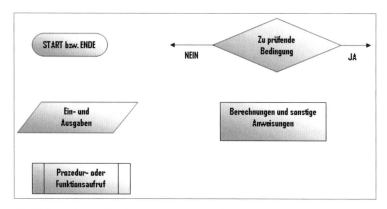

Abbildung 3.6: Die gängigen Symbole für einen PAP

Auch Schleifen lassen sich mithilfe eines PAPs realisieren, da auch sie über eine Bedingung verfügen, die abhängig vom Typ der Schleife entweder am Anfang der Schleife oder am Ende geprüft wird.

Nehmen Sie an, Sie möchten keine Meldung ausgeben, wenn *Zahl2* gleich Null ist, sondern stattdessen die Zahl so lange einlesen, bis sie einen gültigen Wert hat. Dann springen Sie im PAP einfach vor die Anweisung, die die Zahl einliest, und der PAP sieht wie folgt aus (siehe Abbildung 3.7).

Der Nachteil von PAPs ist, dass sie im Gegensatz zu Struktogrammen Sprünge innerhalb des Quellcodes darstellen können und daher auch zur Nutzung von Sprüngen zur Programmablaufsteuerung verführen. Sprünge sind in der strukturierten Programmierung deshalb so verpönt, weil Sie dadurch schnell Code erhalten, der nicht mehr durchschaubar ist. Sie werden aber im weiteren Verlauf des Buches merken, dass Sie auch ohne Sprünge zur Programmablaufsteuerung auskommen. Daher wird dies nachfolgend auch nicht behandelt.

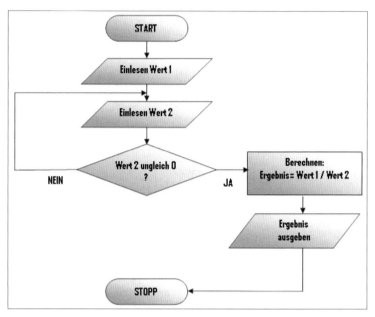

Abbildung 3.7: Programmablaufplan mit einer nichtabweisenden Schleife

In VBA kommen Sie aber bei der Fehlerbehandlung nicht mehr um Sprünge herum. Allerdings ist es nur eine Frage der richtigen Technik, trotzdem einfachen Code zu erstellen. Da PAPs Sprünge grundsätzlich darstellen können, eignen sie sich auch dazu, Fehlerbehandlungsroutinen darzustellen.

Struktogramme

Struktogramme nach Nassi-Shneidermann gliedern ein Programm in Blöcke, die sich wiederum in Elementarblöcke aufteilen lassen. Sie werden deshalb auch Blockdiagramme genannt. Es gibt spezielle Symbole für Verzweigungen und Schleifen. Sprünge lassen sich mit Struktogrammen nicht darstellen. Aus diesem Grund werden

Struktogramme von den Verfechtern der strukturierten Programmierung den Programmablaufplänen vorgezogen. In VBA-Programmen können Sie so aber keine Fehlerbehandlungsroutinen darstellen.

Sie haben den weiteren Vorteil, dass sich größere Programme durch die Aufteilung in Blöcke besser darstellen lassen. Diese grafische Darstellung erlaubt eine Programmierung, bei der die Strukturelemente des Programms gleichzeitig die Grundlage einer modularen Einteilung sind. Dabei wird dann zunächst das komplette Programm als Struktogramm erstellt und später wird jeder einzelne Block des Struktogramms in einem eigenen Struktogramm detailliert aufgegliedert.

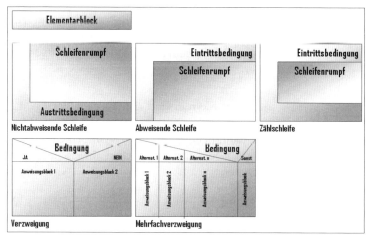

Abbildung 3.8: Verfügbare Symbole für Struktogramme

Jeder Anweisungsblock kann sich wieder aus Elementarblöcken sowie den Elementen für Schleifen und Verzweigungen zusammensetzen. Das Struktogramm für das Skript zur Division zweier Zahlen, die vom Benutzer eingelesen werden, sieht damit wie folgt aus:

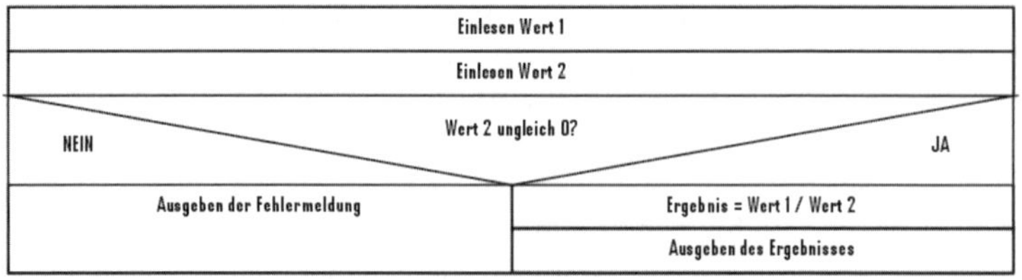

Einlesen Wert 1	
Einlesen Wert 2	
NEIN Wert 2 ungleich 0? JA	
Ausgeben der Fehlermeldung	Ergebnis = Wert 1 / Wert 2
	Ausgeben des Ergebnisses

Abbildung 3.9: Struktogramm mit Verzweigung

Struktogramme werden immer von oben nach unten gelesen. Oben ist also der Programmanfang und unten das Ende. Die Größe der Elementarblöcke hat nichts mit der Anzahl der Anweisungen in ihnen zu tun. Ein Elementarblock sollte immer nur genau eine Anweisung enthalten. Dies kann jedoch entweder ein Befehl oder der Aufruf einer Prozedur sein. Für jede Prozedur kann dann wieder ein gesondertes Struktogramm erstellt werden.

Möchten Sie nun statt der Ausgabe der Meldung den Wert *Zahl2* erneut einlesen, bis der Anwender einen gültigen Wert eingegeben hat, dann benötigen Sie dazu ein Schleifensymbol. Struktogramme unterscheiden streng zwischen abweisenden und nichtabweisenden Schleifen.

Das Struktogramm mit Schleife sieht somit folgendermaßen aus, wenn Sie eine nichtabweisende Schleife einsetzen:

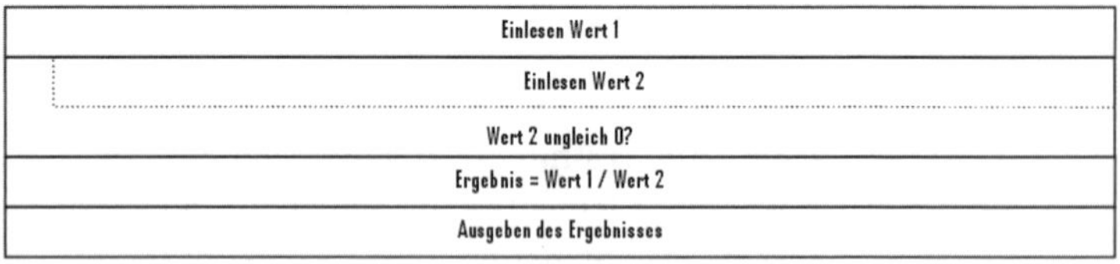

Einlesen Wert 1
Einlesen Wert 2
Wert 2 ungleich 0?
Ergebnis = Wert 1 / Wert 2
Ausgeben des Ergebnisses

Abbildung 3.10: Struktogramm mit Schleife

Es ist sinnvoll, wenn Sie beim Zeichnen die Elemente innerhalb einer Schleife mit dünneren Linien oder helleren Linienfarben zeichnen, dann treten Schleifen besser hervor.

Wie Sie sehen, enthält die Schleife genau eine Anweisung, nämlich das Einlesen des Wertes. Anschließend wird überprüft, ob *Zahl2* einen gültigen Wert enthält. Ist dies der Fall, dann ist die Austrittsbedingung erfüllt, und die Berechnung wird durchgeführt. Ansonsten wird die Zahl erneut eingelesen und wieder die Austrittsbedingung kontrolliert. Dies geschieht so lange, bis sie erfüllt ist.

Vom Problem zur Lösung

Sie kennen nun zwei Möglichkeiten, ein Programm strukturiert zu planen, indem Sie entweder einen Programmablaufplan oder ein Struktogramm erstellen, um den Programmablauf festzulegen.

Für den Anfang sollten Sie zur Erstellung eines Programms auch immer eine dieser Alternativen verwenden. Sie gewinnen dann bereits vor der Umsetzung in Programmcode einen Überblick über die Funktionen und Prozeduren, die Sie benötigen. Zudem merken Sie recht schnell, wenn Sie einen Denkfehler im Programmablauf haben.

Gehen Sie für alle nachfolgend zu erstellenden Programme nach folgendem Schema vor, dann werden Sie keine Schwierigkeiten haben, mit wenig Aufwand fehlerfreie und logisch richtige Anwendungen zu erstellen:

- Formulieren Sie das zu lösende Problem in Stichpunkten.

- Überlegen Sie sich, welche Variablen und Konstanten Sie benötigen, um das Problem zu lösen.

- Erstellen Sie ein Struktogramm oder einen PAP. Später, wenn Sie etwas Erfahrung gesammelt haben, können Sie diesen Schritt dann zumindest für kleinere Prozeduren in Gedanken vornehmen.

✔ Erstellen Sie das Skript streng nach den Vorgaben des PAPs oder Struktogramms.

✔ Testen Sie die Prozedur oder Anwendung.

Machen Sie sich während dieser Schritte ruhig Notizen. Aus Erfahrung weiß ich, dass bei komplizierten Problemen oft erst die Erleuchtung kommt, wenn das Problem schriftlich formuliert wird.

Angenommen, Sie möchten mit einer VBA-Anwendung prüfen, ob eine einzugebende Zahl eine Primzahl ist. Um bei unserem Problemlösungsverfahren zu bleiben, sollten Sie zunächst überlegen, wie eine Primzahl festzustellen ist.

Formulierung des Problems in Stichpunkten

Eine Primzahl ist eine Zahl, die nur durch sich selbst oder durch 1 teilbar ist. Daraus ergibt sich zwangsläufig, dass eine Zahl dann eine Primzahl ist, wenn es keine Zahl zwischen 1 und der Zahl selbst gibt, durch die die Zahl ohne Rest geteilt werden kann.

Wenn Sie die Prüfung, ob es eine Zahl gibt, durch die der Wert ohne Rest teilbar ist, innerhalb einer Schleife durchführen, können Sie die Schleife verlassen, sobald eine Zahl gefunden ist, für die eine Division ohne Rest möglich ist.

Notwendige Variablen und Konstanten

Als Nächstes überlegen Sie, welche Variablen Sie brauchen. Sie kommen dann zu dem Schluss, dass Sie eine Variable *Teiler* brauchen, durch die Sie die zu prüfende Zahl teilen. Diese nimmt nacheinander die Werte von 2 bis zur zu prüfenden Zahl minus 1 an. Außerdem benötigen Sie noch eine Variable, z.B. *Zahl,* in der die zu prüfende Zahl gespeichert wird. Die dritte Variable, die Sie benötigen, speichert einen Wert, an dem Sie später erkennen können, ob ein geeigneter Teiler gefunden wurde. Diese Variable können Sie z.B. *Primzahl* nennen.

Planung des Programmablaufs mit Struktrogramm und PAP

Wenn Sie den Programmablauf in einem Struktogramm darstellen, sollte es in etwa wie folgt aussehen:

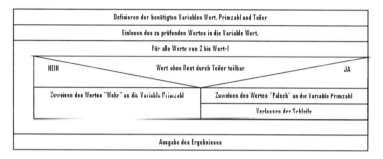

| Definieren der benötigten Variablen Wert, Primzahl und Teiler |
| Einlesen des zu prüfenden Wertes in die Variable Wert. |
| Für alle Werte von 2 bis Wert-1 |

NEIN	Wert ohne Rest durch Teiler teilbar	JA
Zuweisen des Wertes "Wahr" an die Variable Primzahl	Zuweisen des Wertes "Falsch" an die Variable Primzahl
	Verlassen der Schleife

| Ausgabe des Ergebnisses |

Abbildung 3.11: Programmablauf zum Prüfen, ob eine Zahl eine Primzahl ist

Der für dieses Problem notwendige PAP sieht dagegen etwas komplexer aus. Das liegt daran, dass beim Programmablaufplan Schleifen nur mit Verzweigungen dargestellt werden können. Dafür wird hier jedoch deutlich, dass die Schleife verlassen wird, wenn eine Zahl gefunden ist, durch die der Wert teilbar ist. Das können Sie dem Struktogramm zwar durch die Beschriftung entnehmen, durch die verwendeten Blocksymbole wird das aber nicht deutlich.

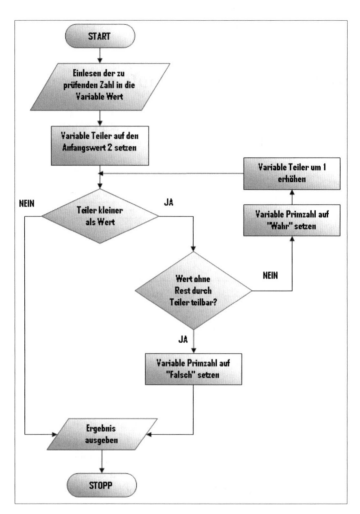

Abbildung 3.12: PAP zur Feststellung einer Primzahl

Nun müssen Sie nur noch den ermittelten Programmablauf in Quellcode umsetzen. Wie das funktioniert, erfahren Sie in den nächsten Kapiteln anhand zahlreicher Beispiele.

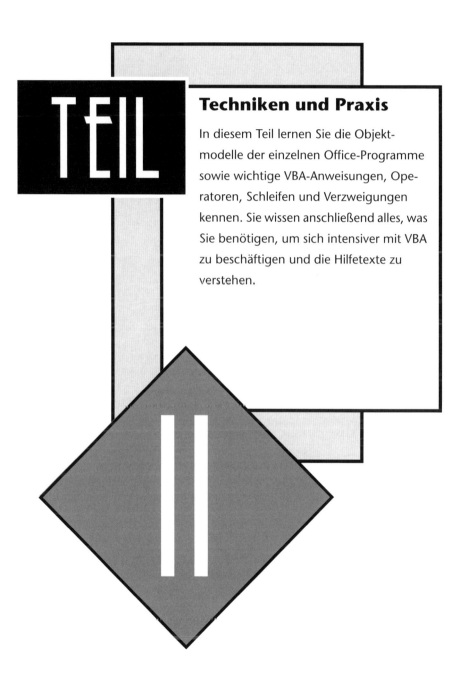

Techniken und Praxis

In diesem Teil lernen Sie die Objektmodelle der einzelnen Office-Programme
sowie wichtige VBA-Anweisungen, Operatoren, Schleifen und Verzweigungen
kennen. Sie wissen anschließend alles, was
Sie benötigen, um sich intensiver mit VBA
zu beschäftigen und die Hilfetexte zu
verstehen.

TEIL

II

4 VBA-Grundlagen

Kein Buch über eine Programmiersprache kommt ohne ein Kapitel zu den Grundlagen dieser Sprache aus. Wenn Sie VBA richtig verstehen möchten, kommen Sie leider nicht drum herum, auch diese recht langweiligen theoretischen Grundlagen zu lernen. Nachdem Sie dieses Kapitel jedoch gründlich durchgearbeitet haben, werden Sie schnell und sicher fehlerfreien Code erstellen können und auch komplexere Beispiele in der Hilfe leicht verstehen. Sie sollten es also nicht auslassen.

Alle Beispiele in diesem Kapitel funktionieren mit Excel 2000 bis 2003, die meisten jedoch auch mit jeder anderen Office-Anwendung. Um die Beispiele zu testen, starten Sie Excel oder eine andere Office-Anwendung und öffnen die IDE mit Alt + F11. Fügen Sie dann mit *Einfügen / Modul* ein Modul ein und geben Sie dort die Beispiele ein. Um diese zu testen, setzen Sie den Cursor in das Modul innerhalb des auszuführenden Quellcodes und drücken F5. Variablen und Konstantendeklarationen können Sie nicht ausführen, sie werden aber rot markiert, wenn sie syntaktisch falsch eingegeben wurden.

Syntaxkonventionen

Wie in jeder Programmiersprache gibt es auch in VBA bestimmte grundlegende Regeln, die Syntaxkonventionen, die beachtet werden müssen. Die wichtigsten dieser Regeln lauten:

- Jede Zeile sollte nur eine Anweisung enthalten. Geht eine Anweisung über die Zeile hinaus, weil sie zu lang ist, so ist jede Zeile, auf die noch eine Fortsetzung folgt, mit _ (Leerzeichen und Unterstrich) abzuschließen.

- Variablen und Konstanten sollten immer zu Beginn einer Prozedur oder am Modulanfang deklariert werden.

✓ Schleifen und Verzweigungen sollten wegen der besseren Übersichtlichkeit entsprechend ihrer Schachtelung eingerückt werden.

✓ Jede Prozedur sollte reichlich mit sinnvollen Kommentaren ausgestattet werden. Kommentare werden durch ' (Hochkomma) oder Rem eingeleitet.

✓ VBA unterscheidet keine Groß- und Kleinschreibung. Die Schlüsselwörter werden durch die IDE automatisch entsprechend ihrem Standard formatiert. Die Schreibung von Variablen, Konstanten und Prozedurnamen richtet sich nach der ersten Verwendung im Modul. Meist ist dies die Deklaration.

✓ Namen für Variablen, Konstanten, Prozeduren etc. sollten nach folgenden Regeln bestimmt werden:

     ✓ Das erste Zeichen muss ein Buchstabe sein.

     ✓ Die folgenden Zeichen dürfen nicht verwendet werden: Leerzeichen, ., !, @, &, $, # .

     ✓ Der Name darf aus maximal 255 Zeichen bestehen.

     ✓ Die Namen sollten nicht bereits von VBA-Anweisungen, Funktionen und Methoden verwendet werden.

     ✓ Ein Name darf innerhalb eines Gültigkeitsbereichs nur einmal genutzt werden.

Der Gültigkeitsbereich bestimmt den Bereich innerhalb des Projekts in dem ein Wert oder Name gültig ist. Er ergibt sich aus der Position der Namensdeklaration und den Schlüsselwörtern, mit denen der Name deklariert wurde. Mehr zum Gültigkeitsbereich erfahren Sie weiter unten in diesem Kapitel im Abschnitt »Gültigkeitsbereiche«.

Werte vorübergehend in Variablen speichern

Variablen dienen in Programmiersprachen dazu, Werte vorübergehend für die spätere Verwendung zwischenzuspeichern. Sie erlauben das Ansprechen von Werten im Hauptspeicher über den Variablennamen, statt über die Speicherstelle des Hauptspeichers, wie dies noch in den Maschinensprachen der Fall war.

Variablen können je nach Variablentyp verschiedene Werte aufnehmen. Es gibt welche, die nur Zeichenketten speichern können, andere enthalten nur Zahlen oder Objekte. Letztere werden auch *Objektvariablen* genannt. Bei der Deklaration einer Variablen wird ihr Typ festgelegt.

Sie sollten Variablen grundsätzlich vor ihrer Verwendung deklarieren und die Option `Option Explicit` sollte als erste Zeile im Modulblatt vorhanden sein. Dies hat den Vorteil, dass die IDE beim Kompilieren des Moduls einen Fehler meldet, wenn Sie Variablen verwenden, die nicht deklariert sind. Das vermeidet Fehler durch Tippfehler in Variablennamen, die nachher sehr schwer zu finden sind.

Sie können auch über die Einstellungen der IDE dafür sorgen, dass die Option `Option Explicit` in jedes neue Modul geschrieben wird. Wählen Sie dazu den Menübefehl *Extras / Optionen*. Aktivieren Sie nun auf der Registerkarte *Editor* das Kontrollkästchen *Variablendeklaration erforderlich* und schließen Sie das Dialogfeld mit *OK*. Diese Einstellung wirkt sich jedoch nur auf die anschließend neu erstellten Module, nicht auf vorhandene aus.

Die Beispiele finden Sie in der Arbeitsmappe *K04.xls* im Modul *Variablen*.

Verfügbare Datentypen

Der Typ einer Variablen bestimmt, welche Art von Daten in dieser Variablen gespeichert werden können. Sie müssen sich eine Variable mit einem bestimmten Datentyp vorstellen wie ein Gefäß, das Sie zur Aufbewahrung von Lebensmitteln verwenden. Genauso wie Sie für verschiedene Lebensmittel unterschiedliche Gefäße verwenden, legen Sie auch die Datentypen abhängig von den Daten fest, die Sie in der Variablen speichern möchten. Sie bekommen z.b. keinen Würfelzucker in eine Flasche, wohl aber eine Flüssigkeit. Aber Sie würden ein Stück Würfelzucker in einen Eimer bekommen, vom Platz her ist das aber nicht sinnvoll, weil Sie dann natürlich eine Menge Platz verschwenden. Und genauso ist das auch bei Variablen. Neben dem Typ der Daten, die in einer Variablen gespeichert werden können, bestimmt der Datentyp auch den Platzbedarf. Sie finden ihn in der folgenden Tabelle in der zweiten Spalte angegeben.

Wichtig ist der Platzbedarf der Variablen, weil ein VBA-Projekt bestimmten Einschränkungen unterworfen ist, was die Datenmengen und Modulgrößen angeht. Das Datensegment eines Moduls darf maximal 64 KB groß sein. Es umfasst alle lokalen Variablen in Funktionen und Prozeduren, die mit dem Schlüsselwort static deklariert sind. Dazu kommen alle auf Modulebene deklarierten Variablen mit Ausnahme von *Datenfeldern*. Mit der Wahl möglichst kleiner Datentype können Sie Problemen vorbeugen und das Datensegment eines Moduls möglichst klein halten.

Datenfelder, auch Arrays genannt, sind eine Art virtuelle Tabellen, die in der Lage sind, gleichartige Daten zu speichern. Sie können über Indizes auf die einzelnen Zeilen und Spalten des Datenfeldes zugreifen.

In der folgenden Tabelle werden alle verfügbaren Variablentypen aufgelistet, die Sie zur Deklaration von Variablen verwenden können. In der dritten Spalte wird der Wertebereich aufgeführt. Die Angabe 0 bis 255 für den Typ Byte bedeutet also, dass Variablen des Typs Byte die Werte 0 bis 255 annehmen können.

Datentyp	Speicherbedarf	Wertebereich
Byte	1 Byte	0 bis 255
Boolean	2 Bytes	True oder False
Integer	2 Bytes	-32.768 bis 32.767
Long (lange Ganzzahl)	4 Bytes	-2.147.483.648 bis 2.147.483.647
Single (Gleitkommazahl mit einfacher Genauigkeit)	4 Bytes	-3,402823E38 bis -1,401298E-45 für negative Werte; 1,401298E-45 bis 3,402823E38 für positive Werte
Double (Gleitkommazahl mit doppelter Genauigkeit)	8 Bytes	-1,79769313486232E308 bis -4,94065645841247E-324 für negative Werte; 4,94065645841247E-324 bis 1,79769313486232E308 für positive Werte
Currency (skalierte Ganzzahl)	8 Bytes	-922.337.203.685.477,5808 bis 922.337.203.685.477,5807
Date	8 Bytes	1. Januar 100 bis 31. Dezember 9999
Object	4 Bytes	Beliebiger Verweis auf ein Objekt vom Typ Object
String (variable Länge)	10 Bytes plus Zeichenfolgenlänge	0 bis ca. 2 Milliarden
String (feste Länge)	Zeichenfolgenlänge	1 bis ca. 65.400
Variant (mit Zahlen)	16 Bytes	Numerische Werte im Bereich des Datentyps Double
Variant (mit Zeichen)	22 Bytes plus Zeichenfolgenlänge	Wie bei String mit variabler Länge

Tabelle 4.1: Verfügbare Datentypen

Wenn Sie eine Variable nicht deklarieren oder ihr keinen Daten-
typ zuweisen, so erhält sie automatisch den Datentyp Variant.
Dieser Datentyp ist somit der Standard (Default)-Datentyp von
VBA.

Variablen deklarieren

Alle Variablen werden mit der Dim-Anweisung deklariert. Hierzu ist
mindestens der Variablenname zu nennen:

Dim Dateiname

Die vorstehende Anweisung deklariert eine Variable mit dem
Namen Dateiname. Da ihr kein Datentyp zugeordnet wurde, erhält
sie automatisch den Typ Variant.

Variablen vom Typ Variant benötigen sehr viel mehr Speicherplatz als Variablen anderer Typen. Aus diesem Grund sollte jede
Variable einen Datentyp ungleich Variant erhalten. Es gibt nur
sehr wenige Situationen, in denen dieser Typ unbedingt erforderlich ist. Je mehr Ressourcen Sie verschwenden, desto langsamer werden Ihre VBA-Makros. Dies gilt insbesondere dann,
wenn die Anwendung sehr groß ist.

Um einer Variablen bei der Deklaration einen Typ zuzuweisen, gibt
es zwei Möglichkeiten. Die erste kann für jeden Variablentyp verwendet werden. Hierbei wird der Typ hinter dem Schlüsselwort As
der Dim-Anweisung angegeben.

Die folgende Dim-Anweisung definiert zwei Variablen: Die Variable
A erhält den Typ Integer, kann also nur ganze Zahlen speichern,
und B kann als String Zeichenketten speichern.

Dim A As Integer, B As String

Eine *Zeichenkette* ist eine Folge von Zeichen die als Text behandelt wird. Die verwendeten Zeichen können Buchstaben, Sonderzeichen und Ziffern sein. Zeichenketten werden in VBA immer in Anführungszeichen eingefasst.

Deklarieren Sie mehrere Variablen in einer Zeile, müssen Sie für jede Variable einzeln den Typ angeben. Das Schlüsselwort Dim brauchen Sie aber nun am Zeilenanfang anzugeben.

```
Dim A as Long, B As String
```

Die vorstehende Anweisung definiert eine Variable A vom Typ Long und eine Variable B des Typs String.

Alternativ können Sie auch die DefType-Anweisungen verwenden. Mit diesen Anweisungen können Sie Standarddatentypen festlegen. Sie können beispielsweise mit der Anweisung DefDate D bestimmen, dass alle nicht deklarierten Variablen die mit dem Buchstaben »D« beginnen, nicht den Datentyp Variant bekommen, sondern Date, um Datumswerte zu speichern.

Alternativ können Sie auch einen Buchstabenbereich angeben. Die zweite Anweisung des folgenden Listings legt auf diese Weise fest, dass alle Variablen, die mit den Buchstaben »S« bis »T« beginnen, den Standarddatentyp String haben.

```
DefDate D
DefStr S-T
```

Die Änderung des Standarddatentyps ersetzt nicht die Deklaration von Variablen, sondern ändert wirklich nur den Datentyp, den nicht deklarierte Variablen bekommen. Wenn Sie die Option Option Explicit am Modulanfang gesetzt haben, müssen Sie trotzdem die Variablen deklarieren, bevor Sie sie verwenden.

Wichtig ist außerdem, dass Sie die DefType-Anweisungen an den Modulanfang setzen. Erst danach dürfen die ersten Variablendeklarationen folgen:

```
DefDate D
DefStr S-T

Dim Dateiname
Dim A As Integer, B As String
```

Neben den hier verwenden DefType-Anweisungen DefDate und DefStr gibt es natürlich noch mehr, für jeden Datentyp mit Ausnahme von Decimal eine.

Anweisung	Datentyp
DefBool	Boolean
DefByte	Byte
DefInt	Integer
DefLng	Long
DefCur	Currency
DefSng	Single
DefDbl	Double
DefDate	Date
DefStr	String
DefObj	Object
DefVar	Variant

Tabelle 4.2: Verfügbare DefType-Anweisungen

Variablen verwenden

Sie können Variablen an fast allen Stellen in einem VBA-Makro einsetzen, an denen Sie die Werte verwenden können, die in den Variablen gespeichert sind. Dazu deklarieren Sie die Variablen, weisen ihnen einen Wert zu und verwenden die Variablen anstelle des Wertes.

Möchten Sie der Variablen einen Wert zuweisen, verwenden Sie dazu folgendes Schema: Variable = Wert. Dabei ist das Gleichheitszeichen der Zuweisungsoperator. Der neue Wert muss immer rechts davon und die Variable links vom Operator stehen. Wichtig ist dabei, dass Sie Zeichenketten in Anführungszeichen einfassen, Datumswerte in Doppelkreuze einfassen und Dezimalzahlen mit Dezimalpunkt angeben. Die folgenden Wertzuweisungen stellen daher korrekte Zuweisungen an Variablen des Typs String, Double und Date dar.

```
Sub Zuweisungen()
    Dim Text As String
    Dim Datum As Date
    Dim Dezimal As Double
    Text = "Dies ist ein Text"
    Datum = #1/17/2005#
    Dezimal = 10.4
End Sub
```

Beachten Sie, dass Sie bei der Zuweisung von Datumswerten das Format #Tag/Monat/Jahr# verwenden müssen.

Variablen sind besonders dort nützlich, wo der Wert für die Berechnung erst zur Laufzeit feststeht, Sie als Programmierer also gar keine Möglichkeit haben, den Wert zu verwenden.

In folgendem Beispiel werden die Variablen X, Y und Ergebnis deklariert. Dann wird den Variablen X und Y je ein Wert (20 und 30) zugewiesen. Danach werden X und Y statt der Werte 20 und 30 dazu verwendet, das Produkt aus 20 und 30 zu bilden und in der Variablen Ergebnis abzuspeichern. Anschließend wird der Wert der Variablen Ergebnis mit Debug.Print Ergebnis im Direktfenster ausgegeben.

```
Sub Variablen_verwenden1()
    Dim X as Integer, Y as Integer, Ergebnis
    X = 20
    Y = 30
```

```
    Ergebnis = X * Y
    Debug.Print Ergebnis
End Sub
```

Variablen können Sie aber nicht nur feste Werte zuweisen, sondern auch Funktionsergebnisse. Das folgende Beispiel gibt das Datum und die Uhrzeit zur Laufzeit im Direktfenster aus. Das aktuelle Datum wird von der Funktion Date, die Uhrzeit von der Funktion Time() zurückgegeben.

Eigentlich ist Date tatsächlich eine Funktion. Dafür gibt es zwar Argumente: Zum einen wird in der VBA-Hilfe Date als Funktion bezeichnet, zum anderen gibt die Anweisung einen Wert zurück. Das ist aber nur bei Funktionen möglich. Dennoch löscht die IDE das Klammernpaar hinter dem Funktionsnamen, wenn Sie sie eingeben und der Rückgabewert wird trotzdem der Variablen zugewiesen. Das gehört zu den wenigen etwas unlogischen Dingen bei VBA.

```
Sub Variablen_verwenden2()
    Dim Datum As Date, Zeit As Date
    Datum = Date
    Zeit = Time()
    Debug.Print "Heute ist der " & Datum
    Debug.Print "Augenblicklich ist es " _
    & Zeit
End Sub
```

Bei Ausführung des Programms erfolgt nun die folgende Ausgabe im Direktfenster.

```
Heute ist der 08.12.2004
Augenblicklich ist es 23:07:40
```

Sie können einer Variablen natürlich auch eine andere Variable zuweisen. Die folgende Anweisung erhöht den aktuellen Wert der Variablen Summe um 1. Solche Anweisungen werden insbesondere in Schleifen häufig verwendet. Wenn Sie einer Variablen einen Text zuweisen möchten, dann müssen Sie diesen in Anführungszeichen setzen, wie das folgende Beispiel zeigt:

```
Sub Variablen_verwenden3()
    Dim Summe As Integer
    Summe = Summe + 1
    Dim Datei As String
    Datei = "Test.xls"
End Sub
```

Automatische und manuelle Datentypkonvertierungen

Normalerweise bestimmt der Datentyp, welche Werte Sie einer Variablen zuweisen können. Ganz so eng sieht VBA das aber nicht. Eine Variable des Typs Boolean kann beispielsweise boolesche Werte speichern. Das sind die Werte True und False, die in VBA und Visual Basic durch die numerischen Werte 0 und -1 dargestellt werden. Einer booleschen Variablen können Sie daher die vordefinierten Konstanten true, false oder 0 und -1 zuweisen. Daher sollte es eigentlich nicht möglich sein, einer Variablen des Typs Boolean einen anderen numerischen Wert zuzuweisen.

Aber es geht trotzdem. Die folgende Prozedur zeigt dies. Zunächst wird hier eine Variable Bool definiert und ihr dann der Wert -5 zugewiesen. Das klappt problemlos und die Debug.Print-Anweisung gibt dann den Wert Wahr aus.

Aber warum klappt das? Der Grund liegt darin, dass VBA selbstständig Datentypen konvertiert, wenn dies sinnvoll und möglich ist. Beispielsweise wird jeder numerische Wert ungleich 0 zu true konvertiert, wenn Sie ihn einer booleschen Variablen zuweisen. Nur der Wert 0 wird zu false konvertiert.

In deutschen Office-Versionen werden die booleschen Werte True und False mit den deutschen Übersetzungen im Testfenster ausgegeben, also mit »Wahr« und »Falsch«.

```
Sub Typkonvertierung()
    Dim Bool As Boolean
    Bool = -5
    Debug.Print Bool
End Sub
```

Genauso werden Datumswerte und Zahlen automatisch zu Zeichenketten konvertiert, wenn Sie sie einer String-Variablen zuweisen. Nach der Zuweisung Text= 5.3 enthält die Variable Text die Zeichenkette »5,3«.

```
Sub Typkonvertierung2()
    Dim Text As String
    Text = 5.3
    Debug.Print Text
End Sub
```

> Beachten Sie, dass hier der angegebene Dezimalpunkt nicht in der Zeichenkette vorkommt, sondern das Dezimalkomma. Bei der Konvertierung einer Dezimalzahl werden nämlich die Ländereinstellungen von Windows berücksichtigt. Für deutsche Ländereinstellungen bedeutet dies, dass das Dezimalkomma verwendet wird und erst nach Anwendung der Ländereinstellungen erfolgt die Konvertierung in eine Zeichenkette.

Würde die Zuweisung hingegen Text = "5.3" lauten, würde der Dezimalpunkt nach der Zuweisung erhalten bleiben.

Außerdem können Sie Datentypen auch explizit konvertieren. Das geht aber auch nicht unbegrenzt. Natürlich können Sie nicht die Zeichenfolge »ABC« in eine Zahl konvertieren, weder automatisch noch mit der expliziten Konvertierung. Was aber sehr wohl geht, ist die Konvertierung von Zeichenketten mit numerischen Inhalten in eine Zahl. Das folgende Beispiel zeigt dies exemplarisch. Der Variablen Zahl wird eine Zeichenkette »1« zugewiesen, die zuvor mit der Funktion CLng() in einen Wert des Typs Long konvertiert wird.

```
Sub Typkonvertierung3()
    Dim Zahl As Long
```

```
    Zahl = CLng("1")
    Debug.Print Zahl
  End Sub
```

Analog dazu gibt es auch für alle anderen Datentypen Funktionen für die Konvertierung. Wichtig ist dabei, dass sich der zu konvertierende Wert auch in den Zielwert konvertieren lässt. Beispielsweise ist es nicht möglich die Zahl 1002 in einen Wert des Typs Byte zu konvertieren, weil ein Byte-Wert eben nur maximal 255 sein kann.

Konvertierungsfunktion	Zieldatentyp
CBool()	Boolean
CByte()	Byte
CCur()	Currency
CDate()	Date
CDbl()	Double
CInt()	Integer
CLng()	Long
CSng()	Single
CVar()	Variant
CStr()	String

Tabelle 4.3: Konvertierungsfunktionen im Überblick

Konstanten definieren und verwenden

Konstanten dienen dazu, Werte zu definieren, die im Gegensatz zu Variablen ihren Wert im Programmverlauf nicht ändern können. Sie sollten sie verwenden, um den Wartungsaufwand zu verringern. Wenn Sie z.B. in einer größeren Anwendung immer wieder die gleiche Datei nutzen, dann ist es sinnvoller, eine Konstante zu definieren, die den Dateinamen enthält, als überall im Quelltext den Dateinamen selbst zu verwenden. Spätestens wenn Sie die Datei umbenennen müssen, haben Sie eine Menge Arbeit. Haben Sie hingegen eine Konstante verwendet, brauchen Sie nur deren Wert zu berichtigen und alles funktioniert wieder.

Konstanten werden mit der Const-Anweisung erstellt. Dabei wird gleichzeitig auch der Wert der Konstanten festgelegt. Es gibt also keinen Unterschied zwischen Deklaration und Wertzuweisung wie bei Variablen.

```
Const PI=3.1415927
```

Obige Anweisung definiert eine Konstante PI, der der Wert zugewiesen wird. Nun könnten Sie für Berechnungen die Konstante verwenden, anstatt immer umständlich die ganze Zahl eintippen zu müssen.

Das folgende Beispiel definiert eine Konstante DateiName und legt für sie den Wert »Test.xls« fest. Anschließend wird eine neue Excel-Arbeitsmappe erstellt und unter dem Namen gespeichert, der in der Konstanten enthalten ist. Arbeitsmappen werden in Excel durch das Workbook-Objekt dargestellt, das in der Workbooks-Auflistung verwaltet wird. Mit dem Application-Objekt können Sie auf Excel zugreifen und so dessen untergeordnete Objekte wie die Workbooks-Auflistung nutzen.

Mehr zum Objektmodell von Excel erfahren Sie in Kapitel 8 »Das Excel-Objektmodell«.

```
Sub Datei_neu()
    Const DateiName = "Test.xls"
    Application.Workbooks.Add
    ActiveWorkbook.SaveAs filename:=DateiName
    Application.Workbooks(DateiName).Close _
        Savechanges:=True
End Sub
```

Das obige Beispiel funktioniert nur in Excel. Wenn Sie es unter Word, PowerPoint oder einer anderen Office-Anwendung ausführen lassen, verursacht es einen Laufzeitfehler, weil dann das Workbooks-Objekt nicht verfügbar ist.

Beim Zuweisen von Werten an Konstanten müssen Zeichenketten in Anführungszeichen und Datumsangaben in Doppelkreuze eingeschlossen werden. Hier gibt es als keine Unterschiede zu Zuweisungen an Variablen.

Der Datentyp einer Konstanten wird im Prinzip bei der Zuweisung des Wertes festgelegt. Sie können jedoch auch explizit einen Datentyp angeben. In diesem Fall folgt die Definition des Datentyps ebenfalls mit dem Schlüsselwort As, allerdings noch vor der Wertzuweisung. Die Deklaration aus dem vorherigen Listing könnte also so aussehen:

```
Const DateiName As String = "Test.xls"
```

Konstantenlisten erzeugen

Viele VBA-Anweisungen, an die Sie Konstanten übergeben müssen, bieten dazu eine Reihe möglicher Konstanten zur Auswahl an. Diese Konstanten sind als Konstantenliste definiert. Möchten Sie auch eigene Prozeduren und Funktionen so komfortabel gestalten, können Sie dazu Konstantenlisten mit Enum deklarieren. Die Deklaration mit Enum muss auf Modulebene am Anfang des Moduls erfolgen.

Die Enum-Anweisung steht erst ab VBA 6.0 zur Verfügung. Da alle Office-Versionen für Macintosh noch VBA 5.0 verwenden, funktioniert der Code nur unter den Windows-Anwendungen ab Office 2000 aufwärts.

Das folgende Beispiel definiert eine Konstantenliste mit Farbwerten für Excel:

```
Enum Farben
    FrbSchwarz = 0
    FrbRot = 255
    FrbBlau = 16711680
    FrbGelb = 65535
```

```
FrbOrange = 52479
FrbGruen = 65280
End Enum
```

Sie können diese Konstanten nun wie normale, einzeln deklarierte Konstanten verwenden oder als Datentyp in einer Parameterdefinition von Funktionen und Prozeduren nutzen.

Definieren Sie beispielsweise eine Variable des Typs Farben und möchten ihr eine der definierten Konstanten zuweisen, zeigt die IDE sogar die Konstantenliste an.

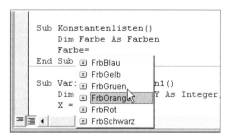

Abbildung 4.1: Auswählen der Konstante aus der benutzerdefinierten Konstantenliste

```
Sub Konstantenlisten()
    Dim Farbe As Farben
    Farbe = FrbBlau
End Sub
```

Eigene Datentypen erstellen

Wenn Sie möchten, können Sie auch eigene Datentypen definieren. Diese setzen Sie einfach aus den Standarddatentypen zusammen. Dazu dient die Type-Anweisung. Sie muss wie die Enum-Anweisung immer auf Modulebene, also außerhalb einer Prozedur oder Funktion und am Modulanfang stehen. Die Type-Anweisung hat folgende Syntax:

```
Type Name
    Teil1 As Datentyp
    Teil2 As Datentyp
    ...
End Type
```

Nach dem Schlüsselwort Type geben Sie also den Namen des Datentyps an. Abgeschlossen wird die Deklaration mit End Type. Dazwischen geben Sie dann die einzelnen Teile an, aus denen der Datentyp zusammengesetzt werden soll.

Möchten Sie beispielsweise in der Variablen dieses Typs Geburtsdaten speichern, benötigen Sie ein Feld des Typs Date für das Datum sowie zwei String-Felder für den Nachnamen und den Vornamen. Die Definition könnte dann so aussehen:

```
Type GTag
    Name As String
    Vorname As String
    GDatum As Date
End Type
```

Wenn Sie den Typ nutzen möchten, geben Sie ihn bei einer Variablendeklaration einfach nach dem Schlüsselwort As an. Erst bei der Zuweisung von Werten treten die Besonderheiten benutzerdefinierter Datentypen zutage. Sie bestehen dann nämlich nicht aus einem Wert, sondern mehren Teilen. Jedem Element des Typs (Name, Vorname und GDatum) weisen Sie einen eigenen Wert zu. Dazu geben Sie nach dem Variablennamen einen Punkt und dann den entsprechenden Namen des Teils an. IntelliSense bietet Ihnen die einzelnen Bestandteile des Typs auch zur Auswahl an. Die zugewiesenen Werte müssen Sie wieder entsprechend der Datentypen im benutzerdefinierten Typ angeben, Zeichenketten also in Anführungszeichen und Datumswerte in Doppelkreuzen.

Im folgenden Listing wird eine Variable des Typs GTag definiert und ihren einzelnen Bestandteilen werden gültige Werte zugewiesen.

```
Sub BenDatentypen()
    Dim GT As GTag
```

```
GT.Name = "Meier"
GT.Vorname = "Helga"
GT.GDatum = #10/17/1970#
End Sub
```

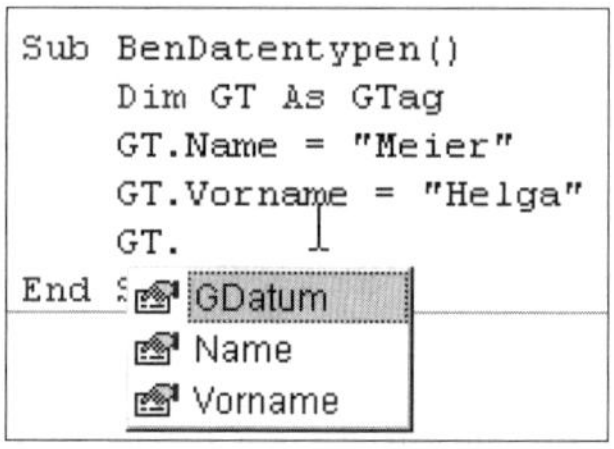

```
Sub BenDatentypen()
    Dim GT As GTag
    GT.Name = "Meier"
    GT.Vorname = "Helga"
    GT.
End ⌐🖘 GDatum
       🖘 Name
       🖘 Vorname
```

Abbildung 4.2: Verwenden eines benutzerdefinierten Datentyps

Gültigkeitsbereiche

Der Gültigkeitsbereich einer Variablen, Konstanten oder eines Objekts ist der Bereich im VBA-Projekt, in dem die Variable oder Konstante ihren Wert behält bzw. in dem Sie auf das Objekt zugreifen können. Der Gültigkeitsbereich von Variablen und Konstanten richtet sich danach, wo diese deklariert wurden.

 Die folgenden Beispiele finden Sie im Modul *Gueltigkeit* in der Datei *K04.xls*.

Haben Sie eine Variable (für Konstanten gilt Entsprechendes) auf Prozedurebene also innerhalb einer Prozedur deklariert, so verliert die Variable ihren Wert, sobald die Prozedur beendet wird. Wenn Sie jedoch innerhalb der Prozedur andere Prozeduren aufrufen, so behält die Variable auch während deren Ausführung ihren Wert, bis die aufrufende Prozedur beendet wird. Das liegt daran, dass die aufrufende Prozedur erst dann beendet wird, wenn alle von ihr aufgerufenen Prozedurenebenen verlassen wurden. Allerdings können Sie in den aufgerufenen Prozeduren nicht auf die Variable zugreifen. Dies demonstriert das folgende kleine Beispiel.

Zunächst wird eine Variable A definiert und ihr ein Wert zugewiesen. Dieser Wert wird im Direktfenster ausgegeben. Anschließend werden die beiden Prozeduren Prozedur1 und Prozedur2 aufgerufen. Prozedur1 versucht die Variable A zu ändern und ihren Wert auszugeben. Da die Variable A aber nur in der aufrufenden Prozedur gültig ist, erzeugt sie damit eine eigene Variable A, deren Gültigkeitsbereich natürlich die Prozedur Prozedur1 ist. Auch wenn die Variable den gleichen Namen hat, tritt kein Fehler auf und der Wert der ersten Variablen A wird auch nicht beeinflusst, da sich die Geltungsbereiche der beiden Variablen nicht überschneiden. Nach dem Aufruf der beiden Prozeduren gibt die aufrufende Prozedur wieder den Wert der Variablen A aus. Dieser hat sich nicht geändert und beträgt immer noch 10.

```
Sub Gültigkeit_1()
    Dim A As Integer
    A = 10
    Debug.Print "A vor dem ersten Aufruf: " & A
    Prozedur1
    Prozedur2
    Debug.Print "A nach Rückkehr in die aufrufende" _
        & " Prozedur: " & A
End Sub

Sub Prozedur1()
    Debug.Print _
    "A nach Aufruf der ersten Prozedur: " & A
    A = 30
End Sub

Sub Prozedur2()
    Debug.Print _
    "A nach Aufruf der zweiten Prozedur: " & A
End Sub
```

Das Beispiel funktioniert natürlich nur, wenn die Option Option Explicit nicht gesetzt ist, da sonst A in den beiden aufgerufenen Prozeduren als nicht deklarierte Variable gemeldet würde.

Wenn Sie jedoch eine Variable auf Prozedurebene mit dem Schlüsselwort `Static` deklarieren, anstatt `Dim` zu verwenden, so ist diese Variable gültig, so lange Code ausgeführt wird. Dies entspricht dem Gültigkeitsbereich von Variablen, die auf Modulebene, also am Modulanfang außerhalb einer Prozedur deklariert wurden. Die Anweisung `Static A As Integer` deklariert A als statische Variable.

> Sie sollten unnötige statische Deklarationen vermeiden. Deklarieren Sie stattdessen solche Variablen auf Modulebene – das ist wesentlich übersichtlicher und spart Speicherplatz auf dem Stack oder Stapelspeicher.

Sie können auch alle Variablen einer Prozedur als statisch definieren, indem Sie das Schlüsselwort `Static` vor den Prozedurkopf setzen. Das könnte dann so aussehen:

```
Static Sub Prozedur2()
...
End Sub
```

Zwischen einer auf Modulebene deklarierten Variablen und einer statischen Variablen in einer Prozedur gibt es allerdings einen gravierenden Unterschied. Zwar behält die statische Variable auch nach Verlassen der Prozedur, ihren Wert, andere Prozeduren und Funktionen können aber nicht darauf zugreifen, sondern nur die Prozedur in der sie definiert ist. Sie können eine solche Variable beispielsweise nutzen, wenn Sie zählen möchten, wie oft eine Prozedur aufgerufen wurde. Dazu erhöhen Sie die statische Variable bei jedem Aufruf der Prozedur um 1 und geben sie dann aus. Da die Variable zwischen den Prozeduraufrufen nicht den Wert verliert, werden Sie bei mehrfachen Aufrufen der Prozedur, beispielsweise mit F5, merken, dass der ausgegebene Wert jedes Mal um 1 erhöht wird.

```
Sub AufrufeZaehlen()
    Static Anzahl As Long
    Anzahl = Anzahl + 1
    Debug.Print Anzahl
End Sub
```

Wenn Sie den Code so zurücksetzen möchten, dass statische Variablen gelöscht werden, klicken Sie dazu auf die *Unterbrechen*-Schaltfläche in der Symbolleiste.

Abbildung 4.3: Code zurücksetzen und statische Variablen löschen

Deklarieren Sie Variablen auf Modulebene, können alle Prozeduren und Funktionen darauf zugreifen. Ihre Werte stehen ebenfalls zur Verfügung, so lange Code ausgeführt wird.

Es gibt zwei weitere Schlüsselwörter, die den Gültigkeitsbereich von Variablen und Konstanten betreffen: `Public` und `Private`. Mit `Private` definieren Sie private Variablen und Konstanten auf Modulebene. Solche Variablen können Sie nur in dem Modul nutzen, in dem sie deklariert sind. Aus anderen Modulen können Sie sie nicht aufrufen. Das Schlüsselwort `Private` benötigen Sie in der Regel nicht, da dies Standard ist. Immer wenn Sie eine Variable nicht mit `Public` definieren, ist eine Variable auf Modulebene privat. Auf öffentliche Variablen, die Sie mit `Public` deklarieren, können Sie von jedem Modul des Projekts aus zugreifen.

Möchten Sie das Schlüsselwort `Public` für eine Variablendeklaration verwenden, ersetzt es das Schlüsselwort `Dim`. Mit der Anweisung

```
Public A As Integer, B As String
```

deklarieren Sie zwei öffentliche Variablen A und B. Wenn Sie eine öffentliche Konstante definieren möchten, setzen Sie das Schlüsselwort `Public` vor das Schlüsselwort `Const`.

```
Public Const Appname = "test"
```

Prozeduren und Funktionen

In einigen Beispielen haben Sie bereits Prozeduren gesehen. Nun soll ihr Aufbau und Aufruf erläutert werden. Grundsätzlich gibt es zwei verschiedene Typen von VBA-Prozeduren, nämlich Funktionen und Unterprozeduren. Letztere werden durch das Schlüsselwort Sub eingeleitet. Funktionen werden hingegen mit dem Schlüsselwort Function definiert.

Die Beispiele finden Sie im Modul *Prozeduren* der Datei *K04.xls*.

Der Begriff *Prozedur* bezeichnet eigentlich nur einen benannten Codeblock, der eine Aufgabe löst, wie beispielsweise eine Rechenoperation eine Ausgabe etc. In der VBA-Hilfe wird er aber nur für Unterprozeduren verwendet. Nachfolgend wird der Begriff gemäß der wissenschaftlichen Bedeutung verwendet und daher sowohl für Unterprozeduren als auch für Funktionen gebraucht.

Alle Prozeduren bestehen aus dem Prozedurkopf, der den Namen und die Parameterliste enthält, und dem Prozedurrumpf, der die Anweisungen enthält, die die Prozedur ausführt. Über die Parameterliste können Werte an die Prozedur übergeben werden, die diese zur Ausführung der Anweisungen benötigt.

Der Funktion CStr zum Konvertieren von Zahlen in Zeichenketten wird beispielsweise die zu konvertierende Zahl als Parameter übergeben. Das sieht dann z.B. so aus: CStr(20)

Alle Prozeduren werden beendet, wenn die letzte Zeile der Prozedur oder die Anweisung Exit Sub in Unterprozeduren ausgeführt wurde. Für Funktionen gilt Entsprechendes, nur dass Sie diese mit der Anweisung Exit Function vorzeitig verlassen können. Diese beiden Anweisungen führen zum sofortigen Verlassen von Prozeduren.

Unterprozeduren

Das folgende Beispiel zeigt eine typische Unterprozedur. Der Prozedurkopf, beginnend mit Sub, besteht aus dem Namen Beispiel_Sub und einer leeren Parameterliste, die durch das Klammerpaar definiert wird.

```
Sub Beispiel_Sub()
...
End Sub
```

Der Prozedurfuß schließt die Prozedurdefinition ab und besteht aus der Anweisung End Sub. Generell gilt, dass eine Prozedur immer von oben nach unten ausgeführt wird, bis das Prozedurende erreicht ist. Eine Prozedur kann aus beliebig vielen Anweisungen bestehen, die jedoch 64 KB Länge nicht überschreiten dürfen.

Üblicherweise sollten Sie am Prozeduranfang alle Variablen und Konstanten für die Prozedur deklarieren und erst danach die Anweisungen der Prozedur erstellen. Die folgende Prozedur zeigt das. Sie deklariert zunächst zwei Variablen Wert1 und Wert2 und weist ihnen in der zweiten und dritten Zeile ihre Anfangswerte zu. Die letzte Zeile multipliziert diese dann, wobei das Berechnungsergebnis direkt im Testfenster ausgegeben wird.

```
Sub Beispiel_Sub()
    Dim Wert1 As Long, Wert2 As Long
    Wert1 = 1
    Wert2 = 2
    Debug.Print Wert1 * Wert2
End Sub
```

Funktionen

Funktionen unterscheiden sich von Unterprozeduren dadurch, dass sie einen Wert zurückgeben können. Deshalb kann bei Funktionen auch ein Datentyp für die Funktion selbst bestimmt werden. Eine typische Funktionsprozedur sieht folgendermaßen aus:

```
Function Beispiel_Funktion() As String
    ...
    Beispiel_Funktion = "TestWert"
End Function
```

Dabei ist Beispiel_Funktion der Funktionsname, über den auch der Rückgabewert zurückgegeben wird. Dieser hat den Datentyp String, was durch das As-Statement bestimmt wird. Wenn eine Funktion einen Wert zurückgeben soll, dann müssen Sie diesen Wert dem Funktionsnamen zuweisen. Dazu verwenden Sie eine Anweisung wie diese:

```
Beispiel_Funktion = "TestWert"
```

Wichtig ist dabei, dass Sie den Funktionsnamen innerhalb der Funktion wie eine Variable verwenden, der Sie dann den Wert zuweisen. In diesem Fall wäre der Rückgabewert der Funktion die Zeichenkette TestWert. Die Funktion wird aber nicht automatisch verlassen, wenn dem Funktionsnamen ein Wert zugewiesen wird, sondern erst dann, wenn die Zeile End Function oder die Anweisung Exit Function erreicht wird. Sie können also durchaus mehrmals Werte an den Funktionsnamen übergeben oder abhängig von einer Bedingung auch alternative Werte.

Mit nur wenigen Zeilen können Sie beispielsweise eine Funktion erstellen, die prüft, ob eine Zahl gerade ist, und in diesem Fall den Wert true, andernfalls den Wert false zurückgibt. Um das zu realisieren, weisen Sie dem Funktionsnamen den Wert eines Vergleichsausdrucks zu. Der besteht hier aus zwei Teilen. Der linke Operator lngWert Mod 2 ist wiederum ein mathematischer Ausdruck. Mod ist der Operator, der den Rest einer ganzzahligen Division ermittelt. 5 Mod 2 ergibt 1, weil 5 geteilt durch 2 den Wert 2,5 ergibt. Bei einer ganzzahligen Division wäre das Ergebnis jedoch 2, weil die 2 in 5 nur zweimal reinpasst. Es verbleibt ein Rest von 1, den der Mod-Operator berechnet. Wenn eine Zahl Mod 2 den Wert 0 ergibt, ist sie gerade. Genau das prüft der Gesamtausdruck. Er ist wahr, wenn das Ergebnis der Division 0 ist. Daher wird in diesem Fall der Wert True, andernfalls der Wert False zurückgegeben.

```
Function gerade() As Boolean
    gerade = ((lngWert Mod 2) = 0)
End Function
```

Als Wert wird hier eine Variable lngWert verwendet, die auf Modulebene mit Dim lngWert As Long definiert werden muss. Selbstverständlich muss sie auch einen Wert bekommen, bevor Sie die Funktion gerade aufrufen. Das geht am einfachsten, indem Sie zum Aufruf der Funktion eine Prozedur erstellen.

Noch besser funktioniert eine solche Funktion natürlich, wenn Sie den Wert als Parameter übergeben. Details dazu folgen im Abschnitt »Parameter an Prozeduren übergeben«.

Prozeduren aufrufen

Wenn Sie Prozeduren aufrufen möchten, behandeln Sie diese einfach wie normale VBA-Befehle. Sie geben Sie einfach deren Namen an der Stelle im Quellcode an, an der der Aufruf erfolgen soll.

Wenn Sie beispielsweise die Funktion gerade aufrufen möchten, müssen Sie dazu zunächst die Variable lngWert initialisieren. Erst mit der zweiten Anweisung rufen Sie die Funktion auf.

```
Sub aufrufen()
    lngWert = 1
    Debug.Print gerade()
End Sub
```

Wichtig ist dabei, dass Sie wo notwendig die Klammern der Parameterliste angeben. Notwendig sind sie immer, wenn Sie eine Funktion aufrufen und den Rückgabewert innerhalb eines Ausdrucks verwenden oder einer Variablen oder Eigenschaft zuweisen, wie im Beispiel.

Sie können eine Funktion aber auch so aufrufen, dass Sie den Rückgabewert nicht verwenden. Ob das sinnvoll ist, hängt allerdings von der Funktion ab. Für die Funktion gerade wäre das nicht sinnvoll. Falls Sie den Rückgabewert nicht benötigen oder eine Unterprozedur aufrufen möchten, lassen Sie die Klammern der Parameterliste einfach weg. Das könnte wie folgt aussehen, macht aber bei dieser Funktion wie gesagt wenig Sinn:

```
Sub aufrufen()
    lngWert = 1
    gerade
End Sub
```

Parameter an Prozeduren übergeben

Parameter dienen dazu, Werte an eine Prozedur zu übergeben, wie z.b. den Namen einer zu öffnenden Datei oder Anfangswerte für Berechnungen und Ähnliches.

Wenn Sie eine Unterprozedur oder Funktion mit Parametern erstellen möchten, so müssen Sie diese in Klammern hinter den Prozedurnamen setzen. Außerdem müssen Sie den Variablentyp und die Übergabeform der Parameter festlegen. Den Datentyp der Parameter geben Sie mit dem As-Statement an. Wenn Sie mehr als einen Parameter angeben, trennen Sie die einzelnen Definitionen mit einem Komma. Beispielsweise ist es bei der Funktion gerade, die zuvor erstellt wurde, sinnvoll, einen Parameter des Typs Long zu erstellen, mit dem Sie die zu prüfende Zahl übergeben möchten. Diesen Parameter verwenden Sie dann innerhalb der Funktion auch anstelle der bisherigen Variablen:

```
Function gerade(lngZahl As Long) As Boolean
    gerade = ((lngZahl Mod 2) = 0)
End Function
```

Innerhalb der Prozedur können Sie die Parameter wie Variablen verwenden. Sie können ihnen also auch neue Werte zuweisen. Dabei sollten Sie aber auf die Parameterübergabeform achten.

Die Übergabeform der Parameter bestimmt, auf welche Weise die Parameter übergeben werden. VBA ermöglicht wie viele andere Programmiersprachen zwei Formen der Übergabe: *by value* und *by reference*. Standardmäßig werden Parameter übergeben, indem die

Speicherstelle, also die Referenz des zu übergebenden Wertes, übergeben wird. Dies ist die By-reference-Übergabe.

Die Speicherstelle einer Variablen stellt die Adresse im Hauptspeicher dar, an der der Wert gespeichert ist. Genau wie jedes Haus eine eindeutige Adresse hat, die beispielsweise die Postzustellung ermöglicht, hat auch jeder Wert, egal, ob Konstante oder Variable, eine Adresse im Hauptspeicher des Rechners, an der der Wert temporär gespeichert wird. Bei Verwendung dieses Wertes greift Windows auf diese Adresse zu, um den Wert abzufragen, zu verändern oder zu löschen.

Die Übergabeform eines Parameters kann durch die Schlüsselwörter ByRef und ByVal bestimmt werden. Um eine Übergabe der Speicheradresse zu erreichen, geben Sie das Schlüsselwort ByRef vor dem Parameter an. Bei dieser Parameterübergabeform sind Änderungen einer Variablen innerhalb der Prozedur, an die der Wert ubergeben wurde, auch außerhalb der Prozedur gültig, weil der neue Wert auf die gleiche Speicherstelle geschrieben wird. Möchten Sie dies verhindern, können Sie mithilfe des Schlüsselwortes ByVal eine By-value-Übergabe erreichen. Dabei wird nicht die Adresse übergeben, sondern der Wert. So kann ein neuer Wert nicht den alten überschreiben, weil sozusagen mit einer Kopie des Wertes gearbeitet wird. Das folgende Beispiel soll diesen Sachverhalt verdeutlichen:

```
Sub Parameterübergabe1()
    Dim PByRef As Byte
    Dim PByVal As Byte
    PByRef = 10
    PByVal = 10
    Debug.Print "PByRef vor dem Aufruf: " _
        & PByRef
    Debug.Print "PByVal vor dem Aufruf: " & _
        PByVal
    Aufgerufen PByVal, PByRef
    Debug.Print "PByRef nach dem Aufruf: " & _
        PByRef
    Debug.Print "PByVal nach dem Aufruf: " & _
        PByVal
```

```
End Sub

Sub Aufgerufen(ByVal A As Byte, ByRef B As Byte)
    A = A + 1
    B = B + 1
End Sub
```

Zunächst wird zwei Variablen PByRef und PByVal, die auf Prozedurebene definiert wurden, jeweils der Wert 10 zugewiesen. Anschließend werden diese Werte zur Kontrolle mit Debug.Print im Direktfenster ausgegeben, bevor die Prozedur Aufgerufen ausgeführt wird. An diese Prozedur werden die beiden Variablen als Parameter übergeben, wobei die Variable PByRef als Referenz, PByVal als Wert übergeben wird. Diese Prozedur erhöht nun beide übergebenen Werte um den Wert 1. Nach Rückkehr zur aufrufenden Prozedur werden erneut die Werte der beiden Variablen ausgegeben.

Obwohl beide Variablen um den Wert 1 erhöht wurden, hat die als Wert übergebene Variable nach der Rückkehr zur aufrufenden Prozedur noch den alten Wert. Die Ausgabe der Prozedur sieht wie folgt aus:

```
PByRef vor dem Aufruf: 10
PByVal vor dem Aufruf: 10
PByRef nach dem Aufruf: 11
PByVal nach dem Aufruf: 10
```

Möchten Sie Parameter als Referenz übergeben, müssen deren Datentypen mit den Datentypen der übergebenen Variablen übereinstimmen. Sie können z.B. keine nicht deklarierte Variable als Referenz an eine Prozedur übergeben, wenn der Parameter der Prozedur einen anderen Datentyp als Variant hat. Nicht deklarierte Variablen bekommen nämlich automatisch den Typ Variant. Dieser kann zwar alle Werte aufnehmen, ist aber nicht identisch mit einem anderen Datentyp. Sie haben jedoch die Möglichkeit, den Datentyp der zu übergebenden Variablen zu konvertieren. Dazu können Sie z.B. die Funktion CByte verwenden, um die Variablen in Byte umzuwandeln. Das setzt natürlich voraus, dass der Wert konvertiert werden kann.

Wenn Sie die Schlüsselwörter ByRef und ByVal weglassen, werden alle Parameter als Referenz übergeben.

Prozeduren mit Parametern aufrufen

Möchten Sie beim Aufruf einer Unterprozedur Parameter übergeben, dann müssen Sie diese hinter dem Prozedurnamen auflisten. Mehrere Parameter trennen Sie durch Kommata voneinander.

```
Aufgerufen PByVal, PByRef
```

Diese Anweisung ruft z.B. die Unterprozedur Aufgerufen auf und übergibt die Variablen PByVal und PByRef als Parameter an die Prozedur.

Wahlweise können Sie auch die Parameternamen nennen. Dann müssen Sie den Parameternamen und den zu übergebender Wert durch := trennen. In diesem Fall sähe der gleiche Aufruf wie folgt aus:

```
Aufgerufen A:=PByVal, B:=PByRef
```

Für Funktionen gilt das Gleiche. Wenn Sie hier jedoch den Rückgabewert der Funktion verwenden möchten, müssen Sie die Parameterliste in Klammern einfassen. Ein gutes Beispiel ist die Funktion MsgBox, die einen Dialog auf dem Bildschirm ausgibt. Ihr Rückgabewert gibt an, welchen Button der Anwender gedrückt hat, um den Dialog zu beenden.

Wenn Sie den Rückgabewert nicht benötigen, weil der Dialog z.B. nur einen Button anzeigt, können Sie die Funktion wahlweise mit

```
MsgBox "Hallo", vbOKOnly, "AUSGABE"
```

oder mit

```
MsgBox Prompt:="Hallo", Buttons:=vbOKOnly, _
Title:="AUSGABE"
```

aufrufen. In beiden Fällen erscheint folgender Dialog:

Abbildung 4.4: Ausgabe einer Meldung mit der Msgbox-Funktion

Um den Rückgabewert der Funktion nutzen zu können, müssen Sie diesen einer Variablen zuweisen. Dazu dient in diesem Fall eine Integer-Variable, weil der Rückgabewert der Funktion vom Typ Integer ist.

```
Der Aufruf sieht dann wie folgt aus:
Dim antw As Integer
antw = MsgBox("Hallo", vbOKOnly, "AUSGABE")
```

Wenn Sie den Rückgabewert der Funktion einer Variablen zuweisen, müssen Sie die Parameterliste in Klammern einschließen. Sie können aber auch einzelne optionale Parameter zwischendurch weglassen. Bei der Funktion Msgbox ist z.B. der Parameter Buttons optional, der die eingeblendeten Schaltflächen bestimmt. Wenn Sie den Parameter weglassen, sieht der Aufruf folgendermaßen aus:

```
antw = MsgBox("Hallo", , "AUSGABE")
```

Aber auch bei Funktionen mit Verwendung des Rückgabewertes können Sie die alternative Parameterübergabe mit Nennung der Parameternamen verwenden. Hier brauchen Sie nur die Parameter aufzuführen, die Sie verwenden möchten. Die Reihenfolge, in der Sie die Parameter nennen, bleibt Ihnen überlassen. Trotzdem fassen Sie dann natürlich alle Parameter in Klammern ein.

```
antw = MsgBox(Prompt:="Hallo", Title:="AUSGABE")
```

Optionale Parameter und Parameter-Arrays definieren

Genauso wie die eingebauten VBA-Anweisungen optionale Parameter haben können, können Sie auch ihre eigenen Prozeduren mit solchen Parametern ausstatten. Dazu gibt es prinzipiell drei Möglichkeiten:

- Sie definieren einen optionalen Parameter vom Typ Variant und können dann in der Prozedur über die IsMissing-Funktion prüfen, ob er angegeben wurde.

- Sie definieren einen Parameter mit einem beliebigen anderen Typ und legen einen Standardwert fest, den der Parameter bekommt, wenn er nicht angegeben wird.

- Sie erstellen ein Parameterarray. Damit können Sie beliebig viele Parameter an die Prozedur übergeben.

Optionale Parameter mit Ausnahme eines Parameterarrays definieren Sie mit dem Schlüsselwort Optional vor dem Parameternamen. Wichtig ist dabei, dass Sie zwar innerhalb einer Parameterliste beliebig viele optionale Parameter definieren können. Allerdings müssen alle Parameter, die nach dem ersten optionalen Parameter folgen, ebenfalls optional sein. Parameterarrays sind zusammen mit optionalen Parametern nicht zulässig. Entweder definieren Sie also ein Parameterarray oder ein oder mehrere optionale Parameter.

Angenommen, Sie möchten eine Funktion erstellen, die zu einem Datumswert eine bestimmte Anzahl Tage addiert und das neue Datum zurückgibt. Dann ist es sinnvoll, den Parameter mit dem Datum als optionalen Parameter festzulegen. Wird er dann nicht angegeben, verwenden Sie das aktuelle Datum.

Eine solche Funktion können Sie ausschließlich mithilfe eines `Variant`-Parameters verwenden. Das liegt daran, dass Sie als Standardwert für einen optionalen Parameter keine Funktion angeben können, wie beispielsweise `Date`, um das aktuelle Datum als Standardwert zu übergeben. Wenn Sie aber keinen Standardwert angeben, müssen Sie mit `IsMissing` abfragen, ob der Parameter übergeben wurde. Das funktioniert aber nur mit Parametern vom Typ `Variant`.

```
Function Datumaddieren(Optional Datum As Variant) _
    As Date
    If IsMissing(Datum) Then Datum = Date
    Datumaddieren = DateAdd("d", 1, Datum)
End Function
```

Wichtig ist dabei, dass Sie innerhalb der Funktion mit der `IsMissing`-Funktion prüfen, ob der Parameter übergeben wurde; dazu übergeben Sie den Parameter an die Funktion. Sie gibt `True` zurück, wenn er keinen Wert hat, also nicht angegeben wurde. Mit der `If`-Verzweigung prüft die Funktion also nun den Ausdruck `IsMissing(Datum)`. Ist er wahr, werden die Anweisungen hinter dem Schlüsselwort `Then` ausgeführt. In diesem Fall wird dem Parameter der Rückgabewert der `Date`-Funktion zugewiesen.

Mehr zu Verzweigungen finden Sie in Kapitel 5 »Programmablaufsteuerung«. Dort lernen Sie dann auch alternative Verzweigungen kennen.

Um nun einen Tag zu diesem Datum hinzuzuaddieren, verwenden Sie die `DateAdd`-Funktion. Ihr übergeben Sie als ersten Parameter eine Zeichenkette, die bestimmt, ob Sie einen Tag, einen Monet, ein Jahr etc. addieren möchten. Wenn Sie Tage addieren möchten, geben Sie als Zeichenfolge `"d"` an. Der zweite Parameter legt den zu addierenden Wert fest, der dritte das Datum, zu dem der Wert addiert wird. Die Funktion gibt dann das berechnete Datum zurück.

Die Funktion können Sie nun aufrufen, indem Sie das Datum angeben oder weglassen, da es ja ein optionaler Parameter ist.

```
Debug.Print Datumaddieren(#01/31/2005#)
Debug.Print Datumaddieren()
```

Sie können die Funktion noch flexibler gestalten, indem Sie einen zweiten optionalen Parameter definieren, der den zu addierenden Wert angibt. Dafür ist es sinnvoll, den Standardwert 1 festzulegen, für den Fall, dass der Parameter nicht angegeben wird. Der dazu erforderliche Code könnte beispielsweise so aussehen:

```
Function Datumaddieren(Optional Datum As Variant, _
    Optional Wert As Integer = 1) As Date
    If IsMissing(Datum) Then Datum = Date
    Datumaddieren = DateAdd("d", Wert, Datum)
End Function
```

Wenn Sie einen Standardwert festlegen, müssen Sie innerhalb der Prozedur nicht prüfen, ob der Parameter angegeben wurde. Wenn er beim Aufruf weggelassen wird, bekommt er ja automatisch den Standardwert und hat damit einen gültigen Wert. Daher können Sie auch den Datentyp des Parameters angeben. Dahinter geben Sie dann mit =Wert den gewünschten Standardwert an. Hier wird also der Wert 1 als Standardwert definiert.

Der Standardwert darf nur ein konstanter Wert sein. Sie dürfen weder eine Funktion noch eine Variable angeben.

Wenn Sie die Funktion wie vorstehend erweitert haben, können Sie sie entweder mit einem, keinem oder beiden Parametern aufrufen:

```
Debug.Print Datumaddieren(#01/31/2005#)
Debug.Print Datumaddieren()
Debug.Print Datumaddieren(,2)
Debug.Print Datumaddieren(#01/17/2004#,3)
```

Die Alternative zum Schlüsselwort Option ist die Verwendung eines Parameterarrays. Dabei handelt es sich um eine virtuelle Tabelle, die beliebig viele Einträge haben kann. Sie sollten Parameterarrays daher immer einsetzen, wenn Sie nicht wissen, wie viele Werte der Benutzer angeben möchte.

Ein solches Parameterarray muss zwingend als letzter Parameter angegeben sein und wird mit dem Schlüsselwort `ParamArray` eingeleitet. Dieses Schlüsselwort dürfen Sie nicht mit `ByRef`, `ByVal` und `Optional` kombinieren. Nach dem Schlüsselwort folgt wie immer der Name des Parameters, nach dem Sie ein paar runde Klammern angeben müssen. Erst danach folgt der Datentyp.

Das Klammerpaar legt fest, dass es sich bei diesem Parameter um ein Array handelt, das beliebig viele Elemente haben darf. Wenn Sie beispielsweise eine Prozedur erstellen möchten, die die Summe von beliebig vielen anzugebenden Zahlen berechnet, könnte die Prozedurdefinition wie folgt aussehen:

```
Sub Summe(ParamArray Zahlen() As Variant)

End Sub
```

Zur Auswertung des Parameters benötigen Sie Schleifen und grundlegende Informationen über Arrays und Datenfelder. Daher soll an dieser Stelle auf weitere Erläuterungen verzichtet werden. Mehr Informationen zu Parameterarrays und deren Verwendung finden Sie in Kapitel 5 »Programmablaufsteuerung«.

Berechnungen und Ausdrücke

Die Beispiele zu diesem Unterkapitel finden Sie in der Datei *K04.xls* im Modul *Operatoren*.

Alles, was in VBA weder ein Schlüsselwort noch eine Funktion, Prozedur, Eigenschaft, Methode oder Objekt ist, ist ein Ausdruck.

Der einfachste Ausdruck besteht einfach aus einer Variablen. Wenn A. eine definierte Variable oder Konstante ist, ist die Angabe von A innerhalb des Quellcodes ein Ausdruck. Jeder Ausdruck hat einen Wert.

Ausdrücke, die aus mehr als nur einer Variablen oder Konstanten bestehen, benötigen einen Operator. Das ist ein Zeichen oder ein Schlüsselwort, das zwei Werte zu einem komplexeren Ausdruck verknüpft.

Die Angabe von 1+3 im Code stellt beispielsweise einen Ausdruck dar, der aus zwei Teilausdrücken 1 und 3 besteht, die über einen Parameter + miteinander verknüpft sind. Der Gesamtausdruck hat den Wert 4.

Ausdrücke können Sie an jeder Stelle im Code verwenden, an der ihr Wert zulässig ist. So können Sie. einer Variablen A nicht nur den Wert 3 zuweisen:

    A=3

Sondern stattdessen auch den Ausdruck 1+2:

    A=1+2

Auch das ist eine gültige Zuweisung. Dabei wird allerdings der Ausdruck erst ausgewertet und nur das Ergebnis der Variablen zugewiesen.

VBA kennt verschiedene Typen von Ausdrücken, die wichtigsten sind sicherlich arithmetische Ausdrücke. Darüber hinaus gibt es aber auch

✔ logische Ausdrücke

✔ Vergleichsausdrücke

✔ Ausdrücke zur Zeichenkettenverknüpfung

Arithmetische Ausdrücke

Um mit VBA rechnen zu können, benötigen Sie natürlich auch mathematische Operatoren. Diese entsprechen weitgehend denen anderer Programmiersprachen. Die folgende Tabelle listet die in VBA gültigen Rechenzeichen auf.

Rechenzeichen	Verwendung
+	Addition von Zahlen und Verkettung von Zeichenketten
-	Subtraktion
/	Division mit Rückgabe einer Fließkommazahl
\	Division mit Rückgabe einer ganzen Zahl
^	Potenzieren
Mod	Division mit Rückgabe des Restes
*	Multiplikation

Tabelle 4.4: Rechenzeichen

Das folgende Beispiel demonstriert die Verwendung der einzelnen Rechenzeichen und deren Ergebnisse:

```
Sub Arithmetische_Operatoren()
    A = 100
    B = 5.7
    Debug.Print "A = 100  B = 5,7"
    Debug.Print "_____"
    Debug.Print "B*A = " & B * A
    Debug.Print "A/B = " & A / B
    Debug.Print "A\B = " & A \ B
    Debug.Print "A mod B = " & A Mod B
    Debug.Print "A ^B = " & A ^ B
    Debug.Print "A+B = " & A + B
    Debug.Print "A-B = " & A - B
End Sub
```

Beim Ausführen der Prozedur erhalten Sie im Direktfenster die folgende Ausgabe, an der Sie sehr schön die unterschiedlichen Ergebnisse der verschiedenen Divisionsoperatoren erkennen können:

```
A = 100 B = 5,7
```

```
B*A = 570
A/B = 17,5438596491228
A\B = 16
A mod B = 4
A ^B = 251188643150,958
A+B = 105,7
A-B = 94,3
```

Während der Operator / das Ergebnis errechnet, das Sie auch erhalten würden, wenn Sie das Geteilt-Zeichen auf dem Taschenrechner verwenden, gibt es bei den Operatoren \ und Mod einen Zusammenhang, sowohl zueinander als auch zum Operator /.

Der Operator \ gibt ein ganzzahliges Ergebnis der Division aus. Wenn man dies nachrechnet, kommt man zu dem Ergebnis, dass hier eigentlich 17 mit Rest 0,54 herauskommen müsste, da dies dem Ergebnis von A/B entspräche. Hierbei ist jedoch zu beachten, dass die beiden Werte vor der Division gerundet werden. 100 ist bereits eine ganze Zahl und wird daher nicht geändert, 5,7 hingegen wird auf 6 aufgerundet. Dies führt dazu, dass bei der Berechnung von 100/5,7 als Divisionsergebnis 16,666667 herauskommt. Der ganzzahlige Teil davon ist 16. Er wird als Berechnungsergebnis ausgegeben.

Mod ermittelt hingegen den ganzzahligen Rest einer Division. Auch hier werden wieder die Parameter der Division gerundet und das Ergebnis von 100\6 statt von 100\5,7 ermittelt. Dieses lautet, wie oben beschrieben wurde, 16. Multipliziert man nun dieses Ergebnis mit der Zahl 6 (5,7 aufgerundet), so erhält man das Ergebnis 96. Der Rest bis 100 ergibt 4. Somit ist 4 das Ergebnis der Berechnung 100 mod 5,7. A^B steht für die Berechnung A^B und liefert somit die 5,7-fache Potenz von 100.

Fehler beim Rechnen mit Integern

Wenn Sie Berechnungen mit Integern durchführen, sollten Sie beachten, dass Überlauffehler auftreten können, wenn Sie bestimmte Zahlen multiplizieren und addieren. VBA verwendet intern verschiedene Methoden gleichen Namens, um z.b. Multiplikationen durchzuführen. Welche Methode verwendet wird, richtet sich danach, von welchem Typ die Parameter sind. Handelt es sich um Integer, so wird eine Methode verwendet, die die Multiplikation von Integern ermöglicht. In diesem Fall ist auch das Ergebnis vom Typ Integer. Leider erkennt VBA nicht selbstständig, wenn das Ergebnis der Berechnung zu groß für eine Integer-Variable ist. Das folgende Beispiel demonstriert diesen Fehler:

```
Sub Fehler_beim_Rechnen()
    Dim ERG As Long
    ERG = 70 * 1234
End Sub
```

Bei Ausführung erhalten Sie die Fehlermeldung »Überlauf«, obwohl die Variable ERG vom Typ Long durchaus in der Lage ist, das Ergebnis der Berechnung zu speichern.

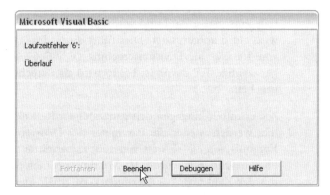

Abbildung 4.5: Die erzeugte Fehlermeldung

Um diesen Fehler zu vermeiden, müssen Sie VBA deutlich machen, dass es die Routine für die Multiplikation von Long-Zahlen, anstatt der Methode für Integer-Zahlen verwenden soll. Dazu gibt es verschiedene Möglichkeiten. Sie können die zu multiplizierenden Werte in Variablen speichern, die den Typ Long haben. Dabei reicht es vollkommen aus, wenn nur ein Wert den Typ Long hat:

```
Sub Lösung1()
    Dim ERG As Long, WERT1 As Long
    WERT1 = 1234
    ERG = 70 * WERT1
End Sub
```

Sie können natürlich auch eine Konstante deklarieren, die Sie mit dem Typ Long versehen. Die Deklaration sähe dann wie folgt aus:

```
Sub Lösung2()
    Dim ERG As Long
    Const WERT1 As Long = 1234
    ERG = 70 * WERT1
End Sub
```

Logische Operatoren

Logische Operatoren dienen dazu, logische Ausdrücke zu formulieren. Diese liefern immer einen Wert vom Typ Boolean zurück, einen so genannten booleschen Wert. Solche Ausdrücke werden für Verzweigungen, Schleifeneintritts- und -austrittsbedingungen verwendet.

Die folgende Tabelle zeigt die Ergebnisse der verschiedenen logischen Operatoren anhand von kleinen Beispielen. Dabei stellen A und B die Werte dar, die durch den Ausdruck verwendet werden. Sie können nur die Werte true und false annehmen, wobei true in der Tabelle durch -1 und FALSE durch 0 dargestellt wird. Dies sind die numerischen Werte, die die Konstanten true und false in VBA repräsentieren.

A	B	A OR B	A AND B	A XOR B	NOT(B)
-1	-1	-1	-1	0	0
-1	0	-1	0	-1	-1
0	0	0	0	-1	-1
0	-1	-1	0	0	0

Tabelle 4.5: Ergebnisse der logischen Operatoren – Wahrheitstabelle

A OR B ist immer dann wahr, wenn mindestens einer der beiden Werte A oder B wahr ist. Hingegen muss bei A XOR B, dem ausschließenden Oder, genau einer der Werte wahr sein. NOT ermittelt die Negation des in Klammern angegebenen Wertes. Das Ergebnis ist immer das Gegenteil des Eingabewertes. A AND B ist nur dann wahr, wenn beide Werte wahr sind.

Im Allgemeinen werden die logischen Operatoren verwendet, um andere Ausdrücke, wie mathematische Ausdrücke und Vergleichsausdrücke, zu verknüpfen.

Vergleichsoperatoren

Die zweite Gruppe von Ausdrücken, die boolesche Werte haben, sind Vergleichsausdrücke. Sie verwenden Vergleichsoperatoren, um zwei Teilausdrücke zu vergleichen. Solche Ausdrücke verwenden Sie meist ebenfalls in Eintritts- oder Austrittsbedingungen von Schleifen sowie in Ausdrücke in Verzweigungen. Die Anwendung ist denkbar einfach. Die Operatoren entsprechen denen, die Sie aus der Mathematik schon kennen, bedürfen also kaum einer weiteren Erläuterung.

Anwendungsbeispiele werden Ihnen in den weiteren Kapiteln noch zuhauf begegnen.

Operator	Beschrei-bung	Wahr, wenn	Falsch, wenn	Null, wenn
<	Kleiner als	Ausdruck1 < Ausdruck2	Ausdruck1 >= Ausdruck2	Ausdruck1 oder Ausdruck2 = Null
<=	Kleiner oder gleich	Ausdruck1 <= Ausdruck2	Ausdruck1 > Ausdruck2	Ausdruck1 oder Ausdruck2 = Null
>	Größer als	Ausdruck1 > Ausdruck2	Ausdruck1 <= Ausdruck2	Ausdruck1 oder Ausdruck2 = Null
>=	Größer oder gleich	Ausdruck1 >= Ausdruck2	Ausdruck1 < Ausdruck2	Ausdruck1 oder Ausdruck2 = Null
=	Gleich	Ausdruck1 = Ausdruck2	Ausdruck1 <> Ausdruck2	Ausdruck1 oder Ausdruck2 = Null
<>	Ungleich	Ausdruck1 <> Ausdruck2	Ausdruck1 = Ausdruck2	Ausdruck1 oder Ausdruck2 = Null

Tabelle 4.6: Vergleichsoperatoren

Verkettungsoperatoren

Verkettungsoperatoren dienen dazu, aus einzelnen Zeichen oder Zeichenketten eine gesamte Zeichenkette zu erzeugen. Dies wird immer dann erforderlich, wenn Sie z.B. Text zusammen mit Variablenwerten in Dialogen oder im Direktfenster ausgeben möchten. In mehreren Beispielen kamen bereits Verkettungsoperatoren vor. Die Anweisung

```
Debug.Print "Die Variable A hat den Wert: " & A
```

verkettet beispielsweise die Zeichenkette "Die Variable A hat den Wert: " mit dem aktuellen Wert von A. Wenn A z.B. den Wert 20 hat, erfolgt mit dieser Anweisung folgende Ausgabe im Direktfenster:

```
Die Variable A hat den Wert: 20
```

Wenn Sie beispielsweise das Ergebnis eines Vergleichsausdrucks ausgeben und mit einem sinnvollen Text einleiten möchten, können Sie natürlich auch einen Ausdruck mit Text verknüpfen:

```
Sub verketten()
    Dim A As Integer
    Dim B As Integer
    A = 5
    B = 7
    Debug.Print "Die Aussage A>B ist: " & (A > B)
End Sub
```

Wenn Sie diese Prozedur ausführen, erhalten Sie im Textfenster die Ausgabe: "Die Aussage A>B ist: Falsch".

Es gibt jedoch noch einen Verkettungsoperator, nämlich das Zeichen +. Auch damit könnte diese Ausgabe erreicht werden. Die Anweisung sähe dann wie folgt aus:

```
Debug.Print "Die Aussage A>B ist: " + CStr(A > B)
```

Hierbei müssen Sie mit der Funktion CStr der Wert von A > B zuerst in eine Zeichenkette umwandeln, weil VBA nur dann erkennt, dass das Pluszeichen als Verkettungsoperator und nicht als Rechenzeichen verwendet wird.

Operatorvorrang

Wenn Sie komplizierte Ausdrücke mit mehreren Operatoren verwenden, müssen Sie darauf achten, dass Sie den Operatorvorrang beachten. Er regelt ähnlich wie in der Mathematik, welche Teile eines Ausdrucks vorrangig berechnet werden, z.B. Punkt- vor Strichrechnung. Da VBA mehr Operatoren als die Mathematik bietet, gibt es natürlich auch mehr Regeln. Diese zu lernen, halte ich für ziemliche Zeitverschwendung, da Sie den Operatorvorrang durch Klammersetzung ausschalten können.

```
Der Ausdruck
A mod B + C
```

würde nach den Regeln des Operatorvorrangs wie folgt ausgewertet werden: Zunächst würde das Ergebnis von A mod B berechnet und dann C dazu addiert. Sie können die Reihenfolge jedoch beliebig bestimmen, indem Sie Klammern setzen.

(A mod B) + C ergäbe das gleiche Ergebnis wie die vorherige Anweisung, während bei A mod (B + C) zunächst die Summe von C und B berechnet und anschließend der Mod-Operator mit A und der Summe B+C ausgeführt würde. Wenn Sie also bei komplizierteren Ausdrücken Klammern verwenden, brauchen Sie sich nur die folgende Regel zu merken:

Die innerste Klammerebene wird zuerst berechnet und die Klammern werden von innen nach außen aufgelöst. Innerhalb der Klammern gilt Punkt- vor Strichrechnung.

Datenfelder nutzen

Arrays oder Datenfelder sind Listen oder Matrizen von Variablen gleichen Typs. Die einzelnen Werte des Arrays werden über Indexnummern, so genannte Indizes, angesprochen. Felder müssen vor ihrer ersten Verwendung dimensioniert werden, das heißt, Sie müssen bestimmen, wie viele Feldelemente enthalten sind und von welchem Typ das Feld ist. Felder sind jedoch nicht mit Dateien zu verwechseln. Im Gegensatz zu Dateien gehen die Daten eines Feldes nach Beendigung des Makros bzw. nach dem Verlassen des Gültigkeitsbereichs verloren, in Dateien können sie gespeichert werden.

VBA kennt zwei Arraytypen: statische Datenfelder und dynamische Datenfelder.

Die Beispiele zu Arrays und Datenfelder finden Sie im Modul *Datenfelder* der Arbeitsmappe *K04.xls* auf der CD.

Statische Felder

Bei statischen Feldern muss zur Zeit der Programmierung ihre genaue Größe mit der Dim-Anweisung festgelegt werden.

```
Dim Matrix(2, 2) As Boolean
```

Die vorstehende Anweisung deklariert ein Array oder Datenfeld, das aus drei Zeilen und drei Spalten besteht, dessen Felder vom Typ Boolean sind und das Sie wie folgt darstellen können:

	Spalte 0	Spalte 1	Spalte 2
Zeile 0			
Zeile 1			
Zeile 2			

Die erste Zahl definiert die Anzahl der Zeilen, die zweite die Anzahl der Spalten.

Drei Zeilen und drei Spalten sind es deshalb, weil der bei der Deklaration angegebene Wert den höchsten Index, nicht die Anzahl Zeilen bzw. Spalten angibt.

Die Zeilen- und Spaltennummern werden als Indizes zum Zugriff auf das einzelne Feld verwendet. Dabei beginnen die Indizes mit 0, sofern nicht mit der Anweisung Option Base 1 bestimmt wird, dass alle Indizes bei 1 beginnen.

Wenn Sie die Option setzen möchten, müssen Sie die Anweisung Option Base 1 an den Anfang des Moduls setzen. Davor dürfen nur andere Option-Anweisungen stehen. Jeglicher anderer Code darf erst danach folgen. Anstelle der 1 können Sie auch eine andere positive Zahl angeben. Sie bestimmt den Wert des ersten Index. Wichtig ist dann aber, dass Sie in den folgenden Beispielen alle Indizes um 1 erhöhen, da die Beispiele davon ausgehen, dass die Option mit Option Base 0 oder gar nicht gesetzt ist. Außerdem müssen Sie bei der Arraydeklaration auch die Indexgrenzen um 1 erhöhen, wenn Sie Option Base 1 verwenden.

Möchten Sie einem Array Werte zuweisen, gibt es dazu verschiedene Möglichkeiten. Eine davon besteht darin, jedem Feld einen Wert zuzuweisen. Dabei steht auf der linken Seite der Zuweisung das Feld, auf der rechten der Wert. Um das Feld zu identifizieren, geben Sie den Namen des Arrays an, hier M, und geben dann in

runden Klammern den Index des Feldes an. Bei einem zweidimensionalen Array geben Sie erst den Index der Spalte und dann den
Index der Zeile und als zweites den Index der Spalte an.

```
Sub Arrays()
    Dim M(2, 2) As Boolean
    M(0, 0) = True
    M(1, 1) = True
    M(2, 2) = True
    M(0, 1) = False
    M(0, 2) = False
    M(1, 0) = False
    M(1, 2) = False
    M(2, 0) = False
    M(2, 1) = False
End Sub
```

Das Ergebnis dieser Prozedur sieht wie folgt aus:

	Spalte 0	Spalte 1	Spalte 2
Zeile 0	TRUE	FALSE	FALSE
Zeile 1	FALSE	TRUE	FALSE
Zeile 2	FALSE	FALSE	TRUE

**Vor allem bei der Arbeit mit Arrays sind das Lokalfenster und der
Unterbrechungsmodus sehr hilfreich. Sie können damit nämlich
sehr gut die Inhalte der Arrayfelder zur Laufzeit prüfen. Wenn Sie
das anhand des vorstehenden Beispiels probieren möchten, gehen Sie dazu folgendermaßen vor:**

✔ Setzen Sie den Cursor in die Zeile End Sub der Prozedur

✔ Drücken Sie F9, um einen Haltepunkt zu setzen. Er wird durch
einen dunkelroten Balken angezeigt.

✔ Führen Sie nun die Prozedur mit F5 aus.

✔ Die Codeausführung stoppt nun an der Zeile, in der Sie den Haltepunkt gesetzt haben, und der Code befindet sich im Unterbrechungsmodus.

✔ Im Lokalfenster können Sie dann auf das Plus-Zeichen vor dem Namen des Arrays klicken und Ihnen werden die Inhalte angezeigt, so dass Sie kontrollieren können, welche Felder welche Werte beinhalten.

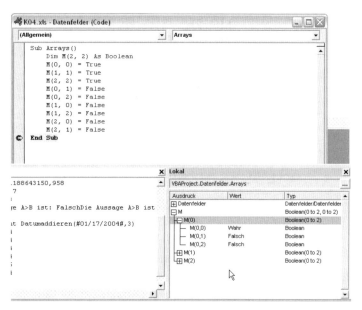

Abbildung 4.6: Array-Inhalte mit dem Lokalfenster inspizieren

Wenn Sie den Code weiter ausführen, also die Prozedur abschließen möchten, drücken Sie einfach erneut F5. Sie können den Haltepunkt entfernen, indem Sie den Cursor in die Zeile mit dem Haltepunkt setzen und erneut F9 drücken.

Obere und untere Indexgrenzen festlegen

Sie können auch Datenfelder definieren, deren minimalen und maximalen Index Sie bestimmen. Diese Form der Dimensionierung können Sie sowohl für zweidimensionale als auch für eindimensionale Arrays verwenden. Solche eindimensionalen Arrays können Sie sich als Liste vorstellen, die aus einer Spalte bzw. einer Zeile besteht.

```
Dim L(21 To 30) As Integer
```

Die vorstehende Anweisung dimensioniert ein solches eindimensionales Datenfeld. Es besteht aus zehn Zeilen, der Index beginnt bei 21 und endet bei 30.

Für ein zweidimensionales Array würde eine Dimensionierung mit dieser Syntax wie folgt aussehen:

```
Dim M2(21 To 30, 31 To 40) As Integer
```

Der Datentyp, wie hier beispielsweise Integer, den Sie für das Array angeben, bestimmt, welche Daten Sie in das Array schreiben können. Dazu können Sie aber nicht nur die vordefinierten VBA-Datentypen verwenden, sondern auch eigene Datentypen, die Sie mit der Type-Anweisung deklariert haben. Wie Sie benutzerdefinierte Datentypen definieren, wurde weiter oben in diesem Kapitel im Abschnitt »Eigene Datentypen erstellen« erläutert.

Datenfelder können auch mehr als nur zwei Dimensionen, also Spalten und Zeilen haben. Je mehr Dimensionen Sie verwenden, desto mehr Speicherplatz benötigt das Array jedoch im Speicher des Rechners. Zudem endet bei drei Dimensionen für viele Menschen die Vorstellungsmöglichkeit vom Inhalt des Arrays, so dass die Arbeit mit mehrdimensionalen Arrays äußerst kompliziert ist. Bei vielen Problemen kommen Sie jedoch ohnehin mit maximal zwei Dimensionen aus.

Dynamische Datenfelder

Bisher haben Sie nur statische Felder kennen gelernt. Solche Felder unterscheiden sich von dynamischen dadurch, dass die Größe, also die Dimension der dynamischen Datenfelder, erst zur Laufzeit des Programms feststeht und sie daher auch nicht genau dimensioniert werden können. Stellen Sie sich vor, Sie möchten Daten einer Excel-Tabelle in ein Datenfeld einlesen und wissen zum Zeitpunkt der Programmierung nicht, wie viele Zeilen die Tabelle enthält, weil deren Zahl schwankt. In diesem Fall bleibt Ihnen nur die Verwendung von dynamischen Feldern.

Auch diese Felder müssen natürlich deklariert werden. Dies geschieht ebenfalls mit Dim, aber die Größe brauchen Sie nicht anzugeben, da die Dimensionierung separat erfolgt. Dazu lassen Sie einfach die Klammern hinter dem Feldnamen leer. Genau diese Deklaration haben Sie schon beim Parameterarray von Prozeduren kennen gelernt. Auch dabei handelt es sich also um ein dynamisches Array.

Das folgende Beispiel erstellt eine Liste mit Namen. Dazu wird ein dynamisches Datenfeld verwendet. Vor der ersten Dateneingabe muss nun das Feld dimensioniert werden. Im Prinzip können Sie sich das so vorstellen, dass eine oder mehrere leere Zeilen eingefügt werden, die dann mit Daten gefüllt werden. Zur Dimensionierung von dynamischen Datenfeldern gibt es die ReDim-Anweisung. Mit

```
ReDim L(1)
```

wird das Datenfeld L auf die Größe 1 festgelegt. Es beinhaltet somit nur eine Zeile. Sie können natürlich auch größere Dimensionen festlegen. Das hat allerdings folgenden Nachteil: Sie müssen dann vor dem Einfügen eines Datensatzes immer überprüfen, ob auch noch ein freier Platz vorhanden ist. Wenn Sie immer nur den Platz schaffen, den Sie benötigen, ist das wesentlich einfacher und spart Ressourcen.

Bei dieser Methode müssen Sie natürlich auch die Dimensionierung des Datenfeldes ändern, wenn bereits Datensätze eingegeben sind. Bei der normalen ReDim-Anweisung würden dadurch die vorhandenen Datensätze verloren gehen. Wenn Sie dies verhindern möchten, verwenden Sie nach Eingabe der ersten Daten das Schlüsselwort Preserve.

Die Anweisung ReDim Preserve L(2) erweitert das vorhandene Datenfeld L auf zwei Zeilen und behält die vorhandenen Werte.

```
Sub Liste2()
    'Dimensionierung des Datenfeldes
    Dim L() As String
    'Eingabe der Daten in die erste Zeile
    ReDim L(0)
    L(0) = "Spona"
    ReDim Preserve L(1)
    L(1) = "Hinz"
End Sub
```

Um mit unbekannten Größen von dynamischen Feldern umgehen zu können, benötigen Sie die zwei Funktionen LBound und UBound. Sie können diese Funktionen aber auch benutzen, um die Index grenzen von statischen Feldern herauszufinden. UBound ermittelt die obere Indexgrenze und LBound die untere. Die Anweisung I = UBound(L) ermittelt die obere Indexgrenze des Datenfeldes L und weist den Wert der Variablen I zu. Das folgende Beispiel demonstriert die Verwendung dieser beiden Funktionen.

Zunächst werden die erforderlichen Variablen deklariert. Dann wird das dynamische Feld deklariert und mit Redim(0) auf die Größe 1 erweitert.

Es ist ganz wichtig, dass das Feld mindestens einmal mit ReDim dimensioniert wurde, bevor die Funktion UBound oder LBound angewendet werden kann. Ansonsten kommt es zu einem Laufzeitfehler.

Die Zeile Do Until ... stellt den Schleifenkopf einer abweisenden
Schleife dar. Schleifen dienen dazu, bestimmte Anweisungen mehr-
fach hintereinander auszuführen. Weitere Informationen über
Schleifen und die wiederholte Ausführung von Quellcode finden
Sie in Kapitel 5 »Programmablaufsteuerung«.

Innerhalb der Schleife können beliebig viele Datensätze in das Datenfeld geschrieben werden, indem immer wieder das Feld vergrößert wird und die Felder gefüllt werden. Dazu wird bei jedem
Schleifendurchlauf mit UBound der maximale Index ermittelt und in
der Variablen I gespeichert. Die nächste Anweisung erweitert das
Datenfeld um eine Zeile auf I+1. Die Daten werden jedoch in die
Zeile I geschrieben, was dazu führt, dass das Datenfeld am Ende
immer eine leere Zeile hat.

```
Sub Liste3()
    Dim Nachname As String, Vorname As String, _
        Datum As Date, I As Integer, Datensatz
    'Dimensionierung des Datenfeldes
    Dim L() As String
    'Festlegen der Variablen und
    'Dimensionieren des Datenfeldes auf 1
    Datensatz = "test"
    ReDim L(0)
    Do Until Datensatz = Empty
    'Hier könnten Anweisungen stehen, die den
    'verwendeten Variablen Werte zuweisen,
    'die z.B. aus einer Tabelle gelesen werden ...
        I = UBound(L)    'obere Grenze ermitteln
        ReDim Preserve L(I + 1)
        L(I) = Nachname
        'Hier könnte eine Anweisung stehen,
        'die bestimmt, wann die Schleife ver-
        'lassen wird, z.B.
        Datensatz = Empty
    Loop
    'weitere Anweisungen ...
End Sub
```

Das vorstehende Beispiel macht so natürlich noch wenig Sinn. Erst in Kombination mit den Objekten von Excel, Word oder einer anderen Office-Anwendung können Sie damit sinnvolle Aufgaben bewerkstelligen.

Wenn Sie ein mehrdimensionales Array als dynamisches Array verwenden, können Sie mit der ersten Redim-Anweisung alle Dimensionsgrößen und die Anzahl Dimensionen festlegen. Bei allen weiteren Aufrufen von Redim können Sie hingegen nur die Größe der letzten Dimension bestimmen. Wenn Sie für ein solches Array die Funktion UBound oder LBound verwenden möchten, müssen Sie auch die Dimension angeben, deren minimalen und maximalen Index Sie feststellen möchten. Dazu geben Sie die Nummer der Dimension als zweiten Parameter an. Die erste Dimension hat die Nummer 1. Mit LBound(Daten,1) würden Sie also den minimalen Index der ersten Dimension des Arrays Daten ermitteln.

Datenfelder löschen und leeren

Gerade wenn Sie größere Felder verwenden, verbrauchen diese unheimlich viel Platz im Hauptspeicher, was zu einem hohen Bedarf an Systemressourcen führt. Um diese Nebenwirkung von Datenfeldern so gering wie möglich zu halten, sollten Sie nicht mehr benötigte Felder unbedingt wieder löschen. Dazu können Sie die Erase-Anweisung verwenden. Erase L() löscht das dynamische Feld L und gibt damit den Speicherplatz, der von diesem Feld belegt wird, im Hauptspeicher wieder frei.

Sie können Erase auch auf statische Felder anwenden. In diesem Fall wird kein Speicherplatz freigegeben, sondern der Inhalt des Feldes gelöscht. Alle Felder werden auf einen Wert zurückgesetzt, der entsprechend der verwendeten Datentypen den Wert Empty (=leer) repräsentiert.

Arrays füllen und konvertieren

Sie können Arrays nicht nur füllen, indem Sie jedem Feld einzeln einen Wert zuweisen. Alternativ können Sie auch spezielle Funktionen verwenden, um Arrays zu füllen oder gar zu erstellen. Die beiden wichtigsten sind Split und Array.

> Die Array-Funktion steht schon in VBA 5.0 (Office 97 und früher) zur Verfügung, die Split-Funktion jedoch erst ab VBA 6.0. Wenn Sie zumindest die Array-Funktion unter Office 97 und früher oder auf dem Mac testen möchten, setzen Sie das Schlüsselwort Rem vor die letzte Zeile der Prozedur, um die Split-Anweisung auszukommentieren.

> In Kapitel 20 »Versionsübergreifend programmieren« erfahren Sie, wie Sie eine Split-Funktion für VBA-5.0-Anwendungen selbst definieren.

Die Array-Funktion gibt ein dynamisches, eindimensionales Array zurück, das die Werte enthält, die Sie als Parameter an die Array-Funktion übergeben. Wichtig ist dabei, dass die Variable, die den Rückgabewert der Array-Funktion aufnimmt, den Typ Variant hat und nicht als Array deklariert ist. Die Klammern dürfen Sie also nicht angeben. Nach der Zuweisung des Rückgabewertes können Sie jedoch auf die Inhalte des Arrays wie bei normalen, dynamischen Arrays zugreifen. Mit der Anweisung Debug.Print Namen(0) wird beispielsweise das erste Element ausgegeben, der Namen »Maier«.

Selbstverständlich können Sie auch mit der UBound-Funktion die obere Indexgrenze des so erzeugten Arrays ermitteln. Das ermöglicht es Ihnen beispielsweise das Array mit einer Schleife zu durchlaufen.

```
Sub ArraysFuellen()
    Const Datei = "C:\Daten\Test\Test.xls"
    Dim Ordner() As String
```

```
Dim Namen As Variant
Namen = Array("Maier", "Müller", "Schulze")
Debug.Print Namen(0)
Ordner = Split(Datei, "\")
End Sub
```

Mit der Split-Funktion können Sie eine Zeichenkette in ein Array umwandeln. Die Funktion gibt ein eindimensionales Array des Typs String zurück. Sie müssen daher die Variable, die den Rückgabewert aufnehmen soll, als dynamisches Array des Typs String definieren. Das geschieht im Code mit der Anweisung Dim Ordner() As String.

Die Split-Funktion bildet das Array, indem Sie die Zeichenkette an einem bestimmten Zeichen auftrennen. Jeder Teil wird zu einem Arrayfeld. Im Beispiel wird damit ein Dateiname in die einzelnen Bestandteile Laufwerk, Verzeichnisse und Dateiname aufgesplittet. Das Trennzeichen, bei dem die Zeichenkette getrennt werden soll, geben Sie als zweiten Parameter der Split-Funktion an. Der erste ist die verwendete Zeichenkette. Wenn Sie den zweiten Parameter weglassen, wird die Zeichenkette an den Leerzeichen aufgetrennt.

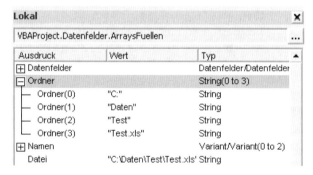

Abbildung 4.7: Der Inhalt des Arrays Ordner

Egal, welches Trennzeichen Sie verwenden, das Trennzeichen selbst ist nicht Bestandteil des Arrays. Wenn Sie im Prozedurfuß einen Haltepunkt setzen, können Sie das im Lokalfenster sehen. Nur die Teile der Zeichenkette zwischen dem "\" werden in das Array übernommen.

Ab VBA 6.0 gibt es eine Funktion Join, die das Gegenteil von Split macht. Sie fügt die Inhalte eines Arrays mit einem Trennzeichen aneinander und gibt eine Zeichenkette zurück. Sie können beispielsweise am Ende der Prozedur noch die Anweisung

```
Debug.Print Join(Ordner, "/")
```

einfügen. In diesem Fall würde im Testfenster die Ausgabe

```
C:/Daten/Test/Test.xls
```

erfolgen.

Obwohl es mit Join und Split sehr einfach möglich ist, ein Zeichen in einer Zeichenkette durch ein anderes zu ersetzen, brauchen Sie diese beiden Funktionen dazu nicht zu verwenden. Stattdessen können Sie ebensogut auch die Replace-Funktion verwenden, die genau für diesen Zweck gemacht ist. Sie wird im nachfolgenden Abschnitt vorgestellt.

Arbeiten mit Zeichenketten und Zeichen

Es gibt in VBA zahlreiche Funktionen und Anweisungen, mit denen Sie Zeichenketten bearbeiten können. Die wichtigsten sind sicherlich Replace, Mid, Instr und Len. Während die drei letztgenannten in allen VBA-Versionen zur Verfügung stehen, können Sie Replace erst ab VBA 6.0 verwenden. In Office 97 und früher sowie auf dem Macintosh steht die Replace-Funktion daher nicht zur Verfügung.

Die Beispiele finden Sie im Modul *Zeichenketten* der Datei *K04.xls* auf der CD.

Zeichenketten nach Teilzeichenketten durchsuchen

Oft kommt es vor, dass Sie prüfen müssen, ob eine bestimmte Zeichenfolge in einer anderen Zeichenfolge vorkommt. Nehmen Sie beispielsweise an, der Benutzer gibt in irgendeiner Form eine Dezimalzahl ein. Um die Eingabe korrekt interpretieren und umwandeln zu können, müssen Sie prüfen, ob er einen Dezimalpunkt oder ein Dezimalkomma eingegeben hat. Das können Sie am einfachsten, indem Sie prüfen, ob in der Zeichenfolge ein Komma vorkommt. Zu diesem Zweck gibt es die Funktion InStr. Sie prüft, an welcher Position innerhalb einer Zeichenkette eine andere vorkommt, und gibt den Index des Zeichens zurück, an dem die Zeichenkette beginnt. Das erste Zeichen hat dabei den Index 1.

Die Funktion umwandeln zeigt die Instr-Funktion, sowie die Funktionen Mid und Len. Sie gibt eine Zahl vom Typ Single zurück, die der Parameter Zahl als Zahl enthält. Der Parameter hat den Typ String und könnte daher sowohl die Zeichenfolge »15,5« als auch »15.5« enthalten. Da die Zeichenfolge jedoch mit der Funktion Val umgewandelt werden soll und diese Funktion einen Dezimalpunkt erwartet, müssen Sie dafür sorgen, dass gegebenenfalls ein Komma durch einen Punkt ersetzt wird.

Als Erstes sollten Sie dazu zwei Variablen deklarieren. Eine Variable Pos, in der Sie den Rückgabewert der InStr-Funktion speichern, und eine vom Typ String, in der Sie die neu zusammengesetzte Zeichenkette speichern.

Danach können Sie dann die InStr-Funktion aufrufen. Ihr übergeben Sie als ersten Parameter den Wert 1. Das ist das Zeichen, bei dem die Suche begonnen werden soll. Als Zweites folgt die zu durchsuchende Zeichenkette, hier der Parameter Zahl. Der dritte Parameter ist die zu suchende Zeichenfolge, die aus einem oder mehreren Zeichen bestehen kann. Die InStr-Funktion liefert den

Index des Zeichens zurück, bei dem die gesuchte Zeichenfolge beginnt. Wenn Sie also als Parameter »10,4« übergeben, liefert die In-Str-Funktion den Wert 3.Wenn die Zeichenkette nicht gefunden wird, gibt die InStr-Funktion einen Wert kleiner als 1 zurück.

Aus diesem Grund, funktioniert die Funktion in der Form, wie sie nachfolgend vervollständigt wird, auch nur dann, wenn ein Wert mit Dezimalkomma übergeben wird. Ansonsten müssen Sie nämlich nach Aufruf der InStr-Funktion abfragen, welchen Wert sie zurückgegeben hat. Dazu benötigen Sie aber eine Verzweigung, die erst in Kapitel 5 »Programmablaufsteuerung« im Detail besprochen wird.

```
Function umwandeln(Zahl As String) As Single
    'Prüft, ob in der Zahl ein Dezimalkomma vorkommt.
    'Wenn ja, wird es durch einen Punkt ersetzt.
    Dim Pos As Long
    Dim Temp As String
    Pos = InStr(1, Zahl, ",")
...
End Function
```

Teilzeichenketten ermitteln

Im nächsten Schritt müssen Sie nun den Teil vor und den Teil nach dem Komma ausschneiden und getrennt durch einen Punkt wieder zusammenfügen. Um eine Teilzeichenfolge zu ermitteln, verwenden Sie die Funktion Mid. Sie gibt die Teilzeichenfolge zurück, die Sie über deren Parameter bestimmen. Als ersten Parameter geben Sie die Zeichenkette an, aus der Sie die Teilzeichenkette, ermitteln möchten. Der zweite Parameter bestimmt die Position in der Zeichenkette an der die Teilzeichenkette beginnen soll. Wenn Sie den ersten Teil, vor dem Dezimalkomma ermitteln möchten, müssen Sie also 1 für das erste Zeichen angeben. Mit dem letzten Parameter bestimmen Sie die Länge der Teilzeichenfolge. Hier ergibt sie sich aus der Position des Kommas. Da Sie das Komma ja nicht mit zurückgeben möchten, müssen Sie es vom Wert in der Variablen

Pos 1 abziehen. Die Variable Temp enthält also nun bei Übergabe von »10,4« den Wert »10«.

```
Function umwandeln(Zahl As String) As Single
    'Prüft, ob in der Zahl ein Dezimalkomma vorkommt.
    'Wenn ja, wird es durch einen Punkt ersetzt.
    Dim Pos As Long
    Dim Temp As String
    Pos = InStr(1, Zahl, ",")
    Temp = Mid(Zahl, 1, Pos - 1)
    ...
End Function
```

Um den zweiten Teil der Zahl, nach dem Dezimalkomma zu ermitteln, verwenden Sie erneut die Mid-Funktion. Wenn Sie als zweiten Parameter Pos +1 angeben und den dritten weglassen, wird die Teilzeichenfolge vom Zeichen nach dem Komma bis zum Ende der Zeichenfolge ermittelt.

Länge einer Zeichenkette ermitteln

Alternativ können Sie auch für den zweiten Teil der Zahl den dritten Parameter Mid-Funktion angeben. Dann müssen Sie dazu von der Länge der ursprünglichen Zeichenkette die Position des Kommas abziehen. Die Länge einer Zeichenkette können Sie mit der Len-Funktion ermitteln. Ihr übergeben Sie die Zeichenkette und sie gibt die Länge in Byte zurück, die in aller Regel der Anzahl Zeichen in der Zeichenkette entspricht.

Der Variablen Temp weisen Sie dann einfach den ersten Wert von Temp, ergänzt um einen Punkt und dem Teil der Zeichenkette nach dem Komma zu und übergeben die Variablen Temp dann an die Val-Funktion. Sie wandelt die Zeichenkette unter Berücksichtigung des nun vorhandenen Dezimalpunktes in eine Zahl um, die Sie dann als Rückgabewert der Funktion festlegen können.

```
Function umwandeln(Zahl As String) As Single
    ...
    Pos = InStr(1, Zahl, ",")
```

```
Temp = Mid(Zahl, 1, Pos - 1)
Temp = Temp & "." & _
    Mid(Zahl, Pos + 1, Len(Zahl) - (Pos))
umwandeln = Val(Temp)
End Function
```

Wenn Sie die Funktion testen möchten, geben Sie einfach im Testfenster die Anweisung Debug.Print umwandeln ("17,3") ein oder
erstellen eine Prozedur, die die Funktion aufruft. Diese Prozedur
darf natürlich selbst keine Parameter haben, wenn Sie sie über F5
ausführen möchten.

```
Sub Testen()
    Debug.Print umwandeln("17,3")
End Sub
```

Der Aufruf der Prozedur Testen, erzeugt die Ausgabe 17,3 im Testfenster. Sie werden jetzt natürlich mit Recht fragen, wo da die Um-
wandlung stattgefunden hat. Die ist jedoch tatsächlich erfolgt, nur
stellt das Direktfenster die Ausgaben nach dem Gebietsschema von
Windows dar, gibt also Dezimalzahlen mit Dezimalkomma aus. Intern ist es jedoch nun kein Text mehr, sondern eine Zahl des Typs
Single.

Zeichen ersetzen mit »Replace«

Sie haben vorstehend eine Möglichkeit kennen gelernt, wie Sie innerhalb einer Zeichenkette ein Zeichen durch ein anderes ersetzen.
Noch einfacher geht das mit der Replace-Funktion, nur dass Sie
hier auf VBA 6.0 angewiesen sind. Die vorstehend gezeigte Methode funktioniert hingegen auch mit VBA-5.0-Hostanwendungen.

Die Replace-Funktion ersetzt in einer Zeichenkette ein oder mehrere Vorkommen einer anderen Zeichenkette durch eine dritte. Die
folgende Prozedur zeigt, wie Sie in einer Pfadangabe jeden Backslash durch einen Schrägstrich ersetzen. Dazu geben Sie die Zeichenkette, die durchsucht werden soll, als ersten, die zu suchende
Teilzeichenfolge als zweiten Parameter und die zu ersetzende Zeichenfolge als dritten Parameter an. Die Funktion gibt dann die
geänderte Zeichenkette zurück.

```
Sub ersetzen()
    Const Datei = "C:\Daten\Test\Test.xls"
    Debug.Print Replace(Datei, "\", "/")
End Sub
```

Optional können Sie mit dem vierten Parameter angeben, ab welchem Zeichen mit der Suche begonnen werden soll. Alle Zeichen vor dem angegebenen Zeichen sind dann aber auch nicht Bestandteil des Rückgabewertes. Möchten Sie beispielsweise erst ab dem zweiten Zeichen alle Backslashs ersetzen, würde der Aufruf von Replace wie folgt lauten:

```
Debug.Print Replace(Datei, "\", "/", 2)
```

Der Rückgabewert der Replace-Funktion ist in diesem Fall die Zeichenfolge C:/Daten/Test/Test.xls.

Ein- und Ausgaben

VBA bietet die Möglichkeit, über die Funktionen MsgBox und Inputbox Ein- und Ausgaben vorzunehmen. Die MsgBox-Funktion wurde bereits ein paar Mal verwendet. Beide Funktionen bieten aber wesentlich mehr Möglichkeiten, als bisher deutlich wurde.

Die Beispiele finden Sie im Modul *Dialoge* der Arbeitsmappe *K04.xls*.

Werte mit InputBox einlesen

Möchten Sie mithilfe der Funktion InputBox einen Wert einlesen, so können Sie nicht nur bestimmen, welcher Text im Eingabedialog erscheinen soll, sondern auch welcher Wert standardmäßig im Eingabefeld angezeigt und an welcher Stelle auf dem Bildschirm der Dialog gezeigt wird. Dazu können Sie die verschiedenen Parameter einstellen.

XPos und YPos geben z.B. die X- und Y-Koordinaten der linken oberen Ecke des Dialogs an. Wenn Sie diese Angabe weglassen, wird der Eingabedialog in der Bildschirmmitte gezeigt.

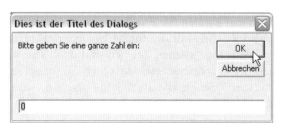

Abbildung 4.8: Einlesen von Benutzereingaben mit InputBox

Das folgende Beispiel zeigt diesen Eingabedialog auf dem Bildschirm an:

```
Sub Werte_eingeben1()
    Dim antw As Integer
    antw = InputBox(prompt:= _
        "Bitte geben Sie eine ganze Zahl ein: ", _
        Title:="Dies ist der Titel des Dialogs", _
        Default:="0", XPos:=100, YPos:=200)
    Debug.Print antw
End Sub
```

Die Funktion InputBox gibt grundsätzlich einen Wert vom Typ String zurück. Jedoch wandelt VBA diesen Wert in einen Typ um, der mit dem der Variablen kompatibel ist, die den Wert aufnimmt. Probleme treten nur dann auf, wenn der Wert nicht umgewandelt werden kann, weil der Anwender z.B. einen Buchstaben statt einer Zahl eingibt.

Um dieses Problem zu vermeiden, sollten Sie statt der InputBox-Funktion besser die InputBox-Methode des Application-Objekts verwenden. Hier können Sie mit dem Parameter Type genau festlegen, welche Werte die Dialogbox zurückgeben soll. Legen Sie dazu eine Zahl fest und gibt der Anwender dann eine

Zeichenkette ein, die nicht in eine Zahl konvertiert werden kann, so meldet die Anwendung dies in einem Dialog. Das folgende Beispiel zeigt die Anwendung der InputBox-Methode:

```
Sub Werte_eingeben2()
    Dim antw As Integer
    antw = CInt(Application.InputBox(prompt:= _
        "Bitte geben Sie eine ganze Zahl ein: ", _
        Title:="Dies ist der Titel des Dialogs", _
        Default:=0, Type:=1))
    Debug.Print antw
End Sub
```

Da nur das Application-Objekt von Excel über die InputBox-Methode verfügt, können Sie dieses Beispiel nicht in den anderen Office-Programmen ausführen.

Bei Ausführung des Beispiels wird folgender Dialog gezeigt, wenn der Anwender statt einer Zahl einen Buchstaben eingibt:

Abbildung 4.9: Meldung bei ungültiger Eingabe

Wichtig ist hier, dass Sie nicht vergessen, das Objekt Application vor die Methode zu setzen, da VBA sonst davon ausgeht, dass es sich um die Funktion InputBox handelt.

Wenn der Anwender den Eingabedialog mit *OK* schließt, gibt die Methode den eingegebenen Wert zurück; beim Klicken auf *Abbrechen* gibt sie *False* zurück. Der Dialog kann nur mit einem gültigen Wert oder mit der Schaltfläche *Abbrechen* geschlossen werden.

Für den Type-Parameter sind die Werte der folgenden Tabelle zulässig. Sie können diese einzeln verwenden, aber auch addieren. Wenn Sie beispielsweise dem Benutzer ermöglichen möchten, eine Zahl oder einen booleschen Wert anzugeben, könnten Sie `Type:=1+4` oder `Type:=5` angeben. Wenn Sie den Type-Parameter nicht angeben, verhält sich die Methode InputBox wie die Input-Box-Funktion.

Wert	Bedeutung
0	Formel
1	Zahl
2	Text (Zeichenfolge)
4	boolescher Wert (True oder False)
8	Zellbezug, z.B. ein Range-Objekt
16	Fehlerwert, z.B. #N/A
64	Wertematrix

Tabelle 4.7: Verfügbare Werte für das Type-Attribut

Ausgaben mit der MsgBox-Funktion

Ausgaben lassen sich mithilfe der Funktion MsgBox erstellen. Dabei lassen sich die Schaltflächen und ein Symbol bestimmen, die in der Dialogbox angezeigt werden. Außerdem können Sie über die Rückgabewerte der Funktion feststellen, welche Schaltfläche der Anwender zum Schließen des Dialogs angeklickt hat.

Das folgende Beispiel zeigt eine Dialogbox, die Sie z.B. zur Ausgabe von Berechnungsergebnissen und Ähnlichem verwenden können.

```
Sub Infobox()
    Dim antw As Integer, Zahl As Integer
    Zahl = 123
```

```
    antw = MsgBox(Prompt:="Das Ergebnis lautet: " & _
    Zahl, Buttons:=vbInformation + _
    vbSystemModal, Title:="INFO!")
End Sub
```

Abbildung 4.10: Die erzeugte Meldung mit Info-Symbol

Der Wert des Parameters Buttons bestimmt die Schaltflächen und Symbole, die angezeigt werden. Hier können Sie mehrere Konstanten kombinieren oder auch nur die Konstante vbOkOnly verwenden, die nur die *OK*-Schaltfläche anzeigt. In jedem Dialog wird mindestens die *OK*-Schaltfläche angezeigt, auch wenn kein Parameter Buttons angegeben wird. Sie können wahlweise den Konstantennamen, die Zahlen oder eine Gesamtsumme als Wert für den Parameter Buttons verwenden. Das heißt, die folgenden drei Angaben für diesen Parameter sind gleichwertig:

```
Buttons:=vbInformation + vbSystemModal
Buttons:=64 + 4096
Buttons:=4160
```

Für die Formatierung des Dialogfeldes stehen Ihnen zahlreiche Konstanten zur Verfügung, die sich grob in drei Kategorien einteilen lassen und zwar in

✔ Konstanten zur Definition der Schaltflächen

✔ Konstanten zur Anzeige eines Symbols

✔ Konstanten für das Verhalten des Dialogfeldes

Bei der Zuweisung der Werte zum Parameter *Buttons* dürfen Sie die Konstanten jedoch mischen. Dabei ist aber aus den ersten beiden Gruppen nur jeweils ein Wert gleichzeitig zulässig.

Konstante	Wert	Beschreibung
vbOKOnly	0	Nur Schaltfläche *OK* (Voreinstellung)
vbOKCancel	1	Schaltflächen *OK* und *Abbrechen*
vbAbortRetryIgnore	2	Schaltflächen *Abbruch, Wiederholen* und *Ignorieren*
vbYesNoCancel	3	Schaltflächen *Ja, Nein* und *Abbrechen*
vbYesNo	4	Schaltflächen *Ja* und *Nein*
vbRetryCancel	5	Schaltflächen *Wiederholen* und *Abbrechen*

Tabelle 4.8: Konstanten zur Anzeige einer Schaltfläche

Konstante	Wert	Beschreibung	Icon
vbCritical	16	kritischer Fehler	
vbQuestion	32	Frage	
vbExclamation	48	Warnmeldung	
vbInformation	64	Information oder Hinweis	

Tabelle 4.9: Konstanten zur Anzeige eines Symbols

Konstante	Wert	Beschreibung
vbDefaultButton1	0	Erste Schaltfläche ist Standardschaltfläche
vbDefaultButton2	256	Zweite Schaltfläche ist Standardschaltfläche
vbDefaultButton3	512	Dritte Schaltfläche ist Standardschaltfläche
vbDefaultButton4	768	Vierte Schaltfläche ist Standardschaltfläche

Konstante	Wert	Beschreibung
vbApplicationModal	0	An die Anwendung gebundenes Meldungsfeld. Mit der Anwendung kann nur weitergearbeitet werden, wenn das Meldungsfeld geschlossen wurde.
vbSystemModal	4096	An das System gebundenes Meldungsfeld. Mit einer beliebigen Anwendung kann nur weitergearbeitet werden, wenn das Meldungsfeld geschlossen wurde.
vbMsgBoxHelpButton	16384	Fügt eine Hilfeschaltfläche zum Meldungsfeld hinzu.
VbMsgBoxSetForeground	65536	Legt das Meldungsfeld als Vordergrundfenster fest.
vbMsgBoxRight	524288	Der Text ist rechtsbündig ausgerichtet.
vbMsgBoxRtlReading	1048576	Legt fest, dass der Text von rechts nach links dargestellt wird. Dieser Wert gilt nur für hebräische und arabische Systeme.

Tabelle 4.10: Konstanten für das Verhalten des Dialogfeldes

Auch der Rückgabewert der Funktion kann über Konstanten abgefragt werden. Diese finden Sie in nachfolgender Tabelle. Wenn Sie prüfen möchten, ob ein bestimmter Rückgabewert vorliegt, können Sie die Variable, die den Rückgabewert speichert, sowohl mit dem Konstantennamen als auch mit dem numerischen Wert vergleichen.

Konstante	Wert	Beschreibung
vbOK	1	OK
vbCancel	2	Abbrechen
vbAbort	3	Abbruch
vbRetry	4	Wiederholen
vbIgnore	5	Ignorieren
vbYes	6	Ja
vbNo	7	Nein

Tabelle 4.11: Rückgabewerte der MsgBox-Funktion

Wenn Sie den Rückgabewert einer Dialogbox feststellen möchten, gehen Sie dazu wie im folgenden Beispiel vor. Hier wird eine Warnung ausgegeben und der Anwender kann durch Anklicken der entsprechenden Schaltfläche des Dialogs wählen, ob er fortfahren oder abbrechen möchte.

```
Sub Auswahlbox()
    Dim antw As Integer
    antw = _
      MsgBox(Prompt:= _
      "Es ist ein Fehler aufgetreten!" & _
      Chr(10) & _
      "Möchten Sie trotzdem fortfahren?" _
      , Buttons:=vbYesNo + vbCritical, _
      Title:="Bitte bestätigen!")
    If antw = vbNo Then Exit Sub
    'Hier können weitere Anweisungen stehen
End Sub
```

Beim Ausführen des Beispiels zeigt Excel folgenden Dialog an:

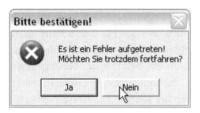

Abbildung 4.11: Meldungsdialog mit zwei Schaltflächen zur Auswahl

Hier kann der Anwender nun durch Anklicken einer Schaltfläche entscheiden, ob die Prozedur beendet oder fortgesetzt werden soll. Klickt er auf *Nein*, so wird die Prozedur mit Exit Sub beendet, ansonsten werden die Anweisungen ausgeführt, die auf die If-Anweisung folgen.

Weitere Informationen zur If-Anweisung und der Programmablaufsteuerung im Allgemeinen finden Sie in Kapitel 5 »Programmablaufsteuerung«.

5 Programmablaufsteuerung

Jede Programmiersprache braucht Konstrukte zur Steuerung des Programmablaufs. Primitive Programmiersprachen kommen dabei ausschließlich mit dem Sprungbefehl Goto aus. Bei der Programmierung mit Programmiersprachen, die auch andere Methoden zur Programmablaufsteuerung bieten, sollten Sie Sprünge jedoch vermeiden. Nur bei der Fehlerbehandlung ist eine andere Programmierweise in VBA nicht möglich. In diesem Kapitel erfahren Sie alles über die Möglichkeiten, die VBA für die Programmablaufsteuerung zur Verfügung stellt.

Grundsätzlich werden Schleifen, Verzweigungen und Sprünge unterschieden. Schleifen dienen dazu, bestimmte Anweisungen wiederholt auszuführen, während Verzweigungen entweder den einen oder den anderen Anweisungsblock ausführen, je nachdem, ob eine Bedingung erfüllt ist oder nicht.

Verzweigungen

Die Beispiele finden Sie in der Datei *K05.xls* im Modul *Verzweigungen.*

Bei Verzweigungen unterscheidet man im Allgemeinen zwischen einfachen Verzweigungen und Mehrfachverzweigungen oder Mehrfachauswahlen. Die einfachste und kürzeste Verzweigung ist dabei IIF. Sie verfügt über folgende Syntax: IIF(Ausdruck, Wahr-Zweig, Else-Zweig).

Dabei ist Ausdruck ein Ausdruck, der einen booleschen Wert liefert. Ist er wahr, wird der Wert im Wahr-Zweig zurückgegeben, ansonsten der Wert im Else-Zweig. Das folgende Beispiel zeigt die Verwendung von IIF. Es liest zunächst zwei Werte vom Benutzer ein, wandelt diese in Integer-Werte um und speichert sie in den Variablen A und B.

Mit der IIF-Anweisung können Sie nun prüfen, ob A kleiner als B ist. In diesem Fall gibt die Funktion den Wert des zweiten Parameters zurück, ansonsten den Wert des dritten.

```
Sub bsp_IIF()
    Dim A As Integer
    Dim B As Integer
    Dim Erg As Boolean
    A = CInt(InputBox( _
        "Bitte geben Sie eine ganze Zahl ein!" _
        , "Eingabe"))
    B = CInt(InputBox( _
        "Bitte geben Sie eine ganze Zahl ein!" _
        , "Eingabe"))
    Erg = IIf(A < B, True, False)
    MsgBox "Die erste Zahl ist kleiner als die" & _
        " zweite: " & Erg
End Sub
```

Viele Programmierer machen von der IIF-Funktion ausgiebig Gebrauch, weil sie so schön kurz ist. Allerdings gehört IIF nicht nur zu den kürzesten Verzweigungen, sondern auch zu den langsamsten Verzweigungen. Zudem können Sie meist IIF durch andere Schleifen oder Anweisungen ersetzen. So auch in diesem Beispiel. Sie müssen gar nicht die IIF-Anweisung nutzen, sondern könnten in diesem Fall auch gleich den Ausdruck in der Ausgabe mit MsgBox verwenden. In diesem Fall könnte die Verzweigung also komplett entfallen. In Fällen, in denen das nicht so ist, sollten Sie besser die If-Anweisung nutzen. Sie ist viel schneller und dazu flexibler einzusetzen.

If-Anweisungen

Die If-Anweisung kommt in VBA in vielen verschiedenen Varianten vor. Sie steuert den Programmablauf dadurch, dass bestimmte Anweisungen nur dann ausgeführt werden, wenn die formulierte Bedingung wahr ist. Anders als bei der IIF-Funktion können Sie also eine oder mehrere Anweisungen abhängig von einer Bedingung ausführen und nicht nur unterschiedliche Werte zurückgeben.

Die einfachste Form der If-Anweisung ist die einzeilige Variante.

```
Sub BSP_IFTHEN()
    Dim X As Integer
    X = InputBox _
        ("Bitte eine ganze Zahl eingeben!", _
        "EINGABE", "0")
    If X > 0 Then MsgBox "Zahl > 0"
End Sub
```

Dieses Beispiel liest zunächst über den Eingabedialog InputBox eine Zahl ein. Die If-Anweisung überprüft dann, ob der Wert von X größer als 0 ist. Wenn diese Bedingung wahr ist, wird in einer Dialogbox mit MsgBox die Meldung Zahl > 0 ausgegeben.

Diese Form der If-Anweisung hat den Nachteil, dass bei Zutreffen der Bedingung nur genau eine Anweisung ausgeführt werden kann. Für den Fall, dass Sie beim Zutreffen der Bedingung mehrere Anweisungen ausführen möchten, stellt VBA auch eine mehrzeilige Variante zur Verfügung. Ihre Syntax lautet:

```
If Ausdruck Then
    Anweisungen
End If
```

Das folgende Beispiel demonstriert ihre Verwendung:

```
Sub BSP_IFTHEN2()
    Dim X As Integer
    X = InputBox("Bitte eine ganze Zahl eingeben!" _
        , "EINGABE", "0")
    If X > 0 Then
        MsgBox "Zahl > 0"
        'Hier könnten weitere Anweisungen stehen
    End If
End Sub
```

Bei dieser Form muss die If-Verzweigung durch die Zeile End If abgeschlossen werden, damit VBA erkennt, welche Zeilen noch zum Then-Zweig gehören und welche nach Verlassen der If-Anweisung ausgeführt werden sollen. Alle Anweisungen, die zwischen Then und End If folgen, werden ausgeführt, wenn der Ausdruck zwischen If und Then wahr ist.

Zur besseren optischen Erfassung der Prozedurinhalte sollten Sie den Inhalt von If-Anweisungen, aber auch von Schleifen sinnvoll einrücken. Wenn Sie dann mehrere If-Anweisungen ineinander schachteln, behalten Sie den Überblick, welche End If-Zeile zu welcher If-Anweisung gehört.

```
Sub BSP_IFTHENELSE()
    Dim X As Integer
    X = InputBox("Bitte eine ganze Zahl eingeben!" _
    , "EINGABE", "0")
    If X > 0 Then
        MsgBox "Zahl > 0"
    Else
        If X = 0 Then
            MsgBox "Zahl = 0"
        Else
            MsgBox "Zahl < 0"
        End If
    End If
End Sub
```

Abbildung 5.1: Einrückung von Anweisungen

Meistens möchten Sie aber nicht nur bestimmen, was geschehen soll, wenn die Bedingung erfüllt ist, sondern auch, welche Anweisungen ausgeführt werden sollen, wenn die Bedingung nicht erfüllt ist. Für diese Fälle stellt VBA die If-Then-Else-Anweisung zur Verfügung.

Hier wird nun nach dem Einlesen des Wertes von X zunächst überprüft, ob X > 0 ist. Falls dies der Fall ist, wird wie in den vorangegangenen Beispielen eine entsprechende Meldung ausgegeben. Im anderen Fall wird im Else-Zweig in einer weiteren If-Then-Else-Anweisung überprüft, ob die Zahl gleich 0 oder kleiner 0 ist und die entsprechende Meldung ausgegeben. Sie sehen hier, dass auch der Else-Zweig weitere If-Anweisungen oder Schleifen oder sonstige Anweisungen enthalten kann.

```
Sub BSP_IFTHENELSE()
    Dim X As Integer
    X = InputBox("Bitte eine ganze Zahl eingeben!" _
    , "EINGABE", "0")
    If X > 0 Then
        MsgBox "Zahl > 0"
    Else
        If X = 0 Then
            MsgBox "Zahl = 0"
        Else
            MsgBox "Zahl < 0"
        End If
    End If
End Sub
```

Mehrfachverzweigungen

Mehrfachverzweigungen dienen dazu, nicht nur zwischen zwei Alternativen zu unterscheiden, sondern zwischen mehreren. Die einfachste Mehrfachverzweigung ist die If-Then-Elseif-Else-Verzweigung. Sie können sie unter anderem sehr gut nutzen, damit die Verschachtelung von If-Anweisungen nicht zu unübersichtlich wird.

```
Sub BSP_IFTHENELSEIF()
    Dim X As Integer
    X = _
    InputBox("Bitte eine ganze Zahl eingeben!" _
    , "EINGABE", "0")
    If X = 0 Then
        MsgBox "Zahl = 0"
    ElseIf X > 0 Then
        MsgBox "Zahl > 0"
```

```
Else
    MsgBox "Zahl < 0"
End If
End Sub
```

Bei dieser Form der Verzweigung wird zunächst auch die If-Bedingung überprüft. Falls diese nicht erfüllt ist, wird die erste ElseIf-Bedingung überprüft und falls sie erfüllt ist, deren Anweisungsblock ausgeführt. Ist sie hingegen nicht erfüllt, wird die nächste ElseIf-Bedingung überprüft usw. Wenn auch die letzte ElseIf-Bedingung nicht erfüllt ist, werden die Anweisungen des Else-Zweiges ausgeführt. Sobald eine ElseIf-Bedingung gefunden wurde, die erfüllt ist, werden die anderen nicht mehr überprüft und die Verzweigung nach Ausführung des entsprechenden Then-Zweiges verlassen.

Die If-Then-ElseIf-Verzweigung muss keinen Else-Zweig haben. Dieser ist optional. Wird er weggelassen, wird im Extremfall kein Zweig der Verzweigung ausgeführt.

Select-Anweisung

Die Select-Anweisung ist eine Mehrfachauswahl, mit deren Hilfe Sie aus einer Vielzahl von Möglichkeiten auswählen können. Die Syntax dieser Verzweigung lautet:

```
Select Case Wert
Case Ausdruck 1
    Anweisungen
Case Ausdruck 2
    Anweisungen
...
Case Else
    Anweisungen
End Select
```

Generell gilt dabei, dass ein Wert mit einem oder mehreren Ausdrücken verglichen wird. Bei der Ausführung der Verzweigung wird die nach Select Case angegebene Variable bzw. der Wert des dort angegebenen Ausdrucks mit den Werten der Ausdrücke in den Case-Zweigen verglichen. Wenn ein Vergleich eine Übereinstimmung ergeben hat, werden die Anweisungen des entsprechenden Case-Zweiges ausgeführt. Jeder Case-Zweig kann mehrere Anweisungen enthalten. Alle Anweisungen bis zum nächsten Case oder Case Else sind Bestandteil des Case-Zweiges. Wenn kein Vergleich erfolgreich war, wird der optionale Case-Else-Zweig ausgeführt; lassen Sie ihn weg, wird in diesem Fall gar kein Zweig ausgeführt.

```
Sub BSP_SELECT()
  Dim buchstabe As String
  buchstabe = _
    InputBox("Bitte Buchstaben eingeben!" _
    , "EINGABE", "A")
  Select Case buchstabe
  Case Is = "A"
    MsgBox "Sie haben die Option A gewählt"
  Case Is = "B"
    MsgBox "Sie haben die Option B gewählt"
  Case Is = "C"
    MsgBox "Sie haben die Option C gewählt"
  Case Else
    MsgBox _
    "Sie haben eine andere Option als A, B " _
    & " oder C gewählt!"
  End Select
End Sub
```

In diesem Beispiel stellt die Variable Buchstabe den Wert dar, der überprüft wird. Jede Case-Zeile stellt eine Alternative dar, die überprüft wird. Wird die Zeile Case Else erreicht, ohne dass eine zutreffende Alternative gefunden wurde, so werden die zum Else-Zweig gehörenden Anweisungen ausgeführt.

Sie können auch für die einzelnen Case-Zweige bestimmen, dass mehrere alternative Werte für die Variable in Frage kommen. Dazu führen Sie die einzelnen Werte einfach der Reihe nach auf.

Im folgenden Beispiel ist dargestellt, wie Sie die Eingabe des Buchstabens von der Groß- und Kleinschreibung unabhängig machen. Dazu können Sie entweder mit der Funktion UCase den Variablenwert in Großbuchstaben umwandeln und müssen dann auch nur mit Großbuchstaben vergleichen. Alternativ können Sie auch sowohl Groß- als auch Kleinbuchstaben in den Vergleichsausdrücken angeben. Beide Möglichkeiten schließen sich nicht aus, wie das Beispiel zeigt. Eine würde jedoch ausreichen, um ein korrektes Ergebnis zu erzielen.

```
Sub BSP_SELECT_3()
    ...
    Select Case UCase(buchstabe)
    Case Is = "A", "a"
        MsgBox "Sie haben die Option A gewählt"
    Case Is = "B", "b"
    ...
    End Select
End Sub
```

Bestehen die alternativen Werte für die Variable, die überprüft wird, aus längeren Zeichenketten, müssten Sie hier alle möglichen Kombinationen aus großen und kleinen Buchstaben aufführen, um sicherzustellen, dass auch bei Tippfehlern die richtige Alternative gewählt wird. In diesen Fällen ist es günstiger, schon den zu prüfenden Wert mit LCase in Kleinbuchstaben oder mit UCase in Großbuchstaben umzuwandeln.

Die Funktion UCase wandelt den als Parameter übergebenen String, hier buchstabe, in Großbuchstaben um. Sie brauchen also nur die Großbuchstaben abzufragen, um alle Möglichkeiten zu beachten. Entsprechendes können Sie natürlich auch mit der Funktion LCase erreichen, die alle Buchstaben in Kleinschreibung umwandelt. In diesem Fall sind natürlich die Kleinbuchstaben in den Case-Zeilen abzufragen.

Bei der Formulierung der Case-Bedingungen müssen Sie nicht zwangsläufig für alle Bedingungen den gleichen Vergleichsoperator verwenden. Sie können durchaus mischen. Achten Sie jedoch beim Formulieren der Bedingungen darauf, dass immer nur eine Bedingung zutrifft. VBA reagiert zwar nicht mit einer Fehlermeldung darauf, aber es kann zu anderen Ergebnissen führen, als Sie erwarten würden. Treffen mehrere Alternativen zu, wird nur der erste Case-Zweig ausgeführt, die anderen werden gar nicht mehr geprüft.

Schleifen

Bei den Schleifen unterscheidet man abweisende, nichtabweisende und Endlosschleifen. VBA bietet so viele verschiedene Schleifenvarianten wie kaum eine andere Programmiersprache. Im Prinzip käme man jedoch mit einer abweisenden und einer nichtabweisenden Schleife aus.

Die Beispiele finden Sie in der Datei *K05.xls* im Modul *Schleifen* auf der CD.

Das Prinzip von Schleifen

Schleifen wiederholen Anweisungen. Wie oft, das hängt von der Formulierung der Schleife ab. Neben dem regulären Schleifenende, können Sie aber auch fast alle Schleifen vorzeitig verlassen. Bei abweisenden Schleifen heißt vorzeitig, obwohl die Eintrittsbedingung noch erfüllt ist, und bei nichtabweisenden bedeutet vorzeitig, dass die Austrittsbedingung noch nicht erfüllt ist.

Schleifen, die durch das Schlüsselwort Do eingeleitet werden, werden durch die Anweisung Exit Do verlassen. Schleifen, die mit For begonnen werden, können Sie mit Exit For verlassen.

Bei Endlosschleifen ist ein vorzeitiges Verlassen aus definitorischen und praktischen Gründen nicht möglich. Eine Schleife, die kein Ende hat, kann auch keinen Zeitpunkt haben, der vor dem Ende liegt, um vorzeitig verlassen zu werden. Außerdem wäre die Schleife keine Endlosschleife mehr, wenn sie eine Anweisung enthielte, die in irgendeiner Situation dazu führt, dass die Schleife beendet wird.

While-Wend-Schleife

Die While-Wend-Schleife ist die einfachste Schleife in VBA. Sie ist auch die einzige, die Sie nicht vorzeitig verlassen können. Die Syntax lautet:

```
While Ausdruck
    Anweisungen
Wend
```

Dabei wird der Inhalt der Schleife, also alles, was zwischen den Zeilen While ... und Wend steht, so lange ausgeführt, wie der Ausdruck nach While den Wert True hat. Die While-Wend-Schleife ist somit eine abweisende Schleife mit einer Eintrittsbedingung.

Angenommen, Sie möchten das Problem aus Kapitel 3 »Programmiergrundlagen« lösen, bei dem zwei Zahlen eingelesen und dividiert werden sollen. Dabei benötigen Sie die Schleife, um die zweite Zahl so oft einzulesen, bis der Benutzer einen Wert ungleich 0 eingibt, da durch 0 nicht geteilt werden kann.

Zunächst lesen Sie dazu die erste Zahl mit der InputBox-Funktion ein und weisen Sie der Variablen Zahl1 zu. Dann beginnt die Schleife. Sie prüfen dabei einfach den Ausdruck Zahl2 = 0. Er ist wahr, wenn die Variable den Wert 0 hat. Das funktioniert deshalb, weil dies sowohl dann der Fall ist, wenn der Benutzer 0 eingegeben hat, als auch vor der ersten Eingabe. Alle nicht initialisierten Variablen mit numerischen Datentypen haben nämlich automatisch den Anfangswert 0.

Sie sollten sich dennoch angewöhnen, den Anfangswert einer Variablen explizit zu setzen. Das stellt sicher, dass der Code auch dann noch funktioniert, wenn in zukünftigen VBA-Versionen Änderungen an den Standardwerten und Datentypen durchgeführt werden.

Sobald der Benutzer also eine Zahl ungleich 0 eingegeben hat, wird die Schleife verlassen. Nach Ausführen der InputBox-Funktion wird nämlich erneut die Eintrittsbedingung überprüft. Die ist dann aber nicht mehr erfüllt, so dass der Code mit der Anweisung nach Wend fortgesetzt wird.

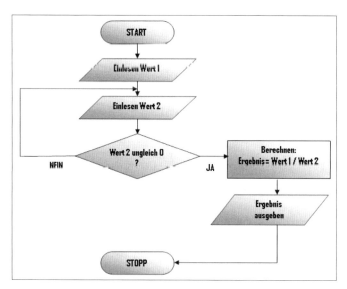

Abbildung 5.2: Der PAP des zu lösenden Problems

```
Sub DivisionWhileWend()
    Dim Zahl1 As Single
    Dim Zahl2 As Single
    Dim Ergebnis As Single
    '1. Zahl einlesen
```

```
Zahl1 = InputBox( _
    "Bitte geben Sie eine Zahl ein!", _
    "Eingabe", 0)
'2. Zahl einlesen
While Zahl2 = 0
    Zahl2 = InputBox( _
        "Bitte geben Sie eine Zahl " & _
        "ungleich 0 ein!", _
        "Eingabe", 0)
Wend
'Division durchführen
Ergebnis = Zahl1 / Zahl2
'Ergebnis ausgeben
MsgBox "Das Ergebnis lautet: " & Ergebnis
End Sub
```

Wenn Sie das Beispiel testen, werden Sie feststellen, dass es nur so lange funktioniert, wie der Benutzer auch wunschgemäß eine Zahl eingibt. Vertippt er sich und gibt er eine Zeichenfolge ein, tritt ein Fehler auf oder die Zeichenfolge wird falsch in eine Zahl konvertiert. Damit stimmt dann das Berechnungsergebnis nicht mehr.

Um dieses Problem zu lösen, gibt es zwei Möglichkeiten. Sie setzen Fehlerbehandlungsroutinen ein und fangen so Laufzeitfehler ab. Alternativ können Sie aber auch die vorhandene Schleife erweitern und eine zweite einfügen, um auch den ersten Wert innerhalb einer Schleife einzulesen. Diese Möglichkeit zeigt das folgende Listing. Die erste Zahl wird auf die gleiche Weise in einer While-Schleife eingelesen und dann mit CStr in eine Zahl konvertiert, wenn sie numerisch ist. Ob eine Zeichenkette einen numerischen Wert enthält, können Sie feststellen, indem Sie die Zeichenkette an die isnumeric-Funktion übergeben. Sie gibt true zurück, wenn der Inhalt der Zeichenkette in eine Zahl konvertiert werden kann.

Da Sie natürlich vermeiden müssen, dass es schon beim Zuweisen des Rückgabewertes der InputBox-Funktion zu einem Laufzeitfehler kommt, wenn kein numerischer Wert eingegeben wurde, müssen Sie dazu zunächst zwei Variablen Temp1 und Temp2 des Typs String definieren. Die Eintrittsbedingung Not (IsNumeric(Temp1)) bewirkt, dass die Schleife betreten wird, wenn der Wert von Temp1 nicht numerisch ist. Das ist im Anfangszustand der Fall, weil eine nicht initialisierte Variable eine leere Zeichenfolge beinhaltet, die eben keine Zahl darstellt. Die Schleife wird somit verlassen, wenn eine Zahl eingegeben wurde.

```
Sub DivisionWhileWend()
    Dim Zahl1 As Single
    Dim Zahl2 As Single
    Dim Ergebnis As Single
    Dim Temp1 As String
    Dim Temp2 As String
    '1. Zahl einlesen
    While Not (IsNumeric(Temp1))
        Temp1 = InputBox( _
            "Bitte geben Sie eine Zahl ein!", _
            "Eingabe", 0)
    Wend
    ...
```

Die While-Schleife zum Einlesen der zweiten Zahl müssen Sie nur in wenigen Punkten ändern. Zum einen müssen Sie nun die Variable Temp2 anstelle von Zahl2 daraufhin prüfen, ob sie gleich 0 ist. Da es sich jedoch bei Temp2 um eine String-Variable handelt, müssen Sie den Vergleichswert 0 auch in Anführungszeichen einfassen, damit der Vergleich funktioniert. Außer dass der eingegebene Wert nicht 0 sein darf, müssen Sie auch noch prüfen, ob der Wert numerisch ist. Die Schleife muss also betreten werden, wenn der Wert »0« ist oder der Wert nicht numerisch ist. Beide Bedingungen verknüpften Sie also durch den Operator OR. Das stellt sicher, dass der Gesamtausdruck wahr ist, wenn einer der beiden Teilausdrücke wahr ist. Somit wird die Schleife betreten, wenn der Wert von Temp2 entweder »0« ist oder nicht numerisch.

```
    ...
    '2. Zahl einlesen
    While (Temp2 = "0") Or (IsNumeric(Temp2) = False)
        Temp2 = InputBox( _
            "Bitte geben Sie eine Zahl " & _
            "ungleich 0 ein!", _
```

```
                "Eingabe", 0)
        Wend
        'Eingaben in Zahlen konvertieren
        Zahl1 = CSng(Temp1)
        Zahl2 = CSng(Temp2)
        'Division durchführen
        Ergebnis = Zahl1 / Zahl2
        'Ergebnis ausgeben
        MsgBox "Das Ergebnis lautet: " & Ergebnis
    End Sub
```

Do-Loop-Schleifen

VBA kennt eine ganze Reihe von Schleifen, die mit dem Schlüssel-wort Do formuliert werden. Das sind die abweisenden Schleifen

✔ Do-While-Loop

✔ Do-Until-Loop

und die nichtabweisenden Schleifen

✔ Do-Loop-Until und

✔ Do-Loop-While

Bei den abweisenden Schleifen steht der zu prüfende Ausdruck im Schleifenkopf, hinter dem Schlüsselwort Do bei den nichtabweisen-den Schleifen steht der Ausdruck im Schleifenfuß, hinter Loop. Die Syntax lautet also:

```
    Do Until Ausdruck | While Ausdruck
        Anweisungen
    Loop
```

bzw.

```
    Do
        Anweisungen
    Loop Until Ausdruck | While Ausdruck
```

In Syntaxbeschreibungen steht das Zeichen | für ein logisches Oder. Es kann also der Teil links oder der Teil rechts vom | angegeben werden.

Auch wenn die Do-Loop-Schleifen komplex wirken, sind sie eigentlich ganz einfach. Sie müssen sich nur bewusst darüber sein, wie die VBA-Schlüsselwörter übersetzt werden. Do-While können Sie übersetzen mit »Tue so lange«, Do-Until übersetzen Sie mit »Tue bis«. Daraus ergibt sich schon, dass bei den Ausdrücken, die Sie mit Until einleiten, true werden müssen, damit die Schleife beendet wird, und Ausdrücke, die Sie mit While einleiten, false werden müssen, damit die Schleife verlassen wird.

Die folgenden Beispiele zeigen, wie Sie mit den Do-Schleifen die Summe aller Zahlen von 1 bis 10 berechnen können. Dieses Problem wird zunächst einmal mit der Do-While-Loop-Schleife und danach mit der Do-Until-Loop-Schleife gelöst.

```
Sub Bsp_DoUntil()
    Dim X As Integer, Summe As Integer
    X = 0
    Summe = 0
    Do Until X - 10
        X = X + 1
        Summe = Summe + X
    Loop
    MsgBox "Die Summe beträgt : " & Summe
End Sub
```

In diesem Beispiel wird der Schleifenrumpf ausgeführt, bis X den Wert 10 hat. Der Schleifenrumpf besteht aus der Anweisung X = X + 1, die dafür sorgt, dass die Eintrittsbedingung irgendwann nicht mehr erfüllt ist, da sie in jedem Schleifendurchlauf X um 1 erhöht. Außerdem sorgt die Anweisung Summe = Summe + X im Schleifenrumpf dafür, dass in der Variablen Summe die Summe aller X-Werte berechnet und gespeichert wird.

An welcher Stelle die Anweisung X = X + 1 im Schleifenrumpf steht, ist unerheblich. Eine solche Anweisung muss nur vorhanden sein, da sonst aus einer normalen Schleife eine Endlosschleife würde.

Natürlich ist dies nicht die einzige Lösungsmöglichkeit für das Problem, sowohl die Reihenfolge der Anweisungen als auch die Eintrittsbedingung könnte anders gestaltet werden. Eine andere Möglichkeit könnte so aussehen:

```
Sub Bsp_DoUntil2()
    Dim X As Integer, Summe As Integer
    X = 1
    Summe = 0
    Do Until X > 10 'oder X=11
        Summe = Summe + X
        X = X + 1
    Loop
    MsgBox "Die Summe beträgt : " & Summe
End Sub
```

Beachten Sie hier, dass Sie auch den Anfangswert für die Variable X ändern müssen, wenn die Anweisung X = X + 1 erst nach der ersten Summierung steht. In diesem Beispiel würde dies zwar nicht zu einem Fehler führen, wäre aber ein verschwendeter Schleifendurchlauf, da sonst der erste Schleifendurchlauf die Aufgabe Summe = 0 + 0 lösen würde. Wenn Sie kompliziertere Anweisungen im Schleifenrumpf ausführen, kann eine überflüssige Runde erhebliche Zeit kosten.

Außerdem müssen Sie beachten, dass die Eintrittsbedingung nun nicht mehr X = 10, sondern X = 11 ist. Die falsche Formulierung der Abbruchbedingung bzw. Eintrittsbedingung ist die Fehlerquelle Nummer 1 bei Schleifen.

Die Do-While-Loop-Schleife führt den Schleifenrumpf aus, so lange die formulierte Bedingung erfüllt ist. Die Bedingung muss also das genaue Gegenteil der Bedingung der Do-Until-Loop-Schleife sein. Mit der Do-While-Loop-Schleife sähe die Lösung des Problems wie folgt aus, aber auch hier gibt es natürlich alternative Lösungen:

```
Sub Bsp_DoWhile()
    Dim X As Integer, Summe As Integer
    X = 1
    Summe = 0
    Do While X < 11
        Summe = Summe + X
        X = X + 1
    Loop
    MsgBox "Die Summe beträgt : " & Summe
End Sub
```

Genauso können Sie natürlich auch die nichtabweisenden Schleifen zur Lösung eines solchen Problems verwenden. Sie können die Do-Loop-Until-Schleife nutzen, wie im folgenden Listing.

Hier wird die Schleife auf jeden Fall erst einmal betreten. Mit dem Anfangswert 1 für die Variable X wird also die Summe berechnet und dann die Variable X erhöht. Erst jetzt wird der nach Until aufgeführte Ausdruck geprüft. Hat der den Wert False, wird die Schleife erneut durchlaufen, ist er true, wird sie verlassen.

```
Sub Bsp_DoLoopUntil()
    Dim X As Integer, Summe As Integer
    Summe = 0
    X = 1
    Do
        Summe = Summe + X
        X = X + 1
    Loop Until X = 11
    MsgBox "Die Summe beträgt : " & Summe
End Sub
```

Eine Fehlerquelle liegt auch hier in der Formulierung der Abbruchbedingung. Die im Beispiel gewählte Formulierung funktioniert nur, weil durch die Wertzuweisung X = 1 vor Eintritt in die Schleife sichergestellt ist, dass X den Wert 1 hat und so die Abbruchbedingung auf jeden Fall irgendwann erfüllt ist. Wäre der Anfangswert variabel, so könnte es passieren, dass z.b. X beim Eintritt in die Schleife den Wert 11 hat. Dann würde der Schleifenrumpf durchlaufen und die letzte Zeile X = X + 1 würde X auf 12 erhöhen – damit wäre die Austrittsbedingung X = 11 verfehlt und die Schleife würde unendlich fortlaufen, weil durch das ständige Erhöhen von X um 1 nie mehr der Wert 11 erreicht werden könnte. Besser wäre in einem solchen Fall die folgende Abbruchbedingung:

```
Sub Bsp_DoLoopUntil2()
...
Do
    ...
    X = X + 1
Loop Until X > 10
...
End Sub
```

Die Do-Loop-While-Schleife führt den Schleifenrumpf wie die Do-While-Loop-Schleife aus, so lange die Bedingung erfüllt ist. Allerdings überprüft auch sie die Bedingung erst, nachdem der Schleifenrumpf bereits einmal durchlaufen wurde. Die Summenberechnung sieht mit dieser Schleife wie folgt aus:

```
Sub Bsp_DoLoopWhile()
    Dim X As Integer, Summe As Integer
    Summe = 0
    X = 1
    Do
        Summe = Summe + X
        X = X + 1
    Loop While X <= 10 'oder X < 11
    MsgBox "Die Summe beträgt : " & Summe
End Sub
```

Auch hier kommt es auf den Anfangswert von X und die Position der Anweisung X = X + 1 sowie der formulierten Abbruchbedingung an, ob die Schleife zum richtigen Ergebnis führt und die Abbruchbedingung irgendwann erfüllt ist.

Wie Sie gesehen haben, lassen sich solche einfachen Berechnungen auch mit nichtabweisenden Schleifen lösen. Allerdings sind sie viel besser für andere Aufgaben geeignet, beispielsweise dazu, so lange Eingaben vom Benutzer anzufordern, bis diese korrekt sind.

Das zuvor mithilfe der While-Wend-Schleife gelöste Problem ist eine typische Aufgabe für eine nichtabweisende Schleife. Nicht immer können Sie nämlich eine Eintrittsbedingung finden, die auch vor der ersten Eingabe wahr ist. Die erste Schleife wird so lange durchlaufen, bis die IsNumeric-Funktion den Wert True liefert. Die zweite Schleife wird ausgeführt, so lange die Variable Temp2 den Wert »0« hat oder nicht numerisch ist.

```
Sub DivisionDoLoop()
    Dim Zahl1 As Single
    Dim Zahl2 As Single
    Dim Ergebnis As Single
    Dim Temp1 As String
    Dim Temp2 As String
    '1. Zahl einlesen
    Do
        Temp1 = InputBox( _
            "Bitte geben Sie eine Zahl ein!", _
            "Eingabe", 0)
    Loop Until IsNumeric(Temp1)
    '2. Zahl einlesen
    Do
        Temp2 = InputBox( _
            "Bitte geben Sie eine Zahl " & _
            "ungleich 0 ein!", _
            "Eingabe", 0)
    Loop While (Temp2 = "0") Or _
        (IsNumeric(Temp2) = False)
    'Eingaben in Zahlen konvertieren
    Zahl1 = CSng(Temp1)
    Zahl2 = CSng(Temp2)
    'Division durchführen
    Ergebnis = Zahl1 / Zahl2
    'Ergebnis ausgeben
    MsgBox "Das Ergebnis lautet: " & Ergebnis
End Sub
```

For-Schleifen

Zählschleifen werden verwendet, wenn zum Zeitpunkt der Programmierung bereits feststeht, wie oft die Schleife durchlaufen werden muss, wie bei unserer Summenberechnung. Andere Probleme lassen sich hierdurch nur mit umständlichen zusätzlichen Austrittsbedingungen formulieren. In VBA werden Zählschleifen mit dem Schlüsselwort For definiert. VBA kennt zwei For-Schleifen. Die flexibelste ist die For-To-Next-Schleife. Dabei geben Sie explizit an, wie häufig die Schleife durchlaufen werden soll.

Dazu wird eine Zählvariable verwendet, die meistens vom Typ Byte, Integer oder Long ist. Allerdings lässt VBA auch andere Datentypen für die Zählvariable zu – es muss nur ein numerischer Datentyp sein. Möchten Sie die Summe der Zahlen von 1 bis 10 berechnen, sieht das wie folgt aus:

```
Sub Bsp_ForToNext()
    Dim X As Integer, Summe As Integer
    Summe = 0
    For X = 1 To 10 Step 1
        Summe = Summe + X
    Next X
    MsgBox "Die Summe beträgt : " & Summe
End Sub
```

Mit For X = 1 wird der Variablen X der Anfangswert 1 zugewiesen. Dadurch ersparen Sie sich bei einer solchen Aufgabenstellung schon die explizite Zuweisung des Anfangswertes durch X = 1 vor Eintritt in die Schleife. Dies erspart bereits eine Zeile. Mit To 10 wird der Endwert und damit die Abbruchbedingung für die Schleife festgelegt. Die Angabe Step 1 ist optional und gibt an, wie groß die Schrittweite der Erhöhung der Variablen X sein soll. Standardmäßig ist Step = 1 und braucht in diesen Fällen nicht angegeben zu werden. Der Schleifenrumpf besteht in dieser Schleife ausschließlich aus der Formel zur Summenbildung, da die Erhöhung der Variablen X durch die Schleife erfolgt und nicht explizit angegeben werden muss. Next schließt die Schleife ab. Die Angabe der Zählvariablen hinter Next ist in VBA 6.0 optional. Wenn Sie möchten, dass Ihr

Code jedoch auch in VBA5.0-Hostanwendungen (Office 97 und früher sowie -Office für Mac) funktioniert, sollten Sie die Zählvariable nach Next angeben.

Zählschleifen sind in dieser Standardvariante wesentlich weniger fehleranfällig, da hier weniger Fehlerquellen vorhanden sind als bei den Do-Loop-Schleifen. Die Abbruchbedingung wird durch den maximalen Wert für die Zählvariable vorgegeben und Sie brauchen auch nicht selbst dafür zu sorgen, dass die Abbruchbedingung irgendwann eintritt.

Allerdings können auch hier Fehler gemacht werden, wenn optionale Angaben wie Step falsch gesetzt werden. Sie können nämlich auch einen negativen Wert als Step-Angabe verwenden. Dies führt dann dazu, dass die Zählvariable nicht erhöht, sondern gesenkt wird. In diesem Fall müssen natürlich auch Anfangs- und Endwert entsprechend vertauscht werden, da sonst die Abbruchbedingung nie erfüllt wird. Allerdings erkennt VBA dies und führt dann den Schleifenrumpf gar nicht aus, was zwar zu einem falschen Ergebnis führt, aber wenigstens nicht mehr zu einer Endlosschleife. Das Problem ist nur, dass VBA nun keinen Fehler meldet, die Endlosschleife vorher jedoch schnell erkannt und der Fehler behoben werden konnte. Dies ist bei einem falschen Ergebnis natürlich problematischer.

Richtig müsste die Schleife zur Summierung folgendermaßen aussehen, wenn sie rückwärts durchlaufen werden soll:

```
Sub Bsp_ForToNext2()
    Dim X As Integer, Summe As Integer
    Summe = 0
    For X = 10 To 1 Step -1
        Summe = Summe + X
    Next X
    MsgBox "Die Summe beträgt : " & Summe
End Sub
```

Mit der For-Schleife können Sie nun auch das Problem aus Kapitel 3 »Programmiergrundlagen« lösen, für das dort schon der Programmablaufplan erstellt wurde. Wenn Sie prüfen möchten, ob eine Zahl eine Primzahl ist, benötigen Sie eine Schleife, die von 2 bis zu der zu prüfenden Zahl abzüglich 1 läuft. Für jeden Wert der Zählvariablen müssen Sie dann prüfen, ob die Zahl durch die Zählvariable teilbar ist. Wenn ja, ist es keine Primzahl und Sie können die Schleife vorzeitig mit Exit For verlassen.

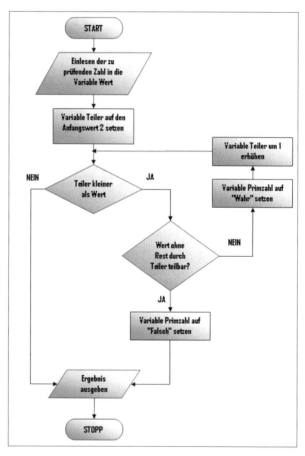

Abbildung 5.3: Zur Erinnerung: der PAP für den Lösungsweg

Wichtig ist dabei allerdings, dass Sie den Rückgabewert der Funktion vor Betreten der Schleife auf True setzen. Dann brauchen Sie nach Verlassen der Schleife nicht mehr zu prüfen, ob die Schleife regulär beendet oder mit Exit For verlassen wurde. Das sagt dann nämlich der Wert der Funktion aus. Nur wenn innerhalb der Schleife ein Wert gefunden wurde, durch den die zu prüfende Zahl ohne Rest teilbar ist, wird der Funktion der Rückgabewert False zugewiesen. Dann wird aber auch die Schleife verlassen und damit die Funktion, weil nach der Schleife keine Anweisung mehr folgt.

```
Function Primzahl(lngZahl As Long) As Boolean
    Dim J As Long
    Primzahl = True
    For J = 2 To lngZahl - 1
        If (lngZahl Mod J) = 0 Then
            Primzahl = False
            Exit For
        End If
    Next J
End Function
```

VBA bietet jedoch noch eine zweite Zählschleife. Bei ihr wird nur implizit eine Zählvariable definiert. Sie dient dazu, ein Listenobjekt, eine Aufzählung oder ein Array zu durchlaufen. Dabei ermittelt VBA selbst Anfangs- und Endwert. Die Schleife endet automatisch, wenn das letzte Element der Liste oder das letzte Arrayfeld abgearbeitet wurde.

Das folgende Beispiel zeigt, wie mithilfe der For-Each-Next-Schleife eine Liste der in der aktuellen Arbeitsmappe vorhandenen Blätter ausgegeben werden kann.

```
Sub Bsp_ForEachNext1()
    Dim Blatt As Object
    For Each Blatt In ActiveWorkbook.Sheets
        Debug.Print Blatt.Name
    Next Blatt
End Sub
```

Dazu wird zunächst eine Objektvariable definiert. Objektvariablen sind Variablen vom Datentyp `Object` oder einem spezielleren Typ Diese Variable wird von der Schleife benötigt, um die Liste `Sheets`, die alle Blätter der aktuellen Arbeitsmappe enthält, zu durchlaufen. Dabei weist sie nacheinander der Objektvariablen die Blätter der Liste `Sheets` zu und gibt im Schleifenrumpf den Namen des Blattes aus, auf das die Objektvariable gerade verweist.

Da hier Objekte von Excel verwendet werden, können Sie das Beispiel nur in Excel ausführen. Die Excel-Version spielt dabei aber keine Rolle.

Die `For-Each`-Schleife können Sie aber nicht nur verwenden, um Objektlisten zu durchlaufen, sondern auch für Arrays und Parameterlisten. Wenn Sie beispielsweise ein Array abarbeiten möchten, das Sie beispielsweise als `Variant`-Parameter an eine Prozedur übergeben, gibt es hierfür zwei Alternativen: die `For-Each`-Schleife oder die `For-To-Next`-Schleife. Folgendes Beispiel demonstriert, beide Möglichkeiten. Beiden Prozeduren wird ein Array mit drei Elementen übergeben. Bei der `For-Each`-Schleife benötigen Sie innerhalb der Prozedur `Ausgabe1` nur eine Variable vom Typ `Variant`, mit der Sie das Array durchlaufen.

Wichtig ist dabei, dass die Variable den Typ `Variant` hat, egal welchen Typ das Array hat. Innerhalb der Schleife brauchen Sie dann nur die Schleifenvariable auszugeben, die automatisch immer das bearbeitete Arrayfeld beinhaltet.

```
Sub Ausgabe1(Daten As Variant)
    Dim Temp As Variant
    For Each Temp In Daten
        Debug.Print Temp
    Next Temp
End Sub
```

Möchten Sie die For-To-Next-Schleife nutzen, benötigen Sie eine numerische Schleifenvariable. Sie müssen sie von der unteren zur oberen Indexgrenze hochzählen, die Sie mit der LBound- bzw. UBound-Funktion ermitteln können. Innerhalb der Schleife können Sie dann über die Schleifenvariable auf das entsprechend Arrayfeld zugreifen.

```
Sub Ausgabe2(Daten As Variant)
    Dim I As Integer
    For I = LBound(Daten) To UBound(Daten)
        Debug.Print Daten(I)
    Next I
End Sub

Sub Testen()
    Ausgabe1 (Array("Maier", "Müller", "Schulze"))
    Ausgabe2 (Array("Maier", "Müller", "Schulze"))
End Sub
```

Genauso können Sie auf Werte zugreifen, die Sie als Parameterarray an eine Prozedur übergeben haben. Das folgende Listing zeigt dies an einer Funktion, mit der Sie die Summe beliebig vieler Zahlen bilden können. Dazu durchlaufen Sie einfach den Parameter wie ein Array mit der For-Each-Schleife. Innerhalb der Schleife müssen Sie nur zum Funktionswert den Wert des entsprechenden Arrayfeldes addieren.

```
Function Summe(ParamArray Zahlen() As Variant)
    For Each Wert In Zahlen
        Summe = Summe + Wert
    Next Wert
End Function
```

Diese Funktion können Sie sowohl mit Summe(1, 7.4, 4) als auch mit Summe(1, 7.4, 4, 17.4, 0, 5, 6) aufrufen. Sie können also beliebig viele Parameter übergeben und alle Werte werden automatisch addiert.

Endlosschleifen

Jede Do-Loop-Schleife können Sie zu einer Endlosschleife machen, indem Sie eine Eintrittsbedingung definieren, die immer erfüllt ist, oder eine Austrittsbedingung, die nie erfüllt ist.

Vor dem Test der folgenden Beispiele sollten Sie vorsichtshalber alle geöffneten Dateien speichern, falls Ihre Anwendung beim Abbruch der Endlosschleife abstürzen sollte. Endlosschleifen können Sie mit Esc abbrechen bzw. durch mehrmaliges Drücken der Esc-Taste.

Reguläre Endlosschleifen, also solche, die Sie nicht unbeabsichtigt erstellen, werden in VBA mit Do-Loop formuliert. Dabei wird weder eine Eintrittsbedingung noch eine Austrittsbedingung angegeben. Das folgende Beispiel gibt einfach eine fortlaufende Nummer im Direktfenster aus, bis die Schleife mit Esc abgebrochen wird.

Drücken Sie Esc, werden Sie gefragt, wie Sie die Programmausführung fortsetzen möchten. Klicken Sie auf *Beenden*, wenn Sie versehentlich eine Endlosschleife programmiert haben und diese nun abbrechen möchten. Sie könnten auf *Fortfahren* klicken, wenn Sie den Code weiter ausführen möchten.

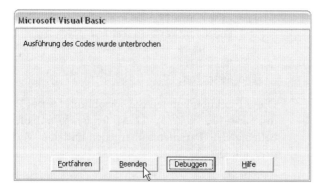

Abbildung 5.4: Beenden einer Endlosschleife

```
Sub Bsp_DoLoop()
    Dim X As Long
    Do
        X = X + 1
        Debug.Print X
    Loop
End Sub
```

Das Problem solcher Endlosschleifen ist jedoch, dass die Anwendung, die den Code ausführt, also beispielsweise Excel, in der Zwischenzeit nicht mehr bedient werden kann. Es gibt nur wenige denkbare Probleme, die sich mit Endlosschleifen lösen lassen. In diesen Fällen sollten Sie in der Endlosschleife die Anweisung DoEvents einfügen. Sie bewirkt, dass die ausführende Office-Anwendung alle Maus- und Tastaturereignisse abarbeitet. Dadurch kann der Benutzer weiter mit der Anwendung arbeiten.

```
Sub Bsp_DoLoop2()
    Dim X As Long
    Do
        X = X + 1
        Debug.Print X
        DoEvents
    Loop
End Sub
```

Eine Schleife mit DoEvents können Sie jederzeit auch über die *Unterbrechen*-Schaltfläche in der Symbolleiste der IDE abbrechen. Die Esc-Taste ist also nicht mehr zwingend erforderlich.

Sprünge mit GoTo

Sprünge ermöglichen die Fortsetzung des Quellcodes an einer anderen Stelle als der aktuellen. Bei häufiger Verwendung im Quelltext können sie daher schnell zu Verwirrung führen und so genannten Spaghetticode erzeugen. Deshalb soll an dieser Stelle nur der Vollständigkeit halber beschrieben werden, wie Sprünge verwendet werden. Mir ist jedoch noch kein Problem außer der Fehlerbehandlung bekannt geworden, das sich nicht auch ohne Goto lösen ließe.

Zunächst erfordert ein Sprung die Definition einer Marke, der so genannten Sprungmarke. Diese definiert die Stelle, an die mit dem Goto-Befehl gesprungen werden kann.

Eine Marke wird definiert, indem ihr Name gefolgt von einem Doppelpunkt an der gewünschten Stelle im Quelltext eingefügt wird. In der ersten und vierten Zeile des folgenden Beispiels werden die beiden Sprungmarken MARKE1 und MARKE2 definiert. Beim Ausführen des Programms werden Marken wie Kommentare übersprungen. So beginnt die Prozedur damit, dass im Direktfenster der Text Marke 1 erscheint. Anschließend wird der Goto-Befehl verwendet, um zur zweiten Marke zu springen. Danach wird der Text Marke 2 ausgegeben, bevor wieder zur ersten Marke gesprungen wird.

Dieses Beispiel demonstriert sehr schön, wie schnell mithilfe von Sprüngen Endlosschleifen programmiert werden können. Wenn die Prozedur dann nicht mehr so schön übersichtlich ist wie das Beispiel, kann man stundenlang nach solchen Fehlern suchen. Wenn Sie Endlosschleifen mit Absicht erstellen möchten, ist die Do-Loop-Schleife sicherlich die einfachere Möglichkeit.

```
Sub Bsp_GOTO()
MARKE1:
    Debug.Print "Marke 1"
    GoTo MARKE2
MARKE2:
    Debug.Print "Marke 2"
    GoTo MARKE1
End Sub
```

Fehlerbehandlung

Laufzeitfehler sind auftretende Ereignisse, die mit Fehlerbehandlungsroutinen behandelt werden können. Die Art ihrer Behandlung beeinflusst den Programmablauf. Die Fehlerbehandlung von VBA verwendet Sprünge und Sprungmarken. VBA stellt verschiedene Varianten der Fehlerbehandlung zur Verfügung, die nachfolgend erläutert werden.

Informationen über den aufgetretenen Fehler können Sie über das
Err-Objekt abrufen. Darüber stehen eine Fehlerbeschreibung und
die Fehlernummer zur Verfügung.

Fehler ignorieren

Die einfachste Möglichkeit, einen Fehler zu »behandeln«, besteht
darin, ihn zu ignorieren. Dazu bietet VBA die Anweisung On Error
Resume Next an. Sie sorgt dafür, dass auftretende Fehler einfach
übergangen werden und dann mit dem nächsten Befehl fortgefahren wird. Das führt dazu, dass keine Fehlermeldung auftritt und die
Codeausführung auch nicht abgebrochen wird. Das folgende Beispiel zeigt eine Anwendungsmöglichkeit für diese Methode.

Die Beispiele finden Sie im Modul *Fehler* der Datei *K05.xls*.

Wenn Sie z.B. eine Berechnung durchführen möchten, in der eine
Variable A durch eine Variable B geteilt wird, könnte es vorkommen,
dass B den Wert 0 hat. Bei Division durch 0 tritt regelmäßig ein
Fehler auf

Möchten Sie nun verhindern, dass das VBA-Makro durch einen
solchen Fehler abgebrochen wird, können Sie dazu die On-Error-
Resume-Next-Anweisung verwenden.

```
Sub Berechnung()
    Dim A As Integer, B As Integer
    Dim Erg As Integer
    A = 10
    B = 0
    On Error Resume Next
    Erg = A / B
    MsgBox "Ergebnis = " & Erg
    On Error GoTo 0
End Sub
```

Diese Anweisung setzen Sie vor die Anweisung im Code, die einen Fehler verursachen könnte. Alle Fehler, die durch die nachfolgenden Anweisungen verursacht werden, ignoriert Excel nun und führt die nächste Anweisung aus. In unserem Beispiel hat dies zur Folge, dass in der Meldungsbox als Ergebnis 0 ausgegeben wird, weil der Variablen Erg kein Wert zugewiesen werden konnte.

Die Anweisung On Error Goto 0 hebt die Anweisung On Error Resume Next wieder auf, so dass ab dieser Anweisung die Fehlerkontrolle wieder an die Anwendung zurückgegeben wird. Der Code sollte nun trotz der Division durch Null ohne Laufzeitfehler ausgeführt werden. Falls das nicht der Fall sein sollte, liegt das an Ihren Einstellungen für die Entwicklungsumgebung. Über *Extras / Optionen* können Sie auf der Registerkarte *Allgemein* auch die Fehlerbehandlung einstellen. Standardmäßig ist die Option *Bei nicht verarbeiteten Fehlern* aktiviert. Falls das bei Ihnen nicht der Fall ist, sollten Sie diese Option aktivieren. Wenn Sie die Option *Bei jedem Fehler* aktivieren, werden auch Laufzeitfehler angezeigt, die Sie mit Fehlerbehandlungsroutinen abgefangen haben. Mit der Option *In Klassenmodul* werden alle Fehler in Klassenmodulen angezeigt.

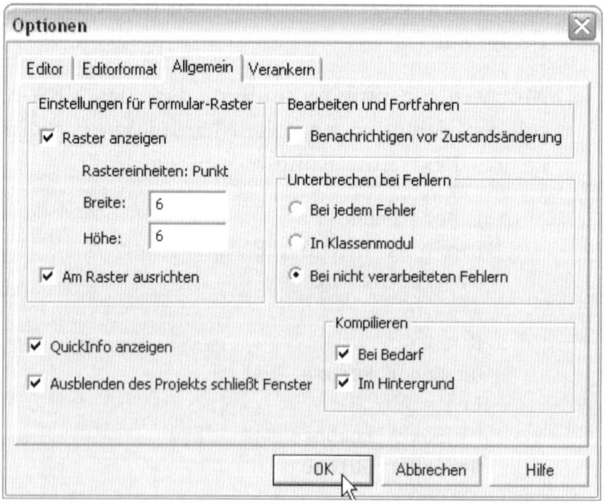

Abbildung 5.5: Optionen für die Fehlerbehandlung

Fehler behandeln

Es gibt natürlich auch Fehler, die Sie nicht einfach ignorieren sollten und können, weil sie zu einem Systemabsturz führen könnten oder weil z.b. das Berechnungsergebnis aus dem vorherigen Beispiel für weitere Berechnungen benötigt wird. In diesem Fall gibt es auch die Möglichkeit, Fehler zu behandeln.

Dazu verwenden Sie eine Sprungmarke und die Anweisung On Error Goto. Das nächste Beispiel zeigt, wie Sie den Fehler »Division durch 0« auf diese Weise behandeln können.

Zunächst erfolgt wieder die gleiche Berechnung wie im vorherigen Beispiel. Nur wird hier vor der Division die Anweisung On Error Goto Fehler1 verwendet, die bewirkt, dass beim Auftreten eines Fehlers zur Sprungmarke Fehler1 gesprungen wird. VBA führt nun alle Anweisungen aus, bis einer der folgenden Befehle gefunden wird:

Befehl	Wirkung
Exit Sub	Beenden der Prozedur
Exit Function	Beenden der Funktion
Resume	Wiederholen der Anweisung, die den Fehler verursacht hat
Resume Next	Fortfahren mit der Anweisung, die nach der Anweisung steht, die den Fehler verursacht hat
Goto ...	Sprung zu einer anderen definierten Marke

Tabelle 5.1: Befehle zur Fehlerbehandlung

In diesem Fall wird eine Meldung ausgegeben und dann die Prozedur mit Exit Sub verlassen.

```
Sub Fehlerbehandlung1()
    Dim A As Integer, B As Integer
    Dim Erg As Integer
    Dim antw As Integer
    A = 10
    B = 0
```

```
On Error GoTo Fehler1
Erg = A / B
On Error GoTo 0
MsgBox "Ergebnis = " & Erg
'Weitere Berechnungen
Exit Sub
Fehler1:
    MsgBox "Durch 0 kann nicht geteilt werden!", _
        vbInformation
    Exit Sub
End Sub
```

Eine häufige Fehlerquelle besteht darin, dass Sie vergessen, vor der Sprungmarke, die der Fehlerbehandlung dient, die Anweisung Exit Sub (bzw. Exit Function) einzufügen. Sie führt dazu, dass die Prozedur beendet wird, bevor die Sprungmarke erreicht ist. Fehlt die Anweisung, so fährt VBA mit der Ausführung der Anweisungen nach der Sprungmarke auch dann fort, wenn gar kein Fehler aufgetreten ist, weil Sprungmarken ignoriert werden, wenn sie im normalen Prozedurablauf erreicht werden. In diesem Fall würden also die Fehlerbehandlungsroutinen auch dann abgearbeitet, wenn kein Fehler aufgetreten ist.

Wenn Sie möchten, können Sie aber auch komplexere Anweisungen in der Fehlerbehandlungsroutine nach der Sprungmarke unterbringen. Eine Alternative zeigt das folgende Beispiel. Es wird zunächst in einer Dialogbox gemeldet, dass ein Fehler aufgetreten ist. Nun kann der Anwender durch Anklicken der entsprechenden Schaltfläche des Dialogs entscheiden, was weiter geschehen soll. Klickt er auf *Ja*, wird mit Exit Sub die Prozedur verlassen, nachdem dies in einer weiteren Dialogbox gemeldet wurde.

```
...
Fehler1:
    antw = MsgBox("Der Fehler 'Division durch 0'" _
        & " ist aufgetreten! Soll das Makro ab" & _
        "gebrochen werden?", vbQuestion + vbYesNo _
        , "Abbrechen?")
```

```
If antw = vbYes Then
  MsgBox _
    "Makro wurde wegen Fehler beendet!", _
    vbExclamation, "Abbruch"
  Exit Sub
Else
  B = Application.InputBox( _
    "Bitte geben Sie einen neuen Wert ein," _
    & " der statt der 0 verwendet werden soll!" _
    , "Neuer Wert!", "1", , , , , 1)
  If B = False Then B = 0
  Resume
End If
End Sub
```

Wenn der Anwender die Fortsetzung des Makros wünscht und deshalb auf *Nein* klickt, erscheint ein Eingabedialog, der ihn auffordert, eine Zahl einzugeben, durch die die 0 in der Berechnung ersetzt wird.

Auch hierin liegt wieder eine neue Fehlerquelle. Wählt der Anwender nämlich nicht den *OK*-Button zum Schließen des Dialogs, sondern *Abbrechen*, bekommt die Zahl B den Wert False als Rückgabewert des Eingabedialogs zugewiesen. Aus diesem Grund wird als Nächstes abgefragt, ob B = False ist. Ist dies der Fall, wird ihr einfach wieder der alte Wert 0 zugewiesen. Dadurch tritt der gleiche Fehler wieder auf und der Anwender erhält eine neue Möglichkeit, das Makro zu beenden oder einen neuen Wert einzugeben. Die Anweisung Resume führt nun dazu, dass die Division, die ja den Fehler verursacht hat, erneut ausgeführt wird. Hatte der Anwender den Eingabedialog mit *Abbrechen* verlassen, tritt nun der gleiche Fehler wieder auf, ansonsten wird das Makro zu Ende ausgeführt.

Wie Sie an diesem Beispiel sehen, kann es auch bei einfachen Fehlern sehr schnell zu Fehlerbehandlungsroutinen kommen, die länger sind als das Makro, das den Fehler verursachen könnte.

Allerdings sollten Sie insbesondere bei der Resume-Anweisung darauf achten, den Fehler auch so zu behandeln, dass keine End-losschleife entsteht, weil der Fehler sonst immer wieder auftritt und ein Verlassen der Prozedur nicht ermöglicht wird.

Da Sie das nicht immer können, sollten Sie unter Umständen die Anzahl der Fehler zählen und dann bei einer bestimmten Anzahl, beispielsweise 5 oder 10, die Prozedur verlassen. Das könnte dann beispielsweise so aussehen: Sie legen zunächst die maximale Anzahl Fehler als Konstante am Prozeduranfang fest und deklarieren eine Variable, die die Fehler zählt. Am Anfang der Fehlerbehandlung er-höhen Sie dann die Variable um 1 und prüfen in einer Verzweigung, ob die maximale Fehleranzahl überschritten ist. In diesem Fall wird eine Meldung ausgegeben und mit Exit Sub die Prozedur verlassen. Danach folgt die vorher schon erläuterte Fehlerbehandlung.

```
Sub Fehlerbehandlung2a()
    Dim A As Integer, B As Integer
    Dim Erg As Integer
    Dim antw As Integer
    Const MaxFehler = 10
    Dim AnzFehler As Byte
    A = 10
    B = 0
    On Error GoTo Fehler1
    Erg = A / B
    On Error GoTo 0
    MsgBox "Ergebnis = " & Erg
    'Weitere Berechnungen
    Exit Sub
Fehler1:
    AnzFehler = AnzFehler + 1
    If AnzFehler > MaxFehler Then
        MsgBox "Es sind zu viele Fehler aufge" & _
        "treten!", vbCritical
        Exit Sub
    End If
    antw = MsgBox("Der Fehler 'Division durch 0'" _
```

```
                        & " ist aufgetreten! Soll das Makro ab" & _
                        "gebrochen werden?", vbQuestion + vbYesNo _
                        , "Abbrechen?")
             If antw = vbYes Then
               MsgBox _
                  "Makro wurde wegen Fehler beendet!", _
                  vbExclamation, "Abbruch"
               Exit Sub
             Else
               B = Application.InputBox( _
                  "Bitte geben Sie einen neuen Wert ein," _
                  & " der statt der 0 verwendet werden soll!" _
                  , "Neuer Wert!", "1", , , , , 1)
               If B = False Then B = 0
               Resume
             End If
           End Sub
```

Abbildung 5.6: Nach der maximalen Fehleranzahl wird die Prozedur mit dieser Meldung abgebrochen

Fehlernummern und Meldungen

Wenn Sie die Fehleranzahl auf einen maximalen Wert begrenzen, hilft Ihnen das durchaus, Endlosschleifen durch die Fehlerbehandlung zu vermeiden. Nicht immer ist dies jedoch sinnvoll, weil Sie im obigen Beispiel implizit von einem bestimmten Fehler, der Division durch 0, ausgehen. Tritt aber ein anderer Fehler auf, kann er durch die angegebenen Fehlerbehandlungsmaßnahmen nicht beseitigt werden.

Ein solcher Fehler könnte Ihnen beispielsweise unterlaufen, wenn Sie in einem VBA-Makro eine Datei speichern möchten und dabei ein Fehler auftritt. Der erste Gedanke ist dann, dass der Dateiname bereits vorhanden ist. Würden Sie nun den Fehler behandeln, indem Sie den Anwender zur Eingabe eines neuen Namens auffordern, hätten Sie dabei leider vergessen, dass ein solcher Fehler auch auftreten kann, wenn nicht ausreichend Platz auf der Festplatte zur Verfügung steht oder ein Laufwerk schreibgeschützt ist. In diesem Fall müssten Sie dies abfragen können und gegebenenfalls das Makro beenden.

Um solche gezielten Fehlerbehandlungen einzelner Fehler durchführen zu können, gibt es die Möglichkeit, die Fehlernummern und die Fehlermeldung des letzten aufgetretenen Fehlers abzurufen. Das folgende Beispiel zeigt, wie Sie diese Möglichkeit nutzen können. Es funktioniert jedoch in dieser Form nur in Excel.

Zunächst wird über die Methode `GetSaveAsFilename` der Dateiname ermittelt, unter dem die aktuelle Arbeitsmappe gespeichert werden soll. Die Methode zeigt ein Speichern-Dialogfeld an, in dem Sie den Dateinamen auswählen können.

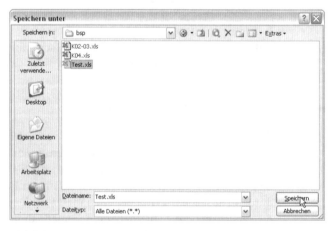

Abbildung 5.7: Der Speichern-Dialog, den die `GetSaveAsFilename`-Methode erzeugt

Danach wird die Variable FAnz mit 0 initialisiert. Sie speichert die Anzahl der Versuche, den aufgetretenen Fehler zu beheben. Die Anweisung On Error Goto Fehler1 sorgt nun dafür, dass beim Auftreten eines Fehlers zur Marke Fehler1 gesprungen wird. Daraufhin wird versucht, die Datei unter dem angegebenen Namen zu speichern. Sollte dies wegen eines Fehlers scheitern, springt VBA zur Sprungmarke.

```
Sub Fehlerbehandlung2b()
    Dim Datei As String, Text As String, _
        FAnz As Integer
    Datei = Application.GetSaveAsFilename()
    FAnz = 0
    On Error GoTo Fehler1
    ActiveWorkbook.SaveAs FileName:=Datei
    On Error GoTo 0
    Exit Sub
    ...
```

Das Objekt Err stellt alle Methoden und Eigenschaften zur Verfügung, die benötigt werden, um Fehler zu ermitteln. Über die Number-Eigenschaft des Err-Objekts wird nun ermittelt, ob der Fehler mit der Fehlernummer 61 aufgetreten ist. Er tritt ein, wenn der Datenträger, auf dem gespeichert werden soll, zu voll ist. In diesem Fall wird folgender Dialog ausgegeben:

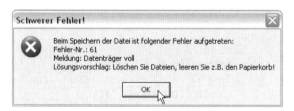

Abbildung 5.8: Fehlermeldung beim Auftreten von Fehlernummer 61

Dazu wird über die Eigenschaft Description des Err-Objekts der zur Fehlernummer gehörende Text ermittelt und im Dialog ausgegeben:

```
...
Fehler1:
   If Err.Number = 61 Then
      Text = "Beim Speichern der Datei" & _
      " ist folgender Fehler aufgetreten:" _
      & Chr(10) & "Fehler-Nr.: " _
      & Err.Number & Chr(10) & "Meldung: " _
      & Err.Description & Chr(10) & _
      "Lösungsvorschlag: Löschen Sie " & _
      "Dateien, leeren Sie z.B. den " & _
      "Papierkorb!"
      MsgBox Text, vbCritical, _
      "Schwerer Fehler!"
      Text = _
      "Die Datei wurde nicht gespeichert!"
      MsgBox Text, vbInformation, "Info!"
      Exit Sub
...
```

Handelt es sich nicht um den Fehler 61, dann wird der Wert der Variablen FAnz um 1 erhöht und eine Meldung ausgegeben, dass beim Speichern ein Fehler aufgetreten ist. Der Anwender erhält daraufhin die Möglichkeit, einen anderen Dateinamen einzugeben. Anschließend wird überprüft, ob FAnz größer oder gleich 3 ist. In diesem Fall wird das Makro abgebrochen, um eine Endlosschleife zu verhindern. Ansonsten bewirkt Resume, dass erneut versucht wird, die Datei unter dem neu eingegebenen Namen zu speichern.

```
...
   Else
      FAnz = FAnz + 1
      Text = _
      "Die Datei konnte nicht " & _
      "gespeichert werden!" & Chr(10) & _
      "Geben Sie einen neuen Namen ein!"
      MsgBox Text, vbCritical, _
      "Schwerer Fehler!"
      Datei = Application.GetSaveAsFilename
      If FAnz > 3 Then
         Text = "Beim Speichern der Datei" & _
```

```
         " ist folgender Fehler aufgetreten:" _
         & Chr(10) & "Fehler-Nr.: " & Err.Number & _
         Chr(10) & "Meldung: " & Err.Description & _
         Chr(10) & "Das Makro wird beendet!"
         MsgBox Text, vbCritical, "Schwerer Fehler!"
         Exit Sub
       Else
         Resume
       End If
     End If
   End Sub
```

Fehler simulieren

Gerade bei der Behandlung von spezifischen Fehlern ist der Test relativ kompliziert. Um z.B. den Fehler 61 zu testen, müssten Sie dafür sorgen, dass Ihre Festplatte komplett voll ist. Andere Fehler lassen sich noch schwieriger herbeiführen.

Um solchen Schwierigkeiten zu begegnen, stellt das Err-Objekt die Raise-Methode zur Verfügung. Sie ermöglicht die Simulation eines durch seine Fehlernummer definierten Fehlers. Die folgende Prozedur simuliert den Fehler mit der Nr. 61, also einen vollen Datenträger. Sie zeigt damit die folgende Fehlermeldung an.

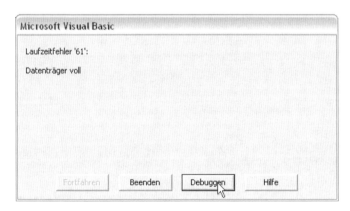

Abbildung 5.9: Simulierter Fehler Nummer 61

Wenn Sie für einen Fehler, den Sie mit Raise simulieren, eine Fehlerbehandlungsroutine definiert haben, wird diese genauso ausgeführt, als wenn der Fehler wirklich eingetreten ist.

```
Sub Fehler_simulieren()
  Err.Raise 61
End Sub
```

Auf diese Weise können Sie alle durch das Err-Objekt definierten Fehler simulieren.

6 Objektorientierte Programmierung

Die bisher erläuterten Grundlagen zur VBA-Programmierung betrafen in großen Teilen die rein strukturierte Programmierung. Ohne Objekt und die damit verbundenen Eigenschaften, Methoden und Ereignisse, die Bestandteil der objektorientierten Programmierung sind, kommen Sie mit VBA jedoch nicht weit. VBA ist nur dann sinnvoll, wenn Sie die Objektmodelle der VBA-Hostanwendung nutzen, in der Sie den Code ausführen. Genau dazu brauchen Sie Objekt und Kenntnisse in der OOP.

Was genau die Objektorientierte Programmierung (OOP) ist, wurde bereits in Kapitel 3 »Programmiergrundlagen« erläutert.

Was ist ein Objekt?

Objekte sind die Basis der objektorientierten Programmierung. Sie werden aus Klassen erzeugt und verfügen über Methoden, mit denen sie sich manipulieren lassen, und über Eigenschaften, die sie beschreiben.

Ein Objekt entsteht, wenn es aus einer Klasse abgeleitet wird. Eine Klasse bestimmt, wie ein Objekt aussieht, das heißt über welche Eigenschaften, Methoden und Ereignisse es verfügt. Klassen können Sie in Form von vordefinierten Klassenbibliotheken nutzen oder auch eigene Klassen mithilfe von Klassenmodulen erstellen. Wie gas geht, wird weiter unten in diesem Kapitel im Detail erläutert.

Der Vorgang, bei dem ein Objekt aus einer Klasse erzeugt wird, wird Instanzierung genannt. Objekte heißen daher auch Instanzen. Sie können die Instanzierung bewusst herbeiführen, indem Sie ein Objekt aus einer Klasse erzeugen, aber auch eine implizite Instanzierung ist möglich. Das passiert in einigen Fällen beispielsweise dann, wenn Sie ein Objekt über eine Eigenschaft zurückgeben. Sie werden noch Beispiele dafür kennen lernen.

Die allermeisten Objekte, die über die Objektmodelle der Office-Anwendungen zur Verfügung gestellt werden, können Sie jedoch direkt nutzen, ohne sie zuvor erzeugen zu müssen. Sie werden bereits beim Start der Office-Anwendung erzeugt und stehen damit automatisch zur Verfügung.

Objektvariablen deklarieren und verwenden

Wenn Sie Objekte nutzen möchten, sollten Sie dazu Objektvariablen verwenden. Darüber können Sie dann die Methoden und Eigenschaften des Objekts aufrufen und dadurch den Code verkürzen.

Die Beispiele zu diesem Kapitel benötigen in aller Regel Excel für die Ausführung. Sie finden sie in der Datei *K06.xls* im Modul *Objektvariablen*.

Objektvariablen erstellen und initialisieren

Objektvariablen sind im Prinzip normale Variablen, nur dass sie den Datentyp Object haben. Dadurch ergibt sich eine Änderung bei der Zuweisung von Werten und bei Vergleichsausdrücken. Ansonsten können Sie Objektvariablen wie andere Variablen verwenden. Als Erstes gilt also, dass Sie sie deklarieren müssen. Die Deklaration erfolgt mit Dim. Als Datentyp geben Sie entweder den allgemeinen Typ Object oder die Klasse an, aus der das Objekt erzeugt wurde. Mit

```
Dim Blatt As Object
```

deklarieren Sie also gültig eine Objektvariable, die jede Art von Objekt aufnehmen kann. Sie können ihr also sowohl ein Worksheet-Objekt zuweisen, das ein Tabellenblatt darstellt, als auch ein Word-

Dokument in Form eines Document-Objekts. Die Zuweisung eines Wertes an eine Objektvariable geschieht mithilfe des Schlüsselwortes Set. Mit der Anweisung Set Blatt=Application.ActiveWorkbook.Worksheets(1) weisen Sie der Variablen ein Objekt zu, in diesem Fall das erste Tabellenblatt der aktiven Arbeitsmappe. Die aktive Arbeitsmappe wird durch die ActiveWorkbook-Eigenschaft des Application-Objekts als Workbook-Objekt zurückgegeben. Das Workbook-Objekt repräsentiert eine Arbeitsmappe und stellt über die Worksheets-Auflistung eine Liste aller Tabellenblätter zur Verfügung. Über den Index (hier 1) können Sie auf bestimmte Blätter zugreifen und als Worksheet-Objekt zurückgeben. Der folgende Code deklariert somit eine Objektvariable Blatt und weist ihr das erste Tabellenblatt der aktuellen Arbeitsmappe zu.

```
Sub Deklaration()
    Dim Blatt As Object
    Set Blatt = _
        Application.ActiveWorkbook.Worksheets(1)
End Sub
```

Anschließend könnten Sie nun auf die Eigenschaften und Methoden des Worksheet-Objekts zugreifen. Dazu geben Sie die Variable Blatt, gefolgt von einem Punkt an. Nach dem Punkt folgt die Eigenschaft oder Methode.

Es gibt drei verschiedene Typen von Eigenschaften: Solche, die Sie auslesen und schreiben können, solche die Sie nur lesen, und solche, die Sie nur schreiben können. Möchten Sie einer Eigenschaft einen Wert zuweisen, steht die Eigenschaft auf der linken Seite des Zuweisungsoperators und der neue Wert auf der rechten Seite. Mit der Anweisung Blatt.Name ="Neuer Name" könnten Sie beispielsweise das Blatt umbenennen, indem Sie der Name-Eigenschaft einen neuen Wert zuweisen.

Wenn Sie eine Eigenschaft auslesen möchten, geben Sie die Eigenschaft einfach anstelle ihres Wertes an. So können Sie mit Debug.Print Blatt.Name die Name-Eigenschaft im Testfenster ausgeben.

Methoden rufen Sie im Prinzip wie Prozeduren auf, nur dass Sie ihnen das Objekt voranstellen. Hat eine Methode Parameter, gilt für die Parameterübergabe das Gleiche wie für Prozeduren. Bei Methoden werden Methoden mit und Methoden ohne Rückgabewert unterschieden. Methoden mit Rückgabewert behandeln Sie im Prinzip wie Funktionen, Methoden ohne Rückgabewert werden wie Unterprozeduren behandelt.

Vielleicht werden Sie sich jetzt fragen, woher Sie denn wissen sollen, dass es die Eigenschaft Name gibt? Im Prinzip ist das ganz einfach. Sie können in der Hilfe nachsehen, im Objektkatalog oder die Variable so deklarieren, dass Ihnen IntelliSense die verfügbaren Methoden und Eigenschaften anzeigt. Dazu müssen Sie der Variablen bei der Deklaration nur einen Klassennamen der Klasse zuweisen, aus der das Objekt erzeugt wurde. Die verfügbaren Typen zeigt Ihnen IntelliSense schon nach Eingabe des Schlüsselwortes As in der Deklaration an.

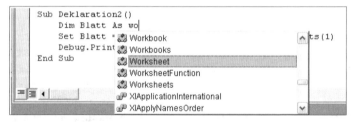

Abbildung 6.1: Auswahl der verfügbaren Klassen bei der Deklaration

```
Sub Deklaration2()
    'frühe Bindung
    Dim Blatt As Worksheet
    Set Blatt = _
        Application.ActiveWorkbook.Worksheets(1)
```

```
        Debug.Print Blatt.Name
End Sub
```

Möchten Sie der Variablen beispielsweise ein Worksheet-Objekt zuweisen, deklarieren Sie die Variable vom Typ Worksheet. Wenn Sie
die Variable dann verwenden, zeigt Ihnen IntelliSense nach Eingabe
des Punktes die verfügbaren Methoden und Eigenschaften an, aus
denen Sie dann nur noch die passende wählen müssen.

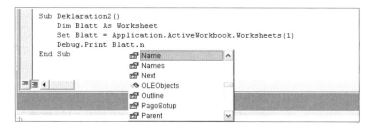

Abbildung 6.2: Auswählen der Eigenschaften und Methoden aus der
Elementliste

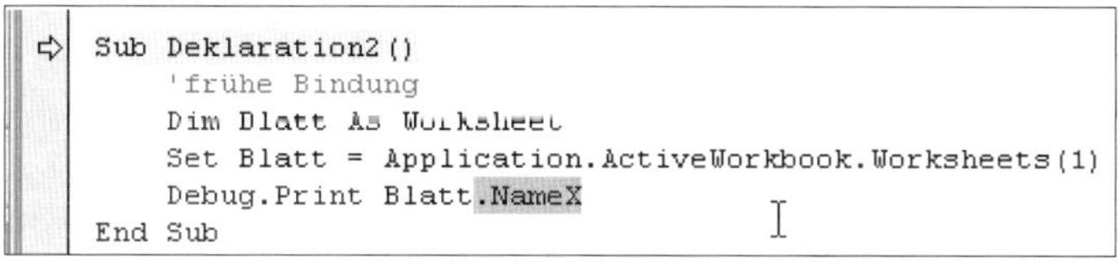

```
⇨  Sub Deklaration2()
       'frühe Bindung
       Dim Blatt As Worksheet
       Set Blatt = Application.ActiveWorkbook.Worksheets(1)
       Debug.Print Blatt.NameX
   End Sub
```

Abbildung 6.3: Fehlerhafter Code bei früher Bindung wird schon
beim Kompilieren bemängelt

Bei später Bindung funktioniert das nicht, weil der Compiler hier
erst nach Zuweisung des Objekts an die Variable weiß, ob es die
Methode bzw. Eigenschaft gibt. Hier wird daher erst bei Ausführung der falschen Anweisung festgestellt, dass die Anweisung fehlerhaft ist.

Bei der Deklaration einer Objektvariablen mit einem spezifischen Typ verwenden Sie die so genannte frühe Bindung. Das bedeutet, dass die Entwicklungsumgebung schon zur Entwurfszeit weiß, über welche Eigenschaften und Methoden das Objekt verfügt. Das führt dazu, dass Fehler nicht erst zur Laufzeit gefunden werden und der Code auch schneller ausgeführt wird. Zudem macht IntelliSense Ihnen die Programmierung leichter. Sie können das testen. Geben Sie in den beiden Prozeduren anstelle der Eigenschaft Name die Eigenschaft NameX ein, werden Sie merken, dass bei früher Bindung, also wenn Sie nur den Datentyp Object angeben, der Debugger den Prozedurkopf markiert, wenn Sie die Prozedur ausführen. Das liegt daran, dass eine Prozedur vor der ersten Ausführung (nach jeder Änderung) kompiliert wird. Dabei prüft der Compiler bereits, ob alle Methoden und Eigenschaften korrekt angewendet sind. Enthält eine Prozedur Code, der als fehlerhaft erkannt wurde, wird die Prozedur gar nicht erst ausgeführt, sondern gleich der Prozedurkopf als fehlerhaft markiert.

```
Sub Deklaration()
    'späte Bindung
    Dim Blatt As Object
    Set Blatt = Application.ActiveWorkbook.Worksheets(1)
    Debug.Print Blatt.NameX
End Sub
```

Abbildung 6.4: Bei später Bindung verfährt der Compiler nach der Methode »Versuch und Irrtum«

Wenn Sie späte Bindung verwenden, können Sie längeren Code auch komplett kompilieren lassen, um zu prüfen, ob alle Aufrufe korrekt sind. Dazu wählen Sie in der Menüleiste der IDE den Eintrag *Debuggen / Kompilieren von Projekt* aus.

Objektzugriff mit »With«

Nicht immer müssen Sie eine Objektvariable erstellen, um auf mehrere Eigenschaften und Methoden eines Objekts komfortabel zugreifen zu können. Genauso gut geht das mit der With-Anweisung. Die können Sie sogar ineinander verschachteln. Ihre Syntax lautet:

```
With Objekt
    .Eigenschaft= ...
    .Methode ...
    ...
End With
```

Die With-Anweisung ist vor allem dann sehr nützlich, wenn Sie auf das gleiche Objekt mehrfach unmittelbar nacheinander zugreifen müssen. Dabei geben Sie nach With das Objekt kann. Das kann eine Objektvariable sein oder eine vollständige Objektreferenz.

Innerhalb der With-Anweisung, die mit End With abgeschlossen wird, rufen Sie dann die Eigenschaften und Methoden des Objekts auf, die Sie mit dem Punkt einleiten, der normalerweise Objekt und Methode bzw. Eigenschaft abtrennt. Das folgende Beispielt demonstriert die With-Anweisung. Es formatiert die Zelle »A1« des Blattes »Tabelle1« der Arbeitsmappe, in der der Code ausgeführt wird. Auf diese Arbeitsmappe greifen Sie über das Workbook-Objekt zu, das die ThisWorkbook-Eigenschaft des Application-Objekts zurückgibt. Das Tabellenblatt können Sie dann aus der Worksheets-Auflistung über dessen Namen zurückgeben. Den Namen geben Sie einfach anstelle des numerischen Index an. Mit der Range-Auflistung können Sie dann auf Zellbereich zugreifen. Dazu geben Sie einfach die Zelladresse in der gleichen Syntax ein, die Sie auch in Excel verwenden, also beispielsweise »A1« für die Zelle in Spalte »A« und Zeile 1.

Innerhalb der With-Anweisung wird zunächst die Füllfarbe festgelegt. Die Füllfarbe können Sie über die Color-Eigenschaft des Interior-Objekts angeben. Das Interior-Objekte (=innen) legt alle Einstellungen fest, die das innere einer Zelle bzw. eines Zellbereichs betreffen. Sie können das Interior-Objekt über die Interior-Eigenschaft des Range-Objekts zurückgeben. Der Color-Eigenschaft weisen Sie dann einfach einen gültigen Excel-Farbwert oder den Rückgabewert der RGB-Funktion zu. Der RGB-Funktion können Sie die Farbe in den Werten für Rot, Grün und Blau übergeben. Jeder Wert muss dabei eine ganze Zahl von 0 bis einschließlich 255 sein. Mit dem hier verwendeten Aufruf bekommt die Zelle eine rote Füllfarbe.

Mit der zweiten Anweisung in der With-Anweisung legt die Prozedur die Breite der Spalte fest.

```
Sub WithAnweisung()
    With Application.ThisWorkbook.Worksheets( _
        "Tabelle1").Range("A1")
        .Interior.Color = RGB(255, 0, 0)
        .ColumnWidth = "20"
    End With
End Sub
```

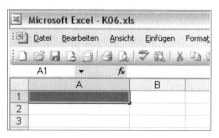

Abbildung 6.5: Ergebnis der Formatierungen in der With-Anweisung

Wenn Sie mehrere Eigenschaften und Methoden des Interior-Objekts aufrufen oder auch Schrifteigenschafen festlegen möchten, können Sie With-Anweisungen außerdem ineinander verschachteln. Das zeigt die folgende Erweiterung des Beispiels. Die erste innere With-Anweisung dient zum Zugriff auf das Interior-Objekt. Die zweite setzt die Schrifteigenschafen über das Font-Objekt, das Sie von der Font-Eigenschaft des Range-Objekts zurückgeben lassen können. Nach der zweiten With-Anweisung wird die Value-Eigenschaft der Zelle gesetzt, die den Wert festlegen. Dadurch können Sie nach Ausführen der Prozedur sehen, dass die Schrifteigenschaften auch angewendet wurden.

```
Sub WithAnweisung2()
    With Application.ThisWorkbook.Worksheets( _
    "Tabelle1").Range("A1")
        With .Interior
            .Color = RGB(255, 0, 0)
        End With
        With .Font
            .Bold = True
            .Size = 20
        End With
        .Value = "test"
        .ColumnWidth = "20"
    End With
End Sub
```

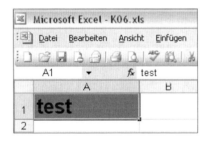

Abbildung 6.6: Die angewendeten Schrifteigenschaften

Objekte vergleichen

Wenn Sie Variablen vergleichen möchten, können Sie das über die schon erläuterten Vergleichsoperatoren tun. Vorausgesetzt, die Variablen A und B sind deklariert, dann hat der Ausdruck A=B den Wert True, wenn beide Variablen den gleichen Wert haben. Dabei spielt es keine Rolle, ob eine Variable den Typ String, die andere aber den Typ Variant hat. Lediglich die Werte müssen gleich sein, damit der Ausdruck wahr ist.

Bei Objekten ist das anders. Hier stellt sich zunächst die Frage, wann Objekte als gleich angesehen werden. Selbst wenn ein Objekt die gleichen Eigenschaften und Eigenschaftswerte wie ein anderes hat, ist es deshalb gleich? Wenn man nur identische Objekte als »gleich« ansieht, ist das nicht der Fall. Zwei Objekte sind nie identisch. Sie können genau genommen nicht einmal gleich sein, weil sie sich immer mindestens durch die Speicherstelle unterscheiden, an der sie im Hauptspeicher des Rechners gespeichert werden.

Wenn Sie prüfen möchten, ob ein Objekt gleich einem anderen ist, brauchen Sie das also gar nicht zu prüfen. Es ist sinnlos, da immer der Wert False Ergebnis der Prüfung ist. Was aber, wenn Sie zwei Objektvariablen vergleichen? Zwei verschiedene Objektvariablen können auf das gleiche Objekt oder auf unterschiedliche Objekte verweisen. Hier würde eine Prüfung also Sinn machen. Die folgende Prozedur zeigt einen Vergleich mit dem Vergleichsoperator =, den Sie auch für normale Variablen verwenden. Dabei wird der Variablen Zelle1 die Zelle A2, der Variablen Zelle2 die Zelle A3 des Blattes zugewiesen.

Die Verzweigung sorgt nun dafür, dass nur dann eine Ausgabe im Testfenster folgt, wenn beide Variablen gleich sind.

```
Sub Vergleichen()
        Dim Zelle1 As Range
        Dim Zelle2 As Object
        Set Zelle1 = _
            Application.ThisWorkbook.Worksheets( _
            "Tabelle1").Range("A2")
        Set Zelle2 = _
            Application.ThisWorkbook.Worksheets( _
            "Tabelle1").Range( "A3")
        If Zelle1 = Zelle2 Then
            Debug.Print "Zelle1 und Zelle2 sind gleich!"
        End If
End Sub
```

Wenn Sie den Code in der Beispielarbeitsmappe ausführen, wird die Ausgabe erzeugt und das, obwohl in beiden Zellen der Wert 3 steht. In der ersten steht jedoch der Wert 3, in der zweiten eine Formel, deren Ergebnis ebenfalls 3 ist. Beim besten Willen kann man daher nicht sagen, dass beide Zellen gleich sind, da sie sich in mindestens zwei Eigenschaftswerten (der Zelladresse und der Formel) unterscheiden.

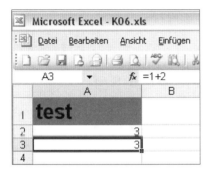

Abbildung 6.7: Obwohl beide Zellen den gleichen Wert haben, wird der Wert einmal mit einer Formel berechnet und in Zelle A3 nicht

Wie kann es also sein, dass der Ausdruck Zelle1 = Zelle2 wahr ist? Die Antwort auf diese Frage liegt im Detail. Den Vergleichsoperator = können Sie nur für Vergleiche mit einfachen Datentypen verwenden, nicht für Objekte. Bei Objekten schlägt ein solcher Vergleich fehl, außer wenn wie hier das Objekt eine Standardeigenschaft hat. In diesem Fall findet der Vergleich der Standardeigenschaften statt. Vollständig müsste der Ausdruck also lauten: Zelle1.Value = Zelle2.Value, da Value die Standardeigenschaft eines Range-Objekts ist.

Da beide Zellen den gleichen Wert haben, auch wenn diese Werte auf unterschiedliche Weise zustande kommen, ist der Ausdruck also wahr.

Wenn Sie wirklich zwei Objekte vergleichen möchten, benötigen Sie dazu einen speziellen Operator, nämlich Is. Mit dem Ausdruck Objekt1 Is Objekt2 können Sie prüfen, ob beide Objekte identisch sind, das heißt, ob sie nicht nur aus der gleichen Klasser erzeugt wurden, sondern auch ob es sich um die gleiche Instanz der Klasse handelt.

Wenn Sie prüfen möchten, ob beide Objektvariablen auf die gleiche Zelle verweisen, müsste das also wie in folgendem Listing vor sich gehen:

```
Sub Vergleichen2()
    Dim Zelle1 As Range
    Dim Zelle2 As Object
    Set Zelle1 = _
        Application.ThisWorkbook.Worksheets( _
        "Tabelle1").Range("A2")
    Set Zelle2 = _
        Application.ThisWorkbook.Worksheets( _
        "Tabelle1").Range("A3")
    If Zelle1 Is Zelle2 Then
        Debug.Print "Zelle1 und Zelle2 sind gleich!"
    End If
End Sub
```

Sie können einen solchen Vergleich beispielsweise nutzen, um alle geöffneten Arbeitsmappen zu bearbeiten, außer diejenige, die den Code ausführt. Wie das aussehen könnte, zeigt das folgende Beispiel. Dabei wird die Workbooks-Auflistung des Application-Objekts durchlaufen. Es verwaltet alle geöffneten Arbeitsmappen als Workbook-Objekte. Um zu prüfen, ob die aktuell in der Schleife durchlaufene Arbeitsmappe die gleiche ist wie diejenige, in der Sie den Code ausführen, brauchen Sie die Arbeitsmappe nur mithilfe des Vergleichsoperators Is mit dem von ThisWorkbook zurückgelieferten Objekt zu vergleichen. Im Beispiel werden die Namen der geöffneten Arbeitsmappen ausgegeben, mit Ausnahme des Namens der Arbeitsmappe, die den Code ausführt.

```
Sub Arbeitsmappen()
    Dim AM As Workbook
```

```
For Each AM In Application.Workbooks
    If Not (AM Is Application.ThisWorkbook) Then
        Debug.Print AM.Name
    End If
    Next AM
End Sub
```

Den Typ eines Objekts ermitteln

Manchmal ist es weniger von Interesse, ob zwei Objektvariablen auf die gleiche Instanz der Klasse verweisen, als vielmehr die Klasse selbst, aus der sie erzeugt wurden. Sie können beispielsweise alle Blätter einer Arbeitsmappe über die Sheets-Auflistung durchlaufen. Sie liefert aber kein Sheet-Objekt, sondern abhängig vom Typ des Arbeitsmappenblattes ein Worksheet-Objekt für Tabellenblätter oder ein Chart-Objekt für Diagrammblätter. Wenn Sie nun auf bestimmte Eigenschaften der Blätter zugreifen möchten, ist es natürlich interessant zu wissen, ob es sich um ein Diagrammblatt oder ein Tabellenblatt handelt. Dazu fragen Sie einfach die Klasse ab, aus der ein Objekt erzeugt wurde, indem Sie das Objekt an die TypeName-Funktion übergeben. Sie gibt dann den Klassennamen zurück. Folgendes Listing zeigt, wie Sie die TypeName-Funktion anwenden. Sie durchläuft alle Blätter der Arbeitsmappe und gibt vor dem Namen des Klassennamen den des Blattes aus:

```
Sub Klassennamen()
    Dim Blatt As Object
    For Each Blatt In _
        Application.ThisWorkbook.Sheets
        Debug.Print TypeName(Blatt) & _
            ": " & Blatt.Name
    Next Blatt
End Sub
```

Für jedes Blatt wird also nun eine Ausgabe erzeugt. Für die Beispielarbeitsmappe sieht das wie folgt aus:

```
Worksheet: label1e1
Worksheet: Tabelle2
```

```
Chart: Diagramm1
Worksheet: Makro1
Worksheet: Tabelle3
```

Daran können Sie also erkennen, dass die Klasse, aus der Tabellen-blätter erzeugt werden, Worksheet heißt. Die Klasse, aus der Dia-gramme erzeugt werden, heißt hingegen Chart.

> Sie können die TypeName-Funktion auch für normale Variablen verwenden. Dann gibt sie den Namen des Datentyps zurück.

Objekte erzeugen und zerstören

Die bisher verwendeten Objekte existieren automatisch, alleine da-durch, dass Sie Excel gestartet und eine Arbeitsmappe geöffnet ha-ben. Das ist aber nicht immer der Fall. Manche Objekte müssen Sie zuerst erzeugen, bevor Sie sie verwenden können. Ein solcher Fall liegt beispielsweise vor, wenn Sie aus der Anwendung heraus den Internet Explorer oder eine andere Anwendung starten möchten.

> Die Beispiele finden Sie im Modul *Objekte* in der Datei *K06.xls* auf der CD. Voraussetzung dafür, dass sie funktionieren, ist die In-stallation von Word, da Word aus Excel heraus gestartet wird.

Ein Objekt erzeugen

Möchten Sie ein Objekt erzeugen, gibt es dazu prinzipiell drei Mög-lichkeiten:

✔ Es gibt eine Methode eines schon vorhandenen Objekts, die die Instanz erzeugt und zurückgibt.

✔ Sie erzeugen das Objekt mit der CreateObject-Funktion.

✔ Sie erzeugen das Objekt mit New.

Nachfolgend werden die beiden Möglichkeiten mit CreateObject und New näher erläutert. Sie eignen sich beide sehr gut dazu, auch komplexe Objekte zu erzeugen, wie das beim Starten von VBA-Hostanwendungen der Fall ist. In jedem Fall benötigen Sie dazu den Klassennamen, aus dem Sie das Objekt erzeugen möchten. Für Word lautet er Word.Application.

Eine Liste der wichtigsten Klassennamen der anderen Office-Anwendungen finden Sie im Anhang.

Bei Verwendung von CreateObject definieren Sie eine Objektvariable des Typs Object und übergeben den Klassennamen an die CreateObject-Funktion. Sie gibt dann das erzeugte Objekt zurück, so dass Sie es in der deklarierten Variablen speichern können.

Anschließend können Sie auf die Eigenschaften und Methoden des Objekts zugreifen. Hier wird beispielsweise die Visible-Eigenschaft auf True gesetzt, so dass Word sichtbar wird. Mit der Quit-Methode wird dann Word beendet.

```
Sub WordStarten()
    Dim Word As Object
    Set Word = CreateObject("Word.Application")
    Word.Visible = True
    MsgBox "Word wurde gestartet!"
    Word.Quit
...
```

Objekte zerstören

Selbst wenn es wie bei Word eine Methode Quit gibt, mit der Sie Word schließen, heißt das noch lange nicht, dass Word auch aus dem Speicher des Rechners entfernt wird und damit Programmressourcen freigegeben werden. Das geschieht nämlich erst dann, wenn keine Objektvariable mehr auf das Objekt verweist. Damit Sie den Verweis auf das Objekt löschen, müssen Sie die Objektvariable auf Nothing setzen. Nothing in ein vordefinierter Wert, der eine leere Objektreferenz darstellt.

```
...
    Set Word = Nothing
End Sub
```

Objekte mit New erzeugen

Alternativ können Sie auch in VBA-6.0-Hostanwendungen das Schlüsselwort New verwenden, um eine neue Instanz zu erstellen. Das setzt aber frühe Bindung voraus. Bei externen Objekten, wie beispielsweise einer anderen Office-Anwendung, ist dazu wiederum ein Verweis auf die zu verwendende Objektbibliothek notwendig.

Wenn Sie Word verwenden möchten, müssen Sie daher einen Verweis auf die Word-Bibliothek erstellen. Dazu gehen Sie wie folgt vor:

✔ Wählen Sie in der IDE *Extras / Verweise* aus.

✔ Aktivieren Sie das Kontrollkästchen vor der Objektbibliothek von Word.

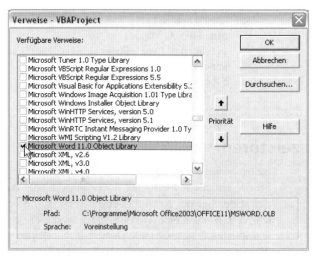

Abbildung 6.8: Der notwendige Verweis für die Nutzung der Word-Bibliothek

✔ Schließen Sie das Dialogfeld mit *OK*.

Die angegebene Versionsnummer spielt eine untergeordnete Rolle. Die Bibliotheken von Office 2003 tragen die Versionsnummer 11, die von Office XP die Nummer 10 und die von Office 2000 die Versionsnummer 9. Wenn Sie mit Office 2000 arbeiten, erstellen Sie eben einfach einen Verweis auf Bibliothek *Microsoft Word 9.0 Object Library*.

Haben Sie den Verweis erzeugt, können Sie frühe Bindung nutzen. Das heißt, Sie können zum einen die Objektvariable, die die Instanz von Word speichern soll, vom Typ Word.Application definieren. Außerdem können Sie dann anstelle der CreateObject-Funktion das Schlüsselwort New verwenden.

```
Sub WordStarten2()
    'frühe Bindung
    Dim Word As Word.Application
    Set Word = New Word.Application
    Word.Visible = True
    MsgBox "Word wurde gestartet!"
    Word.Quit
    Set Word = Nothing
End Sub
```

Eigene Klassen definieren

Sie finden den Code der nachfolgend erstellten Klasse im Modul *clsINIFile* in der Datei *K06.xls*.

Um eine Klasse in VBA zu erstellen, müssen Sie ein Klassenmodul erzeugen. Dazu verwenden Sie in der IDE den Menübefehl *Einfügen / Klassenmodul*. Das Modul bekommt dann automatisch den Namen *Klasse1*. Dieser Name ist zwar korrekt, wenn Sie jedoch mehrere Klassen erstellt haben, werden Sie merken, dass es sinnvoller ist, einen Klassennamen zu verwenden, der Ihnen auf den ersten Blick sagt, was die Klasse bewirkt oder darstellt. Den Namen der Klasse benötigen Sie außerdem zur Instanzierung der Klasse, also um die Objekte aus der Klasse zu erzeugen. Die nachfolgend erstellte Klasse soll den Namen *clsINIFile* bekommen. Geben Sie ihn einfach in das Feld der Eigenschaft *Name* für das Klassenmodul ein und bestätigen Sie Ihre Eingabe mit ⏎.

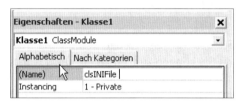

Abbildung 6.9: Umbenennen des Klassenmoduls im Eigenschaften-Fenster

Damit haben Sie bereits eine gültige und funktionierende, wenn auch bisher noch recht nutzlose Klasse erstellt. Nachfolgend soll sie jedoch mit nützlichem Inhalt gefüllt werden.

Bei komplexeren Projekten wie der hier erzeugten Klassen ist es sinnvoll, wenn Sie Variablen mit Präfixen versehen, mit denen Sie den Typ kennzeichnen. So beginnen beispielsweise Variablen des Typs `String` mit `str`, Variablen des Typs `Object` mit `obj` und `Integer`-Variablen mit `int`. Danach folgt mit einem Großbuchstaben der eigentliche Variablenname. Diese Präfixe haben den Vorteil, dass Sie auch dann noch auf den Datentyp der Variablen schließen können, wenn Sie die Deklaration der Variablen nicht mehr im Blickfeld haben.

Vorüberlegungen zum Aufbau der Klasse

Zunächst sollten Sie sich überlegen, was die Klasse überhaupt können muss. Davon hängen ihr Aufbau und die zu implementierenden, das heißt die zu erstellenden Funktionen ab. Die Klasse soll dazu verwendet werden, INI-Datei zu lesen und zu schreiben.

INI-Dateien bestehen im Allgemeinen aus Abschnitten, die einen Abschnittsnamen haben. Dieser Titel wird in eckige Klammern eingefasst. Die Titel sind innerhalb einer INI-Datei eindeutig und können keine oder unendlich viele untergeordnete Einträge haben, die aus je einer Name-Wert-Zuweisung bestehen. Der Anfang der *Win.ini* von *Windows Me* verdeutlicht diesen Aufbau:

```
[windows]
load=
run=
NullPort=None
device=Lexmark Optra Color 45 PS

[Desktop]
Wallpaper=(None)
TileWallpaper=1
WallpaperStyle=0

[intl]
iCountry=49
ICurrDigits=2
iCurrency=3
...
```

Zum Auslesen und Verwalten der INI-Datei bietet sich eine Klasse deshalb an, weil dann jeder Abschnitt dieser Datei mit den enthaltenen Einträgen als separates Objekt verwaltet werden kann. Problemlos können Sie so einzelne Abschnitte komplett löschen. Wenn Sie einen neuen Eintrag in einen Abschnitt einfügen oder einen vorhandenen löschen, müssen nur die nachfolgenden Einträge des Abschnitts, nicht aber auch die der folgenden Abschnitte geändert werden.

Genau genommen sind dann natürlich zwei Klassen erforderlich: eine zur Verwaltung der einzelnen Abschnitte der INI-Datei und eine zweite zur Verwaltung des Inhalts der einzelnen Abschnitte. Das nachfolgende Beispiel verwendet die Klasse clsINIFile, um

✔ die INI-Datei einzulesen,

✔ die INI-Datei zu schreiben und

✔ die Abschnitte in einem Collection-Objekt zu verwalten.

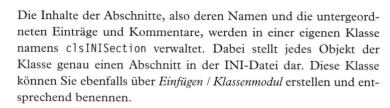

Ein Collection-Objekt ist ein VBA-Objekt, das in allen VBA-Hostanwendungen ab VBA 5.0 zur Verfügung steht. Es dient dazu, Elemente jeglicher Art komfortabel zu verwalten. Im Unterschied zu Arrays müssen aber nicht alle Elemente in einem Collection-Objekt den gleichen Datentyp haben und es darf sich auch um Objekte und benutzerdefinierte Datentypen handeln. Sie können sich eine Collection als eine Aufzählung von Werten oder Objekten vorstellen. Sie haben eine feste Reihenfolge und können mit der Add-Methode hinzugefügt werden. Zudem haben Sie die Möglichkeit, über den Index auf die einzelnen Elemente zuzugreifen und diese explizit zu löschen.

Die Inhalte der Abschnitte, also deren Namen und die untergeordneten Einträge und Kommentare, werden in einer eigenen Klasse namens clsINISection verwaltet. Dabei stellt jedes Objekt der Klasse genau einen Abschnitt in der INI-Datei dar. Diese Klasse können Sie ebenfalls über *Einfügen / Klassenmodul* erstellen und entsprechend benennen.

Es muss somit für jeden Abschnitt der INI-Datei eine Instanz der Klasse clsINISection erzeugt werden. Da aber jede Instanz nichts von den anderen weiß, ist auch der Zugriff auf gleichnamige Elemente in den einzelnen Abschnitten kein Problem, da ja der Abschnitt 1 nichts von dem Abschnitt 2 weiß. Dies liegt daran, dass Objekte unabhängige Einheiten sind, deren Zusammenhang lediglich darin besteht, dass sie aus der gleichen Klasse abgeleitet wurden. Die Koordination und Verwaltung der einzelnen clsINISection-Objekte übernimmt die übergeordnete Klasse clsINIFile.

Ein weiterer Vorteil dieser Art der Organisation ist, dass Sie sich beim Einsatz der Klasse nicht mehr damit beschäftigen müssen, wie die Einträge intern verwaltet werden. Sie müssen lediglich die Methoden und Eigenschaften der Klasse clsINIFile verwenden und können damit auch ganz problemlos die einzelnen clsINISection-Objekte manipulieren, weil der Rest innerhalb der Klasse definiert ist.

Die Verwaltung der Abschnitte in der Klasse »clsINIFile?«

Die Klasse clsINIFile verwaltet die Abschnitte der INI-Datei. Jeder Abschnitt wird dabei durch eine Instanz der Klasse clsINISection dargestellt. Diese Objekte werden von der Klasse in einem Collection-Objekt verwaltet, das beim Initialisieren der Klasse ebenfalls initialisiert wird. Die Klasse nutzt lediglich die von der Klasse clsINISection zur Verfügung gestellten Objekte und Methoden.

Eine Instanz einer Klasse wird in dem Moment erzeugt, wenn das Objekt aus der Klasse abgeleitet wird. Also beispielsweise wenn Sie mit Set objObject = New clsINIFile ein neues Objekt erzeugen.

Damit die wichtigsten Funktionen für die Bearbeitung einer INI-Datei zur Verfügung stehen, sind folgende Methoden notwendig:

- ✔ OpenFile zum Lesen einer vorhandenen INI-Datei,

- ✔ WriteFile zum Schreiben der Datei,

- ✔ DeleteSection zum Löschen eines Abschnitts,

- ✔ AddSection zum Erstellen eines Abschnitts,

- ✔ getValue zur Rückgabe eines Wertes eines Eintrags und

- ✔ setValue zum Setzen eines Wertes.

Methoden sind öffentliche Prozeduren (Unterprozeduren und Funktionen) einer Klasse. Öffentlich heißt, dass sie von außerhalb des Klassenmoduls aufgerufen werden können. Standardmäßig sind alle Prozeduren einer Klasse privat. Das heißt, nur die Prozeduren des Klassenmoduls können die anderen Prozeduren des gleichen Klassenmoduls aufrufen. Eine öffentliche Prozedur definieren Sie, indem Sie den Schlüsselwörtern Sub bzw. Function das Schlüsselwort Public voranstellen.

Sinnvoll, aber nicht unbedingt notwendig sind außerdem ein paar Eigenschaften, mit denen Sie beispielsweise die Anzahl der Abschnitte ermitteln oder die zu verwendenden Kommentar- und Trennzeichen definieren können. Die folgende Tabelle erläutert die zu erstellenden Eigenschaften für die Klasse:

Eigenschaft	Beschreibung
FileName	Gibt den Namen der INI-Datei zurück, schreibgeschützt.
Divider	Gibt das Trennzeichen zwischen Name und Wert zurück oder legt es fest; Standardmäßig »=«.
Comment	Legt das Zeichen fest, das einen Kommentar einleitet oder gibt es zurück. Standardmäßig ist dies das Semikolon.
Count	Gibt die Anzahl der Abschnitte zurück, schreibgeschützt.

Tabelle 6.1: Eigenschaften der Klasse clsINIFile

Zunächst muss natürlich bei der Initialisierung der Klasse das Collection-Objekt initialisiert werden, mit dem die untergeordneten Objekte verwaltet werden. Da das Objekt für alle Methoden und Eigenschaften verfügbar sein muss, sollten Sie die Objektvariable dazu auf Modulebene im Klassenmodul deklarieren. Innerhalb der Ereignisprozedur für das Initialize-Ereignis der Klasse müssen Sie dann nur noch das Collection-Objekt erzeugen und zuweisen. Um den Speicher wieder freizugeben, sollte beim Eintreten des Terminate-Ereignisses die Variable auf Nothing gesetzt werden. Die beiden Variablen strKommz und strTrennzeichen definieren die Zeichen, die Kommentare einleiten und den Namen von seinem

Wert trennen. Standardmäßig sind das in gewöhnlichen INI-Dateien die angegebenen Zeichen ; und =. Um diese Zeichen im Einzelfall zu ändern, müssen Sie jedoch entsprechende Eigenschaften mit `Property`-Prozeduren erstellen, da Variablen nicht von außerhalb der Klasse direkt in Klassenmodulen gesetzt werden können. Der Code, der zum ordnungsgemäßen Initialisieren der Klasse erforderlich ist, sieht wie nachfolgend beschrieben aus.

Bei den Prozeduren `Class_Initialize` und `Class_Terminate` handelt es sich um so genannte Ereignisprozeduren. Das sind Prozeduren, die einem Ereignis zugeordnet sind. Ereignisse sind definierte Zustände eines Objekts, die den normalen Programmablauf unterbrechen. Beispielsweise gibt es ein Ereignis, das beim Öffnen einer Arbeitsmappe eintritt. Jedem Ereignis können Sie eine Prozedur, die Ereignisprozedur, zuordnen. Das geschieht über den Namen der Prozedur. Der Name des Ereignisses folgt immer nach dem Unterstrich. Davor steht entweder der Name eines Objekts oder wie bei Klassenmodulen der Bezeichner »Class«. Die Prozedur `Class_Initialize` wird also ausgeführt, wenn das `Initialize`-Ereignis der Klasse eintritt.

Sie brauchen die Ereignisprozedur nicht abzutippen, sondern können sie wie folgt erstellen und brauchen dann nur noch den Code zu ergänzen:

✓ Öffnen Sie das Klassenmodul.

✓ Wählen Sie aus der Objektliste den Eintrag *Class* aus.

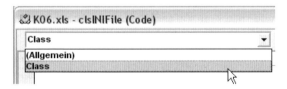

Abbildung 6.10: Auswählen des Objekts aus der Objektliste

✔ Wählen Sie nun aus der Ereignisliste das Ereignis aus, also nacheinander *Initialize* und *Terminate*. Damit haben Sie dann die leeren Ereignisprozeduren erstellt.

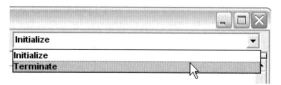

Abbildung 6.11: Das Ereignis auswählen

✔ Ergänzen Sie nun den Code für die Ereignisprozeduren.

```
Dim colSection As Collection

Private Sub Class_Initialize()
    Set colSection = New Collection
    strKommz = ";"
    strTrennz = "="
End Sub

Private Sub Class_Terminate()
    Set colSection = Nothing
End Sub
```

Wesentlich für die Funktionsweise der Klasse sind die beiden Methoden OpenFile und WriteFile. OpenFile liest eine INI-Datei ein und initialisiert die untergeordneten Objekte, in denen dann die Daten der INI-Datei gespeichert werden. Nach dem Ausführen dieser Methode ist also die INI-Datei geladen und kann manipuliert und später mit WriteFile gespeichert werden.

In Klassenmodulen kommt der Unterschied zwischen den Schlüsselwörtern Public und Private in den Prozedurköpfen zum Tragen. Nur Funktionen und Prozeduren, die Sie mit Public deklarieren, sind nach außen sichtbar und können als Methoden der Klasse aufgerufen werden. Mit Private deklarierte Prozeduren und Funktionen können nur von den Prozeduren und Funktionen der Klasse selbst aufgerufen werden. Sie sind somit nach außen nicht sichtbar.

Um die Datei zu öffnen, wird hier die Open-Anweisung von VBA verwendet und danach die Datei zeilenweise in einer Do-Loop-Schleife eingelesen. Die Anweisung Open strFileName For Input As #1 öffnet die Datei zum Lesen (For Input) und weist ihr die Dateinummer #1 zu. Über diese Dateinummer können Sie später die Datei auslesen und schließen.

Das zeilenweise Lesen erledigt die Input-Anweisung. Ihr erster Parameter gibt die Dateinummer an, aus der gelesen werden soll, und der zweite bestimmt die Variable, in der die gelesene Zeile gespeichert wird. Über die Dateinummer haben Sie anschließend Zugriff auf die Datei.

Wesentlich komfortabler ist zum Dateizugriff aber das File-SystemObject-Objekt. Um es nutzen zu können, ist jedoch ein Verweis auf die Microsoft-Scripting-Runtime-Bibliothek notwendig. Schneller und unkomplizierter einzusetzen ist die Klasse daher, wenn Sie die hier gezeigte Methode verwenden. Mehr zum Dateizugriff über das FileSystemObject-Objekt erfahren Sie in Kapitel 13 »Zugreifen auf das Dateisystem«.

```
Public Function OpenFile(strFileName) As String
    'Öffnet die INI-Datei und liest sie ein
    Dim lngErr As Long
    Dim strZeile As String
    Dim strWert As String
    Dim strName As String
    Dim lngPos As Long
    Dim objsect As clsINISection
    On Error GoTo Fehler
    Open strFileName For Input As #1
    strFile = strFileName
    'Einlesen der Datei
    ...
```

In der Schleife wird so Zeile für Zeile mit der Input-Anweisung die INI-Datei eingelesen, bis deren Ende erreicht wird. Das Ende der Datei ist erreicht, wenn die Funktion EOF den Wert True hat. Dieser Funktion müssen Sie die Dateinummer als Parameter übergeben, hier also 1.

Innerhalb der Schleife wird geprüft, ob es sich bei der Zeile um einen Abschnittstitel handelt. Das ist der Fall, wenn das erste Zeichen der Zeile eine öffnende eckige Klammer ([) ist. Ermitteln können Sie dies mit der Mid-Funktion. Sie gibt einen Teil aus einem String zurück, mit Mid(strZeile, 1, 1) wird das erste Zeichen zurückgegeben. strZeile ist die Variable mit dem Inhalt der Zeile. Sie wird als erster Parameter übergeben. Der zweite Parameter, hier 1, bestimmt, ab welchem Zeichen der Teilstring ermittelt werden soll. Da das erste Zeichen den Index 1 hat, wird somit der Stringanfang angegeben. Mit dem dritten Parameter legen Sie die Länge des zu ermittelnden Teilstrings fest. Um ein Zeichen zu ermitteln, also ebenfalls 1.

Handelt es sich bei der Zeile um einen Abschnittstitel, wird geprüft, ob die Variable objsect, die das aktuelle clsINISection-Objekt speichert, einen Wert ungleich Nothing hat. In diesem Fall handelt es sich nicht um den ersten Abschnitt und der vorherige muss somit gespeichert, das heißt an die Collection angehängt werden. Dazu wird die Add-Methode des Collection-Objekts verwendet. Anschließend wird in jedem Fall ein neues clsINISection-Objekt aus der Klasse erzeugt, das den gerade erreichten Abschnitt darstellt. Über dessen Comment-Eigenschaft wird das Kommentarzeichen für den Abschnitt eingestellt und mit Divider das Trennzeichnen.

Wichtig ist, dass nicht die Eigenschaften Comment und Divider des clsINIFile-Objekts, sondern die der clsINISection-Objekte gesetzt werden. Diese Klasse verfügt über Eigenschaften gleichen Namens, die auch die gleiche Bedeutung haben. Lediglich die Count-Eigenschaft gibt hier die Anzahl der Einträge und nicht die Anzahl der Abschnitte zurück.

Anschließend wird der Titel des Abschnitts mit der Mid-Funktion aus der Zeile ausgeschnitten und der Methode setTitle als Parameter übergeben. Die Len-Funktion gibt dabei die Länge der Zeile zurück. Sie wird benötigt, um den passenden Teilstring aus der Zeile unabhängig von der Länge des Abschnittstitels zu ermitteln.

```
...
    Do
        Input #1, strZeile
        If Mid(strZeile, 1, 1) = "[" Then
            If Not objsect Is Nothing Then
                colSection.Add objsect, _
                objsect.getTitle()
            End If
            Set objsect = New clsINISection
            objsect.Comment = strKommz
            objsect.Devider = strTrennz
            objsect.setTitle (Mid(strZeile, 2, _
            Len(strZeile) - 2))
...
```

Wenn in der gelesenen Zeile keine Abschnittsüberschrift gefunden wurde, aber das erste Zeichen das eingestellte Kommentarzeichen ist, das über die Eigenschaft Comment des Abschnitts zurückgegeben wird, wird die Zeile mit der AddComment-Methode in den Abschnitt eingefügt. Das Kommentarzeichen wird dabei jedoch nicht mit eingefügt. Handelt es sich auch nicht um einen Kommentar und ist die Zeile nicht leer, muss es sich folglich um einen Eintrag des Abschnitts handeln. In diesem Fall wird mithilfe der Mid-Funktion erst der Teil links vom Trennzeichen und dann der Wert rechts vom Trennzeichen ermittelt und in den Variablen strName und strWert gespeichert. Die beiden Zeichenketten werden dann mit der Add-NamedValue an das clsINISection-Objekt angefügt. Nach Abschluss der Schleife wird noch einmal der letzte Abschnitt an die Collection angehängt und anschließend die Datei mit Close geschlossen.

```
...
    ElseIf Mid(strZeile, 1, 1) = _
    objsect.Comment Then
```

```
           objsect.AddComment Mid(strZeile, 2)
       ElseIf strZeile <> "" Then
           lngPos = InStr(1, strZeile, _
           objsect.Devider)
           If lngPos >= 1 Then
               strName = Mid(strZeile, 1, lngPos - _
               1)
               strWert = Mid(strZeile, lngPos + 1)
               objsect.AddNamedValue strName, _
               strWert
           End If
       End If
       Loop Until EOF(1)
       If Not objsect Is Nothing Then
           colSection.Add objsect, objsect.getTitle
       End If
       Close #1
       Exit Function
   Fehler:
       If (Err.Number = 55) And (lngErr < 5) Then
           Close #1
           lngErr = lngErr + 1
           Resume
       End If
       OpenFile = Err.Description
   End Function
```

Die Methode WriteFile verfährt noch wesentlich einfacher, da das INISection-Objekt eine Methode zur Verfügung stellt, die den Code für den ganzen Abschnitt zurückgibt. In dieser Methode müssen also nur alle Objekte des Collection-Objekts durchlaufen, deren Inhalte zurückgegeben und in die Datei geschrieben werden. Bevor jedoch die Datei mit Open zum Schreiben geöffnet wird, überprüft die Funktion mithilfe der Dir-Funktion, ob die Datei bereits existiert. In diesem Fall gibt die Funktion einen Wert ungleich "" zurück. Sie wird nur dann überschrieben, wenn der optionale Parameter boolOverwrite fehlt oder den Wert True hat. Ansonsten gibt die Funktion den Text »Datei bereits vorhanden!« zurück.

```
Public Function WriteFile(Optional strFilename, _
Optional boolOverwrite) As String
'Öffnet die INI-Datei und liest sie ein
Dim lngErr As Long
Dim strZeile As String
Dim strWert As String
Dim strName As String
Dim lngPos As Long
Dim objsect As clsINISection
On Error GoTo Fehler
If Not IsMissing(strFilename) Then
    strFile = strFilename
End If
If Dir(strFile) <> "" Then
    If IsMissing(boolOverwrite) Then
        Open strFile For Output As #1
    ElseIf boolOverwrite = True Then
        Open strFile For Output As #1
    Else
        WriteFile = "Datei bereits vorhanden!"
        Exit Function
    End If
Else
    Open strFile For Output As #1
End If

'Ausgeben  der Datei
For Each objsect In colSection
    Print #1, objsect.getSectionContent()
Next objsect
'Datei schließen
Close #1
Exit Function
Fehler:
    If (Err.Number = 55) And (lngErr < 5) Then
        Close #1
        lngErr = lngErr + 1
        Resume
    End If
    WriteFile = Err.Description
End Function
```

Eigenschaften der Klasse definieren

Nach den wesentlichen Methoden soll nun beispielhaft auch die Deklaration der Eigenschaft Comment gezeigt werden. Die restlichen Prozeduren erstellen Sie dann einfach analog.

Um eine Eigenschaft zu definieren, fügen Sie Property-Prozeduren ein. Am einfachsten geht das über den Menübefehl *Einfügen / Prozedur*. Sie haben dann die Möglichkeit, die Art der Prozedur und deren Name einzustellen. Als Typ wählen Sie die Option *Property* aus, um eine *Property*-Prozedur zu erstellen.

Abbildung 6.12: Erstellen einer Eigenschaftsprozedur

Die IDE erzeugt dann zwei Prozeduren, die Sie benötigen, um eine Eigenschaft zu erstellen, die gelesen und geschrieben werden kann.

```
Public Property Get Comment() As Variant

End Property
```

```
Public Property Let Comment(ByVal vNewValue As _
    Variant)

End Property
```

VBA kennt allerdings drei verschiedene Arten von Property-Prozeduren. Die Property-Get-Prozeduren werden ausgeführt,
wenn der Wert der Eigenschaft aufgerufen wird. Wenn Sie also
irgendwie im Code die Eigenschaft Comment in einem Ausdruck
verwenden, wird diese Prozedur ausgeführt. Sie funktioniert dabei ganz ähnlich wie eine Funktion. Über den Rückgabewert der
Property-Prozedur wird der Wert der Eigenschaft an das aufrufende Programm zurückgegeben. Aus diesem Grund sollte der
Typ des Prozedur-Rückgabewertes auch dem Datentyp der
Eigenschaft entsprechen. Sie sollten die Prozedur dementspre-
chend wie folgt anpassen:

```
Public Property Get Comment() As String
    Comment = strKommz
End Property
```

Damit weisen Sie der Prozedur als Rückgabewert den Wert der
Variablen strKommz zu.

Die Property-Let-Prozedur wird ausgeführt, wenn der Eigenschaft ein neuer Wert zugewiesen wird. Existiert diese Prozedur
nicht, ist die Eigenschaft damit schreibgeschützt. Sie brauchen
für schreibgeschützte Eigenschaften also nur die erstellte Property-Let-Prozedur zu löschen.

Der neue Wert für die Eigenschaft wird der Prozedur über den
Parameter übergeben. Standardmäßig hat dieser den Typ Variant.
Auch das sollten Sie daher anpassen. Den Parameternamen können
Sie ebenfalls frei wählen, wenn Ihnen der vorgeschlagene Parame-
tername nicht gefällt. Ergänzen bzw. ändern Sie die Prozedur wie
folgt:

```
Public Property Let Comment(ByVal strZ As String)
    strKommz = strZ
End Property
```

Den neuen Wert für die Eigenschaft müssen Sie innerhalb der Prozedur der Variablen zuweisen, die den Wert für die Property-Get-
Prozedur liefert. Diese Variable, hier strKommz, müssen Sie außerdem auf Modulebene deklarieren. Genauso verfahren Sie mit den
Variablen, die die Werte der Eigenschaft FileName und Divider
speichern.

Die Eigenschaft Count, benötigt keine Variable. Sie gibt nur die
Anzahl der Elemente im Collection-Objekt zurück. Da sie schreibgeschützt ist, genügt es, wenn Sie in der Property-Get-Prozedur die
Count-Eigenschaft des Collection-Objekts als Rückgabewert festlegen.

```
Dim strFile As String
'Trennzeichen zwischen Name und Wert
Dim strTrennz As String
'Zeichen zur Einleitung eines Kommentars
Dim strKommz As String

Public Property Get FileName() As Variant
    FileName = strFile
End Property

Public Property Get Divider() As String
    Divider = strTrennz
End Property

Public Property Let Divider(ByVal strZ As String)
    strTrennz = strZ
End Property

Public Property Get Count() As String
    Comment = colSection.Count
End Property
```

Neben den beiden hier verwendeten Property-Prozeduren gibt es noch eine dritte: die Property-Set-Prozedur. Sie wird ausgeführt, wenn einer Eigenschaft ein Wert zugewiesen wird, die ein Objekt zurückgibt. Ähnlich wie beim Zuweisen von Objekten an Variablen wird dazu eben auch nicht die normale Zuweisung verwendet, sondern eine Property-Set-Prozedur, die intern den Wert über eine Set-Anweisung an die Eigenschaft übergibt. Innerhalb der Prozedur muss der Variablen natürlich auch mit der Set-Anweisung ein Wert zugewiesen werden. Um eine Property-Set-Prozedur zu erstellen, ersetzen Sie in der erzeugten Property-Let-Prozedur das Schlüsselwort Let durch Set.

Weitere Methoden und Prozeduren der Klassen

Bisher wurden nur zwei Methoden der Klasse im Detail erläutert. Selbstverständlich brauchen Sie aber schon noch ein paar mehr. Wichtig ist zunächst die Methode AddSection. Sie hängt einen neuen Eintrag an das Collection-Objekt an. Dazu wird die noch zu erstellende zweite Klasse instanziert, indem der Variablen objSect vom Typ clsINISection eine neue Instanz der Klasse zugewiesen wird, die mit New erzeugt wurde. Anschließend weist die Methode den Eigenschaften Comment und Divider die Werte der Variablen strKommz und strTennz zu. Durch Aufruf der Methode setTitle wird dann der Titel des Abschnitts gesetzt und anschließend der Titel noch an das Collection-Objekt angehängt, indem es an die Add-Methode übergeben wird. Zum Schluss wird der Rückgabewert der Methode auf eine leere Zeichenfolge gesetzt. Sollte beim Aufruf der Add-Methode ein Fehler auftreten, wird der Methode die Fehlerbeschreibung als Rückgabewert zugewiesen.

```
Public Function AddSection(strSectName As String) As String
    'Erzeugt eine neue Sektion und hängt sie an
    'die Auflistung an.
    'Tritt dabei ein Fehler auf, wird die
    'Fehlermeldung zurückgegeben.
    Dim objsect As clsINISection
    Set objsect = New clsINISection
```

```
    objsect.Comment = strKommz
    objsect.Divider = strTrennz
    objsect.setTitle strSectName
    On Error GoTo Fehler
    colSection.Add objsect, strSectName
    AddSection = ""
    Exit Function
Fehler:
    AddSection = Err.Description
End Function
```

Die Methode DeleteSetion löscht einen Eintrag aus dem Collection-Objekt und ruft dazu die Remove-Methode auf. Auch sie gibt die Fehlermeldung zurück, falls ein Fehler auftritt, ansonsten eine leere Zeichenfolge.

```
Public Function DeleteSection(strSectName As String) As
String
    'Löscht eine Sektion aus der Auflistung.
    'Tritt dabei ein Fehler auf, wird die
    'Fehlermeldung zurückgegeben.
    Dim objsect As clsINISection
    On Error GoTo Fehler
    colSection.Remove (strSectName)
    DeleteSection = ""
    Exit Function
Fehler:
    DeleteSection = Err.Description
End Function
```

Mit der Methode setValue können Sie einen Wert in ein clsIniSection-Objekt schreiben. Dazu wird zunächst über die Item-Auflistung ein bestimmtes Element aus dem Collection-Objekt zurückgegeben und der Variablen objsect zugewiesen. Anschließend wird der Wert über die Methode AddNamedValue des clsIniSection-Objekts gesetzt.

```
Public Function setValue(strSection As String, _
    strName As String, strValue As String)
    Dim objsect As clsINISection
    Set objsect = colSection.Item(strSection)
```

```
objsect.addNamedValue strName, strValue
Set objsect = Nothing
End Function
```

Analog dazu verfährt die Methode getValue und ruft einen Wert mit der Methode getValue des clsINISection-Objekts ab.

```
Public Function getValue(strSection As String, _
    strName As String) As String
    Dim objsect As clsINISection
    Set objsect = colSection.Item(strSection)
    getValue = objsect.getValue(strName)
    Set objsect = Nothing
End Function
```

Abschnitte in der clsINISection-Klasse verwalten

Der interessanteste Teil der beiden Klassen steckt jedoch im Klassenmodul der Klasse clsINISection. Die erstellen Sie einfach wieder wie die erste Klasse über *Einfügen / Klassenmodul* und geben dann den Namen im Eigenschaften-Fenster ein.

Jede Instanz dieser Klasse repräsentiert einen Abschnitt der INI-Datei, so dass innerhalb des Objekts nur die Daten eines Abschnitts verwaltet werden müssen. Um eine solche Klasse zu realisieren, ist zunächst die Frage zu klären, wie die Daten des Abschnitts überhaupt verwaltet werden sollen und welche Daten relevant sind. Da ein Abschnitt eine eindeutige Überschrift hat und es darunter keine bis unendlich viele Name=Wert-Kombinationen einschließlich Kommentaren geben kann, muss zunächst einmal eine Form für die Speicherung der Werte gefunden werden. Normale Variablen scheiden definitiv aus, weil Sie die Anzahl der Werte im Vorhinein nicht kennen. Es bleiben also genau zwei Möglichkeiten übrig, nämlich eine eigene Klasse, aus der dann für jedes Name=Wert-Paar ein Objekt erzeugt wird. Die Objekte könnten dann in der Klasse INISection wieder in einer Aufzählung verwaltet werden. Die zweite Möglichkeit wäre ein Array. Dieses hat den Vorteil, dass nicht noch eine dritte Klasse verwaltet werden muss und die Einträge dennoch leicht umsortiert werden können, wenn ein Eintrag gelöscht wird. Eine dritte Klasse wäre zudem etwas überdimensioniert, um zwei Zeichenketten und ein Trennzeichen zu verwalten. Das Beispiel verwendet daher ein Array. Zusätzlich werden der Titel des Abschnitts und die Anzahl der Einträge außer den Kommentarzeilen gespeichert. Damit dazu nicht zahlreiche Variablen deklariert werden müssen, kann auch ein benutzerdefinierter Datentyp mit der Type-Anweisung definiert werden. In diesem Fall besteht er aus den Teilen strTitel, lngAnzahl und arrWerte.

Daneben verwendet auch diese Klasse noch Variablen zur Speicherung des Kommentarzeichens und Trennzeichens und natürlich eine Variable des benutzerdefinierten Typs, über die die Daten des Objekts verwaltet werden. Diese Variablen werden wieder in der Initialize-Ereignisprozedur initialisiert.

```
Private Type section
    strTitel As String
    lngAnzahl As Long
    arrWerte() As String
End Type


'Trennzeichen zwischen Name und Wert
Dim strTrennz As String
'Zeichen zur Einleitung eines Kommentars
Dim strKommz As String
Dim TypSect As section

Private Sub Class_Initialize()
    TypSect.lngAnzahl = 0
    TypSect.strTitel = ""
    ReDim TypSect.arrWerte(1, 0)
    TypSect.arrWerte(0, 0) = ""
    TypSect.arrWerte(1, 0) = ""

    strTrennz = "="
    strKommz = ";"
End Sub


Private Sub Class_Terminate()
```

```
        Erase TypSect.arrWerte
    End Sub
```

Beim Initialisieren der Klasse müssen Sie natürlich dafür sorgen, dass das Array innerhalb der Struktur dimensioniert wird. Es speichert in zwei Spalten jeweils den Namen und den Wert des Eintrags und besteht aus beliebig vielen Zeilen, für jeden Eintrag und Kommentar eine. Daher wird hier mit der ReDim-Anweisung der maximale Index der ersten Dimension auf 1 und der der zweiten Dimension auf 0 festgelegt. Außerdem werden die Startwerte für die Elemente der Struktur definiert. Wichtig ist vor allem die Zuweisung der leeren Zeichenkette an das erste Element des Arrays. Hier wird nämlich der Name des ersten Wertes gespeichert. Damit festgestellt werden kann, ob das Array noch leer ist und damit der erste Eintrag überschrieben werden soll oder bereits ein Eintrag vorhanden ist, wird in der Methode AddNamedValue abgefragt, ob das Feld eine leere Zeichenfolge enthält.

Da Indizes standardmäßig mit Null beginnen, bedeutet dies, dass der höchste Spaltenindex der Wert 1 ist. Der Zeilenindex (hier die zweite Dimension) kann 0 sein, weil die benötigte Größe beim Hinzufügen und Löschen von Einträgen korrigiert wird.

Die Funktion AddNamedValue fügt dem Array einen neuen Eintrag hinzu. Dazu wird zunächst das vorhandene Array durchlaufen, um festzustellen, ob ein Eintrag mit dem als strName übergebenen Namen bereits vorhanden ist. Wird er gefunden, bekommt er einfach den neuen Wert. Wenn er nicht gefunden wird, erzeugt die Funktion einen neuen Eintrag. Dazu wird zunächst die Variable Typ-Sect.lngAnzahl erhöht und dann das Array neu dimensioniert, um Platz zu schaffen. Die Angabe des Schlüsselwortes Preserve bewirkt dabei, dass der Inhalt des Arrays erhalten bleibt. Anschließend werden die beiden Parameter der Funktion in das neu erzeugte Array-Element geschrieben. Damit ist der neue Eintrag erzeugt.

Um ein Element mit der Prozedur DeleteNamedValue zu löschen, wird zunächst in einer Schleife die Position im Array ermittelt. Anschließend wird geprüft, ob die erste Schleife bis zum Ende durchlaufen wurde, ohne den Eintrag zu finden. In diesem Fall wird die Funktion verlassen, da es den zu löschenden Eintrag nicht gibt. Wurde der Eintrag gefunden, werden nun in einer zweiten Schleife alle Einträge nach dem zu löschenden durchlaufen und jeweils in die vorherige Zeile des Arrays geschrieben. Dadurch wird der zu löschende Eintrag überschrieben und die letzte Zeile des Arrays kann problemlos mit der ReDim-Anweisung entfernt werden.

```
Public Function DeleteNamedValue(strName As String)
    Dim lngI As Long
    For lngI = 0 To UBound(TypSect.arrWerte, 2)
        If strName = TypSect.arrWerte(0, lngI) Then
            Exit For
        End If
    Next lngI
    If lngI > UBound(TypSect.arrWerte, 2) Then
        'Eintrag nicht gefunden
        Exit Function
    End If
    For lngJ = lngI + 1 To UBound(TypSect.arrWerte, _
        2)
        TypSect.arrWerte(0, lngJ - 1) = _
            TypSect.arrWerte(0, lngJ)
        TypSect.arrWerte(1, lngJ - 1) = _
            TypSect.arrWerte(1, lngJ)
    Next lngJ
    ReDim Preserve TypSect.arrWerte(1, _
        UBound(TypSect.arrWerte, 2) - 1)
    TypSect.lngAnzahl = TypSect.lngAnzahl - 1
End Function

Public Function AddNamedValue(strName As String, _
    strValue As String) As Boolean
    Dim lngI As Long
    For lngI = 0 To UBound(TypSect.arrWerte, 2)
        If strName = TypSect.arrWerte(0, lngI) Then
            AddNamedValue = False
```

```
            TypSect.arrWerte(1, lngI) = strValue
            Exit Function
        End If
    Next lngI
    If TypSect.arrWerte(0, lngI - 1) <> "" Then
        lngI = lngI + 1
    End If
    TypSect.lngAnzahl = lngI
    ReDim Preserve TypSect.arrWerte(1, lngI - 1)
    TypSect.arrWerte(0, lngI - 1) = strName
    TypSect.arrWerte(1, lngI - 1) = strValue
    AddNamedValue = True
End Function
```

Interessant ist natürlich auch noch die Methode getSection-Content, die den Inhalt des Objekts in Textform wiedergibt. Sie stellt den Titel und die Einträge in der Form zusammen, in der sie für die Ausgabe benötigt werden. Dazu werden der Titel in eckige Klammern eingefasst und Namen und Werte durch das entsprechende Trennzeichen ergänzt.

```
Public Function getSectionContent() As String
    Dim lngI As Long
    getSectionContent = "[" & TypSect.strTitel & _
        "]" & vbCrLf
    For lngI = 0 To UBound(TypSect.arrWerte, 2)
        If TypSect.arrWerte(0, lngI) <> "" Then
            If TypSect.arrWerte(0, lngI) = strKommz _
            Then
                getSectionContent = _
                getSectionContent & _
                TypSect.arrWerte(0, lngI) & _
                TypSect.arrWerte(1, lngI) & vbCrLf
            Else
                getSectionContent = _
                getSectionContent & _
                TypSect.arrWerte(0, lngI) & _
                strTrennz & TypSect.arrWerte(1, _
                lngI) & vbCrLf
            End If
```

```
        End If
    Next lngI
End Function
```

Die Methode setTitle setzt den Titel eines Abschnitts und die Methode getTitle gibt ihn zurück.

```
Public Sub setTitle(strTitel)
    TypSect.strTitel = strTitel
End Sub

Public Function getTitle() As String
    getTitle = TypSect.strTitel
End Function
```

Die Methode AddComment fügt einen Kommentar in einen Abschnitt ein. Dazu wird wieder geprüft, ob es noch ein leeres Arrayfeld gibt. Wenn nicht, wird das Array des benutzerdefinierten Typs vergrößert. Anschließend wird in das erste Feld der neuen Arrayzeile das Kommentarzeichen, in das zweite der Kommentar geschrieben.

```
Public Function AddComment(strValue As String)
    'Fügt an die Sektion einen Kommentar an.
    Dim lngI As Long
    lngI = TypSect.lngAnzahl - 1
    If lngI = -1 Then lngI = 0
    If TypSect.arrWerte(0, lngI) <> "" Then
        lngI = lngI + 1
    Else
        lngI = 0
    End If
    'TypSect.lngAnzahl = lngI + 1
    ReDim Preserve TypSect.arrWerte(1, lngI)
    TypSect.arrWerte(0, lngI) = strKommz
    TypSect.arrWerte(1, lngI) = strValue
End Function
```

Mit der Methode getValue wird ein Wert aus einem Abschnitt zurückgegeben. Dazu wird der Name des Wert als Parameter übergeben. Dazu wird das Array im benutzerdefinierten Typ durchlaufen und es wird geprüft, ob der Wert in der ersten Spalte dem als Parameter übergebenen Namen entspricht. Ist der Name gefunden, wird der Wert in der zweiten Spalte als Rückgabewert festgelegt.

```
Public Function getValue(strName As String, _
    Optional strDefault As Variant) As String
    Dim lngI As Long
    For lngI = 0 To UBound(TypSect.arrWerte, 2)
        If strName = TypSect.arrWerte(0, lngI) Then
            getValue = TypSect.arrWerte(1, lngI)
            Exit For
        End If
    Next lngI
    If getValue = "" Then
        If IsMissing(strDefault) Then
            getValue = Empty
        Else
            getValue = strDefault
        End If
    End If
End Function
```

Die Eigenschaften Divider, Comment und Count definieren Sie wieder wie in der ersten Klasse, nur dass Sie hier in der Eigenschaft Count nicht die Count-Eigenschaft einer Collection, sondern den Wert lngAnzahl aus der Struktur zurückgeben.

```
Public Property Get Divider() As String
    Divider = strTrennz
End Property

Public Property Let Divider(ByVal strZ As String)
    strTrennz = strZ
End Property

Public Property Get Comment() As String
    Comment = strKommz
End Property

Public Property Let Comment(ByVal strZ As String)
    strKommz = strZ
End Property
```

```
Public Property Get Count() As Variant
    Count = TypSect.lngAnzahl
End Property
```

Ereignisse definieren

Ereignisse können Sie natürlich ebenfalls für Ihre Klasse definieren. Dazu müssen Sie lediglich auf Modulebene des Klassenmoduls ein Event (Ereignis) deklarieren und im Code der Klasse zu einem bestimmten Zeitpunkt aufrufen. Zur Demonstration soll für die Klasse clsINIFile ein Ereignis definiert werden, das eintritt, wenn die INI-Datei vollständig gelesen wurde.

Das Event soll eintreten, wenn die mit der OpenFile-Funktion eingelesene Datei vollständig gelesen und geschlossen wurde. Als Parameter soll es den Namen der INI-Datei übergeben bekommen. Sinnvoll ist natürlich auch bei Ereignissen ein aussagekräftiger Name. Das nachfolgend erstellte Ereignis soll AfterRead heißen.

Um das Ereignis zu definieren und damit der Klasse zuzuweisen, fügen Sie am Anfang des Klassenmoduls folgende Anweisung ein:

Public Event AfterRead(ByVal strFilename As String)

Diese Anweisung definiert mit Public Event ein nach außen sichtbares Ereignis mit dem Namen AfterRead. In Klammern folgt dann wie bei Prozeduren der oder die Parameter.

Damit haben Sie aber nur definiert, dass es dieses Ereignis gibt. Nun müssen Sie auch noch festlegen, wann es eintritt, indem Sie es aufrufen. Dazu ergänzen Sie nach der Anweisung Close #1 in der Funktion OpenFile die Zeile

```
RaiseEvent AfterRead(strFilename)
```

Mit der RaiseEvent-Anweisung bestimmen Sie, dass ein Ereignis ausgelöst wird. Danach geben Sie den Namen des Ereignisses an, den IntelliSense aber auch zur Auswahl anbietet. Hat das Ereignis wie in unserem Fall Parameter, folgen diese anschließend in Klammern.

Im Beispiel wird der Name der gelesenen INI-Datei an das Event übergeben, das bereits als Parameter strFilename an die Prozedur übergeben wurde.

Eigene Klassen instanzieren

Um die Klasse verwenden zu können, müssen Sie die beiden Klassendateien in das VBA-Projekt importieren, in dem Sie sie einsetzen möchten. In Office XP und höher wählen Sie dazu in der IDE *Datei / Importieren* aus. Sie können dann nacheinander beide Klassenmodule importieren.

Zum Testen der Klasse in dem Projekt, in dem Sie sie erstellt haben, müssen Sie die Module natürlich nicht erst importieren, da sie ja schon vorhanden sind. Der Import ist nur notwendig, wenn Sie später die fertige Klasse in anderen Projekten einsetzen möchten. Dazu müssen Sie nach Abschluss des nachfolgenden Tests aber die Klassenmodule exportieren. Zu diesem Zweck markieren Sie nacheinander die Module im Projekt-Explorer und wählen dann *Datei / Exportieren* aus.

Zur Verwendung der Klasse wird nun noch in normales Modul benötigt, das Sie über *Einfügen / Modul* erzeugen können. Sie können die Klasse aber natürlich auch in anderen Klassenmodulen testen oder im Klassenmodul einer UserForm.

Auch die Module einer UserForm, einer Excel-Tabelle oder eines Word-Dokuments sind Klassenmodule und können wie hier gezeigt um Prozeduren und Eigenschaften erweitert werden. Lediglich die Instanzierung entfällt hier, weil die Instanz existiert, sobald die Excel- oder Word-Datei geöffnet oder die UserForm ausgeführt wird.

Objekte aus der Klasse erzeugen

Das A und O bei der Verwendung von Klassen ist die korrekte Instanzierung und Terminierung. Sie müssen also nicht nur Objekte aus der Klasse erzeugen, bevor Sie sie verwenden, sondern sollten unbedingt auch sicherstellen, dass nicht benötigte Instanzen dieser Klassen wieder entfernt werden.

Innerhalb der Klassen erledigen diese das selbst. Beispielsweise wird beim Entfernen eines Abschnitts aus der INI-Datei mithilfe der Methode DeleteSection das entsprechende Element aus der Auflistung entfernt. Damit wird automatisch der letzte Verweis auf das Objekt gelöscht, was bewirkt, dass das Objekt aus dem Speicher entfernt wird.

Um eine Klasse effizient und optimal verwenden zu können, ist es äußerst wichtig zu wissen, wann ein Objekt instanziert, initialisiert und terminiert wird. Sehr leicht lässt sich das ausprobieren, wenn Sie in das Terminate-Ereignis und das Initialize-Ereignis eine Ausgabe einfügen.

Der Lebenszyklus eines Objekts hat folgende Phasen:

1. Instanzierung
2. Initialisierung
3. Terminierung

Die Instanzierung erfolgt, wenn das Objekt aus der Klasse abgeleitet wird, also wenn CreateObject aufgerufen oder das Schlüsselwort New verwendet wird. Die Initialisierung findet dann bei der ersten Verwendung der Klasse statt, also wenn die erste Eigenschaft verwendet oder eine Methode aufgerufen wird.

Details zu CreateObject und GetObject erläutert das Kapitel 19 »Programmübergreifend programmieren«.

Das Objekt bleibt erhalten, bis es zerstört, also terminiert wird. Das passiert automatisch dann, wenn es keinen gültigen Verweis mehr auf das Objekt gibt. Speichern mehrere Objektvariablen einen Verweis auf das Objekt, wird es aus dem Speicher entfernt, wenn der Gültigkeitsbereich der letzten Objektvariablen verlassen wird oder die letzte verweisende Objektvariable auf den Wert Nothing gesetzt wird. Verweisen also mehrere Variablen auf dasselbe Objekt, müssen Sie alle auf Nothing setzen, um das Objekt aus dem Speicher zu entfernen.

Wichtig ist also auf jeden Fall, sicherzustellen, dass ein einmal instanziertes Objekt auch wieder aus dem Speicher entfernt wird. Das geht am einfachsten, wenn Sie sich angewöhnen, immer gleich nach der Dim-Anweisung zur Instanzierung der Klasse auch die entsprechende Anweisung am Prozedurende einzufügen, die die Objektvariablen wieder auf Nothing zurücksetzt. Optimal ist eine Prozedur, die vor dem Einfügen zusätzlicher Anweisungen wie folgt lautet:

```
Sub NeueIniDatei()
    Dim objINI As clsINIFile
    Set objINI = New clsINIFile

    Set objINI = Nothing
End Sub
```

Den Beispielcode finden Sie im Modul *Klassentest* der Datei *K06.xls*.

Eine neue INI-Dateien erzeugen

Wenn Sie INI-Dateien verwenden möchten, um Programmeinstellungen zu speichern, ist es in der Regel erforderlich, dass Sie eine neue INI-Datei anlegen. Das soll das erste Beispiel zeigen. Die Prozedur NeueIniDatei erzeugt eine INI-Datei, bestehend aus zwei Abschnitten. Das Ergebnis sieht wie folgt aus:

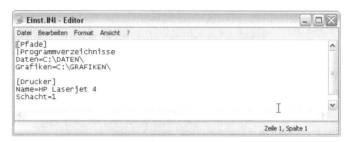

Abbildung 6.13: Die erstellte INI-Datei

Der Code, der diese Datei erzeugt, sieht dann wie folgt aus:

```
Sub NeueIniDatei()
    Dim objINI As clsINIFile
    Set objINI = New clsINIFile
    With objINI
        .Comment = "|"
        .Divider = "="
        .AddSection "Pfade"
        .SetValue "Pfade", .Comment, _
            "Programmverzeichnisse"
        .SetValue "Pfade", "Daten", "C:\DATEN\"
        .SetValue "Pfade", "Grafiken", "C:\GRAFIKEN\"
        .AddSection "Drucker"
        .SetValue "Drucker", "Name", "HP Laserjet 4"
        .SetValue "Drucker", "Schacht", "1"
        Debug.Print .WriteFile(ThisWorkbook.Path & _
            "\Einst.INI")
    End With
    Set objINI = Nothing
End Sub
```

Zunächst erzeugen Sie mit dem Schlüsselwort `New` das `clsINIFile`-
Objekt und setzen dann die Eigenschaften `Comment` und `Divider`.
Um zu prüfen, ob die Eigenschaften auch korrekt funktionieren,
legen Sie das Zeichen »|« für einleitende Kommentare und das
Zeichen »=« als Trennzeichen fest. Die Abschnitte der INI-Datei
werden mit der `AddSection`-Methode erzeugt. Danach fügen Sie

über die setValue-Methode einen Wert zum Abschnitt hinzu. Der erste Wert im ersten Abschnitt ist ein Kommentar. Als Name des Wertes wird daher das Kommentarzeichen übergeben, das über die Comment-Eigenschaft abgefragt wird.

Der WriteFile-Methode übergeben Sie am Ende den Namen der INI-Datei einschließlich Pfad und geben deren Rückgabewert im Testfenster aus. Der Rückgabewert ist eine Fehlermeldung, falls ein Fehler aufgetreten ist.

Eine INI-Datei einlesen und Werte auslesen

Sie können natürlich auch eine bereits vorhandene INI-Datei einlesen und bearbeiten. Nachdem Sie mit obiger Prozedur die Datei erstellt haben, könnten Sie diese später öffnen und beispielsweise den Druckerschacht ändern. Dazu könnten Sie folgende Prozedur verwenden:

```
Sub INIDateiBearbeiten()
    Dim objINI As clsINIFile
    Set objINI = New clsINIFile
    objINI.Comment = "|"
    objINI.OpenFile ThisWorkbook.Path & "\Einst.INI"
    objINI.setValue "Drucker", "Schacht", "2"
    objINI.WriteFile
    Set objINI = Nothing
End Sub
```

Wichtig ist dabei vor allem, dass Sie das Kommentar- und das Trennzeichen setzen, bevor Sie die OpenFile-Methode verwenden. Nur dann, wenn die definierten Zeichen den tatsächlich in der Datei verwendeten Trennzeichen entsprechen, werden die Kommentare auch als solche erkannt und eingelesen. Nur wenn Sie die Standardzeichen – ; und = – verwenden, müssen Sie die Eigenschaften nicht setzen.

Weitere Möglichkeiten zur Verwendung der Klasse

Obwohl die Klasse nicht sonderlich komplex ist, bietet Sie doch sehr viele Möglichkeiten. Sie können beispielsweise eine INI-Datei mit `OpenFile` öffnen und dann Änderungen an der Datei unter einem anderen Namen oder Pfad speichern, indem Sie der `WriteFile`-Methode einfach einen anderen Dateinamen übergeben. Außerdem muss der Inhalt der Klasse natürlich nicht zwangsläufig in eine Datei geschrieben werden. Stattdessen ist es auch denkbar, dass einfach mehrere Programmteile die Klasse als temporären Speicher benutzen, in dem Daten übertragen werden. Dazu wird eine neue Klasse erzeugt, die Daten werden über `AddSection` und `setValue` hineingeschrieben und mit `getValue` ausgelesen. Das Einzige, was dann zwischen den Anwendungsteilen übergeben werden muss, ist die Objektvariable, die auf die Instanz der Klasse zeigt. Über sie können alle Anwendungen problemlos auf die Daten zugreifen.

Zudem bietet diese Methode Schutz vor unberechtigten Zugriffen auf die Daten, weil sie nur zur Laufzeit der Anwendung existieren und so nicht durch den Benutzer manipuliert werden können. Eine permanente Speicherung solcher Einstellungen ist dann allerdings nicht möglich.

Ereignisse nutzen

Wenn Sie ein Ereignis einer benutzerdefinierten Klasse nutzen möchten, benötigen Sie dazu auf jeden Fall ein weiteres Klassenmodul. Im nachfolgenden Beispiel heißt es `INIFileEvents`. In diesem Klassenmodul definieren Sie auf Modulebene eine Objektvariable mit der `WithEvents`-Anweisung mit dem Typ der Klasse, die das Ereignis definiert.

Die `WithEvents`-Anweisung können Sie erst ab VBA 6.0 nutzen. In den Mac-Versionen von Office sowie in Office 97 und früher funktioniert der Code daher nicht.

In unserem Fall muss die Zeile also lauten:

```
Public WithEvents objINIFile As clsINIFile
```

Damit teilen Sie der IDE und dem Compiler mit, dass über die Objektvariable objINIFile der Klasse clsINIFile die Ereignisse der Klasse genutzt werden können.

Sie müssen jetzt aber noch dafür sorgen, dass die Objektvariable auch initialisiert wird. Dazu erstellen Sie eine Ereignisprozedur für die Klasse, und zwar für das Initialize-Ereignis. Diese ergänzen Sie dann wie folgt:

```
Private Sub Class_Initialize()
    Set objINIFile = objINI
End Sub
```

Anschließend können Sie über die Objektauswahlliste des Modulfensters die Variable auswählen und dann in der rechten Liste deren Ereignisse auswählen, um eine Ereignisprozedur zu erstellen.

Abbildung 6.14: Auswählen der Objektvariablen aus der Objektliste

Aus der Ereignisliste können Sie nun das definierte Ereignis der Klasse clsINIFile auswählen.

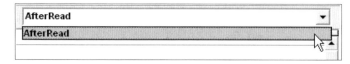

Abbildung 6.15: Auswählen des Ereignisses

In der Ereignisprozedur können Sie schließlich die gewünschten Anweisungen unterbringen, beispielsweise eine Ausgabe im Testfenster.

Sie sollten dabei bedenken, dass die Ereignisprozedur objINIFile_AfterRead nur für die aktuelle Instanz der clsINI-File-Klasse ausgeführt wird, die beim Ausführen der Class_Initialize-Prozedur der Objektvariablen objINIFile zugewiesen wird. Wenn Sie später die Instanz zerstören und eine neue erzeugen, tritt für diese zwar das Ereignis ein, die Ereignisprozedur wird jedoch nicht ausgeführt.

```
Private Sub objINIFile_AfterRead(ByVal strFilename _
    As String)
    Debug.Print "Lesen vollständig: " & strFilename
End Sub
```

Auf Modulebene des Moduls, mit dem Sie die Klasse verwenden, müssen Sie jetzt noch eine öffentliche Variable objINI deklarieren und eine Prozedur erstellen, die diese Variable initialisiert, die Klasse INIFileEvents initialisiert und dann die Prozedur INIDateiBearbeiten ausführt.

Da die bisherige Version der Prozedur auch eine Variable objINI deklariert und dieser eine neue Instanz der Klasse zuweist, ist das eine sehr gemeine Fehlerquelle. Dadurch würde nämlich, wie oben erläutert, die Ereignisprozedur nicht ausgeführt, auch wenn das Ereignis eintritt. Sie sollten deshalb die Variablendeklaration aus der Prozedur löschen und anschließend mit einer If-Anweisung sicherstellen, dass der Variablen nur dann eine neue Instanz zugewiesen wird, wenn sie den Wert Nothing hat. Dazu sind die Änderungen notwendig, die im nachfolgenden Listing fett gedruckt sind.

```
Public objINI As clsINIFile
```

```
Sub Events() ' ZUM TESTEN DER EREIGNISPROZEDUR
    Dim objEvents As INIFileEvents
    Set objINI = New clsINIFile
    Set objEvents = New INIFileEvents
    INIDateiBearbeiten
    Set objINI = Nothing
    Set objEvents = Nothing
End Sub

Sub INIDateiBearbeiten()
    'Dim objINI As clsINIFile
    'Set objINI = New clsINIFile
    If objINI Is Nothing Then
        Set objINI = New clsINIFile
    End If
    objINI.Comment = "|"
    objINI.OpenFile ThisWorkbook.Path & "\Einst.INI"
    objINI.setValue "Drucker", "Schacht", "2"
    objINI.WriteFile
    Set objINI = Nothing
End Sub
```

7 Code automatisch ausführen

Bisher haben Sie nur Code kennen gelernt, den Sie über das Menü der Entwicklungsumgebung oder über ⸤F5⸥ ausführen mussten. Das ist natürlich nicht der Normalfall. Auch bei VBA-Anwendungen können Sie den Code so gestalten, dass er beispielsweise beim Öffnen einer Arbeitsmappe, Word-Datei oder Access-Datenbank ausgeführt wird. Alternativ können Sie ihn abhängig von bestimmten anderen Ereignissen ausführen lassen. Wie das im Detail funktioniert und welche Möglichkeiten Sie diesbezüglich in den einzelnen Office-Anwendungen haben, darum geht es in diesem Kapitel.

Code beim Öffnen und Schließen von Dateien ausführen

Wenn Sie eine VBA-Anwendung erstellen möchten, die auch von Benutzern bedient werden können soll, die eher weniger PC-Ahnung haben, müssen Sie dafür sorgen, dass die Benutzeroberfläche Ihrer Anwendung automatisch beim Öffnen der Datei geladen wird. Das kann eine spezielle Menüleiste oder Symbolleiste oder auch eine UserForm sein. In Excel-Arbeitsmappen ist es auch denkbar, ein bestimmtes Tabellenblatt zu aktivieren, über das der Benutzer die Anwendung bedienen kann.

Anders als bei Anwendungen, die aus EXE-Dateien bestehen, vollzieht sich bei VBA-Anwendungen der Start der Anwendung in zwei Schritten:

✔ Die Office-Anwendung, in der die VBA-Anwendung ausgeführt wird, wird gestartet.

✔ Die VBA-Anwendung wird in Form einer Arbeitsmappe, eines Word-Dokuments, einer Word-Vorlage, einer Access-Datenbank, einer PowerPoint-Präsentation oder eines Outlook-VBA-Projekts gestartet.

Sie müssen also eine Möglichkeit finden, die Benutzeroberfläche für die Anwendung zu starten. Dazu bietet es sich an, bestimmte Ereignisse zu nutzen, die eintreten, wenn die Office-Anwendung gestartet oder die VBA-Anwendung geladen wird. Je nach Office-Anwendung, in der Sie entwickeln, gibt es dafür unterschiedliche Methoden, die in der folgenden Tabelle aufgeführt sind:

Anwendung	Code ausführen beim Starten	Code ausführen beim Beenden
Outlook	Ereignisprozedur für das Startup-Ereignis des `Application`-Objekts	Ereignisprozedur für das `Quit`-Ereignis des `Application`-Objekts
FrontPage	Nur über selbstdefinierte COM-Add-Ins	
PowerPoint-Add-In	`Auto_Open`-Prozedur	`Auto_Close`-Prozedur
PowerPoint-Datei	Ereignisprozedur für das Ereignis `Presentation-Open` des `Application`-Objekts. Dazu ist eine Klasse mit `WithEvents` erforderlich.	Ereignisprozedur für das Ereignis `Presentation-Close` des `Application`-Objekts. Dazu ist eine Klasse mit `WithEvents` erforderlich.
Word-Dokument	Ereignisprozedur für das `Open`-Ereignis des `Document`-Objekts	Ereignisprozedur für das `Close`-Ereignis des `Document`-Objekts
Word-Vorlage	Ereignisprozedur für das `New`-Ereignis des `Document`-Objekts	Ereignisprozedur für das `Close`-Ereignis des `Document`-Objekts
Excel-Arbeitsmappe	Ereignisprozedur für das `Open`-Ereignis des `Workbook`-Objekts	Ereignisprozedur für das `BeforeClose`-Ereignis des `Workbook`-Objektes
Excel-Vorlage	Ereignisprozedur für das `Open`-Ereignis des `Workbook`-Objekts	Ereignisprozedur für das `BeforeClose`-Ereignis des `Workbook`-Objekts

Anwendung	Code ausführen beim Starten	Code ausführen beim Beenden
Access	AutoExec-Makro, das eine VBA-Funktion aufruft oder eine Ereignisprozedur für das Load-Ereignis eines Formulars, das über die Startoptionen als Startformular festgelegt ist. Bestimmte Einstellungen zur Benutzeroberfläche können außerdem über die Startoptionen bestimmt werden.	Ereignisprozedur für das Unload-Ereignis eines Formulars. Das setzt jedoch voraus, dass Sie dafür sorgen, dass das Formular vom Benutzer nicht geschlossen werden kann, also so lange geöffnet ist, bis die Datenbank geschlossen wird.

Tabelle 7.1: Code beim Starten bzw. beim Beenden von Anwendungen ausführen

In Excel können Sie auch die aus der Version 97 bekannten Prozeduren Auto_Open und Auto_Close definieren, um zu bestimmen, welcher Code ausgeführt werden soll, wenn die Arbeitsmappe geöffnet und geschlossen wird. Sie werden jedoch nicht ausgeführt, wenn die Arbeitsmappe über VBA-Anweisungen oder benutzerdefinierte Schaltflächen geschlossen wird, in diesem Fall könnten Sie die Prozeduren jedoch auch manuell ausführen. Besser ist jedoch, Sie verwenden Ereignisprozeduren. In PowerPoint können Sie nur Code automatisch beim Laden von PowerPoint ausführen, wenn Sie die Präsentation mit *Datei / Speichern unter* als PowerPoint-Add-In-Datei speichern und über den Add-In-Manager laden. In diesem Fall erstellen Sie auch hier Auto_Open und Auto_Close-Prozeduren.

Die Alternative zu Auto-Prozeduren sind Ereignisprozeduren, die Sie im Abschnitt »Code abhängig von Ereignissen ausführen« weiter hinten in diesem Kapitel kennen lernen werden.

Auto_Open- und Auto_Close-Prozeduren

`Auto_Open` und `Auto_Close`-Prozeduren funktionieren in Excel und PowerPoint und führen Code automatisch aus, wenn eine Excel-Arbeitsmappe, ein Excel-Add-In oder ein PowerPoint-Add-In geöffnet (`Auto_Open`) bzw. geschlossen (`Auto_Close`) wird.

Es handelt sich dabei im Prinzip im ganz normale Prozeduren, die Sie in einem Standardmodul speichern. Wichtig dabei ist Folgendes:

✔ In einer Excel-Arbeitsmappe bzw. PowerPoint-Datei, darf es nur je eine `Auto_Open`- und `Auto_Close`-Prozedur geben.

✔ Sie müssen die Prozedur immer ohne Parameter erstellen.

✔ Bei der Namensvergabe müssen Sie auf korrekte Groß- und Kleinschreibung achten. Wie das Modul heißt, in dem Sie die Prozeduren speichern, spielt allerdings keine Rolle.

Auto-Prozeduren in Excel erstellen

Wenn Sie für eine Excel-Arbeitsmappe oder ein Excel-Add-In solche Auto-Prozeduren erstellen möchten, gehen Sie folgendermaßen vor:

✔ Öffnen oder erstellen Sie die Arbeitsmappe, in der Sie die Prozeduren einfügen möchten, und wechseln Sie dann mit Alt + F11 in die Entwicklungsumgebung.

✔ Öffnen Sie ein Standardmodul oder fügen Sie eines mit *Einfügen / Modul* ein.

✔ Fügen Sie in das Modul die Prozeduren im folgenden Listing ein und füllen Sie die Prozeduren mit den gewünschten Befehlen. Die Prozeduren im Listing erzeugen lediglich eine Meldung, an der Sie erkennen können, dass die Prozeduren ausgeführt wurden.

```
Sub Auto_Open()
```

```
    MsgBox "Arbeitsmappe geöffnet!"
End Sub

Sub Auto_Close()
    MsgBox "Arbeitsmappe wird geschlossen!"
End Sub
```

Abbildung 7.1: Erzeugte Meldung der Auto_Open-Prozedur

Wenn Sie die Arbeitsmappe nun speichern und schließen, wird automatisch die Auto_Close-Prozedur ausgeführt, beim nächsten Öffnen dann die Auto_Open-Prozedur.

Auto-Prozeduren für PowerPoint

Bei PowerPoint gehen Sie ganz ähnlich vor, nur müssen Sie hier noch darauf achten, dass Sie auch den Makrovirenschutz entsprechend einstellen, da PowerPoint nicht automatisch die gleichen Einstellungen wie Excel verwendet.

Um den Makrovirenschutz einzustellen, gehen Sie wie folgt vor:

✔ Starten Sie PowerPoint.

✔ Wählen Sie *Extras / Makro / Sicherheit* aus.

✔ Aktivieren Sie die Option *Mittel* oder die Option *Niedrig*.

✔ Schließen Sie das Dialogfeld mit *OK*.

Abbildung 7.2: Makrovirenschutz einstellen

Nun können Sie den Code erstellen.

✔ Öffnen oder erstellen Sie die PowerPoint-Präsentation, in der Sie die Prozeduren einfügen möchten, und wechseln Sie dann mit ⌊Alt⌋ + ⌊F11⌋ in die Entwicklungsumgebung.

✔ Öffnen Sie ein Standardmodul oder fügen Sie eines mit *Einfügen / Modul* ein.

✔ Fügen Sie in das Modul die Prozeduren im folgenden Listing ein und füllen Sie die Prozeduren mit den gewünschten Befehlen. Die Prozeduren im Listing erzeugen lediglich eine Meldung, an der Sie erkennen können, dass die Prozeduren ausgeführt wurden.

```
Sub Auto_Open()
    MsgBox "Präsentation geöffnet!"
End Sub

Sub Auto_Close()
```

```
        MsgBox "Präsentation wird geschlossen!"
End Sub
```

✔ Speichern Sie die Präsentation nun als PowerPoint-Add-In ab. Nur dann wird der Code auch ausgeführt. Wählen Sie dazu *Datei / Speichern unter* aus.

✔ Wählen Sie als Dateityp den Eintrag *PowerPoint-Add-In (*.ppa)* aus.

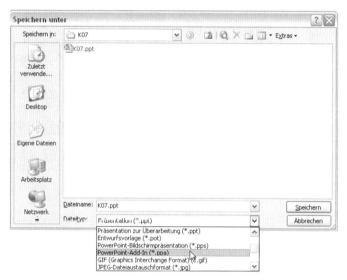

Abbildung 7.3: Auswählen des Dateityps für Add-Ins

✔ Wählen Sie nun das Verzeichnis aus, in dem Sie das Add-In speichern möchten. PowerPoint schlägt automatisch sein Add-In-Verzeichnis vor, Sie können jedoch auch jedes andere Verzeichnis verwenden.

✔ Klicken Sie auf *Speichern*.

✔ Schließen Sie dann die Datei mit *Datei / Schließen*.

Das Add-In wurde nun als Kopie erstellt. Das Original, die PPT-Datei, sollten Sie aber dennoch aufbewahren, da das Add-In den VBA-Code nur in kompiliertem Zustand enthält. Sie können den Code daher nicht mehr in der Add-In-Datei bearbeiten, sondern müssen ihn in der Originaldatei bearbeiten und diese erneut als Add-In speichern. Mehr zu Add-Ins finden Sie in Kapitel 15 »Add-Ins und globale Vorlagen«.

Damit haben Sie zwar das Add-In erstellt, damit der Code aber ausgeführt wird, müssen Sie das Add-In laden bzw. entladen. Generell gilt, dass Add-Ins, die Sie einmal aktiviert haben, automatisch geladen werden, wenn Sie PowerPoint starten. Entladen werden Add-Ins, wenn Sie sie explizit über den Add-In-Manager entladen oder PowerPoint schließen. In beiden Fällen wird also die Auto_Close-Prozedur ausgeführt. Wenn Sie das Add-In aktivieren möchten, laden Sie es über den Add-In-Manager. Gehen Sie dazu folgendermaßen vor:

✔ Wählen Sie den Menübefehl aus dem Menü *Extras / Add-Ins*.

✔ Klicken Sie auf *Neu hinzufügen*.

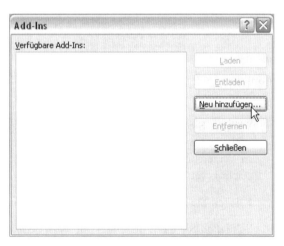

Abbildung 7.4: Hinzufügen eines Add-Ins

✓ Wählen Sie nun die PPA-Datei aus, die Sie eben erzeugt haben.

✓ Wenn Sie die Makrosicherheit auf *Mittel* gesetzt haben, werden Sie nun gefragt, ob Makros ausgeführt werden sollen; bestätigen Sie das.

✓ PowerPoint führt nun das Auto_Open-Makro aus und zeigt das Add-In im Add-In-Manager an. Das Add-In ist geladen und wird auch beim Start von PowerPoint geladen, so lange das Kontrollkästchen des Add-Ins aktiviert ist.

✓ Klicken Sie auf *Schließen*, um den Add-In-Manager zu beenden.

Wenn Sie das Add-In entladen und damit auch für die Zukunft deaktivieren möchte, geht das ebenfalls über den Add-In-Manager.

✓ Wählen Sie wieder *Extras / Add-Ins* aus.

✓ Klicken Sie den Eintrag des Add-Ins an, so dass er markiert wird, und klicken Sie dann auf *Entladen*. Alternativ können Sie auch das Kontrollkästchen des Eintrags deaktivieren.

✓ Schließen Sie den Add-In-Manager mit *Schließen*.

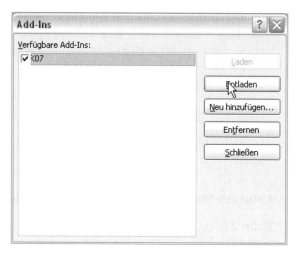

Abbildung 7.5: Entladen eines Add-Ins

Spezialfall Access-Datenbanken

In Access gibt es keine Auto-Prozeduren. Die einzige Möglichkeit, Code beim Öffnen und Schließen einer Datenbank auszuführen, ist ein AutoExec-Makro sowie ein paar Klimmzüge mit Formularen, die dafür sorgen, dass Code beim Schließen der Datenbank ausgeführt werden kann. Wenn Sie Code beim Öffnen einer Datenbank ausführen möchten, gibt es dazu im Prinzip zwei Möglichkeiten:

☑ Sie erstellen ein AutoExec-Makro, mit dem Sie wiederum eine VBA-Funktion ausführen.

☑ Sie erstellen ein Formular, legen dieses als Startformular fest und führen Code beim Laden des Formulars aus. In diesem Fall müssen Sie aber auch dafür sorgen, dass der Benutzer das Formular nicht schließen und neu öffnen kann, dann würde der Code natürlich auch beim zweiten Öffnen des Formulars ausgeführt werden.

Access-Makros werden nicht mit VBA, sondern mit der VBA-Makrosprache erstellt. Diese Sprache ist ganz ähnlich der Excel-Makrosprache, die bis Excel 4 Bestandteil von Excel war und weiter auch in internationalen Excel-4-Makrosheets verwendet werden kann. Access-Makros sind für komplexere Programmieraufgaben eher ungeeignet, es gibt aber einige wenige Probleme, für die Sie um solche Makros nicht herum kommen. Ein AutoExec-Makro ist eines dieser Probleme.

Sie finden die Beispiele in der Datei *K07.mdb* auf der CD-ROM.

AutoExec-Makro erstellen

Wenn Sie ein AutoExec-Makro erstellen möchten, sollten Sie zunächst die VBA-Funktion erzeugen, die vom AutoExec-Makro ausgeführt werden soll. Diese Funktion darf keine Parameter haben und muss in einem normalen Modul erstellt werden. Gehen dazu wie folgt vor:

✔ Starten Sie Access und öffnen Sie die Datenbank, in der Sie den Code einfügen möchten, oder erzeugen Sie eine neue Datenbank.

✔ Öffnen Sie mit ⎡Alt⎦ + ⎡F11⎦ die Entwicklungsumgebung.

✔ Erzeugen Sie mit *Einfügen / Modul* eine neues Modul und geben Sie dort den Code aus dem folgenden Listing ein. Selbstverständlich können Sie den Inhalt der Funktionen ändern. Es kommt wirklich nur darauf an, dass die Funktionen keine Parameter haben.

```
Function BeimStarten()
    MsgBox "Datenbank wurde geöffnet!"
End Function


Function BeimSchliessen()
    MsgBox "Datenbank wird geschlossen!"
End Function
```

✔ Nun können Sie das Makro erstellen. Wechseln Sie dazu aus der IDE wieder in das Access-Anwendungsfenster und aktivieren Sie im Datenbankfenster die Gruppe *Makros* (siehe Abbildung 7.6).

✔ Klicken Sie nun auf *Neu*, um ein neues Access-Makro zu erstellen.

✔ Setzen Sie den Cursor in die erste Tabellenzelle in der Spalte *Aktion*. Es erscheint dann auf der rechten Seite eine Pfeilschaltfläche. Klicken Sie darauf.

✔ Wählen Sie den Eintrag *AusführenCode* aus der Liste aus.

✔ Geben Sie in das Feld *Funktionsname* den Namen der auszuführenden Funktion ein. Wichtig ist dabei, dass Sie unbedingt das leere Klammerpaar mit angeben müssen (siehe Abbildung 7.7).

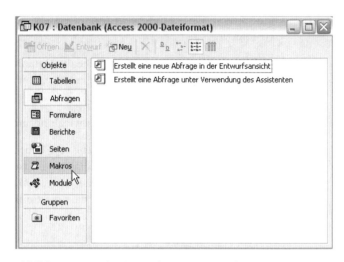

Abbildung 7.6: Aktivieren der Gruppe *Makros*

Abbildung 7.7: Einstellen der Eigenschaften für den Befehl Ausführen-Code

✔ Speichern Sie das Makro nun ab, indem Sie *Datei / Speichern* auswählen.

✔ Geben Sie den Namen AutoExec in das Eingabefeld ein und klicken Sie dann auf *OK*.

Abbildung 7.8: Speichern des Makros

Das Makro wird nun ohne weiteres Zutun ausgeführt, wenn Sie die Datenbank öffnen. Probieren Sie das einfach aus, indem Sie die Datenbank mit *Datei / Schließen* schließen und anschließend wieder öffnen.

Benutzer, die sich gut mit Access auskennen, können allerdings verhindern, dass das AutoExec Makro ausgeführt wird, indem sie beim Öffnen der Datenbank die ⇧-Taste drücken.

Nutzen von Formularereignissen

Die Alternative zu einem AutoExec-Makro ist ein Formular, das Sie als Startformular festlegen. Dieses Formular muss allerdings einige Voraussetzungen erfüllen.

✔ Es darf nicht vom Benutzer geschlossen werden können. Wenn es nicht ohnehin ein Formular mit der Benutzeroberfläche für die Datenbank ist, sollte es minimiert geöffnet werden.

✔ Sie müssen das Formular als Startformular festlegen.

✔ Das Formular darf erst beim Schließen der Datenbank geschlossen werden. Das gilt vor allem, wenn Sie auch Code beim Schließen der Datenbank ausführen möchten.

Basis ist aber auf jeden Fall erst einmal ein Formular, das Sie wie folgt erstellen, falls Sie nicht ein ohnehin vorhandenes Formular nutzen möchten:

✔ Aktivieren Sie im Datenbankfenster die Rubrik *Formulare*.

✔ Klicken Sie auf *Neu* und stellen Sie sicher, dass der Eintrag *Entwurfsansicht* markiert ist, bevor Sie auf *OK* klicken.

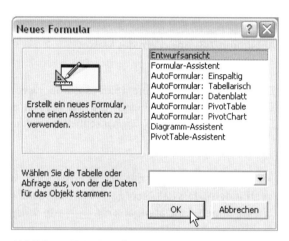

Abbildung 7.9: Erstellen eines neuen Formulars

✔ Wählen Sie nun *Datei / Speichern* aus und geben Sie dann einen Namen Ihrer Wahl für das Formular ein, bevor Sie das Dialogfeld mit *OK* schließen. Damit haben Sie zunächst das Formular erstellt. Sie müssen nun aber noch ein paar Eigenschaft festlegen.

✔ Öffnen Sie nun das Eigenschaften-Fenster, falls es nicht sichtbar ist, indem Sie *Ansicht / Eigenschaften* wählen.

✔ Aktivieren Sie die Registerkarte *Format* und setzen Sie die Eigenschaft *MinMaxSchaltflächen* auf *Keine* und *Schließen*-Schaltfläche auf *Nein*. Damit unterbinden Sie, dass der Benutzer das Formular über die Schaltflächen in der Titelleiste des Fensters minimieren, maximieren und schließen kann.

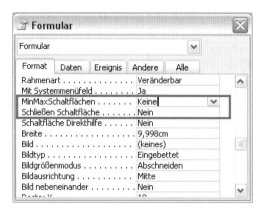

Abbildung 7.10: Schaltflächen ausblenden

✔ Aktivieren Sie die Registerkarte *Ereignis*. Setzen Sie dort den Cursor in das Feld *Beim Öffnen*, damit die Pfeilschaltfläche erscheint.

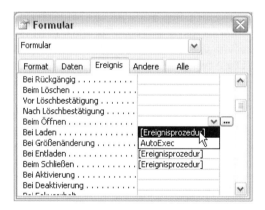

Abbildung 7.11: Eigenschaftsprozedur für das Open-Ereignis erstellen

✔ Wählen Sie über diese Schaltfläche den Eintrag *[Ereignisprozedur]* aus der Auswahlliste aus.

✓ Access wechselt nun in die IDE und erzeugt dort eine Ereignisprozedur, die Sie dann nur noch mit dem Code im folgenden
Listing ergänzen müssen. Erstellen Sie anschließend auf gleiche
Weise auch Ereignisprozeduren für die Ereignisse *Bei Entladen*
und *Beim Schließen*.

```
Private Sub Form_Close()
    BeimSchliessen
End Sub


Private Sub Form_Open(Cancel As Integer)
    DoCmd.Minimize
    BeimStarten
End Sub


Private Sub Form_Unload(Cancel As Integer)
    Application.CurrentDb.Close
End Sub
```

In der Ereignisprozedur für das Close-Ereignis des Formulars
Form_Close wird die Prozedur BeimSchliessen aufgerufen, die bereits weiter oben erzeugt wurde und lediglich eine Meldung ausgibt.
Sie wird ausgeführt, wenn das Formular geschlossen wird. Die Prozedur Form_Open wird ausgeführt, wenn das Formular geöffnet
wird. Die Anweisung DoCmd.Minimize sorgt dafür, dass das Formular minimiert wird und so nicht stört. Lassen Sie diese Anweisung
einfach weg, wenn Sie den Code in einem Formular einsetzen
möchten, das Schaltflächen zur Bedienung der Anwendung enthält
und daher sichtbar sein muss. Die Unload-Ereignisprozedur sorgt
dafür, dass die aktuelle Datenbank geschlossen wird, wenn der
Benutzer doch einen Weg finden sollte, das Formular zu schließen.

Damit das Formular auch automatisch geladen wird, wenn die
Datenbank geöffnet wird, müssen Sie es noch als Startformular
festlegen. Verfahren Sie dazu wie folgt:

✓ Wählen Sie in Access den Menübefehl *Extras / Start*.

✓ Wählen Sie aus der Liste *Formular/Seite anzeigen* das Formular
mit dem Code aus.

✔ Schließen Sie das Dialogfeld mit *OK*.

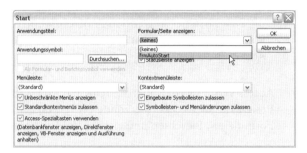

Abbildung 7.12: Einstellen des Startformulars

Code abhängig von Ereignissen ausführen

Neben den Auto-Prozeduren können Sie auch bestimmte Ereignisse nutzen, um dafür Ereignisprozeduren zu erstellen. Was Ereignisse und Ereignisprozeduren sind, können Sie bei Bedarf noch einmal in Kapitel 6 »Objektorientierte Programmierung« nachlesen.

Ein Beispiel, nämlich die Nutzung von Formularereignissen in Access, haben Sie zuvor schon kennen gelernt.

Generell gilt es zu unterscheiden, zwischen den Ereignissen einer Datei, wie beispielsweise einer Arbeitsmappe, eines Word-Dokuments oder einer PowerPoint-Präsentation, und den Ereignissen der Anwendungen Excel, Word und Co. Wenn Sie Code beim Öffnen einer bestimmten Datei ausführen möchten, nutzen Sie die Ereignisse der zu öffnenden Datei. Wenn Sie Code beim Öffnen oder Schließen beliebiger Dateien ausführen möchten, nutzen Sie die Ereignisse der Anwendung selbst.

Bei Excel und Word verfügen sowohl das `Application`-Objekt als auch die Arbeitsmappen und Dateien über die entsprechenden Ereignisse. Das ist aber nicht bei jeder Anwendung so. FrontPage und PowerPoint verfügen beispielsweise nicht über Ereignisse für die geöffnete Website oder Präsentation. Sie können dort nur die Ereignisse der Anwendung nutzen, wenn Sie FrontPage und PowerPoint von anderen Anwendungen aus steuern oder dafür Add-Ins erstellen.

Access verfügt weder über Ereignisse für die Datenbank noch über Ereignisse für Access. Sie können hier lediglich die Ereignisse von Formularen, Berichten und eigenen Add-Ins nutzen.

Wenn Sie Code ausführen möchten, der beim Öffnen einer Datei ausgeführt wird oder wenn Sie die Datei schließen, nutzen Sie dazu entsprechende Ereignisse der Datei, für die Sie Ereignisprozeduren erstellen.

Ereignisse in Excel

In Excel erstellen Sie Ereignisprozeduren für die Ereignisse der Datei im Klassenmodul *DieseArbeitsmappe*. Im Projekt-Explorer der IDE öffnen Sie dieses Modul einfach mit einem Doppelklick und können dann die Ereignisprozeduren wie folgt erstellen:

✔ Wählen Sie aus der Objektliste den Eintrag *Workbook* aus. Excel erzeugt dann automatisch eine Ereignisprozedur für das Ereignis Open der Arbeitsmappe. Es tritt ein, wenn die Arbeitsmappe geöffnet wird.

✔ Möchten Sie jetzt noch eine Ereignisprozedur erstellen, die ausgeführt wird, wenn die Arbeitsmappe geschlossen wird, wählen Sie aus der Ereignisliste den Eintrag *BeforeClose* aus.

Abbildung 7.13: Erstellen der Ereignisprozeduren für Excel

Die Inhalte der Prozeduren können Sie nun wieder mit Anweisungen Ihrer Wahl füllen. Bedenken Sie aber, dass das Ereignis Before-Close eintritt, bevor eine Arbeitsmappe wirklich geschlossen wird. Falls Sie dann noch Änderungen an der Arbeitsmappe vornehmen, sollten Sie also darauf achten, diese auch mit der Save-Methode zu speichern.

Details zu Excel und seinem Objektmodell finden Sie in Kapitel 8 »Das Excel-Objektmodell«.

```
Private Sub Workbook_BeforeClose(Cancel As Boolean)
    MsgBox "BeforeClose-Ereignis"
End Sub

Private Sub Workbook_Open()
    MsgBox "Open-Ereignis"
End Sub
```

Sie können gleichzeitig die Ereignisprozeduren und die Auto-Prozeduren verwenden. Ob das allerdings Sinn macht, müssen Sie im Einzelfall selbst entscheiden. Dabei gilt, dass beim Öffnen zuerst die Ereignisprozedur Workbook_Open und dann erst die Auto_Open-Prozedur ausgeführt wird. Beim Schließen tritt erst das BeforeClose-Ereignis ein und danach wird die Auto_Close-Prozedur ausgeführt. Diese Reihenfolge gilt jedoch nur für normale Arbeitsmappen. Bei XLA-Dateien (Excel-Add-Ins) werden erst die Auto-Prozeduren ausgeführt und dann treten die Ereignisse ein.

Wie Sie am Code sehen können, verfügen einige Ereignisse über Parameter. Sie können diese Parameter auslesen, aber auch neu setzen. Das ist abhängig vom Parameter und dem Ereignis. Bei Ereignissen mit einem Cancel-Parameter können Sie dem Parameter einen neuen booleschen Wert zuweisen und mit diesem beispielsweise verhindern, dass die Ereignisfolgen eintreten. In der Folge des Ereignisses BeforeClose wird die Arbeitsmappe geschlossen. Sie können innerhalb der Prozedur den Parameter auf True setzen, um das zu verhindern.

```
Private Sub Workbook_BeforeClose(Cancel As Boolean)
    Cancel=True
End Sub
```

Wenn Sie diesen Code verwenden, kann der Benutzer die Datei jedoch niemals ordnungsgemäß schließen. Er müsste Excel über den Task-Manager von Windows beenden, um die Arbeitsmappe schließen zu können. Besser ist daher, Sie bauen eine Sicherheitsabfrage ein, um dem Benutzer das versehentliche Schließen der Datei zu erschweren.

```
Private Sub Workbook_BeforeClose(Cancel As Boolean)
    MsgBox "BeforeClose-Ereignis"
    If MsgBox("Möchten Sie die Arbeitsmappe" & _
        " wirklich schließen?", _
        vbQuestion + vbYesNo + vbDefaultButton2) = _
            vbNo Then
        Cancel = True
    End If
End Sub
```

Word-Ereignisse

In Word funktioniert das mit den Ereignissen in etwa genauso. Sie erstellen die Ereignisprozeduren im Modul *ThisDocument* der Word-Datei. Um Code beim Öffnen und Schließen der Arbeitsmappe auszuführen, stehen Ihnen die Ereignisse Open, Close und New zur Verfügung. Das Standardereignis ist New. Es tritt ein, wenn aus einem Dokument oder einer Vorlage ein neues Dokument erzeugt wird. Wenn Sie aus der Objektliste den Eintrag *Document* auswählen, erzeugt die IDE eine Ereignisprozedur für das New-Ereignis.

Das Ereignis Open tritt ein, wenn das Word-Dokument geöffnet wird, das Close-Ereignis bevor es geschlossen wird. Diese Ereignisse entsprechen also den Ereignissen Open und BeforeClose von Excel.

PowerPoint

PowerPoint stellt in dieser Beziehung eine Ausnahme dar, da die PowerPoint-Präsentationen selbst nicht über Ereignisse verfügen. Dafür können Sie aber mithilfe der WithEvents-Anweisung die Ereignisse des PowerPoint-Application-Objekts nutzen, dass die Anwendung PowerPoint repräsentiert. Das funktioniert jedoch nur dann, wenn Sie den Code später als PowerPoint-Add-In laden, da Sie zwingend auf die Ausführung einer Auto_Open-Prozedur angewiesen sind.

Sie finden das Beispiel in der Datei *K07.ppt* auf der CD. Damit er funktioniert, müssen Sie daraus jedoch eine PowerPoint-Add-In erstellen und dieses über den Add-In-Manager laden.

Zunächst benötigen Sie dazu ein Klassenmodul, das Sie in der PowerPoint-Datei erstellen, die Sie später als Add-In speichern. Wenn Sie den Quellcode unverändert übernehmen möchten, sollten Sie die Klasse clsEvents nennen.

Auf Modulebene innerhalb der Klasse deklarieren Sie zunächst eine Objektvariable des Typs Application mit dem Schlüsselwort With-Events. Dieser Objektvariablen müssen Sie nun das Application-Objekt von PowerPoint zuweisen, indem Sie für die Klasse eine Initialize-Ereignisprozedur erstellen. Wählen Sie dazu aus der Objektliste den Eintrag *Class* und aus der Ereignisliste den Eintrag *Initialize* aus.

```
Dim WithEvents objApp As Application

Private Sub Class_Initialize()
    Set objApp = Application
End Sub
```

Nun können Sie Ereignisprozeduren für die Ereignisse Presenta-
tionClose und PresentationOpen der Objektvariablen objApp erstellen.

```
Private Sub objApp_PresentationClose(ByVal Pres _
    As Presentation)
    MsgBox "PresentationClose-Ereignis"
End Sub

Private Sub objApp_PresentationOpen(ByVal Pres _
    As Presentation)
    MsgBox "PresentationOpen-Ereignis"
End Sub
```

Über den Parameter Pres der Ereignisprozeduren können Sie auf
die Präsentation zugreifen, die geöffnet bzw. geschlossen werden
soll. So können Sie beispielsweise über dessen Name-Eigenschaft den
Namen der Präsentation abfragen und anzeigen.

```
Private Sub objApp_PresentationClose(ByVal Pres As _
    Presentation)
    MsgBox "PresentationClose-Ereignis"
    MsgBox "Die Datei " & Pres.Name & _
        " wird geschlossen!"
End Sub
```

Nun müssen Sie noch dafür sorgen, dass die Klasse initialisiert
wird. Deklarieren Sie dazu in einem einfachen Modul eine Objektvariable mit dem Typ der Klasse und fügen Sie dort eine
Auto_Open-Prozedur ein, in der Sie der Variablen eine neue Instanz
der Klasse mit der New-Anweisung zuweisen.

```
Dim objEvt As clsEvents

Sub Auto_Open()
    Set objEvt = New clsEvents
End Sub
```

Wenn Sie den Code testen möchten, speichern Sie die Datei als PowerPoint-Add-In und laden dann das Add-In über den Add-In-Manager. Wie das geht, wurde weiter vorn in diesem Kapitel im Abschnitt »Auto-Prozeduren für PowerPoint« ausführlich behandelt. Ist das Add-In geladen, werden die Ereignisprozeduren ausgeführt.

Makros über Symbolleisten starten

Nicht immer ist es sinnvoll und wichtig, dass Code vollautomatisch ausgeführt wird. Es reicht oft aus, wenn Sie dem Benutzer eine einfache Möglichkeit bieten, den Code auszuführen. Dazu gibt es verschiedene Möglichkeiten. Sie können beispielsweise Menü- und Symbolleisten erstellen, über die Sie VBA-Prozeduren ausführen können. Damit kann der Benutzer dann sehr leicht den Code ausführen, den er gerade benötigt.

Der Symbolleiseneditor funktioniert in allen Office-Anwendungen in etwa gleich. Es gibt nur kleinere Unterschiede, die Sie aber bei den grundlegenden Aufgaben gar nicht bemerken werden.

In diesem Kapitel geht es zunächst nur dazu, wie Sie manuell Befehlsleisten erstellen, um damit Makros ausführen zu können. In Kapitel 12 »Benutzeroberflächen gestalten« lernen Sie auch eine Möglichkeit kennen, wie Sie Befehlsleisten per VBA erzeugen können. Damit haben Sie noch viel mehr Möglichkeiten als bei denen, die Sie mit dem Editor erstellen.

Sowohl Menü- als auch Symbolleisten werden in Office als Befehlsleisten verwaltet. Im Prinzip stellen sie auch nur eine unterschiedliche Darstellungsweise der gleichen Steuerelemente dar. Allerdings gibt es dennoch einen kleinen Unterschied: In jeder Office-Anwendung kann gleichzeitig nur eine Menüleiste, aber beliebig viele Symbolleisten angezeigt werden. Daher sollten Sie in aller Regel nur Symbolleisten erzeugen, weil ansonsten Ihre benutzerdefinierte Menüleiste die Standardmenüleiste von Word, Excel und Co. ersetzt. Wenn das nicht Ihr Wunsch ist, führt das unter Umständen dazu, dass sich die Anwendung nicht mehr bedienen lässt.

Befehlsleisten erstellen

Die nachfolgenden Schritte werden hier anhand von Excel gezeigt. Dennoch funktioniert es in den anderen Office-Anwendungen analog. Lediglich der Speicherort der Befehlleisten ist in den einzelnen Anwendungen unterschiedlich. Mehr dazu finden Sie aber etwas weiter hinten in diesem Kapitel im Abschnitt »Befehlsleisten an eine Office-Datei binden«.

Bevor Sie die Symbolleiste erstellen, sollten Sie die VBA-Prozeduren fertig haben, die Sie der Symbolleiste zuweisen möchten. Wichtig ist dabei, dass es sich um Unterprozeduren ohne Parameter handeln muss. Falls Sie Prozeduren und Funktionen mit Parametern aufrufen möchten, bleibt Ihnen nur die Programmierung der Symbolleisten per VBA und die Nutzung von Ereignisprozeduren.

✔ Starten Sie zunächst den Symbolleisteneditor mit *Ansicht / Symbolleisten / Anpassen*.

✔ Klicken Sie auf *Neu*, um eine neue Befehlsleiste zu erstellen, und geben Sie dann in das eingeblendete Dialogfeld den Namen der Befehlsleiste ein. Schließen Sie das Dialogfeld mit *OK*.

Abbildung 7.14: Benennen der Befehlsleiste

✔ Die leere Befehlsleiste wird nun rechts neben dem Editorfenster angezeigt. Sie können jetzt die gewünschten Befehle per Drag & Drop in die Symbolleiste ziehen.

✔ Aktivieren Sie dazu zunächst die Registerkarte *Befehle*.

✔ Ziehen Sie den gewünschten Befehl aus der Liste *Befehle* in die Symbolleiste. Über die Liste *Kategorien* können Sie die Menünamen auswählen, in denen im Standardmenü diese Befehle zu finden sind. Die *Kategorien*-Liste enthält im oberen Bereich die Standardmenüs und deren Befehle, die Sie natürlich auch in Ihren eigenen Befehlsleisten verwenden können. Oft ist es auch sinnvoll, die Standardbefehle einzufügen und dann nur ein Makro zuzuweisen. Dann brauchen Sie die Symbole für die Schaltflächen nämlich nicht neu zuzuweisen.

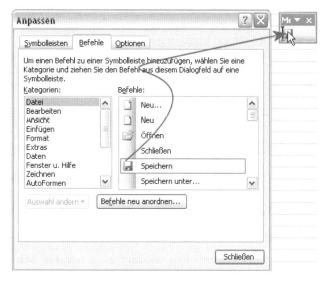

Abbildung 7.15: Einfügen eines Standardbefehls per Drag & Drop

✔ Mochten Sie die Einstellungen des eingefügten Befehls ändern, klicken Sie ihn mit der rechten Maustaste an. Es öffnet sich nun ein Kontextmenü, in dem Sie alle Einstellungen vornehmen können. Wenn Sie beispielsweise die Aufschrift ändern möchten, geben Sie den Text dafür einfach in das Feld *Name* ein.

✔ Falls Sie der Schaltfläche z.b. ein Makro zuweisen möchten, wählen Sie den Eintrag *Makro zuweisen* aus dem Kontextmenü aus.

Abbildung 7.16: Makro zuweisen

✔ Der Symbolleisteneditor zeigt nun ein weiteres Dialogfeld an, aus dem Sie das Makro auswählen. Achten Sie dabei darauf, dass Sie im Feld *Makros* den Eintrag *DieseArbeitsmappe* auswählen. Dann werden nur die Makros der aktuellen Arbeitsmappe angezeigt. Markieren Sie das Makro und schließen Sie dann das Dialogfeld mit *OK*.

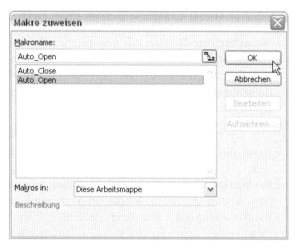

Abbildung 7.17: Auswählen der Prozedur, die zuqewiesen werden soll

✔ Wenn Sie auf diese Weise alle Schaltflächen eingefügt haben, schließen Sie den Symbolleisteneditor einfach. Damit ist die Symbolleiste fertig und Sie können sie testen.

Sie können nicht nur die Standardbefehle einfügen und abändern, sondern auch benutzerdefinierte Schaltflächen und Menüeinträge erstellen. Die Befehle dafür finden Sie auf der Registerkarte *Befehle* in der Kategorie *Makros*. Möchten Sie ein neues Menü einfügen, wählen Sie den Befehl in der Kategorie *neues Menü* aus.

Befehlsleisten ein- und ausblenden

Wenn Sie eine Befehlsleiste erstellt haben, müssen Sie sie natürlich auch einblenden. Das geht ganz einfach, indem Sie *Ansicht / Symbolleisten* wählen und dann die Symbolleiste aktivieren. Es funktioniert also nicht anders als bei den Standardsymbolleisten. Die Befehlsleiste bleibt so lange sichtbar, bis Sie sie ebenfalls über den Menüeintrag *Ansicht / Symbolleisten* wieder deaktivieren.

Befehlsleisten an eine Office-Datei binden

Wenn Sie Ihre Dateien mit benutzerdefinierten Befehlsleisten ausstatten, werden Sie spätestens dann auf Probleme stoßen, wenn Sie Ihre Excel- oder Word-Datei an andere Benutzer weitergeben oder diese auf einem anderen Rechner öffnen. Dann sind die Befehlsleisten nämlich nicht da.

Der Grund hierfür liegt daran, dass Befehlsleisten in Word und Excel nicht in der Datei gespeichert werden, die aktive Datei ist, wenn Sie die Befehlleiste erzeugen, sondern immer in einer globalen Vorlage. Diese wird immer zusammen mit der Anwendung geladen, so dass die Befehlsleisten zur Verfügung stehen. Wenn Sie die Symbolleisten also mit Ihrer Anwendung weitergeben möchten, müssten Sie entweder die Vorlagendatei mit weitergeben oder die Symbolleiste explizit in der Datei speichern.

Befehlsleiste in Excel-Datei speichern

In Excel verfahren Sie folgendermaßen, um eine einmal erstellte Symbolleiste in der Datei zu speichern, die Sie mit der Symbolleiste weitergeben möchten:

✔ Öffnen Sie die Arbeitsmappe, in der Sie die Symbolleiste speichern möchten.

✔ Wählen Sie *Ansicht / Symbolleisten / Anpassen*.

✔ Markieren Sie die Symbolleiste und klicken Sie dann auf *Anfügen*.

✔ Markieren Sie nun in der linken Liste wieder die Symbolleiste und klicken Sie auf *Kopieren >>*.

✔ Schließen Sie das Dialogfeld mit *OK*.

✔ Schließen Sie den Symbolleisteneditor mit *Schließen* und speichern Sie die Arbeitsmappe.

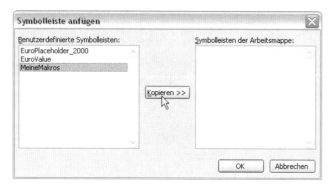

Abbildung 7.18: Kopieren der Symbolleiste in die Arbeitsmappe

Symbolleiste an Word-Datei binden

Wenn Sie die Symbolleiste einer Word-Datei anfügen möchten, gehen Sie dazu folgendermaßen vor:

✔ Öffnen Sie das Word-Dokument oder die Vorlage, in der Sie die Symbolleiste speichern möchten.

✔ Wählen Sie *Extras / Vorlagen und Add-Ins*.

✔ Klicken Sie auf *Organisieren*.

✔ Aktivieren Sie die Registerkarte *Symbolleisten*.

✔ Markieren Sie die Symbolleiste in der Liste, die mit *In Normal.dot* beschriftet ist.

✔ Klicken Sie auf *<<Kopieren*, um sie in die andere Datei zu kopieren. Diese Liste sollte mit dem Namen der Datei beschriftet sein, in die Sie die Symbolleiste kopieren möchten. Falls das nicht der Fall ist, versuchen Sie die Datei über die Auswahlliste unterhalb des Listenfeldes auszuwählen. Ist sie dort nicht vorhanden, klicken Sie auf *Datei schließen* und danach auf *Datei öffnen*, um die gewünschte Zieldatei auszuwählen.

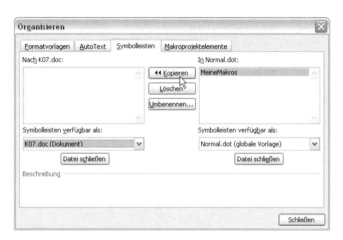

Abbildung 7.19: Kopieren der Symbolleiste in eine Word-Datei

✔ Schließen Sie das Dialogfeld mit *Schließen*.

Die Ausnahmen: PowerPoint und Access

PowerPoint und Access bilden wieder mal die Ausnahme. Access in positiver Hinsicht, PowerPoint in negativer. In PowerPoint können Sie zwar ebenfalls Symbolleisten erstellen, diese werden aber generell nicht in der PowerPoint-Datei gespeichert und Sie können das auch nicht nachträglich machen. Daher ist gerade PowerPoint ein Kandidat für die Erzeugung von Symbolleisten per VBA. Damit können Sie dann sicherstellen, dass die Symbolleisten immer verfügbar sind, wenn Sie sie brauchen, indem Sie sie eben bei Bedarf erzeugen.

In Access werden Symbol- und Menüleisten automatisch in der aktiven Datenbank gespeichert. Zudem haben Sie hier die Möglichkeit, auch Menüleisten und Kontextmenüs zu erstellen. In den anderen Office-Anwendungen geht das nur per VBA.

Über die *Eigenschaften*-Schaltfläche des Symbolleisteneditors können Sie festlegen, ob die Befehlsleiste ein Kontextmenü, eine Symbolleiste oder eine Menüleiste sein soll. Dazu wählen Sie im Dialogfeld den Typ der Symbolleiste aus. Für ein Kontextmenü wählen Sie *Popup* aus.

Wenn Sie *Popup* auswählen, wird die Befehlsleiste automatisch in der Standardmenüleiste *Kontextmenü* gespeichert. Diese müssen Sie dann auch später markieren, wenn Sie das Kontextmenü ändern möchten.

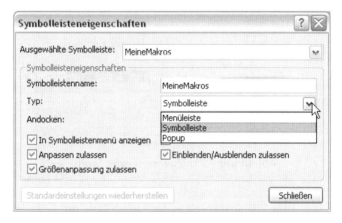

Abbildung 7.20: Befehlsleistentyp in Access einstellen

Neben der Möglichkeit über *Ansicht / Symbolleisten* eine Befehlsleiste einzublenden, gibt es in Access die Möglichkeit, Formularen, Berichten und Abfragen eine Menü- oder eine Symbolleiste oder auch ein Kontextmenü zuzuweisen. Es wird dann automatisch angezeigt, wenn das entsprechende Datenbankobjekt angezeigt wird.

Wenn Sie einem Formular eine Symbolleiste zuweisen möchten, gehen Sie dazu wie folgt vor:

✔ Erstellen Sie die Symbolleiste mit dem Symbolleisteneditor.

✓ Öffnen Sie das Formular, indem Sie im Datenbankfenster in der Kategorie *Formulare* das Formular markieren und dann auf *Entwurf* klicken.

✓ Blenden Sie über *Ansicht / Eigenschaften* das Eigenschaften-Fenster ein, falls es nicht sichtbar sein sollte.

✓ Aktivieren Sie die Registerkarte *Andere*.

Abbildung 7.21: Zuweisen einer Symbolleiste

✓ Wählen Sie aus der Auswahlliste für die Eigenschaft *Symbolleiste* die Symbolleiste aus, die Sie dem Formular zuweisen möchten. Analog dazu können Sie über die Eigenschaften *Menüleiste* und *Kontextmenü* eine Menüleiste bzw. ein Kontextmenü zuweisen.

✓ Schließen Sie das Formular und speichern Sie dabei die Änderungen.

8 Das Excel-Objektmodell

Wenn Sie Excel per VBA steuern möchten und eigene kleine Anwendungen auf Basis von Excel erstellen möchten, kommen Sie mit VBA alleine nicht aus. Sie benötigen dann vor allem die Objekte, Methoden und Eigenschaften von Excel, die das Objektmodell von Excel darstellen. Mit diesem Objektmodell beschäftigt sich dieses Kapitel. Sie werden lernen, wie Sie es nutzen, um effektiv mit Excel zu programmieren.

Die meisten Objekte von Excel lassen sich aus der Benutzeroberfläche von Excel ableiten. Auch die für die Objekte verwendbaren Methoden sind eigentlich recht einfach. Im folgenden Abschnitt finden Sie die grundlegenden Objekte und Methoden anhand von kleinen Beispielen erklärt. Anschließend wird der Zugriff auf die einzelnen Objekte und deren Verwendung anhand eines größeren Beispiels erläutert

Zugreifen auf Excel

Alle folgenden Beispiele finden Sie in der Datei *K08.xls im* Modul *Basics* auf der CD.

Die Anwendung Excel wird durch das Objekt `Application` dargestellt. Seine Eigenschaften und Methoden entsprechen den Menüeinträgen und Einstellungsmöglichkeiten im Menü *Extras / Optionen*, die die gesamte Anwendung Excel und nicht nur die einzelne Arbeitsmappe betreffen. Dieses Objekt enthält einige wichtige Listenobjekte. `Workbooks` stellt die Liste aller geöffneten Arbeitsmappen dar, `Windows` die Liste aller Fenster, die nicht identisch mit `Workbooks` sein muss.

Die wichtigste Eigenschaft des `Application`-Objekts ist `Application`, sie gibt das `Application`-Objekt zurück. Weitere wichtige

Eigenschaften sind z.B. ActiveWorkbook, die aktive Arbeitsmappe, sowie ThisWorkbook, die Arbeitsmappe, in der die Eigenschaft ThisWorkbook verwendet wird. ActivePrinter gibt den aktuell eingestellten Drucker zurück, und ActiveCell stellt die aktive Zelle dar. Eine sehr nützliche Eigenschaft ist z.B. Statusbar. Sie ermöglicht es, eine Meldung in der Statusleiste auszugeben. Das folgende Beispiel führt zu der in der Abbildung gezeigten Ausgabe "Bitte warten ..." in der Statusleiste.

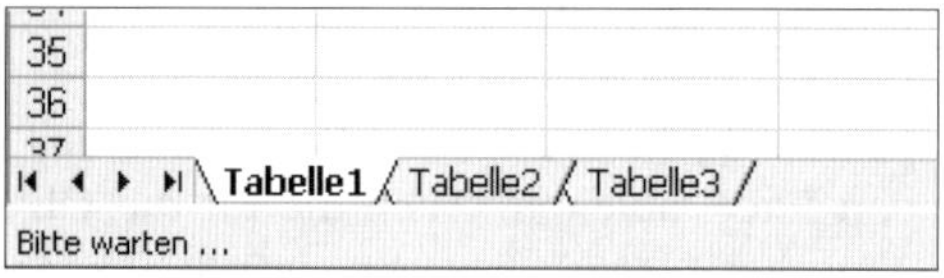

Abbildung 8.1: Ausgabe eines Textes in der Statusleiste

```
Sub Statustext_anzeigen()
    Application.DisplayStatusBar = True
    Application.StatusBar = "Bitte warten ..."
End Sub
```

Die Anweisung Application.DisplayStatusBar = True sorgt dafür, dass die Statusleiste eingeblendet wird. Dies ist zwar standardmäßig in Excel der Fall, doch sicherheitshalber sollten Sie diesen Befehl einfügen, um zu gewährleisten, dass die Meldung in der Statusleiste vom Anwender auch wahrgenommen werden kann.

```
Sub Statustext_löschen()
    Application.StatusBar = False
    'Application.StatusBar = ""
End Sub
```

Mit der Prozedur Statustext_löschen wird der Text in der Statusleiste wieder gelöscht bzw. wird mit der Anweisung Application.Statusbar=False die Steuerung der Statusleiste wieder an Excel zurückgegeben.

Listenobjekte auf Auflistungsobjekte sind sehr wichtige Objekte im Objektmodell von Excel. Darüber verwalten Sie nicht nur die Blätter einer Arbeitsmappe, sondern können auch auf vordefinierte Dialogfelder von Excel zugreifen. Dazu dient beispielsweise das Dialogs-Objekt. Das Listenobjekt Dialogs stellt die Liste der verfügbaren Standarddialoge dar, die über die definierten Excel-Konstanten aufgerufen werden können. Auf diese Weise können Sie jeden Excel-Dialog aufrufen, der im aktuellen Zusammenhang zulässig ist. Damit ist gemeint, dass der Aufruf eines Dialogs zur Formatierung von Diagrammen in einem Tabellenblatt nicht funktioniert. Sie erhalten dann eine Fehlermeldung. Die Show-Methode zeigt den über die Dialogs-Auflistung zurückgegebenen Dialog an.

Das folgende Beispiel zeigt, wie der Dialog *Speichern unter* von Excel geöffnet werden kann:

```
Sub SpeichernDialog_zeigen()
  Application.Dialogs(xlDialogSaveAs).Show
End Sub
```

Beim Ausführen des Beispiels wird der Standarddialog von Excel zum Speichern von Arbeitsmappen geöffnet. Der Anwender kann ihn dann ganz normal verwenden, einen Dateinamen und ein Verzeichnis bestimmen und den Dialog durch Anklicken der entsprechenden Schaltfläche schließen. Excel speichert die aktuelle Arbeitsmappe unter dem ausgewählten Namen, gibt diesen aber nicht zurück.

Die wichtigste Methode des Application-Objekts ist Quit. Sie schließt Excel. Sie können die Quit-Methode also aufrufen, wenn Sie alle geöffneten Arbeitsmappen schließen möchten.

 Vorsicht, wenn Sie dieses Beispiel testen! Speichern Sie erst alle Arbeitsmappen, damit beim Schließen von Excel keine Daten verloren gehen.

```
Sub Excel_schließen()
  Application.Quit
End Sub
```

Über verschiedene Eigenschaften des Application-Objekts können Sie auch die Einstellungen von Excel verändern. Manchmal ist es beispielsweise ganz nützlich, Warnmeldungen von Excel zu unterdrücken, wenn Sie ein Blatt löschen möchten. Dazu setzen Sie die DiplayAlerts-Eigenschaften auf False. Entsprechend können Sie die Warnungen wieder einschalten, indem Sie die Eigenschaft auf True setzen.

```
Sub WarnungenEinAus()
    'Warnungen ausschalten
    Application.DisplayAlerts = False
    'Hier können Anweisungen folgen
    'die Warnungen verursachen könnten

    'Warnungen einschalten
    Application.DisplayAlerts = True
End Sub
```

Interessant ist auch die Eigenschaft ScreenUpdating. Damit können Sie bestimmen, ob die Bildschirmanzeige aktualisiert werden soll. Die Bildschirmaktualisierung ist das, was manche VBA-Makros, die beispielsweise komplexe Formatierungen auf große Zellbereich anwenden, so langsam machen. Sie können die Codeausführung dann vor allem durch die Deaktivierung der Bildschirmaktualisierung beschleunigen, indem Sie die Eigenschaft ScreenUpdating auf false setzen.

Das birgt allerdings die Gefahr, dass Fehlermeldungen durch Laufzeitfehler oder Warnungen auch nicht angezeigt werden. Da sie aber erzeugt werden und nur nicht sichtbar sind, würde das dazu führen, dass das Makro nicht beendet werden kann, weil eine Eingabe erforderlich ist. Sie sollten daher auf jeden Fall eine Fehlerbehandlungsroutine vorsehen, die dafür sorgt, dass die Bildschirmaktualisierung wieder eingeschaltet und dann die Fehlermeldung angezeigt wird. Außerdem sollten Sie Warnungen ausschalten, damit sie nicht das gleiche Problem verursachen können. Ein Beispiel, wie eine solche Prozedur aussehen könnte, zeigt das folgende Listing.

```
Sub Bildschirmaktualisierung()
   On Error GoTo FEHLER
   'Bildschirmaktualisierung ausschalten
   Application.ScreenUpdating = False
   'Warnungen ausschalten
   Application.DisplayAlerts = False
   'Hier können Anweisungen folgen
   'für die Sie die Bildschirmaktuali-
   'sierung ausschalten

   'Warnungen einschalten
   Application.DisplayAlerts = True
   'Bildschirmaktualisierung einschalten
   Application.ScreenUpdating = True
FEHLER:
   'Bildschirmaktualisierung einschalten
   Application.ScreenUpdating = True
   MsgBox Err.Number & ": " & Err.Description
   Resume Next
End Sub
```

Von Default-Objekten, -Eigenschaften und -Methoden

Excel kennt eine Reihe von Default-Objekten, Default-Eigenschaften und Default-Methoden. Sie müssen sie nicht verwenden, allerdings sollten Sie doch wissen, dass es sie gibt. Bei diesen Default-Elementen des Objektmodells handelt es sich um bestimmte Standardelemente, die automatisch verwendet werden, wenn Sie kein spezielles Element angeben. Für eine Zelle, die durch ein Range-Objekt repräsentiert wird, ist beispielsweise Value die Default-Eigenschaft. Die Value-Eigenschaft gibt den Wert der Zelle zurück. Vorausgesetzt, die Variable objZelle des Typs Range verweist auf eine einzelne Zelle (nicht auf einen Zellbereich), sind folgende beide Anweisungen gleichwertig und geben den Wert der Zelle aus:

```
Debug.Print objZelle.Value
Debug.Print objZelle
```

Genauso wie es Default-Eigenschaften gibt, gibt es auch Default-Objekte zu vielen Eigenschaften. Beispielsweise können Sie mit der Anweisung `Debug.Print ActiveWorkbook.Name` den Namen der aktiven Arbeitsmappe ausgeben, die von der `ActiveWorkbook`-Eigenschaft zurückgegeben wird.

Da aber einer Eigenschaft ja eigentlich ein Objekt vorangestellt werden muss, wäre die Anweisung syntaktisch falsch. Sie wird aber dennoch korrekt ausgeführt, weil die Eigenschaft ein Default-Objekt hat, das in diesem Fall `Application` heißt. Die Anweisung ist gleichbedeutend mit: `Debug.Print Application.ActiveWorkbook.Name`

Sie sollten wenn möglich auf die Verwendung der Default-Elemente verzichten, da sie zu unübersichtlichem, schlecht nachvollziehbaren Code führen. Zudem können Sie auch nicht sicher sein, dass zukünftige Versionen von VBA die gleichen Default-Elemente verwenden.

Arbeiten mit Excel-Daten

Nach diesen Grundlagen zu Excel und dem Objektmodell lernen Sie nun die weiteren wichtigen Objekte und Methoden anhand eines Beispiels kennen. Dazu wird ein Haushaltsbuch realisiert, in das der Benutzer Ein- und Ausgaben eingeben kann. Diese Eingaben werden als Liste verwaltet und für jedes Jahr wird dazu ein neues Blatt in die Arbeitsmappe eingefügt. Die Eingabe soll jedoch über ein Tabellenblatt in einer zweiten Arbeitsmappe erfolgen.

Das Beispiel finden Sie in den Dateien *HHB_Eingabe.xls* und *HHB.xls* auf der CD-ROM. Da unter Umständen eine neue Datei angelegt werden muss, können Sie das Beispiel nicht direkt von der CD starten. Kopieren Sie die Datei *HHB_Eingabe.xls* einfach von der CD auf Ihre Festplatte und führen Sie das Beispiel dann aus.

Zuallererst sollten Sie diese zweite Arbeitsmappe für die Dateneingabe erstellen und die Felder für die Dateneingabe formatieren. Gehen Sie dazu folgendermaßen vor:

✔ Erzeugen Sie eine neue, leere Arbeitsmappe und speichern Sie sie unter dem Namen *HHB_Eingabe.xls* oder einem Namen Ihrer Wahl ab.

✔ Formatieren Sie nun auf einem Blatt Ihrer Wahl drei Zellen für die Eingabe der Daten und beschriften Sie sie. Das Ergebnis könnte beispielsweise wie in der folgenden Abbildung aussehen.

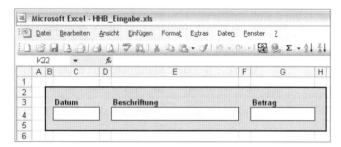

Abbildung 8.2: Das formatierte Eingabeformular

✔ Wählen Sie nun die Befehlsfolgte *Format / Blatt / Umbenennen* und nennen Sie das Blatt eingabe.

Zum Schluss sollten Sie noch die drei Zellen benennen, in die Sie die Daten eingeben möchten. Gehen Sie dazu für jede der drei Zellen wie folgt vor und nennen Sie die Zellen Datum, Beschriftung und Betrag:

✔ Klicken Sie in die Zelle, die Sie benennen möchten.

✔ Setzen Sie den Cursor in das Adressfeld von Excel und geben Sie den gewünschten Namen ein.

✔ Schließen Sie die Eingabe mit ⏎ ab

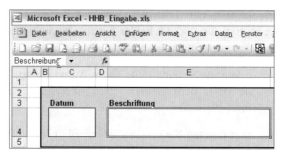

Abbildung 8.3: Benennen der Zellen

Zum Schluss benötigen Sie noch eine Schaltfläche, über die Sie später das Makro starten können. Fügen Sie diese wie folgt ein:

✔ Wählen Sie den Menübefehl *Ansicht / Symbolleisten / Steuerelement-Toolbox*, um die Werkzeugleiste einzublenden.

✔ Klicken Sie in der Werkzeugleiste das Symbol *Befehlschaltfläche* an.

Abbildung 8.4: Auswählen der Befehlsschaltfläche

✔ Ziehen Sie nun mit der Maus einen Rahmen an einer beliebigen Stelle des Tabellenblattes auf und lassen Sie die Maustaste dann wieder los, wenn die Schaltfläche die gewünschte Größe hat.

✔ Öffnen Sie nun das Kontextmenü der Schaltfläche und wählen Sie *Befehlsschaltfläche-Objekt / bearbeiten* aus dem Menü aus.

✔ Überschreiben Sie nun den Text der Schaltfläche durch die gewünschte Aufschrift, beispielsweise Speichern. Klicken Sie an eine Stelle außerhalb der Schaltfläche, um die Eingabe abzuschließen.

✔ Wählen Sie nun aus dem Kontextmenü den Eintrag *Eigenschaften* aus.

✔ Ersetzen Sie den Standardnamen im Eigenschaften-Fenster durch Ihren Wunschnamen für die Schaltfläche, beispielsweise bttSpeichern, und schließen Sie Ihre Eingabe mit ⌐⌐ ab.

Abbildung 8.5: Festlegen des Schaltflächennamens

✔ Doppelklicken Sie anschließend auf die Schaltfläche, um eine Ereignisprozedur für das Click-Ereignis zu erstellen, in der Sie die Prozedur Eingabe aufrufen, die nachfolgend erstellt wird.

```
Private Sub bttSpeichern_Click()
    Eingabe
End Sub
```

Die Mac-Versionen von Excel erlauben keine Steuerelemente innerhalb eines Tabellenblattes. Soll das Beispiel auch auf dem Mac laufen, verzichten Sie auf die Schaltfläche und erstellen stattdessen eine Symbolleiste, über deren Schaltfläche Sie die Prozedur Eingabe starten. Wie Sie eine solche Symbolleiste erstellen, können Sie in Kapitel 7 »Code automatisch ausführen« noch einmal nachlesen.

Was jetzt noch fehlt, ist die Prozedur Eingabe mit dem Code, der dafür sorgt, dass die Eingaben gespeichert werden. Diese Prozedur wird nun Schritt für Schritt erstellt, wobei Sie dann auch weitere wichtige Elemente des Excel-Objektmodells kennen lernen.

Arbeitsmappen öffnen, schließen und erstellen

Zunächst sollten Sie damit beginnen, zu prüfen, ob es die Arbeitsmappe mit dem Haushaltsbuch schon gibt. Wenn nicht, muss die Datei erstellt und geöffnet werden, ansonsten reicht es aus, wenn Sie die vorhandene Datei öffnen. Erstellen Sie dazu als Erstes eine Prozedur Eingabe in einem normalen Modul der Arbeitsmappe.

Auf Modulebene sollten Sie eine Konstante mit dem Dateinamen und eine Variable des Typs Workbook definieren. Der Variablen weisen Sie später das Workbook-Objekt zu, das die Arbeitsmappe *HHB.xls* darstellt.

Innerhalb der Prozedur sollten Sie prüfen, ob es die Datei bereits gibt. Dazu berechnen Sie als Erstes den Dateinamen, den diese Datei haben muss. Er ergibt sich aus dem Wert der Konstanten Dateiname und dem Pfad der Arbeitsmappe, in der Sie den Code erstellen. Das bedeutet also, die Datei mit den Daten wird im gleichen Verzeichnis gespeichert wie die Datei mit dem Eingabeformular und dem Code. Den Pfad der aktuellen Arbeitsmappe können Sie über die Path-Eigenschaft des Workbook-Objekts ermitteln, das die ThisWorkbook-Eigenschaft zurückgibt. Bevor Sie den Dateinamen anhängen können, müssen Sie aber noch das Pfadtrennzeichen ergänzen. Unter Windows ist das der Backslash »\«, auf dem Macintosh hingegen der Doppelpunkt »:«. Damit Sie immer das richtige Pfadtrennzeichen anfügen, rufen Sie es am besten über die Path-Separator-Eigenschaft des Application-Objekts ab.

Wenn Sie prüfen möchten, ob eine Datei vorhanden ist, gibt es dazu viele verschiedene Methoden. Die unkomplizierteste und sicherste ist die Dir-Funktion. Sie gibt Namen und Pfad der Datei zurück, wenn sie vorhanden ist. Ist die Datei nicht vorhanden, gibt die Funktion eine leere Zeichenfolge zurück. Damit die Dir-Funktion prüfen kann, ob eine Datei vorhanden ist, übergeben Sie ihr als ersten Parameter Name und Pfad der gesuchten Datei. Für den zweiten Parameter übergeben Sie die Konstante vbNormal. Sie sorgt dafür, dass die Dir-Funktion nach einer normalen Datei mit dem angegebenen Namen sucht.

Gibt die Funktion also einen Wert größer als eine leere Zeichenfolge zurück, ist die Datei vorhanden und Sie können sie mit der Open-Methode der Workbooks-Auflistung öffnen. In der Workbooks-Auflistung verwaltet Excel alle geöffneten Arbeitsmappen von Excel. Möchten Sie der Auflistung eine neue Arbeitsmappe hinzufügen, können Sie das mit der Add-Methode oder mit der Open-Methode. Die Open-Methode öffnet eine vorhandene Datei, die Add-Methode erzeugt eine neue Arbeitsmappe. Beide Methoden hängen das Workbook-Objekt, das sie zurückgeben, automatisch an die Workbooks-Auflistung an.

Wenn Sie mit der Add-Methode eine neue Arbeitsmappe erzeugt haben, müssen Sie sie natürlich noch unter dem gewünschten Namen speichern. Dazu rufen Sie im Anschluss einfach die SaveAs-Methode des Workbook-Objekts auf, das nun in der Variablen objWB gespeichert ist.

```
Const Dateiname = "HHB.xls"
Dim objWB As Workbook

Sub Eingabe()
    Dim strDatei As String
    'Dateiname berechnen
    strDatei = ThisWorkbook.Path & _
        Application.PathSeparator & Dateiname
    'prüfen, ob Datei vorhanden ist
    If Dir(strDatei, _
        vbNormal) > "" Then
        'Datei vorhanden, kann geöffnet werden
        Set objWB = _
            Application.Workbooks.Open(strDatei)
    Else
        'Datei nicht vorhanden, erstellen
```

```
        Set objWB = Application.Workbooks.Add()
        objWB.SaveAs strDatei
    End If
End Sub
```

Leider funktioniert der Code so aber nur so lange, wie die gewünschte Arbeitsmappe nicht bereits geöffnet ist. In diesem Fall
würde Excel versuchen, die Arbeitsmappe erneut zu öffnen.

Es ist daher sinnvoll, wenn Sie vorher prüfen, ob die gewünschte
Arbeitsmappe schon geöffnet ist. In diesem Fall reicht es aus, wenn
Sie nur einen Verweis auf die schon geöffnete Arbeitsmappe erzeugen. Am besten erstellen Sie dazu eine Funktion, die alle Elemente
der Workbooks-Auflistung durchläuft. Für jedes Workbook-Objekt
prüfen Sie dann, ob dessen Name und Pfad dem gesuchten Namen
entspricht. Wenn ja, gibt die Funktion True zurück, ansonsten
False.

Wenn Sie möchten, können Sie den Pfad der Arbeitsmappe über
die Path-Eigenschaft und den Namen über die Name-Eigenschaft
abrufen und diese wieder unter Verwendung des Pfadtrennzei-
chens zu einem vollständigen Namen zusammensetzen. Das ist
allerdings gar nicht notwendig. Den vollständigen Pfad mit Namen der Datei können Sie auch über die Fullname-Eigenschaft
des Workbook-Objekts ermitteln, wie dies die Funktion Geoeffnet
zeigt:

```
Function Geoeffnet(strDatei As String) As Boolean
    Dim objWB2 As Workbook
    Geoeffnet = False
    For Each objWB2 In Application.Workbooks
        If (objWB2.FullName) = strDatei Then
            Geoeffnet = True
            Exit For
        End If
    Next objWB2
End Function
```

Kapitel 8 | Das Excel-Objektmodell

Diese Funktion müssen Sie nun nur noch in der Prozedur Eingabe aufrufen und dann abhängig vom Rückgabewert der Funktion entweder die Datei öffnen bzw. erzeugen oder nur einen Verweis auf das Workbook-Objekt in der Variablen objWB speichern.

```
Sub Eingabe()
    Dim strDatei As String
    Dim boolGeoeffnet As Boolean
    'Dateiname berechnen
    strDatei = ThisWorkbook.Path & _
        Application.PathSeparator & Dateiname

    'Prüfen, ob die Datei schon geöffnet ist
    boolGeoeffnet = Geoeffnet(strDatei)
    If boolGeoeffnet = False Then
        'nicht geöffnet, prüfen, ob Datei vorhanden ist
        If Dir(strDatei, _
            vbNormal) > "" Then
            'Datei vorhanden, kann geöffnet werden
            Set objWB = _
                Application.Workbooks.Open(strDatei)
        Else
            'Datei nicht vorhanden, erstellen
            Set objWB = Application.Workbooks.Add()
            objWB.SaveAs strDatei
        End If
    Else
        Set objWB = Application.Workbooks( _
        Dateiname)
    End If
End Sub
```

Damit haben Sie den ersten Teil der Prozedur fertig gestellt. Die Arbeitsmappe, in der die Daten gespeichert werden sollen, wird geöffnet und bei Bedarf erzeugt. Nun müssen Sie das im Formular eingegebene Datum auslesen, um mit seiner Hilfe zu prüfen, ob das gewünschte Tabellenblatt für das jeweilige Jahr bereits vorhanden ist. Wenn nicht, müssen Sie es erzeugen und formatieren, bevor Sie in die Datei hineinschreiben können.

Auf Blätter und Zellen zugreifen

Die wichtigsten Teile des Excel-Objektmodells betreffen sicherlich den Zugriff auf Tabellenblätter und Zellen. Wenn Sie das Beispiel um Code erweitern möchten, der dafür sorgt, dass die eingegebenen Daten in das passende Tabellenblatt geschrieben werden, vollzieht sich das in mehreren Schritten:

✔ Auslesen des Datums

✔ Ermitteln des Jahres und des damit verbundenen Tabellenblattes

✔ Prüfen, ob das Tabellenblatt vorhanden ist, wenn nicht, Blatt erstellen

✔ Leere Zeile suchen bzw. erstellen

✔ Daten in leere Zeile eintragen

Zuerst müssen Sie also das eingegebene Datum auslesen. Da Sie die Zellen benannt haben, ist das ganz einfach. Sie können nämlich auf die Zellen eines Tabellenblattes zugreifen, indem Sie deren Zeilen- und Spaltenindex, deren Zelladresse wie beispielsweise A1 oder den Namen der Zelle angeben. In jedem Fall gibt die Auflistung, über die Sie auf die Zellen zugreifen, ein Range-Objekt zurück.

Dieses Range-Objekt kann eine oder mehrere Zellen beinhalten und repräsentiert einen Zellbereich, der im Extremfall eben aus nur einer Zelle besteht. Alternativ können Sie aber auch einen Zellbereich Zelle für Zelle durchlaufen. So können Sie verfahren, um im Tabellenblatt die nächste leere Zeile zu suchen. Dazu können Sie dann die Cells-Auflistung des Tabellenblattes durchlaufen. Jedes Element der Cells-Auflistung ist aber wieder ein Range-Objekt, das aus einer Zelle besteht. Jedes Range-Objekt ist an ein Tabellenblatt gebunden. Sie können also nicht nur die Zelladresse angeben, sondern müssen vorher auch das Tabellenblatt spezifizieren. Tabellenblätter werden über die Worksheets-Auflistung von Excel zurückgegeben. Wenn Sie also die Zelle mit dem Namen Datum des Blattes *eingabe* auslesen möchten, verwenden Sie den Ausdruck:

```
ThisWorkbook.Worksheets("eingabe").Range("Datum").Value
```

Die Eigenschaft ThisWorkbook verwenden Sie deshalb, weil sich die Zelle *Datum* ja in der Arbeitsmappe befindet, in der Sie auch den Code ausführen. Anstelle des Blattnamens eingabe, könnten Sie auch den numerischen Index des Blattes verwenden. Das hat aber den Nachteil, dass sich der Indexwert ändern kann, wenn der Benutzer das Blatt verschiebt oder davor neue Blätter einfügt bzw. löscht. Der Zugriff über den Namen ist daher besser geeignet.

Wenn Sie die Anweisung im Beispiel verwenden möchten, sollten Sie allerdings vorher prüfen, ob in die Zelle *Datum* überhaupt ein Wert eingegeben wurde. Dazu können Sie eine If-Verzweigung einsetzen und prüfen, ob der Wert der Zelle ungleich empty ist. Bei empty handelt es sich um eine vordefinierte Konstante, die unabhängig vom Datentyp der Zelle den Zustand »leer« repräsentiert.

Im Beispiel weisen Sie der Variablen datDatum einfach den Wert der Zelle zu und können dann mit der Year-Funktion die Jahreszahl aus dem Datum ermitteln und der Variablen strBlattname zuweisen, die den Namen des Tabellenblattes speichert, in das die Daten eingetragen werden sollen.

```
Sub Eingabe()
    Dim strDatei As String
    Dim boolGeoeffnet As Boolean
    Dim datDatum As Date
    Dim strBlattname As String

...
    Else
        Set objWB = Application.Workbooks(Dateiname)
    End If

    'Blatt erstellen
    If ThisWorkbook.Worksheets("eingabe" _
        ).Range("Datum").Value <> Empty Then
        datDatum = ThisWorkbook.Worksheets( _
            "eingabe").Range("Datum").Value
```

```
        strBlattname = Year(datDatum)
        'Prüfen, ob das Blatt vorhanden ist
    ...
    End If
End Sub
```

Im nächsten Schritt müssen Sie prüfen, ob es in der Zieldatei bereits ein Blatt mit diesem Namen gibt. Wenn nicht, müssen Sie das Blatt erstellen. Für die Prüfung, ob es das Blatt gibt, eignet sich eine Funktion, der Sie die Arbeitsmappe als Workbook-Objekt und den Namen des Blattes als Parameter übergeben und die dann einen booleschen Wert zurückgibt. Wichtig ist dabei, dass Sie am Funktionsanfang den Rückgabewert auf False setzen. Dann können Sie innerhalb der Schleife, die alle Worksheet-Objekte in der Worksheets-Auflistung durchläuft, den Rückgabewert auf True setzen, sobald Sie ein Blatt mit dem gesuchten Namen gefunden haben. Haben Sie ein solches Blatt gefunden, verlassen Sie die Schleife einfach mit Exit For.

Die Worksheets-Auflistung verwaltet alle Tabellenblätter der Arbeitsmappe und gibt diese über einen Index oder den Blattnamen als Worksheet-Objekte zurück.

```
Function Blattvorhanden(objWB2 As Workbook, _
    strName As String) As Boolean
    Dim objTB As Worksheet
    Blattvorhanden = False
    For Each objTB In objWB2.Worksheets
        If objTB.Name = strName Then
            Blattvorhanden = True
            Exit For
        End If
    Next objTB
End Function
```

Nun müssen Sie die Funktion natürlich noch aufrufen und abhängig von ihrem Rückgabewert das Blatt erzeugen. Blätter können Sie erstellen, indem Sie die Add-Methode der Worksheets-Auflistung aufrufen. In diesem Fall wird ein neues Tabellenblatt erzeugt. Das ist aber natürlich ungünstig, dann müssten Sie alle Inhalte des Tabellenblattes wie Formeln und Formatierungen neu erzeugen. Viel einfacher ist es, wenn Sie in der Datei mit dem Quellcode ein Tabellenblatt definieren, das als Vorlage dient. Besondere Zellen, auf die Sie per Code zugreifen müssen, können Sie dann benennen. In der folgenden Abbildung sind die benannten Zellen mit Kreuzen markiert. Sie heißen UebertragHaben, UebertragSoll, SummeHaben und SummeSoll. In der Tabelle können Sie auch schon wichtige Formeln definieren, die dann ebenfalls in die erzeugten Tabellenblätter übernommen werden.

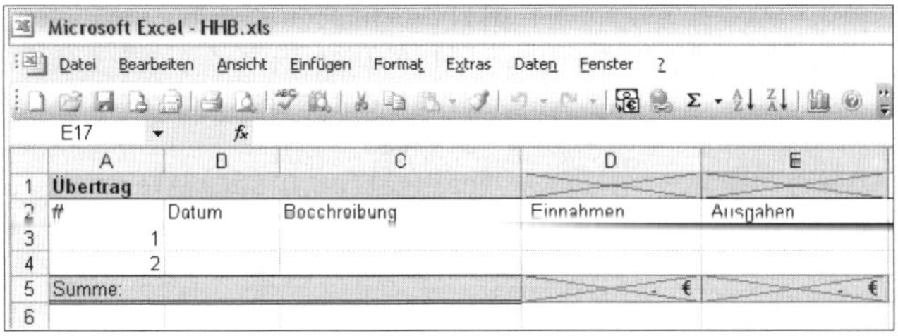

Abbildung 8.6: Die Vorlage für die Daten des Haushaltsbuchs

Um das Tabellenblatt als Vorlage zu verwenden, brauchen Sie es nur noch aus der Arbeitsmappe, die den Code enthält, in die Arbeitsmappe mit den Daten zu kopieren und das erzeugte Blatt dann umzubenennen. Zum Kopieren verwenden Sie die Copy-Methode. Sie hat zwei optionale Parameter Before und After. Sie dürfen maximal einen der Parameter angeben. Sein Wert bestimmt, vor (Before) oder nach (After) welchem Blatt das neue Blatt eingefügt werden soll. Als Werte geben Sie für beide Parameter ein Worksheet-Objekt an. Über das können Sie dann auch bestimmen, dass die Kopie in einer anderen Arbeitsmappe erstellt werden soll, indem Sie nämlich einfach ein Worksheet-Objekt einer anderen Arbeitsmappe als Ziel angeben.

```
Sub Eingabe()
    Dim strDatei As String
```

```
Dim boolGeoeffnet As Boolean
Dim datDatum As Date
Dim strBlattname As String
Dim objDaten As Worksheet
...
   'Blatt erstellen
   If ThisWorkbook.Worksheets("eingabe" _
      ).Range("Datum").Value <> Empty Then
      datDatum = ThisWorkbook.Worksheets( _
         "eingabe").Range("Datum").Value
      strBlattname = Year(datDatum)
      'Prüfen, ob das Blatt vorhanden ist
      If Blattvorhanden(objWB, strBlattname) = _
         False Then
         'Blatt erstellen, durch Kopieren eines
         'Blattes
         Application.DisplayAlerts = False
         ThisWorkbook.Worksheets("Vorlage" _
            ).Copy Before:=objWB.Worksheets(1)
         Set objDaten = objWB.Worksheets("Vorlage")
         'Blatt umbenennen
         objDaten.Name = strBlattname
         Application.DisplayAlerts = true
         'Übertrag berechnen
      End If
   ...
   End If
End Sub
```

Wenn Sie wie hier ein Blatt kopieren, das benannte Zellen enthält, zeigt Excel Warnungen an, wenn das zweite Blatt mit diesen Namen in die Arbeitsmappe eingefügt wird. Dies Warnungen werden die meisten Anwender irritieren. Sie sollten sie daher
umgehen, indem Sie vorher die Eigenschaft DisplayAlerts auf
False und nachher wieder auf True setzen.

Mit dem Kopieren des Blattes ist es aber noch nicht getan. Sie sollten außerdem noch prüfen, ob es ein Blatt für das vorherige Jahr
gibt und dann den Übertrag der Summen durchführen. Am ein-

fachsten geht das, indem Sie in die Zellen UebertragHaben bzw. UebertragSoll des kopierten Blattes eine Formel schreiben, die die Zellwerte der Zellen SummeHaben und SummeSoll des Vorjahres übernimmt. Wenn Sie die Zellen wie vorstehend angegeben benannt haben, lautet die Formel für die Zelle UebertragHaben beispielsweise ='2003'!SummeHaben, wenn das Jahr 2003 das Vorjahr ist.

> Wenn Sie möchten, können Sie aber auch die Differenz zwischen Einnahmen und Ausgaben des Vorjahres berechnen und verwenden. Dies wird im Listing gezeigt. Sie prüfen dazu zunächst, ob die Einnahmen größer als die Ausgaben sind. Wenn ja, schreiben Sie die Differenz in die Zelle UebertragHaben, ansonsten in die Zelle UebertragSoll.

Der Vorteil gegenüber der Formel ist der, dass in späteren Jahren nicht mehr zig Blätter berechnet werden müssen, um den Übertrag im zehnten, zwölften und dreizehnten Jahr zu berechnen.

Als Erstes müssen Sie also prüfen, ob es ein Blatt für das Vorjahr gibt. Dessen Jahreszahl berechnen Sie einfach, indem Sie aus dem Datum in der Variablen datDatum mit der Year-Funktion das Jahr zurückgeben lassen und davon 1 abziehen: Year(datDatum) - 1. Diesen Ausdruck können Sie einfach mit der CStr-Funktion in eine Zeichenkette umwandeln und dann an die Worksheets-Auflistung übergeben, bzw. zunächst die Funktion Blattvorhanden, um zu prüfen, ob es das Blatt gibt. Anschließend wird die Differenz der Summen aus dem Vorjahr berechnet und der Variablen sngUebertrag zugewiesen. Ist der Übertrag kleiner als 0, wird er mit -1 multipliziert, da in der Spalte *Ausgaben* ja nur der Wert ohne Vorzeichen stehen soll. Ansonsten wird der berechnete Wert in die Zielzelle ausgegeben.

```
Sub Eingabe()
...
    Dim sngUebertrag As Single
...
        'Übertrag berechnen
```

```
             'Prüfen, ob es das Vorjahr gibt
             If Blattvorhanden(objWB, Year( _
                 datDatum) - 1) = True Then
                 sngUebertrag = objWB.Worksheets( _
                     CStr(Year(datDatum) - 1) _
                     ).Range("SummeHaben").Value - _
                     objWB.Worksheets(CStr(Year( _
                     datDatum) - 1)).Range( _
                     "SummeSoll").Value
                 If sngUebertrag < 0 Then
                     objDaten.Range("UebertragSoll" _
                         ).Value = _
                         (sngUebertrag * (-1))
                 Else
                     objDaten.Range("UebertragHaben" _
                         ).Value = sngUebertrag
                 End If
             End If
         End If
     End If
 End Sub
```

Abbildung 8.7: Der Übertrag aus dem Vorjahr wird korrekt berechnet

Zellen durchlaufen

Jetzt fehlt noch der wichtigste Teil der Prozedur: die Speicherung der eingegebenen Werte. Wichtig ist dabei, dass Sie zunächst prüfen, in welcher Zeile die Summenzeile steht. Danach müssen Sie feststellen, ob die Zeile vor der letzten Datenzeile noch leer ist. Wenn das der Fall ist, schreiben Sie in diese Zeile die Werte; wenn nicht, müssen Sie zunächst die letzte Zeile vor der Summenzeile markieren, davor eine neue Zeile einfügen und die fortlaufende Nummer berechnen und in die erste Spalte schreiben.

Wenn Sie prüfen möchten, wo sich die Summenzeile befindet, sollten Sie die Zellen der ersten Spalte durchlaufen und nach dem Wert »Summe:« in der Zelle suchen. Haben Sie diese Zelle gefunden, können Sie mit der Row-Eigenschaft die Zeilennummer ermitteln. Sie wird im Listing der Variablen lngZeile zugewiesen.

Anschließend müssen Sie prüfen, ob die beiden Zeilen vor der Zeile mit der Summe leer sind. Das geht am einfachsten, indem Sie prüfen, ob die zweite Zelle leer ist, die ansonsten ein Datum enthalten müsste. Wenn Sie die Zeilen- und Spaltennummer der Zelle kennen, auf die Sie zugreifen möchten, geht das am einfachsten mit der Cells-Auflistung. An sie übergeben Sie den Zeilen- und Spaltenindex als Parameter. Den Zeilenindex können Sie aus der Variablen lngZeile berechnen, von der Sie einfach 1 bzw. 2 abziehen. Die zweite Spalte hat die Spaltennummer 2. Wenn Sie prüfen möchten, ob die Zellen leer sind, vergleichen Sie sie einfach mit dem Wert empty. Sind beide Zellen leer, brauchen Sie gar nichts zu machen. Im Else-Zweig der Verzweigung fügen Sie jedoch eine neue Zeile ein. Dazu geben Sie zunächst die letzte Zeile vor der Summenzeile als Range-Objekt zurück. Am einfachsten geht das über die Rows-Auflistung. Sie verwaltet alle Zeilen eines Tabellenblattes als Range-Objekt. Um eine bestimmte Zeile aus der Auflistung zurückzugeben, müssen Sie nur die Zeilennummer angeben. Wenn Sie dann vor der Zeile eine neue einfügen möchten, rufen Sie die Insert-Methode auf und übergeben an den Parameter Shift den Wert xlDown. Dieser Wert bewirkt, dass die nachfolgenden Zeilen nach unten gerückt werden. Anschließend müssen Sie den Wert der Variablen lngZeile um 1 erhöhen, weil Sie ja nun eine neue Zeile eingefügt haben.

Danach können Sie die Daten in die Zeile einfügen. Zunächst müssen Sie dazu eine fortlaufende Nummer berechnen. Damit die Nummer fortlaufend ist, müssen Sie die Nummer der vorherigen Zeile 1 erhöhen. Da aber die Zeile, in der Sie die Daten eintragen, die erste sein kann, ist es möglich, dass die vorherige Zeile keine numerischen Daten, sondern beispielsweise Text enthält. Daher prüft das Listing zunächst mit der IsNumeric-Funktion, ob der Wert der Zelle numerisch ist. Nur dann wird zu ihrem Wert 1 addiert, ansonsten wird als fortlaufende Nummer der Wert 1 festgelegt.

Anschließend weisen Sie den anderen Zellen der Zeile die Beschriftung und das Datum zu. Beim Wert müssen Sie wieder darauf achten, ob es ein negativer Wert ist. Der muss dann als Ausgabe in die fünfte Spalte geschrieben werden. Positive Werte schreiben Sie als Einnahme in die vierte Spalte. Negative Werte müssen Sie allerdings vorher noch mit -1 multiplizieren, um das Vorzeichen zu entfernen.

```
...
    End If
    Set objDaten = objWB.Worksheets(strBlattname)
    'Summenzeile suchen
    For Each objZelle In objDaten.Columns(1).Cells
        If objZelle.Value = "Summe:" Then
            lngZeile = objZelle.Row
            Exit For
        End If
    Next objZelle
    'Prüfen, ob die zwei Zeilen vor der Summenzeile
    'leer sind
    If (objDaten.Cells(lngZeile - 1, 2).Value = _
        Empty) And _
        (objDaten.Cells(lngZeile - 2, 2).Value = _
        Empty) Then
            'die letzte und vorletzte Zeile sind leer
            'Werte in die vorletzte Zeile eintragen
    Else
            'Neue Zeile einfügen
            objDaten.Rows(lngZeile - 1).Insert _
                Shift:=xlDown
            lngZeile = lngZeile + 1
    End If
    'Fortlaufende Nummer berechnen
```

```
        If IsNumeric(objDaten.Cells(lngZeile - 3, 1 _
            ).Value) = False Then
            objDaten.Cells(lngZeile - 2, 1).Value = 1
        Else
            objDaten.Cells(lngZeile - 2, 1).Value = _
                objDaten.Cells(lngZeile - 3, 1).Value + 1
        End If
        'Daten eingeben
        objDaten.Cells(lngZeile - 2, 2).Value = datDatum
        objDaten.Cells(lngZeile - 2, 3).Value = _
            ThisWorkbook.Worksheets("eingabe").Range( _
            "Beschriftung").Value
        If ThisWorkbook.Worksheets("eingabe" _
            ).Range("Betrag").Value >= 0 Then
            objDaten.Cells(lngZeile - 2, 4).Value = _
                ThisWorkbook.Worksheets("eingabe").Range(
                "Betrag").Value
        Else
            objDaten.Cells(lngZeile - 2, 5).Value = _
                (ThisWorkbook.Worksheets("eingabe" _
                ).Range( _
                "Betrag").Value) * (-1)
        End If
    End Sub
```

Zwar ist der Code inzwischen ausreichend, um das Problem zu lösen. Sie können jedoch dem Benutzer noch den Eindruck vermitteln, dass die Daten aus dem Formular in das Tabellenblatt übertragen wurden, indem Sie die Eingaben aus dem Formular zum Schluss löschen. Dazu ergänzen Sie am Ende der Prozedur folgende Anweisungen:

```
With ThisWorkbook.Worksheets("eingabe")
    .Range("Datum") = ""
    .Range("Beschriftung") = ""
    .Range("Betrag") = ""
End With
```

Abbildung 8.8: Das Tabellenblatt nach vier Eingaben über das Formular

Zellen formatieren und manipulieren

Nach diesem Beispiel, das die grundlegenden Objekte und Methoden von Excel demonstriert hat, lernen Sie nun noch weitere Elemente des Objektmodells kennen, die sich auf die Formatierung und Manipulation von Zellen beziehen.

Zellen formatieren

Grundsätzlich bietet Excel zwei Möglichkeiten, Zellen oder Zellbereiche zu formatieren: Sie können den Zellen oder dem Zellbereich jeweils einzelne Formatierungen zuweisen oder dazu Formatvorlagen verwenden, so genannte Styles. Beide Möglichkeiten werden nachfolgend kurz vorgestellt.

Formatvorlagen bieten sich vor allem dann an, wenn Sie gleiche Formatierungen für sehr viele Zellbereiche benötigen. Möchten Sie z.B. die einzelnen Listeneinträge der Liste abwechselnd mit unterschiedlichem Hintergrund formatieren, bieten sich dafür zwei verschiedene Formatvorlagen an, die Sie nur noch zuweisen müssen.

Alternativ können Sie Zellformatierungen manuell zuweisen. Die folgende Prozedur zeigt dies. Sie legt zunächst die Füllfarbe auf einen RGB-Wert fest, den Sie über die RGB-Funktion berechnen können. Im Anschluss daran werden die Schrifteigenschaften festgelegt. Über die Name-Eigenschaft des Font-Objekts wird zunächst die Schriftfarbe festgelegt. Mit der Size-Eigenschaft definieren Sie die Schriftgröße. Möchten Sie, dass die Schrift fett oder kursiv dargestellt wird, setzen Sie die Eigenschaft bold bzw. italic auf true. Die zu formatierende Zelle wird dabei als Range-Objekt an die Prozedur übergeben.

Das Listing finden Sie in der Datei *K08.xls* im Modul *Formatierungen*.

```
Sub Formatieren(objZelle As Range)
    objZelle.Interior.Color = RGB(0, 255, 0)
    With objZelle.Font
        .Name = "Palatino Linotype"
        .Size - 20
        .Bold = True
        .Italic = True
    End With
End Sub

Sub Testen()
    Formatieren ThisWorkbook.Worksheets(1).Rows(2)
End Sub
```

Wenn Sie den RGB-Wert nicht mit der RGB-Methode berechnen möchten, gibt es eine einfache Möglichkeit, die RGB-Farbnummer der gewünschten Farbe herauszufinden: Füllen Sie in einer Excel-Tabelle eine Zelle mit der gewünschten Farbe und lassen Sie dann die Color-Eigenschaft im Testfenster ausgeben.

Sie können auf diese Weise natürlich auch die Daten des Haushaltsbuches formatieren und abhängig von der Zeilennummer die Datensätze abwechselnd farbig unterlegen.

Den Code dazu finden Sie in der Datei *HHB_Eingabe.xls* im Modul *Formatierungen*.

Zunächst müssen Sie dazu den Datenbereich ermitteln. Dazu durchlaufen Sie die erste Spalte und suchen die erste und letzte Zeile des Datenbereichs. Die erste wird dadurch gekennzeichnet, dass die Zelle den Wert 1 enthält, die letzte Zeile ist die Zeile vor der Zelle mit dem Wert »Summe:«. Die Zeilennummern der so ermittelten Zellen können Sie über die Row-Eigenschaft abfragen.

In einer zweiten Schleife, die alle Zeilen von der Anfangszeile bis zur Endzeile durchläuft, weisen Sie dann einfach der Color-Eigenschaft des Interior-Objekts die gewünschte Farbe zu.

```
Sub DatenFormatieren(objBL As Worksheet)
    Dim lngAnfang As Long
    Dim lngEnde As Long
    Dim lngI As Long
    Dim objZelle As Range
    Dim objZeile As Range
    For Each objZelle In objBL.Columns(1).Cells
        If objZelle.Value = 1 Then
            lngAnfang = objZelle.Row
        ElseIf objZelle.Value = "Summe:" Then
            lngEnde = objZelle.Row - 1
            Exit For
        End If
    Next objZelle
    'Zeilen formatieren
    For lngI = lngAnfang To lngEnde
        Set objZeile = objBL.Rows(lngI)
        If lngI Mod 2 = 0 Then
            objZeile.Interior.Color = _
                RGB(255, 190, 190)
        Else
            objZeile.Interior.Color = _
                RGB(255, 220, 220)
        End If
    Next lngI
    'Spaltenbreiten festlegen
    objBL.Columns("A:E").EntireColumn.AutoFit
End Sub
```

Zum Schluss formatiert die Prozedur noch die Spaltenbreiten der Tabelle und passt deren Breiten automatisch an die Inhalte an. Dafür ist die Anweisung `objBL.Columns("A:E").EntireColumn.AutoFit` verantwortlich.

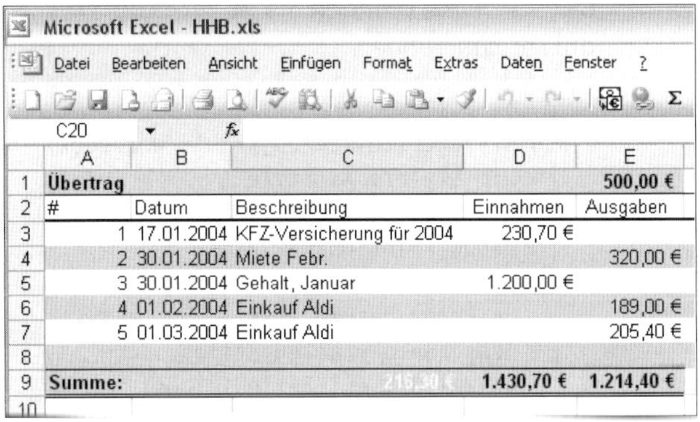

	A	B	C	D	E
1	Übertrag				500,00 €
2	#	Datum	Beschreibung	Einnahmen	Ausgaben
3	1	17.01.2004	KFZ-Versicherung für 2004	230,70 €	
4	2	30.01.2004	Miete Febr.		320,00 €
5	3	30.01.2004	Gehalt, Januar	1.200,00 €	
6	4	01.02.2004	Einkauf Aldi		189,00 €
7	5	01.03.2004	Einkauf Aldi		205,40 €
8					
9	Summe:			1.430,70 €	1.214,40 €
10					

Abbildung 8.9: Das Ergebnis der Prozedur

Alternativ können Sie zum Formatieren der Zeilen auch Formatvorlagen verwenden. Formatvorlagen werden in der Arbeitsmappe gespeichert, in der Sie sie erstellen. Sie können diese Styles auch nur in dieser Arbeitsmappe verwenden. Das bedeutet, Sie müssen die Styles in der Arbeitsmappe definieren, die das Haushaltsbuch enthält, wenn Sie sie dort verwenden möchten.

Um eine Formatvorlage zu erstellen, verwenden Sie die `Add`-Methode der `Styles`-Auflistung und übergeben ihr als ersten Parameter den gewünschten Namen für die Formatvorlage. Anschließend können Sie die gleichen Eigenschaften festlegen wie für eine Zelle. Mit den Eigenschaften `IncludeFont` und `IncludeAlignment`, `IncludeNumber` und `IncludePatterns` legen Sie fest, ob die Formatvorlage die Schrifteigenschaften, die Zellausrichtung, die Zahlenformate und die Fülleigenschaften bestimmt. Wenn Sie diese Eigenschaften auf `False` setzen, würden diese Zelleigenschaften nicht überschrieben werden, bei `True` werden sie überschrieben, falls sie für die Zelle bereits gesetzt sind, der Sie das Format zuweisen. Die nachfolgenden erstellten Stile überschreiben gesetzte Zahlenformate also nicht, weil die Eigenschaft IncludeNumber auf False gesetzt wird.

Den Code dazu finden Sie in der Datei *HHB_Eingabe.xls* im Modul *Formatierungen*.

```
Sub StylesErstellen(objWB2 As Workbook)
    Dim StyleZ1 As Style
    Dim StyleZ2 As Style
    Debug.Print objWB2.Name
    objWB2.Activate
    On Error Resume Next
    'Löschen der alten Stile
    objWB2.Styles("Zeile01").Delete
    objWB2.Styles("Zeile02").Delete
    'Stile neu erstellen
    Set StyleZ1 = objWB2.Styles.Add("Zeile01")
    With StyleZ1
        .IncludeFont = True
        .IncludeAlignment = True
        .IncludeNumber = False
        .IncludePatterns = True
        .Interior.Color = RGB(255, 255, 255)
        .Font.Name = "Arial Narrow"
        .Font.Size = 11
        .Font.Color = RGB(0, 0, 0) 'Schwarz
        .HorizontalAlignment = xlHAlignLeft
    End With
    objWB2.Activate
    Set StyleZ2 = objWB2.Styles.Add("Zeile02")
    With StyleZ2
        .IncludeFont = True
        .IncludeAlignment = True
        .IncludeNumber = False
        .IncludePatterns = True
        .Interior.Color = RGB(220, 220, 220)
        .Font.Name = "Arial Narrow"
```

```
      .Font.Size = 11
      .Font.Color = RGB(0, 0, 0) 'Schwarz
      .HorizontalAlignment = xlHAlignLeft
   End With
End Sub
```

In Excel gibt es einen Bug, der dazu führt, dass beim Setzen der Füllfarbe diese nicht dem zuvor erstellten Stil hinzugefügt wird, sondern ein Stil gleichen Namens nur mit der Füllfarbe in der aktiven Arbeitsmappe erstellt wird. Das führt dann dazu, dass die Zuweisung des Stils zwar korrekt klappt, die Füllfarbe aber nicht sichtbar ist. Sie sollten daher beim Erstellen von Stilen immer darauf achten, zuvor die Arbeitsmappe als aktive Arbeitsmappe festzulegen, in der Sie den Stil erstellen möchten. Dazu rufen Sie vorher einfach die Activate-Methode des Workbook-Objekts auf.

Wenn Sie mit der Add-Methode eine Formatvorlage erzeugen, die bereits vorhanden ist, erhalten Sie einen Laufzeitfehler. Sie können eine Vorlage aber auch ändern, indem Sie über den Namen der Vorlage ein Style-Objekt aus der Styles-Auflistung zurückgeben und dessen Eigenschaften ändern, indem Sie sie neu festlegen. Im Beispiel wird die zweite Möglichkeit genutzt, dieses Problem zu beheben, indem am Anfang der Prozedur beide Stile mit der Delete-Methode der Styles-Auflistung gelöscht werden. Auch dabei kann es natürlich zu Fehlern kommen, falls die Stile nicht vorhanden sind. Aber die können Sie problemlos mit On Error Resume Next übergehen.

Wenn Sie anstelle der einzelnen Formatierungen nun die Stile zuweisen möchten, sind dazu nur wenige Abweichungen zur Prozedur Datenformatieren notwendig, die nachfolgend fett hervorgehoben sind.

```
Sub DatenFormatieren2(objBL As Worksheet)
   Dim lngAnfang As Long
   Dim lngEnde As Long
   Dim lngI As Long
```

```
Dim objZelle As Range
Dim objZeile As Range
For Each objZelle In objBL.Columns(1).Cells
    If objZelle.Value = 1 Then
        lngAnfang = objZelle.Row
    ElseIf objZelle.Value = "Summe:" Then
        lngEnde = objZelle.Row - 1
        Exit For
    End If
Next objZelle
'Zeilen formatieren
For lngI = lngAnfang To lngEnde
    Set objZeile = objBL.Rows(lngI)
    If lngI Mod 2 = 0 Then
        objZeile.Style = "Zeile01"
    Else
        objZeile.Style = "Zeile02"
    End If
Next lngI
'Spaltenbreiten festlegen
objBL.Columns("A:E").EntireColumn.AutoFit
End Sub
```

Wenn Sie nun die Formatierung mithilfe der Formatvorlagen realisieren möchten, müssen Sie beide Prozeduren natürlich noch aufrufen. Das geschieht in der Prozedur Eingabe, in der Sie auch vorher die Prozedur Datenformatieren aufgerufen haben.

```
Sub Eingabe()
    Dim strDatei As String
    Dim boolGeoeffnet As Boolean
    Dim datDatum As Date
    Dim strBlattname As String
    Dim objDaten As Worksheet
    Dim sngUebertrag As Single
    Dim objZelle As Range
    Dim lngZeile As Long
    ...
    'Formatvorlagen erstellen
    StylesErstellen objWB
```

```
                    'Blatt erstellen
          ...
                    'Formatieren der Daten
                    DatenFormatieren2 objDaten
                    End Sub
```

Formeln und Werte zuweisen

Werte weisen Sie einer Zelle über deren Value-Eigenschaft zu, das wissen Sie bereits. Allerdings funktioniert das bei Formeln nicht. Würden Sie die Anweisung objZelle.Value=3+4 verwenden, um der Zelle in der Variablen objZelle die Formel »3+4« zuzuweisen, schlägt das fehl. In diesem Fall würde VBA zunächst den Ausdruck 3+4 auswerten und dann der Zelle den Wert 7, nicht aber die Formel zuweisen. Auch der Versuch, die Formel in Anführungszeichen zu setzen wird scheitern. Wenn Sie die Anweisung obj-Zelle.Value-"3+4" verwenden, wird ebenfalls nicht die Formel zugewiesen, sondern nur die Zeichenfolge »3+4«.

Möchten Sie Formeln zuweisen, gibt es dazu die Eigenschaft Formula und FormulaLocal des Range-Objekts. Die Eigenschaft Formula enthält eine Formel mit englischen Funktionsnamen, die Eigenschaft FormulaLocal enthält die gleiche Formel in lokalisierter Form. In deutschen Excel-Versionen ist dies also die deutsche Formel mit den deutschen Funktionsnamen.

Beide Eigenschaften können Sie nicht nur abrufen, um deren Werte zu ermitteln, sondern auch, um neue Werte zuzuweisen. Welcher der beiden Eigenschaften Sie jedoch einen Wert zuweisen, spielt keine Rolle. Die zuletzt zugewiesene Formel überschreibt immer die Formel automatisch. Wenn Sie der Eigenschaft FormulaLocal eine Formel zuweisen, wird die ins Englische übersetzte Formel auch automatisch in die Eigenschaft Formula geschrieben.

Folgendes Beispiel soll das zeigen. Es weist der Zelle "A1" im ersten Tabellenblatt der Arbeitsmappe eine Summenformel zu. Dazu wird die Formel der Eigenschaft FormulaLocal zugewiesen. In der zweiten Anweisung wird dann der Wert der Formula-Eigenschaft ausgegeben. Sie sehen daran, dass die Formel übersetzt wurde und automatisch der Eigenschaft zugewiesen wurde, als Sie den Wert für die FormulaLocal-Eigenschaft gesetzt haben.

Sie finden den Code in der Datei *K08.xls* im Modul *Formeln*.

```
Sub Formelzuweisen()
    ThisWorkbook.Worksheets(1).Range( _
        "A1").FormulaLocal = "=SUMME(B1;C1)"
    Debug.Print ThisWorkbook.Worksheets( _
        1).Range("A1").Formula
End Sub
```

Die Prozedur gibt im Testfenster die Formel =SUM(B1,C1) aus. Es wird also sowohl der Funktionsname SUMME in SUM übersetzt als auch das Listentrennzeichen ; gegen , ausgetauscht.

Wichtig ist bei der Zuweisung von Formeln, dass Sie auf folgende Dinge achten:

✔ Jede Formel wird bei der Zuweisung in Anführungszeichen eingefasst.

✔ Sie muss mit einem Gleichheitszeichen beginnen.

✔ Sie muss syntaktisch korrekt sein.

✔ Enthält die Formel selbst Anführungszeichen, müssen Sie diese verdoppeln.

Ob Sie die Eigenschaft FormulaLocal oder Formula verwenden, spielt nur dann eine Rolle, wenn Sie nicht wissen, ob Benutzer der Anwendung eine nicht deutschsprachige Version nutzen. Verwenden Sie selbst eine deutschsprachige Version und weisen Sie der

Eigenschaft FormulaLocal die deutsche Formel zu, funktioniert der Code nicht in anderssprachigen Versionen von Excel. Daher sollten Sie immer dann die Formula-Eigenschaft verwenden, wenn Sie möchten, dass Ihr Code unabhängig von der Sprachversion von Excel funktioniert. Wichtig ist dann aber, dass Sie zwingend die englischen Formeln verwenden müssen. Das bedeutet:

✔ englische Funktionsnamen

✔ das Listentrennzeichen », « anstelle von »; «

✔ Dezimalwerte mit Dezimalpunkt statt Komma

Auch bei englischen Formeln gilt, dass Sie Anführungszeichen innerhalb der Formel verdoppeln müssen, da sie sonst als Zeichenkettenbegrenzer interpretiert werden. Die folgende Prozedur demonstriert dies. Sie weist der Zelle "A2" des ersten Tabellenblattes eine Formel zu, die das aktuelle Datum an den Text "Datum" anfügt. Dazu würden Sie direkt in der Excel-Zelle die Formel =VERKETTEN("Datum: ";TEXT(HEUTE();"TT.MM.JJJJ")) eingeben. Wenn Sie diese Formel der Formula-Eigenschaft zuweisen möchten, müssen Sie zunächst die Funktionen VERKETTEN, TEXT und HEUTE übersetzen. Anders als zu erwarten wäre, dürfen Sie den zweiten Parameter der TEXT-Funktion jedoch nicht übersetzen. Sie müssen hier weiterhin die deutschen Kürzel für das Datumsformat "TT.MM.JJJJ" anstelle von "DD.MM.YYYY" angeben. Das liegt daran, dass in deutschen Versionen von Excel die englischen Formatkürzel nicht erlaubt sind.

Wichtig sind aber vor allem die Anführungszeichen. An jeder Stelle innerhalb der Formel, an der Anführungszeichen vorkommen, verdoppeln Sie diese, also um den Text "Datum" herum und um das Datumsformat.

```
Sub Formelzuweisen2()
    ThisWorkbook.Worksheets(1).Range( _
        "A2").Formula = _
        "=CONCATENATE(""Datum: "", " & _
        "TEXT(TODAY(),""TT.MM.JJJJ""))"
End Sub
```

Die Sache mit dem deutschen Datumsformat in der ansonsten englischen Formel ist etwas ärgerlich, da es die Verwendung des Codes dann doch wieder auf deutsche Versionen beschränkt, was eben durch die Verwendung der Formula-Eigenschaft anstelle von FormulaLocal verhindert werden sollte.

Aber auch dafür gibt es natürlich eine Lösung. Sie können einer Excel-Zelle auch eigene Funktionen zuweisen, die sich dann wie die exceleigenen Funktionen anwenden lassen. Benötigen Sie also eine Funktion, die ein Datum formatiert und als Text zurückgibt, schreiben Sie sich einfach selbst eine.

Voraussetzung für die Nutzung einer eigenen Funktion als Zellfunktion ist, dass Sie die Funktion in einem normalen Modul definiert haben und dass die Funktion einen Wert zurückgibt, der in einer Zelle darstellbar ist. Sie dürfen außerdem innerhalb der Funktion keine Anweisungen verwenden, die Zellen oder Blätter aktivieren, markieren oder wechseln.

Sie können daher also nur einfache Datentypen, keine Objekte aus der Funktion zurückgeben. Die folgende Funktion ZuTEXT gibt das entsprechend der Systemsteuerung formatierte Datum als Zeichenkette zurück. Sie können sie wie in der Prozedur Formelzuweisen3, gezeigt wird, anstelle der Funktion TEXT in der Formel verwenden.

```
Sub Formelzuweisen3()
    ThisWorkbook.Worksheets(1).Range( _
        "A2").Formula = _
        "=CONCATENATE(""Datum: "", " & _
        "ZuTEXT(TODAY()))"
End Sub


Function ZuTEXT(datDatum As Date) As String
    ZuTEXT = CStr(datDatum)
End Function
```

Zahlenformate festlegen

Auch Zahlenformate können Sie natürlich per VBA festlegen. Dazu weisen Sie die Formatzeichenfolge der Eigenschaft `NumberFormat` zu. Auch hier müssen Sie englische Formatzeichen verwenden. Möchten Sie die deutschen Formate nutzen, weisen Sie das Format der `NumberFormatLocal`-Eigenschaft zu.

> Sie finden den Code im Modul *Formatierungen* der Datei *K08.xls* auf der CD.

```
Sub Zahlenformate()
    Dim objZelle As Range
    Set objZelle = _
        ThisWorkbook.Worksheets(1).Range("C1")
    objZelle.NumberFormat = "#0.00"
End Sub
```

Wichtige Ereignisse in Excel

Excel stellt eine Reihe von Ereignissen für eine Arbeitsmappe oder ein einzelnes Blatt einer Arbeitsmappe zur Verfügung, die Sie nutzen können. Generell gilt: Um diese Ereignisse zu nutzen, gibt es prinzipiell zwei Möglichkeiten. Sie können eine Ereignisprozedur für das Ereignis erstellen oder integrierte Methoden verwenden, denen Sie dann Prozeduren zuweisen. Beide Möglichkeiten sollen hier an ein paar Beispiele vorgestellt werden.

Methoden zur Ereignisbehandlung

Aus den Anfangszeiten von VBA stammt noch eine recht altertümliche Möglichkeit, Code auszuführen, wenn bestimmte Ereignisse eintreten. Dazu stellt Excel bestimmte Methoden zur Verfügung, über deren Parameter Sie festlegen können, welche Prozedur beim Eintreten eines bestimmten Ereignisses ausgeführt werden soll.

So können Sie beispielsweise bestimmen, dass eine bestimmte Prozedur immer dann ausgeführt wird, wenn der Benutzer eine bestimmte Taste oder Tastenkombination drückt. In diesem Fall verwenden Sie dazu die OnKey-Methode. Ihr übergeben Sie als ersten Parameter den Tastencode für die Taste, also beispielsweise "{F2}", wenn die Prozedur beim Drücken der Taste F2 ausgeführt werden soll.

Eine Liste aller Tastencodes finden Sie im Anhang oder in der Online-Hilfe zur OnKey-Methode.

Den Code finden Sie im Modul *Ereignisse* der Datei *K08.xls*.

Als zweiten Parameter geben Sie die Prozedur an, die ausgeführt werden soll. Dabei lassen Sie jedoch die runden Klammern weg und können auch keine Parameter übergeben. Die Prozedur, die Sie zuweisen, muss in einem normalen Modul definiert sein und darf keine Parameter haben. Im Beispiel wird die Prozedur F2taste ausgeführt, die lediglich eine Meldung ausgibt.

Mit der Methode OnTime können Sie eine Prozedur zu einer bestimmten Zeit ausführen. Dazu übergeben Sie als ersten Parameter den Zeitpunkt des Date-Wertes und als zweiten wieder den Namen der Prozedur. Wenn Sie später die Zuordnung wieder löschen möchten, müssen Sie jedoch die gleiche Zeit angeben. Für den Fall, dass Sie als Zeit eine Zeitspanne berechnet vom Zeitpunkt der Prozedurausführung angeben möchten, sollten Sie die Zeit zunächst berechnen und in einer Variablen (hier datZeit) speichern. Sie benötigen nämlich die gleiche Zeit, um die Zuordnung der Prozedur wieder aufzuheben.

```
Dim datZeit As Date

Sub Ereignisse()
```

```
    Application.OnKey "{F2}", "F2taste"
    datZeit = Now + TimeValue("00:00:10")
    Application.OnTime datZeit, "Zeitgeber"
End Sub

Sub F2taste()
    MsgBox "F2 gedrückt!"
End Sub

Sub Zeitgeber()
    MsgBox "10 Sekunden sind rum!"
End Sub
```

Sie können die Zuordnung zwischen Ereignis und Prozedur auch wieder aufheben bzw. auf den Standard von Excel zurücksetzen. Wie das geht, hängt von der Methode ab, die Sie für die Zuweisung verwendet haben. Wenn Sie beispielsweise der Taste F2 eine Prozedur mit der OnKey-Methode zugewiesen haben, gibt es zwei Möglichkeiten, diese Zuweisung wieder aufzuheben. Sie geben als zweiten Parameter für den erneuten Aufruf der OnKey-Methode eine leere Zeichenfolge an: Application.OnKey "{F2},"". In diesem Fall wird bei F2 gar nichts ausgeführt, weder die Standardaktion von Excel noch Ihre Prozedur. Sie können aber auch den zweiten Parameter weglassen. Dann führt Excel bei Drücken von F2 von nun an wieder die Standardaktion aus.

```
Sub EreignisseAufheben()
    Application.OnKey "{F2}"
    Application.OnTime datZeit, "Zeitgeber", False
End Sub
```

Bei der OnTime-Methode müssen Sie auf jeden Fall die gleiche Zeit angeben, zu der die Prozedur ursprünglich ausgeführt werden sollte, und auch die Angabe des Prozedurnamens ist obligatorisch. Mit dem optionalen dritten Parameter, den Sie nun aber auf False setzen, geben Sie an, die Prozedur nicht mehr ausgeführt werden soll.

Obwohl der Aufruf gemäß Hilfe korrekt ist und dort keine Einschränkungen hinsichtlich der Verwendung von Variablen als Zeitangabe zu finden sind, funktioniert die Aufhebung der Zuweisung nicht. Auch wenn Sie eine feste Zeit mithilfe der Funktion `TimeValue` beispielsweise mit `Application.OnTime TimeValue("17:00:00")`, `"zeitgeber"` angeben, lässt sich die Zuweisung nicht aufheben. Offenbar hat der dritte Parameter der Methode keine Wirkung, da die Zuweisung nicht nur nicht aufgehoben, sondern doppelt gesetzt wird. Bei Erreichen der definierten Zeit wird die Prozedur dann zweimal aufgerufen.

Ereignisprozeduren für wichtige Excel-Ereignisse

Die Alternative sind Ereignisprozeduren. Die haben Sie bereits kennen gelernt. Daher sollen sich die nachfolgenden Beispiele auf die wichtigsten Ereignisse beschränken.

Generell gilt, dass Sie alle Ereignisprozeduren für Ereignisse für ein bestimmtes Blatt im Klassenmodul des Blattes erstellen müssen. Bei den Ereignissen für die Arbeitsmappe müssen Sie die Ereignisprozeduren im Modul *DieseArbeitsmappe* erstellen.

Die folgende Tabelle listet wichtige Ereignisse von Tabellenblättern auf. Wenn Sie für diese Ereignisse Ereignisprozeduren erstellen möchten, gehen Sie dazu wie folgt vor:

✔ Doppelklicken Sie im Projekt-Explorer auf das Tabellenblatt, dessen Ereignisse Sie nutzen möchten.

✔ Wählen Sie aus der Objektliste den Eintrag *Worksheet* aus.

✔ Wählen Sie dann das Ereignis aus der Ereignisliste aus.

Ereignis	Beschreibung
`Worksheet_Activate()`	Dieses Ereignis tritt ein, wenn das Blatt aktiviert wird.
`Worksheet_Calculate()`	Das `Calculate`-Ereignis tritt ein, wenn das Blatt berechnet wird.

Ereignis	Beschreibung
Worksheet_Change(ByVal Target As Range)	Bei jeder Änderungen im Blatt tritt das Change-Ereignis ein. Über den Parameter Target können Sie auf den Zellbereich zugreifen, in dem die Änderung erfolgt.
Worksheet_Deactivate()	Das Ereignis tritt ein, wenn ein Blatt deaktiviert wird.
Worksheet_SelectionChange (ByVal Target As Range)	Das Ereignis tritt ein, wenn die Markierung geändert wird, also wenn der Benutzer beispielsweise eine andere Zelle oder einen anderen Zellbereich markiert. Den Zellbereich der neuen Markierung können Sie wieder über den Parameter Target ermitteln.

Tabelle 8.1: Wichtige Ereignisse von Tabellenblättern

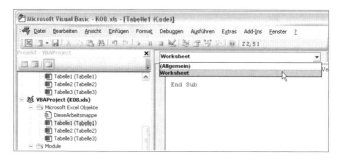

Abbildung 8.10: Erstellen einer Ereignisprozedur für ein Blatt

Sie können beispielsweise das Ereignis Change nutzen, um Zellen zu formatieren, die geändert wurden. Dazu setzen Sie einfach die Color- oder ColorIndex-Eigenschaft des Interior-Objekts der geänderten Zelle. Diese können Sie über den Target-Parameter ansprechen. Die folgende Ereignisprozedur färbt alle geänderten Zellen rot ein.

```
Private Sub Worksheet_Change(ByVal Target As Range)
    Target.Interior.ColorIndcx = 3
End Sub
```

Sie können diese Ereignisprozedur auch dahingehend erweitern, dass Zellen, die so geändert wurden, dass sie leer sind, wieder auf den Ausgangszustand zurückgesetzt werden. Dazu weisen Sie der ColorIndex-Eigenschaft den Wert 0 zu, wenn die Zelle leer ist.

```
Private Sub Worksheet_Change(ByVal Target As Range)
    If Target.Value = Empty Then
        Target.Interior.ColorIndex = 0
    Else
        Target.Interior.ColorIndex = 3
    End If
End Sub
```

Auch die Arbeitsmappe selbst verfügt über ein paar interessante Ereignisse. Wenn Sie die nutzen möchten, erstellen Sie die Ereignisprozeduren im Modul *DieseArbeitsmappe*.

Ereignis	Beschreibung
Workbook_Activate()	Das Ereignis tritt ein, wenn die Arbeitsmappe zur aktiven Arbeitsmappe wird.
Workbook_AddinInstall ()	Das Ereignis tritt ein, wenn ein Add-In installiert wurde.
Workbook_BeforePrint (Cancel As Boolean)	Das Ereignis tritt ein, bevor die Arbeitsmappe gedruckt werden soll. Sie können den Druck abbrechen, indem Sie den Cancel-Parameter auf True setzen.
Workbook_NewSheet (ByVal Sh As Object)	Das Ereignis tritt ein, wenn ein neues Blatt erzeugt wurde. Auf das erzeugte Blatt können Sie über den Parameter Sh zugreifen.
Workbook_Open()	Das Ereignis tritt ein, wenn die Arbeitsmappe geöffnet wird.
Workbook_SheetActivate(ByVal Sh As Object)	Das Ereignis tritt ein, wenn ein Blatt der Arbeitsmappe aktiviert wird. Das aktivierte Blatt können Sie über den Parameter Sh abrufen.
Workbook_SheetCalculate (ByVal Sh As Object)	Das Ereignis tritt ein, wenn ein Blatt der Arbeitsmappe berechnet wird. Auf das berechnete Blatt können Sie über den Parameter Sh zugreifen.
Workbook_SheetChange (ByVal Sh As Object, ByVal Target As Range)	Das Ereignis tritt ein, wenn ein Blatt verändert wird. Sie können mit dem Parameter Sh auf das Blatt zugreifen und mit dem Parameter Target auf den geänderten Zellbereich.

Ereignis	Beschreibung
Workbook_SheetSelection Change(ByVal Sh As Object, ByVal Target As Range)	Das Ereignis tritt ein, wenn ein Blatt ausgewählt oder ein Zellbereich markiert wird. Über den Parameter Sh können Sie auf das Blatt, mit Target auf den Zellbereich zugreifen.
Workbook_WindowActivate (ByVal Wn As Window)	Das Ereignis tritt ein, wenn das Fenster aktiviert wird, in dem die Arbeitsmappe angezeigt wird.

Tabelle 8.2: Wichtige Ereignisse des Workbook-Objekts

Beachten Sie, dass nicht alle Ereignisse in jeder Excel-Version verfügbar sind. Insbesondere in den Mac-Versionen von Excel werden Sie nur einen Bruchteil der Ereignisse vorfinden.

Diagramme erstellen

Excel bietet die Möglichkeit, Diagramme zu erstellen. Sie müssen dazu aber nicht immer manuell den Assistenten durchlaufen, sondern können ebenso gut Diagramme per VBA erzeugen.

Das Objektmodell von Excel ist hinsichtlich Diagrammen allerdings so komplex, dass eine detaillierte Schilderung ein eigenes Buch füllen würde. Daher können die nachfolgenden Seiten nur die Grundzüge von Diagrammen und ein paar Denkanstöße vermitteln.

Sie finden den Code der folgenden Listings im Blatt *Diagramme* der Datei *K08.xls*.

Vorbereitungen

Damit Sie ein Diagramm erstellen können, benötigen Sie ein Tabellenblatt mit Daten, die in Diagrammformat dargestellt werden können. Das Beispiel verwendet dazu das Blatt *Daten* der Arbeitsmappe *K08.xls*, in dem Umsatzdaten enthalten sind. Der Bereich, in dem sich die Daten befinden, hat den Namen *Umsatzdaten*.

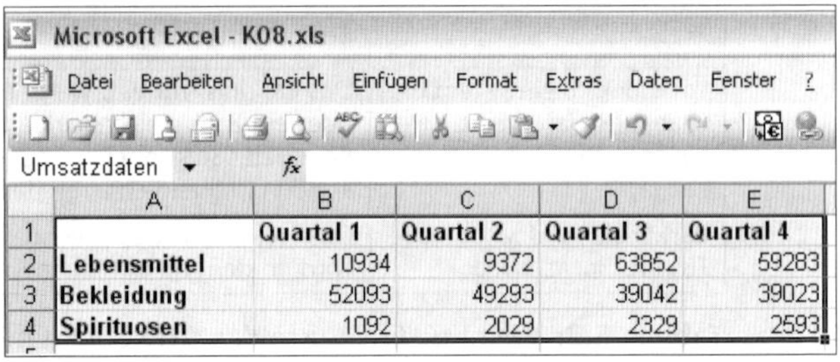

	A	B	C	D	E
1		Quartal 1	Quartal 2	Quartal 3	Quartal 4
2	Lebensmittel	10934	9372	63852	59283
3	Bekleidung	52093	49293	39042	39023
4	Spirituosen	1092	2029	2329	2593

Abbildung 8.11: Aufbau der Daten für die Diagrammerzeugung

Ein Diagrammblatt erzeugen

Wenn Sie ein Diagramm erstellen möchten, können Sie das Diagramm dazu wahlweise in ein Tabellenblatt integrieren oder auch ein Diagrammblatt verwenden. Letzteres bietet sich vor allem dann an, wenn Sie das Diagramm per VBA erzeugen möchten, da der Zugriff auf ein Blatt wesentlich einfacher ist als der Zugriff auf ein integriertes Diagrammobjekt.

Wenn Sie ein Diagrammblatt erstellen möchten, rufen Sie dazu die Add-Methode der Charts-Auflistung auf. Die Charts-Auflistung verwaltet alle Diagrammblätter als Chart-Objektes. Wenn Sie später auch mit anderen Prozeduren auf das erzeugte Blatt zugreifen möchten, ist es ratsam, die Objektvariable, die den Rückgabewert der Add-Methode speichert, auf Modulebene zu deklarieren.

Haben Sie das Blatt erzeugt, können Sie über die Name-Eigenschaft des Chart-Objekts den Namen des Blattes festlegen. Hier wird das Blatt *Umsatz-Diagramm* genannt.

```
Dim objBL As Chart

Sub Diagrammerstellen()
    BlattErzeugen
End Sub


Sub BlattErzeugen()
```

```
Set objBL = ThisWorkbook.Charts.Add()
objBL.Name = "Umsatz-Diagramm"
End Sub
```

Beachten Sie, dass der Code der Prozedur BlattErzeugen natürlich nur dann fehlerfrei ausgeführt wird, wenn es das Blatt *Umsatz-Diagramm* noch nicht gibt.

Wenn Sie ein gegebenenfalls vorhandenes Blatt vorher löschen möchten, müssen Sie den Code wie ergänzen: Sie rufen einfach die Delete-Methode der Sheets-Auflistung auf. Sie löscht das Diagrammblatt, falls es vorhanden ist. Damit kein Fehler auftritt, wenn es das Blatt noch nicht gibt, müssen Sie vor der Delete-Anweisung die On Error Resume Next-Anweisung angeben.

Beim Löschen von Blättern zeigt Excel eine Warnung an. Sie sollten daher vor der Delete-Anweisung die Anzeige von Warnungen mit DisplayAlerts=False ausschalten und später wieder einschalten.

```
Sub BlattErzeugen()
    On Error Resume Next
    Application.DisplayAlerts = False
    ThisWorkbook.Sheets("Umsatz-Diagramm").Delete
    Application.DisplayAlerts = True
    On Error GoTo 0
    Set objBL = ThisWorkbook.Charts.Add()
    objBL.Name = "Umsatz-Diagramm"
End Sub
```

Die Datenquelle festlegen

Im nächsten Schritt müssen Sie die Datenquelle für das Diagramm festlegen. Das erledigt die Prozedur Daten. Sie ruft die Methode SetSourceData des Diagrammblattes auf, die die Datenquelle fest legt. Die Methode erwartet zwei Parameter. Als erstes geben Sie den Zellbereich in Form eines Range-Objektes an, der die Daten enthält. Hier können Sie also einfach über den Namen Umsatzdaten des Zellbereichs auf die Zellen zugreifen. Mit dem zweiten Parameter legen Sie fest, ob die Zeilen (xlRows) oder Spalten (xlColumns) als Datenreihen dargestellt werden sollen. Was sinnvoll ist, hängt von den Daten und dem Diagrammtyp ab.

```
Sub Diagrammerstellen()
    BlattErzeugen
    Daten
End Sub


Sub Daten()
    objBL.SetSourceData ThisWorkbook.Worksheets( _
        "Daten").Range("Umsatzdaten"), xlRows
End Sub
```

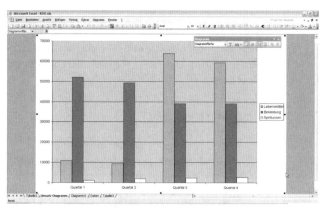

Abbildung 8.12: Das Zwischenergebnis nach Zuweisen der Datenquelle

Diagrammtyp ändern und Datenreihen formatieren

Für die Formatierung des Diagramms fällt der Code nun aber etwas länger aus. Zunächst sollten Sie ein Array definieren, in das Sie die Farbwerte für die Datenreihen schreiben. Das geht am einfachsten und schnellsten mit der Array-Funktion, die ein Array der an die Funktion übergebenen Werte zurückgibt.

Als Werte müssen Sie die Farbindizes des für das Diagramm gewählten Farbschemas angeben. Das Problem dabei ist, dass Sie die schlecht herausfinden können. Da hilft nur Versuch und Irrtum. Als Erstes sollten Sie dann den Diagrammtyp wählen. Dazu setzen Sie die ChartType-Eigenschaft. Sie erwartet als Wert eine xlChartType-Konstante. Davon stehen eine ganze Reihe zur Verfügung, die Ihnen IntelliSense zur Auswahl bietet.

In einer For-Schleife durchlaufen Sie nun die Datenreihen, die in der SeriesCollection-Auflistung verwaltet werden. Die Anzahl Datenreihen können Sie über die Count-Eigenschaft der Auflistung ermitteln. Für jede Datenreihe werden nacheinander die folgende Formatierung festgelegt.

Über die Methode TwoColorGradient wird ein zweifarbiger Verlauf definieren. Der Parameter Style legt dann die Richtung des Verlaufs fest und der Parameter Variant den Typ des Verlaufs. Über die Visible-Eigenschaft des Fill-Objekts können Sie die Füllung der Datenreihen sichtbar machen. Danach legen Sie die Vordergrund- und die Hintergrundfarbe fest. Beide Farben bestimmen den Farbverlauf. Die Vordergrundfarbe bestimmt die Anfangsfarbe, die Hintergrundfarbe die Endfarbe.

Beide Farben legen Sie fest, indem Sie der Eigenschaft SchemeColor den Farbindex aus dem Array zuweisen bzw. den Endwert auf Weiß festlegen. Die Farbe Weiß hat den Index 2.

Zum Schluss formatieren Sie die Wände der Grafik auf die gleiche Weise, indem Sie diese Eigenschaft für das Walls-Objekt setzen.

Beachten Sie, dass die Wände einer Grafik nur in 3D-Diagrammen verfügbar sind. Daher tritt ein Fehler auf, falls Sie einen Nicht-3D-Diagrammtyp gewählt haben. Bei 2D-Diagrammen verwenden Sie deshalb das Objekt ChartArea anstelle von Walls.

```
Sub Diagrammerstellen()
    BlattErzeugen
    Daten
```

```
        Diagrammformatieren
End Sub


Sub Diagrammformatieren()
    Dim intI As Integer
    Dim arrFarben As Variant
    arrFarben = Array(4, 32, 3)

    With objBL
        'Diagrammtyp festlegen
        .ChartType = xl3DAreaStacked
        'Datenreihen formatieren
        For intI = 1 To .SeriesCollection.Count
            .SeriesCollection(intI).Select
            With Selection
                .Fill.TwoColorGradient Style:= _
                    msoGradientDiagonalDown, variant:=1
                .Fill.Visible = True
                .Fill.ForeColor.SchemeColor = _
                    arrFarben(intI - 1)
                .Fill.BackColor.SchemeColor = 2
            End With
        Next intI
        'Wände des 3D-Charts formatieren
        With .Walls
            .Fill.TwoColorGradient Style:= _
                msoGradientHorizontal, variant:=2
            .Fill.Visible = True
            .Fill.ForeColor.SchemeColor = 15
            .Fill.BackColor.SchemeColor = 2
        End With
    End With
End Sub
```

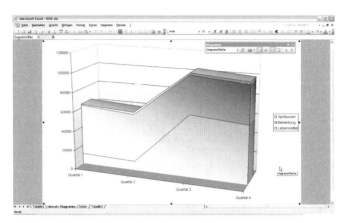

Abbildung 8.13: Das Ergebnis der Formatierungen

Titel hinzufügen

Zuletzt fehlt dem Diagramm natürlich noch ein Titel. Den können Sie einfügen, indem Sie zunächst die HasTitle-Eigenschaft auf True setzen und dann die Text-Eigenschaft des ChartTitle-Objekts festlegen:

```
Sub Diagrammerstellen()
    BlattErzeugen
    Daten
    Diagrammformatieren
    TitelHinzufuegen "Diagrammtitel"
End Sub

Sub TitelHinzufuegen(strTitel As String)
    objBL.HasTitle = True
    objBL.ChartTitle.Text = strTitel
End Sub
```

9 VBA-Programmierung in Word

Seit der Einführung von VBA in Word 97 ist die Zahl der VBA-Entwickler, die mit VBA in Word programmieren, stetig gestiegen. Dies zeigt sich auch daran, dass Word die erste Office-Anwendung war, für die es auf dem Newsserver von Microsoft eine eigene deutsche VBA-Newsgroup gab.

Interessant ist die Programmierung von Word vor allem dadurch, dass Word von sich aus schon die Kommunikation mit anderen Anwendungen wie Excel und Access unterstützt und in der Lage ist, E-Mails über einen MAPI-fähigen E-Mail-Client zu verschicken. Diese Fähigkeiten können Sie mit VBA leicht zu leistungsfähigen Anwendungen ausbauen. Hier erfahren Sie nun Wissenswertes über das Objektmodell von Word 2003 und wie Sie es nutzen können. In späteren Kapiteln wird dann auch die Zusammenarbeit mit anderen Office-Anwendungen gezeigt.

Zugreifen auf Word

Auch in Word ist das Application-Objekt das oberste Objekt der Hierarchie. Es stellt die gesamte Word-Anwendung mit allen ihren Eigenschaften und Methoden und untergeordneten Objekten dar.

Eigenschaften des Application-Objekts

Das Application-Objekt von Word hat ungemein viele nützliche Eigenschaften. Sie alle ausführlich darzustellen, würde alleine schon 500 Seiten füllen. Es sind dabei auch eine ganze Reihe Eigenschaften, die ein normaler VBA-Programmierer nie brauchen wird. Daher beschränken sich die folgenden Ausführungen auf die wichtigsten Eigenschaften, die Voraussetzung für die Beispiele zu Dokumenten sind. Weitere wichtige Teile des Objektmodells lernen Sie darüber hinaus in späteren Kapiteln kennen.

Das erste Beispiel ermittelt den Namen des aktiven Dokuments, den aktuellen Drucker und den Titel des aktuellen Fensters. Diese

Angaben werden in einem mit der Funktion MsgBox erzeugten Dialog ausgegeben.

Sie finden das Beispiel in der Datei *K09.doc* im Modul *Anwendung* auf der CD.

Das aktive Dokument wird durch die Eigenschaft ActiveDocument des Application-Objekts zurückgegeben. Dessen Eigenschaft Name gibt den Dateinamen an. Die Eigenschaft ActivePrinter gibt den Namen des aktiven Druckers zurück. Mit ActiveWindow wird das aktive Fenster als Window-Objekt zurückgegeben, dessen Text in der Titelleiste über die Eigenschaft Caption ermittelt wird. Der Quelltext sieht wie folgt aus:

```
Sub Meldung()
    Dim Text As String
    Text = _
        "Programminfo! " & Chr(10) & Chr(10) & _
        "Aktives Dokument: " & _
        Application.ActiveDocument.Name & _
        Chr(10) & "Aktiver Drucker: " & _
        Application.ActivePrinter & Chr(10) _
        & "Aktives Fenster: " & _
        Application.ActiveWindow.Caption
        MsgBox Text, vbInformation, "INFO!"
End Sub
```

Das Beispiel gibt folgenden Dialog aus:

Abbildung 9.1: Ausgabe der aktiven Dokumente

Auch das nächste Beispiel ermittelt Informationen. Diesmal werden das Verzeichnis von Word, dessen Versionsnummer und der Name des Benutzers angezeigt.

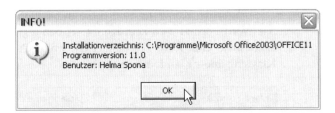

Abbildung 9.2: Informationen zu Word und dem Benutzer

Das Verzeichnis der Anwendung Word wird durch die Eigenschaft Path des Application-Objekts zurückgegeben, die Version durch die Eigenschaft Version und der Benutzername durch UserName. Der dazu notwendige Quellcode lautet wie folgt:

```
Sub Winword()
    Dim Text As String
    Text = "Installationverzeichnis: " & _
    Application.Path & Chr(10) & _
    "Programmversion: " & _
    Application.Version & Chr(10) & _
    "Benutzer: " & Application.UserName
    MsgBox Text, vbInformation, "INFO!"
End Sub
```

Mithilfe der Eigenschaft DefaultSaveFormat können Sie den Standarddateityp festlegen oder abfragen, in dem die Dateien von Word gespeichert werden. Dies entspricht der Einstellung *Dateien speichern als* im Dialog *Extras / Optionen*.

```
Sub Speicherformat()
    Application.DefaultSaveFormat = "Rtf"
End Sub
```

Der vorstehende Quelltext bestimmt, dass Dateien standardmäßig als RTF-Dateien, also im Rich Text Format, gespeichert werden. Der Eigenschaft wird dazu der Klassenname des Dateikonverters `Rtf` zugewiesen. Dieser muss in Anführungszeichen gesetzt werden. Die möglichen Konverter finden Sie in nachfolgender Tabelle. Für das Word-Format wird kein Konverter benötigt. Der Klassenname ist deshalb eine leere Zeichenketten, wodurch die Angabe "" als Klassenname zustande kommt.

Word-Format	Klassenname des Dateikonverters
Word-Dokument	`" "`
Dokumentvorlage	`"Dot"`
Nur Text	`"Text"`
Nur Text + Zeilenwechsel	`"CRText"`
MS-DOS-Text	`"8Text"`
MS-DOS-Text + Zeilenwechsel	`"8CRText"`
Rich Text Format	`"Rtf"`
Unicode-Text	`"Unicode"`

Tabelle 9.1: Klassennamen für Dateikonverter (Quelle: Onlinehilfe)

Die Eigenschaft `DisplayStatusBar` des `Application`-Objekts bestimmt, ob die Statusleiste der Anwendung ein- oder ausgeblendet ist. Sie können die Eigenschaft sowohl setzen als auch abfragen. Die `StatusBar`-Eigenschaft ermöglicht es Ihnen, den Text zu bestimmen, der in der Statusleiste angezeigt wird. Dabei ist es unerheblich, ob die Statusleiste eingeblendet ist oder nicht. Es tritt kein Fehler auf, wenn die `StatusBar`-Eigenschaft gesetzt wird und die Statusleiste ausgeblendet ist. Sie wird jedoch auch nicht eingeblendet. Da aber der Sinn eines Statusleistentextes für gewöhnlich darin besteht, dem Anwender Informationen zum aktuellen Programmstatus zu geben, wurde im folgenden Beispiel zunächst abgefragt, ob die Statusleiste angezeigt wird oder nicht. Falls nicht, wird dies durch die Prozedur `Status1_ein` nachgeholt, bevor der Text bestimmt wird.

```
Sub Statusleistentext()
    If Application.DisplayStatusBar = _
    False Then
        Statusl_ein
    End If
    Application.StatusBar = _
    "Einen Augenblick Geduld bitte ..."
End Sub

Sub Statusl_ein
    Application.DisplayStatusbar=true
End Sub
```

Nach dem Ausführen der Prozedur sieht die Statusleiste wie folgt aus:

Abbildung 9.3: Angezeigter Statusleistentext

Die Documents-Eigenschaft gibt die Documents-Auflistung zurück, die eine Liste aller aktuell geöffneten Dokumente darstellt. Über einen Index oder den Namen der Datei können Sie dann auf das einzelne Dokument zugreifen. Im folgenden Beispiel wird die Liste aller geöffneten Dokumente im Direktfenster ausgegeben:

```
Sub Geöffnete_Dateien()
    Dim Dat As Document
    For Each Dat In Application.Documents
        Debug.Print Dat.Name
    Next Dat
End Sub
```

Dazu wird zunächst eine Objektvariable Dat vom Typ Document definiert, weil die Objekte der Documents-Auflistung diesem Typ entsprechen. Sie könnten hierzu jedoch auch eine Variable vom Typ Object deklarieren, dann steht Ihnen allerdings keine IntelliSense zur Verfügung. Mit dieser Variablen wird in einer For-Each-Next-Schleife die Documents-Auflistung durchlaufen und der Name jedes geöffneten Dokuments wird mithilfe der Name-Eigenschaft des Document-Objekts im Direktfenster ausgegeben.

Mit der Eigenschaft Options können Sie sich ein Options-Objekt zurückgeben lassen, das alle Einstellungen ermöglicht, die Sie auch über *Extras / Optionen* einstellen können. Mit dem folgenden Beispiel wird die Grammatikprüfung während der Eingabe eingeschaltet. Um die Grammatikfehler dann aber auch anzeigen zu lassen, ist es notwendig, dass Sie auch die Eigenschaft ShowGrammatical-Errors des aktuellen Dokuments auf True setzen. Sie bestimmt, dass die gefundenen Grammatikfehler im Dokument gekennzeichnet werden.

```
Sub Optionen_festlegen()
    Options.CheckGrammarAsYouType = True
    ActiveDocument.ShowGrammaticalErrors = True
End Sub
```

Bei Grammatikfehlern wird der betreffende Textteil nun grün markiert. Rechtschreibfehler werden weiterhin rot markiert.

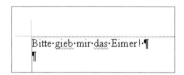

Abbildung 9.4: Grammatik- und Rechtschreibfehler werden entsprechend farbig markiert (Rechtschreibfehler=rot, Grammatikfehler=grün)

Im Kontextmenü zur markierten Textstelle ist dann in der Regel ein Hinweis auf den Fehler und seine mögliche Korrektur zu finden.

Die Eigenschaft FontNames gibt die FontNames-Auflistung zurück, die die Namen aller auf dem Rechner verfügbaren Schriften enthält.

Im folgenden Beispiel werden die Namen aller Schriften im Direkt-fenster ausgegeben:

```
Sub Fontliste()
  Dim F As Variant
  For Each F In Application.FontNames
    Debug.Print F
  Next F
  MsgBox "Auf Ihrem Rechner sind " & _
    Application.FontNames.Count & _
    " verschiedene Schriften installiert! ", _
    vbInformation
End Sub
```

Die Eigenschaft Count der FontNames-Auflistung gibt die Anzahl der verfügbaren Schriften zurück. Sie erhöht sich automatisch, wenn Sie neue Schriften installieren und verringert sich dement-sprechend, wenn Sie Schriften löschen. Manuell können Sie jedoch keine Einträge an die Auflistung anfügen oder daraus entfernen.

Methode des Application-Objekts

Nachdem die wichtigsten Eigenschaften des Application-Objekts kurz vorgestellt wurden, kommen wir nun zu den Methoden. Word hat eine ganze Reihe mehr Methoden zu bieten als die anderen Anwendungen des Office-Pakets. Die wichtigsten werden nun an-hand von kleinen Beispielen erläutert.

Sie können nicht nur die Eigenschaft DefaultFilePath des Opti-ons-Objekts setzen, um festzulegen, in welchem Verzeichnis Word-Dateien standardmäßig gesucht und gespeichert werden, sondern Sie können dazu auch die Methode ChangeFileOpenDirectory be-nutzen. Diese ändert das Verzeichnis, das im Öffnen-Dialog von Word angezeigt wird, auf den als Parameter übergebenen Pfad. Der Unterschied zur Eigenschaft DefaultFilePath des Options-Objekts besteht darin, dass diese Änderung nur bestehen bleibt, bis die ak-tuelle Word-Sitzung beendet wird. Beim nächsten Start von Word wird wieder in dem durch DefaultFilePath angegebenen Verzeich-nis gesucht.

Achten Sie darauf, ein Verzeichnis anzugeben, das auch existiert. Geben Sie ein nicht existierendes Verzeichnis an, tritt ein Laufzeitfehler auf.

```
Sub DateiVerzeichnis()
    Application.ChangeFileOpenDirectory _
        "C:\Windows\Temp"
End Sub
```

Mithilfe der GoBack-Methode können Sie den Cursor an die Stelle bewegen, an der zuletzt eine Eingabe vorgenommen wurde. Auch die zwei davor bearbeiteten Stellen können bearbeitet werden. Das folgende Beispiel, die Prozedur Zurück, bewegt die Einfügemarke an die Stelle zurück, an der das Dokument zuletzt bearbeitet wurde.

```
Sub Zurück()
    Application.GoBack
End Sub


Sub Vorwärts()
    Application.GoForward
End Sub
```

Im Gegensatz dazu bewegt sich die GoForward-Methode vorwärts zwischen den drei zuletzt bearbeiteten Stellen im Dokument.

Mithilfe der Methode PrintOut können Sie Dokumente drucken. Sie können dazu die in folgender Tabelle beschriebenen Parameter verwenden, um die Druckoptionen einzustellen. Allerdings beschränkt sich die Tabelle auf die Parameter, die von der deutschen Word-Version für Windows unterstützt werden. Somit fehlen die, die nur auf dem Macintosh verwendet werden können oder nur von der englischen Word-Version unterstützt werden.

Parameter	Typ	nötig	Beschreibung
Background	Variant	nein	Erhält der Parameter den Wert True, so erfolgt der Druck im Hintergrund. Dies bewirkt, dass das VBA-Makro weiter ausgeführt wird, während der Ausdruck erfolgt.

Parameter	Typ	nötig	Beschreibung
Append	Variant	nein	Sie können mit OutputFilename eine Datei angeben, in die der Ausdruck erfolgen soll. Haben Sie dies getan, dann gibt Append an, ob der Inhalt dieser Datei durch die neuen Druckdaten ersetzt (=False) oder angehängt werden soll (=True).
Range	Variant	nein	Hier können Sie den Druckbereich angeben. Dazu werden Konstanten verwendet. Verfügbar sind: wdPrintAllDocument, wdPrintCurrentPage, wdPrintFromTo, wdPrintRangeOfPages oder wdPrintSelection.
OutputFileName	Variant	nein	Sie können hier einen Dateinamen bestimmen, der die Datei angibt, in die der Ausdruck erfolgen soll. Damit der Ausdruck auch in die Datei erfolgt, müssen Sie gleichzeitig für den Parameter PrintToFile True angeben.
From	Variant	nein	Geben Sie hier die Nummer der Seite an, bei der der Druck beginnen soll. Damit diese Angabe möglich ist, müssen Sie zuvor für Range die Konstante wdPrintFromTo festgelegt haben.
To	Variant	nein	Bestimmt die Nummer der letzten zu druckenden Seite. Ansonsten wie From.
Item	Variant	nein	Mit diesem Parameter bestimmen Sie, was gedruckt werden soll. Dazu müssen Sie eine der folgenden Konstanten angeben: wdPrintAutoTextEntries, wdPrintComments, wdPrintDocumentContent, wdPrintKeyAssignments, wdPrintProperties oder wdPrintStyles.
Copies	Variant	nein	Hier können Sie angeben, wie viele Exemplare des zu druckenden Bereichs gedruckt werden.

Parameter	Typ	nötig	Beschreibung
Pages	Variant	nein	Dieser Parameter erlaubt die Angabe der zu druckenden Seiten. Seitenzahlen und Druckbereichsangaben werden durch Kommata voneinander getrennt. Die Angabe wird, auch wenn es sich nur um eine einzelne Zahl zur Angabe einer bestimmten Seite handelt, in Anführungszeichen eingeschlossen.
PageType	Variant	nein	Dieser Parameter gibt den zu druckenden Seitentyp an. Dazu können Sie eine der folgenden Konstanten angeben: `wdPrintAllPages`, `wdPrintEvenPagesOnly` oder `wdPrintOddPagesOnly`.
PrintToFile	Variant	nein	Geben Sie hier `True` an, um den Ausdruck in eine Druckdatei zu schreiben, deren Name Sie durch den Parameter `OutputFileName` bestimmt haben.
Collate	Variant	nein	Hier können Sie `True` angeben, wenn Sie möchten, dass beim Druck von mehreren Exemplaren eine Sortierung erfolgt.
FileName	Variant	nein	Mit diesem Parameter können Sie den Dateinamen einschließlich Verzeichnis des zu druckenden Dokuments angeben. Default-Wert ist das aktive Dokument.
PrintZoomColumn	Variant	nein	Mit diesem Parameter können Sie festlegen, wie viele Seiten Word nebeneinander auf die Seite drucken soll. Möglich sind 1, 2, 3 oder 4. Verwenden Sie für den Ausdruck mehrerer Seiten auf einem Blatt zusätzlich das `PrintZoomRow`-Argument.
PrintZoomRow	Variant	nein	Hiermit bestimmen Sie die Anzahl der Seiten, die Word untereinander auf einer Seite unterbringen soll. Möglich sind 1, 2 oder 4. Verwenden Sie für den Ausdruck mehrerer Seiten auf einem Blatt zusätzlich das `PrintZoomColumn`-Argument.

Parameter	Typ	nötig	Beschreibung
PrintZoomWidth	Variant	nein	Die Breite in Twips, auf die Word gedruckte Seiten skalieren soll.
PrintZoomHeight	Variant	nein	Die Höhe in Twips, auf die Word gedruckte Seiten skalieren soll.

Tabelle 9.2: Parameter der Printout-Methode

Ein Twip ist eine Maßeinheit, die Microsoft Office verwendet, um Bildschirm- und Druckausgaben unabhängig von der dpi (dots per inch)-Zahl zu machen. Ein Punkt einer Druckausgabe oder Bildschirmausgabe entspricht 20 Twips. Für einen Bildschirm gilt darüber hinaus, dass 72 Punkt einem Zoll, also 2,54 cm, entsprechen. Beachten Sie außerdem, dass Sie die Parameter PrintZoomRow und PrintZoomColumn immer gemeinsam angeben oder beide weglassen müssen.

Das Beispiel für diese Methode druckt die ersten beiden Seiten des aktiven Dokuments auf einem Blatt nebeneinander aus:

```
Sub Drucken()
    'Druckt die ersten zwei Seiten _
    'des aktiven Dokuments nebenei-
    'nander auf ein Blatt
    Application.ActiveDocument.PrintOut _
        Background:=True, _
        Range:=wdPrintRangeOfPages, _
        Copies:=1, _
        Pages:="1-2", PrintZoomColumn:=2, PrintZoomRow:=1
End Sub
```

Die Methode Quit erlaubt es Ihnen, die Anwendung Word zu beenden. Dabei können Sie mithilfe des Parameters SaveChanges bestimmen, ob Änderungen an den geladenen Dokumenten gespeichert werden sollen oder nicht. Dazu stehen folgende Konstanten zur Verfügung:

Konstante	Bedeutung
wdDoNotSaveChanges	Änderungen werden nicht gespeichert, diese Daten gehen beim Schließen von Word verloren.
wdPromptToSaveChanges	Es wird ein Dialog angezeigt, in dem der Anwender selbst entscheiden kann, ob Änderungen an noch nicht gespeicherten Dokumenten gespeichert werden sollen.
wdSaveChanges	Änderungen werden gespeichert.

Tabelle 9.3: Parameter der `Quit`-Methode

Mit dem folgenden Quelltext werden alle nicht gespeicherten Dokumente in ihrem aktuellen Format gespeichert und Word wird verlassen:

```
Sub WW_beenden()
    Application.Quit SaveChanges:= _
    wdSaveChanges, OriginalFormat:= _
    wdOriginalDocumentFormat
End Sub
```

Mithilfe der Repeat-Methode können Sie die zuvor ausgeführte Aktion wiederholen. Die Methode gibt True zurück, wenn die Wiederholung erfolgreich war, und False, wenn ein Fehler aufgetreten ist. Sie entspricht dem Menüeintrag *Bearbeiten / Wiederholen*.

Je nachdem, welche Aktion Sie vor dem Test der folgenden Prozedur ausgeführt haben, kann der Test des Makros zu einem Datenverlust führen.

```
Sub Wiederholen()
    Application.Repeat
End Sub
```

Sie können als Parameter Times eine Zahl angeben, die bestimmt, wie oft die Aktion wiederholt werden soll. Wenn Sie bestimmte Aktionen im Dokument widerrufen möchten, setzen Sie folgendes Makro ein:

```
Sub Rückgängig()
    ActiveDocument.Undo
End Sub
```

Auch bei dieser Methode können Sie den Parameter Times verwenden. Denken Sie aber daran, dass Sie bestimmte Aktionen, wie beispielsweise das Speichern eines Dokuments, nicht rückgängig machen können.

Manipulieren von Word-Dokumenten

Viel wichtiger als die Methoden und Eigenschaften des Application-Objekts sind aber in der Regel die Documents-Auflistung und das Document-Objekt. Jedes Document Objekt stellt ein geöffnetes Word-Dokument dar, mit dessen Eigenschaften und Methoden Sie den Inhalt beeinflussen können. Die folgenden Beispiele demonstrieren die wichtigsten Eigenschaften und Methoden.

Sie finden den Code zu den Beispielen in der Datei *K09.doc* im Modul *Dokumente*.

Word-Dokumente öffnen, erzeugen, schließen und speichern

Ein leeres Word-Dokument enthält neben dem Dokument selbst, das durch das Objekt Document dargestellt wird, auch einen Verweis auf die Dokumentvorlage. Diese können Sie über die Template-Eigenschaft abrufen. Alle geöffneten Dokumente einer Word-Sitzung sind Elemente der Documents-Auflistung. Über den Index oder Namen des Dokuments können Sie auf die einzelnen Dokumente zugreifen, die Elemente der Auflistung sind. Wenn Sie im Code auf das Dokument zugreifen möchten, in dem Sie den Code ausführen, steht Ihnen dazu analog zu Excel das Objekt ThisDocument zur Verfügung, das das Document-Objekt dieses Dokuments darstellt, das dem Code ausführt.

Gegenüber Excel gibt es jedoch einen entscheidenden Unterschied: In Excel ist ThisWorkbook eine Eigenschaft des Application-Objekts, in Word nicht. ThisDocument ist der Name des Klassenmoduls, des Word-Dokuments.

Abbildung 9.5: ThisDocument ist eine Klasse, die automatisch instanziert wird

Beim Öffnen eines Dokuments wird daraus automatisch ein Objekt erzeugt, auf das Sie über ThisDocument zugreifen können. Daher setzen Sie in Word niemals das Objekt Application vor ThisDocument. Es handelt sich hier um ein eigenständiges Objekt.

Ehe Sie Dokumente bearbeiten können, müssen Sie zunächst einmal wissen, welche Möglichkeiten es gibt, sie zu öffnen, zu schließen und zu erstellen. Durch das Öffnen oder Erstellen eines Dokuments wird dieses an die Documents-Auflistung des Application-Objekts angehängt. Beim Schließen von Dokumenten werden diese wieder aus der Auflistung entfernt.

Genauso wie in Excel gibt es eine Open-Methode zum Öffnen von Dokumenten jeder Art. Der folgende Quellcode öffnet die Datei *test.doc* schreibgeschützt. Dies wird durch den Parameter Readonly := True bestimmt.

```
Sub doc_oeffnen()
    Dim Doc As Document
    Set Doc = _
```

```
    Documents.Open(FileName:="test.doc", _
    ReadOnly:=True)
End Sub
```

Damit eine Datei geöffnet werden kann, muss aber auch ihr Pfad bekannt sein. Wenn Sie wie im obigen Beispiel nur den Dateinamen, nicht aber den Pfad angeben, kann es sein, dass Word auch eine vorhandene Datei nicht findet, weil es diese Datei im falschen Verzeichnis sucht. Word sucht die Datei immer im aktiven Verzeichnis. Das legen Sie beispielsweise fest, wenn Sie im Öffnen-Dialog von Word zuvor eine Datei geöffnet oder mit dem Speichern-Dialog gespeichert haben. In dem Moment, in dem Sie dort das Verzeichnis wechseln, ändert sich das aktive Verzeichnis von Word. Dieses Verzeichnis muss also nicht das sein, in dem sich die zu öffnende Datei befindet. Besser ist daher, dass Sie immer ein Verzeichnis mit angeben. Die folgende Erweiterung der Prozedur doc_oeffnen zeigt, wie Sie eine Datei im gleichen Verzeichnis öffnen, in dem sich auch die Datei befindet, die den Code ausführt. Deren Verzeichnis können Sie über die Path-Eigenschaft ermitteln und dann getrennt durch ein Pfadtrennzeichen vor den Dateinamen setzen.

Damit Ihr Code genauso auf dem Mac wie unter Windows funktioniert, sollten Sie das Pfadtrennzeichen des Betriebssystems über die PathSeparator-Eigenschaft des Application-Objekts ermitteln.

```
Sub doc_oeffnen2()
    Dim Doc As Document
    Set Doc = _
    Documents.Open(FileName:=ThisDocument.Path _
        & Application.PathSeparator & "test.doc", _
        ReadOnly:=True)
End Sub
```

Die folgende Prozedur Doc_oeffnen3 öffnet eine WordPerfect-6.0-Datei und verwendet dazu das Konvertierungsprogramm für WordPerfect-6.x-Dateien, das durch das benannte Element der Auflistung FileConverters("WordPerfect6x") zurückgegeben wird und dessen Dateiformat von OpenFormat zurückgegeben wird. Der Konverter ist anders als zu erwarten wäre aber auch in der Lage, WordPerfect-Dateien höherer Versionen zu öffnen. Die Beispieldatei *Test1.wpd* ist beispielsweise eine WordPerfect-12-Datei, die problemlos geöffnet werden kann.

```
Sub Doc_oeffnen3()
    Dim doc As Document
    Set doc = Documents.Open _
    (FileName:=ThisDocument.Path _
    & Application.PathSeparator & "Test1.wpd", _
    Format:= _
        FileConverters("WordPerfect6x").OpenFormat)
End Sub
```

Damit Sie die vorstehende Prozedur fehlerfrei ausführen können, muss auf Ihrem Rechner der WordPerfect-6-Konverter installiert sein. Zudem muss sich die Datei natürlich auch im gleichen Verzeichnis befinden, in dem sich die Word-Datei *K09.doc* mit dem Code befindet.

Mit der Close-Methode des Document-Objekts können Sie Dokumente wieder schließen. Dabei gibt der Parameter SaveChanges an, ob die Änderungen am Dokument gespeichert werden sollen (=True) oder nicht.

```
Sub Doc_schliessen()
    Dim Doc As Document
    Set Doc = Documents("Test.doc")
    Doc.Close saveChanges:=False

End Sub
```

Ehe Sie es schließen, können Sie das Dokument natürlich auch speichern. In diesem Fall erübrigen sich die Parameter der Methode Close. Dazu verwenden Sie die Save- oder SaveAs-Methode.

Sie können die Save-Methode sowohl auf die Documents-Auflistung als auch auf ein einzelnes Document-Objekt anwenden. Im folgenden Beispiel wird diese Methode auf die Documents-Auflistung angewendet und speichert alle geöffneten Dokumente. Die Angabe NoPrompt:=False führt jedoch dazu, dass vor dem Speichern der einzelnen Dateien der Anwender in einem Dialog die Speicherung bestätigen muss.

Abbildung 9.6: Die Speicherung muss bestätigt werden

```
Sub Doc_Allespeichern()
    Application.Documents.Save NoPrompt:=False
End Sub
```

Im folgenden Beispiel wird nur das aktive Dokument gespeichert. Dabei sind keine Parameter zulässig und notwendig.

```
Sub AktDoc_speichern()
    Application.ActiveDocument.Save
End Sub
```

Die Save-Methode der Documents-Auflistung ist zwar sehr nützlich, wenn Sie alle Dokumente speichern möchten. Problematisch kann das allerdings sein, wenn Sie viele große Dokumente geöffnet, die vielleicht nicht mal geändert wurden. Dann vergeuden Sie unnötig Zeit. Besser ist dann die Lösung, wie sie die Prozedur Doc_AlleGeaenderten_speichern zeigt. Sie durchlaufen dazu einfach die Documents-Auflistung und prüfen für jedes Dokument die Saved-Eigenschaft. Sie ist True, wenn es keine nicht gespeicherten Änderungen gibt. Falls die Eigenschaft False ist, rufen Sie für das Document-Objekt die Save-Methode auf.

```
Sub Doc_AlleGeaenderten_speichern()
    Dim objDoc As Document
    For Each objDoc In Application.Documents
        If objDoc.Saved = False Then
            Debug.Print "Speichere " & _
                objDoc.Name & " ..."
            objDoc.Save
        End If
    Next objDoc
End Sub
```

Wenn Sie eine schreibgeschützte Datei speichern oder aus einem anderen Grund die Datei unter einem anderen Namen speichern möchten, verwenden Sie dazu die SaveAs-Methode, wie im nächsten Beispiel gezeigt:

```
Sub AktDoc_speichernUnter()
    doc_oeffnen2
    Application.ActiveDocument.SaveAs _
        FileName:=ThisDocument.Path & _
        Application.PathSeparator & "Test3.doc", _
        EmbedTrueTypeFonts:=True
    ActiveDocument.Close
End Sub
```

Im Beispiel wird zunächst die Datei *test.doc* mit der Prozedur Doc_oeffnen2 geöffnet, anschließend mit der SaveAs-Methode unter dem Namen *test3.doc* gespeichert und dann mit Close geschlossen.

Wenn Sie neue, leere Dokumente oder Dokumentvorlagen erstellen möchten, benötigen Sie dazu die Methode Add. Sie fügt ein neues Dokument oder eine Dokumentvorlage an die Documents-Auflistung an. Der folgende Quelltext zeigt, wie Sie eine Datei mit der Vorlage *Normal.dot* erstellen und dann als Datei *Test2.doc* abspeichern können. Anschließend wird die Datei mit Activate aktiviert und mit Close geschlossen.

```
Sub Doc_Neu()
    Dim Doc As Document
    Set Doc = Documents.Add(Template:= _
```

```
"Normal.dot", NewTemplate:=False)
Doc.SaveAs FileName:="Test2.doc", _
   fileformat:=wdFormatDocument, _
   EmbedTrueTypeFonts:=True
Doc.Activate
ActiveDocument.Close saveChanges:=False
End Sub
```

Die Add-Methode hat nur zwei optionale Parameter: Template und NewTemplate. Template gibt den Namen der Dokumentvorlage an, die für das Dokument verwendet werden soll. Default-Wert ist Normal.dot. Mit NewTemplate = False bestimmen Sie, dass Sie keine Dokumentvorlage, sondern ein Dokument erstellen möchten. Setzen Sie hier den Wert auf True, so erzeugen Sie eine neue Dokumentvorlage.

Absätze einfügen, löschen und formatieren

Word bietet nicht nur die Möglichkeit, Wörter aus Texten zu ermitteln, auf einzelne Absätze zuzugreifen und Absatzformate abzufragen, sondern es können auch Informationen über verknüpfte Objekte ermittelt und deren Eigenschaften dann verändert werden. Außerdem können Sie einzelnen Absätzen Schriften zuweisen, Formatvorlagen erstellen und ändern und vollautomatisch Seriendruckdokumente erstellen. Die Handhabung von Dokumentinhalten und der Zugriff auf einzelne Absätze ist dabei allerdings nicht immer ganz einfach.

Die Beispiele finden Sie im Modul *Dokumentinhalte* in der Datei *K09.doc*.

Die beiden wichtigsten Auflistungen, mit denen Sie Zugriff auf die Inhalte eines Dokuments haben, sind Paragraphs und Words. Words verwaltet alle Wörter eines Dokuments, Paragraphs die Absätze.

Ein Absatz ist in Word ein Textblock, der durch eine Absatzmarke ¶ beendet wird. Standardmäßig zeigt Word Absatzmarken nicht an. Wenn Sie jedoch den Aufbau von Word-Dokumenten wirklich verstehen möchten, um sie bearbeiten zu können, sollten Sie die Absatzmarken einblenden. Dazu wählen Sie in Word bei einem beliebigen geöffneten Dokument den Menüeintrag *Extras / Optionen* aus und aktivieren dann entweder das Kontrollkästchen *Alle*, dann werden auch alle anderen nicht druckbaren Zeichen angezeigt, oder Sie aktivieren explizit das Kontrollkästchen *Absatzmarken*. Schließen Sie anschließend das Dialogfeld mit *OK*.

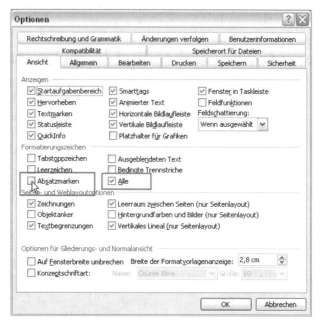

Abbildung 9.7: Einblenden von Absatzmarken

Wörter sind hingegen Teile eines Absatzes, die durch Leerzeichen, den Absatzanfang oder das Absatzende begrenzt werden. Das folgende Leerzeichen zählt mit zum Wort. Auch die Absatzmarke selbst und die Satzzeichen sind eigene Wörter. Jedes Element der Words-Auflistung stellt ein Range-Objekt dar. Es ist stellt einen Teil eines Dokuments dar, der ein einzelnes Zeichen, aber auch mehrere Absätze umfassen kann.

Das folgende Beispiel zeigt, wie Sie die Wörter des aktiven Dokuments im Direktfenster ausgeben können. Dabei wird mit einer If-Verzweigung die Länge des Wortes geprüft. Die können Sie über die Count-Eigenschaft der Characters-Auflistung abrufen. Diese Auflistung verwaltet alle Zeichen eines Range-Objekts. Ihre Count-Eigenschaft gibt die Anzahl Zeichen zurück. Das macht sich das Beispiel zunutze und gibt nur die Wörter aus, die länger als 1 Zeichen sind. Damit werden Leerzeichen und Satzzeichen in der Ausgabe vermieden. Wenn Sie auf den Inhalt eines Range-Objekts zugreifen möchten, geht das über die Text-Eigenschaft. Mithilfe der Funktion RTrim entfernen Sie die Leerzeichen hinter den einzelnen Wörtern.

```
Sub Woerter_ermitteln()
    Dim objWort As Range
    For Each objWort In ActiveDocument.Words
        If objWort.Characters.Count > 1 Then
            Debug.Print RTrim(objWort.Text)
        End If
    Next objWort
End Sub
```

Die folgende Abbildung zeigt, wie sich ein Absatz eines Textes aus Sicht der Words-Auflistung aufgliedern lässt.

Abbildung 9.8: Aufteilung eines Satzes in Range-Objekte

In der Abbildung zeigen die gepunkteten Linien an, wo ein Wort zu Ende ist und das nächste beginnt. Folgt auf die Zeichenfolge ein Leerzeichen, so gehört dieses mit zum Range-Objekt des davor stehenden Wortes. Folgt hingegen ein Interpunktionszeichen, dann bildet dies mit dem darauf folgenden Leerzeichen ein eigenes Range-Objekt. Auch eine Absatzmarke bildet ein einzelnes Range-Objekt, so dass das Beispiel neun Elemente in der Words-Auflistung enthält.

Die Absätze eines Dokuments werden durch die Paragraphs-Auflistung zurückgegeben. Im folgenden Beispiel wird gezeigt, wie Sie einen neuen Absatz vor dem ersten Absatz des Dokuments einfügen können. Dazu geben Sie zunächst den ersten Absatz über This-Document.Paragraphs(1) zurück. Und rufen dann die Methode InsertParagraphBefore des Range-Objekts auf. Die Range-Eigenschaft des Paragraph-Objekts gibt das Range-Objekt zurück, das den Inhalt des Absatzes darstellt.

```
Sub Neuer_Absatz()
    ThisDocument.Paragraphs(1 _
        ).Range.InsertParagraphBefore
End Sub
```

Die Paragraphs-Auflistung verfügt ebenfalls über eine Count-Eigenschaft, mit der Sie die Anzahl Absätze ermitteln können. Auf diese Weise können Sie beispielsweise feststellen, ob das Dokument leer ist. Dazu müssen Sie nur prüfen, ob die Anzahl Absätze gleich 1 ist und ob der Absatz keine Zeichen enthält. Die folgende Funktion prüft dies. Sie gibt True zurück, wenn das als Parameter übergebene Document-Objekt leer ist. Leer ist ein Dokument dann, wenn es genau einen Absatz hat und der nur aus einem Zeichen besteht. Dieses Zeichen ist die Absatzmarke, die in der Characters-Auflistung mit verwaltet wird. Sie müssen in der Funktion also nur prüfen, ob die Count-Eigenschaft der Paragraphs-Auflistung den Wert 1 hat. In diesem Fall prüfen Sie, ob auch die Count-Eigenschaft der Characters-Auflistung den Wert 1 liefert. Dann geben Sie True, ansonsten False zurück.

```
Function leer(objDoc As Document) As Boolean
    If objDoc.Paragraphs.Count = 1 Then
        If objDoc.Paragraphs(1).Range. _
            Characters.Count = 1 Then
```

```
            leer = True
        Else
            leer = False
        End If
    End If
End Function

Sub testen()
    Debug.Print leer(ActiveDocument)
End Sub
```

Sie können aber natürlich nicht nur Absätze und deren Inhalte manipulieren, sondern auch das Dokument formatieren. Dazu bieten sich Formatvorlagen an, die über die Styles-Auflistung als Style-Objekte verwaltet werden. Anhand der nun folgenden Beispiele soll die Handhabung der Style-Objekte gezeigt werden.

 Sie finden die Beispiele im Modul *Formatieren* der Datei *K09.Doc*.

Im ersten Beispiel geht es lediglich darum, wie festgestellt werden kann, ob eine Zeichenkette oder ein Absatz ein bestimmtes Absatz- oder Zeichenformat hat. Dazu wird ein Dokument geöffnet, das einen kurzen Text enthält, in dem verschiedene Zeichen- und Absatzformate enthalten sind.

```
Sub Styles_markieren()
    Dim doc As Document
    Dim Absatz As Paragraph
    Dim Wort As Range
    'Öffnen des Dokuments
    Set doc = Documents.Open(FileName:= _
        ThisDocument.Path & _
        Application.PathSeparator & _
        "Styles.doc", ReadOnly:= _
        True)
    ...
```

Zunächst wird in einer Schleife die Words-Auflistung des Dokuments durchlaufen und jedes Wort daraufhin überprüft, ob es sich bei seinem Format um das Zeichenformat *Hervorheben* handelt. Ist dies der Fall, wird das Wort mit Wort.Select markiert und seine Schrift mit Selection.Font.Colorindex = wdBrightGreen hellgrün gefärbt. Danach wird das nächste Wort überprüft.

```
...
    'Durchsuchen des Dokuments
    For Each Wort In doc.Words
        If Wort.Style = "Hervorheben" Then
        Wort.Select
        Selection.Font.ColorIndex = _
        wdBrightGreen
        End If
    Next Wort
...
```

Absatz·1¶

Absatz·2¶

Absatz·3¶

Dies·ist·ein·Satz,·bei·dem·einzelne·Wörter·hervorgehoben·sind.¶

Abbildung 9.9: Das Ergebnis der Formatierungen

Als Nächstes wird die Auflistung Paragraphs durchlaufen und überprüft, ob der Absatz, auf den die Objektvariable Absatz verweist, das Absatzformat *Befehl/Listing* hat. In diesem Fall wird der Text, der durch die Range-Eigenschaft des Paragraph-Objekts zurückgegeben wird, mit Select markiert. Anschließend wird mit der Animation-Eigenschaft des Font-Objekts die Schrift mit einem animierten Rahmen versehen. Danach wird das Dokument geschlossen, ohne die Änderungen jedoch zu speichern. Wenn Sie also sehen wollen, was das Skript macht, sollten Sie vor End Sub einen Haltepunkt im Code setzen.

Sie können einen permanenten Haltepunkt per VBA setzen, indem Sie vor Abschluss der Prozedur die Stop-Anweisung einfügen. Gelangt VBA an diese Anweisung, wird in den Unterbrechungsmodus geschaltet. Mit F8 oder F5 können Sie dann aber die Codeausführung fortsetzen.

```
For Each Absatz In doc.Paragraphs
    If Absatz.Style = "Befehl/Listing" Then
        Absatz.Range.Select
        Selection.Font.Animation = _
            wdAnimationMarchingRedAnts
    End If
Next Absatz
doc.Close savechanges:=False
End Sub
```

Gerade für die Arbeit mit Formatvorlagen gibt es sinnvolle Anwendungsmöglichkeiten. Nehmen Sie z.B. an, Sie schreiben einen längeren Text, eine Diplomarbeit, eine Dissertation oder ein Buch, und Sie müssen sich an eine feste Dokumentvorlage halten, die Sie nicht ändern können und dürfen. Leider hat der Entwickler der Dokumentvorlage aber nicht daran gedacht, dass Ihr Text bestimmte Absätze enthält, die besser nicht mithilfe der Rechtschreibprüfung geprüft werden oder zumindest in einer anderen Sprache geprüft werden müssen, wie z.B. Quelltexte oder fremdsprachliche Textpassagen. In diesem Fall hatten Sie bisher nur die Möglichkeit, alle betroffenen Absätze zu markieren und manuell die Rechtschreibprüfung für die Markierung auszuschalten. Das folgende Beispiel zeigt, wie Sie dies mit einem einfachen VBA-Makro in kürzester Zeit erreichen.

Dazu öffnen Sie das Dokument und durchlaufen die Paragraphs-Auflistung, wie es im vorherigen Beispiel dargestellt wurde. Statt nun aber die Schrift zu animieren, setzen Sie für die Markierung die LanguageID-Eigenschaft auf wdNoProofing, was dazu führt, dass die Markierung nicht mehr von der Rechtschreibprüfung überprüft wird. Wenn Sie eine andere Sprache für die Rechtschreibprüfung

bestimmen möchten, dann geben Sie einfach eine andere der auszuwählenden wdLanguageID-Konstanten an.

```
Sub Styles_Rechtschreibung_deaktivieren()
   Dim doc As Document
   Dim Absatz As Paragraph
   'Öffnen des Dokuments
   Set doc = Documents.Open _
     (FileName:= _
       "Styles.doc", ReadOnly:= _
       True)
   'Durchsuchen des Dokuments
   For Each Absatz In doc.Paragraphs
     If Absatz.Style = "Eingabetext/Listing" Then
       Absatz.Range.Select
       Selection.LanguageID = wdNoProofing
     End If
   Next Absatz
End Sub
```

Über die Styles-Auflistung können Sie auch alle in einem Dokument vorhandenen Absatz- und Zeichenformate abfragen. Ob sie
auch tatsächlich verwendet werden, verrät die Eigenschaft InUse
des Style-Objekts. Das folgende Beispiel zeigt, wie Sie auf diese
Weise ermitteln können, welche Formate in einem Dokument genutzt werden.

Dazu wird die Styles-Auflistung durchlaufen und für jedes Format
überprüft, ob die Eigenschaft InUse den Wert True hat. Ist dies der
Fall, wird der Formatname zum Inhalt der Variablen Text hinzu-
fügt. Diese gibt dann in einer Dialogbox die verwendeten Styles
aus.

```
Sub Styles_auflisten()
   Dim doc As Document
   Dim AFormat As Style
   Dim Text$
   'Öffnen des Dokuments
   Set doc = Documents.Open(FileName:= _
     ThisDocument.Path & _
```

```
            Application.PathSeparator & _
            "Styles.doc", ReadOnly:= _
            True)
    'Ausgabe der verwendeten Styles
    Text = ""
    For Each AFormat In ActiveDocument.Styles
        If AFormat.InUse Then
            Text = Text & AFormat & Chr(10)
        End If
    Next AFormat
    MsgBox "Im geöffneten Dokument wurden" & _
        " folgende Formate verwendet: " _
        & Chr(10) & Text, vbInformation, _
        "Verwendete Formate!"
End Sub
```

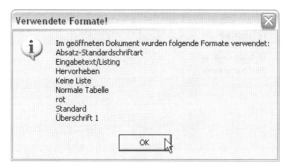

Abbildung 9.10: Von der Prozedur erzeugte Ausgabe

Leider wird die Eigenschaft InUse eines Style-Objekts nicht wieder auf False zurückgesetzt, wenn die letzte Verwendung des Formats entfernt wird. Löschen Sie also den letzten Absatz eines Dokuments mit dem Format *XYZ*, so gibt die InUse-Eigenschaft des Formats anschließend immer noch True zurück.

Arbeiten mit Textmarken und Formularfeldern

Es wird selten vorkommen, dass Sie ganze Dokumente per VBA erstellen. Viel häufiger werden Sie in die Verlegenheit kommen, Dokumente zu ergänzen, beispielsweise mit Kundendaten oder Ähnlichem zu füllen. Dazu gibt es prinzipiell zwei Möglichkeiten: Textmarken und Formularfelder.

Textmarken sind benannte Stelle in einem Dokument, die Sie per VBA anspringen können. Sie können sie mit Word erstellen, indem Sie den Cursor an die gewünschte Stelle setzen oder einen Platzhaltertext markieren und den Menübefehl *Einfügen / Textmarke* wählen. Nun geben Sie den Namen für die Textmarke in das Feld *Textmarkenname* ein und klicken dann auf *Hinzufügen*. Damit ist die Textmarke erstellt.

Abbildung 9.11: Eine Textmarke definieren

Word zeigt Textmarken durch eckige graue Klammern an, wenn Sie Textmarken eingeblendet haben. Sollte auch nach der Definition keine solche Textmarke sichtbar sein, gehen Sie wie folgt vor, um sie einzublenden:

✔ Wählen Sie *Extras / Optionen*.

✔ Aktivieren Sie die Registerkarte *Ansicht*.

✔ Aktivieren Sie das Kontrollkästchen *Textmarken*.

✔ Schließen Sie das Dialogfeld mit *OK*.

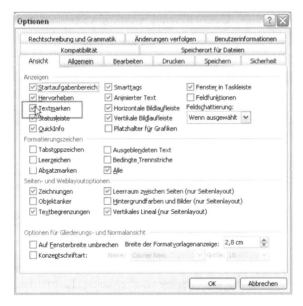

Abbildung 9.12: Aktivieren der Anzeige von Textmarken

Alternativ zu Textmarken können Sie auch Formularfelder direkt ansprechen. Das liegt daran, dass Word zum Benennen der Formularfelder ebenfalls Textmarken verwendet.

Textmarken sind enorm nützlich. Stellen Sie sich vor, Sie haben eine Dokumentvorlage für einen Brief und möchtcn automatisch bestimmte Daten als Anschrift, Betreff und Anrede eintragen. Das ginge zwar auch mit Serienbriefen, dazu müssten die entsprechenden Daten jedoch zunächst in einer Textdatei, einem Word-Dokument oder einer Datenbank erfasst werden. Das ist in vielen Fällen viel zu umständlich. Mit Textmarken sind Sie da viel flexibler.

Das folgende Beispiel lässt sich hingegen fast universell einsetzen. Sie übergeben der Prozedur drei Parameter: den Namen und Pfad der Vorlagendatei, ein Array mit den Textmarkennamen und ein Array mit den Werten für die Textmarken. Die Prozedur erzeugt dann aus der Vorlage eine neue Datei und füllt in die angegebenen Textmarken des ersten Arrays die entsprechenden Werte des zweiten Arrays.

Zwar ist der Aufruf noch nicht sonderlich komfortabel. Das können Sie jedoch mit wenig Aufwand ändern, indem Sie ein Formular für die Eingabe der Daten erstellen. Wie das geht, erfahren Sie in Kapitel 12 »Benutzeroberflächen gestalten«.

Die hier verwendete Vorlage zeigt die folgende Abbildung. Sie ist als *brief.dot* auf der CD enthalten und enthält Textmarken für die Eingabe von Anrede, Anschrift und Betreffzeile. Den Code finden Sie im Modul *Textmarken* in der Datei *K09.doc*.

Achten Sie unbedingt darauf, wenn Sie eine eigene Vorlage mit Textmarken erstellen, dass keine Textmarke die Absatzmarke enthält. Dann würde der Absatz gelöscht werden, wenn der Inhalt der Textmarke durch die angegebenen Werte überschrieben wird.

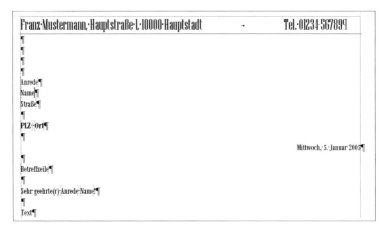

Abbildung 9.13: Die verwendete Dokumentvorlage

Die wesentliche Arbeit übernimmt die Prozedur ausfuellen. Damit Sie die beiden Arrays übergeben können, definieren Sie zwei Variant-Parameter. Die Alternative mit dem Parameterarray kommt hier nicht in Frage, weil Sie dann nur ein Array übergeben könnten.

Innerhalb der Prozedur erzeugen Sie zunächst aus der Vorlage ein neues Dokument mit der Add-Methode der Documents-Auflistung und speichern das neue Dokument in der Variablen objDoc. Die folgende For-Schleife läuft dann von der unteren Indexgrenze des Arrays varTextmarken bis zur oberen Indexgrenze des Arrays.

Bei jedem Schleifendurchlauf geben Sie zunächst die Textmarke mit der GoTo-Methode zurück. Wichtig ist dabei, dass Sie als ersten Parameter die Konstante wdGotoBookmark angeben. Als vierten Parameter geben Sie den Textmarkennamen an, den Sie aus dem Array varTextmarken mithilfe der Schleifenvariable ermitteln. Die beiden Parameter dazwischen lassen Sie aus. Die GoTo-Methode gibt das Range-Objekt zurück, das den Textbereich der Textmarke darstellt. Dieses wird hier der Variablen objRange zugewiesen.

Über die Text-Eigenschaft des Range-Objekts weisen Sie der Textmarke nun den entsprechenden Feldwert aus dem Array varWerte zu.

```
Sub ausfuellen(strVorlage As String, _
    varTextmarken As Variant, varWerte As Variant)
    Dim objDoc As Document
    Dim objRange As Range
    Dim lntI As Long
    Set objDoc = Application.Documents.Add(strVorlage)
    For lngI = LBound(varTextmarken) To _
        UBound(varTextmarken)
        Set objRange = objDoc.GoTo(wdGoToBookmark, , _
            , varTextmarken(lngI))
        objRange.Text = varWerte(lngI)
    Next lngI
End Sub
```

Diese relativ kurze Prozedur setzt voraus, dass die beiden übergebenen Arrays gleich viele Werte und in der passenden Reihenfolge beinhalten. Das müssen Sie bei dem Aufruf sicherstellen, den die folgende Prozedur zeigt. Die Arrays können Sie am einfachsten mit der Array-Funktion erzeugen, indem Sie anstelle der Parameter die Funktion aufrufen und die Textmarkennamen bzw. Werte für die Textmarken übergeben.

```
Sub Testen()
    ausfuellen ThisDocument.Path & _
        Application.PathSeparator & "brief.dot", _
        Array("Anrede1", "Name1", "Strasse", _
            "PLZ", "Ort", "Betreff", "Anrede2", _
            "Name2"), _
        Array("Frau", "Lise Müller", _
            "Hauptstraße 17", "20000", _
            "Beispielstadt", "Mahnung", _
            "Frau", "Müller")
End Sub
```

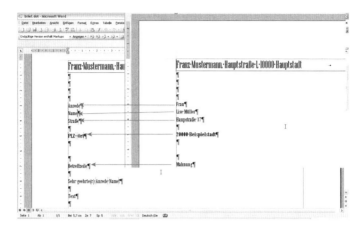

Abbildung 9.14: Vorlage und erzeugtes, ausgefülltes Dokument

Wenn Sie sich nach Abschluss der Prozedur die erzeugte Datei ansehen, fällt auf, dass die Textmarken weg sind. Das ist im Prinzip kein Problem, weil die Textmarken in der Vorlage natürlich weiter vorhanden sind und beim nächsten Dokument, das Sie mit der Prozedur erzeugen, auch wieder alles funktioniert.

Word entfernt jedoch automatisch die Textmarken, wenn Sie deren Inhalt mit der Text-Eigenschaft neu setzen. Das ist dann ungünstig, wenn Sie auch später noch neue Daten per VBA einfügen möchten. Dann benötigen Sie nämlich wieder die Textmarken. In diesem Fall sollten Sie die Textmarken neu erzeugen, nachdem Sie den Text eingefügt haben. Dazu ergänzen Sie die Prozedur um nur eine Zeile, vor der Zeile `Next lngI`. Sie rufen dort die `Add`-Methode der `Bookmarks`-Auflistung auf, mit der Sie eine neue Textmarke erzeugen können. Der erste Parameter der Methode ist das `Range`-Objekt, das den Inhalt der Textmarke darstellt. Daher übergeben Sie einfach die Variable `objRange`. Als zweiten Parameter erwartet die Methode den Namen der Textmarke, den Sie aus dem Array `varTextmarken` ermitteln können.

```
Sub ausfuellen(strVorlage As String, _
    varTextmarken As Variant, varWerte As Variant)
```

```
Dim objDoc As Document
Dim objRange As Range
Dim lntI As Long
Set objDoc = Application.Documents.Add(strVorlage)
For lngI = LBound(varTextmarken) To _
    UBound(varTextmarken)
    Set objRange = objDoc.GoTo(wdGoToBookmark, , _
        , varTextmarken(lngI))
    objRange.Text = varWerte(lngI)
    objDoc.Bookmarks.Add varTextmarken(lngI), _
        objRange
Next lngI
End Sub
```

Analog zur Bookmarks-Auflistung, die alle Textmarken eines Dokuments verwaltet, gibt es eine FormFields-Auflistung, mit der Sie auf Formularfelder zugreifen können. Das folgende Beispiel zeigt dies. Es erzeugt aus der gleichen Vorlage eine Datei und fügt mit der Add-Methode der FormFields-Auflistung aus jeder Textmarke ein Formularfeld. Anschließend wird das Dokument für die Formulareingabe geschützt.

Auf den ersten Blick hört sich die Lösung dieses Problems ganz einfach an. Sie brauchen im Prinzip ja nur mit For-Each alle Textmarken zu durchlaufen und dafür Formularfelder einzufügen. Aber hier kommt Ihnen leider die Eigenart von Word in die Quere, dass für jedes Formularfeld eine neue Textmarke erstellt wird und gleichzeitig durch das Einfügen des Formularfeldes die vorhandene Textmarke gelöscht wird. Deswegen führt eine einfache For-Each-Next-Schleife, die alle Elemente der Bookmarks-Auflistung durchläuft, zu einer Endlosschleife, weil die Auflistung ständig um neue Textmarken erweitert wird. Auch eine Schleife, die von 1 bis zur Anzahl Textmarken läuft, bringt Sie da nicht wirklich weiter. Dabei gibt es ebenfalls ein Problem. Zwar ändert sich die Gesamtzahl Textmarken nicht, weil immer eine gelöscht, mit dem Formularfeld aber eine neue erzeugt wird, jedoch ändern sich die Indizes der Textmarken. Wenn Sie beim ersten Schleifendurchlauf die erste Textmarke durch ein Formularfeld ersetzen, wird die Textmarke gelöscht. Die nächste, mit dem Index 2 erhält dadurch den Index 1, die Schleife erhöht jedoch vor dem nächsten Schleifendurchlauf die Laufvariable um 1, wodurch im nächsten Schleifendurchlauf auf die Textmarke mit dem Index 2, zugegriffen wird. Durch das Löschen der Textmarke ist dies aber die Textmarke, die ursprünglich den Index 3 hatte. Die zweite wird damit übersprungen. Aus diesem Grund werden nicht alle Textmarken abgearbeitet. Die einzig wirksame Methode ist die nachfolgend dargestellte, auch wenn sie auf den ersten Blick unsinnig wirkt.

Zunächst ermitteln Sie vor der Schleife die Anzahl Textmarken, indem Sie die Count-Eigenschaft der Bookmarks-Auflistung abfragen. Die Schleife durchläuft dann alle Werte von 1 bis zur ermittelten Anzahl. Innerhalb der Schleife weisen Sie der Variablen objBM immer die erste Textmarke mit dem Index 1 zu. Sie können dann das Range-Objekt der Textmarke über die Range-Eigenschaft ermitteln und als ersten Parameter an die Add-Methode der FormFields-Auflistung übergeben. Als zweiten Parameter übergeben Sie eine Konstante, die bestimmt, welche Art Formularfeld erstellt werden soll. Die Konstante wdFieldFormTextInput erzeugt Texteingabefelder.

Der Aufruf der Protect-Methode am Ende der Prozedur schützt das Dokument für die Formulareingabe. Das bedeutet, dass nur Eingaben innerhalb der Formularfelder zulässig sind.

```
Sub FormularErstellen(strVorlage As String)
    Dim objDoc As Document
    Dim objRange As Range
    Dim objBM As Bookmark
    Dim lngI As Long
    Dim lngAnz As Long
    Dim objFeld As FormField
    Set objDoc = Application.Documents.Add(strVorlage)
    lngAnz = objDoc.Bookmarks.Count
    For lngI = 1 To lngAnz
        Set objBM = objDoc.Bookmarks(1)
        Set objFeld = objDoc.FormFields.Add( _
            objBM.Range, wdFieldFormTextInput)
```

```
Next lngI
'Dokument schützen
objDoc.Protect wdAllowOnlyFormFields
End Sub

Sub Testen2()
FormularErstellen ThisDocument.Path & _
    Application.PathSeparator & "brief.dot"
End Sub
```

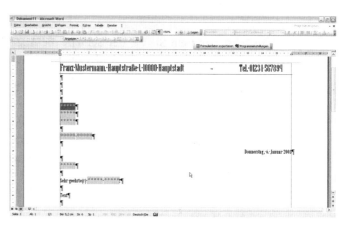

Abbildung 9.15: Die erzeugten Eingabefelder an den Stellen der Textmarken

10 PowerPoint steuern

Mithilfe von PowerPoint können Sie nicht nur Präsentationen erstellen und abspielen lassen, sondern auch interaktive Präsentationen gestalten und Lernprogramme erstellen. Dazu trägt neben neuen Funktionen für Präsentationen – etwa interaktive Schaltflächen zur Steuerung der Präsentation – auch die in PowerPoint integrierte IDE bei, mit deren Hilfe PowerPoint programmiert werden kann. Dieses Kapitel soll die grundlegenden Objekte, Methoden und Eigenschaften von PowerPoint vorstellen. Dabei wird jedoch vorausgesetzt, dass Sie sich mit PowerPoint genügend auskennen, um Präsentationen erstellen und ausführen zu können.

Die PowerPoint-Bibliothek gehört mit zu den größten VBA-Bibliotheken des Office-Pakets. Ein gewisser Überblick ist daher unbedingt notwendig, um effizient programmieren zu können. Daher sollen nachfolgend die wichtigsten Objekte und ihre Position in der Objekthierarchie erläutert werden, bevor anhand zahlreicher Beispiele die PowerPoint-Programmierung gezeigt wird.

Ein kurzer Überblick

Oberstes Objekt der Hierarchie ist auch hier wieder das Objekt Application, das die Anwendung PowerPoint darstellt. Ihm direkt untergeordnet sind die Objekte Addins, Assistant, Commandbars, DocumentWindows, FileSearch, FileFind, Presentations, Slide-ShowWindows und VBE. Die wichtigsten dieser Objekte sind Presentations, das die Liste aller Präsentationen darstellt, und Slide-ShowWindows, das die Liste aller Fenster mit aktiven Bildschirmpräsentationen enthält. Die Auflistung Presentations enthält Presentation-Objekte, die die einzelne PowerPoint-Präsentation darstellen. Die wichtigsten seiner untergeordneten Objekte sind Slides, die Liste aller vorhandenen Folien einer Präsentation, und PrintOptions, das die Druckeinstellungen der Präsentation steuert.

Das Objekt Application selber hat auch einige wichtige Eigenschaften und Methoden, deren Anwendung durch Beispiele noch verdeutlicht werden wird. Sie können z.b. mithilfe der Caption-Eigenschaft bestimmen, welcher Text im Fenstertitel von Power-Point erscheinen soll, oder Sie legen mit der WindowState-Eigenschaft die Größe des Fensters fest, in dem PowerPoint läuft.

Zugreifen auf die Anwendung PowerPoint

Gerade PowerPoint bietet viele Möglichkeiten, mit VBA die Anwendung selbst zu beeinflussen, weil das Objekt Application sehr viele untergeordnete Objekte und viele Eigenschaften hat, die eingestellt werden können. In diesem Abschnitt wird nun gezeigt, welche Einstellungen Sie per VBA vornehmen und wie Sie die Anwendung PowerPoint sonst noch beeinflussen können.

Die Beispiele finden Sie in der Datei *K10.ppt* im Modul *Anwendung*.

Fenstergröße verändern und abfragen

Sie können mithilfe der Eigenschaft WindowState des Application-Objekts die Fenstergröße manipulieren und abfragen. Das folgende Beispiel reduziert das PowerPoint-Fenster auf Symbolgröße und legt es unten in der Statusleiste von Windows ab.

```
Sub Fenstergroesse()
    Application.WindowState = ppWindowMinimized
End Sub
```

Als Konstanten für WindowState stehen folgende Werte zur Verfügung:

Konstante	Wert	Beschreibung
ppWindowMaximized	3	Vollbildmodus
ppWindowMinimized	2	Symbolgröße
ppWindowNormal	1	Weder maximiert noch minimiert

Tabelle 10.1: Konstanten der WindowsState-Eigenschaft

Laut Hilfetext gibt es auch die Konstante ppWindowMixed, tatsächlich tritt jedoch bei Verwendung ein Laufzeitfehler auf. Auch im Objektkatalog ist die Konstante nicht zu finden. Aus diesem Grund sollten Sie davon ausgehen, dass die Konstante nicht existiert und somit auch nicht verwendet werden kann.

Sie können natürlich auch über die Konstante oder deren Wert abfragen, welchen Status das Anwendungsfenster hat und diesen bei Bedarf ändern. Das folgende Beispiel zeigt, wie PowerPoint maximiert werden kann, wenn es minimiert oder in Normalgröße dargestellt wird.

```
Sub Maximieren_wenn_noetig()
    If (Application.WindowState = _
    ppWindowMinimized) Or _
    (Application.WindowState = 1) Then
        Application.WindowState = _
        ppWindowMaximized
    End If
End Sub
```

Systemdaten ermitteln

In PowerPoint können Sie genauso wie in Excel und Access bestimmte Systemdaten ermitteln. Dazu gehören neben anwendungsspezifischen Daten auch Angaben über das Betriebssystem, das Installationsverzeichnis und Name und Version der Anwendung.

Das folgende kleine Beispiel zeigt, wie Sie diese Informationen ermitteln und in einem Dialog ausgeben.

```
Sub Infos()
    Dim strText As String
    strText = "Betriebssystem: " & _
    Application.OperatingSystem _
    & Chr(10)
    strText = strText & "Verzeichnis: " _
    & Application.Path & Chr(10)
    strText = strText & "Anwendungsname: " _
    & Application.Name & Chr(10)
    strText = strText & "Version: " & _
    Application.Version
    MsgBox strText, vbInformation, _
    "Programm-Info!"
End Sub
```

Das Beispiel gibt folgende Meldung aus, wenn es in PowerPoint 2003 ausgeführt wird:

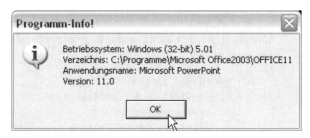

Abbildung 10.1: Ausgabe der ermittelten Systemeigenschaften

Die Eigenschaft Path liefert das Verzeichnis, in dem sich die Datei *powerpnt.exe* befindet. Wenn Sie die Eigenschaft Path eines Presentation-Objekts abfragen, liefert sie das Verzeichnis, in dem die Präsentation gespeichert ist. In beiden Fällen erfolgt die Pfadangabe ohne den abschließenden Backslash »\«.

Die Name-Eigenschaft liefert bei Anwendung auf das Objekt Application den Namen der Anwendung. Bei Abfrage der Name-Eigenschaft eines Presentation-Objekts liefert Sie den Dateinamen der Präsentation ohne Pfadangabe.

Wenn Sie also die Path- und die Name-Eigenschaft verwenden möchten, um den vollständigen Namen einer Präsentation einschließlich Verzeichnis zu ermitteln, dann müssen Sie zwischen Name und Path noch einen »\« einfügen. Sie können aber in den meisten Fällen dazu die Eigenschaft Fullname verwenden. Sie ermittelt den Dateinamen einschließlich Verzeichnis.

```
Sub NameUndPfad()
    MsgBox Application.ActivePresentation.FullName
End Sub
```

Leider bietet das Application-Objekt von PowerPoint anders als Word und Excel keine PathSeparator-Eigenschaft, über die Sie das für das Betriebssystem gültige Pfadtrennzeichen ermitteln könnten. Wenn Sie also möchten, dass Ihr Code auch auf dem Mac funktioniert, müssen Sie selbst das für das Betriebssystem richtige Pfadtrennzeichen einfügen.

Dazu können Sie beispielsweise die Funktion getSep() verwenden, die nachfolgend auch bei Bedarf eingesetzt wird. Sie prüft, ob in der Betriebssystembezeichnung »Windows« vorkommt. Wenn ja, ist der Rückgabewert ein Backslash, sonst ein Doppelpunkt für den Mac.

```
Function getSep() As String
    'Gibt das Pfadtrennzeichen abhängig vom
    'Betriebssystem zurück.
    If InStr(1, Application.OperatingSystem, _
        "Windows") > 0 Then
            getSep = "\"
    Else
            getSep = ":"
    End If
End Function
```

Fenstertitel ändern

Mithilfe der Eigenschaft `Caption` des `Application`-Objekts können Sie den Fenstertitel ändern. Nachdem Sie das folgende VBA-Makro ausgeführt haben, sieht er wie folgt aus:

Abbildung 10.2: Geänderter Fenstertitel

Um diese Änderung zu bewirken, ist genau eine Anweisung notwendig:

```
Sub Anwendungstitel()
    Application.Caption = _
        "Mein erstes PP-Programm"
End Sub
```

Diese Änderung kann sehr wichtig sein, wenn Sie die Methode `AppActivate` verwenden. Sie aktiviert eine Anwendung mit einem bestimmten Text in der Titelleiste. Um Fehler auszuschließen, können Sie den Text mit `Caption` festlegen, um dann sicherzustellen, dass der Text auch mit dem an `AppActivate` übergebenen Text übereinstimmt.

Aktive Objekte ermitteln

Die Eigenschaften `ActivePresentation`, `ActivePrinter` und `ActiveWindow` geben die aktive Präsentation, den aktuell eingestellten Drucker und das aktive Fenster zurück. Während `ActivePrinter` eine Zeichenkette mit dem Druckernamen zurückgibt, geben die anderen beiden Eigenschaften ein Objekt vom Typ `Presentation` bzw. `DocumentWindow` zurück, dessen `Name`- bzw. `Caption`-Eigenschaft dann noch ermittelt werden muss.

Sie haben mit diesen Eigenschaften die Möglichkeit, vor dem Drucken einer Präsentation oder einer Folie zu prüfen, ob der richtige Drucker aktiviert ist, oder ob vor dem Schließen der aktiven Präsentation auch die richtige Präsentation aktiviert ist. Das folgende Beispiel gibt diese drei Eigenschaften in einem Dialog aus.

```
Sub Aktives()
    Dim strText As String
    strText = "Aktive Präsentation: " _
        & ActivePresentation.Name & _
        Chr(10)
    strText = strText & "Aktiver Drucker : " _
        & Application.ActivePrinter _
        & Chr(10)
    strText = strText & "Aktives Fenster: " _
        & ActiveWindow.Caption
    MsgBox strText, vbInformation, _
        "Status Info!"
End Sub
```

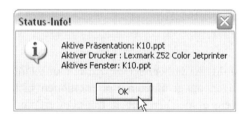

Abbildung 10.3: Die erzeugten Ausgaben

Sie sehen am Quelltext, dass auch PowerPoint Default-Objekte kennt (Application). Während für die Eigenschaften ActiveWindow und ActivePresentation Application das Default-Objekt ist, müssen Sie es für ActivePrinter explizit angeben.

Wichtige Methoden

Außer den bisher behandelten Eigenschaften des Objekts Application gibt es noch drei wichtige Methoden. Dies sind Help, Quit und Run.

Help ruft die PowerPoint-Hilfe auf, wenn nicht die beiden Parameter HelpFile und ContextID angegeben werden. Sie bestimmen die Hilfedatei und die Hilfeseite, die angezeigt werden soll. Entfällt nur der Parameter ContextID, so wird die Seite mit der Nummer 1 gezeigt, die in der Regel die Inhaltsübersicht enthält. Das folgende Beispiel zeigt die Hilfe zu PowerPoint an.

```
Sub Help_Methode()
    Application.Help
End Sub

Sub Run_Methode()
    Application.Run "Help_Methode"
End Sub
```

Die vorstehende Prozedur verwendet die Run-Methode, um eine VBA-Prozedur auszuführen. Sie können jedoch eine solche Prozedur auch ohne Run starten, indem Sie ihren Namen angeben. In diesem Fall sähe das Makro wie folgt aus:

```
Sub Run_Methode()
    Help_Methode
End Sub
```

Die Quit-Methode beendet die Anwendung PowerPoint. Wenn Sie Änderungen an geöffneten Präsentationen nicht zuvor mit Save oder SaveAs gespeichert haben, fragt PowerPoint vor dem Beenden, ob die Änderungen gespeichert werden sollen. Der folgende Quelltext beendet PowerPoint.

```
Sub Quit_Methode()
    Application.Quit 'beendet PP
End Sub
```

Dies sind selbstverständlich nicht alle Eigenschaften und Methoden des Application-Objekts. Eine vollständige Darstellung würde sicherlich schon ein halbes Buch füllen. Das hier Dargestellte reicht jedoch vorerst aus, um erfolgreich Präsentationen manipulieren und erstellen sowie kleine Anwendungen entwickeln zu können.

Präsentationen manipulieren

In diesem und den folgenden Abschnitten finden Sie Informationen darüber, wie PowerPoint-Präsentationen geöffnet, geschlossen und manipuliert und wie Bildschirmpräsentationen gestartet und beeinflusst werden können. Präsentationen bestehen in PowerPoint aus einzelnen Folien und werden als PPT-Datei gespeichert.

Öffnen und Schließen

Bevor Sie Präsentationen mit VBA bearbeiten können, müssen Sie sie erst einmal öffnen können. Dazu verwenden Sie die Open-Methode. Mithilfe des Parameters Filename bestimmen Sie die zu öffnende Datei. Das folgende Beispiel öffnet die Datei *Test.ppt* die sich im gleichen Verzeichnis wie die Datei *K10.ppt* befinden muss. Zudem sollte K10.PPT die aktive Präsentation sein, so dass Sie über den Path-Eigenschaft des Presention-Objekts, das die Active-Presention-Eigenschaft zurückgibt, den Pfad der zu öffnenden Datei bestimmen können.

> Den Code finden Sie in der Datei *K10.ppt* im Modul *Praesentationen*.

```
Sub PR_oeffnen()
    Application.Presentations.Open _
        FileName:= _
        Application.ActivePresentation.Path & _
        getSep() & "test.ppt"
End Sub
```

Für die Open-Methode können die in folgender Tabelle aufgelisteten Parameter verwendet werden.

Parameter	Typ	Angabe notwendig	Beschreibung
FileName	String	Ja	Gibt den Namen der Datei an, die geöffnet werden soll.
ReadOnly	Long	Nein	Wenn die Datei schreibgeschützt geöffnet werden soll, ist hier True anzugeben. Wird der Parameter weggelassen oder False angegeben, so wird der Schreibschutz für die Datei nicht aktiviert.
Untitled	Long	Nein	Soll eine Kopie der Datei geöffnet werden, geben Sie hier True an. In diesem Fall können Sie mit SaveAs die Datei unter einem beliebigen Namen speichern. Default-Wert ist False.
WithWindow	Long	Nein	Soll die Datei in einem sichtbaren Fenster geöffnet werden, dann geben Sie hier True an. Dies ist auch der Default-Wert. Bei Angabe von False wird die Datei in einem ausgeblendeten Fenster geöffnet.

Tabelle 10.2: Parameter der Open-Methode

Fehler können hier auftreten, wenn sich die Datei nicht im aktuellen Verzeichnis befindet und Sie keinen Pfad angeben. Diese Fehlerquelle können Sie beseitigen, indem Sie als Filename nicht nur den Dateinamen, sondern auch das Verzeichnis angeben oder vor der Verwendung der Open-Methode in das Verzeichnis wechseln. Letzteres würde aber voraussetzen, dass Windows als Betriebssystem verwendet wird. Daher sollten Sie besser den kompletten Pfad an die Open-Methode übergeben.

Zur Vermeidung dieses Fehlers können Sie in PowerPoint auch das Verzeichnis bestimmen, in dem standardmäßig Dateien gespeichert und auch gesucht werden. Dazu aktivieren Sie die Anwendung PowerPoint und wählen im Menü *Extras / Optionen*. Auf der Registerkarte *Speichern* des Dialogs geben Sie im Feld *Standardarbeitsordner* das Verzeichnis ein, in dem sich die Datei befindet bzw. in dem alle Dateien automatisch gespeichert werden, wenn Sie keinen Pfad angeben. Klicken Sie dann auf *OK*, um die Änderungen zu übernehmen und den Dialog zu schließen.

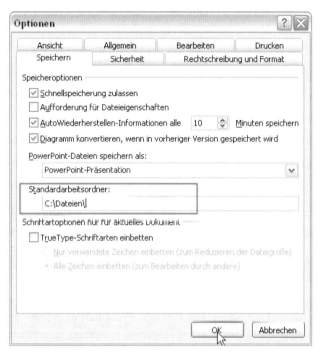

Abbildung 10.4: Standardarbeitsordner festlegen

Um eine geöffnete Präsentation zu schließen, verwenden Sie die Close-Methode. Sie schließt die durch das Objekt angegebene Präsentation. Eine Angabe von Parametern ist nicht möglich. Das folgende Beispiel schließt die Präsentation mit dem Namen *Test.ppt*.

```
Sub PR_schliessen()
    Application.Presentations("test.ppt").Close
End Sub
```

Erstellen und Löschen von Präsentationen

Um Präsentationen zu erstellen, stellt VBA die Methode Add des Presentation-Objekts zur Verfügung, mit der ein neues Presentation-Objekt erzeugt und an die Presentations-Auflistung angehängt wird. Der einzige Parameter der Methode WithWindow gibt an, ob die Präsentation sichtbar oder unsichtbar erzeugt werden soll.

Die dazu notwendige VBA-Prozedur lautet:

```
Sub Neue_PR()
    Application.Presentations.Add _
        withwindow:=True
End Sub
```

Sie sollten jedoch besser eine Objektvariable vom Typ Presentation zu Hilfe nehmen, wenn Sie eine neue Präsentation erzeugen, da Sie dann eine effiziente Möglichkeit haben, auf die neue Präsentation zuzugreifen, auch wenn Sie deren Namen nicht kennen.

Der Name einer neuen Präsentation richtet sich nämlich immer nach der in einer PowerPoint-Sitzung bereits erzeugten Anzahl von Präsentationen. Die erste Präsentation bekommt den Namen *Präsentation1*, die zweite *Präsentation2* etc. Sie müssen also mit der ersten Methode genau wissen, wie die neue Präsentation heißt, um auf sie zugreifen zu können. Das nächste Beispiel zeigt, wie Sie es besser machen können. Die folgende Prozedur erzeugt die Präsentation und speichert Sie als *Test2.ppt* im gleichen Verzeichnis wie die aktive Präsentation.

```
Sub Neue_PR2()
    Dim objPR As Presentation
    Set objPR = Application.Presentations.Add()
    objPR.SaveAs Application.ActivePresentation.Path _
        & getSep() & "Test2.ppt"
End Sub
```

Befindet sich die aktive Präsentation auf einer CD oder DVD, kann die Datei natürlich nicht erstellt werden. Es kommt dann zu einem Laufzeitfehler.

Auch in PowerPoint gibt es keine Methode zum Löschen von Dateien. Sie müssen deshalb die VBA-Anweisung Kill verwenden, wenn Sie eine Präsentation löschen möchten. Befindet sich die Datei nicht im Standardarbeitsverzeichnis von PowerPoint, sollten Sie dabei auch den vollständigen Pfad vor die Datei setzen.

```
Sub PR_Loeschen()
    Kill Application.ActivePresentation.Path & _
        getSep() & "Test2.ppt"
End Sub
```

Befindet sich die aktive Präsentation auf einer CD oder DVD, kann die Datei natürlich nicht gelöscht werden. Es kommt dann zu einem Laufzeitfehler, wenn Sie die Prozedur ausführen.

Außerdem kommt es zu Fehlern, wenn die Präsentation noch in PowerPoint geöffnet ist, wenn Sie versuchen, die Präsentation mit Kill zu löschen. Um diese Fehlerquelle zu vermeiden, sollten Sie die Datei vor dem Verwenden der Kill-Anweisung schließen.

Wenn Sie eine Präsentation erstellt haben, müssen Sie sie natürlich auch speichern können. Dazu bietet VBA die Save-Methode oder SaveAs-Methode an. Mit Hilfe der SaveAs-Methode können Sie eine Präsentation unter einem als Parameter FileName anzugebenden Namen speichern. Sie können die SaveAs-Methode im Gegensatz zur Save-Methode dazu nutzen, eine neue Präsentation zum ersten Mal zu speichern oder eine vorhandene Präsentation unter einem anderen Namen zu speichern. Wenn Sie lediglich die Änderungen an einer geöffneten Präsentation speichern möchten, verwenden Sie dazu die Save-Methode. Hier können Sie keine Parameter angeben.

Das folgende Beispiel zeigt, wie Sie die aktive Präsentation speichern können, wenn Sie sie bereits einmal gespeichert haben. Dies können Sie feststellen, indem Sie die Fullname- oder Path-Eigenschaft der Präsentation abfragen. Sie geben den Wert "" (= leere Zeichenfolge) zurück, wenn die Präsentation noch nicht gespeichert wurde.

```
Sub AktivePraesentation_speichern()
    If ActivePresentation.Path <> "" Then
        ActivePresentation.Save
    Else
        MsgBox "Die aktive Präsentation hat noch " & _
            "keinen Namen!"
    End If
End Sub
```

Mit Hilfe der Methode SaveCopyAs können Sie eine Kopie der angegebenen Präsentation speichern. Den Namen der Kopie müssen Sie als FileName angeben.

Folien einfügen und formatieren

Bei der Manipulation von Präsentationen sind die Gestaltung einzelner Folien und die Manipulation der gesamten Präsentation durch bestimmte Einstellungen zu unterscheiden. Zunächst wird es darum gehen, wie Folien erstellt, gelöscht, verschoben und formatiert werden können.

Den Code finden Sie im Modul *Folien* der Datei *K10.ppt*.

Zuweisen von Vorlagen für die Präsentation

Auch in PowerPoint werden Präsentationen mithilfe von Präsentationsvorlagen formatiert. Diese tragen die Dateinamenserweiterung

.pot und bestimmen die Hintergrundformatierung, die auf jeder Folie enthaltenen Felder wie Datum und Foliennummer etc.

Sie können einer neuen oder vorhandenen Präsentation eine Vorlage zuweisen, indem Sie die Methode ApplyTemplate verwenden. Der Parameter FileName bestimmt dabei die Formatvorlage, die verwendet werden soll. Befindet sie sich nicht im aktuellen Verzeichnis, müssen Sie das Verzeichnis und das Laufwerk mit angeben, wie dies beispielsweise im folgenden Code erfolgt.

Wenn Sie eine Präsentation neu erzeugen, wird die in aller Regel zur aktiven Präsentation. Sie können also dann deren Pfad nicht ermitteln, wenn Sie möchten, dass die Vorlage aus dem gleichen Verzeichnis geladen wird, in der sich die Datei mit dem Code befindet. Daher sollten Sie zuerst den Pfad der aktiven Präsentation ermitteln und der Variablen Pfad zuweisen und erst danach die neue Präsentation erstellen.

```
Sub Vorlage_zuweisen()
    Dim objPR As Presentation
    Dim Pfad As String
    Pfad = Application.ActivePresentation.Path
    Set objPR = Application.Presentations.Add()
    objPR.ApplyTemplate FileName:= _
        Pfad & getSep() & _
        "meinevorlage.pot"
End Sub
```

Wenn Sie einer Präsentation, die noch keine Folien enthält, eine Vorlage zuordnen, sehen Sie das Ergebnis, die Formatierung erst, wenn Sie die erste Folie in die Präsentation eingefügt haben.

Folien erstellen und bearbeiten

Um eine neue Folie erstellen zu können, muss ein Objekt vom Typ Slide an die Slides-Auflistung des Presentation-Objekts angehängt werden. Dafür ist die Add-Methode des Slides-Objekts zuständig.

Die Add-Methode kennt die zwei Parameter Index und Layout. Index bestimmt die Position einer Folie innerhalb der Präsentation und somit auch die Foliennummer und darf nicht höher sein als die Anzahl Folien plus 1. Sie können die Anzahl der vorhandenen Folien über die Eigenschaft Count des Slides-Objekts ermitteln.

Layout bestimmt die Gestaltung der Folie. Diese entspricht den beim Einfügen einer Folie über das Menü auszuwählenden Folienlayouts. Das folgende Beispiel zeigt, wie eine Präsentation erstellt wird und dort nach Zuweisung der Vorlage eine neue Folie mit Titel-Layout eingefügt wird. Dazu müssen Sie zunächst folgende Variablen auf Modulebene deklarieren:

```
Dim PR As Presentation
Dim FOL As Slide, Icon As Shape
Dim SCHR As Shape
Dim BT As Shape
```

Den Hauptteil der Arbeit übernimmt dann die Prozedur Praesentation_erstellen.

```
Sub Praesentation_erstellen()
    Dim Pfad As String
    Pfad = Application.ActivePresentation.Path
    'Erstellen der Präsentation
    Set PR = Application.Presentations.Add()
    PR.SaveAs FileName:=Pfad & _
        getSep() & "Praesent1.ppt", _
        EmbedTruetypefonts:=True
    'Vorlage zuweisen
    PR.ApplyTemplate FileName:= _
        Pfad & getSep() & "meinevorlage.pot"
    'Erste Folie einfügen
    Set FOL = PR.Slides.Add(Index:=1, _
        Layout:=ppLayoutTitle)
    'Gestaltung der Folie
    ...
End Sub
```

Das Aussehen der Folie nach Ausführung dieser Anweisungen richtet sich im Wesentlichen nach der verwendeten Vorlage. Sie können mit den Anweisungen

```
Set PR = ActivePresentation
PR.Slides.Add _
    Index:=PR.Slides.Count + 1, _
    Layout:=ppLayoutBlank
```

eine weitere Folie am Ende der aktiven Präsentation einfügen. Bei der ersten Folie brauchen Sie die Anzahl der Folie nicht zu ermitteln, da sie in diesem Fall bekannt ist. Möchten Sie aber zusätzliche Folien einfügen und wissen nicht, wie viele Folien schon vorhanden sind, können Sie die Anzahl mit Count ermitteln.

Einfügen von Objekten in die Folien

Da leere Folien in einer Präsentation natürlich ziemlich sinnlos sind, soll nun erläutert werden, wie Sie Objekte in Folien einfügen, formatieren und manipulieren können. Auf die Objekte der Folien wird über die Shapes-Auflistung zugegriffen. Sie beinhaltet auch die Platzhalter der Folienvorlage z.B. für den Folientitel. Auf diese Platzhalter kann jedoch auch über die Placeholders-Auflistung zugegriffen werden. In beiden Fällen erfolgt der Zugriff über den Index des Objekts.

Das folgende Beispiel zeigt, wie Sie den Folientitel der aktuellen Folie ändern können. Dazu wird über die Eigenschaft Title auf den Platzhalter Titel zugegriffen. Für den Untertitel besteht eine solche Eigenschaft leider nicht. Hier musste daher die Auflistung Placeholders verwendet werden, um den Untertitel festlegen zu können.

```
Sub Praesentation_erstellen()
...
    'Folientitel festlegen
    FOL.Shapes.Title.TextFrame.TextRange.Text _
        = "Microsoft Office 2003"
    FOL.Shapes.Placeholders(2).TextFrame _
```

```
        .TextRange.Text = "Ein erster Überblick"
    ...
    End Sub
```

Das Ergebnis der Prozedur sieht folgendermaßen aus:

Abbildung 10.5: Folie nach Festlegung von Titel und Untertitel

Um ein neues Objekt einzufügen, verwenden Sie eine Add...-Methode des Shapes-Objekts. Das folgende Beispiel zeigt, wie Sie mithilfe der AddPicture-Methode eine Grafik in die Folie einfügen, die am abgerundeten Ende des blauen Balkens in der Folie erscheint. Der Parameter FileName legt die Datei fest, die eingefügt werden soll, LinkToFile bestimmt, ob die Grafik verknüpft oder eingebunden werden soll und die letzten vier Parameter Top, Left, Width und Height legen Position und Größe des Bildes fest.

```
    ...
        'Einfügen des Bildes in den Rahmen
        Set Icon = FOL.Shapes.AddPicture( _
            FileName:=Pfad & _
            getSep() & "stern.bmp", _
        LinkToFile:=msoFalse, _
        SaveWithDocument:=msoTrue, _
        Left:=548, Top:=125, _
        Width:=119, Height:=106)
        Icon.Name = "Bild"
    ...
```

Abbildung 10.6: Die Titelfolie mit eingefügter Grafik

Problematisch wird die genaue Bestimmung von Position und Größe eines Objekts in der Folie. Diese Position können Sie durch Probieren herausfinden. Eine weitere Möglichkeit besteht darin, das Objekt an der gewünschten Stelle einzufügen und dann dessen Eigenschaften im Direktfenster ausgeben zu lassen, um sie in der Add-Methode zu verwenden.

Für den späteren Zugriff auf bestimmte Objekte können Sie diesen Namen geben. Dazu setzen Sie einfach die Name-Eigenschaft des Objekts. Die Anweisung `Icon.Name="Bild"` gibt z.B. dem im letzten Beispiel eingefügten Bitmap, auf das die Objektvariable `Icon` verweist, den Namen `Bild`.

Die Eigenschaft `Shadow` gibt ein Objekt vom Typ `ShadowFormat` zurück, über dessen Eigenschaften der Schatten eines Objekts festgelegt werden kann. Die Anweisung `Icon.Shadow.Visible = msoFalse` sorgt dafür, dass dem Objekt kein Schatten hinzugefügt wird.

Sie können mithilfe der `AddTitle`-Methode den Platzhalter für den Folientitel wieder einfügen, wenn er gelöscht wurde. Dazu können Sie die `HasTitle`-Eigenschaft abfragen, um festzustellen, ob ein Titel vorhanden ist oder nicht. Ist kein Titel vorhanden, so gibt die `HasTitle`-Eigenschaft `False` zurück.

Das folgende Beispiel zeigt, wie Sie mit AddTextEffect ein WordArt-Objekt auf der zweiten Folie der neuen Präsentation einfügen können. Die Konstanten des Parameters PresetTextEffect entsprechen den im Auswahldialog dargestellten Effekten. Sie werden beginnend mit 1 durchnummeriert und heißen somit msoPresetTextEffect1 bis msoPresetTextEffect30. Der Quelltext, der ein solches WordArt-Objekt erzeugt und in eine Folie der Präsentation einfügt, sieht folgendermaßen aus:

```
Sub Praesentation_erstellen()
    Dim Pfad As String
...
    'Erstellen der zweiten Folie
    Set FOL = PR.Slides.Add(2, ppLayoutBlank)
    'Formatierung der zweiten Folie
    'Kopieren des Bildes von der ersten F.
    Icon.Copy
    FOL.Shapes.Paste
    Set Icon = FOL.Shapes(1)

    Icon.Top = 20
    Icon.Left = 560
    Icon.Width = 70
    Icon.Height = 65
    Set SCHR = FOL.Shapes.AddTextEffect( _
        PresetTextEffect:=msoTextEffect27, _
        Text:="Dies ist WordArt " & Chr(10) & _
        "in Office 2003" & _
        Chr(10) & "Verfügbar in PowerPoint, " _
        & Chr(10) & "Excel und Word !", _
        FontName:="Arial Rounded MT Bold", _
        FontSize:=60, Left:=60 _
        , Top:=100, FontBold:=True, FontItalic:= _
        False)
    SCHR.Name = "Schriftzug"
...
```

Zunächst wird dazu mit der Add-Methode der Slides-Auflistung eine neue Folie erstellt, in die dann mit der Copy-Methode des Shape-Objekts das Bild aus der ersten Folie kopiert und mit der Paste-Methode der Shapes-Auflistung eingefügt wird. Allerdings darf die Grafik hier nicht die volle Größe haben, weil sie dann in der Kopfzeile keinen Platz hat, und muss außerdem oben und nicht mittig positioniert werden. Dazu ist es notwendig, dass Sie das eingefügte Shape-Objekt wieder der Objektvariablen Icon zuweisen und die Werte für Breite, Höhe und Position passend setzen.

Danach wird mit der AddTextEffect-Methode das WordArt-Objekt erstellt und ein Verweis darauf in der Objektvariablen SCHR gespeichert, die auf Modulebene deklariert wurde. Sie müssen alle Parameter der Methode angeben. Ihre Bedeutung wird aus ihrem Namen deutlich und bedarf daher keiner weiteren Erläuterung.

Anschließend wird dem neuen Objekt mit der Name-Eigenschaft ein Name zugeordnet, über den Sie dann auch ohne eine Objektvariable oder einen bekannten Index auf das Objekt zugreifen können.

Abbildung 10.7: Die erzeugte Folie

Im nächsten Beispiel wird eine AutoForm in die dritte Folie der Präsentation eingefügt. Dazu wird die Folie wieder mit der Add-Methode erstellt und das Bild mit dem Office-Symbol wird dort eingefügt, indem es von der ersten Folie kopiert und neu positioniert wird. Da aber jetzt die Objektvariable keinen Verweis mehr auf das Bild auf der ersten Folie enthält, wird mithilfe des Namens über die Shapes-Auflistung auf das Bild zugegriffen.

```
...
'Erstellen der dritten Folie
```

```
Set FOL = PR.Slides.Add(3, ppLayoutBlank)
'Formatierung der dritten Folie
'Kopieren des Bildes von der ersten F.
PR.Slides(1).Shapes("Bild").Copy
FOL.Shapes.Paste
Set Icon = FOL.Shapes(1)
Icon.Top = 20
Icon.Left = 560
Icon.Width = 70
Icon.Height = 65
Set BT = FOL.Shapes.AddShape( _
    msoShapeActionButtonSound, _
    600, 350, 70, 50)
...
```

Danach wird mit der Methode AddShape eine AutoForm eingefügt. Mit dieser Methode können Sie bei Auswahl der richtigen Konstante alle Formen einfügen, die Sie über das Menü AutoForm in der *Zeichnen*-Symbolleiste erstellen können.

Dort finden Sie in PowerPoint auch eine Kategorie Interaktive Schaltflächen. Damit können Sie Schaltflächen in Ihre Folien einfügen, die nicht nur die Steuerung der Präsentation durch den Anwender ermöglichen, sondern auch das Ausführen von Makros und Anwendungen. Eine solche Schaltfläche zum Abspielen von Sounddateien fügt das Beispiel in die dritte Folie ein.

Über die Eigenschaft ActionSettings, die ein ActionSetting-Objekt zurückgibt, können Sie für die Schaltfläche festlegen, welche Aktion beim Klicken auf die Schaltfläche ausgelöst werden soll. Wenn Sie z.B. Videos in der Präsentation starten möchten, müssen Sie dazu ein Media-Objekt einfügen. Dazu verwenden Sie die AddMediaObject-Methode des Shapes-Objekts.

Das folgende Beispiel zeigt, wie Sie in die dritte Folie der Präsentation ein solches Video einfügen können. Hier wird ein QuickTime-Video eingefügt. Genauso funktioniert das aber auch mit AVI-Dateien.

```
...
    'Einfügen eines Videos
    FOL.Shapes.AddMediaObject Pfad & _
        getSep() & "film.mov", _
        40, 100
    'Speichern
    PR.Save
End Sub
```

Eine Bildschirmpräsentation ausführen

In der Regel werden Präsentationen erstellt, um sie entweder am Bildschirm als Bildschirmpräsentationen ausführen zu lassen oder um sie auf Folien zu drucken, die dann auf dem Overheadprojektor gezeigt werden.

 Den folgenden Code finden Sie im Modul *Praesentationen* der Datei *K10.ppt*.

Präsentationen ausführen

Präsentationen werden mithilfe der Run-Methode ausgeführt. Die einfachste Möglichkeit, eine fertige Präsentation auszuführen, ist die folgende:

```
Sub Starten()
    Dim Pfad As String
    Pfad = Application.ActivePresentation.Path
    Set PR = Presentations.Open(FileName:= _
        Pfad & getSep() & "Praesent1.ppt", _
        WithWindow:=msoFalse)
    PR.SlideShowSettings.Run
End Sub
```

Dazu wird die Präsentation zunächst geöffnet. Der Parameter With-Window der Open-Methode sorgt aber dafür, dass die Präsentation unsichtbar bleibt. Mit Hilfe der Run-Methode des SlideShow-

Settings-Objekts wird dann die Bildschirmpräsentation mit den voreingestellten Effekten und Zeiten gestartet.

Der folgende Quelltext zeigt einen Ausschnitt aus den möglichen Einstellungen für die Bildschirmpräsentation. Zunächst wird die Präsentation wieder unsichtbar geöffnet. Danach werden bestimmte Eigenschaften des SlideShowSettings-Objekts gesetzt.

AdvanceMode legt fest, dass für die Präsentation die festgelegten Zeiten verwendet werden sollen. Der Wert msoTrue der Eigenschaft LoopUntilStopped bestimmt, dass die Präsentation so lange immer wieder von vorn beginnt, bis [Esc] gedrückt wird. Pointercolor bestimmt die Farbe des Stiftes, der während der Präsentation anstatt des Pfeils eingeblendet werden kann. Mit With PR.SlideShow-Settings.Run.View wird das Fenster bearbeitet, in dem die Präsentation abläuft. Dazu wird mit Pointertype der Pfeil durch den Stift ersetzt und anschließend mit GotoSlide(4) zur vierten Folie gesprungen, um mit dieser die Präsentation zu beginnen. PR.Close schließt zum Schluss wieder die Präsentation.

```
Sub Starten2()
    Dim Pfad As String
    Pfad = Application.ActivePresentation.Path
    Set PR = Presentations.Open(FileName:= _
        Pfad & getSep() & "Praesent1.ppt", _
        withWindow:=msoFalse)
    With PR.SlideShowSettings
        .AdvanceMode = ppSlideShowUseSlideTimings
        .LoopUntilStopped = msoTrue
        .PointerColor.RGB = RGB(255, 0, 0)
    End With
    With PR.SlideShowSettings.Run.View
        .PointerType = ppSlideShowPointerPen
        .GotoSlide (3)
    End With
    'PR.Close
End Sub
```

Präsentationen drucken

Das folgende Beispiel zeigt, wie Sie eine Präsentation oder Ausschnitte davon drucken können, welche wichtigen Einstellungen es gibt und wie Sie sie vornehmen. Zunächst wird der Objektvariablen PR ein Verweis auf die aktive Präsentation zugewiesen, bevor in einer With-Anweisung die Einstellungen für den Druck vorgenommen werden.

FitToPage = msoTrue bewirkt, dass die Foliengröße an die Seitengröße angepasst wird. Dies führt dazu, dass der gesamte verfügbare Platz auf der auszudruckenden Seite ausgefüllt wird. Die Eigenschaft FrameSlides des PrintOptions-Objekts bestimmt, ob ein Rahmen um die Folie gedruckt werden soll oder nicht. Im Beispiel wird ein Rahmen gedruckt.

Mit der Eigenschaft PrintColorType können Sie festlegen, ob farbig oder schwarz-weiß gedruckt werden soll. Hierzu stehen folgende Konstanten zur Verfügung:

Konstante	Bedeutung
ppPrintBlackAndWhite	Druck erfolgt in Schwarz-Weiß mit Graustufen. Diese Möglichkeit ist insbesondere für Laserdrucker geeignet, die Farbverläufe dann als Graustufen wiedergeben.
ppPrintColor	Farbdruck mit der durch den Drucker und Druckertreiber bestimmten maximalen Anzahl Farben.
ppPrintPureBlackAndWhite	Ausdruck erfolgt nur in Schwarz und Weiß. Es gibt keine Grauabstufungen.

Tabelle 10.3: Konstanten für die PrintColorType-Eigenschaft

Sollten Sie z.B. beim Drucken eines WordArt-Objekts mit Füllmuster einen Ausdruck vorfinden, bei dem das Füllmuster nicht die Buchstaben, sondern stattdessen den Schrifthintergrund füllt, so hat dies nichts damit zu tun, welche Druckoptionen Sie gewählt haben. Versuchen Sie den Druck mit einem anderen

Druckertreiber, der mit Ihrem Drucker kompatibel ist. Es gibt offensichtlich bei einigen Treibern Probleme mit Füllmustern von WordArt-Objekten:

`PrintFontsAsGraphics` = `msoCTrue` legt fest, dass Schriften als Grafiken gedruckt werden. Dies verhindert, dass verschiedene Drucker TrueType-Schriften durch ihre Druckerschriften ersetzen. Dies machen natürlich nicht alle Drucker und es geschieht in der Regel auch nur, wenn Sie es im Druckertreiber oder am Drucker einstellen. Sie können mit dieser Einstellung jedoch auch Probleme beim Druck des €-Zeichens vermeiden.

Mithilfe der Eigenschaft `OutputType` können Sie bestimmen, in welcher Form Sie die Präsentation drucken möchten. Dazu stehen verschiedene Konstanten zur Verfügung.

Konstanten	Beschreibung
`ppPrintOutputBuildSlides`	Druckt Folien
`ppPrintOutputNotesPages`	Druckt Notizen
`ppPrintOutputOutline`	Druckt Gliederung
`ppPrintOutputSixSlideHandouts`	Druckt Handzettel mit sechs Folien je Seite
`ppPrintOutputSlides`	Druckt Folien und ist Default-Wert
`ppPrintOutputThreeSlideHandouts`	Druckt Handzettel mit drei Folien je Seite
`ppPrintOutputTwoSlideHandouts`	Druckt Handzettel mit zwei Folien je Seite

Tabelle 10.4: Konstanten für die OutputType-Eigenschaft

Mithilfe der Eigenschaft `PrintHiddenSlides` können Sie bestimmen, ob auch ausgeblendete Folien gedruckt werden sollen. Im Beispiel ist dies der Fall, allerdings enthält die Präsentation keine ausgeblendeten Folien. `PrintInBackground` legt fest, ob der Druck im Hintergrund erfolgen soll. Default-Wert ist hier `True`. Der Hintergrunddruck hat den Vorteil, dass Sie während des Ausdrucks, der je nach Drucker und Größe der Präsentation sehr lange dauern kann, weiter mit dem Rechner arbeiten können.

Nun erfolgt der eigentliche Ausdruck mithilfe der `Printout`-Methode. Die Bedeutung Ihrer Parameter finden Sie in folgender Tabelle. Alle Parameter sind optional.

Parameter	Typ	Beschreibung
`From`	`Long`	Gibt die Seitenzahl der ersten Seite an, die gedruckt werden soll. Wird dieses Argument nicht angegeben, beginnt der Druck am Anfang der Präsentation. Mit der Angabe der `To` und `From`-Argumente werden die Inhalte des `PrintRanges`-Objekts und der Wert der `RangeType`-Eigenschaft für die Präsentation festgelegt.
`To`	`Long`	Gibt die Seitenzahl der letzten Seite an, die gedruckt werden soll. Wird dieses Argument nicht angegeben, wird die Präsentation bis zum Ende gedruckt. Mit der Angabe der `To` und `From`-Argumente werden die Inhalte des `PrintRanges`-Objekts und der Wert der `RangeType`-Eigenschaft für die Präsentation festgelegt.
`PrintToFile`	`String`	Gibt den Namen der Datei an, an die die Druckausgabe weitergeleitet werden soll. Wenn Sie dieses Argument angeben, wird die Datei nicht an den Drucker weitergeleitet, sondern in eine Datei umgeleitet. Wird dieses Argument nicht angegeben, wird die Datei an einen Drucker weitergeleitet.
`Copies`	`Long`	Bestimmt die Anzahl der zu druckenden Kopien. Wird dieses Argument nicht angegeben, wird nur eine Kopie gedruckt. Mit der Angabe dieses Arguments wird der Wert der `NumberOfCopies`-Eigenschaft festgelegt.
`Collate`	`Long`	Dieses Argument ist True, wenn eine vollständige Kopie der Präsentation gedruckt werden soll, bevor die erste Seite der nächsten Kopie gedruckt wird. Wird dieses Argument nicht angegeben, werden mehrere Kopien sortiert. Mit der Angabe dieses Arguments wird der Wert der `Collate`-Eigenschaft festgelegt.

Tabelle 10.5: Parameter der `Printout`-Methode (Quelle: Online-Hilfe)

Obwohl der Parameter Collate vom Typ Long ist, kann ihm ein boolescher Wert, True oder False, zugewiesen werden. Besser ist jedoch, Sie verwenden die vordefinierten Microsoft-Office-Konstanten msoTrue und msoFalse, die vom Typ Long sind.

```
Sub Praesentation_drucken()
    Set PR = ActivePresentation
    With PR.PrintOptions
    .FitToPage = msoCTrue
    .FrameSlides = msoCTrue
    .PrintColorType = ppPrintBlackAndWhite
    .PrintFontsAsGraphics = msoCTrue
    .OutputType = ppPrintOutputSlides
    .PrintHiddenSlides = msoCTrue
    .PrintInBackground = msoTrue
    End With
    PR.PrintOut From:=1, To:=1, Copies:=1, _
        Collate:=msoFalse
End Sub
```

11 VBA in Access

Dieses Kapitel beschäftigt sich mit den Möglichkeiten, Access-Datenbanken zu programmieren, mit der Eingabe des Codes und damit, wie Datenbanken mit Access manipuliert werden können. Während Sie in Access 97 lediglich das DAO (Data Access Object)-Objektmodell für die Programmierung von Access verwenden konnten, stellt Access seit der Version 2000 zusätzlich ADO (ActiveX Data Objects) zur Verfügung. Beide Möglichkeiten werden nachfolgend dargestellt. Insbesondere ADO ist sehr nützlich, wenn Sie später von Excel oder Word aus auf Daten einer Access-Datenbank zugreifen möchten.

Um Access-Datenbankobjekte per VBA manipulieren zu können, sind allerdings Grundkenntnisse zu Access-Datenbanken und Datenbanken im Allgemeinen erforderlich. Diese Kenntnisse sind genauso Voraussetzung für das Verständnis dieses Kapitels wie in den anderen Kapiteln ein Grundverständnis für die jeweilige Anwendung.

Da es keine Access-Version für Macintosh gibt, können Sie den Code dieses Kapitels sowie die Beispiele in späteren Kapiteln, die Access nutzen, nur unter Windows ausführen. Auch die Datenbankformate sind in Access nicht abwärtskompatibel. Damit Sie aber dennoch die Möglichkeiten haben, die Beispiele sowohl in Access 2000 als auch in 2002 als auch in 2003 auszuführen, werden alle Beispieldatenbanken im Access 2000-Format gespeichert, das Sie mit allen drei Versionen bearbeiten können. Lediglich wenn Sie Access 97 verwenden, ist eine vorherige Konvertierung notwendig. Da Access 97 aber auch noch kein VBA 6.0 beinhaltet und einige Einschränkungen hinsichtlich des Objektmodells hat, ist eine fehlerfreie Konvertierung in das Access-97-Format nicht möglich.

Besonderheiten von Access

Es gibt einen ganz bestimmten Grund, warum das Access-VBA-Kapitel am Ende dieses zweiten Teiles steht. Das liegt weniger daran, dass die Programmierung von und in Access komplizierter wäre als vielmehr daran, dass sie anders ist.

Einsatzmöglichkeiten von VBA in Access

Der größte Teil der Einsatzmöglichkeiten in Excel, Word und PowerPoint besteht darin, Arbeitsmappen, Word-Dokumente oder Präsentationen zu erzeugen und zu manipulieren. Genau das machen Sie in Access in der Regel nicht. Dort geht es vorwiegend darum, Daten zu manipulieren und die Dateneingabe in Formulare sowie die Datenausgabe in Berichten zu optimieren. Dennoch ist es mit VBA durchaus möglich, auch Tabellen, Berichte und Formulare in einer Datenbank zu generieren. In der Regel können Sie so etwas aber viel einfacher durch Importieren von Daten oder Ausführen von SQL-Anweisung machen.

Um diese wichtigen Bereiche der Access-Programmierung geht es daher in den folgenden Abschnitten:

✔ Zugreifen auf Daten mit DAO und ADO

✔ Daten manipulieren

✔ Formulare optimieren

✔ Daten in Berichten formatieren

Quellcodeerfassung und Programmierung in Access

Anders als die anderen Office-Programme bietet Access zwei verschiedene Arten der Programmierung, nämlich Makros und Module.

Mithilfe von Makros können Sie die Ablaufsteuerung in einer Access-Datenbank ändern. Makros werden in einer Access-spezifischen Makrosprache geschrieben, die eine gewisse Ähnlichkeit mit der Excel-4.0-Makrosprache hat. Das Erstellen der Makros ist jedoch recht einfach, weil Access eine Liste mit Makrobefehlen anbietet, aus der Sie dann nur noch den geeigneten Befehl auswählen müssen. Makros können z.b. Schaltflächen in Dialogen zugewiesen werden und werden beim Anklicken der Schaltflächen ausgeführt. Mit Hilfe von Makrogruppen, bei denen mehrere Makros in einer Makrodatei zusammengefasst werden, können Sie auch komplette Symbolleisten generieren lassen. Dann wird automatisch eine Schaltfläche für jedes Makro der Makrogruppe in die Symbolleiste eingefügt. Manuell können Sie natürlich auch jederzeit ein Makro einer Symbolleisten-Schaltfläche zuweisen. Makros werden im Folgenden vernachlässigt, da es hier vornehmlich um die Programmierung mit VBA gehen soll.

Die Alternative zu Makros sind VBA-Module. Module ermöglichen die Eingabe von VBA-Quellcode in Form von Funktionen, Prozeduren und Eigenschaften, die dann auch Steuerelementen, Eingabefeldern in Dialogen etc. zugewiesen werden können. Nachfolgend wird ausschließlich die VBA-Programmierung in Access behandelt.

Module werden in Access im Datenbankfenster zusammen mit den anderen Datenbankobjekten angezeigt. Per Doppelklick auf das Modul können Sie es in der IDE öffnen oder über die Schaltfläche des Registers *Module* ein neues Modul erzeugen. Allerdings können Sie auch in Access die Tastenkombination [Alt] + [F11] verwenden, um die IDE zu öffnen.

Alle nachfolgenden Beispiele finden Sie in der Datei *K11.mdb*.

Abbildung 11.1: Erzeugen eines VBA-Moduls in Access

Besonderheiten und Neuerungen in Access 2003

Access 2003 verfügt erstmals ebenfalls über einen Makroviren-schutz sowie über erweiterte Sicherheitsfeatures. Verwenden Sie Access 2003, müssen Sie ebenso wie in den anderen Office-Anwen-dungen zunächst den Makrovirenschutz entsprechend setzen.

✔ Starten Sie dazu Access.

✔ Wählen Sie *Extras / Makro / Sicherheit*.

✔ Aktivieren Sie die Option *Mittel*.

Abbildung 11.2: Setzen der Makrosicherheitsstufe

✔ Schließen Sie das Dialogfeld mit *OK*.

✔ Access blendet nun eine weitere Meldung ein und weist Sie darauf hin, dass bei der gewählten Sicherheitsstufe auch unsichere SQL-Ausdrücke blockiert werden müssen.

Abbildung 11.3: Warnung vor unsicheren Ausdrücken

✔ Schließen Sie die Meldung mit *Ja*.

✔ Schließen Sie die folgende Meldung mit *OK* und starten Sie Access neu. Damit werden die Einstellungen wirksam.

Bei der hier gewählten Sicherheitsstufe werden neben der normalen Virenwarnung noch weitere Meldung angezeigt. Wenn Sie eine Datenbank öffnen möchten, die bereits Code enthält, gehen Sie wie folgt vor:

✔ Starten Sie Access und öffnen Sie die Datei über *Datei / Öffnen*.

✔ Access zeigt eine Meldung an, dass die Datenbank eventuell nicht sicher ist.

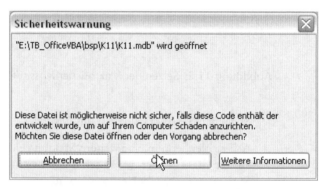

Abbildung 11.4: Sicherheitswarnung beim Öffnen einer Datenbank mit VBA-Code

✔ Klicken Sie auf *Öffnen*, wenn Sie sicher sind, dass nur Ihr Code in der Datei enthalten ist.

Access manipulieren und steuern

Neben der Erstellung von Datenbanken über das Menü und die von Access angebotenen visuellen Hilfsmittel wie Datenbank-Assistent, Formulargenerator und Berichts-Assistent gibt es eine weitere Möglichkeit, Access-Datenbanken zu erstellen. Sie besteht darin, die Datenbank mit VBA zu programmieren und den Quellcode in ein Access-Modulblatt einzugeben oder auf Datenbanken über ein Excel-, Word- oder PowerPoint-Modul zuzugreifen. In diesem Kapitel soll es ausschließlich um die Programmierung unter Access 2003 gehen.

Da Access neben VBA-Makros auch noch Makros in der alten Makrosprache unterstützt, werden Letztere nachfolgend Makro genannt und VBA-Makros entweder als VBA-Prozeduren oder VBA-Makros bezeichnet.

Auch bei Access stellen die einzelnen Teile der Anwendung die Objekte dar. Jedoch unterscheidet Access-VBA zwei Typen von Objekten, nämlich einmal Datenzugriffsobjekte (Data Access Objects = DAO oder ActiveX Data Objects = ADO) und Microsoft Access Objekte. Sie unterscheiden sich durch die Zugehörigkeit zu ihrem obersten Objekt und durch das, was sie darstellen.

DAO-Objekte bieten die Möglichkeit, auf Daten der Datenbank zuzugreifen, Datenbanken zu manipulieren und Daten abzufragen. Ihr oberstes Objekt ist die Microsoft-Jet-Datenbank-Engine (= DBEngine). Die Datenbank-Engine ist das Datenbank-Managementsystem (DBMS) von Access, das alle Zugriffe auf MS-Jet-Datenbanken kontrolliert und steuert. Daneben gibt es seit Access 2000 noch ein weiteres Objektmodell für den Datenzugriff: ADO. Beide Möglichkeiten können Sie innerhalb einer Datenbank verwenden, Sie sollten sich jedoch in einem Projekt für eine Methode des Datenzugriffs entscheiden. Nachfolgend werden zunächst die Grundlagen von DAO und danach die von ADO erläutert.

Der Datenzugriff über ADO bietet andere Möglichkeiten als DAO, ist aber hinsichtlich der Kommunikation mit den Formularen, Abfragen und Berichten von Access eingeschränkt. Möchten Sie Code erstellen, der den aktuellen Datensatz in einem Formular löscht oder ändert, ist dazu DAO notwendig.

Die MS-Access-Objekte mit ihrem obersten Objekt Application hingegen steuern den Zugriff auf die Anwendung Microsoft Access. Dazu gehören z.b. die Menüleiste und die Statusleiste sowie sonstige Eigenschaften von Access. Beide Objekttypen, Datenzugriffsobjekte (DAO oder ADO) und Access sind notwendig, um unter Access zu programmieren. Bei der Programmierung von MS-Jet-Datenbanken von Excel, Word oder PowerPoint aus sind die Datenzugriffsobjekte jedoch für die meisten Anwendungen ausreichend.

Das Objekt Application hat unter anderem die Eigenschaften Application und DBEngine. Die Eigenschaft DBEngine liefert das DBEngine-Objekt der MS-Access-Anwendung zurück, während die Eigenschaft Application die aktuelle Microsoft-Access-Anwendung, also das Objekt Application, zurückliefert. Für beide Eigenschaften ist Application das Default-Objekt. Die beiden folgenden Prozeduren zeigen den Zugriff auf DBEngine und Application.

Sie finden den Code im Modul *Grundlagen* der Datei *K11.mdb*.

```
Sub Appl()
    'Gibt den Namen der aktuellen Datenbank aus
    Debug.Print _
        Application.Application.CurrentDb.Name
    'Zeigt die Statusleiste an/nicht an
    Application.SetOption _
        "Statuszeile anzeigen", _
        Not (GetOption("Statuszeile anzeigen"))
End Sub

Sub DBEn()
    Debug.Print _
        Application.DBEngine.Workspaces.Count
End Sub
```

Die Anweisung Debug.Print Application.Application.Current Db.Name gibt den Namen der aktuellen Datenbank im Testfenster aus. Dabei ist das erste `Application` das Objekt und das zweite die Eigenschaft `Application`. `CurrentDb` ist eine Eigenschaft, die ein `Database`-Objekt zurückliefert. Dessen Name wird ausgegeben. Da das `Application`-Objekt das Default-Objekt ist und die Eigenschaft `Application` das `Application`-Objekt zurückgibt, können sowohl das Objekt als auch die Eigenschaft entfallen. Die Anweisung `CurrentDb.Name` hätte somit die gleiche Wirkung.

> Bei dem von `CurrentDb` zurückgegebenen Objekt handelt es sich um ein DAO-Objekt. Im ADO-Objektmodell gibt es keine aktuelle Datenbank, sondern nur eine aktive Verbindung in Form eines `Connection`-Objekts.

Die zweite Anweisung in der Prozedur `Appl` setzt eine Option für MS-Access. Mit der Methode `SetOption` können alle Optionen gesetzt werden, die auch über *Extras / Optionen* eingestellt werden können, mit Ausnahme der Optionen für Module. Die Methode `GetOption` gibt die aktuelle Einstellung einer Option zurück. Im vorstehenden Beispiel wird die Statusleiste eingeblendet, falls sie aktuell ausgeblendet ist, und umgekehrt. Diese Einstellung entspricht dem Kontrollkästchen *Statusleiste* auf der Registerkarte *Ansicht* des Dialogfeldes *Optionen*.

Abbildung 11.5: Die korrespondierende Einstellung im Dialog *Optionen*

Die Namen aller verfügbaren Optionen finden Sie in der Hilfe, wenn Sie nach GetOption oder SetOption suchen. Sie stimmen nicht in jedem Einzelfall mit den Beschriftungen im Dialogfeld überein. Zudem sollten Sie wenn möglich die englischen Optionsnamen verwenden, dann kann Ihr Code auch in fremdsprachigen Access-Versionen korrekt ausgeführt werden. Verwenden Sie hingegen die deutschen Namen, können nur deutsche Access-Versionen den Code ausführen.

Im Beispiel DBen wird die Anzahl der Arbeitssitzungen im Testfenster ausgegeben. Dazu wird die Anweisung Debug.Print Application.DBEngine.Workspaces.Count verwendet. Application stellt hierbei die Eigenschaft Application (und damit auch das Objekt) dar. DBEngine ist die Eigenschaft DBEngine des Objekts Application, das von der Eigenschaft Application zurückgegeben wird. Workspaces hingegen ist ein Listenobjekt, das die Anzahl der Arbeitssitzungen von Microsoft-Access zurückgibt. Eine Sitzung beginnt mit der Anmeldung an eine Datenbank und endet mit der Abmeldung des Benutzers. Zugegebenermaßen hört sich das alles relativ kompliziert an, da aber das Objekt Application mit dem Wert seiner Eigenschaft Application identisch ist, ist es im Prinzip egal, ob das Objekt oder die Eigenschaft verwendet werden, weil sie gegenseitig auf sich verweisen.

Das Application-Objekt

Das Application-Objekt besitzt die Methode SetOption, die Sie bereits kennen gelernt haben. Mit ihr können die Optionen von Access eingestellt werden. Das folgende Beispiel soll die Anwendung der Methode noch einmal verdeutlichen. Dabei wird gezeigt, wie die Parameter der Methode übergeben werden können.

Der erste Parameter gibt in diesem Fall die Option an, die eingestellt werden soll, wie z.B. Standardschriftgröße etc. Er ist grundsätzlich in Anführungszeichen zu setzen. Der zweite Parameter stellt den neuen Wert für die Option dar. Welchen Datentyp dieser

Wert hat und wie er anzugeben ist, richtet sich danach, ob die Option im Dialog als Textfeld, Kontrollkästchen, Auswahlliste oder Optionsfeld einzustellen ist. Im Allgemeinen können Sie von folgenden Regeln ausgehen:

Ist die Option ein ...	dann ist die Einstellung ein(e)
Textfeld	Zeichenfolge
Kontrollkästchen	boolescher Wert (True oder False)
Optionsfeld, Eintrag in einer Pulldown-Liste	ganze Zahl

Tabelle 11.1: Regeln zum Zugriff auf Access-Optionen

Die oben genannten Regeln sind jedoch nur ein grober Anhaltspunkt. Es gibt so viele Ausnahmen, dass Sie dabei besser Ihrem Gefühl folgen sollten. Das folgende Beispiel zeigt die Einstellung eines Teils der im folgenden Dialog gezeigten Optionen.

Die Optionen können Sie wahlweise in Deutsch oder Englisch – wie im Beispiel – angeben. Verwenden Sie deutschen Optionsnamen, funktioniert Ihre Prozedur jedoch nur in deutschen Access-Versionen. Die englischen Optionsnamen können hingegen in allen Access-Versionen verwendet werden.

```
Sub Optionen_setzen()
    'Beispiele für die SetOption-Methode
    SetOption "Default Font Name", _
        "Times New Roman"
    SetOption "Default Font Weight", 4
    SetOption "Default Font Size", 12
    Debug.Print "Schrift geändert"
    SetOption "Default Column Width", _
        "3,5 cm"
    Debug.Print "Spaltenbreite geändert"
    SetOption "Default Cell Effect", 1
    Debug.Print "Feldeffekt geändert"
    SetOption "Show Animations", True
```

```
          Debug.Print "Animationen werden gezeigt"
       End Sub
```

Bereits bei den Einstellungen für die Standardschrift zeigen sich die ersten Ausnahmen von den genannten Regeln. In den Anweisungen

```
       SetOption "Default Font Name", _
          "Times New Roman"
       SetOption "Default Font Weight", 4
       SetOption "Default Font Size", 12
```

wird jeweils ein Eintrag in einem Pulldown-Listenfeld ausgewählt. Demnach müssten alle Werte für die Einstellung als ganze Zahl übergeben werden. Im ersten Fall wird die Schriftart als Text angegeben, daher wird sie in Anführungszeichen gesetzt. Access erkennt daran, dass es sich nicht um die Angabe des Eintrags durch seinen Index handelt, sondern um den Text des Eintrags.

Fehler können hier jedoch auftreten, wenn Sie eine Zeichenfolge angeben, die in der Liste nicht enthalten ist. In diesem Fall wird kein Eintrag ausgewählt. Die zweite Anweisung wählt den Schriftstil (fett, halbfett, normal etc.) aus. Diese Einstellung wird über die Angabe der Indexnummer des Eintrags durchgeführt.

Dabei ist jedoch zu beachten, dass der Index mit 0 beginnt. Bei Angabe des Index 4 wird somit das fünfte Listenelement ausgewählt. Fehler können hier auftreten, wenn ein Index angegeben wird, der nicht vorhanden ist.

Im dritten Fall wird die Schriftgröße eingestellt. Dazu wird die tatsächliche Größe in Punkten als ganze Zahl angegeben. Da in diesem Listenfeld nur Zahlen stehen, kann Access nicht zwischen der Angabe eines Index und der Angabe des Listeneintrags unterscheiden. Eine Auswahl über den Index des Listeneintrags ist deshalb nicht möglich.

Da Access das Komma als Listentrennzeichen benutzt, muss die Eingabe von Dezimalzahlen mit Dezimalpunkt erfolgen. Beim Setzen der Option wandelt Access die Angabe automatisch in eine Zeichenkette um, ersetzt dabei den Dezimalpunkt durch ein Komma und ergänzt die Maßeinheit (hier cm).

Mithilfe der Methode GetOption können die aktuellen Werte der Optionen abgefragt werden. Hier gibt der Parameter ebenfalls die Option an, die abgefragt werden soll. Das folgende Beispiel gibt die soeben eingestellten Optionen in einem Dialog aus.

```
Sub Optionen_abfragen()
    Dim text As String
    'Beispiele für die GetOption-Methode
    text - "Schrift: " _
        & GetOption("Default Font Name") _
        & " Stil: "
    text = text & _
        GetOption("Default Font Weight") _
        & " Größe: "
    text = text & _
        GetOption("Default Font Size") _
        & Chr(10)
    text = text & "Spaltenbreite: " & _
        GetOption("Default Column Width") _
        & Chr(10)
    text = text & "Feldeffekt: " & _
        CStr(GetOption("Default Cell Effect")) _
        & Chr(10)
    text = text & "Animationen zeigen: " _
        & CBool(GetOption("Show Animations"))
    MsgBox text
End Sub
```

Abbildung 11.6: Die erzeugte Ausgabe mit den aktuellen Einstellungen

Mit der Methode Quit wird die Anwendung MS Access geschlossen. Dabei können Sie auch einen Parameter angeben, der ähnlich der SaveChanges-Angabe von Excel bestimmt, was mit nicht gespeicherten Objekten geschehen soll. Dazu stellt Access folgende Konstanten zur Verfügung:

Konstante	Beschreibung
acSaveYes	Speichert alle Objekte ohne Rückfrage. Diese Konstante ist der Default-Wert.
acPrompt	Zeigt einen Dialog an, in dem der Anwender bestimmen kann, ob alle noch nicht gespeicherten Objekte gespeichert werden sollen oder nicht.
acExit	Access wird ohne Speicherung beendet.

Tabelle 11.2: Konstanten für die Quit-Methode von Access

Der folgende Quelltext schließt Access und fragt dabei mit einer Dialogbox nach, ob Änderungen gespeichert werden sollen. Der Dialog erscheint jedoch nur, wenn es Objekte gibt, die nach einer Änderung nicht mehr gespeichert wurden.

```
Sub Access_beenden2()
    Quit acQuitPrompt
End Sub
```

Mithilfe der Methode Echo wird die Bildschirmaktualisierung unter Access ein- bzw. ausgeschaltet. Dabei kann optional ein Text für die Statusleiste angegeben werden. Das folgende Beispiel zeigt, wie mit der Methode Echo die Bildschirmaktualisierung ein- und ausgeschaltet werden kann. Beim Ausschalten wird der Text *Die Aktualisierung des Bildschirms ist ausgeschaltet* in der Statusleiste eingeblendet.

Abbildung 11.7: Die Statusleiste während der Anzeige der Meldung

```
Sub Echo_EinAus()
    Echo False, _
    "Die Aktualisierung des Bildschirms ist" _
    & " ausgeschaltet"
    MsgBox "Bitte «OK» klicken!"
    Echo True
End Sub
```

Das DoCmd-Objekt

Das Objekt DoCmd ist eines der wichtigsten MS-Access-Objekte. Mit seiner Hilfe ist es möglich, Access-Kommandos mit VBA zu starten. Sie können damit sehr bequem Formulare anzeigen, Berichte öffnen oder Tabellen anzeigen lassen.

Die Methoden des Objekts entsprechen weitgehend den Makrobefehlen von Access. Ausnahmen bilden hier die folgenden Befehle:

✔ HinzufügenMenü

✔ Meldung

✔ AusführenAnwendung

✔ AusführenCode

✔ Tastaturbefehle

✔ SetzenWert

✔ StopAlleMakros

✔ StopMakro

Für diese Befehle gibt es eine äquivalente VBA-Anweisung oder Methoden oder der Befehl wird bei der VBA-Programmierung nicht benötigt.

In vielen Methoden des DoCmd-Objekts werden Konstanten verwendet, die den Objekttyp festlegen oder zurückgeben. Sie sind in folgender Tabelle aufgelistet:

Konstante	Objekt
acDataAccessPage	Datenzugriffsseite
acTable	Tabelle
acQuery	Abfrage
acForm	Formular
acReport	Bericht
acMacro	Makro
acModule	Modul

Tabelle 11.3: Wichtige Access-Objekttypen

Neben den hier aufgeführten Objekten gibt es noch spezielle Objekte, die jedoch nur in Access-Projekten eine Rolle spielen, die mit einem SQL-Server zusammenarbeiten. Für normale Access-Datenbanken spielen sie keine Rolle.

Alle Methoden des DoCmd-Objekts ähneln sich in ihrer Anwendung sehr. Daher ist es an dieser Stelle nicht notwendig, auf jede Methode genau einzugehen. Die folgenden Beispiele zeigen, wie Sie mit den entsprechenden Methoden eine Tabelle öffnen, schließen, kopieren und löschen können. Ähnlich sind die Methoden dann auch für Formulare, Abfragen und Berichte anzuwenden.

Die Beispiele finden Sie im Modul *DoCmdObjekt* der Datenbank *K11.mdb*. Sie benötigen eine Tabelle *Kundentabelle*, die Sie wie folgt erstellen können, wenn Sie nicht die Beispieldatei von der CD verwenden möchten:

✔ Erstellen bzw. öffnen Sie die Datenbank, in der Sie den Code und die Tabelle einfügen möchten.

✔ Aktivieren Sie im Datenbankfenster die Rubrik *Tabellen*, indem Sie sie anklicken.

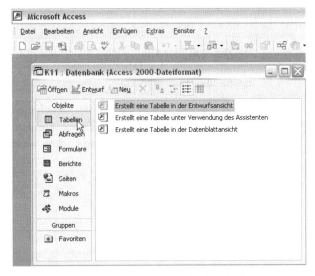

Abbildung 11.8: Aktivieren der Rubrik *Tabellen*

✔ Klicken Sie auf *Neu* in der Symbolleiste.

✔ Wählen Sie *Entwurfsansicht* im Dialogfeld aus und schließen Sie es mit *OK*.

Abbildung 11.9: Tabelle in der Entwurfsansicht erstellen

✓ Access zeigt nun eine Tabelle an. In der linken Spalte geben Sie den Namen für das Tabellenfeld ein, in der zweiten Spalte wählen Sie den Datentyp aus.

✓ Wenn Sie auf diese Weise alle Tabellenfelder erstellt haben, wählen Sie *Datei / Speichern*. Geben Sie den Namen Kundentabelle in das Dialogfeld ein und klicken Sie dann auf *OK*.

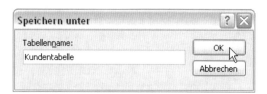

Abbildung 11.10: Speichern der Tabelle

✓ Access fragt Sie nun, ob ein Primärschlüssel erstellt werden soll. Klicken Sie hier auf *Nein*, wenn Sie keinen erzeugen möchten. Nun können Sie die Tabelle mit *Datei / Schließen* schließen.

✓ Damit ist die Tabelle erstellt und Sie können den Code ausführen.

Welche Felder Sie in die Tabelle einfügen, spielt für den nachfolgenden Code keine Rolle. Es kommt nur darauf an, dass eine Tabelle mit dem Namen *Kundentabelle* vorhanden ist.

```
Sub Tabelle_oeffnen()
    'Öffnet die Tabelle Kundentabelle in allen
    'drei Ansichtsmodi
    DoCmd.OpenTable "Kundentabelle", _
        acNormal 'Datenblatt
    MsgBox "Bitte <OK> anklicken"
    DoCmd.OpenTable "Kundentabelle", _
        acDesign   'Entwurf
    MsgBox "Bitte <OK> anklicken"
    DoCmd.OpenTable "Kundentabelle", _
        acPreview   'Seitenansicht
    MsgBox "Bitte <OK> anklicken"
    'Schließt die Tabelle wieder
    Tabelle_Schliessen
End Sub


Sub Tabelle_Schliessen()
    DoCmd.Close acTable, "Kundentabelle", _
        acSaveYes
End Sub


Sub Tabelle_kopieren()
    DoCmd.CopyObject CurrentDb.Name, _
        "Kundentabelle_Kopie", acTable, _
        "Kundentabelle"
End Sub


Sub Tabelle_loeschen()
    DoCmd.DeleteObject acTable, _
        "Kundentabelle_Kopie"
End Sub


Sub Testen()
    Tabelle_oeffnen
    Tabelle_kopieren
```

```
        Tabelle_loeschen
    End Sub
```

Beim Kopieren von Objekten mit der Methode CopyObject sollte als erster Parameter der Name der Datenbank angegeben werden, in die das Objekt kopiert werden soll. Wenn dies die aktuelle Datenbank ist, kann der Parameter entfallen oder wie im Beispiel gezeigt durch die Eigenschaft CurrentDb.Name angegeben werden.

Mit der Methode PrintOut wird das ausgewählte Objekt gedruckt. Dazu muss dieses zuvor mit der SelectObject-Methode ausgewählt werden. Der Parameter PrintRange gibt an, welcher Bereich des Objekts gedruckt werden soll. Dazu stehen die Konstanten acPrintAll für alles, acSelection für Markierung und acPages für Seiten zur Verfügung. Default-Wert ist acPrintAll. Wenn acPages als Druckbereich bestimmt wurde, müssen die Seiten festgelegt werden. Dazu stehen die Parameter PageFrom und PageTo zur Verfügung. Sie geben die Seitennummern der ersten und der letzten Seite an. Die Druckqualität wird mit dem Parameter PrintQuality durch eine der Konstanten acHigh für hoch, acMedium für mittel, acLow für niedrig und acDraft für Entwurf festgelegt. Default-Wert ist acHigh.

Der Parameter Copies gibt an, wie viele Ausdrucke gemacht werden sollen. Standardwert ist 1. Wenn Sie mehr als ein Exemplar drucken, dann bestimmt die Angabe des Parameters CollateCopies, ob die Kopien sortiert werden sollen oder nicht.

Obwohl Access die deutsche Programmierung nicht unterstützt, beschreibt die Hilfe nur die deutschen Parameter verschiedener DoCmd-Methoden. Dazu zählt auch die PrintOut-Methode. Die Parameterreihenfolge und deren Beschreibung stimmt zwar, jedoch müssen Sie im Quelltext die englischen Parameternamen verwenden, wenn Sie die Parameter der Methode namentlich bezeichnen möchten. Diese können Sie der Parameterhilfe und der QuickInfo für die Methode entnehmen. Wenn Sie jedoch die Parameter der Reihenfolge nach ohne namentliche Nennung an die Prozedur übergeben, spielt dies keine Rolle.

Das Beispiel zeigt die Anwendung der PrintOut-Methode auf die Tabelle *Kundentabelle*. Dazu wird diese zuvor mit der OpenTable-Methode geöffnet und SelectObject-Methode ausgewählt. Die PrintOut-Methode druckt die gesamte Tabelle einmal in Entwurfsqualität.

```
Sub Modul_drucken()
    DoCmd.OpenTable "Kundentabelle"
    DoCmd.SelectObject acTable, "Kundentabelle"
    DoCmd.PrintOut PrintRange:=acPrintAll, _
        PrintQuality:=acDraft, Copies:=1
End Sub
Mithilfe der Methode OutputTo können Sie Objekte expor-
tieren.
Sub Modul_in_Text()
    'Gibt den Inhalt dieses Moduls als _
    Textdatei aus.
    DoCmd.OutputTo ObjectType:=acOutputModule, _
        ObjectName:="Grundlagen", OutputFormat:= _
        acFormatTXT, OutputFile:= _
        "Modul1.TXT", Autostart:=True
End Sub
```

Die Parameter ObjectType und ObjectName geben das Objekt an, das exportiert werden soll. OutputFormat bestimmt das Ziel des Exportvorgangs. Hierfür stehen folgende Konstanten zur Verfügung:

Konstante	Format
AcFormatASP	Dateiformat des Microsoft Internet Information Server
AcFormatSNP	Access-Snapshot-Datei
AcFormatHTML	Internetseite im HTML-Format
AcFormatIIS	Dateiformat des Microsoft Internet Information Server
AcFormatRTF	Rich Text Format
AcFormatTXT	Textdatei
acFormatXLS	Excel-Arbeitsmappe

Tabelle 11.4: Exportformate

Wird dieser Parameter nicht angegeben, so muss der Anwender ihn in einer Dialogbox auswählen. Für Module steht nur der Parameter acFormatTXT zur Verfügung, weil Module nur in Textdateien konvertiert werden können.

Der Parameter OutPutFile enthält den Namen für die Zieldatei, und Autostart bestimmt, ob die Datei von der entsprechenden Anwendung sofort nach der Konvertierung geöffnet werden soll. Im Beispiel wird das Modul *Grundlagen* als Textdatei gespeichert. Diese wird anschließend vom Windows-Editor geöffnet und angezeigt. Die Methode Save speichert das aktive Objekt, sofern kein Objekt angegeben wurde. Ansonsten wird das angegebene Objekt gespeichert.

```
Sub speichern()
    DoCmd.Save ObjectType:=acModule, _
        ObjectName:="DoCmdObjekt"
End Sub
```

Die obige Prozedur speichert somit das Modulblatt mit dem Namen *DoCmdObjekt*.

Datenzugriffe mit ADO und DAO

Die Vorteile von DAO gegenüber dem Datenzugriff mit ADO bestehen vorwiegend darin, dass Sie DAO-Code, den Sie in Access 2000 und höher erstellt haben, auch problemlos in Access-97-Datenbank ausführen können. Wenn Sie jedoch ausschließlich für Access 2000 und höher entwickeln, können Sie ebenso gut auch den Datenzugriff über ADO verwenden. DAO ist jedoch meiner Meinung nach einfacher zu lernen, insbesondere dann, wenn Sie bereits Access-Kenntnisse haben. Daher soll hier zuerst auf die Programmierung mit DAO eingegangen werden. Anschließend und vor allem in Kapitel 18 »VBA-Anwendungen mit Datenbankzugriff« werden Sie ADO näher kennen lernen.

DAO zum Datenzugriff nutzen

Mithilfe des DAO-Objektmodells können Sie nicht nur Daten in der Datenbank manipulieren, abfragen etc., sondern auch die Struktur der Datenbank verändern, neue Tabellen und Abfragen hinzufügen und Beziehungen erstellen und ändern. Einige der nachfolgenden Beispiele behandeln solche Aktionen in Ansätzen. Allerdings kann dieses Kapitel sich nicht schwerpunktmäßig mit solchen Aufgaben beschäftigen.

Wenn Sie in Access 2000 oder höher eine Datenbank neu anlegen und keine vorhandene Access-97-Datenbank importieren, müssen Sie zunächst den Verweis auf die DAO-Objektbibliothek einrichten. Verweise dienen dazu, in VBA optionale Objektbibliotheken verfügbar zu machen, damit Sie diese komfortabel mit Unterstützung von IntelliSense nutzen können.

Verweise erstellen

Um diesen Verweis zu erstellen, öffnen Sie in der Datenbank, in der Sie DAO nutzen möchten, die IDE. Wählen Sie dann den Menübefehl *Extras / Verweise* aus und aktivieren Sie das Kontrollkästchen vor dem Eintrag *Microsoft DAO 3.6 Object Library*. Anschließend können Sie den Dialog über *OK* schließen.

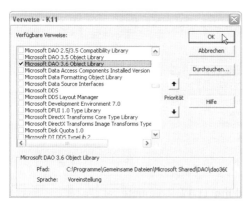

Abbildung 11.11: Erstellen eines Verweises für die DAO-Objektbibliothek

Unter Umständen kann es auch sein, dass die Bibliothek nur in einer etwas niedrigeren Version, beispielsweise 3.5 vorhanden ist. Setzen Sie den Verweis immer auf die höchste vorhandene Version der Datei.

Öffnen und Bearbeiten von Tabellen und Abfragen

Das DAO-Objektmodell kennt zwei verschiedene Objekte, die eine Tabelle repräsentieren. Am häufigsten wird Ihnen das Recordset-Objekt begegnen. Es stellt eine Tabelle oder Abfrage dar, die zum Lesen oder Ändern der Datensätze geöffnet wurde. Sie können es verwenden, um Datensätze zu suchen, zu verändern, zu löschen oder neue zu erzeugen. Auf die Struktur, also den Aufbau der Tabelle oder Abfrage, haben Sie jedoch keinen Einfluss. Daneben gibt es das TableDef-Objekt. Es stellt eine Tabelle im Entwurfsmodus dar. Sie können damit z.B. Tabellen erstellen, Felder hinzufügen oder löschen oder den Index der Tabelle verändern.

Zunächst folgen einige Beispiele zum Recordset-Objekt, bevor an einem Beispiel gezeigt wird, wie Sie mithilfe des TableDef-Objekts ein Feld zu einer Tabelle hinzufügen.

Die nachfolgenden Beispiele gehen davon aus, dass Sie in Ihrer Datenbank eine Tabelle *Adressen* erstellt haben, die den folgenden Aufbau und Inhalt hat:

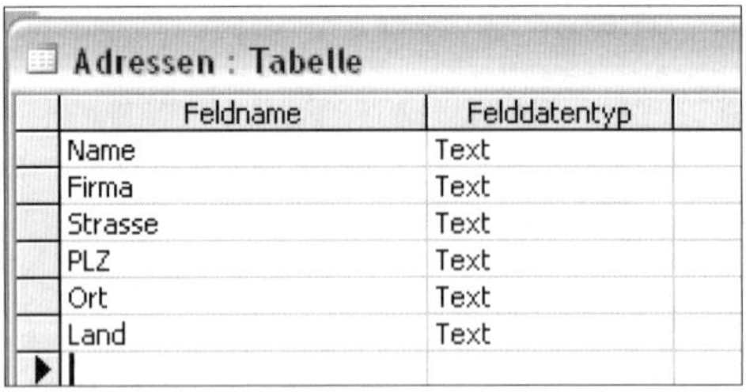

Adressen : Tabelle	
Feldname	Felddatentyp
Name	Text
Firma	Text
Strasse	Text
PLZ	Text
Ort	Text
Land	Text

Abbildung 11.12: Benötigte Tabelle für die nachfolgenden Beispiele

Das erste Beispiel zeigt, wie Sie die Tabelle öffnen und die Datensätze nacheinander im Direktfenster ausgeben können.

Sie finden das Beispiel im Modul *DAODaten* der Datei *K11.mdb*. In der Datenbank sind auch die benötigten Tabellen schon enthalten.

Dazu müssen Sie zunächst zwei Objektvariablen vom Typ Recordset und Database definieren. Normalerweise genügt es, wenn Sie die Variablen mit Dim RS As Recordset definieren. Nachdem aber auch ADO ein Recordset-Objekt hat, zeigt IntelliSense Ihnen die falschen Eigenschaften und Methoden an, da die Reihenfolge der Verweise bestimmt, wie gleichnamige Objekte, Methoden und Eigenschaften interpretiert werden. Sie sollten deshalb bei DAO immer den Namen der Bibliothek mit angeben, um Probleme zu vermeiden und den Quellcode auch lesbarer zu gestalten. Aus diesem Grund lauten die Objekttypen für die Variablen DAO.Recordset und DAO.Database.

Nach den Variablendeklarationen können Sie die Tabelle öffnen, indem Sie zunächst das Database-Objekt der aktuellen Datenbank über die CurrentDb-Eigenschaft zurückgeben und in der Variablen DB speichern. Anschließend können Sie die OpenRecordset-Methode des Database-Objekts verwenden, um das Recordset zu öffnen. Die Methode gibt das Recordset-Objekt der Tabelle oder Abfrage zurück, die Sie als Parameter übergeben.

Die Methode OpenRecordset ermöglicht die Angabe weiterer Parameter, die jedoch für die hier erläuterten Beispiele keine Rolle spielen.

Ein Recordset-Objekt hat verschiedene Move-Methoden, mit denen Sie den Datensatzzeiger durch das Recordset-Objekt bewegen können. Den Datensatzzeiger können Sie sich als Markierung des aktiven Datensatzes vorstellen: Nur diesen Datensatz können Sie löschen, bearbeiten, lesen etc. Sie müssen also den Datensatzzeiger nacheinander auf die einzelnen Datensätze richten, wenn Sie alle Datensätze auslesen möchten.

Im Beispiel wird dazu die MoveFirst-Methode verwendet, um den Datensatzzeiger auf den ersten Datensatz zu setzen. Anschließend können Sie in einer Schleife die Felder des Datensatzes auslesen und ausgeben. Dazu haben Sie prinzipiell mehrere Möglichkeiten: Sie können die einzelnen Felder, deren Werte Sie auslesen möchten, namentlich nennen oder wie im Beispiel die Fields-Auflistung des Recordset-Objekts durchlaufen. Dieses Listenobjekt enthält alle Felder des Recordsets. Diese Methode hat den Vorteil, dass Sie die Feldnamen nicht kennen müssen. Sie können die Prozedur deshalb ohne Aufwand auch für beliebige andere Tabellen und Abfragen verwenden, indem Sie nur die Konstante TabName ändern. Über die Count-Eigenschaft der Fields-Auflistung können Sie die Anzahl der Felder ermitteln.

Mit Debug.Print wird der Wert des Feldes ausgegeben. Das Semikolon am Ende der Anweisung bewirkt, dass nach der Ausgabe kein Zeilenumbruch im Direktfenster erzeugt wird, so dass das nächste Feld gleich dahinter ausgegeben wird. Der Zeilenumbruch nach Ausgabe des Datensatzes wird durch die Debug.Print-Anweisung nach Abschluss der For-To-Next-Schleife bewirkt.

Die MoveNext-Methode sorgt nach der Ausgabe eines Datensatzes dafür, dass der Datensatzzeiger zum nächsten Datensatz bewegt wird. Die Schleife wird verlassen, wenn das Ende des Recordset-Objekts erreicht ist. Zeigt der Datensatzzeiger nicht auf einen Datensatz, sondern auf das Ende des Recordsets, liefert die Eigenschaft EOF (End Of File) den Wert True.

Möchten Sie ein Recordset von hinten nach vorn durchlaufen, müssen Sie mit MoveLast vor Schleifeneintritt den letzten Datensatz aktivieren und dann mit BOF in der Schleifenaustrittsbedingung den Anfang des Recordsets abfragen. BOF ist die Abkürzung für Begin Of File. Um innerhalb der Schleife den vorherigen Datensatz aufzusuchen, verwenden Sie dann die MovePrevious-Methode.

Benötigen Sie ein Recordset nicht mehr, sollten Sie es mit der Close-Methode schließen und die verwendeten Objektvariablen freigeben, indem Sie sie auf den Wert Nothing zurücksetzen.

Bevor Sie den Code ausführen, sollten Sie sicherstellen, dass die Tabelle *Adressen* geschlossen ist.

```
Sub TabelleLesen()
    Const TabName = "Adressen"
    Dim RS As DAO.Recordset
    Dim DB As DAO.Database
    Dim I As Long
    'Tabelle öffnen
    Set DB = Application.CurrentDb
    Set RS = DB.OpenRecordset(TabName)
    'Zum ersten Datensatz springen
    RS.MoveFirst
    'Datensätze lesen und ausgeben
    Do
        For I = 0 To RS.Fields.Count - 1
            Debug.Print RS.Fields(I).Value & "|";
        Next I
        Debug.Print
        RS.MoveNext
    Loop Until RS.EOF = True
    'Recordset schließen
    RS.Close
    'Variablen freigeben
    Set RS = Nothing
    Set DB = Nothing
End Sub
```

```
Direktbereich                                                                    ×
Maier, Fritz|Maier, Müller & Co KG|Hauptstr. 298|10090|Hauptstadt|Deutschland|    ▲
Martinez, Antonio|Maier, Müller & Co KG|Berliner Str.|1902|Musterstadt|Österreich|
|
```

Abbildung 11.13: Ausgabe im Direktfenster

Das nächste Beispiel zeigt, wie Sie Datensätze zu einem Recordset
hinzufügen und Daten in die Felder des Datensatzes eingeben können. Zunächst wird dazu das Recordset wieder geöffnet. Die Add-
New-Methode erzeugt dann einen neuen, leeren Datensatz und aktiviert ihn gleichzeitig. Außerdem wird dieser neue Datensatz gleich
zum Bearbeiten gekennzeichnet, so dass unmittelbar danach die
Feldwerte bestimmt werden können. Dazu gibt es wieder mehrere
Möglichkeiten: Sie können wie im vorherigen Beispiel über die
Fields-Auflistung auf die Felder zugreifen oder den Feldnamen
durch ein Ausrufezeichen vom Recordsetnamen trennen, wie dies
das Beispiel zeigt. Damit der neue Datensatz gespeichert wird,
müssen Sie nun noch die Update-Methode aufrufen und können
dann das Recordset-Objekt schließen.

```
Sub DatensatzHinzufuegen()
    Const TabName = "Adressen"
    Dim RS As DAO.Recordset
    Dim DB As DAO.Database
    Dim I As Long
    'Tabelle öffnen
    Set DB = Application.CurrentDb
    Set RS = DB.OpenRecordset(TabName)
    'Datensatz erzeugen
    RS.AddNew
    'Feldwerte bestimmen
    RS!Name.Value = "Spona, Helma"
    RS!Firma.Value = "Spona & Kößling GBR"
    RS!Land.Value = "Deutschland"
    RS!Strasse.Value = "Dorfstr. 118"
    RS!Ort.Value = "Kerken-Stenden"
    RS!PLZ.Value = "47647"
    'Datensatz aktualisieren
    RS.Update
    'Recordset schließen
    RS.Close
    'Variablen freigeben
    Set RS = Nothing
    Set DB = Nothing
End Sub
```

In MS-Jet-Datenbanken dürfen Feldnamen Leerzeichen und Bindestriche enthalten. Beim Zugriff auf Felder mit solchen Namen müssen die Feldnamen in Anführungszeichen, Hochkommata oder eckige Klammern eingeschlossen werden. Der Übersichtlichkeit halber sollten Sie eckige Klammern vorziehen. Mit `RS![Haus-Nr].Value=128` könnten Sie z.b. in ein Feld `Haus-Nr` des Recordsets RS einen Wert schreiben.

Felder zu Tabellen hinzufügen

Wenn Sie eine vorhandene Datenbank mittels eines Updates aktualisieren möchten, kommt es schon mal vor, dass Felder zu Tabellen oder Abfragen hinzugefügt werden müssen. Dazu müssen Sie ein Tabellenfeld erstellen und an die `Fields`-Auflistung der Tabelle anhängen. Wie dies geht, zeigt das nächste Beispiel. Es fügt der Tabelle Adressen ein neues Textfeld *LK* hinzu, in dem die Landerkennung vor der Postleitzahl gespeichert werden kann.

Im Unterschied zu den vorhergehenden Beispielen dürfen Sie die Tabelle dazu nicht als Recordset öffnen, sondern als `TableDef`-Objekt. Dazu weisen Sie das `TableDef`-Objekt einfach einer Objektvariablen zu, indem Sie die Tabelle aus der `TableDefs`-Auflistung der Datenbank zurückgeben. Das Tabellenfeld brauchen Sie dann nur noch mit der Methode `CreateField` des `TableDef`-Objekts zu erzeugen und einer Objektvariablen zuzuweisen. Als Parameter der Methoden übergeben Sie den Namen, den Typ und die Größe des Feldes. Im Beispiel wird also ein Textfeld erstellt, das *LK* heißt und drei Zeichen speichern kann.

Ist das Feld erzeugt, brauchen Sie es nur noch an die `Fields`-Auflistung des `TableDef`-Objekts anzuhängen. Dazu verwenden Sie die `Append`-Methode.

```
Sub Feldhinzufuegen()
    Dim TD As DAO.TableDef
    Dim DB As DAO.Database
    Dim Feld As DAO.Field
    Const Feldname = "LK"
```

```
    Const TabName = "Adressen"
    'Tabelle in der Entwurfsansicht öffnen
    Set DB = Application.CurrentDb
    Set TD = DB.TableDefs(TabName)
    'Feld erzeugen und an die Tabelle anfügen
    Set Feld = TD.CreateField(Feldname, dbText, 3)
    TD.Fields.Append Feld
    'Variablen freigeben
    Set TD = Nothing
    Set DB = Nothing
    Set Feld = Nothing
  End Sub
```

Datensätze verändern

Haben Sie ein oder mehrere Felder in einer Tabelle ergänzt, ist es meist sinnvoll, diese auch für die bestehenden Datensätze zu ändern. Dazu müssen Sie die Datensätze der Tabelle zum Ändern öffnen. Das folgende Beispiel prüft das Feld *Land* der Tabelle und setzt entsprechend seinem Wert das Länderkennzeichen in dem neu erstellten Feld.

Nachdem Sie die Tabelle geöffnet und den ersten Datensatz mit MoveFirst aktiviert haben, müssen Sie ihn noch für die Bearbeitung vorbereiten. Dazu verwenden Sie die Edit-Methode. Sie versetzt den Datensatz in den Bearbeitungsmodus, in dem Sie einen vorhandenen Datensatz bearbeiten können. Haben Sie die Werte geändert, verwenden Sie wieder die Update-Methode, um die Änderungen zu speichern.

```
  Sub DatensaetzeAendern()
    Const TabName = "Adressen"
    Dim RS As DAO.Recordset
    Dim DB As DAO.Database
    Dim I As Long
    'Tabelle öffnen
    Set DB = Application.CurrentDb
    Set RS = DB.OpenRecordset(TabName)
    'Zum ersten Datensatz springen
    RS.MoveFirst
```

```
      Do
          'Datensatz zum Bearbeiten öffnen
          RS.Edit
          Select Case UCase(RS.Fields("Land").Value)
              Case "DEUTSCHLAND":
                  RS.Fields("LK").Value = "D"
              Case "ÖSTERREICH":
                  RS.Fields("LK").Value = "A"
              Case Else:
                  RS.Fields("LK").Value = " "
          End Select
          'Datensatz aktualisieren
          RS.Update
          'Zum nächsten Datensatz springen
          RS.MoveNext
      Loop Until RS.EOF = True
      'Recordset schließen
      RS.Close
      'Variablen freigeben
      Set RS = Nothing
      Set DB = Nothing
  End Sub
```

Zugreifen mit ADO

ADO ist die zweite Möglichkeit, auf die Daten einer Access-Datenbank zuzugreifen. Mit ADO alleine können Sie jedoch keine Tabellen verändern oder neu erstellen. Dazu benötigen Sie eine Erweiterung von ADO, nämlich ADOX, die hier jedoch nicht erläutert wird, da der Platz gerade für die absoluten Grundlagen ausreicht.

Selbstverständlich können Sie mit ADO aber SQL-Abfragen ausführen und darüber auch Tabellen erstellen, ändern und löschen.

In zukünftigen Versionen von Access ist zu erwarten, dass der Zugriff auf die Daten ausschließlich über ADO erfolgt, weil jetzt schon Datenzugriffsseiten nur über ADO auf die Daten zugreifen können und die DAO-Bibliotheken in einer neuen Access-2000/2002-Datenbank standardmäßig nicht mehr aktiviert sind. Es lohnt sich also sicherlich, sich rechtzeitig mit ADO anzufreunden. Außerdem gibt es auch heute schon Bereiche, in denen Sie um ADO nicht mehr herumkommen. So verwenden ASP-Seiten und Datenzugriffsseiten von Access 2002 ADO zum Zugriff auf die Daten. Benötigen Sie eine dieser Techniken, müssen Sie ADO sowieso lernen. Dann können Sie es auch gleich anstelle von DAO in Access verwenden.

ADO greift über mehrere Schichten auf die Daten einer Datenbank zu. Die unterste Ebene ist der Daten-Provider. Er ist vergleichbar mit einem ODBC-Treiber und verfügt über Informationen über das entsprechende Datenbankformat. Diese Informationen ermöglichen es ihm, die Daten in der Datenquelle zu bearbeiten und zu lesen. Der Daten-Provider stellt sie dann zur Verfügung. Genutzt werden diese Daten von so genannten Datenkonsumenten. In herkömmlichen Client-Server-Anwendungen wären dies die Clients und der Daten-Provider wäre der Server. Dazwischen gibt es weitere Schichten, die Dienste. Über diese Dienste gelangen die vom Provider zur Verfügung gestellten Daten an den Client.

Datenbanken öffnen

Greifen Sie per DAO auf eine Datenbank zu, müssen Sie diese auch zunächst öffnen. Handelt es sich um die aktuelle Access-Datenbank, erstellen Sie stattdessen einen Verweis auf das Database-Objekt und speichern es in einer Variablen. Bei ADO ist das Prinzip genauso, nur funktioniert es etwas anders. Sie benötigen zum Zugriff auf die Datenquelle ein Connection-Objekt, das, wie der Name schon sagt, die Verbindung zur Datenquelle herstellt. Mithilfe dieses Objekts bestimmen Sie den Namen der Datenquelle, den zu verwendenden Provider und können außerdem Benutzername und Kennwort übergeben, wenn Sie die Verbindung öffnen.

Die nachfolgenden Beispiele finden Sie in der Datei *K11.mdb* im Modul *ADODaten*.

Die einfachste Möglichkeit, eine Verbindung herzustellen, ist eine Verbindung zur aktuellen Datenbank. Möchten Sie z.B. auf eine Tabelle der Datenbank zugreifen, in der sich der Code befindet, brauchen Sie das Connection-Objekt nur zurückzugeben. Es wird nämlich automatisch beim Öffnen der Datenbank erzeugt. Seine Aufgabe ist die gleiche wie die des Database-Objekts im DAO-Objektmodell. Es stellt eine geöffnete Datenbank dar und erlaubt den Zugriff auf die vorhandenen Datenbankobjekte.

Die Eigenschaft CurrentProject gibt das CurrentProject-Objekt zurück, das die aktuelle Datenbank darstellt. Dessen Eigenschaft Connection gibt ein Connection-Objekt zur aktuellen Datenbank zurück.

```
Dim cnn1 As ADODB.Connection

Sub VerbindungAktDB()
    Set cnn1 = Application.CurrentProject.Connection
End Sub
```

Verbindungen schließen

Natürlich können Sie eine solche Verbindung nicht nur öffnen, sondern auch wieder schließen. Zu diesem Zweck gibt es die Close-Methode des Connection-Objekts. Sie schließt die Verbindung, ohne jedoch das Connection-Objekt aus dem Speicher zu entfernen. Das hat den Vorteil, dass Sie zu einem späteren Zeitpunkt mit der Open-Methode die Verbindung wieder öffnen können, ohne vorher erneut das Connection-Objekt erzeugen und dessen Eigenschaften festlegen zu müssen. Um das Connection-Objekt aus dem Speicher zu löschen, müssen Sie der Objektvariablen den Wert Nothing zuweisen.

```
Sub VerbindungenSchliessen()
```

```
          On Error Resume Next
          cnn1.Close
     End Sub
```

Arbeiten mit Tabellen

Besteht die Verbindung einmal, ist die Arbeit mit Tabellen recht einfach. Wie beim DAO-Objektmodell müssen Sie zum Öffnen einer Tabelle zunächst ein Recordset-Objekt erzeugen und die Tabelle öffnen. Danach legen Sie dessen Eigenschaften fest. Die Eigenschaft CursorType definiert beispielsweise, wie das Recordset organisiert ist. Im DAO-Objektmodell entspricht dies dem Parameter Type der OpenRecordset-Methode. Auch ADO bietet verschiedene Typen von Recordset-Objekten, die Sie mit der CursorType-Eigenschaft bestimmen. Ihr können Sie die in folgender Tabelle aufgeführten Konstanten zuweisen. Im ADO-Sprachgebrauch wird die erzeugte Datensatzmenge, also der Inhalt des Recordset-Objekts, als Cursor bezeichnet.

Konstante	Bedeutung
adOpenForwardOnly	Öffnet einen Vorwärtscursor. Das bedeutet, es wird ein Recordset-Objekt erzeugt, das nur vorwärts durchlaufen werden kann. Sie können es z.B. dann anwenden, wenn Sie einen bestimmten Datensatz suchen, indem Sie Datensatz für Datensatz lesen, bis der richtige gefunden wurde.
adOpenKeyset	Öffnet einen Cursor vom Typ Keyset (Schlüsselgruppen).
adOpenDynamic	Öffnet einen dynamischen Cursor.
adOpenStatic	Öffnet einen statischen Cursor.

Tabelle 11.5: Mögliche Recordset-Typen

Mit LockType legen Sie fest, wie Datensätze in geöffneten Tabellen gesperrt werden sollen, und mit der Open-Methode erzeugen Sie dann die Datensatzmenge. Sie wird als Ergebnis einer generierten SQL-Abfrage oder der Tabelle zurückgegeben. Ob es sich um eine Abfrage, Tabelle oder SQL-Anweisung im ersten Parameter handelt, legen Sie mit dem vierten Parameter fest. Ist das Recordset-Objekt einmal erzeugt, können Sie es wie ein DAO-Recordset-Objekt mit den Move-Methoden durchlaufen. Suchen Sie einen bestimmen Datensatz, wie z.B. die Funktion MitglSuchen im Beispiel, können Sie die Find-Methode oder die Seek-Methode verwenden. Allerdings unterstützt nicht jeder Provider jede Methode. Sie können dies aber vor der Verwendung prüfen, indem Sie die Supports-Methode aufrufen. Ihr können Sie eine Konstante für den gewünschten Dienst übergeben. Gibt die Methode True zurück, bedeutet dies, dass der Provider den Dienst grundsätzlich zur Verfügung stellt. Das sagt jedoch noch nichts darüber aus, ob die entsprechende Methode, z.B. Seek, auch auf das erzeugte Recordset-Objekt angewendet werden kann. Im Beispiel wird der zu suchende Datensatz mit Seek gesucht, wenn der Provider dies unterstützt. Ansonsten wird die Find-Methode verwendet. Wird der Datensatz nicht gefunden, steht der Datensatzzeiger am Ende des Recordsets. Ob dies der Fall ist, können Sie wie in DAO-Recordsets über die Eigenschaft EOF abfragen. Wurde der Datensatz gefunden, wird dessen Datensatznummer über die Eigenschaft AbsolutePosition abgefragt und zurückgegeben. Wenn er nicht gefunden wurde, gibt die Funktion -1 zurück. Ebenso wie ein DAO-Recordset können Sie auch ein ADO-Recordset mit Close schließen.

Die Eigenschaft AbsolutePosition gibt den Wert -1 zurück, wenn der Provider die Eigenschaft nicht unterstützt.

Das folgende Beispiel durchsucht die nachfolgend dargestellte Tabelle *Mitglieder* nach einem bestimmten Mitglied und gibt dessen Datensatznummer zurück.

Stellen Sie sicher, dass die Tabelle *Mitglieder* geschlossen ist, bevor Sie die Prozedur TestConnection ausführen.

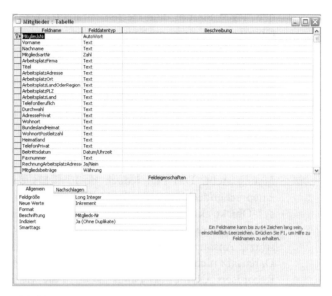

Abbildung 11.14: Aufbau der verwendeten Tabelle *Mitglieder*

```
Sub TESTConnection()
    Debug.Print MitglSuchen("Maier")
    VerbindungenSchliessen
End Sub

Function MitglSuchen(strMitgl As String) As Long
    Dim rstMitgl As ADODB.Recordset
    'Verbindung herstellen
    VerbindungAktDB
    ' Öffnen der Mitglieder-Tabelle.
    Set rstMitgl = New ADODB.Recordset
    rstMitgl.CursorType = adOpenStatic
    rstMitgl.LockType = adLockOptimistic
    rstMitgl.Open "Mitglieder", cnn1, , , adCmdTable
    'Mitglied strMitgl suchen
    rstMitgl.MoveFirst

    If rstMitgl.Supports(adSeek) Then
```

```
        rstMitgl.Index = "Nachname"
        rstMitgl.Seek strMitgl, adSeekFirstEQ
    Else
        rstMitgl.Find "Nachname='" & strMitgl & "'"
    End If
    If Not rstMitgl.EOF Then
        'DS gefunden
        MitglSuchen = rstMitgl.AbsolutePosition
    Else
        MitglSuchen = -1
    End If
    rstMitgl.Close
    VerbindungenSchliessen
End Function
```

Datensätze manipulieren

Natürlich können Sie mit ADO auch Datensätze hinzufügen, verändern und löschen. Dazu gibt es sogar sehr viel komfortablere Möglichkeiten als mit DAO, z.B. die Batch-Aktualisierung.

Möchten Sie einen Datensatz erzeugen, benötigen Sie zunächst einmal ein geöffnetes Recordset. Das kann z.B. eine Tabelle oder Abfrage sein. Im ersten Beispiel wird die Tabelle *Mitgliedsarten* der Datenbank um einen neuen Datensatz ergänzt. Diese Tabelle besteht aus drei Feldern und speichert die verschiedenen Mitgliedsarten eines Vereins sowie die dazugehörigen Mitgliedsbeiträge.

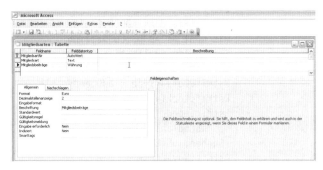

Abbildung 11.15: Aufbau der Tabelle *Mitgliedsarten*

Das erste Feld ist ein *AutoWert*-Feld, die Einträge der anderen beiden Felder werden der Prozedur als Parameter übergeben. Zunächst gibt das Listing das Connection-Objekt zurück, um danach mit seiner Hilfe die Tabelle *Mitgliedsarten* zu öffnen. Bevor Sie einen Datensatz hinzufügen, ist es sinnvoll, zu prüfen, ob der Eintrag schon vorhanden ist. Dies kann natürlich entfallen, wenn doppelte Datensätze in einer Tabelle vorkommen dürfen. Das Beispiel sucht zunächst den zu erzeugenden Datensatz. Kann er nicht gefunden werden, wird er erstellt. Dazu wird mit der AddNew-Methode ein neuer Datensatz erzeugt. Der Aufruf der AddNew-Methode bewirkt, dass

✔ ein neuer, leerer Datensatz erzeugt wird,

✔ dieser Datensatz aktiver Datensatz wird,

✔ der Datensatz bearbeitet werden kann.

Ebenso wie beim Datenzugriff mit DAO-Methoden können Sie nun auf die einzelnen Tabellenfelder zugreifen, indem Sie beispielsweise die Fields-Auflistung verwenden. Damit die Änderungen am Datensatz auch in die Tabelle geschrieben werden, müssen Sie noch die Update-Methode aufrufen. Sie funktioniert analog zur DAO-Update-Methode und speichert die Änderungen.

```
Sub MitgliedsArt_Erstellen(strEintrag As String, _
        dblBeitrag As Double)
    Dim RstMitgl As ADODB.Recordset
    Dim RstMit As Recordset
    Dim rstField As ADODB.Field
    Dim cnn1 As ADODB.Connection
    Set cnn1 = Application.CodeProject.Connection
    Set RstMit = New ADODB.Recordset
    RstMit.CursorType = adOpenDynamic
    RstMit.LockType = adLockOptimistic
    RstMit.Open "Mitgliedsarten", cnn1, , , _
        adCmdTable
    'Suchen, ob Eintrag vorhanden ist
    RstMit.MoveFirst
```

```
        If RstMit.Supports(adSeek) Then
            RstMit.Index = "Mitgliedsart"
            RstMit.Seek strEintrag, adSeekFirstEQ
        Else
            RstMit.Find "Mitgliedsart='" & strEintrag _
            & "'"
        End If
        If Not RstMit.EOF Then
            'DS gefunden
            MsgBox "Der Eintrag ist schon vorhanden"
        Else
            'Datensatz erzeugen
            RstMit.AddNew
            RstMit.Fields("Mitgliedsart").Value = _
                strEintrag
            RstMit.Fields("Mitgliedsbeiträge").Value = _
                dblBeitrag
            RstMit.Update
        End If
        RstMit.Close
    End Sub
```

Beim Aufruf der Prozedur über die Anweisung MitgliedsArt_Erstellen "Ehrenmitglied", 0 wird der in der folgenden Abbildung dargestellte Datensatz erzeugt.

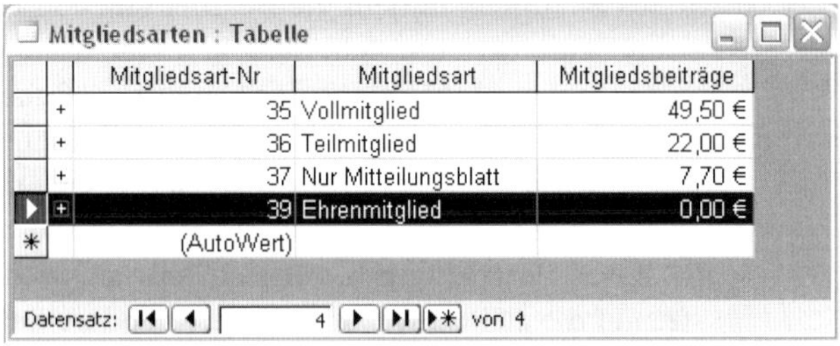

		Mitgliedsart-Nr	Mitgliedsart	Mitgliedsbeiträge
	+	35	Vollmitglied	49,50 €
	+	36	Teilmitglied	22,00 €
	+	37	Nur Mitteilungsblatt	7,70 €
▶	⊞	39	Ehrenmitglied	0,00 €
✱		(AutoWert)		

Datensatz: ◄◀ ◀ | 4 | ▶ ▶▌ ▶✱ | von 4

Abbildung 11.16: Das Ergebnis: der erzeugte Datensatz

Auch das Löschen von Datensätzen funktioniert im Prinzip analog zu DAO-Methoden. Dazu müssen Sie sicherstellen, dass der zu löschende Datensatz der aktive Datensatz ist. Anschließend genügt ein Aufruf der Delete-Methode, um den Datensatz zu entfernen.

```
Sub MitgliedsArt_Loeschen(strEintrag As String)
    Dim RstMit As Recordset
    Dim cnn1 As ADODB.Connection
    Set cnn1 = Application.CodeProject.Connection
    Set RstMit = New ADODB.Recordset
    RstMit.CursorType = adOpenDynamic
    RstMit.LockType = adLockOptimistic
    RstMit.Open "Mitgliedsarten", cnn1, , , _
        adCmdTable

    'Suchen, ob Eintrag vorhanden ist
    RstMit.Find "Mitgliedsart='" & strEintrag & "'"
    If RstMit.EOF = False Then
        RstMit.Delete adAffectCurrent
    Else
        MsgBox "Datensatz nicht gefunden!"
    End If
    RstMit.Close
End Sub
```

Bevor Sie im DAO-Objektmodell den Inhalt eines Datensatzes ändern konnten, mussten Sie ihn im Editiermodus öffnen. Das entfällt bei ADO. Sie brauchen nun nur noch das Recordset in einem Modus zu öffnen, in dem die Bearbeitung von Datensätzen erlaubt ist, und können dann dem aktuellen Datensatz neue Werte zuweisen. Gegenüber DAO bietet der Datenzugriff über ADO noch einen weiteren Vorteil: Sie können mehrere Datensätze bearbeiten, dann in einem Rutsch in das Recordset schreiben und haben anschließend noch die Möglichkeit, die Änderungen zu verwerfen. Eine solche Batch-Bearbeitung bietet sich z.B. an, wenn mehrere Datensätze auf die gleiche Art und Weise verändert werden müssen.

Das folgende Beispiel zeigt, wie Sie auf diesem Wege alle Mitgliedsbeiträge um einen als Parameter übergebenen Prozentsatz verändern können. Rufen Sie die Prozedur mit MitgliedsArt_Aendern 10 auf, werden alle Mitgliedsbeiträge um 10% erhöht, bei Angabe von -10 werden sie um 10% gesenkt.

Wichtig dabei ist, dass Sie als LockType adLockBatchOptimistic angeben, damit Batch-Aktualisierungen möglich sind. Außerdem sollten Sie als CursorType adOpenKeyset oder adOpenStatic wählen, da die anderen Recordset-Typen keine Batch-Bearbeitung unterstützen. Die Prozedur prüft zunächst mit der Supports-Methode, ob eine Batch-Bearbeitung für den Recordset-Typ und den verwendeten Provider zulässig ist. Ist dies der Fall, wird der erste Datensatz mit der MoveFirst-Methode aktiviert und dann in einer Schleife für jeden Datensatz der Wert im Feld Mitgliedsbeiträge neu berechnet. Die Aktualisierung des Recordsets erfolgt jedoch erst nach der Bearbeitung aller Datensätze. Bevor die Änderungen mit UpdateBatch gespeichert werden, kann der Anwender die Speicherung noch bestätigen. Sollen die Änderungen verworfen werden, geschieht dies durch den Aufruf der CancelBatch-Methode.

```
Sub MitgliedsArt_Aendern(dblProz As Double)
    Dim RstMit As ADODB.Recordset
    Dim rstField As ADODB.Field
    Dim ArrFelder() As Variant
    Dim ArrWerte() As Variant
    Dim lngPos As Long
    Dim cnn1 As ADODB.Connection
    Dim bytAntw As Byte
    Dim dblPwert As Double

    Set cnn1 = Application.CodeProject.Connection
    Set RstMit = New ADODB.Recordset
    RstMit.CursorType = adOpenKeyset
    RstMit.LockType = adLockBatchOptimistic
    RstMit.CursorLocation = adUseClient
    RstMit.Open "Mitgliedsarten", cnn1, , , _
        adCmdTable
    'Erhöht alle Werte im Feld "Mitgliedsbeiträge" um den
    'als dlbProz angegebenen Prozentsatz
    dblPwert = (100 + Abs(dblProz)) / 100
    If RstMit.Supports(adUpdateBatch) Then
        RstMit.MoveFirst
        Do
            If dblProz > 0 Then
```

```
            RstMit.Fields( _
            "Mitgliedsbeiträge").Value = _
                RstMit.Fields( _
                "Mitgliedsbeiträge").Value * _
                (dblPwert)
        Else
            RstMit.Fields( _
            "Mitgliedsbeiträge").Value = _
                RstMit.Fields( _
                "Mitgliedsbeiträge").Value / _
                (dblPwert)
        End If
        RstMit.MoveNext
    Loop Until RstMit.EOF
    If dblProz > 0 Then
        bytAntw = MsgBox( _
            "Alle Werte wurden um " & dblProz & _
            "% erhöht!" & Chr(13) & _
            "Möchten Sie die Änderungen " & _
            "speichern?", vbYesNo + vbQuestion, _
            "Änderungen speichern?")
    Else
        bytAntw = MsgBox( _
            "Alle Werte wurden um " & _
            Abs(dblProz) & _
            "% gesenkt!" & Chr(13) & _
            "Möchten Sie die Änderungen " & _
            "speichern?", vbYesNo + _
            vbQuestion, "Änderungen speichern?")
    End If
    If bytAntw = vbYes Then
        RstMit.UpdateBatch adAffectAll
    Else
        RstMit.CancelBatch
    End If
Else
    MsgBox "BatchUpdate wird nicht unterstützt!"
End If
RstMit.Close
End Sub
```

Damit kennen Sie die wichtigsten Techniken im Umgang mit ADO und DAO. Einsetzen können Sie die beispielsweise bei der Optimierung von Formularen und Berichten aber später auch, wenn Sie aus Excel oder Word auf Access-Daten zugreifen möchten.

Formulare mit VBA optimieren

Während Formulare in Word, Excel und PowerPoint fast ausschließlich als Benutzeroberfläche dienen, sind sie in Access grundlegender Bestandteil einer jeden Access-Anwendung. Sie dienen hier fast ausschließlich dazu, durch Datensätze einer Tabelle oder Abfrage zu blättern und Datensätze einzugeben und zu verwalten.

Dazu sind Formulare in Access in aller Regel an eine Datenquelle gebunden. Das kann eine Tabelle oder eine Abfrage sein, die aber auch in Form einer SQL-Anweisung angegeben werden kann.

Ein einfaches, datengebundenes Formular erstellen

Bevor Sie ein Formular per VBA optimieren können, müssen Sie es zunächst erstellen. Das geht mithilfe der in Access integrierten Assistenten ganz einfach.

Die nachfolgende Anleitung funktioniert unter Access 2003 leider nur, wenn Sie als Makrosicherheitsstufe *Niedrig* eingestellt haben. Wie Sie diese Einstellung ändern, finden Sie in Abschnitt »Quellcodeerfassung und Programmierung in Access« weiter vorn in diesem Kapitel beschrieben.

✔ Öffnen Sie die Datenbank, in der Sie das Formular erstellen möchten. Das sollte die gleiche Datenbank sein, in der sich auch die Tabelle befindet, an die Sie das Formular binden möchten.

✔ Aktivieren Sie im Datenbankfenster die Rubrik *Formulare*.

Abbildung 11.17: Die Rubrik *Formulare* aktivieren

✔ Klicken Sie auf die Schaltfläche *Neu* in der Symbolleiste im Datenbankfenster.

✔ Wählen Sie *AutoFormular: Einspaltig* in der Liste aus.

✔ Wählen Sie aus dem unteren Pulldown-Listenfeld die Tabelle *Adressen* aus.

✔ Klicken Sie auf *OK.*

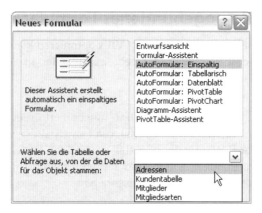

Abbildung 11.18: Erzeugen eines Formulars

Access erzeugt nun ein Formular im Standardlayout und zeigt es an. Wählen Sie *Datei / Speichern,* um es zu speichern und zu benennen. Access schlägt den Dateinamen *Adressen* vor. Klicken Sie auf *OK,* um das Formular unter diesem Namen zu speichern.

> Möchten Sie den Namen ändern, überschreiben Sie den vorge-
> schlagenen Namen und klicken dann auf *OK*.

Gültigkeitsprüfungen per VBA einbauen

Möchten Sie dem Formular Code hinzufügen, müssen Sie es in der
Entwurfsansicht öffnen. Wählen Sie dazu den Menübefehl *Ansicht /
Entwurfsansicht*. Anschließend schalten Sie in die Codeansicht des
Formulars, indem Sie *Ansicht / Code* wählen.

> Jedem Formular und jedem Bericht in Access ist ein Klassenmo-
> dul zugeordnet. Es wird jedoch erst erzeugt, wenn Sie explizit in
> die Codeansicht schalten und dort auch Code eingeben. In die-
> sem Klassenmodul erfassen Sie den Code, den das Formular aus-
> führen soll. Sie können von dort aber auch Prozeduren ausfüh-
> ren, die Sie in einfachen Modulen gespeichert haben. Über den
> Menüeintrag *Ansicht / Code* gelangen Sie in die IDE und es wird
> direkt das Modul des Formulars geöffnet. Sie müssen sich daher
> nicht mehr durch die oftmals vielen Einträge im Projekt-Explorer
> durchkämpfen. Dennoch haben Sie auch in Access die Möglich-
> keit, die Entwicklungsumgebung mit Alt + F11 aufzurufen. Die
> Klassenmodule von Formularen haben vorgegebene Namen. Sie
> beginnen mit *Form_*, danach folgt der Name des Formulars.

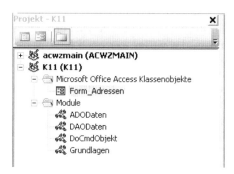

Abbildung 11.19: Das Klassenmodul des Formulars im Projekt-Explorer

Wenn Sie möchten, dass entweder alle Felder des Formulars ausgefüllt werden oder keines, sollten Sie eine Funktion erstellen, die
True zurückgibt, wenn das Formular leer ist oder wenn es korrekt
ausgefüllt ist. Wenn Sie die Funktion im Klassenmodul speichern,
können Sie über das Schlüsselwort Me auf das Formular und seine
Steuerelemente zugreifen. Da das Formular lediglich Eingabefelder
mit Daten enthält, ist die Programmierung der Funktion ganz einfach.

Sie durchlaufen einfach die Controls-Auflistung des Formulars
und prüfen, ob es sich bei dem aktuellen Steuerelement um ein Eingabefeld handelt. Wenn ja, prüfen Sie, ob es leer ist oder einen Wert
enthält. Die Controls-Auflistung enthält alle Steuerelemente eines
Formulars. Den Typ eines Steuerelements können Sie über die
TypeName-Funktion in Erfahrung bringen. Sie gibt den Klassennamen des Steuerelements zurück. Textfelder haben den Klassennamen Textbox. Das bedeutet, wenn die TypeName-Funktion den
Wert "TextBox" zurückgibt, handelt es sich um ein Eingabefeld.

Wenn Sie prüfen möchten, ob entweder alle Felder ausgefüllt oder
alle nicht ausgefüllt sind, sollten Sie das in zwei Etappen prüfen.
Deklarieren Sie dazu zwei Variablen (boolLeer und boolVoll) des
Typs Boolean und setzen Sie sie beide auf den Wert True.

Anschließend folgt die erste For-Each-Schleife. Sie durchläuft alle
Steuerelemente und prüft für die Textfelder, ob deren Wert leer
(Empty) oder nicht vorhanden (Null) ist. Wenn Sie feststellen möchten, ob ein Feld den Wert Null hat, verwenden Sie dazu die Funktion IsNull. Ihr übergeben Sie einfach den Feldwert. Haben Sie ein
Feld gefunden, das weder leer noch Null ist, setzen Sie den Wert
der Variablen boolLeer auf False.

Genauso verfahren Sie im Anschluss in der zweiten Schleife, in der
Sie prüfen, ob alle Felder ausgefüllt sind. Hier setzen Sie die Variable boolVoll auf False, wenn Sie ein leeres Feld finden. Am Ende
der Funktion prüfen Sie, ob beide Variablen den Wert False haben.
In diesem Fall gibt die Funktion False zurück, andernfalls True.

```
Function ausgefuellt() As Boolean
    Dim objSE As Control
    Dim boolLeer As Boolean
    Dim boolVoll As Boolean
    boolLeer = True
    boolVoll = True
    'Prüfen, ob alle Felder leer sind
    For Each objSE In Me.Controls
        If TypeName(objSE) = "Textbox" Then
            If (Not (objSE.Value = Empty)) And _
            (Not (IsNull(objSE.Value))) Then
                boolLeer = False
            End If
        End If
    Next objSE
    'Prüfen, ob alle Felder voll sind
    For Each objSE In Me.Controls
        If TypeName(objSE) = "Textbox" Then
            If (objSE.Value = Empty) Or _
            (IsNull(objSE.Value)) Then
                boolVoll = False
            End If
        End If
    Next objSE
    If boolLeer = False And boolVoll - False Then
        ausgefuellt = False
    Else
        ausgefuellt = True
    End If
End Function
```

Auf Ereignisse reagieren

Sie müssen nun natürlich noch dafür sorgen, dass die Funktion aufgerufen und der Rückgabewert der Funktion ausgewertet wird. Dazu sollten Sie eine Ereignisprozedur erstellen. Access stellt für Formulare eine ganze Reihe Ereignisse zur Verfügung, die Sie im Eigenschaften-Fenster auf der Registerkarte *Ereignisse* finden. Leider werden hier nur die deutschen Namen angezeigt und nicht die Ereignisbezeichnungen, wie sie im Code vorkommen.

Im Zusammenhang mit Gültigkeitsprüfungen von Formular-daten spielen vor allem die Ereignisse *Vor Aktualisierung* (BeforeUpdate) und *Beim Anzeigen* (Current) eine Rolle. Das Ereignis *Vor Aktualisierung* tritt ein, bevor ein Datensatz in die Tabelle geschrieben wird. Das geschieht in der Regel beim Wechseln des Datensatzes. Das Ereignis *Beim Anzeigen* tritt ein, wenn ein Datensatz gewechselt wird, und zwar genau dann, wenn schon der neue Datensatz in das Formular geladen ist.

Dieses Ereignis ist daher für unsere Zwecke nicht brauchbar, weil Sie ja verhindern möchten, dass unvollständige Datensätze gespeichert werden. Sie müssen also eine Ereignisprozedur für das Ereignis *Vor Aktualisierung* erstellen. Dazu sind folgende Schritte notwendig:

- Öffnen Sie das Formular in der Entwurfsansicht, falls es nicht schon geöffnet ist. Dazu klicken Sie im Datenbankfenster das Formular an und klicken dann auf die Schaltfläche *Entwurf*.

- Öffnen Sie das Eigenschaften-Fenster, falls es nicht sichtbar sein sollte. Wählen Sie dazu den Menübefehl *Ansicht / Eigenschaften*.

- Aktivieren Sie die Registerkarte *Ereignis*.

- Setzen Sie den Cursor in die Eigenschaft *Vor Aktualisierung* und wählen Sie dann über die Pfeilschaltfläche am Ende des Eingabefeldes den Eintrag *[Ereignisprozedur]* aus.

- Klicken Sie dann auf die Schaltfläche mit den drei Punkten neben der Eigenschaft, um in die IDE zu wechseln.

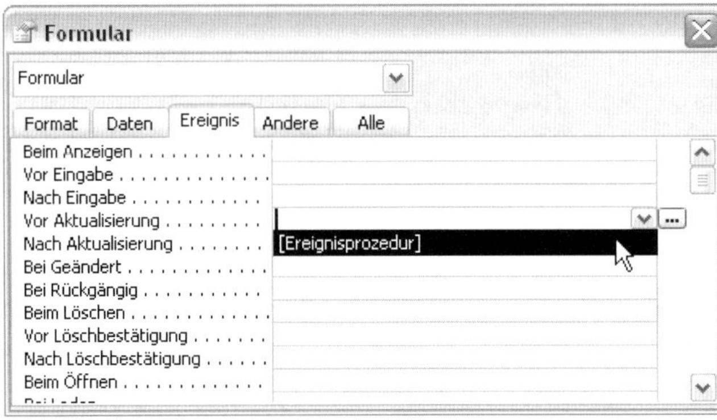

Abbildung 11.20: Eine Ereignisprozedur erstellen

Access hat nun die Ereignisprozedur erzeugt, die Sie wie folgt ergänzen. Zunächst rufen Sie die Funktion ausgefuellt auf und prüfen deren Rückgabewert in einer If-Verzweigung. Gibt die Funktion False zurück, geben Sie eine Meldung aus, dass das Formular nicht vollständig ausgefüllt ist. Damit der unvollständige Datensatz dann nicht in die Tabelle geschrieben wird, setzen Sie anschließend den Cancel-Parameter auf False.

```
Private Sub Form_BeforeUpdate(Cancel As Integer)
    If ausgefuellt() = False Then
        MsgBox "Bitte füllen Sie das " & _
            "Formular komplett aus!", vbInformation
        Cancel = True
    End If
End Sub
```

Wenn Sie jetzt das Formular starten, indem Sie es zunächst mit *Datei / Speichern* abspeichern und dann *Ansicht / Formularansicht* wählen, können Sie die Prozedur testen. Geben Sie dazu Daten ein und lassen Sie mindestens ein Feld aus. Klicken Sie dann auf eine der Pfeilschaltflächen in der Navigation, um den Datensatz zu wechseln. Nun erscheint beim Versuch, den Datensatz zu wechseln, die Fehlermeldung.

Abbildung 11.21: Fehlermeldung beim Versuch, unvollständige Daten zu speichern

Selbstverständlich waren das nicht alle Möglichkeiten, die Access bietet, um mit Formularen und VBA zu arbeiten. Die Grundlagen haben Sie aber jetzt kennen gelernt. Weitere Möglichkeiten folgen etwas später, beispielsweise in Kapitel 12 »Benutzeroberflächen gestalten«.

Berichte formatieren

Berichte dienen in Access dazu, die Daten aus Tabellen und Abfragen übersichtlich darzustellen und einen Ausdruck zu ermöglichen. Mit VBA können Sie dabei recht wenig machen. Es gibt aber dennoch ein Problem, das sich nur mit VBA, dafür aber recht einfach lösen lässt.

Wenn Sie möchten, können Sie Berichte, die Daten in Listenform ausgeben, so formatieren, dass die einzelnen Zeilen abwechselnd farbig unterlegt werden. Dazu sind nur wenige Zeilen Code erforderlich und ein Standardbericht, den Sie von Access erzeugen lassen können.

Stellen Sie sicher, dass die Tabelle, die Sie im Bericht als Datenquelle verwenden, mehr als drei Datensätze enthält, damit Sie die Formatierung auch sehen.

Den Bericht erstellen

Zunächst benötigen Sie dazu einen Bericht, den Sie wie folgt erstellen:

✔ Aktivieren Sie im Datenbankfenster die Rubrik *Berichte*.

✔ Klicken Sie auf *Neu* und wählen Sie *Autobericht: Tabellarisch* aus.

✔ Wählen Sie aus der Auswahlliste unter dem Listenfeld die Tabelle aus, deren Daten Sie tabellarisch darstellen möchten, und klicken Sie anschließend auf *OK*.

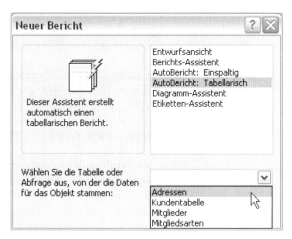

Abbildung 11.22: Einen Bericht erstellen

✔ Access erzeugt nun den Bericht und öffnet ihn.

✔ Wählen Sie *Datei / Speichern*, um den Bericht zu speichern. Bestätigen Sie dazu den vorgeschlagenen Namen mit *OK*.

✔ Aktivieren Sie über *Ansicht / Entwurfsansicht* die Entwurfsansicht für den Bericht.

Code hinzufügen

Wenn Sie Code hinzufügen möchten, der die Zeilen abwechselnd farbig unterlegt, benötigen Sie auch dazu eine Ereignisprozedur. Ebenso wie Formulare verfügen auch Berichte über verschiedene Ereignisse. Aber nicht nur der Bericht im Ganzen hat Ereignisse, sondern auch die einzelnen Bereiche wie der Detailbereich.

Sie müssen nun eine Ereignisprozedur für den Detailbereich erstellen, die ausgeführt wird, wenn der Detailbereich formatiert wird. Das Ereignis wird im Eigenschaften-Fenster als *Beim Formatieren* angezeigt. Gehen Sie dazu wie folgt vor:

✔ Blenden Sie das Eigenschaften-Fenster mit *Ansicht / Eigenschaften* ein.

✔ Wählen Sie aus der Auswahlliste im oberen Bereich des Eigenschaften-Fensters den Eintrag *Detailbereich* aus, damit die Eigenschaften des Detailbereichs anzeigt werden.

✔ Aktivieren Sie die Registerkarte *Ereignis*.

✔ Wählen Sie in der Auswahlliste des Ereignisses *Beim Formatieren* den Eintrag *[Ereignisprozedur]* aus und klicken Sie dann auf die Schaltfläche ... .

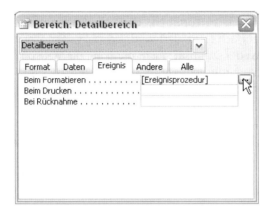

Abbildung 11.23: Erstellen der Ereignisprozedur

Ergänzen Sie die Ereignisprozedur wie folgt.

```
Private Sub Detailbereich_Format(Cancel As Integer, _
    FormatCount As Integer)
    Static lngZeile As Long
    If FormatCount = 1 Then
        'Zähler erhöhen
        lngZeile = lngZeile + 1
    End If
    If lngZeile Mod 2 = 0 Then
        Me.Detailbereich.BackColor = RGB(220, 220, 220)
    Else
        Me.Detailbereich.BackColor = RGB(250, 250, 250)
    End If
End Sub
```

Wichtig ist dabei, dass Sie die Variable lngZeile als statische Variable definieren. Das bedeutet, dass die Variable den Wert behält, auch wenn die Prozedur beendet wurde. Auf diese Weise können Sie nämlich die formatierten Zeilen des Detailbereichs durchzählen. Wichtig ist dabei aber, dass Sie die Variable nur dann um einen Wert erhöhen, wenn die Zeile das erste Mal formatiert wird. Das können Sie ermitteln, indem Sie den Parameter FormatCount abfragen. Nur, wenn er den Wert 1 hat, erhöhen Sie die Variable.

Es kann vorkommen, dass ein Datensatz des Detailbereichs mehrfach formatiert wird, beispielsweise wenn Access erkennt, dass der Datensatz nicht mehr auf die Seite passt. Dann wird ein Seitenumbruch erzeugt und der Datensatz nochmals formatiert. FormatCount hat dann jedoch den Wert 2.

Im nächsten Schritt prüfen Sie, ob die Variable gerade ist. In diesem Fall ist der Ausdruck lngZeile Mod 2 = 0 wahr und Sie weisen der Backcolor-Eigenschaft des Detailbereichs die Farbe *Grau* zu. Im Else-Zweig setzen Sie die Hintergrundfarbe entsprechend auf Weiß.

Wenn Sie nun den Bericht öffnen, passiert Folgendes: Access formatiert den Berichtskopf und den Seitenkopf. Anschließend kommt der Detailbereich an die Reihe. Für jeden Datensatz wird nun einmal das Ereignis Detailbereich_Format ausgeführt. Da Sie abhängig vom Wert der Variablen lngZeile eine andere Hintergrundfarbe für den Detailbereich setzen, werden die Datensätze abwechselnd farbig unterlegt.

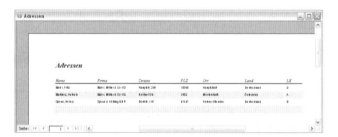

Abbildung 11.24: Das Ergebnis der Ereignisprozedur

TEIL

Know-How für Fortgeschrittene

Dieser Teil zeigt Ihnen fortgeschrittene Techniken der Office-Programmierung. Dazu gehört die Gestaltung von Benutzeroberflächen ebenso wie der Zugriff auf das Dateisystem und die Programmierung und Erstellung von Setup-Programmen.

III

12 Benutzeroberflächen gestalten

Die bisherigen Beispiele kamen mit mehr oder minder spartanischen Benutzeroberflächen aus, die sich auf Ausgabedialoge, Eingabefelder und ein paar Tabellenzellen beschränkten. Das soll nun geändert werden. Schließlich können Sie auch mit VBA den Benutzern Ihrer Anwendung schöne, effektive und praxistaugliche Oberflächen zur Bedienung anbieten.

Bestandteile von Benutzeroberflächen in VBA

Benutzeroberflächen dienen dazu, die Programmfunktionen für den Benutzer verfügbar zu machen. Dazu stellen die meisten Programme neben dem eigentlichen Programmfenster auch Dialoge, Symbolleisten und Menüleisten zur Verfügung. All das können Sie auch in den Office-Anwendungen. Wenn Sie eine VBA-Anwendung erstellen, ersetzt das Programmfenster der VBA-Hostanwendung jedoch ein eigenständiges Programmfenster. Ansonsten haben Sie jedoch alle Möglichkeiten. Sie können

✔ Symbolleisten und Menüleisten erstellen,

✔ eigene Dialoge entwerfen und anzeigen,

✔ Standarddialoge von Excel und Word verwenden,

✔ bestimmte Systemprogramme nutzen und

✔ den Office-Assistenten programmieren.

Die wichtigsten Möglichkeiten, wie Dialoge, benutzerdefinierte Formulare, Symbolleisten und Menüleisten, lernen Sie in diesem Kapitel kennen. Standarddialoge stellen die einfachste Form einer Benutzeroberfläche dar. Sie ermöglichen es, Funktionen der VBA-Hostanwendung, die komplexe Einstellungen erfordern, aufzurufen, ohne dass Sie selbst Dialoge erstellen müssen, über die der Benutzer die Einstellungen vornehmen kann. Allerdings stellen nur Word und Excel solche Standarddialoge zur Verfügung.

Die Standarddialoge von Excel

Excel verfügt über zwei Typen von integrierten Dialogfeldern. Die eine Sorte wird über die Dialogs-Auflistung verwaltet. Dabei handelt es sich um alle Dialoge, die Sie auch angezeigt bekommen, wenn Sie bestimmte Funktionen von Excel aufrufen, wie beispielsweise den Dialog für den Zoom-Faktor (*Ansicht / Zoom*). Alle diese Dialoge können Sie aufrufen und sogar mit bestimmten Einstellungen vorbelegen, indem Sie Parameter übergeben.

Die Anzahl Parameter ist von Dialog zu Dialog unterschiedlich. Es gibt auch einige wenige ohne Parameter. Zudem können Sie die Dialoge nur in dem Kontext aufrufen, in dem sie gültig sind. Das bedeutet, ein Dialogfeld zur Formatierung eines Diagramms können Sie nur aufrufen, wenn das Diagrammblatt aktives Blatt ist oder ein Diagramm-Objekt ausgewählt ist.

Bei dem zweiten Typ Standarddialoge handelt es sich um Methoden, die einen Datei- oder Verzeichnisauswahldialog anzeigen. Dazu gibt es mehrere Möglichkeiten, die nachfolgend noch näher erläutert werden.

Die Dialogs-Auflistung nutzen

Die Dialogs-Auflistung des Application-Objekts verwaltet alle definierten Standarddialoge von Excel. Sie können einen bestimmten Dialog aus der Auflistung zurückgeben, indem Sie der Auflistung die Konstante für den Dialog übergeben.

Eine vollständige Liste der Dialogfeldkonstanten und der für das Dialogfeld gültigen Parameter finden Sie in der VBA-Hilfe von Excel. Suchen Sie dazu nach dem Schlüsselwort Dialogs.

Das folgende Beispiel zeigt, wie Sie den Dialog für den Zoomfaktor aufrufen können. Sie finden den Code in der Datei *K12.xls* im Modul *DialogAuflistung*. Um das Dialogfeld aufzurufen, übergeben Sie die Konstante xlDialogZoom an die Dialogs-Auflistung. Das von der Auflistung zurückgegebene Dialog-Objekt verfügt über die Show-Methode, mit der Sie dann das Dialogfeld anzeigen können.

```
Sub Zoomen()
    Application.Dialogs(xlDialogZoom).Show
End Sub
```

Abbildung 12.1: Der erzeugte Dialog

Die Show-Methode zeigt nicht nur den Dialog an, sondern sorgt auch dafür, dass die Aktion durchgeführt wird, die der Dialog definiert. Das bedeutet, wählt der Benutzer im angezeigten *Zoom*-Dialogfeld eine Option aus und schließt das Dialogfeld mit *OK*, wird der entsprechende Vergrößerungsfaktor angewendet, ohne dass Sie dazu eine einzige Anweisung erstellen müssen.

Mit Hilfe von Parametern, die Sie an einen Dialog übergeben, können Sie festlegen, welche Einstellungen das Dialogfeld anzeigen soll. Das Dialogfeld xlDialogZoom verfügt nur über einen Parameter. Das können Sie der Online-Hilfe entnehmen. Die Namen der

Parameter weisen darauf hin, welche Bedeutung sie haben. Der Parameter Magnification lässt beispielsweise darauf schließen, dass Sie damit den Vergrößerungsfaktor angeben können. Möchten Sie Parameter an die Show-Methode übergeben, müssen Sie sie in der Reihenfolge angeben, in der sie in der Hilfe aufgeführt sind. Parameter, die Sie nicht angeben möchten, lassen Sie aus, indem Sie nur das Komma davor und das danach angeben, falls weitere Parameter folgen.

Abbildung 12.2: Anzeige der Parameter in der Onlinehilfe

Da die Parameter intern als Parameterarray an die Show-Methode übergeben werden, können Sie nur eine Wertliste angeben, aber nicht die Wert in `Parametername:=Wert`-Kombinationen angeben wie bei normalen Prozedurnamen.

Wenn Sie festlegen möchten, dass der Wert 150% als Vergrößerungsfaktor verwendet wird, müssen Sie dazu den Wert 150 an die Show-Methode übergeben.

```
Sub Zoomen2()
    Application.Dialogs(xlDialogZoom).Show 150
End Sub
```

Dateien auswählen

Für viele Anwendungen ist es unbedingt erforderlich, dass der Benutzer eine Datei oder ein Verzeichnis auswählt. Selbstverständlich könnten Sie ihn das Verzeichnis oder den Dateinamen mit Pfad eingeben lassen. Das ist aber sehr fehleranfällig, weil dann nicht sicher ist, dass das Verzeichnis oder die Datei auch vorhanden ist. Zudem sind nicht alle Benutzer in der Lage, einen korrekten Pfad einzugeben, da viele nicht einmal wissen, welche Pfadtrennzeichen sie verwenden müssen.

Um die Auswahl zu vereinfachen, können Sie aber auch einen passenden Dialog anzeigen lassen. Das `Application`-Objekt von Excel stellt dazu die Methode `getOpenFilename` zur Verfügung. Sie zeigt das Dialogfeld zur Dateiauswahl an und gibt den ausgewählten Namen zurück.

Hier liegt auch der Unterschied zum Standarddialog `xlDialogOpen` der `Dialogs`-Auflistung. Dieser Dialog würde die ausgewählte Datei auf jeden Fall öffnen. Das bedeutet dann aber, dass Sie den Dateinamen nicht ermitteln können und unter Umständen auch die Datei wieder schließen müssen, wenn Sie etwas anderes damit vorhaben. Mit der `GetOpenFilename`-Methode erhalten Sie nur den Dateinamen. Was Sie dann damit machen, ist Ihre Sache.

Sie finden die folgenden Listings in der Datei *K12.xls* im Modul *Dateiauswahl*.

An die Methode `GetOpenFilename` können Sie mehrere Parameter übergeben, die bestimmen, welche Beschriftungen angezeigt werden und wie das Dialogfeld aussieht. Sie gibt den vollständigen Dateinamen zurück. Wählt der Anwender jedoch keine Datei aus, sondern bricht die Auswahl über *Abbrechen* ab, gibt die Funktion `false` zurück.

Der erste Parameter der Methode bestimmt den Dateifilter, also den Dateityp der Dateien, die zur Auswahl angezeigt werden. Sie können ihn auslassen, dann werden alle Dateien angezeigt. Geben Sie ihn aber an, muss er korrekt sein, das heißt die richtige Syntax aufweisen. Sie besteht aus dem Namen gefolgt von der Dateinamensweiterung in Klammern. Danach muss zwingend ein Komma folgen und dann noch einmal die Dateinamenserweiterung mit Platzhalterzeichen: `Name (*.typ), *.typ`.

Wenn Sie mehrere Dateifilter angeben möchten, geben Sie diese nacheinander getrennt durch Kommas an. Bei mehreren Dateifiltern können Sie mit dem zweiten Parameter die Nummer des vorausgewählten Filters bestimmen. Standardmäßig wird der erste Filter ausgewählt. In der Prozedur `DateinameErmitteln` wird nur ein Filter definiert, deshalb ist der zweite Parameter überflüssig. Mit dem dritten Parameter können Sie den Titel des Dialogfeldes bestimmen.

```
Sub DateinameErmitteln()
    Debug.Print Application.GetOpenFilename( _
        "Excel-Dateien (*.xls), *.xls", , _
        "Bitte eine Datei auswählen")
End Sub
```

Auf dem Macintosh müssen Sie an Stelle der Liste mit Dateifiltern eine kommaseparierte Liste angeben, die die Dateitypen nennen, beispielsweise »XLS8, XLS4«, wenn der Benutzer sowohl Excel-4.0-Dateien als auch Excel-Dateien der Versionen 97 und höher bzw. 2000 und höher für Macintosh auswählen können soll. Anders als unter Windows erkennt Mac OS X die Dateitypen nicht alleine an der Endung. Wenn Sie lediglich »XLS4« angeben, kann der Benutzer keine Excel-Dateien auswählen, die im aktuellen Excel-Format erstellt wurden.

```
Sub DateinameErmittelnMAC()
    Debug.Print Application.GetOpenFilename( _
        "XLS8", , "Bitte eine Datei auswählen")
End Sub
```

Möchten Sie nur eine Prozedur für Mac- und Windows-Systeme verwenden, müssen Sie zwischen Mac und Windows unterscheiden. Dazu sollten Sie die bedingte Kompilierung verwenden. Mehr dazu erfahren Sie in Kapitel 20 »Versionsübergreifend programmieren«.

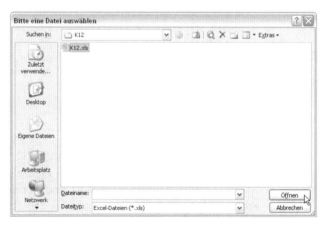

Abbildung 12.3: Der erzeugte Dialog zur Dateiauswahl

Analog zur GetOpenFilename-Methode können Sie mit der Get-SaveFilename-Methode einen Dialog anzeigen lassen. in dem der Benutzer den Pfad und Dateinamen auswählen bzw. eingeben kann, unter dem die Datei gespeichert werden kann. Als ersten Parameter können Sie einen Dateinamen vorschlagen, der im Feld *Dateiname* des Dialogfeldes angezeigt wird. Wenn Sie den ersten Parameter auslassen, bleibt das Feld leer. Der zweite Parameter legt die Dateifilter fest, wobei die gleichen Anforderungen an die Syntax gestellt werden wie bei der GetOpenFile-Name-Methode. Mit dem dritten und dem vierten Parameter bestimmen Sie den Dialogfeldtitel und die Aufschrift der Schaltfläche.

```
Sub DateiSpeichernUnter()
    Dim strDateiname As String
    strDateiname = Application.GetSaveAsFilename( _
        "Excel-Dateien (*.xls),*.xls", , _
        "Bitte wählen Sie den Speicherort!", _
        "Speichern")
    Debug.Print strDateiname
End Sub

Sub DateiSpeichernUnterMAC()
    Dim strDateiname As String
    strDateiname = _
        Application.GetSaveAsFilename(, , , _
        "Bitte wählen Sie den Speicherort!", _
        "Speichern")
    Debug.Print strDateiname
End Sub
```

Der Unterschied zwischen beiden Methoden besteht darin, dass der Dialog, der mit GetOpenFilename angezeigt wird mit einer *Öffnen*-Schaltfläche ausgestattet ist und bei Bedarf auch mehrere Dateien zurückgeben kann, die Sie dann beispielsweise öffnen können. Die GetSaveFileName-Methode kann immer nur einen Dateinamen zurückgeben und verwendet standardmäßig eine Schaltfläche mit der Aufschrift *Speichern*, wenn Sie keine Aufschrift angeben. Die angegebene Aufschrift wird nur auf dem Macintosh verwendet. Unter Windows wird die Schaltfläche immer mit *Speichern* beschriftet.

Soll der Benutzer mehrere Dateien auswählen, verwenden Sie dazu ebenfalls die GetOpenFilename-Methode. Die ausgewählten Dateien werden dann als eindimensionales Array zurückgegeben.

Unter Mac OS X wird sowohl in Excel 2001 als auch in Excel 2004 eine Mehrfachauswahl nicht unterstützt.

Damit der Benutzer mehr als eine Datei auswählen kann, müssen Sie den letzten Parameter der Methode GetOpenFilename auf True setzen. Besonderheiten bei den anderen Parametern gibt es nicht. Sie müssen dann allerdings darauf achten, den Rückgabewert der Methode nicht einer String-Variablen zuzuweisen, sondern einer Variablen des Typs Variant, weil ja ein Array zurückgegeben wird.

Wurde mindestens eine Datei gewählt, ist der Typ des Rückgabewertes, den Sie mit TypeName ermitteln können, ungleich Boolean. In diesem Fall können Sie das zurückgegebene Array in einer Schleife durchlaufen und die Dateinamen ausgeben oder anderweitig verwenden. Im folgenden Listing wird ein Dialogfeld erzeugt, das es dem Benutzer ermöglicht, mehrere Text- und CSV-Dateien auszuwählen. Die gewählten Dateien werden dann in eine For-Each-Next-Schleife im Testfenster ausgegeben.

```
Sub MehrereDateienOeffnen()
    Dim varDateien As Variant
    Dim varDat As Variant
    varDateien = Application.GetOpenFilename( _
        "CSV-Dateien (*.CSV),*.CSV," & _
        "Text-Dateien (*.TXT),*.TXT", 1, _
        "Dateien auswählen", "Öffnen", True)
    If TypeName(varDateien) <> "Boolean" Then
```

```
    For Each varDat In varDateien
        'Ausgeben der gewählten Dateien
        'An dieser Stelle könnten Sie die Dateien
        'auch einer Prozedur übergeben, die sie
        'weiterverarbeitet
        Debug.Print varDat
    Next varDat
    End If
End Sub
```

Abbildung 12.4: Der Dialog für die Mehrfachauswahl von Dateien

Ab Office XP gibt es eine weitere Alternative, die Auswahl von Dateien und Verzeichnissen zu ermöglichen. Sie ist nicht auf Excel beschränkt und wird daher im Abschnitt »Dateien und Verzeichnisse auswählen« weiter hinten in diesem Kapitel beschrieben.

Word-Dialogfelder nutzen

Ebenso wie Excel bietet Word zwei verschiedene Typen von Formularen, nämlich Standarddialoge oder integrierte Dialogfelder und benutzerdefinierte Dialoge (UserForms). Letztere werden genauso wie in Excel über den Formulareditor der IDE erstellt. Beispiele dazu folgen im Abschnitt »UserForms – die Basis der Benutzeroberflächen« weiter hinten in diesem Kapitel.

Die Standarddialoge entsprechen den Dialogen, die in Word über das Menü, die Kontextmenüs oder über Tastenkombinationen aufgerufen werden und können vom Programmierer für eigene Anwendungen verwendet werden. In Word werden Standarddialoge ebenfalls durch die Show-Methode eingeblendet. Das erste Beispiel blendet den Dialog zum Formatieren der Schrift ein. Dazu wird zunächst der erste Absatz des aktiven Dokuments markiert. Anschließend wird der entsprechende Dialog der Dialogs-Auflistung mit Show angezeigt.

Sie finden die Beispiele in der Datei *K12.doc* im Modul *Dialogs/Auflistung.*

```
Sub formatieren()
    ActiveDocument.Paragraphs(1) _
    .Range.Select
    Application.Dialogs _
    (wdDialogFormatFont).Show
End Sub
```

Beim Ausführen der Prozedur wird der folgende Dialog angezeigt (siehe Abbildung 12.5).

Sie haben in Word jedoch viel mehr Möglichkeiten, auf das Aussehen des Dialogs bei der Anzeige Einfluss zu nehmen. Sie können z.B. bestimmen, welche Registerkarte bei einem mehrseitigen Dialog angezeigt werden soll. Dazu verwenden Sie die DefaultTab-Eigenschaft. Das nächste Beispiel öffnet wieder den gleichen Dialog wie das erste, aktiviert aber nun die Registerkarte *Animation*, auf der die Einstellungen für animierte Schriften vorgenommen werden können.

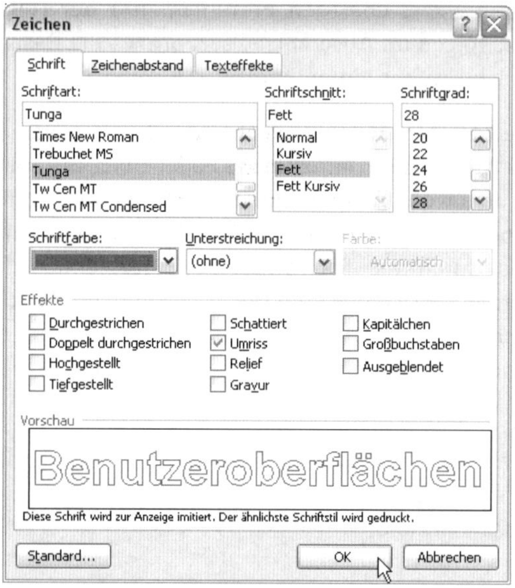

Abbildung 12.5: Dialog wdDialogFormatFont

```
Sub schrift_animieren()
    ActiveDocument.Paragraphs(1) _
        .Range.Select
    With Application.Dialogs _
        (wdDialogFormatFont)
        .DefaultTab = _
            wdDialogFormatFontTabAnimation
        .Show
    End With
End Sub
```

Die DefaultTab-Konstanten können Sie aus der Konstantenliste auswählen. Dazu sollten Sie beachten, dass sich der Konstantenname wie folgt zusammensetzt: Zunächst wird der Name des betroffenen Dialogs genannt, hier wdDialogFormatFont, dann folgt die Zeichenfolge Tab und dann die Bezeichnung des Registerblattes, hier *Animation*.

Die Möglichkeiten von Word im Umgang mit den Standarddialogen lassen kaum Wünsche offen. Sie können nicht nur die Standarddialoge anzeigen und die entsprechenden Aktionen beim Schließen durchführen lassen, wie z.B. die Markierung entsprechend der Angaben im Dialog formatieren, sondern Sie können auch den Dialog anzeigen und die Aktionen nicht ausführen, sondern die Angaben anderweitig verwenden. Auf diese Weise können Sie die Standarddialoge auch nutzen, um Einstellungen zu ermitteln. Dazu verwenden Sie statt der Show-Methode die Display-Methode.

Das folgende Beispiel zeigt, wie Sie auf diese Weise mit dem File-Open-Dialog den Namen einer vom Benutzer ausgewählten Datei ermitteln können.

Das gleiche Ergebnis erreichen Sie auch mit dem FileDialog-Objekt, das allerdings nicht abwärtskompatibel ist und daher nicht in jedem Fall einsetzbar ist. Details dazu finden Sie im folgenden Abschnitt »Dateien und Verzeichnisse auswählen«.

```
Sub Dateinamen_ermitteln()
  Dim Antw As Byte
  With Application.Dialogs(wdDialogFileOpen)
    .Display
    Antw = MsgBox("Sie haben die Datei " & _
      .Name & _
      " ausgewählt, möchten Sie sie öffnen?" _
      , vbQuestion + vbYesNo, "Datei öffnen?")
    If Antw = vbYes Then
      Documents.Open FileName:=.Name
    End If
  End With
End Sub
```

Sie können auch die Display-Methode mit der Execute-Methode zusammen verwenden. Dies ermöglicht die Anzeige des Dialogs ohne Ausführung der Aktion. Dann können Sie bestimmte Einstellungen überprüfen oder für die weitere Verwendung in Variablen speichern und erst danach mit Execute die Aktion ausführen.

Im folgenden Beispiel, einer Abwandlung des vorherigen, wird die ausgewählte Datei nicht mit der Open-Methode der Documents-Auflistung geöffnet, sondern mit der Execute-Methode des Dialog-Objekts:

```
Sub Dateinamen_ermitteln2()
    With Application.Dialogs(wdDialogFileOpen)
    .Display
    antw = MsgBox("Sie haben die Datei " & _
        .Name & _
        " ausgewählt, möchten Sie sie öffnen?" _
        , vbQuestion + vbYesNo, "Datei öffnen?")
    If antw = vbYes Then
        .Execute
    End If
    End With
End Sub
```

Sie können bei der Verwendung von Word-Dialogen auch ermitteln, auf welche Schaltfläche der Anwender geklickt hat, um den Dialog zu beenden. Dazu gibt es folgende Rückgabewerte:

Rückgabewert	Beschreibung
-2	Die Schaltfläche *Schließen*
-1	Die Schaltfläche *OK*
0	Die Schaltfläche *Abbrechen*
>0	Eine Befehlsschaltfläche: 1 ist die erste Schaltfläche, 2 die zweite Schaltfläche usw.

Tabelle 12.1: Rückgabewerte der Standarddialoge (Quelle: Onlinehilfe)

Dateien und Verzeichnisse auswählen

Excel und Word bieten die Möglichkeit, über Methoden bzw. Standarddialoge Dateiauswahldialoge anzeigen zu lassen. Bei den anderen Office-Anwendungen ist das leider nicht der Fall. Ab Office XP können Sie dazu jedoch ein neues Objekt, das FileDialog-Objekt, nutzen. Dessen Verwendung wird nachfolgend beschrieben.

Möglichkeiten und Voraussetzungen des FileDialog-Objekts

Das FileDialog-Objekt ist ein Element des Microsoft-Office-XP-Objektmodells und steht daher in allen Office-XP-Anwendungen zur Verfügung. Es repräsentiert den Datei-öffnen- und Datei-speichern-Dialog von Office XP mit allen seinen Features. Sogar die Einträge der Liste *Dateitypen* lassen sich bestimmen.

Das FileDialog-Objekt ist zwar nicht Bestandteil der Objektmodelle der einzelnen Office-Anwendungen, jedoch gibt es eine Methode FileDialog des Application-Objekts jeder Office-XP-Anwendung, die es ermöglicht, das FileDialog-Objekt zurückzugeben.

Eine einzelne Datei auswählen lassen

Die häufigste Anwendung für das Objekt ist sicherlich ein Dialog zur Auswahl einer Datei. Das FileDialog-Objekt stellt dazu zwei Alternativen zur Verfügung: einen Dialog, der die Datei öffnet, und einen anderen, der nur deren Auswahl ermöglicht.

Das folgende Beispiel verwendet letzteren. Zunächst wird dazu eine Variable objSelDlg vom Typ FileDialog definiert, der in der nächsten Zeile das FileDialog-Objekt zugewiesen wird. Die Konstante msoFileDialogFilePicker, die der Methode FileDialog übergeben wird, bestimmt, dass ein Dialog zur Dateiauswahl angezeigt wird. Alternativ können Sie auch die Konstanten der folgenden Tabelle verwenden:

Konstante	Funktion
msoFileDialogFilePicker	Dateiauswahl
msoFileDialogFolderPicker	Verzeichnisauswahl
msoFileDialogOpen	Datei-öffnen-Dialog
msoFileDialogSaveAs	Datei-speichern-Dialog

Tabelle 12.2: Konstanten für die FileDialog-Methode

Im Anschluss werden die Eigenschaften des Dialogs festgelegt und der Dialog mit Show angezeigt. Da der Dialog modal angezeigt wird, wird der Code erst weiter ausgeführt, wenn der Dialog geschlossen wurde. Danach können Sie also das Ergebnis ausgeben. Das Listenobjekt SelectedItems gibt alle ausgewählten Dateien zurück. Da hier jedoch keine Mehrfachauswahl zugelassen wurde, kann es nur ein Ergebnis oder keines geben. Das ist der Fall, wenn der Benutzer den Dialog ohne Auswahl geschlossen hat.

Damit dann eine entsprechende Meldung ausgegeben wird, sorgt die If-Anweisung dafür, dass die Anzahl der Ergebnisse ermittelt und die passende Meldung generiert wird.

Beim Zugriff auf die Listenobjekte des FileDialog-Objekts ist zu beachten, dass die Indizes bei 1 und nicht wie sonst bei 0 beginnen.

Den Code finden Sie in der Datei *K12.xls* im Modul *Dateiauswahl*.

```
Sub DateiAuswaehlen()
    Dim objSelDlg As FileDialog
    Set objSelDlg = _
        Application.FileDialog( _
        msoFileDialogFilePicker)
```

```
With objSelDlg
    .AllowMultiSelect = False
    .ButtonName = "Auswahl"
    .InitialFileName = "test.doc"

    .InitialView = msoFileDialogViewPreview
    .Title = "Bitte wählen Sie eine Datei"
    .Show
    If .SelectedItems.Count = 0 Then
    MsgBox _
    "Sie haben keine Auswahl getroffen!" _
    , vbInformation
    Else
        MsgBox .SelectedItems(1)
    End If
End With
Set objSelDlg = Nothing
End Sub
```

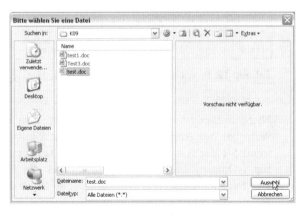

Abbildung 12.6: Erzeugter Dialog

Zur Konfiguration des Dialogs hat das FileDialog-Objekt eine ganze Reihe Eigenschaften. Einige wurden bereits im Beispiel verwendet. Eine Übersicht der wichtigsten Eigenschaften zeigt die folgende Tabelle.

Eigenschaft	Beschreibung
AllowMultiSelect	Gibt an, ob eine Mehrfachauswahl möglich sein soll. Mögliche Werte: True und False.
Application	Gibt das Application-Objekt der aufrufenden Anwendung zurück.
ButtonName	Legt die Aufschrift des *OK*-Buttons fest.
Creator	Gibt auf dem Mac den Code der aufrufenden Anwendung zurück.
DialogType	Gibt eine msoFileDialog-Konstante zurück, die Auskunft über den Dialog gibt. Die Eigenschaft ist schreibgeschützt.
FilterIndex	Gibt den Index des ausgewählten Dateifilters zurück oder legt ihn fest.
Filters	Gibt eine Auflistung zurück, die alle definierten Dateifilter enthält.
InitialFileName	Bestimmt den Dateinamen, der beim Öffnen des Dialogs angezeigt werden soll.
InitialView	Bestimmt, in welcher Ansicht die Dateiliste angezeigt werden soll.
SelectedItems	Gibt ein Listenobjekt mit den ausgewählten Dateien und Verzeichnissen zurück.
Title	Legt den Titel des Dialogs fest.

Tabelle 12.3: Wichtige Eigenschaften des FileDialog-Objekts

Nicht immer ist es natürlich erwünscht, dass der Benutzer freie Wahl bei der Auswahl von Dateien hat. Meistens ist es sinnvoll, wenn Sie die Auswahl auf bestimmte Dateitypen wie Word- oder Excel-Dateien eingrenzen. Dazu gibt es die Filters-Auflistung. Das folgende Beispiel ergänzt den Code so, dass der Benutzer nur Excel- und Word-Dateien auswählen kann und legt Word-Dateien als Vorauswahl fest. Dazu wird zunächst die Filterliste mit Clear gelöscht, damit der Standardfilter *Alle Dateien* entfernt wird. Anschließend werden die neuen Filter mit der Add-Methode hinzugefügt. Wichtig ist dabei, dass der Dateityp korrekt angegeben wird. Dazu muss »*.« gefolgt von der Dateinamenserweiterung angegeben werden.

Wird das Sternchen oder der Punkt weggelassen, erzeugt dies einen Laufzeitfehler.

Möchten Sie mehrere alternative Dateinamenserweiterungen angeben, können Sie diese durch Semikola voneinander trennen. Um damit z.b. mehrere alternative Grafikformate festzulegen, könnte der Aufruf .Add "Grafiken", "*.gif; *.jpg; *.jpeg; *.png" lauten.

```
Sub DateiAuswaehlen2()
    Dim objSelDlg As FileDialog
    Set objSelDlg = _
        Application.FileDialog( _
        msoFileDialogFilePicker)

    With objSelDlg
        .AllowMultiSelect = False
        .ButtonName = "Auswahl"
        .InitialFileName = "test.doc"

        .InitialView = msoFileDialogViewPreview
        .Title = "Bitte wählen Sie eine Datei"
        With .Filters
            .Clear
            .Add "Word-Dateien", "*.doc"
            .Add "Excel-Dateien", "*.xls"
        End With
        .FilterIndex = 1
        .Show
        If .SelectedItems.Count = 0 Then
        MsgBox _
        "Sie haben keine Auswahl getroffen!" _
        , vbInformation
        Else
            MsgBox .SelectedItems(1)
        End If
    End With
    Set objSelDlg = Nothing
End Sub
```

Der so erzeugte Dialog enthält nun eine Liste mit benutzerdefinierten Filtereinträgen und der Benutzer kann nur noch Dateien der definierten Typen auswählen.

Abbildung 12.7: Eingefügte Dateifilter

 Über die `FilterIndex`-Eigenschaft lässt sich der vorausgewählte Filter bestimmen. Auch hier beginnt der Index bei 1, so dass mit `.FilterIndex = 1` der erste Filter, hier der für Word-Dateien, ausgewählt wird. Nach der Anzeige des Dialogs gibt die `FilterIndex`-Eigenschaft auch Auskunft darüber, welchen Dateifilter der Benutzer ausgewählt hat.

Ähnlich wie bei den Standarddialogen von Word gibt es nicht nur eine `Show`-Methode zur Anzeige der Dialoge, sondern auch eine `Execute`-Methode, die die Aktion des Dialogs aufruft. Wird beispielsweise der Dialog `msoFileDialogOpen` aufgerufen, sorgt der Aufruf der `Execute`-Methode dafür, dass die ausgewählte Datei geöffnet wird. Der Aufruf von `Execute` kann nur nach `Show` erfolgen.

 Allerdings ist die Verwendung der Methode nur dann sinnvoll, wenn der Benutzer eine Datei auswählt, die von der Anwendung geöffnet werden kann, deren `Application`-Objekt den Dialog aufruft. Verwenden Sie beispielsweise das `Application`-Objekt von Excel, um dem Benutzer die Auswahl einer Datei zu ermöglichen, können nur Excel-Dateien oder andere mit Excel zu öffnende Dateien wie Textdateien, dBase-Dateien oder CSV-Dateien ebenfalls mit der Execute-Methode geöffnet werden. Beim Versuch, die Execute-Methode auf eine Word-Datei anzuwenden, wird es zu einem Laufzeitfehler kommen oder die geöffnete Datei nicht brauchbar sein. Das Ergebnis hängt im Detail davon ab, welche Anwendung verwendet wird und welche Dateitypen geöffnet werden.

Genauso einfach, wie Sie mit dem FileDialog-Objekt Dateien auswählen lassen können, können Sie dem Benutzer auch die Auswahl eines Verzeichnisses ermöglichen.

Sie verwenden dazu in der FileDialog-Auflistung einfach die Konstante msoFileDialogFolderPicker, um einen Verzeichnisauswahldialog anzeigen zu lassen. Alle anderen Methoden und Eigenschaften funktionieren dann wie beim Dateiauswahldialog. Die folgende Prozedur zeigt den Verzeichnisauswahldialog an und gibt das gewählte Verzeichnis in einer Meldung aus.

```
Sub VerzeichnisAuswaehlen()
    Dim objSelDlg As FileDialog
    Set objSelDlg = _
        Application.FileDialog(msoFileDialogFolderPicker)
    With objSelDlg
        .AllowMultiSelect = False
        .ButtonName = "Auswahl"
        .Title = "Bitte wählen Sie ein Verzeichnis:"
        .Show
        If .SelectedItems.Count = 0 Then
        MsgBox _
        "Sie haben keine Auswahl getroffen!" _
        , vbInformation
        Else
            MsgBox .SelectedItems(1)
        End If
    End With
    Set objSelDlg = Nothing
End Sub
```

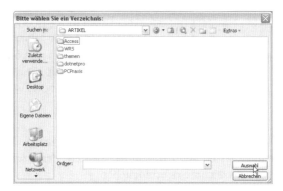

Abbildung 12.8: Verzeichnisauswahldialog mit dem `FileDialog`-Objekt

UserForms – die Basis der Benutzerober-flächen

Die Standarddialoge von Word und Excel sind zwar recht nützlich, für komplexere Anwendungen benötigen Sie jedoch auch individuelle Dialogfelder, mit denen der Benutzer die Daten eingeben und so eine Anwendung konfigurieren kann. Eigene Dialogfelder erstellen Sie in allen Office-Anwendungen (mit Ausnahme von Outlook und Access) mithilfe von UserForms. UserForms sind besondere Klassen, die eine grafische Oberfläche, den Formulardesigner zur Verfügung stellen. Mit Hilfe dieses Formulardesigners erstellen Sie dann die Dialogfelder und die darin enthaltenen Steuerelemente.

Kurz und schmerzlos zur ersten UserForm

An einem ersten kleinen Beispiel lernen Sie nun die Handhabung und Erstellung von Userforms kennen. Dabei wird ein Formular entstehen, über das der Benutzer Kennwort und Benutzernamen eingeben kann. Das Formular prüft dann, ob beide Daten mit den hinterlegten Werten übereinstimmen. Wenn nicht, erscheint eine Fehlermeldung, wenn ja, wird das Formular geschlossen.

Sie finden das Beispiel in der Datei *K12.xls*, daher wird auch Excel verwendet, um die UserForm zu erstellen und später auszuführen. Sie können die hier geschilderten Schritte jedoch auch in Word oder PowerPoint nachvollziehen. Auch wenn Sie das Beispiel fertig auf der CD finden, sollten Sie sich die Mühe machen und es selbst erstellen, da Sie nur so auch den Umgang mit dem Formulardesigner wirklich lernen.

Zunächst müssen Sie die UserForm erstellen. Dazu gehen Sie wie folgt vor:

✔ Öffnen bzw. erstellen Sie die Arbeitsmappe, in der Sie die User-Form einfügen möchten, und öffnen Sie dort die Entwicklungsumgebung mit F11.

✔ Wählen Sie *Einfügen* / *UserForm*, aus um die UserForm zu erstellen. Sie bekommt den Namen *UserForm1*, wenn es die erste UserForm der Datei ist. Diesen Namen sollten Sie anschließend ändern.

✔ Setzen Sie den Cursor in die Eigenschaft *Name* des Eigenschaften-Fensters und überschreiben Sie den vorhandenen Namen durch Ihren Wunschnamen, beispielsweise *frmKennwort*. Schließen Sie Ihre Eingabe mit ↵ ab.

Der nachfolgende Code geht davon aus, dass die Userform den Namen *frmKennwort* hat. Sollten Sie einen anderen Namen wählen, müssen Sie den Code entsprechend anpassen. Es ist allerdings empfehlenswert alle UserForms einheitlich mit dem Präfix »frm« zu kennzeichnen. Dann können Sie sie später sehr viel einfacher in der Elementliste von IntelliSense finden, wenn Sie sie aufrufen möchten. Zudem gibt es dann keine Konflikte mit Namen von Steuerelementen, Klassen, Modulen oder VBA-Schlüsselwörtern.

✔ Als Nächstes sollten Sie den Titel der UserForm ändern, der standardmäßig wie der ursprüngliche Name lautet. Überschreiben Sie dazu den Wert der Eigenschaft Caption. Wenn Sie dabei die leere UserForm beobachten werden Sie merken, dass Ihre Eingaben sofort im Titel der UserForm angezeigt werden.

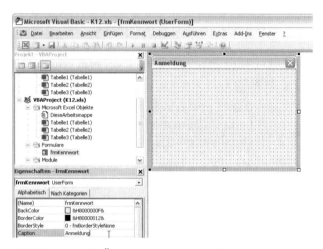

Abbildung 12.9: Ändern des Fenstertitels

Als Nächstes müssen Sie die Steuerelemente auf dem Dialogfeld anordnen. Zur Eingabe von Kennwort und Benutzernamen benötigen Sie zwei Texteingabefelder. Diese müssen Sie natürlich beschriften, damit der Benutzer auch weiß, was er wo eingeben soll. Für die Beschriftung gibt es Label-Steuerelemente. Außerdem ist eine Schaltfläche erforderlich, auf die der Benutzer klickt, wenn er die eingegebenen Daten bestätigen lassen und das Dialogfeld schließen will.

Alle Steuerelemente fügen Sie über die Werkzeugleiste ein, die automatisch angezeigt wird, wenn die UserForm in der Entwurfsansicht geöffnet ist und die Zeichnungsfläche aktiv ist. Um sie zu aktivieren klicken Sie einfach mit der Maus darauf. Die Entwurfsansicht einer UserForm ist aktiv, wenn Sie nicht den Code, sondern die leere Zeichnungsfläche der UserForm sehen, wie beispielsweise in der vorstehenden Abbildung.

Sie können zwischen den Ansichten einer UserForm umschalten, indem Sie entweder die ersten zwei Symbole im Projekt-Explorer nutzen oder die Menübefehle *Ansicht / Code* bzw. *Ansicht / Objekt* auswählen.

Abbildung 12.10: Wechseln zwischen Code- und Entwurfsansicht über den Projekt-Explorer

Falls Sie die Werkzeugleiste irgendwann einmal ausgeblendet haben, müssen Sie sie unter Umständen nun wieder einblenden. Klicken Sie dazu den Menüeintrag *Ansicht / Werkzeugleiste* an.

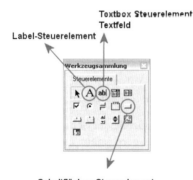

Abbildung 12.11: Die benötigten Steuerelemente und ihre Anordnung in der Werkzeugsammlung

✔ Fügen Sie als Erstes die Schaltfläche ein. Klicken Sie dazu in der Werkzeugleiste auf das Symbol *Befehlsschaltfläche*.

✔ Ziehen Sie anschließend einen Rahmen auf der Zeichnungsfläche, der die Größe für die Schaltfläche bestimmt.

Einen Rahmen ziehen Sie mit der Maus, indem Sie auf die gewünschte linke, obere Ecke des Rahmens klicken und dann die linke Maustaste gedrückt halten. Ziehen Sie die Maus nach rechts unten bis Sie den Punkt erreicht haben, an dem die rechte untere Ecke des Rahmens liegen soll. Lassen Sie dann die Maustaste los.

Manche Steuerelemente werden immer nur in einer Einheitsgröße eingefügt, unabhängig davon, wie groß Sie den Rahmen aufziehen. Außer bei diesen Steuerelementen können Sie aber bei allen anderen die Größe auch nachträglich jederzeit korrigieren, indem Sie das Steuerelement durch Anklicken markieren und dann mit der Maus an den Markierungspunkten ziehen.

✔ Excel erzeugt nun das Steuerelement, aktiviert es und zeigt seine Eigenschaften im Eigenschaften-Fenster an. Ändern Sie jetzt zunächst den Namen, indem Sie den Text bttAnmelden im Feld *Name* eingeben und die Eingabe mit ⏎ abschließen.

✔ Legen Sie nun die Aufschrift fest, indem Sie den gewünschten Text in das Feld *Caption* eingeben.

✔ Passen Sie nun die Größe der Schaltfläche an, indem Sie sicherstellen, dass das Steuerelement markiert ist. Klicken Sie dazu einfach einmal auf die Schaltfläche, falls keine Markierungspunkte angezeigt werden. Ziehen Sie dann mit der Maus an den Markierungspunkten, bis die Schaltfläche die gewünschte Größe hat.

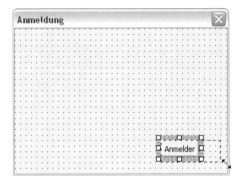

Abbildung 12.12: Größe des Steuerelements ändern

✓ Zum Schluss schieben Sie die Schaltfläche noch an die gewünschte Position. Klicken Sie dazu mit der Maus auf die Schaltfläche und halten Sie die Maustaste gedruckt. Bewegen Sie dann die Maus an die gewünschte Position und lassen Sie die Maustaste los, wenn die Schaltfläche die Zielposition erreicht hat.

✓ Verfahren Sie nun analog, um die übrigen Steuerelemente einzufügen. Erstellen Sie dazu zwei Label-Felder mit den Namen *lblBenutzername* und *lblKennwort* und beschriften Sie sie (über die *Caption*-Eigenschaft) mit den Texten Benutzername und Kennwort. Ordnen Sie daneben die beiden Textfelder an und setzen Sie deren *Name*-Eigenschaft auf txtBenutzername und txtKennwort (siehe Abbildung 12.13).

Da in das Feld *txtKennwort* ein Kennwort eingegeben werden soll, sollten Sie es so formatieren, dass die Eingabe verschlüsselt angezeigt wird. Dazu können Sie beispielsweise ein Sternchen je eingegebenem Zeichen anzeigen lassen.

✓ Markieren Sie dazu das Feld *txtKennwort*, indem Sie darauf klicken.

✓ Geben Sie in die Eigenschaft *PasswordChar* das gewünschte Zeichen ein, beispielsweise ein * ein (siehe Abbildung 12.14).

Anmeldung
Benutzername
Kennwort
Anmelden

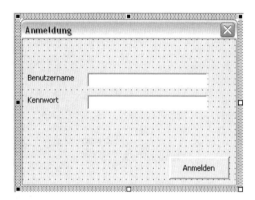

Abbildung 12.13: So könnte das Formular anschließend aussehen

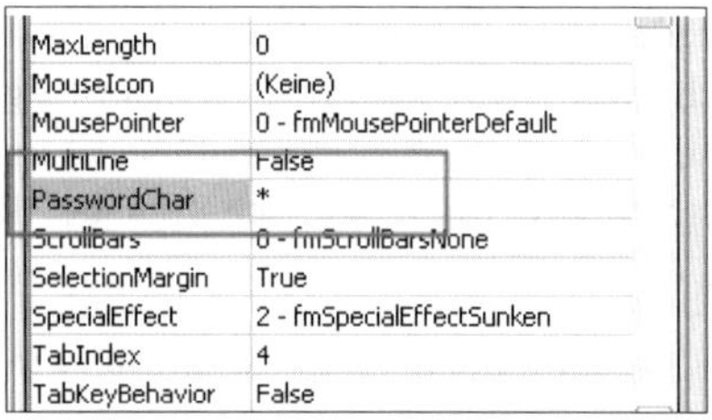

MaxLength 0
MouseIcon (Keine)
MousePointer 0 - fmMousePointerDefault
MultiLine False
PasswordChar *
ScrollBars 0 - fmScrollBarsNone
SelectionMargin True
SpecialEffect 2 - fmSpecialEffectSunken
TabIndex 4
TabKeyBehavior False

Abbildung 12.14: Eingeben des Zeichens zur Anzeige des Kennwortes

Damit ist das Formular an sich fertig. Sie benötigen jetzt nur noch den Code. Eigentlich brauchen Sie nur eine Prozedur zu erstellen, eine Ereignisprozedur, die ausgeführt wird, wenn der Benutzer auf die Schaltfläche *Anmelden* klickt.

Da das `Click`-Ereignis das Standardereignis für Schaltflächen ist, können Sie die Ereignisprozedur erstellen, indem Sie doppelt auf die Schaltfläche `bttAnmelden` klicken. Die IDE wechselt dann in die Codeansicht und der Cursor steht bereits in der Ereignisprozedur. Diese müssen Sie nur noch ergänzen.

Innerhalb des Klassenmoduls einer UserForm können Sie mit dem Schlüsselwort `Me` auf die UserForm zugreifen. Alle Steuerelemente stehen Ihnen dann als Eigenschaften zur Verfügung, auf die Sie über das Schlüsselwort Me zugreifen können. Wenn Sie also prüfen möchten, ob das eingegebene Kennwort dem Wert der Konstanten Kennwort entspricht, rufen Sie also den Wert des Steuerelements mit Me.txtKennwort.Value ab und vergleichen ihn mit der Konstanten Passwort. Die Eingaben sind fehlerhaft, wenn der Ausdruck ((Me.txtKennwort.Value = Passwort) And (Me.txtBenutzername.Value = Benutzer)) den Wert False hat.

In diesem Fall wird eine Fehlermeldung erzeugt und die Arbeitsmappe geschlossen. Ansonsten wird die Methode Hide der UserForm aufgerufen. Sie blendet die UserForm aus. Damit das Dialogfeld auch geschlossen und aus dem Speicher entfernt wird, müssen Sie anschließend noch die Unload-Anweisung aufrufen. Ihr übergeben Sie das aus dem Speicher zu löschende Objekt, hier also die UserForm in Form des Schlüsselwortes Me.

```
Private Sub bttAnmelden_Click()
    If Not ((Me.txtKennwort.Value = Passwort) And _
    (Me.txtBenutzername.Value = Benutzer)) Then
        'Falsche Eingabe
        'Fehlermeldung ausgeben
        MsgBox "Fehlerhafte Login-Daten!", _
            vbInformation
        'Arbeitsmappe schließen
        ThisWorkbook.Close True
    End If
    Me.Hide
    Unload Me
End Sub
```

Damit der Code funktioniert, müssen Sie nun noch die verwendeten Konstanten auf Modulebene, am Anfang des Moduls, definieren.

```
Const Passwort = "ABC"
Const Benutzer = "Admin"
```

UserForm anzeigen und ausblenden

Damit Sie den Code testen können, müssen Sie die UserForm ausführen. Dazu gibt es zwei Möglichkeiten: Sie können die UserForm in der Entwicklungsumgebung ausführen oder Sie per VBA aufrufen.

Möchten Sie die UserForm zum Testen direkt aus der IDE starten, klicken Sie dazu auf eine freie Stelle der UserForm, um die UserForm zu markieren. Ob wirklich die UserForm markiert ist, erkennen Sie daran, dass im Eigenschaften-Fenster die Eigenschaften der UserForm angezeigt werden. Ist das Formular markiert, drücken Sie einfach F5 oder wählen *Ausführen / Sub/Userform ausführen*, aus.

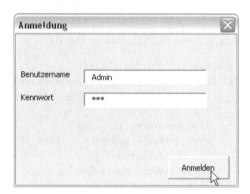

Abbildung 12.15: Das Formular zur Laufzeit

Alternativ können Sie auch eine VBA-Prozedur erstellen, die Sie dann beispielsweise automatisch beim Öffnen der Arbeitsmappe oder über eine Symbolleiste ausführen. Möchten Sie per VBA eine UserForm ausführen, rufen Sie die Show-Methode der UserForm auf: Die nächste Anweisung nach Show wird erst ausgeführt, wenn das Formular vom Programm oder vom Benutzer geschlossen wurde. Der Show-Methode stellen Sie die UserForm voran, indem Sie deren Namen angeben.

```
Sub Test()
    frmKennwort.Show
End Sub
```

Wichtige Steuerelemente verwenden und initialisieren

VBA kennt aber natürlich noch eine Reihe Steuerelemente mehr. Vor allem Listenfelder sind interessant. Die sollen in einem nächsten, etwas komplexeren Beispiel gezeigt werden.

Vielleicht erinnern Sie sich noch an das Word-Beispiel aus Kapitel 9 »VBA-Programmierung in Word«, bei dem Textmarken in einer Dokumentvorlage mit Werten gefüllt wurden. Die Prozedur hat dort die Werte und Textmarkennamen als Arrays übernommen. Auch der Name der Dokumentvorlage wird der Prozedur als Parameter übergeben. Für den Aufruf dieser Prozedur soll nun eine komfortable Benutzeroberfläche entstehen.

Sie benötigen für ein solches Formular Steuerelemente, die es ermöglichen,

✓ die zu verwendende Dokumentvorlage auszuwählen,

✓ die Textmarken auszuwählen, für die Werte gelegt werden sollen, sowie

✓ die dazu gehörigen Werte zu erfassen.

Am einfachsten lässt sich das realisieren, indem Sie eine Schaltfläche und ein Textfeld erstellen, über die der Benutzer zunächst die
Dokumentvorlage auswählen kann. Die Schaltfläche dient dazu,
den Dialog zur Auswahl der Dokumentvorlage zu öffnen, im Textfeld wird dann die ausgewählte Dokumentvorlage angezeigt. Sie erzeugen nach der Auswahl der Dokumentvorlage daraus ein neues
Dokument und können die verfügbaren Textmarken auslesen.

Für jede Textmarke erzeugen Sie einen Eintrag in einem Listenfeld.
Der Benutzer kann dann die Einträge im Listenfeld einzeln anklicken und über eine Schaltfläche und ein weiteres Eingabefeld den
Wert für den gewählten Eintrag hinzufügen. Die Werte werden in
einer daneben angeordneten weiteren Liste angezeigt.

Über eine *OK*-Schaltfläche kann der Benutzer das Dialogfeld
schließen und alle Werte an die Prozedur ausfuellen übergeben.

Sie benötigen also

✔ zwei Eingabefelder,

✔ drei Schaltflächen und

✔ zwei Listenfelder.

Steuerelemente einfügen

Damit Sie den nachfolgenden Code unverändert verwenden können, benötigen Sie ein Formular wie das in der folgenden Abbildung. Achten Sie unbedingt darauf, die Steuerelemente wie angegeben zu benennen. Das Formular sollte *frmTextmarken* heißen. Die
Labelfelder für die Beschriftung können, müssen Sie aber nicht einfügen. Wie sie heißen, spielt auch keine Rolle. Gleiches gilt für die
Anordnung der Steuerelemente.

Im Normalfall ist es ratsam Steuerelemente immer in der Reihenfolge anzuordnen, in der sie ausgefüllt werden sollen. Daher sollten auch zuerst die Steuerelemente folgen, die zur Auswahl der
Dokumentvorlage dienen.

Abbildung 12.16: Benötigtes Formular

 Die beiden Listenfelder fügen Sie über das Symbol *Listenfeld* der Werkzeugleiste ein.

Abbildung 12.17: Einfügen eines Listenfeldes

Den Code hinterlegen

Zunächst benötigen Sie Code für die *Durchsuchen* Schaltfläche. Sie muss dafür sorgen, dass der Benutzer eine Dokumentvorlage auswählen und daraus eine Datei erzeugen kann. Um die Ereignisprozedur zu erstellen, doppelklicken Sie zunächst auf die Schaltfläche bttDurchsuchen in der Entwurfsansicht des Formulars.

Optimal ist der Code, wenn Sie nicht einfach einen Dateiauswahl-dialog anzeigen, sondern den dem Benutzer bekannten Dialog zur Auswahl einer Dokumentvorlage. Dazu können Sie beispielsweise das integrierte Dialogfeld wdDialogFileNew verwenden.

Leider hat dieses Dialogfeld einen kleinen Fehler, zumindest in Word 2003. Wenn Sie die Display-Methode aufrufen, wird das neue Dokument aus der gewählten Vorlage erzeugt, obwohl das ja eigentlich nur bei der Show- oder der Execute-Methode passieren sollte. Sie sollten daher nach Aufruf des Dialogsfeldes prüfen, ob das Dokument bereits erzeugt wurde, bevor Sie gegebenenfalls manuell ein Dokument aus der ermittelten Vorlage erzeugen. Dazu können Sie eine auf Modulebene deklarierte Variable objDoc verwenden. Ihr weisen Sie vor Aufruf des Dialogfeldes das aktive Dokument zu. Nach der Display-Methode weisen Sie die Template-Eigenschaft des Dialogfeldes der Variablen strVorlage zu.

Anschließend brauchen Sie nur noch zu prüfen, ob die Variable strVorlage leer ist. Wenn nicht, hat der Benutzer eine Vorlage ausgewählt. Mit dem Is-Operator prüfen Sie nun, ob das aktuelle Dokument ungleich dem Dokument in der Variablen objDoc ist. Wenn ja, wurde das Dokument schon erzeugt und Sie weisen es einfach der Variablen objDoc zu. Falls nicht, erzeugen Sie das Dokument über die Add-Methode. Wenn Sie die gewählte Vorlage nun im Text-feld txtVorlagendatei anzeigen lassen möchten, weisen Sie einfach den Wert der Variablen strVorlage der Value-Eigenschaft des Steu-erelements zu. Wichtig ist dann noch, dass Sie das Dokument akti-vieren, das den Code ausführt, weil der Benutzer nur dann auch den restlichen Teil des Formulars ausfüllen kann. Dazu rufen Sie die Activate-Methode des Objekts Thisworkbook auf.

```
Dim objDoc As Document
```

```
Private Sub bttDurchsuchen_Click()
    Dim objDlg As Dialog
    Dim strVorlage As String
    Set objDoc = Application.ActiveDocument
    Set objDlg = Application.Dialogs(wdDialogFileNew)
    With objDlg
        .Display
        strVorlage = .Template
    End With
    If strVorlage = "" Then
        'Kein Dokument ausgewählt
    Else
        'Dokumentvorlage wurde ausgewählt
        'Prüfen, ob das Dokument automatisch
        'erzeugt wurde.
        If Not (objDoc Is _
            Application.ActiveDocument) Then
            'Dokument erzeugen
            Set objDoc = Application.Documents.Add( _
                strVorlage)
        End If

    End If
    Me.txtVorlagendatei.Value = strVorlage
    ThisDocument.Activate
    Debug.Print objDoc.Name
    'ERMITTELN DER TEXTMARKEN
    ...
End Sub
```

Nun fehlt allerdings noch Code, der aus der erzeugten Datei die Textmarken ausliest und damit die Listenfelder füllt. Es gibt grundsätzlich zwei Möglichkeit, ein Listenfeld (gilt auch für Kombinationslistenfelder) mit Werten zu füllen.

✔ Sie weisen der List-Eigenschaft ein ein- oder maximal zweidimensionales Array mit Werten zu.

✔ Sie nutzen die AddItem-Methode des Listenfeldes, um einen neuen Eintrag an die List-Auflistung anzuhängen.

Die `List`-Eigenschaft verwaltet die Einträge eines Listenfeldes. Sie können über einen Index auf jedes einzelne Element zugreifen und Einträge über die `AddItem`-Methode hinzufügen oder mit `RemoveItem` löschen. Darüber hinaus können Sie mit der `Clear`-Methode alle Listeneinträge einer Liste auf einen Rutsch löschen.

Im Beispiel werden beide Methoden gezeigt. Die Liste mit den Namen der Textmarken füllen Sie am besten mit der `AddItem`-Methode. Sie sollten dann jedoch dafür sorgen, dass alte Einträge zunächst gelöscht werden, indem Sie die `Clear`-Methode aufrufen. Anschließend durchlaufen Sie einfach die `Bookmarks`-Auflistung des erzeugten Dokuments. Für jede Textmarke rufen Sie einmal die `AddItem`-Methode auf und übergeben ihr den Namen der Textmarke.

Die zweite Liste, in der der Benutzer die Werte für die Textmarken einfügen kann, sollten Sie mit einem Array füllen. Dann haben Sie später jederzeit die Möglichkeit, die Feldwerte des Arrays zu ändern und weisen das Array dann erneut zu. Die Alternative wäre, dass Sie einen zu ändernden Listeneintrag löschen und neu erstellen müssen, wenn der Benutzer den Wert ändern will. Sie sollten daher ein dynamisches Array auf Modulebene deklarieren und dann mit der `ReDim`-Anweisung dimensionieren. Als Größe geben Sie die Anzahl Textmarken abzüglich 1 an, da der Index des Arrays bei 0 beginnt.

Da das Array den Typ `String` hat, haben die Arrayfelder als Standardwert eine leere Zeichenfolge. Sie können das leere Array also einfach der `List`-Eigenschaft des Listenfeldes zuweisen, um die Liste mit leeren Zeichenfolgen zu füllen.

```
Dim arrWerte() As String

Private Sub bttDurchsuchen_Click()
    Dim objDlg As Dialog
    Dim strVorlage As String
    Dim objBM As Bookmark
    ...
```

```
        ThisDocument.Activate
        'ERMITTELN DER TEXTMARKEN
        'Liste mit Textmarkennamen füllen
        'Liste leeren
        Me.lstTextmarken.Clear
        'Liste füllen
        For Each objBM In objDoc.Bookmarks
            Me.lstTextmarken.AddItem objBM.Name
        Next objBM
        'Liste mit Werten füllen
        'Array dimensionieren
        On Error Resume Next
        ReDim arrWerte(objDoc.Bookmarks.Count - 1)
        'Liste füllen
        Me.lstWerte.List = arrWerte
        ThisDocument.Activate
    End Sub
```

Ereignisse von UserForms und Steuer- elementen nutzen

Damit der Benutzer nun die Werte eingeben kann, benötigen Sie ein paar Ereignisprozeduren. Zunächst müssen Sie feststellen, welchen Listeneintrag der Benutzer in der Textmarkenliste angeklickt hat. Den passenden Wert in der zweiten Liste müssen Sie dann in das Textfeld txtWert schreiben.

Eingabe von Werten ermöglichen

Dazu erstellen Sie eine Ereignisprozedur für das Click-Ereignis des Listenfeldes lstTextmarken. Doppelklicken Sie dazu in der Entwurfsansicht auf das Listenfeld, um die Ereignisprozedur zu erstellen. Das funktioniert deshalb, weil auch für Listenfelder das Click-Ereignis das Standardereignis ist. In der Ereignisprozedur ermitteln Sie zuerst, welches der markierte Eintrag im Listenfeld ist. Dazu können Sie die ListIndex-Eigenschaft des Listenfeldes abrufen und einfach einer Long-Variablen zuweisen.

```
Private Sub lstTextmarken_Click()
    Dim lngIndex As Long
    lngIndex = Me.lstTextmarken.ListIndex
    Me.lstWerte.ListIndex = lngIndex
    Me.txtWert.Value = arrWerte(lngIndex)
End Sub
```

Damit der dazugehörende Eintrag in der Liste lstWerte ebenfalls markiert wird, setzen Sie deren ListIndex-Eigenschaft auf den gleichen Wert. Um den Wert aus dem Listenfeld lstWerte im Textfeld txtWert anzeigen zu lassen, weisen Sie zum Schluss der Value-Eigenschaft des Textfeldes das entsprechende Arrayfeld zu. Da sowohl die Indizes der Listeneinträge wie auch die der Arrayfelder bei 0 beginnen, können Sie die Variable lngIndex verwenden, die den Index des markierten Listeneintrags speichert.

Damit Sie den im Textfeld geänderten oder eingegebenen Wert auch in die zweite Liste mit den Werten übertragen können, benötigen Sie noch eine Ereignisprozedur für das Click-Ereignis der Schaltfläche bttZuordnen. Innerhalb dieser Ereignisprozedur ermitteln Sie wieder den Wert der ListIndex-Eigenschaft der Liste lstTextmarken. Über diesen Wert können Sie dann dem Array arrWerte den Wert im Feld txtWert zuweisen. Anschließend weisen Sie der Liste lstWerte wieder das Array zu.

```
Private Sub bttZuordnen_Click()
    Dim lngIndex As Long
    lngIndex = Me.lstTextmarken.ListIndex
    arrWerte(lngIndex) = Me.txtWert.Value
    Me.lstWerte.List = arrWerte
End Sub
```

Abbildung 12.18: Ändern von Werten über die Schaltfläche *Zuordnen*

Das Formular initialisieren

Wenn Sie wie in diesem Formular Steuerelemente eingefügt haben, die in der korrekten Reihenfolge ausgefüllt werden müssen, helfen Sie dem Benutzer, indem Sie die Steuerelemente erst dann aktivieren, wenn sie bedient werden dürfen oder müssen. Das können Sie sehr einfach beim Laden des Formulars machen. Sie müssen dann aber natürlich in den einzelnen Prozeduren des Formulars die Steuerelemente wieder aktivieren.

Im vorliegenden Beispiel ist es sinnvoll, wenn Sie beim Laden des Formulars alle Steuerelemente bis auf die *Durchsuchen*-Schaltfläche deaktivieren. Deaktiviert bedeutet, dass die Steuerelemente zwar sichtbar sind, aber nicht bedient werden können. Um die Steuerelemente zu deaktivieren, erstellen Sie eine Ereignisprozedur für das Initialize-Ereignis des Formulars. Es tritt ein, wenn aus der Klasse ein Objekt erzeugt wird. Das geschieht automatisch beim Anzeigen des Formulars. Gehen Sie wie folgt vor, um die Ereignisprozedur zu erstellen:

✔ Wechseln Sie in die Code-Ansicht des Formulars.

✔ Wählen Sie in der Objektliste den Eintrag *UserForm* aus.

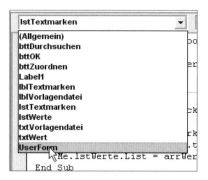

Abbildung 12.19: Auswählen der UserForm aus der Objektliste

✔ Wählen Sie nun in der Ereignisliste den Eintrag *Initialize* aus.

Abbildung 12.20: Erstellen der Ereignisprozedur für das Initialize-Ereignis

Die erzeugte leere Ereignisprozedur ergänzen Sie nun wie folgt. Sie können in einer Schleife alle Steuerelemente durchlaufen und für alle die Enabled-Eigenschaft auf False setzen. Zum Schluss setzen Sie die Enabled-Eigenschaft für den *Durchsuchen*-Button wieder auf True, damit diese Schaltfläche bedienbar bleibt.

Wenn Sie wirklich für alle Steuerelemente die Enabled-Eigenschaft auf False setzen, werden auch Labelfelder deaktiviert, was natürlich nicht sinnvoll ist. Daher sollten Sie innerhalb der For-Each-Schleife mit einer If-Anweisung prüfen, ob es sich um ein Labelfeld handelt. Dazu übergeben Sie das Steuerelement an die TypeName-Funktion. Sie gibt für Labelfelder den Klassennamen »Label« zurück. Nur wenn ein anderer Wert zurückgegeben wird, setzen Sie die Enabled-Eigenschaft auf False.

```
Private Sub UserForm_Initialize()
    Dim objContr As Control
    For Each objContr In Me.Controls
        If TypeName(objContr) <> "Label" Then
            objContr.Enabled = False
        End If
    Next objContr
    Me.bttDurchsuchen.Enabled = True
End Sub
```

Nun müssen Sie natürlich dafür sorgen, dass nach dem Erzeugen des Dokuments aus der Vorlage auch das Listenfeld lstTextmarken aktiviert wird, sonst kann der Benutzer keinen Eintrag markieren. Dazu ergänzen Sie die Ereignisprozedur für das Click-Ereignis der *Durchsuchen*-Schaltfläche.

Sinnvollerweise sollten Sie prüfen, ob es mindestens eine Textmarke gibt. Nur dann ist es notwendig, das Listenfeld zu aktivieren. Auf jeden Fall müssen Sie aber die Schaltfläche *OK* aktivieren, indem Sie die Enabled-Eigenschaft auf True setzen.

```
...
    Me.txtVorlagendatei.Value = strVorlage
    ThisDocument.Activate
    'Steuerelemente aktivieren
    If objDoc.Bookmarks.Count > 0 Then
        Me.lstTextmarken.Enabled = True
        Me.bttOK.Enabled = True
    Else
        Me.bttOK.Enabled = True
```

```
End If
'ERMITTELN DER TEXTMARKEN
```
...

Sobald der Benutzer einen Eintrag im Listenfeld lstTextmarken ausgewählt hat, müssen Sie das Textfeld txtWert und den zugehörigen Button bttZuordnen aktivieren. Beide müssen auch wieder aktiviert werden, wenn kein Eintrag mehr markiert ist. Ergänzen Sie dazu einfach die Click-Ereignisprozedur für das Listenfeld.

Prüfen Sie in einer If-Verzweigung, ob die ListIndex-Eigenschaft größer oder gleich 0 ist. Wenn ja, aktivieren Sie die beiden Steuerelemente, wenn nicht, deaktivieren Sie sie.

```
Private Sub lstTextmarken_Click()
    Dim lngIndex As Long
    If Me.lstTextmarken.ListIndex >= 0 Then
        Me.txtWert.Enabled = True
        Me.bttZuordnen.Enabled = True
    Else
        Me.txtWert.Enabled = True
        Me.bttZuordnen.Enabled = True
    End If
    lngIndex = Me.lstTextmarken.ListIndex
    Me.lstWerte.ListIndex = lngIndex
    Me.txtWert.Value = arrWerte(lngIndex)
End Sub
```

Die Formularaktion auslösen

Zu guter Letzt fehlt noch der Code für den *OK*-Button des Formulars. Damit müssen Sie die Prozedur ausfuellen aufrufen. Außerdem sollten Sie danach die UserForm schließen und entladen.

Da die Prozedur ausfuellen ebenfalls ein neues Dokument aus der Vorlage erzeugt, dieses aber schon erzeugt ist, können Sie zwei Anweisungen streichen, und zwar die Deklaration der Variablen objDoc sowie den Aufruf der Add-Methode der Document-Auflistung.

```
Sub ausfuellen(strVorlage As String, _
    varTextmarken As Variant, varWerte As Variant)
    'Dim objDoc As Document
    Dim objRange As Range
    Dim lntI As Long
    'Set objDoc = Application.Documents.Add(strVorlage)
    ...
End Sub
```

Der Code nutzt nun die auf Modulebene deklarierte Objektvariable objDoc. Damit das funktioniert, ist es ganz wichtig, dass Sie die Prozedur ausfuellen in das Klassenmodul der UserForm kopieren.

In der Click-Ereignisprozedur für den *OK*-Button müssen Sie zunächst wieder ein Array erzeugen, das die Einträge aus dem Listenfeld enthält. Dieses Array sowie das Array arrWerte und den Wert des Textfeldes txtVorlagendatei übergeben Sie dann an die Prozedur ausfuellen.

Anschließend rufen Sie zuerst die Methode Hide für die UserForm auf und übergeben die UserForm dann in Form des Schlüsselwortes Me an die Unload-Anweisung. Sie sorgt dafur, dass die UserForm aus dem Speicher entfernt wird, während die Hide-Methode nur die UserForm ausblendet.

```
Private Sub bttOK_Click()
    Dim arrTextmarken() As String
    Dim intI As Integer
    ReDim arrTextmarken(Me.lstTextmarken.ListCount - 1)
    For intI = 0 To Me.lstTextmarken.ListCount - 1
        arrTextmarken(intI) = _
            Me.lstTextmarken.List(intI)
    Next intI
    ausfuellen Me.txtVorlagendatei.Value, _
        arrTextmarken, arrWerte
    Mc.Hidc
    Unload Me
End Sub
```

Wenn Sie möchten, können Sie nun noch eine Prozedur erstellen, die die UserForm aufruft. Dazu rufen Sie einfach die Show-Methode der UserForm auf.

```
Sub UserFormAufrufen()
    frmTextmarken.Show
End Sub
```

Menü- und Symbolleisten erstellen und anzeigen

Menü- und Symbolleisten werden seit Office 97 als Befehlsleisten bezeichnet und gleich verwaltet. Sie können dazu den Symbolleisten-Editor verwenden, den Sie über *Ansicht / Symbolleisten / Anpassen* aufrufen können. Sie haben jedoch auch die Möglichkeit, Befehlsleisten mit VBA zu erzeugen, zu verwalten und kontextabhängig zu verändern. Das ist Thema dieses Abschnitts.

Menü- und Symbolleisten erstellen

Menü- und Symbolleisten werden über die CommandBars-Auflistung der Anwendung verwaltet. Sie können eine Befehlsleiste erstellen, indem Sie dieser Auflistung mit der Add-Methode ein weiteres Element hinzufügen. Die Add-Methode gibt die Befehlsleiste als CommandBar-Objekt zurück. Im folgenden Beispiel wird eine Befehlsleiste erstellt, die die drei wichtigsten Steuerelementtypen enthält: eine Schaltfläche, eine Auswahlliste und ein Menü.

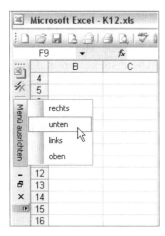

Abbildung 12.21: Erzeugte Befehlsleiste bei senkrechter Anordnung

Abbildung 12.22: Dieselbe Befehlsleiste bei waagerechter Anordnung; hier wird auch die Pulldownliste angezeigt.

Damit Sie den Quellcode möglichst problemlos in allen Office-Anwendungen benutzen können, verwenden die über die Befehlsleiste aufgerufenen Prozeduren im Wesentlichen Anweisungen, die programmunabhängig sind und die Manipulation von Befehlsleisten zeigen.

Sie finden den Code in der Datei *K12.xls* im Modul *Befehlsleisten*.

Die folgende Prozedur erzeugt zunächst mit der Add-Methode eine neue Befchlslciste und speichert das CommandBar-Objekt in einer Objektvariablen objBL. Der Add-Methode können Sie verschiedene Parameter übergeben. Der erste bestimmt den Namen der Befehlsleiste, hier Test. Über den Namen können Sie dann auf die Befehlsleiste zugreifen, wenn es keine Objektvariable gibt, die darauf verweist. Mit dem nächsten Parameter bestimmen Sie die Position, an der die Befehlsleiste angezeigt wird. Die Konstante msoBarLeft sorgt dafür, dass die Befehlsleiste am linken Fensterrand angedockt wird.

Möchten Sie ein Kontextmenü erstellen, müssen Sie als Position msoBarPopup angeben.

Beachten Sie, dass es Steuerelemente wie Eingabefelder und Pulldown-Listen gibt, die nur dargestellt werden, wenn die Befehlsleiste waagerecht angezeigt wird.

Mit dem vierten Parameter, MenuBar, können Sie festlegen, ob die Befehlsleiste eine Menüleiste ist, die die Standardmenüleiste der Anwendung ersetzt. Diese Eigenschaft können Sie nur beim Erzeugen der Befehlsleiste angeben. Im Anschluss an die Add-Methode ist die Eigenschaft schreibgeschützt. Der letzte Parameter bestimmt, dass es sich um eine temporäre Befehlsleiste handelt. Das bedeutet, dass die Befehlsleiste automatisch beim Beenden der Anwendung gelöscht wird. Leider funktioniert das jedoch nicht immer problemlos. Beispielsweise haben einige Word-Versionen haben damit Schwierigkeiten, da hier eine temporäre Befehlsleiste auch nach einem Neustart von Word vorhanden ist.

Wenn Sie eine Befehlsleiste erzeugen, die bereits existiert, tritt ein Laufzeitfehler auf. Diesen können Sie aber mit der Anweisung On Error Resume Next abfangen.

```
Sub BL_erstellen()
    Dim objBL As CommandBar
    Dim objBtt As CommandBarButton
    Dim objLst As CommandBarComboBox
    Dim objMnu As CommandBarPopup
    Dim objStyle As Object
    'Erstellen der Befehlsleiste als Menüleiste
    Set objBL = Application.CommandBars.Add("Test", _
        msoBarLeft, True, True)
    'Schaltfläche einfügen
    ...
```

Steuerelemente hinzufügen und bearbeiten

In eine Befehlsleiste können Sie neben den üblichen Steuerelementen wie Schaltflächen und Menüeinträge auch Pulldown-Listen und Eingabefelder einfügen. Für alle Steuerelemente verwenden Sie jedoch die Add-Methode der Controls-Auflistung. Sie fügt das Steuerelement, das Sie als Parameter angeben, in die Befehlsleiste ein. Je nach Steuerelement gibt die Add-Methode dann ein entsprechendes Objekt zurück. Das vorliegende Beispiel fügt zunächst eine Schaltfläche ein. Dazu müssen Sie als Parameter msoControlButton angeben und den Rückgabewert einer Variablen der Klasse CommandBarButton zuweisen.

Sie können der Add-Methode als Parameter ID eine Zahl übergeben, die die Identifikationsnummer eines Standardbefehls bestimmt. Damit wird gleich die passende Aufschrift angezeigt und auch der OnAction-Eigenschaft des Steuerelements ein Befehl zugewiesen, der durch die ID bestimmt wird. Möchten Sie dem Steuerelement jedoch eine VBA-Prozedur zuweisen, können Sie über die FaceID-Eigenschaft das Symbol des Buttons bestimmen und separat über Caption die Aufschrift und über OnAction das auszuführende Makro festlegen. Zusätzlich können Sie einen ToolTipp über die ToolTipText-Eigenschaft bestimmen, der angezeigt wird, wenn der Anwender mit der Maus auf die Schaltfläche zeigt.

Beachten Sie, dass Sie nur Unterprozeduren ausführen können, keine Funktionen. Sie können jedoch zumindest in Excel Parameter an die Prozedur übergeben – dies zeigen die OnAction-Eigenschaften für das Menü.

Alternativ könnten Sie den Steuerelementen auch Code über Ereignisprozeduren zuordnen, indem Sie die Objektvariablen, denen Sie die erzeugten Steuerelemente zuweisen, mit WithEvents auf Modulebene in einem Klassenmodul definieren. Dann können Sie Ereignisprozeduren für die Variablen erstellen und darüber Code ausführen. Das hört sich auf den ersten Blick sehr vielversprechend an. Leider haben diverse Office-Programme, darunter beispielsweise Word, Probleme damit. Bei Word wird die Ereignisprozedur immer nur einmal ausgeführt. Danach muss die komplette Symbolleiste neu erstellt werden, damit die Symbolleisten-Steuerelemente wieder funktionieren. Zudem funktioniert diese Methode nicht auf dem Mac und grundsätzlich erst ab Office 2000. Daher sollten Sie wenn immer möglich doch die OnAction-Eigenschaft verwenden.

Als Nächstes fügt das Beispiel eine Auswahlliste ein, die es ermöglichen soll, die Excel-Formatvorlage auszuwählen, die der ausgewählten Zelle oder dem ausgewählten Bereich zugewiesen werden soll. Dazu müssen Sie als Parameter der Add-Methode msoControlDropdown angeben. Die Listenelemente können Sie genau wie bei Listenfeldern in UserForms über die AddItem-Methode einfügen.

Möchten Sie Menüs erstellen, müssen Sie dazu das Menü selbst als CommandBarPopup-Objekt erzeugen, indem Sie die Konstante msoControlPopup an die Add-Methode übergeben. Die Menüeinträge erzeugen Sie dann wieder als Schaltflächen.

Um Parameter an die Prozedur zu übergeben, die beim Anklicken des Steuerelements ausgeführt wird, müssen Sie den Prozedurnamen und die Parameter als Zeichenkette übergeben. Steht der Parameter erst zur Laufzeit fest oder möchten Sie eine Konstante übergeben, müssen Sie wie im Beispiel die Zeichenkette beim Zuweisen an die OnAction-Eigenschaft zusammensetzen.

```
...
        Set objBtt = objBL.Controls.Add(msoControlButton)
        With objBtt
            .Caption = "Befehlsleiste löschen"
            .OnAction = "BL_Loeschen"
            .DescriptionText = _
                "Löscht diese Befehlsleiste"
            .TooltipText = .DescriptionText
            FaceId = 348
        End With
        'Auswahlliste einfügen
        Set objLst = _
            objBL.Controls.Add(msoControlDropdown)
        If Application.Name <> "Microsoft Excel" Then
            objLst.Enabled = False
        Else
            'Listeneinträge einfügen
            For Each objStyle In ThisWorkbook.Styles
                objLst.AddItem objStyle.Name
            Next objStyle
            objLst.OnAction = "FormatZuweisen"
            objLst.Caption = "Styles"
            objLst.TooltipText = "Weist der aktuellen" _
                & " Auswahl das gewählte Format zu!"
        End If
        'Untermenü erstellen
        Set objMnu = objBL.Controls.Add(msoControlPopup)
        With objMnu
            .BeginGroup = True
            .Caption = "Menü ausrichten"
            Set objBtt = .Controls.Add(msoControlButton)
            With objBtt
```

```
            .Caption = "rechts"
            .OnAction = "Ausrichten(" & msoBarRight _
                & ")"
        End With
        Set objBtt = .Controls.Add(msoControlButton)
        With objBtt
            .Caption = "unten"
            .OnAction = "Ausrichten(" & _
                msoBarBottom & ")"
        End With
        Set objBtt = .Controls.Add(msoControlButton)
        With objBtt
            .Caption = "links"
            .OnAction = "Ausrichten(" & msoBarLeft _
                & ")"
        End With
        Set objBtt = .Controls.Add(msoControlButton)
        With objBtt
            .Caption = "oben"
            .OnAction = "Ausrichten(" & msoBarTop & _
                ")"
        End With
    End With
...
```

Befehlsleisten einblenden, positionieren und löschen

Befehlsleisten werden nicht automatisch angezeigt, wenn sie erzeugt wurden. Sie können sie mithilfe der Visible-Eigenschaft ein- und ausblenden. Haben Sie eine Befehlsleiste als Menüleiste festgelegt, wird beim Anzeigen der Befehlsleiste die Standardmenüleiste ausgeblendet und erst wieder angezeigt, wenn Sie die Befehlsleiste ausblenden oder löschen.

```
    ...
    'Anzeigen des Menüs
    objBL.Visible = True
End Sub
```

Natürlich können Sie die Position der Befehlsleiste auch nachträglich ändern. Im vorliegenden Beispiel ermöglicht dies die Auswahl der entsprechenden Menüeinträge. Dabei wird dann folgende Prozedur aufgerufen, die den als Parameter übergebenen Wert der Position-Eigenschaft der Befehlsleiste zuweist:

```
Sub Ausrichten(Pos As MsoBarPosition)
    Application.CommandBars("Test").Position = Pos
End Sub
```

Genauso einfach können Sie die Befehlsleiste löschen, indem Sie die Delete-Methode der CommandBars-Auflistung verwenden.

```
Sub BL_Loeschen()
    Application.CommandBars("Test").Delete
End Sub
```

Ermitteln der Symbol-IDs

Das größte Problem beim Erstellen von Befehlsleisten per VBA ist wohl, die gewünschte FaceID-Nummer für das anzuzeigende Symbol herauszufinden. Leider gibt es in der Hilfe keine Übersicht hierzu. Sie können sich jedoch mit folgender Prozedur behelfen, die alle FaceIDs bis 1.000 als Buttons in eine Symbolleiste einfügt und die ID als ToolTipp anzeigt:

```
Sub BL_FaceIDs()
    Dim objBL As CommandBar
    Dim objBtt As CommandBarButton
    Dim lngI As Long
    On Error Resume Next
    Set objBL = Application.CommandBars.Add( _
        "FaceIDs", , False, True)
    For lngI = 1 To 1000
        With objBL.Controls.Add(msoControlButton)
            .TooltipText = CStr(lngI)
            .FaceId = lngI
        End With
    Next lngI
    objBL.Width = 800
```

```
        objBL.Height = 600
        objBL.Visible = True
    End Sub
```

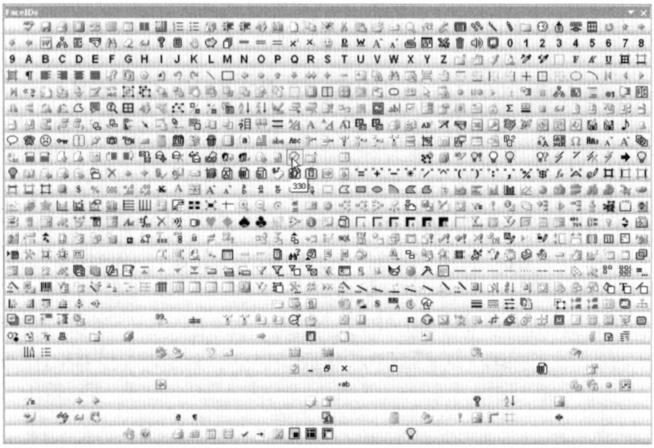

Abbildung 12.23: Symbolleiste mit FaceID-Nummern

Beachten Sie, dass die `FaceID`-Nummern von Anwendung zu Anwendung unterschiedlich sind. Wenn Sie also die `FaceID`-Nummer eines bestimmten Symbols in Word oder PowerPoint herausfinden möchten, müssen Sie den Code auch in der entsprechenden Anwendung ausführen.

Besonderheiten einzelner Anwendungen

Zwar lassen sich die Befehlsleisten in jeder Office-Anwendung gleich programmieren, leider ist es aber so, dass der Text, den Sie der `OnAction`-Eigenschaft zuweisen, von der Anwendung ausgewertet wird, in der die Befehlsleiste verwendet wird. Daher gibt es insbesondere bei dieser Eigenschaft einige Unterschiede zwischen den Anwendungen. Das oben dargestellte Beispiel funktioniert z.B. mit Excel problemlos. In Word können Sie jedoch keine Parameter an die mit `OnAction` definierte Prozedur übergeben. Sie müssen also für das Menü vier einzelne Prozeduren schreiben, die dann keinen

Parameter benötigen. Das Gleiche gilt auch für PowerPoint und Access.

In Access wird der Verweis auf die verwendete Objektbibliothek nicht automatisch erstellt. Sie müssen diesen Verweis also zunächst manuell erstellen. Gehen Sie dazu wie folgt vor:

✔ Öffnen Sie die Datenbank, in der Sie eine Befehlleiste erstellen oder manipulieren möchten.

✔ Wechseln Sie mit ⌨Alt + ⌨F11 in die Entwicklungsumgebung.

✔ Wählen Sie *Extras / Verweise*.

✔ Aktivieren Sie das Kontrollkästchen vor dem Eintrag *Microsoft Office 11.0 Object Library*.

Verwenden Sie eine andere Access-Version als 2003, liegt die Objektbibliothek in anderen Versionen vor, nämlich als 10.0 für Office XP und 9.0 für Office 2000. In diesem Fall aktivieren Sie entsprechend die passende Version für Ihre Office-Version.

✔ Klicken Sie zum Schluss auf *OK*.

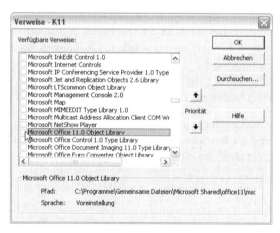

Abbildung 12.24: Setzen des Verweises für Office 2003

Code über Befehlsleisten ausführen

Der Vollständigkeit halber soll nachfolgend noch einmal kurz auf die Möglichkeit von Ereignisprozeduren für Befehlsleisten eingegangen werden, auch wenn Sie dann mit den zuvor schon angedeuteten Problemen rechnen müssen. Nachfolgend wird eine einfache Befehlsleiste mit einer Schaltfläche erstellt, die die UserForm aus dem Abschnitt »Wichtige Steuerelemente verwenden und initialisieren« weiter vorn in diesem Kapitel anzeigt.

Sie finden den Code daher in der Datei *K12.doc* Modul *ThisDocument*.

Voraussetzungen

Wenn Sie Ereignisprozeduren für die Steuerelemente einer Befehlsleiste erstellen möchten, benötigen Sie dazu ein Klassenmodul, in dem Sie die Objektvariablen für die Schaltflächen mit der With-Events-Anweisung deklarieren. Das bedeutet aber auch, dass Sie eine zusätzliche Klasse erstellen und instanzieren müssen, falls Sie eine Anwendung verwenden, die anders als Word und Excel standardmäßig über Klassenmodule (ThisDocument und ThisWorkbook) verfügt. Bei Word und Excel bietet es sich an, diese schon vorhandenen Klassen zu verwenden. Sie können dann beim Laden der Arbeitsmappe oder Word-Datei die deklarierten Objektvariablen initialisieren. In PowerPoint und Access ist die WithEvents-Anweisung in diesem Zusammenhang eher umständlich.

Zudem erfordert die Anweisung eine Office-Version höher als 2000 und als Betriebssystem zwingend Windows. Auf dem Mac funktioniert dies also nicht.

Eine Befehlsleiste erstellen und die Objektvariable initialisieren

Zunächst müssen Sie die Objektvariable für die Schaltfläche auf Modulebene in einem Klassenmodul definieren, indem Sie hinter das Schlüsselwort Dim das Schlüsselwort WithEvents setzen. Das stellt sicher, dass die Ereignisse des Steuerelements zur Verfügung stehen.

```
Dim WithEvents objBtt As CommandBarButton
```

Außerdem benötigen Sie eine Prozedur, die die Befehlsleiste erstellt. Die könnte beispielsweise wie in der Prozedur BL_erstellen2 aussehen. Zunächst sorgt die Anweisung On Error Resume Next dafür, dass Fehlermeldungen unterdrückt werden, falls beim Löschen der eventuell schon vorhandenen Befehlsleiste ein Fehler auftritt. Mit der Delete-Methode löschen Sie dann die Befehlsleiste, damit Sie sie im Anschluss problemlos wieder neu erzeugen können. Der Befehlsleiste fügen Sie mit der Add-Methode der Controls-Auflistung eine Schaltfläche hinzu. Den Rückgabewert der Add-Methode speichern Sie in der Objektvariablen objBL. Anschließend weisen Sie der Schaltfläche über die Caption-Eigenschaft eine Aufschrift zu. Mit der Style-Eigenschaft können Sie festlegen, ob die Aufschrift oder ein Symbol (oder beides) angezeigt wird. Mit dem Wert msoButtonCaption ist nur die festgelegte Aufschrift sichtbar. Zum Schluss setzen Sie die Visible-Eigenschaft auf True, um die Befehlsleiste einzublenden.

```
Sub BL_erstellen2()
    Dim objBL As CommandBar
    On Error Resume Next
    'Eventuell vorhandene BL löschen
    Application.CommandBars("Test2").Delete
    On Error GoTo 0
    Set objBL = Application.CommandBars.Add("Test2", _
        msoBarTop, False, True)
    Set objBtt = objBL.Controls.Add(msoControlButton, _
        , , , True)
    objBtt.Caption = "Neues Dokument mit Textmarken"
```

```
        objBtt.Style = msoButtonCaption
        objBL.Visible = True
    End Sub
```

Abbildung 12.25: Die erstellte Befehlsleiste

Nun müssen Sie noch dafür sorgen, dass die Prozedur beim Öffnen aufgerufen wird. Dazu erzeugen Sie eine Ereignisprozedur für das Open-Ereignis des Document-Objekts. Wählen Sie dazu aus der Objektliste den Eintrag *Document* und aus der Ereignisliste den Eintrag *Open* aus.

Abbildung 12.26: Erstellen der Open-Ereignisprozedur

Die leere Ereignisprozedur ergänzen Sie dann um den Aufruf der Prozedur BL_erstellen2.

```
        Private Sub Document_Open()
            BL_erstellen2
        End Sub
```

Eine Ereignisprozedur erstellen

Damit die Schaltfläche funktioniert, müssen Sie nun noch eine Ereignisprozedur für die Variable objBtt erstellen. Wählen Sie dazu aus der Objektliste die Variable und aus der Ereignisliste das Click-Ereignis aus. In der Ereignisprozedur ergänzen Sie dann die Anweisung zum Aufrufen der UserForm. Wenn Sie anschließend das Dokument speichern, schließen und erneut öffnen, wird die Ereignisprozedur beim Klicken auf die Schaltfläche in der Symbolleiste ausgeführt.

```
Private Sub objBtt_Click(ByVal Ctrl As _
    Office.CommandBarButton, _
    CancelDefault As Boolean)
    frmTextmarken.Show
End Sub
```

Assistenten erstellen

Sie können auf einer UserForm nicht beliebig viele Steuerelemente anordnen. Bei ca. 400 Stück bekommen Sie Probleme, wenn Sie über deren Namen auf die Steuerelemente zugreifen möchten. Allerdings werden Sie diese Grenze in aller Regel auch nicht erreichen, da Formulare mit mehr als 20 Steuerelementen sehr unübersichtlich und für den Benutzer daher nicht mehr bedienbar werden.

Müssen Sie über ein Formular sehr viele Informationen vom Benutzer einholen, bietet es sich daher an, einen Assistenten zu erstellen, der aus mindestens zwei Dialogfeldern besteht. Die Anzahl Formulare in einem Assistenten ist nicht begrenzt, wenn Sie den Assistenten korrekt programmieren.

Aufbau von Assistenten

Grundsätzlich werden unidirektionale und bidirektionale Assistenten unterschieden. Bei den unidirektionalen Assistenten muss der Anwender alle Dialoge nacheinander ausfüllen, kann aber nicht mehr zum vorherigen Schritt zurückkehren. Bidirektionale Assistenten können problemlos vorzeitig verlassen werden, und auch zum vorherigen Schritt kann der Anwender zurückkehren. Aus Sicht des Anwenders bieten sie daher viel mehr Komfort, sind aber nicht viel aufwändiger bei der Programmierung.

Dazu benötigen Sie auf jedem Formular des Assistenten je eine Schaltfläche *Weiter*, *Zurück* und *Abbrechen*. Außerdem müssen Sie dafür sorgen, dass im Fenstertitel der aktuelle Stand des Assistenten eingeblendet wird und beim Klicken auf die *Weiter*-Schaltfläche der nächste bzw. beim Klicken auf *Zurück* der vorherige Dialog angezeigt wird. Damit das möglichst reibungslos funktioniert, sollten Sie diese Einstellungen per VBA-Code durchführen und für jedes Formular des Assistenten den gleichen Quellcode verwenden. Der hier vorgestellte Assistent ist so gestaltet, dass eine möglichst einfache Anpassung für Ihre Zwecke möglich ist. Sicherlich lässt sich die ein oder andere VBA-Anweisung einsparen, wenn Sie auf die Anpassung keinen Wert legen.

Der hier erzeugte Assistent ist lediglich eine Rohfassung für einen Assistenten. Sie müssen ihn selbst noch mit Inhalten und Steuerelementen füllen. Er dient lediglich dazu, ein Grundgerüst für einen Assistenten zu schaffen, den Sie für beliebige Zwecke anpassen und verwenden können. Die nachfolgende Beschreibung beschränkt sich auf alle VBA-Hostanwendungen die UserForms unterstützen. In Access funktioniert das so allerdings nicht. Sie finden jedoch eine Version für Access im Abschnitt »Assistenten in Access« weiter hinten in diesem Kapitel.

Sie finden den Code im Modul *Assi* sowie in den UserForms *frmDlg1*, *frmDlg2* etc. der Datei *K12.xls*. Alternativ können Sie auch in Word oder PowerPoint die Dateien *AssiDlg.frm* und *AssiCode.bas* importieren. Wie das geht, wird nachfolgend noch näher erläutert.

Wichtig ist, dass Sie zunächst eine UserForm erstellen. In dieses Formular fügen Sie die benötigten Schaltflächen bttAbbrechen (*Abbrechen*-Schaltfläche), bttWeiter (*Weiter*-Schaltfäche), bttZurueck (*Zurück*-Schaltfläche) ein und erstellen dort den im folgenden beschriebenen Quellcode, der dafür sorgt, dass die Variable AktStand immer die Nummer des Dialogs enthält, der als Nächstes angezeigt werden soll, sowie die Aufschriften für die Schaltflächen angepasst und nicht benötigte Schaltflächen im ersten Dialog ausgeblendet werden.

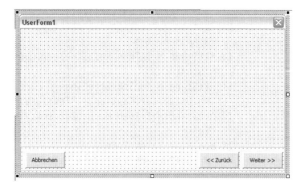

Abbildung 12.27: So könnte die Rohfassung eines Assistenten-Dialogs aussehen

Möchten Sie wie hier bestimmte Steuerelemente einfarben, setzen Sie dazu die BackColor-Eigenschaft des Steuerelements. Als Hintergrund für die Schaltflächen wurde hier ein Rahmen-Steuerelement verwenden, dessen Caption-Eigenschaft auf eine leere Zeichenfolge gesetzt wurde.

```
Option Explicit
Private Sub bttAbbrechen_Click()
    AktStand = 0
    BoolAbbruch = True
    Unload Me
End Sub

Private Sub bttWeiter_Click()
    AktStand = AktStand + 1
    Unload Me
End Sub

Private Sub bttZurueck_Click()
    AktStand = AktStand - 1
    Unload Me
End Sub
```

```
Private Sub UserForm_Initialize()
    Me.Caption = "Schritt " & AktStand & " von " _
        & AnzSchritte
    If AktStand = 1 Then Me.bttWeiter.Caption = _
        "Start"
    If AktStand = AnzSchritte Then _
        Me.bttWeiter.Caption = "Fertig stellen"
    If AktStand = 1 Then Me.bttZurueck.Visible = _
        False
    If boolBi = False Then
        Me.bttZurueck.Visible = False
    End If
End Sub
```

Wenn Sie das Formular fertig gestellt haben und alle Elemente vorhanden sind, die in allen Dialogen des Assistenten angezeigt werden sollen, können Sie das Formular als FRM-Datei exportieren und im VBA-Projekt umbenennen. Anschließend fügen Sie aus der FRM-Datei ein weiteres Formular ein und benennen es wieder um. Dies wiederholen Sie, bis Sie so viele UserForms haben, wie der Assistent benötigt. Gehen Sie dazu wie folgt vor:

✔ Bei aktiver UserForm, die Sie exportieren möchten, wählen Sie den Menübefehl *Datei / Datei Exportieren* aus.

✔ Wählen Sie Verzeichnis und Pfad für den Export aus und schließen Sie das Dialogfeld mit *Speichern*. Die IDE exportiert nun die UserForm in eine FRM-Datei.

✔ Benennen Sie die exportierte UserForm um, indem Sie deren *Name*-Eigenschaft neu setzen.

Für den Code zur Steuerung des Assistenten ist es sinnvoll, wenn Sie gleich darauf achten, dass alle Dialoge den gleichen Namen gefolgt von einer fortlaufenden Nummer haben. Nennen Sie die UserForms also beispielsweise *frmDlg1*, *frmDlg2*, *frmDlg3* etc.

✔ Importieren Sie nun die zuvor exportierte Datei, indem Sie den Menübefehl *Datei / Datei importieren* auswählen.

✓ Wählen Sie die FRM-Datei aus und klicken Sie dann auf *Öffnen*.

✓ Benennen Sie nun auch die importierte Datei um und importieren Sie die FRM-Datei erneut. Wiederholen Sie dies, bis Sie alle für den Assistenten benötigten UserForms erstellt haben.

 Auf gleiche Weise können Sie beispielsweise auch Klassenmodule (CLS-Dateien) oder einfache Module (BAS-Dateien) exportieren und importieren. Wichtig ist immer nur, dass der Import nur dann klappt, wenn es kein Modul im Projekt gibt, das den Namen des zu importierenden Moduls hat.

Die Steuerung des Assistenten realisieren

Was jetzt noch fehlt, ist eine Prozedur, die regelt, wann welche Dialoge angezeigt werden. Dazu fügen Sie ein normales Modul in das VBA-Projekt ein. Dort definieren Sie drei globale Variablen: AktStand, boolBi und boolAbbruch. AktStand definiert, welcher Dialog angezeigt werden soll. Mit boolAbbruch können Sie nach Abschluss des Assistenten feststellen, ob der Anwender ihn über *Abbrechen* oder regulär beendet hat. Die Konstante AnzSchritte legt fest, wie viele Formulare zum Assistenten gehören. Hat Ihr Assistent z.B. sechs statt drei Schritte, passen Sie einfach die Konstante an und erzeugen entsprechend viele UserForms.

Mit der Variablen boolBi bestimmen Sie, ob ein bidirektionaler oder ein unidirektionaler Assistent erzeugt werden soll. Für einen bidirektionalen Assistenten setzen Sie die Variable auf True.

 Globale Variablen werden mit dem Schlüsselwort Global definiert. Sie sind im gesamten VBA-Projekt, das heißt in jedem Modul und Klassenmodul gültig, so dass Sie aus den einzelnen UserForms auch auf deren Werte zugreifen können.

```
Global Const AnzSchritte = 3
Global boolAbbruch As Boolean
```

```
Global AktStand As Integer
Global boolBi As Boolean

Sub AssiSteuerung()
    AktStand = 1
    boolBi = True 'Bidirektionaler Assistent
    'boolBi = False 'Unidirektionaler Assistent
    boolAbbruch = False
    Do
        Select Case AktStand
            Case 1: frmDlg1.Show
            Case 2: frmDlg2.Show
            Case 3: frmDlg3.Show
        End Select
    Loop Until ((AktStand < 1) Or (AktStand > _
    AnzSchritte)) Or (boolAbbruch = True)
    If boolAbbruch = False Then
        'Hier folgen die Anweisungen, die der _
        Assistent nach Abschluss ausführen soll.
    End If
End Sub
```

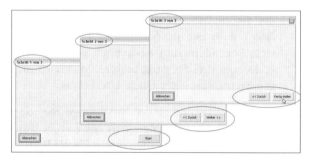

Abbildung 12.28: Der erzeugte dreistufige Assistent

Damit haben Sie einen funktionsfähigen, leicht erweiterbaren, bi-direktionalen Assistenten erstellt, der in allen Office-Anwendungen außer Access funktioniert. Wenn Sie weitere Dialogfelder in den Assistenten aufnehmen möchten, müssen Sie lediglich die Konstante AnzSchritte ändern, die entsprechenden UserForms erstellen und die Select-Anweisung um die weiteren Auswahlmöglichkeiten erweitern.

> Wenn Sie einen Assistenten programmieren möchten, dürfen Sie auf keinen Fall den Fehler machen, über die Ereignisprozeduren der *Weiter-* bzw. *Zurück*-Schaltflächen direkt das nächste Formular anzeigen zu lassen, da Sie dann nach ca. drei Dialogen einen Stapelspeicherfehler erhalten, weil der erste Dialog erst entladen werden kann, wenn der von ihm aufgerufene Dialog ebenfalls entladen wurde. Verwenden Sie daher immer die hier vorgestellte Lösung. Lediglich in Access können Sie direkt das nächste Formular aufrufen. Eine solche Vorgehensweise erschwert jedoch die Wartung und Erweiterung. Für Access sollten Sie daher die nachfolgend vorgestellte Lösung verwenden.

Assistenten in Access

Da Access keine UserForms unterstützt, müssen Sie hier den Assistenten mit den Access-Formularen erstellen. Sie haben über die Methoden des DoCmd-Objekts jedoch sehr viel bessere Möglichkeiten, die Dialoge anzuzeigen. Im Prinzip funktioniert der Assistent hier genauso. Wenn Sie jedoch in Access die Namen der Dialoge fortlaufend nummerieren, ist die Steuerung des Assistenten noch viel einfacher, da Sie dann keine Select-Anweisung für den Aufruf benötigen. Im vorliegenden Beispiel werden die Namen *frmDlg1*, *frmDlg2* etc. verwendet. Es bietet sich zudem an, die Steuerelemente für den Assistenten im Formularfuß anzuordnen. Den können Sie sichtbar machen, indem Sie in der Entwurfsansicht des Formulars *Ansicht / Formularkopf/-fuß* wählen. Sie können dann nämlich den Formularfuß sehr schön farblich vom Rest des Formulars absetzen, indem Sie die Hintergrundfarbe des Formularfußes festlegen.

Wenn Sie das tun möchten, sind dazu folgende Schritte erforderlich:

✓ Blenden Sie das Eigenschaften-Fenster über *Ansicht / Eigenschaften* ein, falls es nicht sichtbar sein sollte.

✓ Wählen Sie aus der Pulldownliste den Eintrag *Formularfuß* aus.

✓ Aktivieren Sie die Registerkarte *Format*.

✓ Setzen Sie den Cursor in die Eigenschaft *Hintergrundfarbe* und öffnen Sie die Farbpalette über die Schaltfläche ... .

✓ Wählen Sie nun eine Hintergrundfarbe aus und setzen Sie den Cursor dann in eine andere Eigenschaft.

Den Code und die Formulare finden Sie in der Datei *K12.mdb* auf der CD-ROM.

Für Access müssen Sie in den Formularen die folgenden Ereignisprozeduren erstellen:

```
Private Sub BttAbbrechen_Click()
    AktStand = 0
    BoolAbbruch = True
    Application.DoCmd.Close acForm, Me.Name
End Sub

Private Sub BttWeiter_Click()
    AktStand = AktStand + 1
    Application.DoCmd.Close acForm, Me.Name
End Sub

Private Sub BttZurueck_Click()
    AktStand = AktStand - 1
    Application.DoCmd.Close acForm, Me.Name
End Sub

Private Sub Form_Load()
    Me.Caption = "Schritt " & AktStand & " von " _
        & AnzSchritte
    If boolBi = False Then
```

```
        Me.bttZurueck.Visible = False
    Else
        Me.bttZurueck.Visible = True
    End If
End Sub
```

Haben Sie ein Formular erstellt, das alle Elemente und den Code enthält, der in jedem Formular des Assistenten vorhanden sein muss, können Sie es einfach so oft kopieren, wie Sie Formulare für den Assistenten benötigen. Gehen Sie dazu wie folgt vor:

✔ Speichern und schließen Sie die Entwurfsansicht des Formulars.

✔ Klicken Sie das Formular im Datenbankfenster an, um es zu markieren.

✔ Drücken Sie ⌨Strg + ⌨C, um das Formular zu kopieren.

✔ Drücken Sie ⌨Strg + ⌨V, um es einzufügen.

✔ Geben Sie den Namen für die Kopie ein und schließen Sie das Dialogfeld mit *OK*.

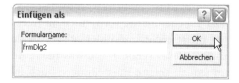

Abbildung 12.29: Einfügen des kopierten Formulars

Für die Steuerung des Assistenten fügen Sie die Prozedur Assi-Steuerung in ein Standardmodul ein. Sie kann mithilfe des DoCmd-Objekts die Formulare direkt aufrufen, indem der Name des Formulars angegeben wird. Dadurch entfällt die Select-Anweisung.

```
Global AktStand As Long
Global boolBi As Boolean
Global Const AnzSchritte = 3
Global boolAbbruch As Boolean
```

```
Sub AssiSteuerung()
    AktStand = 1
    boolAbbruch = False
    boolBi = True 'Bidirektionaler Assistent
    'boolBi=False 'Unidirektionaler Assistent
    Do
        Application.DoCmd.OpenForm "frmDlg" & _
            AktStand, , , , , acDialog
    Loop Until ((AktStand < 1) Or (AktStand > _
        AnzSchritte)) Or (boolAbbruch = True)
    If boolAbbruch = False Then
        'Hier folgen die Anweisungen, die der _
        Assistent nach Abschluss ausführen soll.
    End If
End Sub
```

Einstellungen speichern

Wenn Sie den Assistenten dazu nutzen, Einstellungen vom Anwender vornehmen zu lassen, die nach Abschluss des Assistenten verwendet und beim nächsten Programmstart geladen werden sollen, müssen Sie diese Einstellungen irgendwo speichern. In Excel können Sie dazu Tabellenblätter verwenden, in Access Datenbanktabellen. Das ist meist recht unproblematisch. In den anderen Office-Anwendungen ist das schon mit etwas mehr Aufwand verbunden. Sie können jedoch solche Einstellungen auch in der Registry speichern. Dabei sollten Sie aber genau überlegen, welche Einstellungen Sie dort speichern, da die Registry nicht für die Ablage des Datenmülls diverser Anwendungen gedacht ist. Damit ist Folgendes gemeint: Benötigen Sie den Namen einer Datei und deren Pfad einzeln und als vollständige Pfadangaben müssen Sie nicht alle drei Informationen in der Registry speichern. Im Prinzip reicht es aus, nur den vollständigen Dateinamen zu speichern, diesen einzulesen und später per VBA-Code in Pfad und Dateiname zu trennen. Außerdem sollten Sie auf jeden Fall nicht benötigte Einträge wieder aus der Registry löschen.

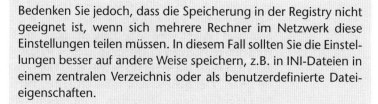

Bedenken Sie jedoch, dass die Speicherung in der Registry nicht geeignet ist, wenn sich mehrere Rechner im Netzwerk diese Einstellungen teilen müssen. In diesem Fall sollten Sie die Einstellungen besser auf andere Weise speichern, z.B. in INI-Dateien in einem zentralen Verzeichnis oder als benutzerdefinierte Dateieigenschaften.

Sie finden den Code in der Datei *K12.xls* im Modul *Registry*. Den Code können Sie jedoch unverändert in jeder anderen VBA-Hostanwendung einsetzen, auch in Access. Sogar auf dem Macintosh funktioniert er, auch wenn Mac OS keine Registry hat. Hier werden die Einstellungen in entsprechenden Konfigurationsdateien gespeichert. Auf den Mac brauchen sie also keine Rücksicht zu nehmen.

Um Werte in der Registry zu speichern und von dort wieder zu lesen, stellt VBA die Anweisungen SaveSetting und DeleteSetting zur Verfügung, deren Verwendung das nächste Listing zeigt.

Es prüft zunächst den Inhalt des Wertes Copyright in dem durch AName und RegSchl definierten Registry-Schlüssel. Die Funktion GetSetting gibt den als vierten Parameter übergebenen Wert zurück, falls der Wert nicht vorhanden ist. Im Anschluss daran prüft die Prozedur anhand des Rückgabewertes, ob der Registry-Wert vorhanden ist. Wenn nicht, wird der Wert mit SaveSetting erstellt.

```
Const AName = "Assi"
Const RegSchl = "Allgemeines"

Sub Registry()
    Dim strWert As String
    strWert = GetSetting(AName, RegSchl, _
        "Copyright", "")
    If strWert = "" Then
        SaveSetting AName, RegSchl, "Copyright", _
        "(c) 2005 by Helma Spona"
    End If
End Sub
```

Die folgende Abbildung zeigt den erzeugten Wert. Die Schlüssel werden immer automatisch erzeugt, wenn der erste Wert für den Schlüssel erstellt wird. Alle Einstellungen, die Sie auf diese Weise vornehmen, werden in einem speziellen Registry-Schlüssel namens HKEY_CURRENT_USER\Software\VB and VBA Program Settings gespeichert. Der Schlüssel, den Sie als ersten Parameter an die Save-Setting-Anweisung übergeben, wird diesem Schlüssel untergeordnet.

Abbildung 12.30: Erzeugter Registry-Wert *Copyright*

Um einen so erstellten Wert zu löschen, verwenden Sie die Delete-Setting-Anweisung. Ihr übergeben Sie die gleichen Parameter wie der SaveSetting-Anweisung, mit der Sie den Wert erstellt haben. Lediglich der letzte Parameter, mit dem Sie den Inhalt des Wertes angegeben haben, entfällt. Möchten Sie alle Werte und die Schlüssel löschen, verwenden Sie die DeleteSetting-Anweisung und übergeben ihr nur den Namen Ihrer Anwendung, unter dem die Werte gespeichert werden.

```
DeleteSetting AName, RegSchl, "Copyright"
DeleteSetting AName
```

13 Zugreifen auf das Dateisystem

Der Zugriff auf das Dateisystem ist immer dann notwendig, wenn Ihre VBA-Anwendung auf bestimmte Verzeichnisse oder Dateien angewiesen ist, die Sie also beim ersten Start installieren oder erstellen möchten oder wenn Sie zumindest prüfen wollen, ob die Dateien und Verzeichnisse vorhanden sind.

Auch wenn Sie im Batch-Verfahren alle Dateien eines Verzeichnisses bearbeiten möchten, muss es natürlich eine Möglichkeit geben, festzustellen, welche Dateien in einem Verzeichnis vorhanden sind.

Möglichkeiten zum Zugriff auf das Dateisystem

Für alle diese Zwecke, müssen Sie auf das Dateisystem des Betriebssystems zugreifen. Generell gibt es dazu zwei Möglichkeiten:

✔ Sie verwenden die Möglichkeiten, die VBA bietet. Die sind zwar eingeschränkt, funktionieren jedoch weitgehend auch auf dem Macintosh.

✔ Sie nutzen eine externe Bibliothek, die Scripting-Runtime-Bibliothek die das `FileSystemObject`-Objekt zur Verfügung stellt. Sie bietet sehr komfortable Möglichkeiten, steht jedoch auf dem Macintosh nicht zur Verfügung.

Voraussetzung für die Nutzung des `FileSystemobject`-Objekts ist, dass es auf dem System installiert ist. Das ist ab Office 2000 auf jeden Fall gegeben, da Office 2000 für Windows diese Bibliothek automatisch mit installiert. Sollen auch Office-97-Anwender Ihren VBA-Code nutzen, ist dazu erforderlich, dass mindestens eine der folgenden Anwendungen installiert ist:

✔ Internet Explorer 4.01 oder höher

✔ Windows Script Host 1.0 oder höher

✔ Visual Studio 6.0 oder Visual Basic 6.0

Alle Beispiele sind nachfolgend so gestaltet, dass sie wenn möglich mit dem auskommen, was VBA bietet, damit Sie den Code auch auf dem Macintosh einsetzen können. Allerdings haben Sie mit VBA keine Möglichkeit, auf Laufwerke und Laufwerksinformationen zuzugreifen. Daher benötigen die Beispiele im Abschnitt »Laufwerke und Laufwerkseigenschaften ermitteln« weiter hinten in diesem Kapitel unbedingt das FileSystemObject-Objekt.

Wenn Sie das FileSystemObject-Objekt nutzen möchten, müssen Sie dazu einen Verweis auf die Objektbibliothek *Scripting Runtime* erstellen. Gehen Sie dazu wie folgt vor:

✔ Rufen Sie in der Entwicklungsumgebung den Menübefehl *Extras / Verweise* auf.

✔ Aktivieren Sie das Kontrollkästchen vor dem Eintrag *Microsoft Scripting Runtime*.

✔ Klicken Sie auf *OK*, um das Dialogfeld zu schließen.

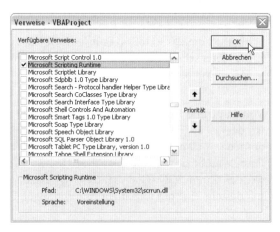

Abbildung 13.1: Erstellen eines Verweises zur Nutzung des *FileSystemObject*-Objekts

Sie finden die Beispiele zu diesem Kapitel in der Excel-Datei *K13.xls*. Die Beispiele, die alleine mit VBA auskommen, finden Sie im Modul *VBAAnweisungen*. Die Beispiele zum `FileSystem-Object`-Objekt befinden sich im Modul *FSOObjekt*. Obwohl der Code sich in einer Excel-Datei befindet, funktioniert er gleichermaßen in allen VBA-Hostanwendungen.

Prüfen, ob eine Datei oder ein Verzeichnis vorhanden ist

Um zu prüfen, ob es ein Verzeichnis schon gibt, können Sie die `Dir`-Funktion verwenden oder alternativ die `FolderExists`-Methode des `FileSystemObject`-Objekts.

Die `Dir`-Funktion dient dazu, die in einem Verzeichnis enthaltenen Dateien oder Verzeichnisse zu ermitteln. Beim ersten Aufruf übergeben Sie ihr dazu das Verzeichnis und weitere Parameter, die die Art der Prüfung bestimmen. Gibt die Funktion eine leere Zeichenfolge zurück, existiert die Datei oder das Verzeichnis nicht. Ansonsten wird die gesuchte Datei bzw. das gesuchte Verzeichnis zurückgegeben.

Mit diesem Wissen ist die `Dir`-Funktion recht einfach zu verstehen. Rufen Sie sie auf, indem Sie das Verzeichnis als Parameter übergeben, dessen Existenz Sie prüfen möchten. Mit dem zweiten Parameter geben Sie eine Konstante an, die bestimmt, wonach Sie suchen. Die Konstante `vbDirectory` geben Sie an, wenn es sich bei dem ersten Parameter um einen Ordnernamen handelt. Die Funktion gibt den Verzeichnisnamen zurück, wenn der Pfad existiert, ansonsten eine leere Zeichenfolge. Sie brauchen also in einer Verzweigung nur noch den Rückgabewert zu prüfen und der Funktion den passenden booleschen Wert als Rückgabewert zuzuweisen.

```
Function VerzVorhanden(strPfad As String) As Boolean
    Dim strTemp As String
    strTemp = Dir(strPfad, vbDirectory)
```

```
      If strTemp = "" Then
          VerzVorhanden = False
      Else
          VerzVorhanden = True
      End If
End Function
```

Wenn Sie das FileSystemObject-Objekt verwenden wollen, ist der
Code zwar kürzer, dafür ist aber zunächst der Verweis zu erstellen.

Der Code der Funktion ist mit dem FileSystemObject ganz
einfach. Zunächst müssen Sie eine Instanz der Klasse
Scripting.FileSystemObject erstellen. Danach rufen Sie deren
Methode FolderExists auf und übergeben ihr den Namen des Verzeichnisses. Die Methode gibt True zurück, wenn das Verzeichnis
vorhanden ist, und False, wenn das nicht der Fall ist. Sie können
den Rückgabewert der Methode also einfach als Rückgabewert der
Funktion verwenden.

```
Function VerzVorhanden_FSO(strPfad As String) _
      As Boolean
      Dim objFSO As New Scripting.FileSystemObject
      VerzVorhanden_FSO = objFSO.FolderExists(strPfad)
      Set objFSO = Nothing
End Function
```

Beim Aufruf der beiden Funktionen müssen Sie natürlich eine syntaktisch korrekte Pfadangabe übergeben, das heißt, auf dem Macintosh müssen Sie auch einen Doppelpunkt als Pfadtrennzeichen angeben.

```
Sub Test()
      Debug.Print VerzVorhanden("C:\Test")
      Debug.Print VerzVorhanden_FSO("C:\Test")
End Sub
```

Analog dazu können Sie auch prüfen, ob eine Datei existiert. Sie
müssen dazu der Dir-Funktion mindestens den ersten Parameter
übergeben. Wenn Sie den zweiten angeben, bestimmen Sie damit,
welche Dateiattribute die Datei haben soll. Lassen Sie ihn hingegen
weg, werden alle Dateien, egal ob Systemdateien, versteckte,

schreibgeschützte oder versteckte Dateien berücksichtigt. Die Funktion DateiVorhanden gibt daher True zurück, wenn eine Datei mit dem Namen strDatei vorhanden ist.

```
Function DateiVorhanden(strDatei As String) As Boolean
    Dim strTemp As String
    strTemp = Dir(strDatei)
    If strTemp = "" Then
        DateiVorhanden = False
    Else
        DateiVorhanden = True
    End If
End Function
```

Möchten Sie speziell nach versteckten Dateien suchen, geben Sie als zweiten Parameter die Konstante vbHidden an. Bei der Su che nach schreibgeschützten Dateien geben Sie vbReadOnly an.

Mit dem FileSystemObject-Objekt geht das natürlich genauso. Analog zur FolderExists-Methode steht hierzu eine Methode FileExists zur Verfügung.

```
Function DateiVorhanden_FSO(strDatei As String) _
    As Boolean
    Dim objFSO As New Scripting.FileSystemObject
    DateiVorhanden_FSO = objFSO.FileExists(strDatei)
    Set objFSO = Nothing
End Function
```

Dateien kopieren und löschen

Gerade wenn Sie selbst Installationsroutinen für Ihre VBA-Anwendung erstellen möchten, kommen Sie nicht umhin, Dateien zu kopieren. Dazu stellt VBA die FileCopy-Anweisung zur Verfügung. Mit ihr können Sie allerdings nur eine Datei kopieren. Wenn Sie alle oder mehrere Dateien kopieren möchten, müssen Sie also eine Schleife bemühen. Mit dem FileSystemObject Objekt geht es et was einfacher, wenn Sie mehrere Dateien kopieren möchten. Dann können Sie nämlich Platzhalter verwenden.

Die Prozedur DateiKopieren zeigt, wie Sie eine einzelne Datei kopieren können. Dabei wird die Datei *test1.txt* im gleichen Verzeichnis wie die Arbeitsmappe, die den Code ausführt, kopiert und als *test2.txt* in das gleiche Verzeichnis eingefügt. Der FileCopy-Anweisung brauchen Sie nur noch den Namen der Quelldatei und den Namen der Zieldatei als Parameter zu übergeben. Das Zielverzeichnis muss auf jeden Fall vorhanden sein.

Falls Sie versuchen, eine geöffnete Datei zu kopieren, kommt es zu einem Laufzeitfehler. Das Gleiche passiert, wenn Sie eine Zieldatei angeben, die bereits vorhanden ist. Wenn die Möglichkeit besteht, dass es die Datei schon gibt, löschen Sie sie zuvor mit der Kill-Anweisung. Entweder prüfen Sie vorab, ob die Zieldatei schon vorhanden ist, oder Sie übergehen den Laufzeitfehler mit On Error Resume Next, die auftreten, wenn Sie versuchen, eine nicht vorhandene Datei zu löschen.

Mit Kill können Sie allerdings keine Datei löschen, die schreibgeschützt ist. Daher sollten Sie einen potenziellen Schreibschutz entfernen, indem Sie mit SetAttr die Dateiattribute der Datei neu setzen. Als ersten Parameter geben Sie dazu die Datei an, deren Eigenschaften Sie ändern möchten. Als zweiten Parameter übergeben Sie die Konstante vbNormal. Damit werden alle besonderen Attribute entfernt. Anschließend können Sie die Datei mit Kill löschen.

```
Sub DateiKopieren()
    'Datei kopieren
    Dim strZiel As String
    Dim strQuelle As String
    strZiel = ThisWorkbook.Path & _
        Application.PathSeparator & "test2.txt"
    strQuelle = ThisWorkbook.Path & _
        Application.PathSeparator & "test1.txt"
    On Error Resume Next
    'Eventuell vorhandene Zieldatei löschen
```

```
                 'Alle Attribute entfernen
                 SetAttr strZiel, vbNormal
                 Kill strZiel
                 On Error GoTo 0
                 'Datei kopieren
                 FileCopy strQuelle, strZiel
        End Sub
```

Es versteht sich natürlich von selbst, dass das Verzeichnis, in das Sie die Datei kopieren, nicht schreibgeschützt sein darf. Sie können das Beispiel daher nicht direkt von der Buch-CD starten, weil auf der CD natürlich die kopierte Datei nicht erstellt und eine eventuell schon vorhandene Datei *test2.txt* auch nicht gelöscht werden kann. Falls Sie den Code in Word oder einer anderen VBA-Hostanwendung als Excel einsetzen möchten, müssen Sie nur die Zeilen zum Zusammensetzen der Quell- und Zielpfade anpassen, da hier der Pfad der Excel-Arbeitsmappe verwendet wird. Dies gilt selbstverständlich auch für das folgende Beispiel zum Einsatz des FileSystemObject-Objekts.

Mit dem FileSystemObject-Objekt funktioniert das Kopieren einzelner Dateien genauso. Nachdem Sie ein FileSystemObject-Objekt erzeugt, sowie Quell- und Zieldatei zusammengesetzt haben, rufen Sie die DeleteFile-Methode auf, um eine eventuell schon vorhandene Zieldatei zu löschen. Als zweiten Parameter können Sie einen booleschen Wert übergeben. Er bestimmt, ob die Datei auch dann gelöscht werden soll, wenn sie schreibgeschützt ist. In diesem Fall übergeben Sie True. Sie brauchen hier also nicht mehr den Schreibschutz vorher zu entfernen. Anschließend rufen Sie die CopyFile-Methode auf und übergeben wieder den Quell- und Zielnamen. Der optionale dritte Parameter bestimmt, ob vorhandene Zieldateien überschrieben werden sollen. Geben Sie True an, werden die Dateien überschrieben, bei False bleiben die vorhandenen Dateien erhalten. Vorhandene Zieldateien werden aber nur ersetzt, wenn sie nicht schreibgeschützt sind. Daher macht das Löschen vorab durchaus Sinn.

```
Sub DateiKopieren_FSO()
    'Datei kopieren
    Dim objFSO As New FileSystemObject
    Dim strZiel As String
    Dim strQuelle As String
    strZiel = ThisWorkbook.Path & _
        Application.PathSeparator & "test2.txt"
    strQuelle = ThisWorkbook.Path & _
        Application.PathSeparator & "test1.txt"
    On Error Resume Next
    'Eventuell vorhandene Zieldatei löschen
    objFSO.DeleteFile strZiel, True
    On Error GoTo 0
    'Datei kopieren
    objFSO.CopyFile strQuelle, strZiel, True
    Set objFSO = Nothing
End Sub
```

Möchten Sie mehrere Dateien kopieren, beispielsweise alle Textda-teien eines Verzeichnisses, ist das mit dem `FileSystemObject`-Ob-jekt sehr viel einfacher zu erledigen als mit VBA, obwohl es natür-lich auch damit geht. Basis der VBA-Lösung ist wieder die `Dir`-Funktion, mit der Sie alle Textdateien des Verzeichnisses ermitteln können. Jede Datei kopieren Sie dann einzeln mit der `FileCopy`-An-weisung.

Auch hier gilt natürlich, dass Sie eventuell vorhandene Zielda-teien vorher löschen müssen, dass das Zielverzeichnis vorhan-den sein muss und nicht schreibgeschützt sein darf. Sie können das Beispiel daher nicht direkt von der CD starten.

Die Prozedur `DateienKopieren` kopiert mit dieser Methode alle Textdateien des Verzeichnisses, in dem sich die Excel-Datei befin-det, in das Unterverzeichnis *Sicherung*. Den Quellpfad speichert dazu die Variable `strQuelle`, den Zielpfad die Variable `strZiel`.

Wichtig ist, dass beide Pfadangaben mit einem Pfadtrennzeichen abgeschlossen werden. Wenn Sie diese Verzeichnisse an Ihre Bedürfnisse anpassen, sollten Sie unbedingt darauf achten oder den Code entsprechend ändern. Bei der CopyFile-Methode des FileSystemObject-Objekt ist dies die Vorraussetzung dafür, dass der Kopiervorgang gelingt. Immer wenn der Quellpfad Platzhalter enthält (hier »*.txt«), müssen Sie als Ziel einen gültigen Pfad angeben, der mit einem Pfadtrennzeichen endet.

Mit der Variablen strQName werden die zu kopierenden Dateien definiert. Die Angabe *.txt bestimmt, dass alle Dateien mit der Dateinamenserweitung ».txt« kopiert werden.

```
Sub DateienKopieren()
    'Datei kopieren
    Dim strZiel As String
    Dim strQuelle As String
    Dim strQName As String
    Dim strName As String
    strZiel = ThisWorkbook.Path & _
        Application.PathSeparator & _
        "Sicherung" & Application.PathSeparator
    strQuelle = ThisWorkbook.Path & _
        Application.PathSeparator
    strQName = "*.txt"
    'Alle Textdateien kopieren
    strName = Dir(strQuelle & strQName)
    Do While strName <> ""
        On Error Resume Next
        'Eventuell vorhandene Zieldatei löschen
        'Attribute entfernen
        SetAttr strZiel & strName, vbNormal
        Kill strZiel & strName
        On Error GoTo 0
        'Datei kopieren
        FileCopy strQuelle & strName, strZiel & strName
        'Nächste Datei ermitteln
        strName = Dir()
```

```
        Loop
    End Sub
```

Nutzen Sie das FileSystemObject-Objekt, sieht der Code ganz
ähnlich aus. Sie können dann allerdings auf die Schleife verzichten,
weil Sie im Quellpfad der zu kopierenden Dateien die üblichen
DOS-Platzhalterzeichen verwenden können.

```
Sub DateienKopieren_FSO()
    'Datei kopieren
    Dim strZiel As String
    Dim strQuelle As String
    Dim strQName As String
    Dim strName As String
    Dim objFSO As New FileSystemObject
    Dim bytErr As Byte
    strZiel = ThisWorkbook.Path & _
        Application.PathSeparator & _
        "Sicherung" & Application.PathSeparator
    strQuelle = ThisWorkbook.Path & _
        Application.PathSeparator
    strQName = "*.txt"
    'Code für VBA6 mit FSO
    On Error GoTo Fehler
    objFSO.CopyFile strQuelle & strQName, strZiel, True
    Set objFSO = Nothing
    Exit Sub
Fehler:
    bytErr = bytErr + 1
    If bytErr > 5 Then
        Exit Sub
    Else
        'Zieldateien löschen
        'gesetzt.
        objFSO.DeleteFile strZiel & strQName
        'neuer Versuch
        Resume
    End If
End Sub
```

Verzeichnisse anlegen

Wenn Sie beispielsweise wie im vorherigen Beispiel ein Zielverzeichnis für einen Kopiervorgang benötigen und nicht sicher ist, dass es existiert, müssen Sie das Verzeichnis gegebenenfalls erstellen. VBA bietet dazu die MkDir-Anweisung. Alternativ können Sie auch die CreateFolder-Methode des FileSystemObject-Objekts nutzen.

Beide Anweisungen verursachen jedoch einen Laufzeitfehler, wenn das Verzeichnis, in dem Sie das Unterverzeichnis erstellen möchten,

✔ auf einem schreibgeschützten Medium liegt,

✔ nicht vorhanden ist, oder

✔ das zu erstellende Verzeichnis schon existiert.

Wenn Sie die MkDir-Anweisung von VBA verwenden möchten, sollten Sie vorab mit der Funktion VerzVorhanden (siehe Abschnitt »Prüfen, ob eine Datei oder ein Verzeichnis vorhanden ist« weiter vorn in diesem Kapitel) prüfen, ob das Verzeichnis eventuell bereits existiert. Nur wenn nicht, rufen Sie die MkDir-Anweisung auf und übergeben ihr den Pfad des zu erstellenden Verzeichnisses.

```
Sub VerzeichnisErstellen(strPfad As String)
    On Error GoTo fehler
    'Prüfen, ob Verzeichnis vorhanden
    If VerzVorhanden(strPfad) = False Then
        MkDir strPfad
    End If
    Exit Sub
fehler:
    MsgBox "Das Verzeichnis konnte nicht " & _
        "erstellt werden. " & _
        "Es ist folgender Fehler aufgetreten:" & _
        vbCrLf & _
        Err.Description, vbCritical, "FEHLER!"
    Exit Sub
End Sub
```

Nutzen Sie das FileSystemObject-Objekt, erzeugen Sie zunächst wieder eine Instanz der Klasse FileSystemObject. Dann können Sie mit der Methode FolderExists prüfen, ob das Verzeichnis bereits vorhanden ist. Alternativ können Sie auch die weiter oben vorgestellte Funktion VerzVorhanden_FSO verwenden, wie dies das Listing zeigt. Falls das Verzeichnis nicht vorhanden ist, können Sie das Verzeichnis erstellen, indem Sie die CreateFolder-Methode aufrufen. Diese gibt ein Folder-Objekt zurück, das den erstellten Ordner darstellt. Allerdings benötigen Sie dieses Objekt jetzt nicht, so dass Sie den Rückgabewert der Methode nicht speichern müssen.

Beide Prozeduren setzen voraus, dass das übergeordnete Verzeichnis vorhanden ist. Möchten Sie aber beispielsweise ein Verzeichnis *C:\Test\Daten* erstellen und ist das Verzeichnis *C:\Test* noch nicht vorhanden, würden beide Prozeduren einen Laufzeitfehler auslösen.

Falls Sie auch verschachtelte Verzeichnisse erstellen möchten, müssen Sie dazu eine rekursive Prozedur erstellen, also eine Prozedur, die sich immer wieder selbst aufruft. Dabei müssen Sie so lange immer den übergeordneten Pfad an die Funktion übergeben, bis eine Verzeichnisebene gefunden ist, die existiert und in der das Verzeichnis erstellt werden kann.

Rekursive Prozeduren funktionieren immer auf die gleiche Weise. Wie, soll an dieser Stelle am Beispiel der Prozedur VerzeichnisErstellenRek erläutert werden, die im Anschluss erstellt wird. Wenn Sie damit den Pfad *C:\Test\Daten* erstellen möchten, rufen Sie die Prozedur zunächst mit dem Parameter "C:\Test\Daten" auf. Ist das Verzeichnis nicht vorhanden, wird geprüft, ob das übergeordnete Verzeichnis vorhanden ist, das mit der Funktion getPfad ermittelt wird. Existiert auch das nicht, muss es erstellt werden. Dazu ruft sich die Prozedur selbst wieder auf, übergibt aber diesmal den übergeordneten Pfad also *C:\Test* an die Prozedur. Nun wird erst der erneute Prozeduraufruf abgearbeitet. Dazu wird also wieder geprüft, ob das Verzeichnis *C:\Test* existiert. Das ist nicht der Fall, da dieses ja sonst schon der erste Aufruf der Prozedur festgestellt hätte. Es wird also erneut der übergeordnete Pfad C:\ ermittelt. Da er vorhanden ist, wird nun der Else-Zweig der Verzweigung ausgeführt und mit MkDir der Pfad C:\Test erstellt. Damit ist der zweite Aufruf der Prozedur abgearbeitet und der erste Aufruf wird mit der Zeile nach VerzeichnisErstellenRek strTemp fortgesetzt. Da in dieser Prozedur der Parameter strPfad den Wert »C:\Test\Daten« hat, wird nun mit der MkDir-Anweisung das Verzeichnis C:\Test\Daten erstellt und dann ebenfalls die Prozedur beendet. Sie sehen, hier kommt es wirklich auf die exakte Reihenfolge der Anweisungen an. Würden Sie zuerst die MkDir-Anweisung aufrufen und die Prozedur VerzeichnisErstellenRek, würde das nicht funktionieren, weil der übergeordnete Pfad dann immer noch nicht existiert.

Das wesentliche Problem bei der rekursiven Prozedur ist die Ermittlung des übergeordneten Pfades. Den liefert die Funktion getPfad zurück, der Sie das Verzeichnis übergeben. Um das übergeordnete Verzeichnis zu ermitteln, müssen Sie die Pfadangabe vor dem letzten Pfadtrennzeichen abschneiden.

Da die Funktion getPfad Befehle verwendet, die nur in VBA 6.0 zur Verfügung stehen, funktioniert der Code so nicht in VBA 5.0-Hostanwendungen, also auch nicht auf dem Mac. Sie können aber mithilfe von bedingter Kompilierung die benötigten VBA-Anweisungen nachprogrammieren. Wie so etwas geht und was bedingte Kompilierung ist, wird in Kapitel 20 »Versionsübergreifend programmieren« beschrieben.

Die Split-Funktion gibt ein Array zurück, das alle Teile einer Zeichenfolge beinhaltet, die an einem Trennzeichen getrennt wurden. Sie können die Pfadangabe also einfach zusammen mit dem Pfadtrennzeichen an die Split-Funktion übergeben und können dann das Array in einer Schleife durchlaufen. Die Schleife läuft lediglich bis zum vorletzten Arrayfeld und setzt alle Feldwerte wieder zu ei-

ner Zeichenkette zusammen. Diese Zeichenkette stellt dann den
übergeordneten Pfad dar.

```
Function getPfad(strPfad As String) As String
    Dim varWerte As Variant
    Dim lngI As Long
    varWerte = Split(strPfad, _
        Application.PathSeparator)
    For lngI = LBound(varWerte) To UBound(varWerte) - 1
        If getPfad <> "" Then
            getPfad = getPfad & _
                Application.PathSeparator _
                & varWerte(lngI)
        Else
            getPfad = varWerte(lngI)
        End If
    Next lngI
End Function
```

Was nun noch fehlt, ist die rekursive Prozedur. Im Unterschied zur
Prozedur VerzeichnisErstellen prüft sie nun, ob das übergeordnete Verzeichnis vorhanden ist, falls das zu erstellende Verzeichnis
nicht existiert. Gibt es das übergeordnete Verzeichnis, wird das Verzeichnis im Parameter strPfad erstellt. Wenn nicht, ruft die Prozedur sich selbst wieder auf und übergibt als Parameter das übergeordnete Verzeichnis. Danach wird versucht, das Verzeichnis zu
erstellen. Falls jedoch dann immer noch nicht das übergeordnete
Verzeichnis vorhanden ist, weil beispielsweise ein ungültiges Laufwerk angegeben wurde oder das übergeordnete Verzeichnis aus anderen Gründen nicht erstellt werden konnte, löst das natürlich einen Laufzeitfehler aus, der bei Ausgabe einer Fehlermeldung zu
einer Meldung pro Verzeichnisebene führen würde. Das ist für den
Benutzer natürlich etwas lästig. Daher werden Fehler an dieser
Stelle mit On Error Resume Next übergangen.

Wichtig ist bei rekursiven Prozeduren die Endbedingung. Hier ist dies die Abfrage, ob die Variable strTemp leer ist. Falls dies zutrifft und das übergeordnete Verzeichnis immer noch nicht existiert, ist das angegebene Laufwerk nicht vorhanden. Ohne den Abbruch der Prozedur, falls strTemp eine leere Zeichenfolge beinhaltet, würde die Prozedur sich endlos aufrufen und dabei einen Stapelüberlauf verursachen.

Auf dem Stapelspeicher, auch Stack genannt, werden die Aufrufe von Prozeduren und Funktionen sowie weitere Laufzeitinformationen des Codes gespeichert. Er hat nur eine begrenzte Größe, die abhängig von der Office-Version, der VBA-Hostanwendung und dem Betriebssystem ist. Da sich eine rekursive Prozedur immer wieder selbst aufruft, kann der erste Aufruf der Prozedur erst dann vom Stack entfernt werden, wenn alle späteren Aufrufe der Prozedur beendet sind. Daher kann eine falsche Abbruchbedingung dazu führen, dass der Stapelspeicher überfüllt ist und ein Laufzeitfehler auftritt.

Sie können den Inhalt des Stapelspeichers zur Laufzeit anzeigen lassen. Setzen Sie dazu einen Haltepunkt im Code und wählen Sie dann im Unterbrechungsmodus den Menüeintrag *Ansicht / Aufrufeliste* aus.

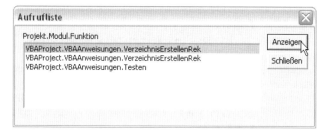

Abbildung 13.2: Anzeige des Stapelspeichers während der Ausführung der rekursiven Prozedur

```
Sub VerzeichnisErstellenRek(strPfad As String)
    Dim strTemp As String
    'nutzt VBA
    On Error GoTo fehler
    'Prüfen, ob Verzeichnis vorhanden
    If VerzVorhanden(strPfad) = False Then
        'Übergeordnetes Verzeichnis ermitteln
        strTemp = getPfad(strPfad)
        If VerzVorhanden(strTemp) = False Then
        'Übergeordnetes Verzeichnis nicht vorhanden
        'Anlegen durch Aufruf der Prozedur
            If strTemp <> "" Then
                VerzeichnisErstellenRek strTemp
                On Error Resume Next
                MkDir strPfad
                On Error GoTo fehler
            Else
                MsgBox "Pfad konnte nicht " & _
                    "erstellt werden, " & _
                    "Laufwerk nicht vorhanden!", _
                    vbInformation
                Exit Sub
            End If
        Else
        'Übergeordnetes Verzeichnis vorhanden
        'Ordner anlegen
            MkDir strPfad
        End If
    End If
    Exit Sub
fehler:
    MsgBox "Das Verzeichnis konnte nicht " & _
        "erstellt werden. " & _
        "Es ist folgender Fehler aufgetreten:" _
        & vbCrLf & _
        Err.Description, vbCritical, "FEHLER!"
    Exit Sub
End Sub

Sub Testen()
```

```
            VerzeichnisErstellenRek "C:\Test\Daten\Daten"
    End Sub
```

Analog dazu, können Sie natürlich auch die Prozedur VerzeichnisErstellen_FSO rekursiv gestalten. Darauf wird hier jedoch aus Platzgründen verzichtet.

Dateien suchen

Sie können nur dann prüfen, ob eine Datei vorhanden ist, wenn Sie wissen, in welchem Pfad sie zu finden sein müsste. Auch bei wenigen alternativen Pfadangaben lässt sich diese Methode noch einsetzen. Sie scheitert aber spätestens dann, wenn Sie keine Ahnung haben, wie der übergeordnete Pfad lauten kann. In diesem Fall bleibt Ihnen nur die Möglichkeit, nach Dateien zu suchen. Alle VBA-Hostanwendungen (mit Ausnahme der Mac-Versionen) stellen dazu das FileSearch-Objekt zur Verfügung, das Sie über die FileSearch-Eigenschaft des Application-Objekts zurückgeben können.

Für die Mac-Versionen steht ein entsprechende Objekt FileFind zur Verfügung, das auf gleiche Weise funktioniert und über die FileFind-Eigenschaft des Application-Objekts zurückgegeben werden kann. Wie Sie Ihren Code so gestalten, dass er sowohl auf dem Mac als auch unter Windows gleichermaßen korrekt ausgeführt werden kann, wird in Kapitel 20 »Versionsübergreifend Programmieren« näher beschrieben.

Das FileSearch-Objekt stellt Methoden und Eigenschaften zur Verfügung, mit denen Sie Dateien suchen können. Sie haben dazu komfortable Möglichkeiten, Suchkriterien zu bestimmen, die im Wesentlichen denen entsprechen, die Sie im Suchen-Dialog von Windows einstellen können. Das folgende Beispiel durchsucht auf diese Weise ein Verzeichnis nach Word-Dateien, die innerhalb der letzten Woche geändert wurden. Das Ergebnis der Suche wird dann im Testfenster ausgegeben.

HINWEIS

Das FileSearch-Objekt steht schon in Office 97 zur Verfügung. Möchten Sie Anwendungen entwickeln, die auch mit Office 97 funktionieren, ist FileSearch die richtige Wahl.

Um das FileSearch-Objekt nutzen zu können, müssen Sie eine Objektvariable der Klasse FileSearch definieren und dieser den Rückgabewert der Eigenschaft FileSearch des Application-Objekts zuweisen. Über die Eigenschaften des Objekts können Sie dann angeben, welche Dateien gesucht werden sollen. Die Eigenschaft LastModified bestimmt als Suchkriterium das Änderungsdatum. Im Beispiel legt die Konstante msoLasteModifiedLastWeek fest, dass nach Dateien gesucht wird, die innerhalb der letzten Woche geändert wurden.

LookIn legt das Verzeichnis fest, in dem die Suche beginnt. Dies kann ein Laufwerkbuchstabe mit abschließendem Doppelpunkt und Backslash sein, wie *C:*, um das ganze Laufwerk zu durchsuchen, oder Sie geben ein Verzeichnis an. Das FileSearch-Objekt ermöglicht auch das Durchsuchen von Unterverzeichnissen. Möchten Sie Unterverzeichnisse durchsuchen, legen Sie dazu die SearchSub-Folder-Eigenschaft auf True fest. Geben Sie False an, wird nur das angegebene Verzeichnis ohne Unterverzeichnisse durchsucht. Über die Eigenschaft FileType können Sie Dateitypen bestimmen, die gesucht werden sollen. Dazu stellt Ihnen VBA verschiedene Konstanten zur Verfügung, mit denen Sie jedoch ausschließlich alle oder bestimmte Office-Dateien suchen können. Möchten Sie andere Dateien, beispielsweise BMP-Dateien suchen, sollten Sie die FileType-Eigenschaft nicht festlegen und dafür die FileName-Eigenschaft benutzen. Sie können ihr einen Dateinamen zuweisen, der gesucht werden soll. Dieser darf auch Platzhalter enthalten. Mit .FileName = "*.BMP" würden somit alle BMP-Dateien gesucht werden.

Mit der Execute-Methode des FileSearch-Objekts können Sie die Suche starten. Wenn Dateien gefunden wurden, die den Suchkriterien entsprechen, können Sie dies über die Count-Eigenschaft der FoundFiles-Auflistung feststellen. Diese Auflistung enthält die Namen aller Dateien im Suchergebnis. Sie wird daher im Anschluss durchlaufen und die Dateinamen werden im Testfenster ausgegeben.

```
Sub DateienSuchen()
    Dim objFS As FileSearch
    Dim lngI As Long
    Set objFS = Application.FileSearch
    With objFS
        .LastModified = msoLastModifiedLastWeek
        .LookIn = "C:\"
        .SearchSubFolders = True
        .FileType = msoFileTypeWordDocuments
        .Execute msoSortByFileName, _
            msoSortOrderDescending
        If .FoundFiles.Count > 0 Then
            'Dateien gefunden
            For lngI = 1 To .FoundFiles.Count
                Debug.Print .FoundFiles(lngI)
            Next lngI
        End If
    End With
End Sub
```

Verwenden Sie das FileSearch-Objekt mehrmals hintereinander, können Sie mit der NewSearch-Methode die Suchkritierien wieder auf Standard zurücksetzen.

So komfortabel und einfach die Suche mit dem FileSearch-Objekt auch ist, sie funktioniert leider nicht zuverlässig. Es gibt Installationen von Office XP/2003, bei denen nur der allererste Aufruf des FileSearch-Objekts zu einem Suchergebnis führt. Alle weiteren Aufrufe liefern auch dann keine Suchergebnisse, wenn es Dateien gibt, die den Suchkriterien entsprechen.

Woran das liegt und warum auf einigen Office-XP/2003 Installationen das FileSearch-Objekt wiederum problemlos funktioniert, ist leider nicht bekannt. Daher kann auch Microsoft keine Abhilfe schaffen. Für Ihre VBA-Anwendungen heißt das aber, dass Sie sich zwar darauf verlassen können, wenn eine bestimmte Datei gefunden wurde, dass sie auch vorhanden ist. Wurde eine Datei nicht gefunden, muss das aber bei Verwendung einer Office-XP oder Office-2003-Anwendung nicht unbedingt heißen, dass es die Datei nicht gibt. Daher ist es ratsam, Sie erstellen eine rekursive Prozedur, die mithilfe des FileSystemObject-Objekts sucht. Liefert das File-Search-Objekt kein Ergebnis, rufen Sie diese alternative Suchfunktion auf.

Die Prozedur Suche zeigt, wie das aussehen könnte. Sie übergeben ihr einfach den Namen der zu suchenden Datei und das Verzeichnis, in dem mit der Suche begonnen werden soll, als Parameter. Die Prozedur ermittelt dann mithilfe der GetFolder-Methode das Folder-Objekt, das das Verzeichnis repräsentiert, mit dem begonnen werden soll. Über die SubFolders-Eigenschaft des Folder-Objekts, können Sie auf alle Unterverzeichnisse zugreifen. Für jedes Unterverzeichnis ruft sich die Prozedur nun selbst wieder auf und übergibt als Pfad den Pfad des Unterordners, den Sie über die Path-Eigenschaft des SubFolder-Objekts zurückgeben können.

Sind auf diese Weise alle Unterordner durchsucht, wird die Files-Auflistung des Verzeichnisses abgearbeitet. Sie enthält alle Dateien in Form von File-Objekten. Suchen Sie nach einer bestimmten Datei, vergleichen Sie einfach den Namen des File-Objekts mit dem gesuchten Dateinamen. Falls Sie Unterschiede in der Groß- und Kleinschreibung ignorieren wollen, sollten Sie beide, also die Name-Eigenschaft des File-Objekts und den gesuchten Dateinamen, zuvor mit LCase in Kleinbuchstaben oder mit UCase in Großbuchstaben umwandeln. Stimmen beide Zeichenfolgen überein, ist die gesuchte Datei gefunden. Im vorliegenden Beispiel wird der komplette Pfad der gefundenen Datei ausgegeben. Dazu wird der Pfad aus dem Pfad des übergeordneten Verzeichnisses (objFolder.Path) und der Name-Eigenschaft des File-Objekts zusammengesetzt. Das Zusammensetzen übernimmt die Methode BuildPath. Sie gibt das vollständige Verzeichnis zurück, das sie aus den beiden Parametern zusammensetzt.

```
Sub Suche(strDateiname As String, strPfad As String)
    Dim objFSO As New FileSystemObject
    Dim objFolder As Folder
    Dim objSubFolder As Folder
    Dim objFile As File
    Set objFolder = objFSO.GetFolder(strPfad)
    On Error Resume Next
    If objFolder.SubFolders.Count > 0 Then
        For Each objSubFolder In objFolder.SubFolders
            Suche strDateiname, objSubFolder.Path
        Next objSubFolder
    End If
    If objFolder.Files.Count > 0 Then
        For Each objFile In objFolder.Files
            If UCase(objFile.Name) = _
            UCase(strDateiname) Then
                'Dateiname ausgeben
                Debug.Print _
                objFSO.BuildPath(objFolder.Path, _
                objFile.Name)
            End If
        Next objFile
    End If
    Set objFolder = Nothing
    Set objFSO = Nothing
End Sub
```

Die BuildPath-Methode macht mehr als nur Pfad und Datei-namen aneinander zu fügen. Sie ergänzt auch fehlende und löscht überflüssige Pfadtrennzeichen. Die beiden folgenden Aufrufe der BuildPath-Methode würden die Pfadangabe *C:\Daten\test.txt* liefern. Im ersten Fall wird das fehlende Pfadtrennzeichen ergänzt, im zweiten Fall wird das überflüssige gestrichen.

```
objFSO.BuildPath("C:\Daten","test.txt")
objFSO.BuildPath("C:\Daten\","\test.txt")
```

Laufwerke und Laufwerkseigenschaften ermitteln

Wenn Sie Dateien kopieren und Fehlerquellen ausschließen möchten, ist es sinnvoll zu prüfen, ob das Ziellaufwerk schreibgeschützt ist oder nicht und ob überhaupt noch ausreichend Platz zur Verfügung steht. Dazu müssen Sie also Informationen über Laufwerke ermitteln können.

Mit VBA alleine geht das leider nicht. Sie benötigen dazu zwingend das FileSystemObject-Objekt. Das bedeutet dann natürlich auch, dass der Code nicht auf dem Mac ausgeführt werden kann.

Lediglich einfache Prüfungen können Sie auch mit VBA durchführen, wie beispielsweise die Prüfung, ob es ein bestimmtes Laufwerk gibt. Die meisten der nachfolgenden Beispiele beschränken sich daher auf die Verwendung des FileSystemObject-Objekts.

Sie finden den Code im Modul *Laufwerke* der Datei *K13.xls*.

Prüfen, ob ein Laufwerk existiert

Wenn Sie prüfen möchten, ob es ein Laufwerk gibt, gibt es dazu zwei Möglichkeiten. Sie nutzen VBA und die Methode Versuch und Irrtum. Dabei versuchen Sie, auf das Laufwerk zu wechseln. Tritt dabei ein Fehler auf, ist das Laufwerk nicht vorhanden, gelingt es, gibt es das Laufwerk.

Alternativ stellt das FileSystemObject-Objekt die Methode Drive-Exits zur Verfügung. Sie gibt True zurück, falls das Laufwerk vorhanden ist. Die Funktion LWVorhanden zeigt die Möglichkeit mit VBA, LWVorhanden_FSO nutzt das FileSystemObject-Objekt.

```
Function LWVorhanden(strLW As String) As Boolean
    On Error GoTo Fehler
    ChDrive strLW
    LWVorhanden = True
    Exit Function
Fehler:
    LWVorhanden = False
    Exit Function
End Function


Function LWVorhanden_FSO(strLW As String) As Boolean
    Dim objFSO As New FileSystemObject
    LWVorhanden_FSO = objFSO.DriveExists(strLW)
    Set objFSO = Nothing
End Function
```

Bei beiden Funktionen ist es unerheblich, ob Sie den Doppelpunkt nach dem Laufwerksbuchstaben mit angeben. Sie können
also sowohl den Aufruf LWVorhanden_FSO("D") als auch
LWVorhanden_FSO("D:") verwenden. Auf dem Mac können Sie
jedoch nur die Funktion LWVorhanden einsetzen. In diesem Fall
müssen Sie dann statt des Laufwerksbuchstabens die Laufwerks-
bezeichnung an die Funktion übergeben.

Den Laufwerkstyp ermitteln

Wenn Sie ermitteln möchten, ob es sich bei einem Laufwerk um
einen Wechseldatenträger, ein Netzlaufwerk oder eine Festplatte
handelt, hilft Ihnen dabei nur das FileSystemObject-Objekt. Es
stellt neben einer Drives-Auflistung, die alle Laufwerke des Sys-
tems verwaltet, auch ein Drive-Objekt zur Verfügung, das ein Laufwerk darstellt. Über die Eigenschaften des Drive-Objekts können
Sie auf verschiedene Eigenschaften des Laufwerks zugreifen.

Zunächst müssen Sie wieder ein FileSystemObject-Objekt erzeugen. Außerdem müssen Sie eine Variable des Typs Drive deklarieren, der Sie später das Drive-Objekt zuweisen. Bevor Sie jedoch auf
das Laufwerk zugreifen, sollten Sie prüfen, ob es existiert. Dazu ru-

fen Sie wieder die Methode DriveExists auf. Gibt sie True zurück, können Sie das Drive-Objekt ermitteln, das das gesuchte Laufwerk repräsentiert. Dazu rufen Sie die GetDrive-Methode auf und übergeben ihr den Laufwerksbuchstaben des Laufwerks. Die Methode gibt dann das Drive-Objekt des Laufwerks zurück, das Sie der Variablen objDr zuweisen. In einer Select-Case-Anweisung können Sie nun prüfen, welchen Wert die DriveType-Eigenschaft des Laufwerks hat. Sie gibt Auskunft über den Laufwerkstyp.

Die DriveType-Eigenschaft kann die Werte 0 bis 5 einnehmen. Deren Bedeutung können Sie der Select-Anweisung im Listing entnehmen, die die deutsche Bezeichnung des Laufwerkstyps als Rückgabewert der Funktion festlegt. Als Wechseldatenträger werden alle Datenträger bezeichnet, die nicht fest installiert sind, wie Magnetbänder, Disketten, USB-Sticks, SD- und CF-Karten etc. Für DVD-Laufwerke gibt die DriveType-Eigenschaft genau wie bei CD-Laufwerken den Wert 4 zurück. Sie können also nicht zwischen CD- und DVD-Laufwerk unterscheiden.

```
Function LWTyp(strLW As String) As String
    Dim objFSO As New FileSystemObject
    Dim objDr As Drive
    If objFSO.DriveExists(strLW) Then
        Set objDr = objFSO.GetDrive(strLW)
        Select Case objDr.DriveType
            Case 0: LWTyp = "Unbekannt"
            Case 1: LWTyp = "Wechseldatenträger"
            Case 2: LWTyp = "Festplatte"
            Case 3: LWTyp = "Netzlaufwerk"
            Case 4: LWTyp = "CD-ROM"
            Case 5: LWTyp = "RAM-Laufwerk"
        End Select
    End If
    Set objDr = Nothing
    Set objFSO = Nothing
End Function
```

Dateisystem und verfügbaren Speicher feststellen

Welches Dateisystem auf einem Laufwerk vorhanden ist, spielt für Kopiervorgänge im Prinzip eine untergeordnete Rolle. Allerdings ist die Information vielleicht in anderer Hinsicht interessant für Sie. Da diese Information zusammen mit dem auf dem Laufwerk verfügbaren Speicher einfach ermittelt werden kann, soll die folgenden Funktion zeigt, wie Sie beide Informationen auf einmal zurückgeben.

Dazu wird eine Funktion verwendet, die einen Wert als Rückgabewert zurückgibt, in diesem Fall den verfügbaren Speicher, und den anderen als Parameter, der als Referenz übergeben wird. Wichtig ist, dass Sie den zweiten Parameter, strDateisystem, mit dem Schlüsselwort ByRef deklarieren.

Mehr zur den Möglichkeiten der Parameterübergabe finden Sie in Kapitel 4 »VBA-Grundlagen«.

Wie im vorherigen Beispiel geben Sie zunächst das Laufwerk mit der Methode GetDrive als Drive-Objekt zurück und weisen es der Variablen objDr zu. Bevor Sie aber nun das Dateisystem und den freien Speicher ermitteln können, sollten Sie prüfen, ob das Laufwerk auch bereit ist. Das ist vor allem bei Wechseldatenträgern und CD-/DVD-Laufwerken wichtig, weil beide Informationen nur ermittelt werden können, wenn im Laufwerk auch ein Datenträger eingelegt ist.

Zu diesem Zweck gibt es die IsReady-Eigenschaft. Sie gibt True zurück, wenn das Laufwerk bereit ist. In diesem Fall können Sie das Dateisystem über die Eigenschaft FileSystem ermitteln. Sie gibt die Bezeichnung des Dateisystems, wie *NTFS*, *FAT* oder *FAT32* zurück. Den freien Speicher können Sie im Prinzip mit der Free-Space-Eigenschaft des Drive-Objekts ermitteln. Allerdings muss das nicht zwingend Speicherplatz sein, der auch für Kopieraktionen zur Verfügung steht. Abhängig vom Betriebssystem, das dieses Laufwerk verwaltet, können dem einzelnen Benutzer nämlich so genannte *Quotas* zugewiesen sein, die ihm nur einen begrenzten Platz auf dem Laufwerk zusprechen. Nur dieser Speicherplatz steht Ihnen auch zum Kopieren zur Verfügung. Sie können den für den Benutzer verfügbaren Speicherplatz mit der AvailableSpace-Eigenschaft in Bytes ermitteln. Gibt es solche Beschränkungen nicht, geben beide Eigenschaften den gleichen Wert zurück.

Aus diesem Grund ist es immer sinnvoller die AvailableSpace-Eigenschaft zu verwenden. Damit Sie jedoch Angaben in Megabytes erhalten, müssen Sie den zurückgegebenen Wert zweimal durch 1024 teilen. Die erste Division liefert den Speicherplatz in KB, die zweite Division liefert den Platz in MB:

```
Function freierSpeicher(strLW As String, _
    ByRef strDateisystem As String) As Double
    'Gibt den freien Speicher in MB zurück
    'Gibt über den Parameter strDateisystem das
    'Dateisystem des Laufwerks zurück
    Dim objFSO As New FileSystemObject
    Dim objDr As Drive
    Set objDr = objFSO.GetDrive(strLW)
    If objFSO.DriveExists(strLW) Then
        Set objDr = objFSO.GetDrive(strLW)
        If objDr.IsReady = True Then
            strDateisystem = objDr.FileSystem
            freierSpeicher = (objDr.AvailableSpace / _
                1024) / 1024
        Else
            strDateisystem = "Datenträger nicht bereit"
            freierSpeicher = -1
        End If
    End If
    Set objDr = Nothing
    Set objFSO = Nothing
End Function
```

Damit Sie nun beide Informationen aus der Funktion zurückgeben können, müssen Sie beim Aufruf darauf achten, dass Sie als zweiten Parameter eine String-Variable übergeben, die initialisiert sein muss, beispielsweise mit einer leeren Zeichenfolge. Diese Variable enthält nach Aufruf der Funktion das Dateisystem.

```
Sub Test()
    Dim strDS As String
    strDS = ""
    Debug.Print "Verfügbarer Speicher in MB: " & _
        freierSpeicher("E:", strDS)
    Debug.Print "Verwendetes Dateisystem: " & strDS
End Sub
```

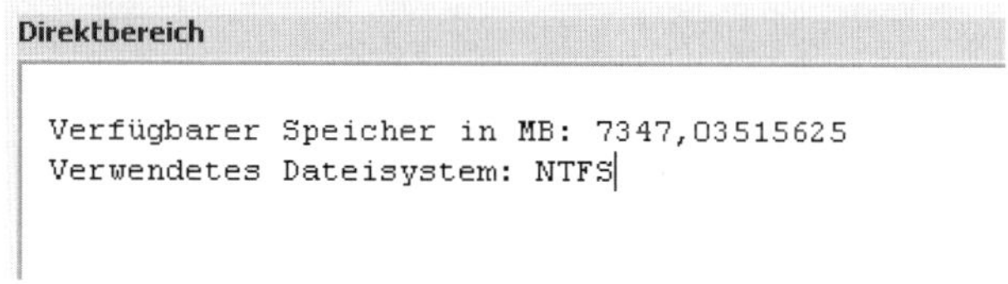

Direktbereich

```
Verfügbarer Speicher in MB: 7347,03515625
Verwendetes Dateisystem: NTFS
```

Abbildung 13.3: Die erzeugte Ausgabe im Direktfenster

14 VBA-Anwendungen installieren

Wie komplex die Installation Ihrer VBA-Anwendung auf dem Zielrechner ist, hängt vor allem davon ab, welche und wie viele Dateien installiert werden müssen. Im einfachsten Fall besteht Ihre Anwendung aus nur einer Vorlage oder Datei, die sich aus jedem beliebigen Verzeichnis starten lässt. In diesem Fall kann natürlich die Installation entfallen. In anderen Fällen müssen eventuell Voreinstellungen in die Registry geschrieben oder weitere benötigte Dateien kopiert werden. Insbesondere wenn die Anwendung voraussetzt, dass die Office-Datei oder bestimmte Hilfsdateien sich in einem bestimmten Verzeichnis befinden, ist es ratsam, dass Sie den Installationsvorgang steuern und nicht dem Benutzer überlassen.

Möglichkeiten und Techniken im Überblick

Für die Installation von VBA-Anwendungen gibt es im Prinzip eine Menge Möglichkeiten.

- Sie führen die Installation per VBA durch und prüfen, bei jedem Start der Anwendung, ob die Anwendung korrekt installiert ist, wenn nicht, führen Sie die Installation durch.

- Sie erstellen eine selbstentpackende ZIP-Datei, die die Dateien der Anwendung automatisch in das gewünschte Verzeichnis entpackt.

- Sie nutzen professionelle Setup-Tools, um ein Setup-Programm zu erstellen. Damit können Sie dann in der Regel auch Desktop-Symbole und Startmenü-Einträge zum Starten Ihrer Anwendung erzeugen.

- Sie erstellen ein Setup-Skript, das vom WSH (= Windows Script Host) ausgeführt wird. Die Programmierung ist mit VBA-Kenntnissen nicht sonderlich schwer, die Ausführung ist jedoch an die Installation des WSH gebunden. Zudem werden Skripte von vielen Virenschutzprogrammen deaktiviert. Daher ist diese Möglichkeit nicht optimal und wird nachfolgend nicht weiter dargestellt.

✔ Zu guter Letzt können Sie natürlich auch den Paket- und Weitergabeassistenten verwenden. Dabei handelt es sich um ein Add-In, das Bestandteil der Developer-Edition von Microsoft Office ist. Damit können Sie recht einfach Installationsprogramme erstellen.

Sie können die ersten beiden Methoden auch hervorragend kombinieren, indem Sie das Kopieren der Dateien in ein Zielverzeichnis durch eine selbstentpackende ZIP-Datei realisieren und anschließend Starteinstellungen und andere Anpassungen per VBA beim ersten Start vornehmen.

Automatische Installation per VBA

Wenn Sie eine Installation per VBA durchführen möchten, bedeutet das natürlich, dass Sie den Code in eine Office-Datei einbetten müssen. Das heißt aber natürlich auch, dass auch dann der Benutzer erst einmal die Office-Datei öffnen muss.

In einer Prozedur, die beim Öffnen der Datei ausgeführt wird, müssen Sie dann die Installation vornehmen. In der Regel können Sie das direkt in der Office-Datei machen, die Ihre Anwendung darstellt. Nur in seltenen Fällen ist es sinnvoll, die Installation in eine zweite Office-Datei auszulagern. Das folgende Beispiel soll zeigen, wie Sie eine solche Installation durchführen können. Dabei wird angenommen, dass

✔ der Benutzer das Installationsverzeichnis auswählen darf.

✔ außer der Excel-Datei, die die Anwendung darstellt, auch noch eine Access-Datenbank benötigt wird, die nicht zwingend im gleichen Verzeichnis wie die Excel-Datei liegen soll.

✔ der Pfad, in dem die Datenbank installiert wird, in die Registry geschrieben werden soll, damit der Code Zugriff auf den bei der Installation gewählten Pfad hat.

Beide Dateien, also die Excel-Arbeitsmappe und die MDB-Datei sollen dann natürlich auch automatisch in die gewählten Verzeichnisses kopiert werden.

> Sie finden den Code in der Datei *K14.xls*. Die zu kopierende Datenbank *Daten.mdb* befindet sich ebenfalls im gleichen Verzeichnis wie die Datei *K14.xls*.

Prüfen, ob die Installation bereits erfolgt ist

Zuerst sollten Sie im Modul *DieseArbeitsmappe* eine Ereignisprozedur für das Open-Ereignis erstellen. In dieser Ereignisprozedur ergänzen Sie dann den nachfolgend erläuterten Code.

> Möchten Sie eine Installationsroutine für PowerPoint erstellen, erzeugen Sie stattdessen eine Auto_Open-Prozedur. In Access müssen Sie eine Funktion erstellen, die Sie dann vom *AutoExec*-Makro ausführen lassen.

> Der nachfolgende Code nutzt Excel, lässt sich jedoch mit wenigen Änderungen auch in den anderen Office-Anwendungen einsetzen. Sie müssen dann lediglich die Excel-spezifischen Anweisungen ersetzen.

Wie Sie prüfen können, ob die Anwendung bereits installiert ist, hängt von der Art der Installation ab. Wird dabei eine Datei neu erzeugt, müssen Sie einfach nur prüfen, ob diese Datei vorhanden ist. Fehlt sie, muss die Installation noch erfolgen. Erzeugen Sie Registry-Einträge bei der Installation können Sie prüfen, ob diese vorhanden sind. Falls nicht, ist eine Installation noch nicht erfolgt.

Diese Methode funktioniert immer, indem Sie einfach nach Abschluss der Installation einen Registry-Wert erzeugen, der das Installationsdatum enthält. In unserem Beispiel ist das aber gar nicht notwendig, weil hier ohnehin das Datenbankverzeichnis in der

Registry gespeichert werden soll. Sie sollten daher auf Modulebene einfach eine Konstante mit dem Programmnamen definieren. Dieser Programmname dient als oberster Schlüssel in der Registry. Sie fragen dann einfach mit der GetSetting-Funktion den Schlüssel Datenbankpfad ab und geben als Standardwert eine leere Zeichenfolge an. Gibt die Funktion eine leere Zeichenfolge zurück, ist der Schlüssel nicht vorhanden und die Anwendung muss installiert werden.

Außerdem sollten Sie auf Modulebene noch eine Konstante strDB mit dem Namen der zu kopierenden Datenbankdatei erstellen.

```
Const strAppname = "SetupBspK14"
Const strDB = "daten.mdb"

Private Sub Workbook_Open()
    'Prüfen, ob die Anwendung schon installiert ist
    If GetSetting(strAppname, "Setup", _
        "Datenbankpfad", "") = "" Then
        'Anwendung ist noch nicht installiert

    Else
        'Anwendung ist installiert
        'Hier folgen Anweisungen zum Start der
        'Anwendung
    End If
End Sub
```

Verzeichnisse einlesen

Wenn Sie die Anwendung installierten möchten, müssen Sie die Verzeichnisse vom Benutzer einlesen. Dazu bietet es sich an, eine Funktion zu erstellen. Ihr übergeben Sie die Meldung, die dem Benutzer angezeigt werden soll, als Parameter und sie gibt den ermittelten Pfad zurück.

Dafür eine Funktion zu erstellen hat den Vorteil, dass Sie beide Verzeichnisse mit dem gleichen Code einlesen können. Zudem müssen Sie nur die Funktion ändern, wenn Sie den Code in einer

Anwendung einsetzen möchten, die anders als Office XP und höher keinen Dialog zur Auswahl eines Verzeichnisses anbieten. Falls Sie das Verzeichnis fest vorgeben möchten und nicht vom Benutzer bestimmen lassen möchten, brauchen Sie ebenfalls nur einen konstanten Rückgabewert für die Funktion zu bestimmen und müssen den restlichen Code nicht antasten.

Die folgende Funktion liest das Verzeichnis über das FileDialog-Objekt von Office XP/2003 ein. Dazu wird der Parameter str-Meldung als Titel im Dialogfeld angezeigt und der ausgewählte Name zurückgegeben. Bricht der Anwender die Auswahl ab, gibt die Funktion eine leere Zeichenfolge zurück.

Mehr zum FileDialog-Objekt und den Alternativen dazu, finden Sie in Kapitel 12 »Benutzeroberflächen gestalten«.

```
Function getPfad(strMeldung As String) As String
    'Achtung, Code funktioniert nur ab Office XP
    Dim objFD As FileDialog
    Set objFD = Application.FileDialog( _
        msoFileDialogFolderPicker)
    objFD.Title = strMeldung
    objFD.InitialFileName = ThisWorkbook.Path
    If objFD.Show() = True Then
        If objFD.SelectedItems.Count = 0 Then
            getPfad = ""
        Else
            getPfad = objFD.SelectedItems(1)
        End If
    End If
End Function
```

Nun müssen Sie die Funktion natürlich noch aufrufen. Deklarieren Sie dazu zunächst drei Variablen innerhalb des If-Zweiges. Das ist zwar nicht üblich, weil normalerweise die Deklarationen am Prozeduranfang stehen. Hier ist es jedoch sinnvoll, weil Sie die Variable ja nur dann benötigen, wenn eine Installation erforderlich ist.

Der Variablen strQuelle weisen Sie den Pfad der Arbeitsmappe zu, den beiden Variablen strZiel1 und strZiel2 weisen Sie die Rückgabewerte der Funktion getPfad zu. Anschließend sollten Sie aber prüfen, ob die Funktion auch einen Wert ungleich einer leeren Zeichenfolge zurückgegeben hat. Hat der Benutzer kein Programmverzeichnis gewählt, brechen Sie das Setup-Programm ab, wählt er nur kein separates Datenbankverzeichnis aus, weisen Sie den Wert der Variablen strZiel1 auch der Variablen strZiel2 zu.

```
Private Sub Workbook_Open()
    'Prüfen, ob die Anwendung schon installiert ist
    If GetSetting(strAppname, "Setup", _
        "Datenbankpfad", "") = "" Then
        'Anwendung ist noch nicht installiert
        Dim strZiel1 As String
        Dim strZiel2 As String
        Dim strQuelle As String
        strQuelle = ThisWorkbook.Path
        'Einlesen des Zielverzeichnisses für
        'die Excel-Datei
        strZiel1 = getPfad("Bitte wählen Sie das " & _
            "Verzeichnis " & _
            "für die Anwendung aus!")
        If strZiel1 = "" Then
            MsgBox "Ohne ein Installationsver" & _
                "zeichnis " & _
                "kann die Installation nicht " & _
                "fortgesetzt werden!"
            Exit Sub
        End If
        'Einlesen des Zielverzeichnisses für
        'die Datenbank
        strZiel2 = getPfad("Bitte wählen Sie " & _
            "das Verzeichnis " & _
            "für die Datenbank aus!")
        If strZiel2 = "" Then
            'Datenbankverzeichnis =
            'Anwendungsverzeichnis
            strZiel2 = strZiel1
        End If
        'Dateien kopieren
```

```
        Else
            'Anwendung ist installiert
            ...
        End If
    End Sub
```

Dateien kopieren

Sie müssen zwei Dateien kopieren die Excel-Datei, die gerade den Code ausführt und eine externe Datei. Die Excel-Datei können Sie ohnehin nicht kopieren, so lange sie geöffnet ist. Hier bietet sich daher an, sie mit der SaveAs-Methode in einem anderen Verzeichnis zu speichern. Da das Verzeichnis der zu kopierenden Datenbankdatei jedoch dem Verzeichnis der Excel-Datei entspricht, müssen Sie zwingend zuerst die Datenbankdatei und erst zum Schluss die Excel-Datei kopieren.

> Da eine Datenbankdatei oft wichtige Daten enthält, dürfen Sie die Datenbank nicht einfach bei der Installation ersetzen, falls sie im Zielverzeichnis schon vorhanden ist. Daher prüfen Sie zuerst mit der Dir-Funktion ob es die Datenbank im Zielverzeichnis schon gibt.

Falls ja, geben Sie eine Meldung mit MsgBox aus. Schließt der Benutzer die Meldung mit *Ja*, löschen Sie die Datei und kopieren sie anschließend aus dem Quell- ins Zielverzeichnis.

Ist die Datei nicht im Zielverzeichnis vorhanden, sorgen Sie im Else-Zweig der Verzweigung dafür, dass die Datenbank kopiert wird. Danach speichern Sie die Arbeitsmappe mit der SaveAs-Methode. Hier sorgt Excel dafür, dass der Benutzer gefragt wird, ob die Zieldatei überschrieben werden soll, falls sie schon vorhanden ist.

```
        ...
        'Dateien kopieren
        'Prüfen, ob die Datenbankdatei vorhanden ist.
        If Dir(strZiel2 & Application.PathSeparator _
```

```
        & strDB) <> "" Then
        antw = MsgBox("Die Datenbank ist im " & _
            "Zielverzeichnis schon vorhanden, " & _
            "soll " & "die vorhandene Datei " & _
            "ersetzt werden?", _
            vbQuestion + vbYesNo)
        If antw = vbYes Then
            On Error Resume Next
            'Datei löschen
            VBA.SetAttr strZiel2 & _
                Application.PathSeparator & _
                strDB, vbNormal
            Kill strZiel2 & _
                Application.PathSeparator & strDB
            'Datenbank kopieren
            FileCopy ThisWorkbook.Path & _
                Application.PathSeparator & _
                strDB, strZiel2 & _
                Application.PathSeparator & strDB
        End If
    Else
        On Error GoTo Fehler
        'Datenbank kopieren
        FileCopy ThisWorkbook.Path & _
            Application.PathSeparator & strDB, _
            strZiel2 & Application.PathSeparator _
            & strDB
        On Error GoTo 0
    End If
    'Arbeitsmappe kopieren
    ThisWorkbook.SaveAs strZiel1 & _
        Application.PathSeparator & _
        ThisWorkbook.Name
Else
    'Anwendung ist installiert
    'Hier folgen Anweisungen zum Start der
    'Anwendung
End If
'Registry-Eintrag setzen

Exit Sub
```

```
Fehler:
    MsgBox "Beim Kopieren der Datei " & _
    ThisWorkbook.Path & _
    Application.PathSeparator & _
    strDB & " ist folgender Fehler aufgetreten!" _
    & vbCrLf & Err.Number & ": " & Err.Description
    Exit Sub
End Sub
```

Abbildung 14.1: Excel prüft selbstständig, ob die zu kopierende Excel-Datei im Zielverzeichnis schon vorhanden ist

Registry-Eintrag erstellen

Nach erfolgreichem Kopieren beider Dateien müssen Sie noch den Datenbankpfad in der Registry speichern. Damit stellen Sie zugleich sicher, dass beim nächsten Öffnen der Arbeitsmappe das Setup nicht erneut ausgeführt wird. Um den Registry-Eintrag zu speichern, verwenden Sie die SaveSetting-Anweisung. Wichtig ist, dass Sie ihr die gleichen Schlüsselnamen und Wertnamen übergeben wie beim Aufruf der GetSetting-Funktion am Proceduranfang. Als letzten Parameter geben Sie den Wert als den Pfad für die Datenbank an.

```
    ...
    'Registry-Eintrag setzen
    SaveSetting strAppname, "Setup", _
        "Datenbankpfad", strZiel2
    Exit Sub
Fehler:
    MsgBox "Beim Kopieren der Datei " & _
    ThisWorkbook.Path & _
    Application.PathSeparator & _
    strDB & " ist folgender Fehler aufgetreten!" _
    & vbCrLf & Err.Number & ": " & Err.Description
```

```
        Exit Sub
    End Sub
```

Setup-Tools nutzen

Setup-Tools dienen dazu, ein komplexes Setup-Programm in Form einer EXE oder MSI-Datei (MSI = Microsoft Installer) zu erstellen. Es gibt dafür professionelle und recht teure Tools, aber auch viele kleine und nicht unbedingt schlechte Shareware- und Freeware-Programme. Ein solches Programm soll hier stellvertretend das Freeware-Programm InfTool vorgestellt werden.

InfTool und weitere alternative Tools zum Erstellen von Setup-Programmen finden Sie auf der CD im Verzeichnis */soft/setup/*.

InfTool installieren

InfTool installieren Sie, indem Sie dessen Setup-Programm, die Datei *InfTool.exe* ausführen. Vorbereitend sollten Sie alle anderen Anwendungen schließen, das gilt vor allem für Virenscanner und ähnliche systemnahe Programme.

Das Setup-Programm startet mit einem Dialogfeld, das Sie mit *Install* schließen und damit auch die eigentliche Installation starten. Sie müssen nun den Lizenzbedingungen zustimmen, indem Sie auf *I agree* klicken (siehe Abbildung 14.2).

Im nächsten Schritt können Sie festlegen, in welches Verzeichnis die Anwendung installiert werden soll. Im Normalfall sollten Sie das vorgeschlagene Verzeichnis *C:\INF-Tool* übernehmen, indem Sie auf *OK* klicken. Die Dateien werden nun kopiert und die Installation abgeschlossen (siehe Abbildung 14.3).

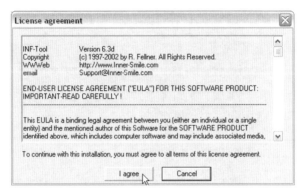

Abbildung 14.2: Zustimmung zum Lizenzvertrag

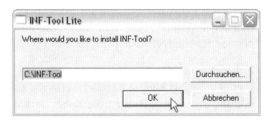

Abbildung 14.3: Zielverzeichnis bestimmen

Schließen Sie den letzten Dialog mit *OK*, um den Installationsvorgang zu beenden.

Ein Setup-Programm erstellen

Nach der Installation können Sie das Programm über den Startmenü-Eintrag *Start / Alle Programme / INF-Tool / INF-Tool* bzw. über *Start / Programme / INF-Tool / INF-Tool* starten.

Standardmäßig wird zunächst ein Demo-Projekt geladen. Schließen Sie daher die beiden ersten Dialogfelder mit *OK*. Im eigentlichen Programmfenster gehen Sie dann wie folgt vor, um ein neues Setup-Projekt zu erstellen:

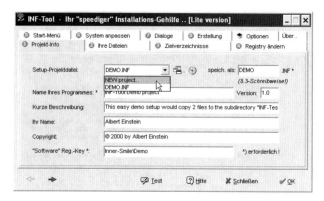

Abbildung 14.4: Ein neues Setup-Projekt erstellen

✓ Wählen Sie aus der Pulldownliste Setup-Projektdatei den Eintrag *NEW project ...* aus und tragen Sie im Feld *speich. als* den Namen für die INF-Datei ein, die das Projekt darstellt.

✓ Füllen Sie anschließend auch die übrigen Felder der Registerkarten aus. Das könnte beispielsweise wie in der folgenden Abbildung aussehen . Achten Sie dabei darauf, dass Sie mindestens alle mit * gekennzeichneten Felder ausfüllen.

✓ Aktivieren Sie die Registerkarte *Ihre Dateien*.

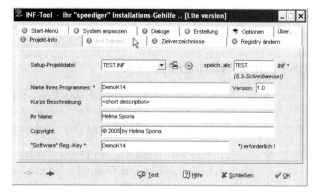

Abbildung 14.5: Ausfüllen der Projekteigenschaften

HINWEIS Wenn Sie mit der Maus etwas auf einem Steuerelement des Dialogfeldes verweilen, zeigt das Programm eine kurze Erläuterung des Steuerelements als Tooltipp an.

✔ Klicken Sie auf die Schaltfläche *Hinzufügen* und wählen Sie die Datei aus, die mit dem Setup-Programm installiert werden soll. Wiederholen Sie diesen Schritt, bis Sie alle zu installierenden Dateien ausgewählt haben.

✔ Aktivieren Sie die Registerkarte *Zielverzeichnisse* um die Zielverzeichnisse für die Installation festzulegen.

✔ Klicken Sie auf *Hinzufügen*, um ein Verzeichnis zu wählen. Wenn Sie möchten, dass die Anwendung im Benutzerverzeichnis des aktuellen Benutzers installiert wird, wählen Sie beispielsweise *User profile directory* aus der Liste *Vorschlag* aus. Das Tool schlägt dann als Unterverzeichnis ein Verzeichnis mit dem Namen der Anwendung vor. Wenn Sie einen anderen Unverzeichnisnamen wünschen, überschreiben Sie einfach den Wert im Feld *Welches Verzeichnis soll in diesem Wurzelverzeichnis erstellt werden*. Schließen Sie das Dialogfeld mit *Hinzufügen* und wiederholen Sie diesen Schritt für jedes Verzeichnis, das als Zielverzeichnis verwendet werden soll

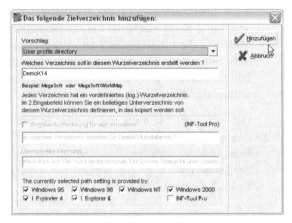

Abbildung 14.6: Einstellen des Zielverzeichnisses

✔ Nun müssen Sie die Dateien den definierten Zielverzeichnissen zuordnen. Markieren Sie dazu alle Dateien in der linken Liste, die in ein Zielverzeichnis kopiert werden sollen. Sie können mehrere Dateien kopieren, indem Sie sie bei gedrückter ⎵-Taste anklicken.

✔ Ziehen Sie dann die markierten Dateien mit der Maus auf das definierte Zielverzeichnis.

Abbildung 14.7: Zuordnen des Zielverzeichnisses

✔ Sie können nun über die Registerkarten *Registry ändern*, *Start-Menü* und *System anpassen* weitere Einstellungen und Optionen festlegen, die für einfache Setup-Programme aber häufig nicht notwendig sind. Aktivieren Sie dann die Registerkarte *Dialoge*, um eine Meldung vor dem Start der Installation und nach Abschluss des Setup-Programms zu erstellen.

✔ Geben Sie die Meldung, die vor der Installation angezeigt werden soll, in das Feld *Meldung/Frage vor der Installation* ein. Im Feld *Meldung nach Installation* geben Sie den Text ein, der nach der Installation angezeigt werden soll. Optional können Sie ein Symbol für die Setup-Dialoge auswählen.

Abbildung 14.8: Dialoge und Meldungen definieren

Aktivieren Sie die Registerkarte *Erstellung*. Geben Sie dort im Feld *Software-Verzeichnis erstellen* das Verzeichnis an, in dem die Dateien für das Setup-Programm abgelegt werden sollen. Sie können ein Verzeichnis auch über das Symbol rechts vom Eingabefeld auswählen.

Abbildung 14.9: Setup-Verzeichnisse erzeugen

Klicken Sie auf die Schaltfläche *Verzeichnis JETZT erstellen*.

Klicken Sie nun auf *Optionen*.

✔ Im Feld *Name Ihres Setup-Pakets* können Sie Pfad und Namen (ohne Dateinamenserweiterung) für Ihr Setup-Paket eingeben. Für den Titel des Setup-Fensters können Sie den gewünschten Text in das Feld *Fenster-Titel des Installationsprogramms* eingeben und über die beiden Textfelder darunter noch Name und Pfad zu Textdateien mit den Lizenz- und Programminformationen angeben. Klicken Sie zum Schluss auf *OK*.

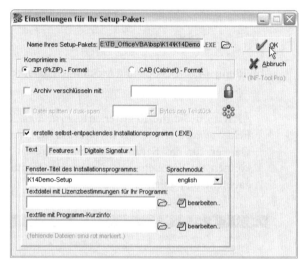

Abbildung 14.10: Optionen für das Setup-Paket

✔ Klicken Sie auf *Paket JETZT erstellen*.

✔ Klicken Sie auf *OK*, um die INF-Datei mit den Einstellungen für Ihr Setup-Projekt zu erstellen, und danach auf *Schließen*, um das Programm zu beenden.

Ausführen des Setup-Programms

Wenn Sie sowohl ein Softwareverzeichnis als auch ein Setup-Paket erstellt haben, gibt es zwei Möglichkeiten für den Benutzer, die Anwendung zu installieren. Im Softwareverzeichnis befinden sich neben den zu installierenden Dateien auch eine INF-Datei. Diese enthält Anweisungen, die die Installation vornehmen. Sie müssen in diesem Fall also den kompletten Inhalt dieses Verzeichnisses weitergeben. Der Benutzer kann dann die Installation starten, indem er im Kontextmenü der INF-Datei den Eintrag *Installieren* wählt.

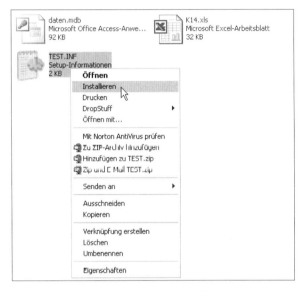

Abbildung 14.11: Installation über die INF-Datei

Haben Sie ein Setup-Paket installiert, steht dem Benutzer für die Installation eine EXE-Datei zur Verfügung, die er einfach per Doppelklick ausführen kann. Sie müssen in diesem Fall nur die EXE-Datei weitergeben.

Einfache Vorlagendateien nutzen

Nicht immer ist es notwendig, ein komplexes Setup-Programm zu erstellen. Oft besteht eine VBA-Anwendung schließlich nur aus einer Vorlagendatei, aus der dann neue Dokumente, Arbeitsmappen oder Präsentationen erzeugt werden. In solchen Fällen sollten Sie dem Benutzer die Installation einfach dadurch erleichtern, dass Sie beim Öffnen der Datei prüfen, ob sie sich schon im Standardvorlagenverzeichnis der Anwendung befindet. Wenn nicht, kopieren Sie die Datei dort hinein. Dann kann der Benutzer komfortabel aus dem Vorlagen-Dialogfeld die Vorlage auswählen.

Leider funktioniert das nur in Word und Excel, weil Sie in Power-Point keine Ereignisprozedur für das Open-Ereignis erstellen können. Auch die Auto_Open-Prozedur wird nur in PowerPoint-Add-Ins ausgeführt. Daher scheidet diese Möglichkeit für PowerPoint aus.

Den Code für Excel finden Sie in der Datei *K14.xlt* im Modul *DieseArbeitsmappe*. Der entsprechende Code für Word ist in der Datei *K14.dot* enthalten. Beide Versionen unterscheiden sich nur geringfügig. Zunächst zur Excel-Version.

Sie erstellen einfach eine Ereignisprozedur für das Open-Ereignis der Arbeitsmappe und prüfen dort, ob der Wert der Path-Eigenschaft der Arbeitsmappe, ergänzt um ein Pfadtrennzeichen, mit dem Pfad in der Eigenschaft TemplatesPath übereinstimmt. Wenn ja, ist die Datei bereits installiert. Sie sollten dann eine Hinweismeldung ausgeben, wie die Datei gebraucht werden soll.

Andernfalls müssen Sie die Datei installieren, indem Sie sie mit der SaveAs-Methode im Vorlagenverzeichnis speichern. Achten Sie aber darauf, das nur dann zu tun, wenn der Pfad der Datei ungleich einer leeren Zeichenfolge ist. Ansonsten würden nämlich alle neu aus der Vorlage erzeugten Dateien automatisch in das Vorlagenverzeichnis kopiert, und das ist schließlich nicht Sinn der Sache.

```
Private Sub Workbook_Open()
    'Prüfen, ob der Pfad der Arbeitsmappe
    'der Standardvorlagenpfad ist
    If ThisWorkbook.Path & Application.PathSeparator _
        = Application.TemplatesPath Then
```

```
                    MsgBox "Bitte verwenden Sie die Vorlage, " & _
                        "indem " & _
                        "Sie daraus eine neue Datei erzeugen!", _
                        vbInformation
                Else
                    If ThisWorkbook.Path <> "" Then
                        ThisWorkbook.SaveAs _
                            Application.TemplatesPath & _
                            ThisWorkbook.Name
                        MsgBox "Die Anwendung wurde" & _
                            "im Verzeichnis '" & _
                            Application.TemplatesPath & _
                            ThisWorkbook.Name & _
                            "' installiert!"
                    End If
                End If
            End Sub
```

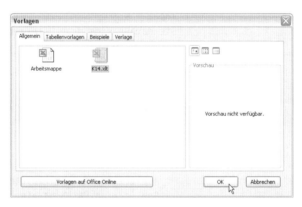

Abbildung 14.12: Nach der Installation ist die Datei im Dialogfeld für die Vorlagenauswahl sichtbar

Auf gleiche Weise können Sie übrigens Dateien auch in den *Auto-start*-Ordner von Excel kopieren. Die Datei wird dann beim nächsten Start von Excel automatisch geladen. Ersetzen Sie dazu einfach die Angabe `Application.TemplatesPath` durch `Application.StartupPath`.

In Word ersetzen Sie im Prinzip nur die Excel-spezifischen Anweisungen durch die von Word. Dabei ist jedoch zu beachten, dass Sie in Word nicht das Standardvorlagenverzeichnis abfragen können. Allerdings können Sie über die NormalTemplate-Eigenschaft des Application-Objekts die *Normal.dot* zurückgeben und deren Pfad über die Path-Eigenschaft ermitteln. Allerdings endet dieser Pfad nicht mit einem Pfadtrennzeichen, weshalb Sie in der ersten If-Verzweigung an den Pfad des Dokuments nicht noch ein Pfadtrennzeichen anhängen müssen. Das müssen Sie dafür aber beim Kopieren der Dokumentvorlage in das Vorlagenverzeichnis machen.

```
Private Sub Document_Open()
    'Prüfen, ob der Pfad der Datei
    'der Standardvorlagenpfad ist
    If ThisDocument.Path _
        = Application.NormalTemplate.Path Then
        MsgBox "Bitte verwenden Sie die Vorlage, " & _
            "indem " & _
            "Sie daraus eine neue Datei erzeugen!", _
            vbInformation
    Else
        If ThisDocument.Path <> "" Then
            ThisDocument.SaveAs _
                Application.NormalTemplate.Path & _
                Application.PathSeparator & _
                ThisDocument.Name
            MsgBox "Die Anwendung wurde " & _
                "im Verzeichnis '" & _
                Application.NormalTemplate.Path & _
                Application.PathSeparator & _
                ThisDocument.Name & _
                "' installiert!"
        End If
    End If
End Sub
```

15 Add-Ins und globale Vorlagen

Möchten Sie Ihre VBA-Anwendung so gestalten, dass sie einfach und unkompliziert geladen und entladen werden kann und zudem noch der Quellcode vor Manipulationen weitgehend geschützt ist, können Sie dazu Add-Ins verwenden. Globale Vorlagen bieten von sich aus keinen Schutz vor Änderungen am VBA-Code, haben aber dennoch Vorteile gegenüber normalen Office-Dateien wie Arbeitsmappen und Word-Dokumenten. Was Add-Ins von Vorlagen unterscheidet und wie Sie die verschiedenen Add-In-Formen erstellen, all das erfahren Sie in diesem Kapitel.

Die Möglichkeiten im Überblick

Fast alle Office-Anwendungen bieten Vorlagendateien und Add-Ins an. Daher ist es wichtig, dass Sie zunächst die Unterschiede sowie Vor- und Nachteile kennen lernen.

Vorlagendateien versus Dokumentdateien

Vorlagendateien sind solche Office-Dateien, mit denen Sie das Grundgerüst neuer Office-Dateien bestimmen können. Aus den Vorlagen erzeugen Sie dazu ein neues Dokument, das dann so aussieht, wie Sie es über die Vorlage bestimmt haben. Natürlich könnten Sie auch eine normale Datei, beispielsweise eine Word-Datei, öffnen und unter einem anderen Namen speichern und dann die alten Inhalte überschreiben. Das hat jedoch einen entscheidenden Nachteil. Während VBA-Code in normalen Office-Dateien abhängig von den Einstellungen des Makrovirenschutzes nur ausgeführt wird, nachdem Sie das bestätigen, oder sogar gar nicht ausgeführt wird, wird standardmäßig dem VBA-Code in Vorlagendateien vertraut. Das bedeutet, Code der sich in einer Dokumentvorlage von Word befindet, wird bei der Sicherheitsstufe *Mittel* ohne Rückfrage ausgeführt, wenn Sie aus der Vorlage ein neues Dokument erzeugen.

Aus Sicht von VBA-Entwicklern ist das natürlich ein großer Vorteil, weil der Benutzer dann die Ausführung des Makrocodes nicht aus »Angst« vor Viren verhindern kann. Zudem spielt der Unterschied zu Dokumenten auch bei der Wartung der Anwendung eine Rolle. Fügen Sie Code in ein normales Word-Dokument ein und verwenden dieses als eine Art Vorlage, indem Sie Kopien davon erstellen und deren Inhalte ändern, befindet sich der Code in jeder einzelnen Kopie. Sollte der Code fehlerhaft sein oder möchten Sie ihn aus anderen Gründen ändern, müssen Sie das in jeder der Kopien tun.

Falls Sie den Code jedoch in die Vorlagendatei eingefügt haben, bleiben die Dokumente mit der Vorlage verknüpft, so lange sie an der entsprechenden Stelle auf der Festplatte vorhanden ist, und können so den Code aus der Vorlage nutzen. Der Code wird nicht in die Dokumente kopiert. Daher müssen Sie Änderungen nur in einer Datei, nämlich der Vorlage, vornehmen.

Vorlagen werden allerdings nicht von allen Office-Anwendungen unterstützt. Sie können Sie in Excel, Word und PowerPoint verwenden. In Access, FrontPage und Outlook gibt es keine Vorlagen.

Selbstverständlich gibt es in FrontPage Vorlagen für Webseiten. Diese funktionieren aber nicht wie Vorlagen in Word und Excel und ermöglichen es unter anderem nicht, in den Vorlagen VBA-Code zu speichern. Sie spielen daher für VBA-Entwickler keine Rolle.

Generell können Sie globale Vorlagen von normalen Vorlagen unterscheiden. Globale Vorlagen werden automatisch mit dem Start der Anwendung geladen, normale Vorlagen, müssen Sie über *Datei / Neu* auswählen, um daraus ein Dokument zu erzeugen. Daher eignen sich globale Vorlagen vor allem dazu, Code zu speichern, der für alle geöffneten Dateien der Anwendung zur Verfügung stehen soll. Genau dazu dienen auch Add-Ins.

Dennoch gibt es einen Unterschied zwischen globalen Vorlagen und Add-Ins. Add-Ins liegen in kompiliertem Zustand vor. Der Quellcode kann nicht eingesehen und auch nicht verändert werden. Wenn Sie den Code von Add-Ins ändern möchten, benötigen Sie die Originaldatei mit dem nicht kompilierten Code.

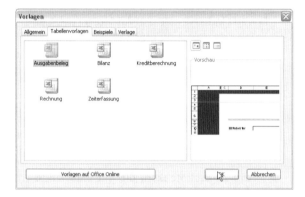

Abbildung 15.1: Auswählen einer Tabellenvorlage in Excel

Von den Office-Anwendungen, die grundsätzlich Vorlagen unterstützen, gibt es globale Vorlagen nur in Word und Excel

Formen von Add-Ins

Add-Ins unterscheiden sich wesentlich dadurch von Vorlagen, dass in Ihnen der VBA-Code nicht in Form von Quellcode, sondern in kompilierter Form vorliegt. Und dieser Code muss auch nicht immer in VBA erstellt sein. Von dieser Regel gilt es allerdings Ausnahmen.

Word bietet beispielsweise Add-Ins aus kompilierten C-Bibliotheken an. Um diese Add-Ins zu erstellen, benötigen Sie also die Programmiersprache C und müssen die Datei dann entsprechend den

Vorgaben von Word erstellen. Diese Technik ist allerdings veraltet. Besser ist die Nutzung anderer Add-In-Formen und davon gibt es eine ganze Reihe. Allen gemeinsam ist jedoch, dass der Code nicht in Textform vorliegt.

> Wenn Sie ein Add-In erstellen, erzeugen Sie dabei immer eine Kopie der Originaldatei, wobei die Kopie jedoch nur den kompilierten Code enthält. Zur Änderung des Codes müssen Sie daher immer die Originaldatei aufbewahren, da Sie auch selbst nicht mehr an den Code des Add-Ins kommen. Sie müssen also nach einer Änderung aus der Originaldatei ein neues Add-In erstellen.

Microsoft Office kennt verschiedene Arten von Add-Ins, nämlich

✔ einfache Add-Ins, dazu gehören xla-Dateien (Excel), ppa-Dateien (PowerPoint) und mde-Dateien (Access).

✔ Add-In-Bibliotheken, die mit einer anderen Programmiersprache wie C erstellt werden müssen. Diese gibt es in Word und Access.

✔ COM-Add-Ins, die jedoch erst ab Office 2000 mit VBA 6.0 zur Verfügung stehen und auch nicht auf dem Macintosh verfügbar sind, weil alle Office-Versionen für Macintosh VBA 5.0 beinhalten.

Einfache Add-Ins sind am leichtesten zu erstellen: Sie speichern eine entsprechende Office-Datei mit Quellcode einfach als Add-In ab. Damit ist das Add-In erstellt und Sie können es abhängig vom Speicherort automatisch mit der Office-Anwendung laden. Dazu speichern Sie das Add-In einfach im Add-In- oder AutoStart-Ordner der Anwendung ab. Sie müssen beim Erstellen des Codes nur bedenken, dass Add-Ins immer unsichtbar ausgeführt werden. Sie können auf eine Arbeitsmappe oder eine PowerPoint-Präsentation, die als Add-In ausgeführt wird, also nie mit `ActiveWorkbook` oder `ActivePresentation` zugreifen, weil das Add-In kein Fenster hat und daher auch nicht aktive Datei sein kann.

Gleichzeitig bedeutet das auch, dass Sie in einem Excel-Add-In keine Blätter oder Zellen innerhalb der Add-In-Datei aktivieren können. Ansonsten sind Sie hinsichtlich Excel und PowerPoint keinerlei Einschränkungen unterworfen. Lediglich in Access gibt es ein paar Besonderheiten zu beachten.

Access kennt einfache Add-Ins in Form von MDE-Dateien. Das sind Datenbankdateien, die in keiner Form mehr unkompilierten Code enthalten. Da aber beispielsweise Formularen und Berichten in Access ebenfalls ein Klassenmodul zugeordnet ist, können Sie in MDE-Dateien nicht nur nicht mehr den Code ändern, sondern auch nicht mehr die Entwurfsansichten von Formularen, Berichten, Datenzugriffsseiten öffnen. Auch Tabellen- und Abfragen sind in MDE-Dateien vor Manipulationen geschützt. Dieser Schutz geht so weit, dass auch VBA-Code, der Änderung am Formular- oder Berichtsentwurf vornehmen soll oder auch nur die Entwurfsansicht eines Datenbankobjekt aktiviert, nicht ausgeführt werden kann.

Einfache MDE-Dateien sind daher die einfachste Form von Add-Ins in Access. Es gibt aber in Access noch mehr Add-In-Typen, nämlich einfache Menü-Add-Ins und selbstregistrierende Add-Ins.

Beide Add-In-Typen werden im Menü *Extras / Add-Ins* aufgeführt und können darüber geladen und wieder entladen werden. Damit die Add-Ins im Menü auftauchen, müssen Sie sie aber registrieren. Bei einfachen Menü-Add-Ins erstellen Sie dazu manuell oder per VBA die entsprechenden Registry-Einträge. Selbstregistrierende Add-Ins enthalten Informationen über die zu erstellenden Einträge in einer besonderen Tabelle und nehmen die Registrierung automatisch beim ersten Laden der MDE-Datei vor.

Wie ein solches Add-In erstellt wird, erfahren Sie im Abschnitt »Ein selbstregistrierendes Access-Add-In« weiter hinten in diesem Kapitel.

COM-Add-Ins sind COM-Komponenten. Das heißt, sie liegen als besondere DLLs vor und müssen daher auch in der Registry als

DLL registriert sein. Dadurch werden sie in der Auswahlliste für die COM-Add-Ins sichtbar und können darüber geladen und entladen werden. Sie können jedoch auch so erstellt werden, dass sie automatisch mit der VBA-Hostanwendung gestartet werden.

COM-Add-Ins werden von allen VBA-Hostanwendungen ab VBA 6.0 unterstützt. Sie benötigen zum Erstellen von COM-Add-Ins jedoch für jedes Office-Version, für die das COM-Add-In verfügbar sein soll, die Developer-Tools bzw. für Office 2003 Visual Studio .NET, weil Sie nur damit die DLLs erstellen können. Das Dumme dabei ist nur, dass Sie für jede Office-Version eine eigene Version des Add-Ins erstellen müssen. Außerdem müssen Sie COM-Add-Ins über ein Setup-Programm installieren, um sie zu verwenden.

Das zweite Problem ist, dass die Erzeugung von COM-Add-Ins für Microsoft Office 2003 nur mit Visual Studio .NET recht einfach geht. Das bedeutet, dass Sie sich von VBA auf Visual Basic .NET umstellen müssen, was gerade am Anfang nicht ganz einfach ist. .NET erfordert doch wesentlich mehr Wissen über die objektorientierte Programmierung, Vererbung und alles, was dazu gehört, als VBA. Daher ist der Umstieg sicherlich nicht ganz einfach. In vielen Fällen bietet sich daher die Verwendung von einfachen Add-Ins oder globalen Vorlagen an, um Probleme effizient zu lösen.

Alternativ ist zwar auch die Nutzung von Visual Basic 6 möglich, aber dann benötigen Sie dazu eine Entwicklungsumgebung, die Sie nicht einmal als Testversion von Microsoft kostenlos bekommen. In den Developer Tools für Office 2003 ist Visual Basic 6 nämlich nicht enthalten und eine Erzeugung von COM-Add-Ins mittels VBA-Projekten ist leider in der Version 2003 nicht mehr möglich.

Zusammenfassung der Möglichkeiten

Die folgende Tabelle zeigt die Möglichkeiten, die Office 2003 hinsichtlich Vorlagen und Add-Ins bietet. Dabei wurden allerdings nur die Add-In-Techniken berücksichtigt, die sich mit VBA oder Visual Basic .NET realisieren lassen.

Anwendung	Vorlagen	globale Vorlagen	Add-Ins	COM-Add-Ins
Word	☑	☑	☐ [1]	☑
Excel	☑	☑	☑	☑
PowerPoint	☑	☐	☑	☑
Access	☐	☐	☑ [2]	☑
FrontPage	☐	☐	☐	☑
Outlook	☐	☐	☐	☑

[1] Word bietet außer COM-Add-Ins nur C-Add-Ins, die jedoch nicht mit VBA erstellt werden können. Sie werden daher hier nicht berücksichtigt.

[2] In Access gibt es zwei verschiedene Typen Add-Ins, die Sie unproblematisch mit VBA erstellen können.

Tabelle 15.1: Die Möglichkeiten von Vorlagen und Add-Ins in Office 2003

Quellcode schützen

Falls Sie sich gegen Add-Ins und für globale oder einfache Vorlagen entschieden haben, stellt sich Ihnen vielleicht die Frage, wie Sie dennoch Ihren VBA-Code vor Veränderungen schützen können. Nicht immer geht es ja darum, dass unbedarfte Anwender versehentlich etwas ändern, das dann dazu führt, dass Ihre Anwendung nicht mehr funktioniert. Viel schlimmer sind in vielen Fällen diejenigen, die Ihren Code »klauen« und in eigenen Tools verwenden.

Unabhängig davon, ob Sie ein Add-In (ausgenommen COM-Add-Ins) erstellen oder eine Vorlage programmieren, können Sie das VBA-Projekt mit einem Kennwort schützen. Dieses Kennwort müssen Sie oder ein Benutzer dann eingeben, damit der Code sichtbar wird und bearbeitet werden kann.

Dieser Kennwortschutz ist zwar nicht hundertprozentig sicher, aber doch recht sicher, wenn Sie ein langes Kennwort verwenden. Optimal ist Ihr Code jedoch nur in Add Ins (ausgenommen Excel-Add-Ins) geschützt. Dort ist der Kennwortschutz zwar möglich, aber nicht notwendig.

In älteren Excel-Versionen wurde auch der Code von Excel-XLA-Dateien geschützt und konnte nicht angezeigt und manipuliert werden. Das hatte zwar Nachteile bei der Fehlersuche in Add-Ins, aber dafür brauchten Sie sich um den Schutz Ihres geistigen Eigentums keine Gedanken zu machen. In Excel 2003 ist der Code auch in XLA-Dateien ohne Einschränkungen sichtbar. Sie sollten daher in Arbeitsmappen, die Sie in ein Add-In konvertieren möchten, einen Kennwortschutz für das VBA-Projekt einrichten.

Wenn Sie ein Projekt mit einem Kennwort schützen möchten, gehen Sie dazu wie folgt vor:

✔ Öffnen Sie die Datei mit dem zu schützenden Projekt in der VBA-Hostanwendung, in der Sie sie erstellt haben.

✔ Wechseln Sie mit Alt + F11 in die Entwicklungsumgebung.

✔ Wählen Sie *Extras / Eigenschaften von VBAProject* aus.

✔ Wechseln Sie zur Registerkarte *Schutz*.

Abbildung 15.2: Eingeben des VBA-Kennwortes

✔ Aktivieren Sie das Kontrollkästchen *Projekt für die Anzeige sperren*.

✔ Geben Sie das Kennwort in das Feld *Kennwort* ein und wiederholen Sie es im Feld *Kennwort bestätigen*.

✔ Schließen Sie das Dialogfeld mit *OK*.

Wenn Sie die Datei das nächste Mal öffnen, können Sie die Module und UserForms nur in der Entwicklungsumgebung anzeigen, nachdem Sie das Kennwort eingegeben haben.

Globale Vorlagen

Globale Vorlagen in Excel und Word sind im Prinzip nur Arbeitsmappenvorlagen (*.xlt) oder Dokumentvorlagen (*.dot), die im AutoStart-Verzeichnis von Excel bzw. Word gespeichert sind und daher immer mit Excel oder Word automatisch geladen werden.

> Bei Excel muss es sich nicht zwingend um eine XLT-Datei handeln. Hier können Sie auch eine XLS-Datei verwenden.

Für solche Dateien sollten Sie daher sicherstellen, dass beim Öffnen der Datei die Installation in das AutoStart-Verzeichnis erfolgt. Dazu können Sie beispielsweise in Excel die im Folgenden beschriebene Open-Ereignisprozedur für das Open-Ereignis der Arbeitsmappe verwenden.

Die Prozedur sorgt dafür, dass beim Öffnen der Arbeitsmappe geprüft wird, ob sich die Datei schon im AutoStart-Verzeichnis befindet. Wenn nicht, erhält der Benutzer die Möglichkeit, die Arbeitsmappe dorthin zu kopieren.

Sie finden den Code in der Datei *K15.xlt* auf der CD. Die Vorlagendatei können Sie als Muster verwenden, da sonst kein Code und Inhalt vorhanden ist. Sie erzeugen also einfach eine Kopie der Vorlage und ergänzen die Arbeitsmappe und den erforderlichen Code und Inhalt für Ihre globale Vorlage.

Bedenken Sie, dass auch globale Vorlagen, ähnlich wie Add-Ins, nicht sichtbar sind, wenn Sie in Word oder Excel geladen sind. In Word können Sie diese jedoch über *Extras / Vorlagen und Add-Ins* laden und entladen und so auch feststellen, welche globalen Vorlagen installiert sind. In Excel ist das allerdings nicht möglich.

```
Private Sub Workbook_Open()
    'Prüfen, ob der Pfad der Arbeitsmappe
    'der AutoStart-Ordner ist
    If ThisWorkbook.Path _
        <> Application.StartupPath Then
        If ThisWorkbook.Path <> "" Then
            On Error Resume Next
            ThisWorkbook.SaveAs _
                Application.StartupPath & _
                Application.PathSeparator & _
                ThisWorkbook.Name
            MsgBox "Die Anwendung wurde" & _
                " im Verzeichnis '" & _
                Application.StartupPath & _
                Application.PathSeparator & _
                ThisWorkbook.Name & _
                "' installiert!"
        End If
    End If
End Sub
```

Analog dazu können Sie in Word die folgende Ereignisprozedur einsetzen. Sie finden Sie in der Datei *K15.dot*. Da die Datei sich beim Öffnen im AutoStart-Ordner installiert, sollten Sie die Ausführung von Makros deaktivieren, wenn Sie den Code kopieren, anpassen oder ansehen möchten.

```
Private Sub Document_Open()
    'Prüfen, ob der Pfad der Vorlage
    'der AutoStart-Ordner ist
    If ThisDocument.Path _
        <> Application.StartupPath Then
        If ThisDocument.Path <> "" Then
            On Error Resume Next
            ThisDocument.SaveAs _
                Application.StartupPath & _
                Application.PathSeparator & _
                ThisDocument.Name
            MsgBox "Die Anwendung wurde" & _
                " im Verzeichnis '" & _
                Application.StartupPath & _
                Application.PathSeparator & _
                ThisDocument.Name & _
                "' installiert!"
        End If
    End If
End Sub
```

Wenn Sie die Ereignisprozedur erstellt und die Datei geöffnet haben, installiert sich die Datei automatisch im AutoStart-Ordner als globale Vorlage. Geladen wird sie dann jedoch erst, wenn der Benutzer sie aktiviert. Dazu ist folgende Vorgehensweise erforderlich:

✔ Starten Sie Word neu, um die globale Vorlage zu registrieren.

✔ Wählen Sie *Extras / Vorlagen und Add-Ins*.

✔ Aktivieren Sie das Kontrollkästchen vor den Vorlagendateien, die Sie laden möchten, und deaktivieren Sie es vor denen, die Sie nicht laden möchten.

✔ Schließen Sie das Dialogfeld mit *OK*.

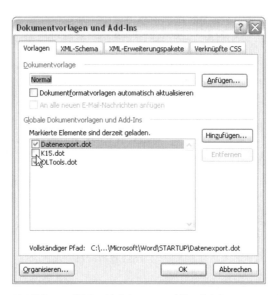

Abbildung 15.3: Aktivieren und Deaktivieren von globalen Vorlagen in Word

Einfache Add-Ins erstellen

In Excel und PowerPoint erstellen Sie einfache Add-Ins, indem Sie die Arbeitsmappe oder die PowerPoint-Präsentation mit *Datei / Speichern unter* im Add-In-Format speichern.

In PowerPoint schlägt der Dialog dann vor, das Add-In im Add-In-Verzeichnis von PowerPoint zu speichern. Dadurch wird es im Dialogfeld *Extras / Add-Ins* sichtbar, wo der Benutzer es explizit laden oder entladen kann.

In Excel haben Sie zusätzlich die Möglichkeit, das Add-In im Auto-Start-Ordner zu speichern. Das hat den Vorteil, dass das Add-In standardmäßig geladen wird. Es kann dann aber nicht entladen werden, was vor allem dann nachteilig ist, wenn das Add-Ins sehr viele Ressourcen benötigt. Nachfolgend soll gezeigt werden, wie Sie ein Add-In in Excel erstellen.

Ein einfaches Excel-Add-In erstellen

Ein Excel-Add-In ist nichts weiter als eine Arbeitsmappe, die kompilierten Quellcode enthält und deren Eigenschaft IsAddIn den Wert True hat. Beides zusammen bewirkt, dass der Quellcode geschützt ist, Sie ihn nicht mehr ändern können und die Arbeitsmappe unsichtbar geöffnet wird. Aus diesem Grund bringt es auch nichts, wenn die Programmfunktionen Ihres Add-Ins über Schaltflächen und Steuerelemente in einem Tabellen ausgeführt werden können, weil das Blatt im Add-In nicht sichtbar ist.

Möchten Sie ein Add-In erstellen, sollten Sie zum Aufrufen der Programmfunktionen Menüeinträge oder Symbolleisten verwenden.

Die Beispieldatei finden Sie als *K15.xls* und das fertige Add-In als *K15.xla* auf der CD. Sie beinhaltet nur eine leere Prozedur Start(), die über die automatisch eingeblendete Symbolleiste aufgerufen werden kann. Sie können die Datei daher sehr gut als Vorlage für eigene Add-Ins verwenden, indem Sie Ihren Code in die Datei einfügen.

✓ Erstellen Sie zunächst den Code für Ihr Add-In und testen Sie ihn ausführlich. Prüfen Sie unbedingt noch einmal, ob Sie die Objekt ActiveWorkbook, ActiveSheet, ActiveCell etc. nur dann verwenden, wenn Sie wirklich auf die aktiven Elemente zugreifen möchten und nicht auf die Arbeitsmappe, die das Add-In darstellt. Da das Add-In unsichtbar ausgeführt wird, können Sie mit diesem Objekten niemals auf die Elemente des Add-Ins zugreifen, auch wenn das noch funktioniert, so lange das Add-In eine XLS-Datei ist. Deaktivieren bzw. ersetzen Sie außerdem alle Anweisungen, die Blätter, Zellen und Zellbereich der Arbeitsmappe auswählen oder aktivieren. Sie werden beim Ausführen als Add-In Fehler verursachen.

✔ Erstellen Sie außerdem eine Symbolleiste, über die Sie die Programmfunktionen des Add-Ins aufrufen können. Im Beispiel heißt diese Symbolleiste *AddIn*.

✔ Dann sollten Sie dafür sorgen, dass die Symbolleiste mit der Schaltfläche zum Aufruf der Add-In-Funktion eingeblendet wird, wenn das Add-In geöffnet wird, und entsprechend ausgeblendet wird, wenn das Add-In geschlossen wird. Damit die Symbolleiste bei geschlossenem Add-In nicht mehr verfügbar ist, müssen Sie außerdem dafür sorgen, dass die Symbolleiste in der Add-In-Datei und nicht in den globalen Einstellungen von Excel gespeichert ist. Dann würde die Symbolleiste nämlich nicht auf anderen Rechnern als dem verfügbar sein, auf dem Sie die Symbolleiste erstellt haben. Erstellen Sie dazu folgende Ereignisprozedur im Modul *DieseArbeitsmappe*. Bei Bedarf müssen Sie natürlich den Namen der Symbolleiste anpassen.

```
Private Sub Workbook_BeforeClose(Cancel As Boolean)
    On Error Resume Next
    Application.CommandBars("AddIn").Visible = False
    Application.CommandBars("AddIn").Delete
End Sub

Private Sub Workbook_Open()
    Application.CommandBars("AddIn").Visible = True
End Sub
```

✔ Gehen Sie wie folgt vor, um die Symbolleiste an die Arbeitsmappe zu binden. Nur dann löschen Sie beim Schließen des Add-Ins nicht die Symbolleiste ganz, sondern nur aus den globalen Excel-Einstellungen. Bei jedem neuen Öffnen des Add-Ins wird die Symbolleiste dann wieder aus der Arbeitsmappe kopiert und steht neu zur Verfügung.

✔ Öffnen Sie den Symbolleisten-Editor, indem Sie *Ansicht / Symbolleisten / Anpassen* auswählen.

✔ Markieren Sie die Symbolleiste, die Sie in der Arbeitsmappe speichern möchten, und klicken Sie dann auf *Anfügen*.

Abbildung 15.4: Die Symbolleiste an die Arbeitsmappe anfügen

✔ Markieren Sie in der linken Liste die Symbolleiste, die Sie in der Arbeitsmappe speichern möchten, und klicken Sie dann auf *Kopieren*.

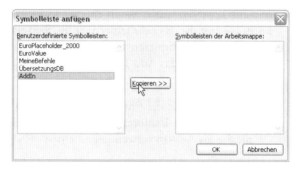

Abbildung 15.5: Kopieren der Symbolleiste in die Arbeitsmappe

✔ Klicken Sie auf *OK* und speichern Sie dann die Arbeitsmappe.

✔ Schließen Sie den Symbolleisten-Editor und speichern Sie die Arbeitsmappe.

✔ Nun können Sie die Arbeitsmappe in ein Add-In konvertieren. Wählen Sie dazu *Datei / Speichern unter.*

✔ Wählen Sie als Dateityp *Microsoft Office Excel Add-In (*.xla).* Excel schlägt daraufhin das Add-In-Verzeichnis als Zielverzeichnis vor. Wenn Sie die Datei dort speichern, wird sie als Add-In automatisch im Dialogfeld *Extras / Add-Ins* aufgeführt. Sie können jedoch auch ein anderes Verzeichnis wählen und einen anderen Dateinamen eingeben.

✔ Klicken Sie anschließend auf *Speichern.* Excel erzeugt nun das Add-In, sofern Sie keine Fehler im Code eingebaut haben, die das Kompilieren verhindern. Anschließend wird die Originaldatei wieder geöffnet.

✔ Sofern Sie das Add-In im Add-In-Verzeichnis gespeichert haben, steht es ab sofort nach dem Laden des Add-Ins zur Verfügung.

Für den Benutzer ist diese Lösung aber noch sehr unbefriedigend, da er ja nicht über die Originaldatei verfügt, um das Add-In selbst zu erstellen, sondern stattdessen die XLA-Datei in das Add-In-Verzeichnis kopieren muss. Wenn er aber nicht weiß, wie dieses Verzeichnis heißt, ist das sehr fehlerträchtig. Sie sollten daher das Add-In noch etwas optimieren und dazu auch einen Namen und eine Beschreibung für das Add-In eingeben und das VBA-Projekt schützen.

✔ Wechseln Sie in die Entwicklungsumgebung und doppelklicken Sie im Projekt-Explorer auf das VBA-Projekt der Excel-Datei, die Sie als Add-In verwenden möchten.

✔ Wählen Sie *Extras / Eigenschaften von VBAProject* aus. Geben Sie in das Feld *Projektname* einen Namen für das VBA-Projekt ein.

Dieser Name darf keine Bindestriche, Leerzeichen und Sonderzeichen enthalten.

✔ In das Feld *Projektbeschreibung* geben Sie eine Beschreibung für das Add-In ein.

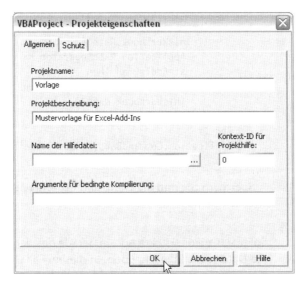

Abbildung 15.6: Projekteigenschaften eingeben

✔ Aktivieren Sie die Registerkarte *Schutz*, um das Kennwort für das VBA-Projekt festzulegen, wie dies schon weiter oben, im Abschnitt »Quellcode schützen« beschrieben wurde.

✔ Schließen Sie das Dialogfeld mit *OK*.

✔ Nun sollten Sie noch den Code etwas ergänzen und so dafür sorgen, dass sich das Add-In beim ersten Öffnen automatisch im Add-In-Verzeichnis installiert. Dieses können Sie mit der Eigenschaft UserLibraryPath ermitteln. Damit die Original-XLS-Datei nicht auch dorthin kopiert wird, prüfen Sie vorher mit der IsAddin-Eigenschaft, ob es sich bei der Arbeitsmappe um ein Add-In handelt.

```
Private Sub Workbook_Open()
    Dim strAddInPfad As String
    strAddInPfad = Application.UserLibraryPath
    'Prüfen, ob es sich um ein Add-In handelt
    If ThisWorkbook.IsAddin = True Then
        'Prüfen, ob das Add-In im
        'Add-In-Verzeichnis steht,
        'wenn nicht, dorthin kopieren
        If ThisWorkbook.Path & _
            Application.PathSeparator <> _
            strAddInPfad Then
            ThisWorkbook.SaveAs strAddInPfad & _
            ThisWorkbook.Name
        End If
    End If
    Application.CommandBars("AddIn").Visible = True
End Sub
```

✔ Speichern Sie nun die Datei und exportieren Sie sie als Add-In-Datei.

Sollte das zuvor erstellte Add-In gerade geladen sein, können Sie die Datei nicht überschreiben. In diesem Fall wählen Sie einfach einen neuen Namen für das Add-In, schließen Excel, löschen die alte XLA-Datei und benennen die neue XLA-Datei um.

Wenn Sie nun die XLA-Datei mit Excel öffnen, wird sie automatisch installiert und im Add-In-Manager aufgeführt. Wenn Sie das Kontrollkästchen vor dem Eintrag des Add-Ins aktivieren und dann auf *OK* klicken, wird da Add-In geladen. Entsprechend kann der Benutzer das Add-In entladen, indem er das Kontrollkästchen deaktiviert.

Abbildung 15.7: Laden des vorhandenen Add-Ins

Wenn Sie eine Beschreibung für das Add-In anzeigen lassen möchten, wählen Sie vor dem Export in die XLA-Datei den Menübefehl *Datei / Eigenschaften* und geben Titel und Beschreibung in die Dateieigenschaften ein.

Ein selbstregistrierendes Access-Add-In

In Access funktionieren die Add-Ins etwas anders. Zunächst brauchen Sie auch dazu eine Datenbank, in der Sie den entsprechenden Code und sonstige Elemente für das Add-In einfügen. Nachfolgend wird wie bei Excel eine Mustervorlage für ein solches selbstregistrierendes Add-In erstellt, das Sie dann nach Belieben mit Quellcode füllen können.

Sie finden die Access-Datenbank mit der notwendigen Tabelle für die Registrierinformationen für Access-Add-Ins in der Datei *K15.mdb* und das Add-In in der Datei *K15.mde*.

In Access können Sie nicht nur Add-Ins erstellen, sondern auch Assistenten, mit denen der Benutzer Steuerelemente formatieren oder Formulare erstellen kann. Nachfolgend soll jedoch ausschließlich auf Add-Ins eingegangen werden. Wichtig ist dabei, dass Sie die Datei als MDA- oder MDE-Datei speichern und dass sie eine versteckte Tabelle mit der Bezeichnung *USysRegInfo* haben muss. In dieser Tabelle werden die Registry-Einträge gespeichert, die aus der MDE-Datei erst einen Assistenten bzw. ein Add-In machen. Der Add-In-Manager sorgt beim Installieren des Add-Ins dafür, dass die Registry-Einträge aus dieser Tabelle ausgelesen und in die Registry geschrieben werden.

	Subkey	Type	ValName	Value
	HKEY_CURRENT_ACCESS_PROFILE\Menu Add-Ins\AddInVorlage	0		
	HKEY_CURRENT_ACCESS_PROFILE\Menu Add-Ins\AddInVorlage	1	Expression	=Start()
	HKEY_CURRENT_ACCESS_PROFILE\Menu Add-Ins\AddInVorlage	1	Library	|ACCDIR\K15.mde
▶	HKEY_CURRENT_ACCESS_PROFILE\Menu Add-Ins\AddInVorlage	1	Description	Stellt eine Vorlage für ein selbstregistrierendes Add-In dar.
		0		

Abbildung 15.8: Inhalt der *USysRegInfo*-Tabelle für ein Menü-Add-In

Diese Tabelle muss einen bestimmten Aufbau und bestimmte Feldnamen haben, damit der Add-In-Manager sie zum Registrieren des Add-Ins verwenden kann. Sie können sie gemäß den folgenden Angaben erstellen oder aus der Musterdatenbank importieren.

Feldname	Datentyp	Beschreibung
Subkey	Text Größe 255	Speichert den Registry-Schlüssel, der erstellt wird
Type	Zahl	Speichert den Typ des Wertes in der Spalte *Value*
ValName	Text Größe 50	Speichert den Namen des Registry-Wertes in der Spalte *Value*.
Value	Text Größe 255	Gibt den Wert des Registry-Eintrags an

Tabelle 15.2: Aufbau der Tabelle USysRegInfo

Wenn Sie die Tabelle in eine Datenbank importieren möchten, aus der Sie ein Add-In machen möchten, gehen Sie dazu wie folgt vor:

✔ Öffnen Sie die Datenbank, in die Sie die Tabelle importieren möchten.

✔ Wählen Sie *Extras / Optionen* aus und aktivieren Sie die Registerkarte *Ansicht*.

✔ Aktivieren Sie das Kontrollkästchen *Systemobjekte*, um die Systemtabellen der Datenbanken anzeigen zu lassen.

✔ Schließen Sie das Dialogfeld mit *OK*.

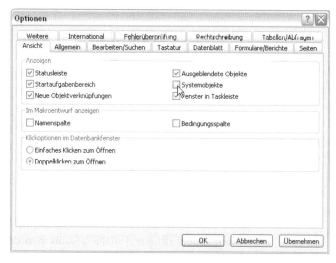

Abbildung 15.9: Systemtabellen einblenden

✔ Nun können Sie die Tabelle importieren. Aktivieren Sie dazu im Datenbankfenster die Rubrik *Tabellen*.

✔ Wählen Sie *Datei / Externe Daten / Importieren*. Wählen Sie nun die Datenbank *K15.mdb* aus, aus der Sie die Tabelle importieren möchten, und klicken Sie auf *Importieren*.

✔ Klicken Sie auf *Optionen* und stellen Sie sicher, dass die Option *Definition und Daten* aktiviert ist, nur dann werden auch die Daten der Tabelle importiert.

✔ Markieren Sie die Tabelle und schließen Sie das Dialogfeld mit *OK*.

Abbildung 15.10: Importieren der Tabelle mit den Musterdaten

✔ Damit haben Sie nun die Tabelle importiert und müssen deren Werte nur noch anpassen.

Die Daten innerhalb der Tabelle beschreiben das Add-In. Je nach Add-In oder Typ des Assistenten, das b Sie zw. denerstellen möchten, müssen Sie in diese Tabelle unterschiedliche Datensätze einfügen. Für ein Add-In fügen Sie folgende Daten ein:

Der erste Datensatz legt den Registry-Schlüssel fest, in dem die Einstellungen des Add-Ins gespeichert werden. Dazu geben Sie den Schlüssel in der Spalte *Subkey* wie folgt an:

```
HKEY_CURRENT_ACCESS_PROFILE\Menu Add-Ins\AddInVorlage
```

Der Schlüssel Menu Add-Ins legt dabei fest, dass es sich um ein Add-In handelt und AddInVorlage gibt den Namen des Add-Ins an. Für das Feld *Type* geben Sie im ersten Datensatz den Wert 0 ein, die anderen beiden Felder bleiben leer.

Der zweite Datensatz definiert die Beschreibung, die für den Assistenten angezeigt wird. Im ersten Feld geben Sie wieder den gleichen Schlüssel wie im ersten Datensatz an. Dieser Schlüssel muss in allen Datensätzen im ersten Feld stehen. Im Feld *Type* geben Sie den Wert 1 ein. Er bestimmt, dass ein Registry-Wert vom Typ *Text* erstellt wird. Im dritten Feld geben Sie Description als Name des Registry-Wertes ein. Im vierten Feld können Sie eine Beschreibung Ihrer Wahl eingeben, die später für das Add-In angezeigt wird.

Mit dem dritten Datensatz bestimmen Sie die Funktion, mit der der Assistent gestartet werden kann. Das muss eine VBA-Funktion in einem Standardmodul sein, die keine Parameter haben darf. In das zweite Feld geben Sie 1 ein, in das dritte Function und in das vierte Start bzw. den Namen der Funktion ein, die das Add-In starten soll.

Mit dem vierten und letzten Datensatz bestimmen Sie die MDE bzw. MDA-Datei, in der sich das Add-In befindet. Das zweite Feld erhält dazu wieder den Wert 1, in das dritte geben Sie Library ein und in das vierte den kompletten Pfad der MDE-Datei. Wenn Sie den Pfad nicht angeben möchten, weil Sie nicht wissen, wo der Anwender das Add-In speichert, können Sie auch einen Platzhalter verwenden, den der Add-In-Manager beim Installieren des Add-Ins ersetzt.

Geben Sie z.B. |ACCDIR\K15.mde ein, ersetzt der Add-In-Manager den Platzhalter |ACCDIR durch das Access-Installationsverzeichnis und kopiert außerdem das Add-In in dieses Verzeichnis. Beachten Sie, dass der Platzhalter mit einem senkrechten Strich beginnen muss, den Sie über AltGr + ‹ eingeben können.

Wenn Sie die Tabelle nun gespeichert und geschlossen haben, müssen Sie sie noch als versteckt markieren. Dazu klicken Sie die Tabelle im Datenbankfenster mit der rechten Maustaste an und wählen *Eigenschaften* im Kontextmenü aus. Aktivieren Sie in dem nun eingeblendeten Dialog das Kontrollkästchen *Ausgeblendet*. Schließen Sie das Dialogfeld mit *OK*.

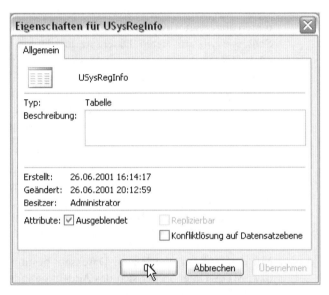

Abbildung 15.11: Tabelle als versteckt markieren

Sie können zusätzlich zu den Informationen in der Tabelle auch noch eine Beschreibung für das Add-In und dessen Namen festlegen, indem Sie das Dialogfeld *Datenbankeigenschaften* ausfüllen. Wählen Sie dazu den Menübefehl *Datei / Datenbankeigenschaften* und füllen Sie die Felder im Dialogfeld aus.

Abbildung 15.12: Add-In-Beschreibung einfugen

Zum Schluss müssen Sie noch die Funktion Start in einem normalen Modul der Datenbank erstellen, die Sie selbstverständlich mit
Code Ihrer Wahl füllen können.

```
Function Start()
    MsgBox "Add-In ausgeführt!"
End Function
```

Nach diesen Vorbereitungen können Sie das Add-In erstellen. Dazu
müssen Sie aus der Datenbank eine MDE-Datei erzeugen. Gehen
Sie dazu folgendermaßen vor:

✔ Wählen Sie *Extras / Datenbank-Dienstprogramme / MDE-Datei
erstellen.*

✔ Wählen Sie das Zielverzeichnis aus und geben Sie den Dateinamen ein. Achten Sie dabei darauf, dass die Dateinamenserweiterung .MDE erhalten bleibt.

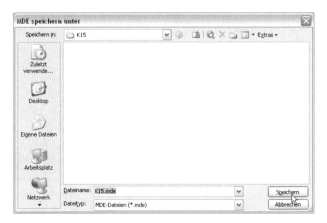

Abbildung 15.13: Speichern der MDE-Datei

Access kompiliert nun den Code und erzeugt die MDE-Datei. Falls Sie fehlerhaften Code erstellt haben, erzeugt Access jedoch eine Fehlermeldung.

Access-Add-Ins installieren

Um das Add-In zu nutzen, müssen Sie es über den Add-In-Manager installieren. Dazu wählen Sie *Extras / Add-Ins / Add-In-Manager* aus. Klicken Sie hier auf *Hinzufügen* und wählen Sie dann die MDE-Datei aus.

Der Menüeintrag steht nur zur Verfügung, wenn eine Datenbank in Access geöffnet ist.

Vorausgesetzt, Sie haben die Tabelle korrekt erstellt und die MDE-Datei fehlerfrei erzeugt, lädt Access das Add-In nun und markiert es durch ein X vor dem Eintrag.

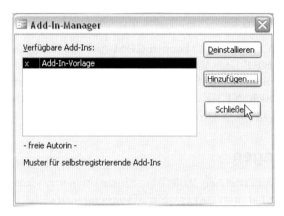

Abbildung 15.14: Das geladene Add-In

Starten können Sie das Add-In nun über den Menübefehl *Extras / Add-Ins*. Hier werden die Namen aller Add-Ins aufgelistet und sie brauchen es nur noch anzuklicken.

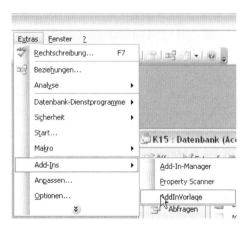

Abbildung 15.15: Starten des Add-Ins

COM-Add-Ins erstellen

COM-Add-Ins sind etwas komplizierter zu erstellen, zumal Sie sich insbesondere für die Version 2003 in eine neue Technik und einen neuen Editor einarbeiten müssen.

Ab Office 2003 können COM-Add-Ins nur noch mit Visual Studio .NET oder Visual Basic 6 erstellt werden. Das ist insofern nachteilig, als Sie dazu außer einer teuren Entwicklungsumgebung auch noch .NET-Kenntnisse benötigen. Dennoch sollen hier die Grundzüge der COM-Add-In-Programmierung kurz erläutert werden.

Voraussetzungen

Voraussetzung dafür ist die Installation von Visual Studio .NET mit mindestens einer .NET-Programmiersprache. Zur Wahl stehen Visual Basic, C++ und C#. Als VBA-Entwickler wird Ihnen der Umstieg auf Visual Basic .NET am leichtesten fallen. Nachfolgend wird daher Visual Basic .NET verwendet.

 Sie finden das Projekt im Verzeichnis *ComAddIn* auf der CD.

Basis für ein COM-Add-In ist ein COM-Add-In-Projekt. Um dieses mit Visual Studio .NET zu erstellen, gehen Sie folgendermaßen vor:

✔ Starten Sie Visual Studio .NET über das Startmenü mit *Start / Alle Programme / Microsoft Visual Studio .NET 2003 / Microsoft Visual Studio .NET 2003*.

✔ Beim ersten Start von Visual Studio .NET erscheint automatisch die Registerkarte *Profil*. Falls nicht, aktivieren Sie sie.

✔ Wählen Sie in der Liste *Profil* den Eintrag *Visual Basic-Entwickler* aus, falls er noch nicht ausgewählt ist.

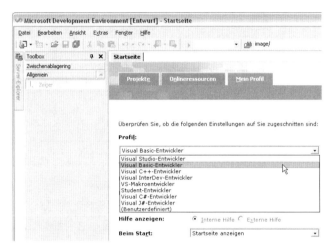

Abbildung 15.16: Auswählen des Profils für Visual Studio .NET

✔ Aktivieren Sie nun die Registerkarte *Projekte*.

✔ Klicken Sie auf *Neues Projekt*, um die Auswahl mit den Projektvorlagen angezeigt zu bekommen.

✔ Aktivieren Sie in der Liste *Projekttypen* die Rubrik *Andere Projekte / Erweiterungsprojekte* und markieren Sie dann in der Liste *Vorlagen* das Symbol *Gemeinsames Add-In*.

✔ Geben Sie in das Feld *Name* den Namen für das Projekt ein. Der Name darf keine Leerzeichen oder Sonderzeichen enthalten.

✔ Über die *Durchsuchen*-Schaltfläche wählen Sie nun das Verzeichnis aus, in dem das Projekt gespeichert werden soll.

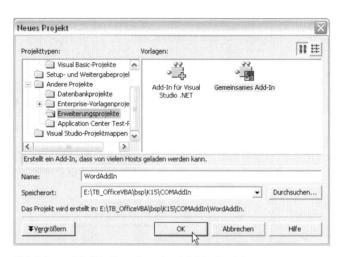

Abbildung 15.17: Erstellen das Add-In-Projekts

☑ Klicken Sie anschießend auf *OK*, um das Projekt zu erzeugen und den COM-Add-In-Assistenten zu starten.

Ein Word-Com-Add-In mit Visual Basic .NET

Den ersten Dialog des gestarteten Assistenten können Sie einfach mit *Weiter* übergehen. Dann wählen Sie die gewünschte Programmiersprache aus. Aktivieren Sie dazu die Option *Ein Add-In mit Visual Basic erstellen* und klicken Sie dann auf *Weiter*.

Sie können nun die VBA-Hostanwendung auswählen, für die Sie das Add-In erstellen möchten. Aktivieren Sie dazu das Kontrollkästchen vor der jeweiligen Anwendung. Sie können auch mehrere auswählen. Nachfolgend wird jedoch das Add-In ausschließlich für Word realisiert. Klicken Sie anschließend auf *Weiter*.

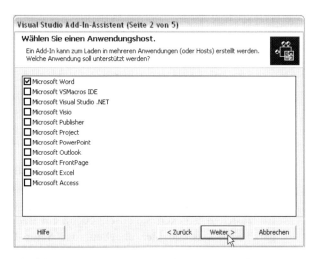

Abbildung 15.18: Auswählen der Zielanwendungen

Im nächsten Schritt geben Sie eine Beschreibung und den Titel für das Add-In ein und klicken dann erneut auf *Weiter*.

Abbildung 15.19: Name und Beschreibung für das Add-In eingeben

Der nächste Schritt legt das Verhalten des Add-Ins fest. Sie können hier bestimmen, ob das Add-In automatisch geladen werden soll und für welche Benutzer das Add-In verfügbar sein soll.

Möchten Sie, dass das Add-In automatisch mit der VBA-Hostanwendung geladen wird, aktivieren Sie das Kontrollkästchen *Das Add-In laden, wenn die Hostanwendung geladen wird*. Die Alternative ist, dass der Benutzer über den COM-Add-In-Manager selbst das Add-In laden oder entladen kann.

Standardmäßig steht das Add-In nur für den Benutzer zur Verfügung, der es installiert. Möchten Sie, dass es allen Benutzern des Rechners zur Verfügung steht, aktivieren Sie auch das zweite Kontrollkästchen. Klicken Sie anschließend auf *Weiter*. Allerdings ist es ganz egal, was Sie hier angeben, das Setup-Programm für das COM-Add-In überlässt dem Benutzer ohnehin die Wahl, wie er das Add-In installieren will.

Abbildung 15.20: Verhalten des Add-Ins auswählen

Der letzte Dialog fasst die Eingaben noch einmal zusammen. Schließen Sie ihn mit *Fertig stellen*, um den Assistenten abzuschließen.

Den Quellcode erstellen

COM-Add-Ins bestehen aus zwei Teilen: dem anwendungsabhängigen Teil, den Sie für jede Anwendung separat erstellen müssen, in der das Add-In funktionieren soll, und dem anwendungsunabhängigen Teil. Der Assistent erstellt lediglich den anwendungsunabhängigen Teil und fügt dazu ein Modul *Connect.vb* in das Projekt ein. In diesem Modul finden Sie vorbereitete leere Ereignisprozedur für die Ereignisse

✔ OnBeginShutdown

✔ OnAddInsUpdate

✔ OnStartupComplete

✔ OnDisconnection

✔ OnConnection

Am wichtigsten sind die Ereignisse OnConnection und OnDisconnection. Sie treten ein, wenn das Add-In geladen bzw. entladen wurde und damit mit der Hostanwendung verbunden oder davon getrennt wird. Sie müssen zunächst die Ereignisprozedur für das OnConnection-Ereignis so ergänzen, dass ein Menüeintrag oder eine Symbolleistenschaltfläche erstellt wird, über die der Benutzer die Add-In-Funktion (oder mehrere Funktionen) starten kann. Wenn Sie dazu eine Symbolleiste erzeugen, ist der Code dafür anwendungsunabhängig, weil Sie nicht abhängig von der Anwendung auf unterschiedliche Standardmenüleisten zugreifen müssen. Das heißt, erst für die Add-In-Funktion, die über die Schaltfläche aufgerufen wird, müssen Sie unterscheiden, ob das Add-In in Word oder (falls Sie mehrere Zielanwendungen definiert haben) in einer anderen Anwendung ausgeführt wird.

Zunächst sollten Sie dazu eine Prozedur erstellen, die die Symbolleiste erstellt bzw. bei Bedarf auch wieder löscht. Fügen Sie dazu unterhalb der Ereignisprozedur für das Connection-Ereignis unten stehenden Code ein. Der Prozedur übergeben Sie das Application-Objekt der Anwendung, in der das Add-In ausgeführt wird, sowie einen booleschen Wert, der bestimmt, ob die Symbolleiste erstellt (True) oder gelöscht wird (False). Innerhalb der Prozedur erzeugen Sie eine Symbolleiste mit einer Schaltfläche, die die Aufschrift *Starten* hat.

> Lassen Sie sich nicht davon irritieren, dass der Code noch fehlerhaft angezeigt wird. Visual Studio .NET unterstreicht fehlerhafte Passagen blau. Den Fehler beheben Sie gleich im Anschluss durch Deklaration der Variablen objBTT.

```
Sub Symbolleiste(ByVal objApp As Object, _
    ByVal boolStatus As Boolean)
    Dim objCB As CommandBar
    If boolStatus = True Then
        'Symbolleiste erstellen
        objCB = objApp.CommandBars.Add( _
            "AddIn", , , True)
        objBTT = objCB.Controls.Add(1)
        objBTT.Style = 2
        objBTT.Caption = "Starten"
        objCB.Visible = True
    Else
        'Symbolleiste löschen
        objBTT.Parent.Delete()
    End If
End Sub
```

Als Nächstes sollten Sie die Prozedur erstellen, die die gewünschte Aktion in Word ausführt. Hier soll an der Cursorposition nur ein Text ausgegeben werden, den Sie an die Prozedur Ausgabe übergeben können. Die Prozedur benötigt daher zwei Parameter, das Application-Objekt der Anwendung in der die Ausgabe erfolgen soll, sowie den auszugebenden Text.

```
Sub Ausgabe(ByVal strText As String, _
    ByVal objApp As Object)
    objApp.Selection.Range.Text = strText
End Sub
```

Jetzt fehlt noch das Wichtigste: die Deklaration der Variablen objBTT, die Sie auf Modulebene, allerdings innerhalb der Klasse, angeben müssen.

> Anders als in VBA werden in Visual Basic .NET Klassen nicht in Klassenmodulen definiert, sondern durch das Konstrukt
>
> ```
> Class Klassenname
> End Class
> ```

Innerhalb eines Moduls können daher mehrere Klassen definiert werden. Achten Sie daher darauf, die Deklaration

```
Dim WithEvents objBTT As CommandBarButton
```

außerhalb einer Prozedur, aber nach Public Class Connect zu definieren. Am besten schreiben Sie sie unterhalb der schon vorhandenen Dim-Anweisungen.

Abbildung 15.21: Deklarieren der Variablen

Durch das Schlüsselwort WithEvents können Sie wie in VBA-Klassen Ereignisprozeduren für die Variable erstellen. Auch die Vorgehensweise entspricht der des VBA-Editors. Wählen Sie zunächst aus der Objektliste die Variable aus.

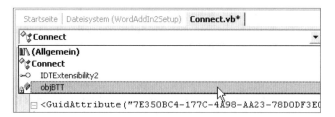

Abbildung 15.22: Auswählen der Objektvariablen *objBTT*

Wählen Sie nun aus der Ereignisliste das *Click*-Ereignis aus.

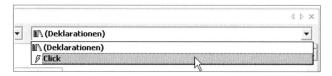

Abbildung 15.23: Ereignisprozedur für das *Click*-Ereignis erstellen

Die Ereignisprozedur ergänzen Sie nun wie im Folgenden gezeigt. Normalerweise brauchen Sie bei einem Add-In, das nur in einer Zielanwendung laufen soll, nur die entsprechende Prozedur, hier Ausgabe, aufzurufen. Falls Sie aber mehr als eine Zielanwendung definiert haben, müssen Sie wie hier gezeigt in einer If-Anweisung prüfen, in welcher Zielanwendung das Add-In ausgeführt wird. Dazu können Sie den Namen der Anwendung über Name-Eigenschaft ermitteln. Die Anwendung können Sie beispielsweise über die Application-Eigenschaft der Symbolleistenschaltfläche abrufen.

```
Private Sub objBTT_Click(ByVal Ctrl As _
    Microsoft.Office.Core.CommandBarButton, _
    ByRef CancelDefault As Boolean) _
    Handles objBTT.Click
    If objBTT.Application.name = _
        "Microsoft Word" Then
        Ausgabe("TEST", objBTT.Application)
```

```
        End If
     End Sub
```

Das Projekt kompilieren

Wenn Sie den Code eingegeben haben, müssen Sie das Projekt, genau genommen die Projektmappe, kompilieren. Der Assistent hat nämlich eine Projektmappe erstellt, in der sich neben dem Add-In-Projekt auch ein Setup-Projekt befindet, das die Installationsdateien erzeugt. Gehen Sie zum Erstellen der Projektmappe wie folgt vor:

✔ Wählen Sie in der Pulldownliste in der Symbolleiste den Eintrag *Release* aus. Damit legen Sie fest, dass bereits die endgültige Version erstellt wird, die keine Debug-Informationen für die Fehlersuche mehr enthält.

Abbildung 15.24: Release-Konfiguration auswählen

✔ Klicken Sie auf das Symbol *Alles Speichern* in der Symbolleiste der Entwicklungsumgebung, um alle Änderungen zu speichern.

✔ Schließen Sie alle Zielanwendungen des Add-Ins, falls diese geöffnet sein sollten.

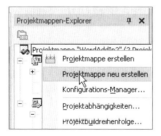

Abbildung 15.25: Kompilieren der Projektmappe

✔ Öffnen Sie das Kontextmenü der Projektmappe und wählen Sie dort *Projektmappe neu erstellen.*

✔ Klicken Sie nun das Setup-Projekt an und wählen Sie in dessen Kontextmenü ebenfalls *Neu erstellen.*

Abbildung 15.26: Setup-Projekt erstellen

✔ Sie können nun Visual Studio .NET schließen.

Das Add-In installieren und verteilen

Damit Sie das Add-In nutzen können, müssen Sie und natürlich jeder Benutzer das Add-In installieren. Dabei wird dann bei Bedarf auch das .NET-Framework installiert, das im Setup-Projekt enthalten ist. Relevant für die Installation sind die Dateien im Verzeichnis *WordAddIn2\WordAddIn2Setup\Release* innerhalb des Projektverzeichnisses, wenn das Projekt *WordAddIn2* heißt und das Setup-Projekt entsprechend *WordAddIn2Setup.*

Abbildung 15.27: Diese drei Dateien müssen Sie weitergeben

Die Installation führen Sie durch, indem Sie die Datei *Setup.Exe* des Verzeichnisses ausführen.

Haben Sie im Add-In-Projekt eingestellt, dass das Add-In mit der Anwendung geladen werden soll, muss der Benutzer nach der Installation nur noch die Zielanwendung – also Word 2003 – starten und kann dann den erzeugten Menüeintrag oder die Symbolleiste nutzen, die das Add-In erzeugt.

Ansonsten muss der Benutzer zunächst das Add-In über den COM-Add-In-Manager laden. Den können Sie über den Symbolleisten-Editor (*Ansicht / Symbolleisten / Anpassen*) und die Kategorie *Extras / COM-Add-Ins* in eine Symbolleiste Ihrer Wahl einfügen.

Abbildung 15.28: Einfügen des Symbols für den COM-Add-In-Manager in eine Symbolleiste

16 Die Entwicklungsumgebung steuern

Nicht nur die einzelnen Office-Anwendungen haben ein Objektmodell, sondern auch die IDE selbst. Damit haben Sie die Möglichkeit, auch für die Entwicklungsumgebung COM-Add-Ins zu entwickeln und so Routineaufgaben per VBA zu lösen. Das ist vor allem nützlich, wenn Sie auf vielen Rechnern Updates Ihres Codes durchführen müssen, ohne dass Sie ganze Dateien austauschen können.

Zugreifen auf die IDE, Chancen und Gefahren

Die Möglichkeit, auf die Entwicklungsumgebung und das VBA-Projekt einer Office-Datei zuzugreifen und diese zu manipulieren, ist der Grund dafür, dass es überhaupt ein Makrovirenproblem gibt. Code, der bereits von vornherein in einer Datei vorhanden ist, kann zwar Schaden auf einem Rechner anrichten, indem er Daten manipulieren und Dateien löschen kann, die Verbreitung dieses schadhaften Codes ist jedoch nur dann möglich, wenn sich per VBA auch Module in vorhandene Dateien einfügen oder austauschen lassen und Sie den Code verändern können, und eben genau das geht mit dem Objektmodell der IDE.

Voraussetzungen und Einschränkungen

Mit dem Objektmodell der IDE haben Sie die Möglichkeit, nicht nur ganze Module zu importieren, zu exportieren zu erstellen oder zu löschen, Sie können auch auf einzelne Prozeduren, Zeilen und Zeichen eines Moduls zugreifen, Zeilen austauschen, ändern oder löschen.

Die Möglichkeiten, die sich Ihnen dadurch bieten, sind mindestens so vielfältig wie die Gefahren, die diese Möglichkeiten mit sich bringen. Das hat auch Microsoft erkannt und hat daher den Makrovirenschutz in Office XP dahingehend erweitert, dass Sie explizit angeben müssen, dass Zugriffen auf das VBA-Projekt vertraut werden soll, damit Sie auch Zugriff auf die IDE haben.

Aus Sicht des Benutzers ist das natürlich gut. So kann er zwar generell Code ausführen lassen, läuft aber nicht Gefahr, dass sich ein potenzieller Makrovirus verbreitet. Bei dem Versuch, auf das VBA-Projekt zuzugreifen, tritt dann nämlich ein Laufzeitfehler auf, der dem Benutzer unmissverständlich sagt, dass ein unberechtigter Zugriff auf den Code erfolgt ist.

Abbildung 16.1: Fehlermeldung beim Zugriff auf das Objektmodell der Entwicklungsumgebung

Aus diesem Grund funktionieren alle nachfolgenden Beispiele nur dann, wenn Sie Office 2000 oder früher bzw. die Mac-Versionen verwenden, weil es auf dem Mac keinen Makrovirenschutz gibt.

> Bei Office XP und höher müssen Sie zunächst den Zugriff auf die IDE gestatten. Für die Auslieferung Ihrer Anwendung bedeutet das dann aber, dass die Benutzer dies auch tun müssen. Am einfachsten ist das, wenn Sie das VBA-Projekt mit einer digitalen Signatur ausliefern. Dann kann der Benutzer wählen, dass er signierten Projekten grundsätzlich vertraut und Sie haben keine Probleme mehr mit dem Zugriff auf die IDE.

Gehen Sie wie folgt vor, um den Makrovirenschutz so einzustellen, dass Sie auf das Objektmodell der Entwicklungsumgebung zugreifen können.

✓ Öffnen Sie die Anwendung, in der Sie den Code erstellen möchten, und öffnen bzw. erzeugen Sie dort eine leere Datei.

✓ Wählen Sie *Extras / Makro / Sicherheit* und aktivieren Sie die Registerkarte *Vertrauenswürdige Herausgeber.*

✓ Aktivieren Sie das Kontrollkästchen *Zugriff auf Visual Basic-Projekt vertrauen.*

✓ Schließen Sie das Dialogfeld mit *OK.*

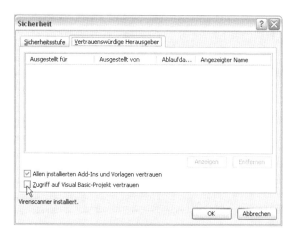

Abbildung 16.2: Zugriff auf das VBA-Projekt ermöglichen

Grundlagen

Sie finden den nachfolgend erstellten Code in der Datei *K16.xls*. Sie können ihn jedoch ebenso auch in PowerPoint, Access oder Word einsetzen.

Auf das Objektmodell der Entwicklungsumgebung können Sie von jeder Office-Anwendung über die Eigenschaft VBE des Application Objekts zugreifen. Diese Eigenschaft gibt das VBE-Objekt zurück, das das oberste Objekt der Hierarchie ist.

Möchten Sie für die untergeordneten Objekte IntelliSense nutzen, sollten Sie dazu einen Verweis auf die entsprechende Objektbibliothek einrichten. Wählen Sie dazu *Extras / Verweise* in der Menüleiste der Entwicklungsumgebung und aktivieren Sie das Kontrollkästchen vor dem Eintrag *Microsoft Visual Basic for Applications Extensibility 5.3.* Schließen Sie den Dialog dann mit *OK.*

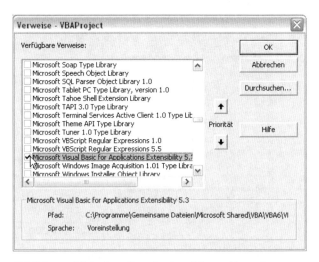

Abbildung 16.3: Erstellen des benötigten Verweises

Das Objektmodell des Visual Basic-Editors ermöglicht Ihnen nicht nur Module in ein Projekt einzufügen, zu importieren oder zu exportieren, sondern auch Verweise zu prüfen und zu erstellen, Add-Ins zu starten oder anzuhalten. Sie können damit aber auch Prozeduren in Modulen und Klassenmodulen von Formularen erstellen und einfügen. Bearbeiten Sie auf diese Weise COM-Add-In-Projekte von Office XP oder früher, können Sie sogar eine DLL kompilieren.

Das erste Beispiel zeigt Ihnen die grundlegende Technik des Zugriffs. Es listet alle Module eines spezifischen Projekts auf. Dazu wird zunächst eine Objektvariable objCodeProj definiert. Sie speichert einen Verweis auf das Projekt, dessen Module aufgelistet werden. Außerdem wird eine Objektvariable objIDE definiert, die einen Verweis auf das VBE-Objekt speichert. Zusätzlich benötigen Sie noch eine Zählvariable, im Beispiel lngAnzahl. Der Objektvariablen objIDE weisen Sie nun den Rückgabewert der VBE-Eigenschaft des Application-Objekts zu. Sie repräsentiert das komplette Visual-Basic-Editor-Fenster und dessen Inhalt. Über die Auflistung VBProjects können Sie nun auf alle geöffneten Visual-Basic-Projekte zugreifen. In Access ist dies meist nur die aktuelle Datenbank oder es sind geladene Add-Ins, auf die Sie aber meist ohnehin nicht zugreifen können, weil sie schreibgeschützt sind. In anderen Anwendungen, beispielsweise Excel oder Word, können Sie darüber auf den Quellcode aller geöffneten Dokumente bzw. Arbeitsmappen zugreifen. Der Zugriff auf ein einzelnes VBA-Projekt erfolgt über die Eigenschaft ActiveVBProject oder über den Namen des Projekts, wie im vorliegenden Beispiel. Hier wird in der Objektvariablen objCodeProj ein Verweis auf das VBA-Projekt *K16* erstellt. In einer Schleife können Sie nun die VBComponents-Auflistung durchlaufen. Deren Eigenschaft Count gibt die Anzahl Module im Projekt zurück. Sie können so ganz leicht alle Module durchlaufen, indem Sie die Zählvariable von 1 bis zum Wert der Eigenschaft Count heraufzählen. Über die Name-Eigenschaft des einzelnen VBComponent-Objekts lässt sich der Name des Moduls ermitteln.

Damit Sie auf ein Projekt mit dem Namen *K16* zugreifen können, müssen Sie ein Projekt entsprechend benennen. Standardmäßig heißen nämlich alle Projekte *VBAProjekt*. Die Projektnamen werden im Projekt-Explorer immer vor den in Klammern gesetzten Dateinamen angezeigt. Um ein Projekt zu benennen, gehen Sie wie folgt vor:

✔ Aktivieren Sie in der Entwicklungsumgebung das Projekt, das Sie benennen möchten, indem Sie auf das Projekt im Projekt-Explorer doppelklicken.

✔ Wählen Sie in der Entwicklungsumgebung den Menüeintrag *Extras / Eigenschaften von VBAProjekt.*

✔ Geben Sie den Namen des Projekts im Feld *Projektname* ein.

✔ Schließen Sie das Dialogfeld mit *OK*.

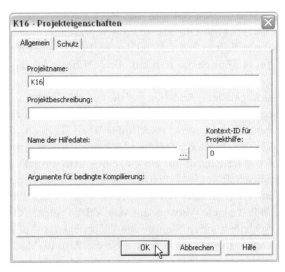

Abbildung 16.4: Umbenennen des Projekts

```
Sub IDE_ModuleAuflisten()
    Dim objCodeProj As VBProject
    Dim objIDE As VBE
    Dim lngAnzahl As Long
    Set objIDE = Application.VBE
    Set objCodeProj = objIDE.VBProjects("K16")
    With objCodeProj
        For lngAnzahl = 1 To .VBComponents.Count
            Debug.Print "Modul: " & _
                .VBComponents(LngAnzahl).Name
        Next lngAnzahl
    End With
End Sub
```

Module importieren und exportieren

Sie können aber natürlich nicht nur Code innerhalb eines Moduls bearbeiten, sondern auch Module importieren, exportieren oder deren Namen ändern oder sie ganz löschen. Diese Möglichkeiten zeigt das folgende Beispiel. Zunächst wird das Modul *TestModul* in eine BAS-Datei exportiert. Anschließend wird das Modul in *TEST* umbenannt und dann mit der Remove-Methode aus dem Projekt gelöscht. Zum Schluss wird die BAS-Datei importiert, wodurch das ursprüngliche Modul wieder in das Projekt eingefügt wird.

```
Sub ExportImportModule()
    Dim objCodeProj As VBProject
    Dim objIDE As VBE
    Set objIDE = Application.VBE
    Set objCodeProj = objIDE.VBProjects("K16")
    With objCodeProj
        .VBComponents("TestModul").Export "Test.bas"
        .VBComponents("TestModul").Name = "TEST"
        .VBComponents.Remove .VBComponents("TEST")
        .VBComponents.Import ("Test.bas")
    End With
End Sub
```

Verweise prüfen, reparieren und erstellen

Verweise auf eine Objektbibliothek benötigen Sie immer dann, wenn Sie externe Klassen und DLLs mit früher Bindung verwenden möchten. Frühe Bindung bedeutet, dass die Entwicklungsumgebung bereits zur Entwurfszeit weiß, welche Eigenschaften und Methoden ein Objekt hat. Das macht sich dadurch bemerkbar, dass Ihnen IntelliSense die Methoden und Eigenschaften eines Objekts anzeigt.

Damit das möglich ist, muss die IDE den Datentyp einer Variablen kennen. Handelt es sich dabei eben nicht um VBA-eigene Datentypen oder Objekte des Objektmodells der VBA-Hostanwendungen, müssen Sie einen Verweis auf die Objektbibliothek setzen, damit die IDE »dort nachsehen kann«, welche Eigenschaften und Methoden eine Klasse und damit die daraus erzeugten Objekte hat. Führen Sie Code aus, der einen Verweis voraussetzt, bedeutet dies, dass das nur gelingt, wenn auf dem Rechner, auf dem Sie den Code ausführen, die entsprechende Objektbibliothek auch vorhanden ist. Ansonsten ist der Verweis fehlerhaft.

Fehlerhafte Verweise führen in der Regel zu Problemen beim Ausführen der Anwendung. Um den Benutzer nicht damit zu überraschen, ist es sinnvoll, gleich beim Start zu prüfen, ob alles in Ordnung ist.

Ab Access 2002 steht dazu eine Eigenschaft zur Verfügung, die angibt, ob es fehlerhafte Verweise im VBA-Projekt gibt. Die Eigenschaft heißt BrokenReference und gibt false zurück, wenn alles in Ordnung ist. Beim Öffnen der Datei brauchen Sie also nur diese Eigenschaft auszuwerten. Leider gibt es sie aber nur ab Access 2002 und nicht in Access 2000 und früher. Wenn Sie in anderen Office-Anwendungen prüfen möchten, ob alle Verweise in Ordnung sind, müssen Sie das anders anfangen.

Sie sollten diese Methode auch in Access 2002 und höher verwenden, da Sie so dem Anwender auch ganz konkret sagen können, welche Datei fehlt. Das ist natürlich sehr viel sinnvoller, als nur zu sagen, dass irgendetwas fehlt.

Sie finden den Code in der Datei *K16.xls* im Modul *DieseArbeitsmappe*.

Wenn Sie feststellen möchten, ob alles in Ordnung ist, müssen Sie alle Verweise manuell prüfen, indem Sie deren Auflistung durchlaufen. Sinnvoll ist dann natürlich, auch gleich die fehlerhaften Verweise zurückzugeben. Sollen allerdings nicht immer Meldungen ausgegeben werden, sollte die Liste der fehlerhaften Verweise besser über einen Parameter der Funktion zurückgegeben werden. Der

Rückgabewert kann dann ein boolescher Wert sein, der angibt ob es Fehler bei den Verweisen gibt. Das untenstehende Listing zeigt die dazu notwendige Funktion und deren Anwendung.

In der Open-Ereignisprozedur rufen Sie Funktion VerweiseOK auf. Wichtig ist dabei, dass Sie als Parameter eine Variable des Typs String übergeben. Über diese Variable können Sie die Fehlermeldung der Funktion nach dem Aufruf anzeigen.

Die Funktion VerweiseOK durchläuft einfach alle Verweise (References) des VBA-Projekts. Dieses können Sie über die VBProject-Eigenschaft des Workbook-Objekts ermitteln. Sie gibt immer das VBA-Projekt der Arbeitsmappe zurück.

Sie müssen also nicht zwingend über die VBProjects-Auflistung des VBE-Objekts auf das VBA-Projekt zugreifen, sondern können auch ganz gezielt auf das VBA-Projekt einer bestimmten Arbeitsmappe zugreifen.

Wenn Sie den Code in Word nutzen möchten, verwenden Sie statt ThisWorkbook das Objekt ThisDocument, in PowerPoint entsprechend das Presentation-Objekt, das die aktuelle Präsentation darstellt.

Für jeden Verweis prüft die Schleife nun die IsBroken-Eigenschaft. Sie gibt True zurück, wenn der Verweis defekt ist. Den Dateinamen und Pfad, auf den der Verweis verweist, können Sie über die FullPath-Eigenschaft des Reference-Objekts ermitteln und so den Dateinamen in der Fehlermeldung ausgeben.

```
Private Sub Workbook_Open()
    Dim strErg As String
    If VerweiseOK(strErg) = False Then
        MsgBox "Folgende Dateien konnten " & _
            "nicht gefunden werden: " & vbCrLf & strErg
    End If
End Sub

Function VerweiseOK(ByRef strFehler As String) _
    As String
```

```
Dim refVerweis As Reference
strFehler = ""
VerweiseOK = True
For Each refVerweis In _
    ThisWorkbook.VBProject.References
    If refVerweis.IsBroken = True Then
        VerweiseOK = False
        strFehler = strFehler & _
            refVerweis.FullPath & vbCrLf
    End If
Next refVerweis
End Function
```

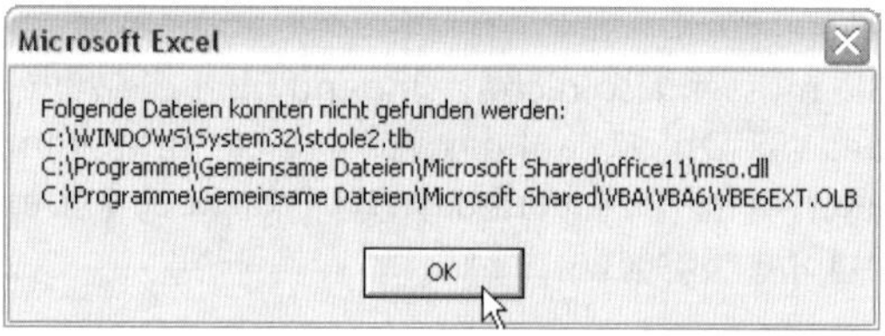

Abbildung 16.5: Die erzeugte Fehlermeldung, bei defekten Verweisen

Access spielt wie immer eine Sonderrolle. Da in Access immer nur eine Datenbank geöffnet sein kann, gibt es auch immer nur ein VBA-Projekt. Sie können daher direkt über die References-Auflistung des Application-Objekts auf die Referenzen zugreifen.

```
Function VerweiseOK(ByRef strFehler As String) _
    As String
    Dim refVerweis As Reference
    strFehler = ""
    VerweiseOK = True
    For Each refVerweis In Application.References
        If refVerweis.IsBroken = True Then
            VerweiseOK = False
            strFehler = strFehler & _
                refVerweis.FullPath & vbCrLf
        End If
    Next refVerweis
End Function
```

17 Auf externe Programme zugreifen

Sie können mit VBA nicht nur andere VBA-Anwendungen starten und steuern, sondern auch beliebige andere Programme starten. Generell gibt es dazu zwei Möglichkeiten:

✔ Sie führen die ausführbaren Dateien über die `Shell`-Funktion aus oder

✔ Sie nutzen Objektautomation und starten und steuern die Anwendung über ihr Objektmodell.

Objektautomation funktioniert jedoch nur bei Anwendungen, die dazu eine Klasse und ein Objektmodell zur Verfügung stellen. Das ist bei allen VBA-Hostanwendungen der Fall, genauso wie beim Internet-Explorer und einigen anderen Windows-Programmen.

Der Internet Explorer für Macintosh stellt kein Objektmodell zur Verfügung. Zudem gibt es einige Einschränkungen und Besonderheiten, die Sie beachten müssen, wenn Sie Code erstellen möchten, der auch auf dem Macintosh funktioniert. Details dazu, wie Sie den unterschiedlichen Code für Windows und Mac gegebenenfalls unter einen Hut kriegen, erfahren Sie in Kapitel 20 »Versionsübergreifend programmieren«.

Beide Möglichkeiten, also Objektautomation und `Shell`-Funktion sollen in diesem Kapitel vorgestellt werden.

DOS- und Systemprogramme ausführen

Für alle Programme, die kein Objektmodell zur Verfügung stellen, wie die meisten Systemprogramme, DOS-Anwendungen etc., bleibt nur die `Shell`-Funktion zum Starten. Wenn Sie Programme über die `Shell`-Funktion starten, können Sie diese nachher allerdings nur bedingt steuern. Manche Programme bieten die Möglichkeit, Parameter zu übergeben und so zu bestimmen, was das Programm macht. In anderen Fällen bleibt nur die Möglichkeit, an das Programmfenster der Anwendung Tastenkombinationen zu senden, über die die Anwendung bedient werden kann. Diese Methode ist allerdings recht unsicher. Sie setzt voraus, dass es ein Programmfenster gibt, die Anwendung also nicht im Hintergrund ausgeführt wird. Zudem müssen Sie sicherstellen, dass das Fenster aktiv ist.

Mit den Details von Tastenkombinationen befasst sich der Abschnitt »Anwendungen und Fenster per Tastenkombination steuern« weiter hinten in diesem Kapitel. Hier wird es ausschließlich um den Start von Anwendungen mittels Shell und die Steuerung mithilfe von Parametern gehen.

Programm mit »Shell« starten

Wenn Sie Anwendungen mit Startparametern steuern möchten, müssen Sie das auszuführende Programm mit der Shell-Funktion starten und übergeben ihm einfach die benötigten Parameter. Die Prozedur im folgenden Listing führt auf diese Weise ein WSH-Skript mit wscript.exe aus.

Die Datei *wscript.exe* stellt den Windows Script Host dar. Damit Sie das Beispiel also ausführen können, muss der WSH installiert sein. Ab Windows 98 SE befindet er sich auf der Windows-CD. Sie können ihn über das *Software*-Symbol der Systemsteuerung nachinstallieren. Bei Windows Me, Windows 2000 und Windows XP wird er automatisch installiert. Aus diesem Grund funktioniert das Beispiel auf dem Mac auch nicht. Details zu Besonderheiten der Shell-Funktion auf dem Mac finden Sie etwas weiter unten in Abschnitt »Die Shell-Funktion und der Mac«.

Sie finden den Code im Modul *ShellFunktion* in der Datei *K17.xls*. Sie können ihn jedoch auch in Word, PowerPoint und Access einsetzen.

Generell gilt, dass Sie Parameter so übergeben müssen, wie es das Programm auch beim Aufruf auf Kommandozeilenebene erwartet. Bei *wscript.exe* müssen die Parameter durch Leerzeichen getrennt angegeben werden. Lediglich Programmoptionen werden durch // eingeleitet und müssen vor den Startparametern wie dem Skriptnamen stehen. Enthält ein Parameter selbst Leerzeichen, muss er zwingend in Anführungszeichen eingefasst werden. Enthält er keine Leerzeichen, sind die Anführungszeichen optional. Den Pfad zum auszuführenden Programm müssen Sie nur dann angeben, wenn es sich nicht im Windows- oder System-Verzeichnis befindet bzw. wenn Sie den Pfad auch beim Aufruf über *Start / Ausführen* angeben müssen. In diesem Fall befindet sich die auszuführende Skriptdatei im gleichen Verzeichnis wie die Arbeitsmappe. Daher können Sie den Pfad über die Path-Eigenschaft des ThisWorkbook-Objekts zurückgeben lassen.

Die vielen Anführungszeichen kommen dadurch zustande, dass Anführungszeichen innerhalb einer Zeichenkette verdoppelt werden müssen. Der Ausdruck "wscript.exe """ & ThisWorkbook.Path & "\hallowelt.vbs""" führt zur Laufzeit also zu der Zeichenkette wscript.exe "E:\TB_OfficeVBA\bsp\K17\hallowelt.vbs", wenn sich die Arbeitsmappe im Verzeichnis *E:\TB_OfficeVBA\bsp\K17* befindet.

```
Sub Startparameter()
    Dim lngTask As Long
    Shell "wscript.exe """ & _
        ThisWorkbook.Path & _
        "\hallowelt.vbs""", vbMaximizedFocus
End Sub
```

Auf den Abschluss des Programmstarts warten

Die Shell-Funktion wird anders als die meisten VBA-Anweisungen asynchron ausgeführt. Das bedeutet, dass die Anweisung nach Shell, bereits ausgeführt wird, auch wenn das durch Shell zu startende Programm noch nicht gestartet ist. Sie können das sehr gut testen, indem Sie nach dem Aufruf des WSH-Skripts im vorherigen Beispiel noch eine Ausgabe mit Msgbox machen. Sie werden dann merken, dass noch vor der Ausgabe des Skriptes, die Ausgabe "Fertig!" erscheint.

```
Sub Startparameter2()
    Dim lngTask As Long
    Shell _
        "wscript.exe """ & ThisWorkbook.Path & _
        "\hallowelt.vbs""", vbMaximizedFocus
    MsgBox "Fertig!"
End Sub
```

Im Allgemeinen ist das kein großes Problem. Wichtig ist das nur, wenn Sie die Anwendung mit Tastenfolgen steuern möchten oder wenn Sie aus anderem Grund sicherstellen müssen, dass die gestartete Anwendung bereits gestartet ist, wenn die nächste Anweisung ausgeführt wird. Zu diesem Zeck gibt die Shell-Funktion einen Long-Wert zurück. Dabei handelt es sich um die Task-ID des aufgerufenen Programms. Damit haben Sie die Möglichkeit festzustellen, wann das Programm gestartet wurde; das kann schließlich auch mal etwas länger dauern. Möchten Sie beispielsweise später noch auf das Programm zugreifen, müssen Sie verhindern, dass VBA mit der Anweisung nach Shell fortfährt, bis das Programm gestartet wurde. Nur dann gelingt schließlich der Zugriff auf das Programm. Sie können das erreichen, indem Sie nach dem Aufruf von Shell eine Schleife definieren, die so lange läuft, bis die Variable, der Sie den Rückgabewert zuweisen, einen Wert ungleich 0 hat. Der zweite Parameter der Shell-Funktion legt fest, wie das Fenster der Anwendung geöffnet werden soll. Neben der Konstanten vbMaximizedFocus, die dafür sorgt, dass das Fenster maximiert wird und den Fokus bekommt, gibt es noch zahlreiche weitere.

Konstante	Wert	Beschreibung
vbHide	0	Das Fenster ist ausgeblendet und das ausgeblendete Fenster erhält den Fokus. Die Konstante vbHide gilt nicht für Macintosh-Plattformen.
vbNormalFocus	1	Das Fenster hat den Fokus und die ursprüngliche Größe und Position wird wiederhergestellt.
VbMinimizedFocus	2	Das Fenster wird als Symbol mit Fokus angezeigt.
vbMaximizedFocus	3	Das Fenster wird maximiert mit Fokus angezeigt.
vbNormalNoFocus	4	Die zuletzt verwendete Größe und Position des Fensters wird wiederhergestellt. Das momentan aktive Fenster bleibt aktiv.
vbMinimizedNoFocus	6	Das Fenster wird als Symbol angezeigt. Das momentan aktive Fenster bleibt aktiv.

Tabelle 17.1: Verfügbare Konstanten zu Steuerung der Fenstereigenschaften

Sie können so beispielsweise ein Programm, das zum Starten etwas länger braucht, zunächst minimiert und ohne Fokus starten und es maximieren, sobald der Start abgeschlossen ist. Wie das geht, zeigt das folgende Beispiel anhand von Mozilla. Zunächst wird Mozilla gestartet und es wird eine Schleife betreten, die läuft, bis die Task-ID zurückgegeben wurden. Erst dann wird das Anwendungsfenster mit appActivate aktiviert und bekommt damit den Fokus. Die DoEvents-Anweisung innerhalb der Schleife sorgt dafür, dass Windows nicht blockiert wird, sondern weiter bedienbar bleibt. Eingaben über Tastatur und Maus werden daher weiter verarbeitet.

Die AppActivate-Anweisung dient dazu, ein beliebiges Fenster zu aktivieren. Dazu können Sie wahlweise die Task-ID der Anwendung oder den Anfang des Fenstertitels übergeben. Wenn Sie den Titel angeben und es mehrere Fenster mit dem gleichen Titel gibt, wird ein Fenster mit diesem Titel zufällig ausgewählt. Die Task-ID ist also immer die bessere Möglichkeit.

Die Prozedur setzt natürlich voraus, dass Mozilla auf Ihrem Rechner installiert ist. Den Pfad zur EXE-Datei von Mozilla müssen Sie gegebenenfalls anpassen.

```
Sub MozillaStarten()
    Dim lngTask As Long
    lngTask = 0
    lngTask = _
        Shell("C:\Programme\mozilla.org\" & _
        "Mozilla\Mozilla.exe", _
        vbMinimizedNoFocus)
    Do
        DoEvents
    Loop Until lngTask > 0
    AppActivate lngTask
End Sub
```

Nicht jedes Programm ist wirklich vollständig geladen, wenn die Task-ID zurückgegeben wird. Oftmals ist nur das Startfenster da, der Rest der Anwendung wird danach noch geladen. Auch die Fenstergröße wird nicht von jedem Programm beim Starten über die Shell-Funktion berücksichtigt.

DOS-Befehle ausführen

DOS-Befehle die normalerweise auf Kommandozeilenebene ausgeführt werden, können Sie in der Regel nicht direkt mit der Shell-Funktion aufrufen. Das liegt daran, dass die Shell-Funktion nur COM- und EXE-Dateien ausführen kann. Sie müssen also die Kommandozeile von Windows starten und ihr den auszuführenden Befehl als Parameter übergeben. Das folgende Beispiel ruft auf diese Weise die MkDir-Anweisung auf, um ein Verzeichnis C:\Test2 zu erstellen. Sie rufen dazu zunächst die Eingabeaufforderung mit Cmd.exe auf und übergeben ihr zwei Parameter. Der Parameter /C bestimmt, dass die nachfolgende Zeichenkette der auszuführende Befehl ist. Diesen müssen Sie in Anführungszeichen setzen, wenn er, wie hier, Leerzeichen enthält.

```
Sub DOSAnweisungen()
    Dim strProg As String
    strProg = "Cmd.exe /C ""mkdir C:\Test2"""
    Shell strProg
End Sub
```

Die Eingabeaufforderung können Sie nur unter Windows NT/ 2000/XP mit Cmd.exe starten. Unter Windows Me/98 geben Sie stattdessen Command.com an.

Mit diesen wenigen Anweisungen kennen Sie im Prinzip alles, was Sie brauchen, um mit den Systemprogrammen von Windows zu arbeiten. Alles was Sie benötigen, ist der Name der Anwendung und die verfügbaren Parameter. Einige wichtige Systemprogramme und deren Parameter finden Sie in der folgenden Tabelle. Nicht alle stehen allerdings unter allen Windows-Versionen zur Verfügung und auch die Parameter können abweichen.

Programm	Beschreibung	Parameter
format.com	Format-Befehl	Volume gibt den Laufwerkbuchstaben (gefolgt von einem Doppelpunkt), den Bereitstellungspunkt oder den Volume-Namen an. /FS:Dateisystem gibt den Typ des Dateisystems an (FAT, FAT32, oder NTFS). /V:Bezeichnung gibt die zuzuweisende Volume-Bezeichnung an. /Q führt eine Formatierung mit Schnellformatierung durch.
Logoff.exe	Beendet eine Terminal-Server-Sitzung. Syntax: LOGOFF [Sitzungsname | Sitzungskennung] [/SERVER:Servername] [/V]	Sitzungsname ist der Name der Sitzung. Sitzungskennung, die Kennung der Sitzung, /SERVER:Servername bestimmt den Terminalserver, der die Benutzersitzung enthält, die abgemeldet wird (Standard ist der aktuelle Server).

Programm	Beschreibung	Parameter

Makecab.exe	Erzeugt eine CAB-Datei.
	Syntax:
	`MAKECAB [/V[n]]`
	`[/D var=value ...] [/L dir]`
	`source [destination]`
		`source` ist die zu kompri-mierende Datei.
		`destination` ist die Ziel-datei, falls der Parameter entfällt, wird der Quell-dateiname verwendet, wobei der letzte Buch-stabe durch ein "_" ersetzt wird.
		`/D var=value`, definiert Variablen mit einem bestimmten Wert (`value`).
		`/L dir` legt das Zielver-zeichnis fest, in dem die Zieldatei gespeichert wer-den soll. Standardmäßig wird das aktuelle Verzeich-nis verwendet.
		`/V[n]` gibt die CAB-Datei-Version an. Zulässig sind die Werte 1, 2 und 3.

Shutdown.exe	Fährt den Rechner herunter, Syntax: `shutdown.exe [-l	-s	-r |` `-a] [-f] [-m \\Computer]` `[-t xx] [-c "Kommentar"]` `[-d up:xx:yy]`	`-l` abmelden (kann nicht mit der Option `-m` verwen-det werden), `-s` fährt den Computer herunter, `-r` fährt den Computer herunter und startet ihn neu, `-a` bricht das Herunterfah-ren des Systems ab, `-t xx` Zeitlimit für das Her-unterfahren in xx Sekun-den, `-f` erzwingt das Schließen ausgeführter Anwendun-gen ohne Warnung.

Programm	Beschreibung	Parameter
mmc.exe	Startet die Microsoft Management-Konsole, Syntax: `mmc Pfad\Dateiname.msc [/64] [/32] Pfad\Dateiname.msc`	`/64` öffnet die 64-Bit-Version von MMC (MMC64). Setzen Sie diese Option nur ein, wenn Sie ein 64-Bit-Betriebssystem von Microsoft verwenden. `/32` öffnet die 32-Bit-Version von MMC (MMC32). Wenn Sie ein 64-Bit-Betriebssystem von Microsoft verwenden, können Sie 32-Bit-Snap-Ins durch Öffnen von MMC mit dieser Befehlszeilenoption ausführen. `Pfad\Dateiname.msc` ist der Platzhalter für die zu öffnende Konsolendatei.
rasphone.exe	Wählt eine DFÜ-Verbindung oder beendet sie. Syntax: `Rasphone.exe [-h] Eintrag`	`-h` trennt die Verbindung, Eintrag ist der Name der Verbindung, die gewählt oder getrennt werden soll.

Tabelle 17.2: Einige Windows-Systemprogramme und deren wichtigste Parameter

Da Sie mithilfe von `Shell` nur EXE- und COM-Dateien ausführen können, müssen Sie alle anderen, wie beispielsweise BAT-Dateien, als Parameter an die Anwendung übergeben, die diese Dateien ausführen kann. Für alle MSC-Dateien benötigen Sie beispielsweise die Microsoft-Management-Konsole. Der Befehl zum Öffnen der Datenträgerverwaltung sähe beispielsweise so aus:

`mmc.exe d:\Windows\System32\diskmgmt.msc`

Die Shell-Funktion und der Mac

Eigentlich soll die `Shell`-Funktion auch auf dem Mac funktionieren. Hier können Sie neben dem Pfad zur auszuführenden Datei auch die Mac-ID des Programms übergeben. Dabei handelt es sich um eine Programmkennung des Betriebssystems, die Sie mit der nur auf dem Mac verfügbaren Funktion MacID ermitteln können. Der Funktion MacID übergeben Sie als Parameter ein Kürzel der Anwendung. Beispielsweise könnten Sie mit folgendem Aufruf der Shell-Funktion Microsoft Word auf dem Mac starten

```
Shell MacID("MSWD")
```

Leider ist das alles graue Theorie. Es mag unter Mac OS 8 noch funktionieren, auf dem vermehrt eingesetzten Mac OS X funktioniert es nicht. Aber auch die Pfadangabe der auszuführenden Datei bringt Sie nicht weiter. Nur sehr wenige Programme, wie beispielsweise die Microsoft-Office-Anwendungen, können Sie auf diese Weise starten. Aber genau dafür brauchen Sie die Shell-Funktion nicht, weil das mit Objektautomation sehr viel einfacher geht.

Die Konsequenz aus dieser Problematik: Verzichten Sie auf Shell, wenn Sie Mac-kompatiblen Code erstellen möchten. Es funktioniert ohnehin nicht bzw. nicht richtig.

Anwendungen und Fenster per Tastenkombination steuern

Leider lassen sich nicht alle Systemprogramme komplett mit Parametern steuern oder sie verfügen erst gar nicht über Parameter. In diesem Fall ist es hilfreich, zusätzlich Tastenfolgen mit der Sendkeys-Anweisung an das aktive Fenster senden zu können. Damit können Sie jede Anwendung steuern, die Tastenkombinationen unterstützt und über ein aktives Fenster verfügt.

Der Nachteil ist allerdings, dass schon Versionsunterschiede der zu steuernden Programme dazu führen können, dass die Prozedur nicht mehr funktioniert, weil sich Tastenkombinationen geändert haben. Sie sollten diese Möglichkeit also nur als letzte Alternative in Erwägung ziehen. Dennoch soll hier kurz gezeigt werden, wie Sie dabei prinzipiell vorgehen müssen.

Zunächst starten Sie wieder die Anwendung, wie ist egal. Am besten verwenden Sie wie hier die Shell-Funktion, da Sie dann die gewünschte CPL-Datei, hier *desk.cpl* als Parameter an die Anwendung *Control.exe* übergeben können. Anschließend müssen Sie das Fenster aktivieren. Das ist wichtig, da jede gesendete Taste immer nur an das aktive Fenster gesendet werden kann. Daher müssen Sie dafür sorgen, dass das Anwendungsfenster den Fokus hat, bevor Sie Tastenkombinationen senden. Das geschieht mit der SendKeys-Anweisung. Sie erwartet als ersten Parameter die zu sendenden Tasten. Geben Sie als zweiten Parameter True ein, wartet die Prozedur mit der nächsten Anweisung, bis alle Tastenfolgen verarbeitet sind. Die erste SendKeys-Anweisung sorgt dafür, dass die nächste Registerkarte ausgewählt und dann mit der zweiten Sendkeys-Anweisung aktiviert wird. Die dritte Anweisung aktiviert dann die dritte Registerkarte. Die Anweisung SendKeys "{Tab}", True wechselt zur Liste mit den Bildschirmschonern, so dass mit der letzten Anweisung der Bildschirmschoner *3D-Rohre* ausgewählt und der Dialog mit ⏎ geschlossen werden kann.

Sie finden den Code im Modul *Tastenfolgen* der Datei *K17.xls*.

```
Sub Tastenkombinationen()
    Dim lngTask As Long
    lngTask = Shell("Control.exe desk.cpl", _
        vbNormalFocus)
    Do
        DoEvents
    Loop Until lngTask <> 0
    AppActivate "Eigenschaften von Anzeige"
    SendKeys "{Tab}{Tab}{Tab}{Tab}", True
    SendKeys "{RIGHT}", True
    SendKeys "{RIGHT}", True
    SendKeys "{Tab}", True
    SendKeys "3d-R{Enter}", True
End Sub
```

Wenn Sie die Prozedur ausführen, können Sie beobachten, wie die Registerkarten und Steuerelemente aktiviert werden. Damit wird auch schon der nächste Nachteil dieser Methode sichtbar. Drückt der Anwender in der Zwischenzeit auch nur eine Taste oder wechselt er zu einer anderen Anwendung, kann das fatale Folgen haben. In dem hier verwendeten Dialog kann zwar nicht viel passieren. Wenn Sie auf diese Weise aber die Datenträgerverwaltung bedienen und dadurch versehentlich eine falsche Partition löschen, kann der Schaden beträchtlich sein.

Auch wenn es mehr Arbeit bedeutet, sollten Sie daher vor jeder Sendkeys-Anweisung die Anwendung aktivieren, indem Sie die AppActivate-Anweisung ausführen. Damit sähe obiges Beispiel wie folgt aus:

```
Sub Tastenkombinationen()
    Dim lngTask As Long
    lngTask = Shell("Control.exe desk.cpl", _
        vbNormalFocus)
    Do
        DoEvents
    Loop Until lngTask <> 0
    AppActivate "Eigenschaften von Anzeige"
    SendKeys "{Tab}{Tab}{Tab}{Tab}", True
    AppActivate "Eigenschaften von Anzeige"
    SendKeys "{RIGHT}", True
    AppActivate "Eigenschaften von Anzeige"
    SendKeys "{RIGHT}", True
    AppActivate "Eigenschaften von Anzeige"
    SendKeys "{Tab}", True
    AppActivate "Eigenschaften von Anzeige"
    SendKeys "3d-R{Enter}", True
End Sub
```

Diese Version ist zwar schon besser gegen negative Einflüsse geschützt, kann aber auch dann nicht richtig funktionieren, wenn der Benutzer zwischendurch andere Tasten drückt. Sicher ist die Arbeit mit Tastenfolgen also keinesfalls.

Anwendungen per Objektautomation starten und steuern

Viele neuere Systemprogramme, die also nicht schon aus Windows-3.x- und Windows-98-Zeiten stammen, stellen Objektbibliotheken zur Verfügung, über die Sie sie steuern können. Ein Beispiel dafür ist die COM-Komponente *Shell32.dll*. Sie ermöglicht die Anzeige von bestimmten Windows-Dialogen bzw. die Ausführung bestimmter wichtiger Aktionen. Diese Komponente können Sie genauso per Objektautomation nutzen wie alle VBA-Hostanwendungen.

Natürlich können Sie die DLL nur unter Windows nutzen und auch erst ab Windows NT/2000 aufwärts. Auf dem Mac steht die Bibliothek nicht zur Verfügung, weshalb Sie sie auch nicht verwenden können. Dennoch funktioniert Objektautomation auch auf dem Mac, nämlich beispielsweise mit den Microsoft-Office-Anwendungen.

Nachfolgend lernen Sie die wichtigsten Prinzipien und Regeln der Steuerung von Anwendungen mittels Objektautomation kennen.

Grundlagen der Objektautomation

VBA ist gerade deshalb so interessant, weil Sie damit nicht nur Anwendungen erstellen können, die unter Excel oder Word laufen, sondern dabei auch Möglichkeiten aller anderen Anwendungen nutzen können, die VBA unterstützen. Das Einzige, was Sie dazu brauchen, ist der Klassenname der anderen Anwendung und natürlich ein paar Grundkenntnisse über deren Objektmodell.

Für jede Anwendung, die Sie aus einer anderen Anwendung heraus starten und steuern möchten, sollten Sie einen entsprechenden Verweis erstellen. Wenn Sie beispielsweise Word aus Excel heraus starten möchten, wie es das erste Beispiel zeigt, müssen Sie dazu einen Verweis auf die Word-Bibliothek erstellen.

Ein Verweis stellt sicher, dass schon die Entwicklungsumgebung bei der Codeeingabe die verwendeten Objekte kennt. Damit verbunden sind folgende Vorteile:

- ✓ IntelliSense zeigt Elemente und Konstanten der Objektbibliothek an.

- ✓ Der Code wird schneller ausgeführt, da frühe Bindung verwendet wird.

- ✓ Viele Fehler im Code fallen nicht erst zur Laufzeit auf, sondern schon bei der Codeeingabe bzw. es werden Syntaxfehler von vornherein vermieden.

Frühe Bindung meint, dass eine Objektvariable einen spezifischen Typ hat, beispielsweise Word.Application. Damit steht schon beim Kompilieren, nicht erst beim Ausführen des Codes fest, welche Schnittstelle das gespeicherte Objekt hat. Daher können die Methoden und Eigenschaften des Objekts schneller aufgerufen werden, als wenn erst zur Laufzeit feststeht, welche Schnittstellenelemente zur Verfügung stehen.

Späte Bindung können Sie immer verwenden, egal ob Sie einen Verweis erstellt haben oder nicht. Sie liegt dann vor, wenn Sie eine Objektvariable mit dem allgemeinen Typ Object deklarieren. In diesem Fall kennt der VBA-Compiler erst zur Laufzeit die Schnittstelle des Objekts, nämlich genau in dem Moment, in dem der Variablen ein Objekt zugewiesen wird.

Egal, ob Sie frühe oder späte Bindung verwenden, Sie sollten grundsätzlich Objekte, die Sie erzeugen, auch wieder zerstören. Dazu setzen Sie die Objektvariable, der Sie am Prozeduranfang das Objekt der gestarteten Anwendung zuweisen, am Ende der Prozedur wieder auf Nothing. Das führt allerdings nicht dazu, dass die Anwendung wieder beendet wird, sondern nur dazu, dass die Objektvariable gelöscht wird. Nur wenn Sie vorher auch die Anwendung schließen, verschwindet dann auch das Objekt aus dem Speicher. Die nachfolgenden Beispiele verdeutlichen diese Vorgehensweise.

Steuern von VBA-Hostanwendungen

Sie können Anwendungen über Objektautomation starten, indem Sie deren übergeordnetes Objekt aus der Klasse ableiten und damit die Anwendung erzeugen. Dabei gibt es wiederum zwei verschiedene Möglichkeiten. Die erste haben Sie zuvor schon beim `File-SystemObject`-Objekt kennen gelernt. Hierbei wird das Objekt mithilfe der Anweisung `New` aus der Klasse erzeugt, wenn die Variable deklariert wird. Diese Methode setzt einen Verweis auf die entsprechende Objektbibliothek voraus.

> Damit das Beispiel funktioniert, müssen Sie in Excel bzw. der Office-Anwendung, die den Code ausführen soll, einen Verweis auf die Word-Objekt-Bibliothek erstellen, indem Sie in der Menüleiste der Entwicklungsumgebung *Extras / Verweise* wählen und das Kontrollkästchen vor dem Eintrag der Word-Bibliothek aktivieren.

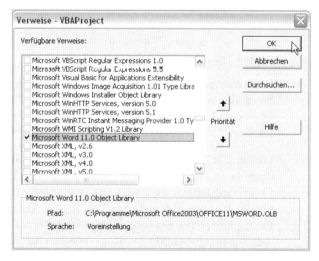

Abbildung 17.1: Den notwendigen Verweis auf die Word-Bibliothek setzen

Sie finden das Beispiel im Modul *Automation* in der Datei *K17.xls*.

Im Beispiel wird der Variablen objWord dadurch ein Word.Application-Objekt zugewiesen. Dies bewirkt zum einen, dass Word nun gestartet wird, zum anderen aber auch, dass Sie über die Objektvariable objWord nun genauso auf das Application-Objekt von Word zugreifen können wie in Word selbst.

Das Einzige, was Sie bei der Objektautomation beachten müssen, ist, dass Sie die meisten Anwendungen explizit sichtbar machen müssen, da sie sonst unsichtbar im Hintergrund laufen. In Word setzen Sie dazu die Visible-Eigenschaft des Application-Objekts auf True.

```
Sub Word_starten()
    'Erfordert Verweis auf die Word-Bibliothek
    Dim objWord As New Word.Application
    objWord.Visible = True

    Set objWord = Nothing
End Sub
```

Im vorherigen Beispiel wird frühe Bindung verwendet, das heißt, Sie definieren die Objektvariable objWord als Word.Application-Objekt und geben damit genau an, welche Methoden und Eigenschaften der Wert der Variablen objWord hat.

Das gleiche Ergebnis erreichen Sie auch mit später Bindung. Allerdings steht Ihnen dann kein IntelliSense zur Verfügung und der Code wird langsamer ausgeführt. Bei später Bindung deklarieren Sie die Variable objWord vom Typ Object. Dann müssen Sie zum Erzeugen der Instanz jedoch die CreateObject-Methode verwenden. Ihr übergeben Sie den Klassennamen der Anwendung und sie gibt das erzeugte Objekt zurück.

```
Sub Word_starten2()
    'Erfordert keinen Verweis auf die Word-Bibliothek
```

```
'Späte Bindung
Dim objWord As Object
Set objWord = CreateObject("Word.Application")
objWord.Visible = True
Set objWord = Nothing
End Sub
```

Die CreateObject-Funktion können Sie auch verwenden, wenn Sie frühe Bindung nutzen. Lediglich das Schlüsselwort New ist zwingend an die frühe Bindung gebunden. Dennoch gibt es bei der frühen Bindung einen Unterschied zwischen New und CreateObject. Deklarieren Sie eine Variable mit dem Schlüsselwort New, beispielsweise mit Dim objWord As New Word.Application, wird nicht sofort eine Instanz von Word erzeugt. Das geschieht erst in dem Augenblick, in dem Sie eine Eigenschaft oder Methode des Word.Application-Objekts aufrufen, also beim Setzen der Visible-Eigenschaft. Nutzen Sie die CreateObject-Methode wird die Instanz wirklich in dem Moment erzeugt, in dem Sie die Methode aufrufen.

Alternativ können Sie die Variable auch ohne das Schlüsselwort New deklarieren und dann erst später das Objekt mit New erzeugen und ihr zuweisen:

```
Dim objWord As Word.Application
Set objWord = New Word.Application
```

In diesem Fall wird die Instanz erzeugt, wenn die zweite Zeile mit dem New-Schlüsselwort ausgeführt wird. Und es gibt noch einen Unterschied gegenüber der einzeiligen Variante:

```
Dim objWord As New Word.Application
```

Bei letzterer wird automatisch eine neue Instanz erzeugt, wenn Sie die alte beendet haben, die Objektvariable auf Nothing gesetzt haben und dann versehentlich noch einmal auf eine Methode oder Eigenschaft zugreifen. Kleine Fehler im Code können daher dazu führen, dass ungewollte Instanzen von Anwendungen im Speicher verbleiben und so unnötig Ressourcen fressen.

Auf eine laufende Office-Anwendung zugreifen

Natürlich können Sie auch auf eine laufende Anwendung zugreifen. Dazu können Sie die GetObject-Methode verwenden, um ein bereits existierendes Objekt einer Objektvariablen zuzuweisen. Normalerweise übergeben Sie der Methode als ersten Parameter den Namen einer Datei, aus der das Objekt erzeugt wird. Sie können die Methode jedoch auch verwenden, indem Sie den ersten Parameter weglassen und dafür als zweiten den Klassennamen verwenden. Das folgende Beispiel gibt auf diese Weise das Application-Objekt einer bereits gestarteten PowerPoint-Sitzung zurück und beendet dann PowerPoint über die Quit-Methode.

```
Sub PP_Beenden()
    'Erfordert Verweis auf die
    'Microsoft PowerPoint 10.0 Object Library
    Dim objPP As PowerPoint.Application
    Set objPP = GetObject("", _
        "PowerPoint.Application")
    objPP.Quit
    Set objPP = Nothing
End Sub
```

Beim Starten von Anwendungen über GetObject oder CreateObject kann es zu Problemen kommen, wenn auf dem Rechner, der den Code ausführt, mehrere Versionen der Anwendung installiert sind, beispielsweise Word 97 und Word 2000. Dann sollten Sie explizit die Version angeben, die Sie starten möchten. Dazu können Sie den Klassennamen um die Versionsnummer ergänzen. Um Word 97 zu starten, würden Sie dann Word.Application.8 angeben, für Word 2000 hingegen Word.Application.9. Abhängig von Betriebssystem und Anwendung führt aber auch dies nicht zuverlässig zum Erfolg

Anwendung	Klassenname ohne Versionsangabe	Klassenname mit Versionsangabe
Word	Word.Application	Word.Application.11
Excel	Excel.Application	Excel.Application.11
Outlook	Outlook.Application	Outlook.Application.11
PowerPoint	PowerPoint.Application	PowerPoint.Application.11
FrontPage	Frontpage.Application	Frontpage.Application
Access	Access.Application.	Access.Application.11

Tabelle 17.3: Klassennamen der Office-Anwendungen

Gerade bei Word gibt es Probleme, wenn vor dem Start von Word 2000/2002/2003 über GetObject, CreateObject oder New Word 97 gestartet wurde. Dann erhalten Sie einen Laufzeitfehler, weil Windows das Objekt nicht erzeugen kann. Das hat etwas damit zu tun, dass nun erst der Windows-Installer geladen wird, der die Word-2000/2002/2003-Installation repariert. Dies nimmt jedoch so viel Zeit in Anspruch, dass das Objekt mit VBA nicht erzeugt werden kann, weil die dafür vorgesehene Zeit überschritten wurde. Allerdings tritt dieses Problem ab Service Pack 2 von Office 2000 und unter Office XP wesentlich seltener auf.

Einzelne Dateien öffnen

Mit der GetObject-Methode können Sie nicht nur ein vorhandenes Application-Objekt zurückgeben, sondern auch Dateien öffnen. In diesem Fall gibt die Methode das entsprechende Objekt, bei einer Excel-Datei beispielsweise das Workbook-Objekt, zurück.

Das nächste Beispiel öffnet auf diese Weise die Datei *Bsp.doc*, die sich im gleichen Verzeichnis befindet wie die Excel-Arbeitsmappe, die den Quellcode ausführt. Benötigen Sie nach dem Öffnen einer Datei das übergeordnete Application-Objekt, können Sie es über die Application-Eigenschaft zurückgeben.

```
Sub Datei_Oeffnen()
    'Erfordert Verweis auf die Word-Bibliothek
    Dim objWW As Word.Application
    Dim objDoc As Word.Document
    Set objDoc = GetObject(ThisWorkbook.Path _
        & "\bsp.doc")
    Set objWW = objDoc.Application
    objWW.Visible = True
End Sub
```

Nützliches mit dem »Shell«-Objekt

Neben den VBA-Hostanwendungen gibt es auch einige System-komponenten, die Sie auf diese Weise nutzen können. Die wichtigste ist die Shell32-Bibliothek. Damit Sie sie nutzen können, müssen Sie einen Verweis auf die *Bibliothek Microsoft Shell Controls And Automation* über den Menübefehl *Extras / Verweise* der Entwicklungsumgebung erstellen.

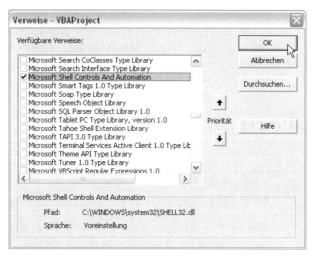

Abbildung 17.2: Den Verweis erstellen

Sehr einfach können Sie die Bibliothek beispielsweise nutzen, um eine Verzeichnisauswahl zu realisieren. Die beiden Funktionen im folgenden Listing zeigen das. Zunächst müssen Sie mit der New-Anweisung oder mit CreateObject das Shell-Objekt erzeugen. Es stellt die Methode BrowseForFolder zur Verfügung, über die Sie den Verzeichnisauswahldialog anzeigen lassen können. Als ersten Parameter erwartet sie eine Windows-Fenster-ID (Hwnd). In Access (alle Versionen) sowie in den anderen Office-Anwendungen ab Version 2002 wird Ihnen die Fensterkennung der Anwendung über die Hwnd-Eigenschaft bzw. hWndAccessApp-Eigenschaft des Application-Objekts zur Verfügung gestellt.

> In Anwendungen, in denen es die Eigenschaft nicht gibt, können Sie eine Windows-API-Funktion verwenden, um eine Fensterkennung zu ermitteln.

Der zweite Parameter der BrowseForFolder-Methode legt den Titel des Dialogs und der dritte dessen Aussehen fest. Dafür stehen die Werte -32, -1, 1 und 16 zur Verfügung.

Der Rückgabewert der Methode ist ein Folder-Objekt, das Sie wahlweise einer Variablen des Typs Folder oder Folder2 zuweisen können. Die Funktion Verzeichnisauswaehlen verwendet dazu eine Variable des Typs Folder. Das hat den Nachteil, dass Sie in einer Schleife den vollständigen Pfad des ausgewählten Ordners selbst ermitteln müssen. Dabei werden allerdings nicht die physikalischen Pfade ausgegeben, sondern die von Windows angezeigten. Wenn Sie beispielsweise über die Auswahl Arbeitsplatz ein Laufwerk und dort ein Verzeichnis auswählen gibt die Funktion den Pfad: *Arbeitsplatz\Notebook_S2 (H:)\DATEN01* zurück. Damit können Sie also problemlos feststellen, ob es sich bei dem ausgewählten Pfad um einen Pfad im Netzwerk (ohne Laufwerksbuchstabe) oder um ein besonderes Systemverzeichnis wie *Eigene Dateien* handelt. Für die Weiterverwendung beispielsweise zum Kopieren oder Öffnen von Dateien taugt ein solcher Rückgabewert aber nicht. Wie es auch anders geht, zeigt die zweite Funktion. Hier wird eine Variable des Typs Folder2 zur Speicherung des Rückgabewertes verwendet.

Das bietet die Möglichkeit, die Path-Eigenschaft zu verwenden, um den Pfad des Folder-Objekts zurückzugeben.

Sie finden den Code im Modul *Shell32Objekt* der Datei *K17.xls*.

Abbildung 17.3: Auswählen eines Verzeichnisses mithilfe der *Shell32.Dll*

```
Function Verzeichnisauswaehlen()
    Dim objDlg As New Shell
    Dim objFolder As Folder
    Dim strAusgabe As String
    Set objFolder = objDlg.BrowseForFolder( _
        Application.hWnd, _
        "Verzeichnisauswahl", 1)
    strAusgabe = ""
    Do
        strAusgabe = objFolder.Title & "\" & strAusgabe
        Set objFolder = objFolder.ParentFolder
    Loop Until objFolder.ParentFolder Is Nothing
    Verzeichnisauswaehlen = strAusgabe
    Set objDlg = Nothing
```

```
End Function

Function Verzeichnisauswaehlen2()
    Dim objDlg As New Shell
    Dim objFolder As Folder2
    'Dim objTemp As Folder2
    'objTemp.Self.Path
    Dim objFolderItem As FolderItem
    Dim strAusgabe As String
    Set objFolder = objDlg.BrowseForFolder( _
        Application.hWnd, _
        "Verzeichnisauswahl", 1)
    Verzeichnisauswaehlen2 = objFolder.Self.Path
    Set objDlg = Nothing
End Function
```

Darüber hinaus können Sie mit dem Shell-Objekt natürlich noch
eine Menge mehr machen. Leider ist es dabei so, dass Sie kaum
mehr auf die erzeugten Dialoge Einfluss nehmen können. So ist es
beispielsweise nicht möglich, über eine Tastenfolge dafür zu sorgen,
dass nach Aufruf der Shutdown-Methode auch der Rechner herun-
tergefahren wird. Aber jeder Versuch, das zu erreichen, indem Sie
einfach die $\boxed{\hookleftarrow}$-Taste an das Fenster senden, scheitert leider.
Allerdings ist dies sicherlich kein Fehler, sondern dient eher der
Sicherheit. Die folgenden Prozeduren zeigen, wie Sie den Dialog
zur Computersuche und zur Dateisuche anzeigen lassen können.

```
Sub ComputerSuchen()
'Zeigt den Dialog Computer suchen an
    Dim objDlg As New Shell
    objDlg.FindComputer
    Set objDlg = Nothing
End Sub

Sub DateienSuchen()
'Suchen-Dialog
    Dim objDlg As New Shell
    objDlg.FindFiles
    Set objDlg = Nothing
End Sub
```

Abbildung 17.4: Der erzeugte Dialog zur Dateisuche

Wenn Sie den Inhalt eines Ordners anzeigen lassen möchten, können Sie das mit der Prozedur VerzeichnisAnzeigen im Explorer oder mit VerzeichnisAnzeigen2 im *Arbeitsplatz* machen. Beide zeigen den Inhalt des Stammverzeichnisses von Laufwerk *C:* an. Die Prozedur AlleFensterMinimieren minimiert alle geöffneten Fenster und die Prozedur Herunterfahren zeigt den Dialog zum Herunterfahren von Windows an. Der Benutzer muss dann aber noch auf die entsprechende Schaltfläche klicken.

```
Sub VerzeichnisAnzeigen()
'Zeigt das Verzeichnis im Explorer an
    Dim objDlg As New Shell
    objDlg.Explore "C:\"
    Set objDlg = Nothing
End Sub


Sub VerzeichnisAnzeigen2()
'Zeigt das Verzeichnis im Arbeitsplatz an
    Dim objDlg As New Shell
    objDlg.Open "C:\"
    Set objDlg = Nothing
End Sub


Sub AlleFensterMinimieren()
```

```
        Dim objDlg As New Shell
        objDlg.MinimizeAll
        Set objDlg = Nothing
    End Sub

    Sub Herunterfahren()
    'Zeigt den Dialog "Herunterfahren" an
        Dim objDlg As New Shell
        SendKeys "{ENTER}", True
        objDlg.ShutdownWindows
        Set objDlg = Nothing
    End Sub
```

Abbildung 17.5: Das Ergebnis der Prozedur Herunterfahren

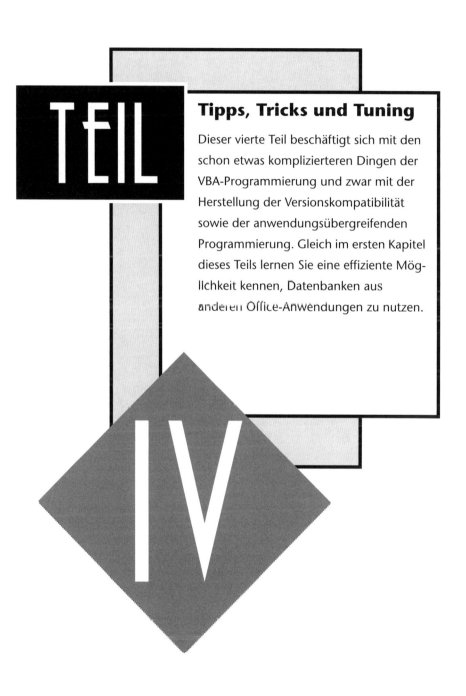

TEIL

Tipps, Tricks und Tuning

Dieser vierte Teil beschäftigt sich mit den schon etwas komplizierteren Dingen der VBA-Programmierung und zwar mit der Herstellung der Versionskompatibilität sowie der anwendungsübergreifenden Programmierung. Gleich im ersten Kapitel dieses Teils lernen Sie eine effiziente Möglichkeit kennen, Datenbanken aus anderen Office-Anwendungen zu nutzen.

IV

18 VBA-Anwendungen mit Datenbankzugriff

Viele VBA-Anwendungen speichern Daten, die auch in größeren Mengen anfallen können. Dazu eignen sich nicht immer Excel-Arbeitsmappen, weil sie nicht eine relationale Darstellung der Daten erlauben und bei großen Mengen auch schnell schwerfällig werden.

Die Alternative wäre, eine solche VBA-Anwendung gleich mit Access zu erstellen. Das bedeutet dann aber, dass der Benutzer zwingend Access haben muss, was nicht immer der Fall ist. Schließlich hat nicht jeder Benutzer das komplette Office-Paket und wenn, dann gibt es auch Office-Versionen, wie beispielsweise die Standard-Version, in denen Access nicht enthalten ist.

Dennoch können Sie VBA-Anwendungen erstellen, die eine Datenbank zur Speicherung der Daten verwenden. Dazu nutzen Sie eine beliebige VBA-Hostanwendung, beispielsweise Excel oder Word, um den Code auszuführen. Per VBA können Sie dann eine Verbindung zu einer beliebigen ODBC-Datenbank aufbauen. Das kann ein MySQL Server, ein Microsoft SQL Server oder auch ein Oracle-Server sein. Für kleinere Datenmengen kommt aber auch eine Access-Datenbank in Frage. Sie brauchen in diesem Fall Access nur, um eine leere Datenbank zu erstellen. Der Benutzer Ihrer Anwendung, der nur Daten hinzufügen und verwalten will, braucht kein Access, sondern lediglich die Datenbanktreiber zum Zugriff auf die Datenbank.

Grundlagen und Voraussetzungen

Voraussetzung für eine solche VBA-Anwendung mit Datenbank ist eine Datenbank, die im Hintergrund angesprochen werden kann. Das kann entweder eine dateibasierte Datenbank wie Access, aber auch ein Datenbankserver sein.

Neben der Datenbank benötigen Sie eine Datenzugriffstechnik, also beispielsweise einen Datenbanktreiber, über den Sie auf die Daten der Datenbank zugreifen können. Dazu gibt es zwei grundlegende Techniken, nämlich die etwas ältere ODBC (Open Database Connectivity) und die neuere ADO (ActiveX Data Objects). Bei ODBC handelt es sich um Datenbanktreiber, mit denen auf jeweils ein bestimmtes Datenbankformat zugegriffen werden kann. Sie benötigen daher für jedes Datenbankformat, das unterstützt werden soll, einen bestimmen ODBC-Treiber.

ADO setzt auf vorhandene ODBC-Treiber oder so genannte Datenprovider auf. Letztere sind auch eine Art Datenbanktreiber, die jedoch intern etwas anders funktionieren. Die Details sind allerdings für die Programmierung mit VBA uninteressant. Wichtig ist, dass Sie sich merken, dass Sie für das zu nutzende Datenbankformat einen ADO-Datenprovider oder ODBC-Treiber brauchen.

Benötigte Objektbibliotheken

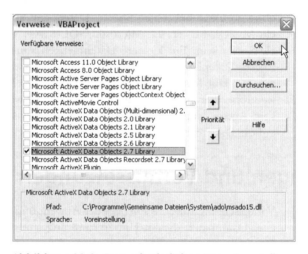

Abbildung 18.1: Den erforderlichen Verweis erstellen

Darüber hinaus ist zum Zugriff auf die Datenbank auch eine Objektbibliothek erforderlich, auf die Sie einen Verweis einrichten müssen. Öffnen Sie dazu die Office-Datei, in der der Code ausgeführt werden soll, und wählen Sie in der IDE *Extras / Verweise*. Aktivieren Sie dann das Kontrollkästchen vor dem Eintrag *Microsoft ActiveX Data Objects 2.7 Library*.

Für den Fall, dass die Version 2.7 nicht zur Verfügung steht, können Sie den Verweis auch auf eine niedrigere Version erstellen. Das macht für den folgenden Code keinen Unterschied. Wichtig ist nur, dass der Anwender, der später Ihren VBA-Code nutzen soll, die passende Version installiert hat. Sie können jedoch beim Öffnen Ihrer Anwendung einfach prüfen, ob alle Verweise in Ordnung sind, indem Sie den Code aus Kapitel 16 »Die Entwicklungsumgebung steuern« verwenden. Fehlt die referenzierte Datei, können Sie dem Benutzer einfach nahe legen, die erforderlichen Komponenten zu installieren. Die erforderliche Bibliothek ist wie verschiedene Datenprovider und ODBC-Treiber für wichtige Datenbankformate Bestandteil der MDAC-Komponenten. MDAC steht für Microsoft Data Access Components und bezeichnet eine Sammlung von Treibern, Bibliotheken und Komponenten, die für den Zugriff auf Datenbanken notwendig sind. Sie können eine aktuelle MDAC-Version auf der Microsoft-Webseite herunterladen. Suchen Sie dabei im Downloadcenter nach dem Begriff »MDAC«. Achten Sie aber darauf, die für Ihre Windows-Version erforderliche Version herunterzuladen.

Datenbankzugriffe auf dem Macintosh

Leider steht MDAC für Mac natürlich nicht zur Verfügung, so dass Sie alle nachfolgenden Beispiele nicht auf dem Mac ausführen können. Auf dem Macintosh sind Datenbankzugriffe ohnehin etwas problematisch. Soll Ihre Anwendung auch auf dem Mac ausgeführt werden, ist es daher unbedingt erforderlich, dass Sie ausschließlich Excel einsetzen, weil ja auch Access auf dem Macintosh nicht verfügbar ist.

Zugreifen auf Access-Datenbanken

Für den Zugriff auf Access-Datenbanken können Sie wahlweise den ADO-Datenprovider oder ODBC verwenden. Letzteres ist allerdings die schlechtere Wahl, weil dazu erst eine ODBC-Datenquelle im Datenquellenmanager von Windows eingerichtet werden müsste. Wir verwenden daher nachfolgend den Microsoft-Jet-Datenprovider, der Bestandteil der MDAC-Komponenten ist.

Im Folgenden geht es ausschließlich darum, wie Sie eine Verbindung zur Datenbank auf- und abbauen. Im Abschnitt »Daten abrufen und in Excel darstellen« weiter hinten in diesem Kapitel wird dann gezeigt werden, wie Sie Daten speichern und abrufen.

Zunächst müssen Sie die Datenbank erstellen, die Sie verwenden möchten. Sie können natürlich auch die Datenbank *daten.mdb* von der CD verwenden. Vorerst muss die Datenbank nur leer sein. Tabellen brauchen Sie noch nicht erstellen. Den Code finden Sie in der Excel-Datei *K18.xls* im Modul *Access*. Die Datenbank liegt im Access-2000-Format vor, so dass Sie sie mit allen Access-Versionen ab Access 2000 und den aktuellen MDAC-Treibern nutzen können.

Die Datenbankverbindung herstellen

Um eine Verbindung zu einer externen Datenbank herzustellen, müssen Sie ein ADODB.Connection-Objekt erzeugen und ihm eine Verbindungszeichenfolge zuweisen. Diese enthält unter anderem Namen und Pfad der Datenbank. Beide Angaben sollten Sie auf Modulebene als Konstanten definieren, dann können Sie den Code problemlos anpassen. Im nachfolgenden Beispiel können Sie einen relativen oder einen absoluten Pfad angeben. Bei einem absoluten Pfad müssen Sie den kompletten Pfad zur Datenbank in der Konstanten DBPfad speichern, beispielsweise:

```
Public Const DBPfad ="C:\Daten"
```

Sie können auch eine leere Zeichenfolge, wie im folgenden Listing angeben, dann wird die Datenbank automatisch in dem Verzeichnis gesucht, in dem sich auch die Excel-Datei befindet. Dieses können Sie mit der Path-Eigenschaft des Workbook-Objekts ermitteln.

```
Public Const DBName = "daten.mdb"
Public Const DBPfad = ""
```

Mit der Konstanten DBName legen Sie den Namen der Datenbank fest, die Sie dann in der Funktion verbinden noch um den Pfad ergänzen. Innerhalb der Funktion bauen Sie dann die Datenbankverbindung auf und weisen sie der auf Modulebene deklarierten Variablen objVerb zu. Das hat den Vorteil, dass Sie die Verbindung nicht ständig als Parameter übergeben müssen und dennoch verschiedene Prozeduren und Funktionen die geöffnete Verbindung verwenden können.

Zunächst müssen Sie das Verzeichnis für die Datenbank berechnen. Dazu prüfen Sie einfach, ob die Konstante DBPfad eine leere Zeichenfolge enthält, Wenn ja, weisen Sie der Variablen strPfad die Path-Eigenschaft der ausführenden Arbeitsmappe zu. Falls die Konstante einen Wert ungleich einer leeren Zeichenfolge enthält, weisen Sie den Wert der Konstanten der Variablen strPfad zu.

Um Fehlern vorzubeugen, sollten Sie nun prüfen, ob die Pfadangabe mit einem Pfadtrennzeichen endet. Dazu schneidet die Funktion mit der Mid-Funktion das letzte Zeichen aus und prüft, ob es ungleich einem Backslash »\« ist. Falls sich herausstellt, dass das letzte Zeichen kein Pfadtrennzeichen ist, wird eines an die Pfadangabe angehängt.

```
'Erfordert Verweis auf ActiveX Data Objects 2.7
Public objVerb As ADODB.Connection

Function verbinden()
        Dim strDBConn As String
        Dim strPfad As String 'Datenbankpfad
        On Error GoTo FEHLER
```

```
    'Verzeichnis für die Datenbank ermitteln
    If DBPfad = "" Then
        'Datenbank liegt im gleichen
        'Verzeichnis wie diese Datei
        strPfad = ThisWorkbook.Path
    Else
        strPfad = DBPfad
    End If
    'Prüfen, ob die Pfadangabe mit einem "\" endet
    If Mid(strPfad, Len(strPfad) - 1, 1) <> _
        "\" Then
        'Pfadtrennzeichen ergänzen
        strPfad = strPfad & "\"
    End If
...
```

Nun geht es an den Aufbau der Datenbankverbindung. Zunächst müssen Sie dazu eine Verbindungszeichenfolge generieren. Sie enthält alle Angaben, die VBA benötigt, um die Datenbankverbindung herzustellen. Mit der Angabe `Provider=Microsoft.Jet.OLEDB.4.0` geben Sie an, dass der OLEDB-Datenprovider in der Version 4.0 verwendet werden soll. Mit der `Data Source`-Angabe legen Sie dann den Namen und Pfad der Datenbank fest.

Bevor Sie die Verbindungszeichenfolge verwenden können, müssen Sie nun ein `ADODB.Connection`-Objekt erzeugen. Am einfachsten geht das wieder mit dem Schlüsselwort `New`. Anschließend weisen Sie der Eigenschaft `ConnectionString` des Objekts die erzeugte Verbindungszeichenfolge zu. Die Eigenschaft `CursorLocation` bestimmt, wo die Daten verwaltet werden, auf dem Server oder dem Client. Diese Angabe ist allerdings nur theoretisch wichtig, weil die Daten praktisch immer auf dem Client verwaltet werden.

Der Client ist der Rechner, der Daten von einem Server empfängt und verwendet. Wenn wie in unserem Fall die Datenbank und die Excel-VBA-Anwendung jedoch ohnehin auf dem gleichen Rechner ausgeführt werden, ist der Client-Rechner gleich dem Server-Rechner. Dennoch ist in einer solchen Anwendung Excel der Client und die Access-Datenbank der Server.

Mit dem Wert adUseClient legen Sie fest, dass die Daten auf dem Client verwaltet werden. Danach öffnen Sie die Verbindung mit Open. Dabei können Laufzeitfehler auftreten, wenn die Datenbank beispielsweise nicht gefunden werden konnte, die Zugangsdaten wie Kennwort und Benutzername nicht stimmen oder die Datenbank im falschen Format vorliegt. Um diese Fehler abzufangen, verwendet die Funktion eine Fehlerbehandlungsroutine, die bei der Sprungmarke FEHLER beginnt.

```
...
        'Verbindungszeichenfolge generieren
        strDBConn = "Provider=Microsoft.Jet.OLEDB." & _
            "4.0;Data Source=" & _
            strPfad & DBName & ";User ID=Admin;"
        'Verbindung erstellen

        Set objVerb = New ADODB.Connection
        objVerb.ConnectionString = strDBConn
        objVerb.CursorLocation = adUseClient
        'Verbindung öffnen
        objVerb.Open
        Exit Function
FEHLER:
        MsgBox "Fehler bei Aufbau der " & _
            "Datenbankverbindung: " & _
            Err.Description, vbCritical, "FEHLER"
        Exit Function
End Function
```

Wenn kein Fehler auftritt, enthält die Variable objVerb nun eine geöffnete Datenbankverbindung.

Die Datenbankverbindung schließen

Das Schließen der Datenbankverbindung ist noch viel einfacher möglich. Sie müssen dazu im Prinzip nur die Close-Methode aufrufen, wie dies die untenstehende Prozedur zeigt. Um beide Prozeduren zu testen, können Sie die Prozedur Testen verwenden. Sie baut erst die Datenbankverbindung auf und trennt sie dann wieder.

```
Sub trennen()
   objVerb.Close
End Sub

Sub Testen()
   verbinden
   trennen
End Sub
```

Mit einem MySQL-Server kommunizieren

Ähnlich einfach funktioniert auch die Verbindung mit einem MySQL-Server. Sie benötigen hier jedoch zusätzlich den Datenbanktreiber MyODBC, da er nicht Bestandteil des MDAC-Paketes von Microsoft ist. Außerdem setzt das natürlich voraus, dass Sie einen MySQL-Server im Netzwerk installiert haben. Der kann natürlich auch auf dem gleichen Rechner ausgeführt werden, auf dem Sie den VBA-Code ausführen.

Sie finden MySQL 4.0 für Windows im Verzeichnis /soft/MySQL auf der CD. Den passenden MyODBC-Treiber finden Sie im Verzeichnis /soft/MyODBC. Sie brauchen beide Dateien jedoch nur zu installieren, wenn Sie MySQL und MyODBC nicht schon in einer anderen Version installiert haben. Wenn Sie neuere Versionen benötigen, finden Sie diese auf der Webseite *www.mysql.org*.

MyODBC und MySQL installieren

MySQL und MyODBC lassen sich beide ganz einfach mit dem mitgelieferten Setup-Programm installieren. Führen Sie dazu einfach nacheinander die beiden Setup-Tools aus. Achten Sie aber darauf, erst MySQL zu installieren und danach MyODBC. Folgen Sie danach einfach den Anweisungen der Setup-Programme und starten Sie zum Schluss den Rechner neu.

Wenn Sie nach dem Installationsverzeichnis gefragt werden, sollten Sie MySQL im Verzeichnis *C:\MySQL* installieren. In anderen Verzeichnissen müssen Sie später unter Umständen noch Anpassungen an der Installation vornehmen. Ziehen Sie dazu die MySQL-Dokumentation oder ein MySQL-Buch zu Rate.

Die MySQL-Datenbank anlegen

Bevor Sie den VBA-Code erstellen können, müssen Sie die leere Datenbank anlegen. Gehen Sie dazu folgendermaßen vor:

- Starten Sie die Eingabeaufforderung bzw. das DOS-Fenster von Windows, indem Sie *Start / (Alle) Programme / Zubehör / Eingabeaufforderung* bzw. *Start / Programme / Zubehör / DOS-Fenster* wählen.

- Geben Sie C: ein und drücken Sie dann ⏎, um auf Laufwerk C: zu wechseln.

- Wechseln Sie in das Stammverzeichnis von Laufwerk C:, indem Sie so oft .. ⏎ drücken, bis C:\> angezeigt wird.

- Geben Sie cd mysql ein und drücken Sie dann ⏎, um in das *mysql*-Verzeichnis zu wechseln.

- Wechseln Sie in das Verzeichnis *C:\mysql\bin*, indem Sie cd bin eingeben und ⏎ drücken.

- Falls der MySQL-Server noch nicht gestartet ist, starten Sie ihn, indem Sie nun winmysqladmin.exe eingeben und ⏎ drücken. MySQL wird nun gestartet. Beim ersten Mal werden Sie nun aufgefordert, einen Benutzernamen und ein Kennwort zu definieren. Geben Sie dazu einfach in das Feld *User name* den gewünschten Benutzernamen ein und in das Feld *Password* ein Kennwort Ihrer Wahl und schließen Sie das Dialogfeld dann mit *OK*.

Sie sollten sich das Kennwort und den Benutzernamen merken, falls Sie das Kennwort einmal benötigen sollten. Für die meisten Administrationsaufgaben benötigen Sie jedoch ohnehin einen Benutzernamen mit vollen Rechten, wie den Standardbenutzer *root*.

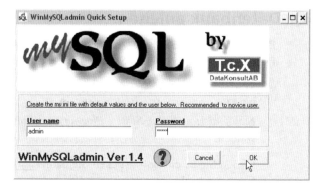

Abbildung 18.2: Festlegen von Benutzername und Kennwort

✔ Geben Sie nun mysql.exe -u root -p ein und drücken Sie ⏎, um die MySQL-Kommandozeile zu starten. Damit melden Sie sich mit dem Benutzernamen »root« am MySQL-Server an. Dieser Benutzer ist standardmäßig eingerichtet und hat unter Windows als Kennwort eine leere Zeichenfolge.

✔ MySQL fordert Sie nun zur Eingabe des Kennwortes auf. Drücken Sie ⏎.

✔ Nach korrekter Anmeldung befinden Sie sich an der Eingabeaufforderung. Hier können Sie nun alle nachfolgenden Befehle eingeben.

Sie können die Eingabeaufforderung wieder schließen, indem Sie exit; eingeben und ⏎ drücken.

✔ Erstellen Sie nun die Datenbank, indem Sie `create database DATEN;` eingeben und ⏎ drücken. Vergessen Sie dabei nicht das abschließende Semikolon.

Damit haben Sie die Datenbank erstellt und können nun die Eingabeaufforderung schließen.

Den ODBC-Teiber konfigurieren

Wenn Sie einen ODBC-Treiber zum Zugriff auf eine Datenbank nutzen, ist es am unkompliziertesten, wenn Sie dazu eine System-DSN über den ODBC-Datenquellenmanager von Windows einrichten. Gehen Sie dazu folgendermaßen vor:

✔ Öffnen Sie die Systemsteuerung von Windows und doppelklicken Sie dort auf das Symbol *Verwaltung* bzw. direkt auf das Symbol *ODBC-Datenquellen*. Befinden Sie sich nun im Fenster Verwaltung, doppelklicken Sie hier auf das Symbol *Datenquellen (ODBC)*.

✔ Aktivieren Sie im Datenquellenmanager die Registerkarte *System-DSN*.

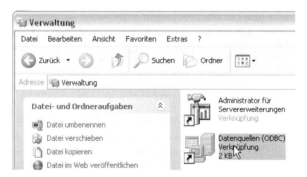

Abbildung 18.3: Den Datenquellenmanager öffnen

✔ Klicken Sie auf *Hinzufügen*, um eine neue System-DSN zu erstellen.

✓ Wählen Sie als Treiber den Eintrag *MySQL ODBC 3.51 Driver* aus und klicken Sie dann auf *Fertig stellen*.

Abbildung 18.4: Auswählen des ODBC-Treibers

✓ Nun erscheint ein Dialogfeld des ODBC-Treibers, das abhängig von der Treiberversion auch etwas anders aussehen kann.

✓ Tragen Sie hier in das Feld *Data Source Name* einen Namen für die Datenquelle ein, den Sie auch später im Code verwenden.

✓ In das Feld *Description* können Sie eine Beschreibung eingeben, müssen es jedoch nicht.

✓ Wichtig sind dann wieder der Benutzername und das Kennwort in den Feldern *User* und *Password* sowie der Servername im Feld *Server*. Dort geben Sie den Namen des Servers an, auf dem der MySQL-Server läuft. Bei einer Installation auf dem gleichen Rechner, auf dem Sie die System-DSN einrichten, können Sie hier *localhost* angeben.

Die System-DSN müssen Sie immer auf dem Rechner einrichten, auf dem Sie später auch den VBA-Code ausführen.

☑ Wenn Sie einen korrekten Servernamen eingegeben haben, können Sie aus der Liste *Database* die Datenbank auf dem Server auswählen. Markieren Sie dort die eben erstellte Datenbank *Daten*.

☑ Klicken Sie auf *Test*, um zu prüfen, ob die Einstellungen korrekt sind. Falls ja, schließen Sie das Dialogfeld mit *OK*.

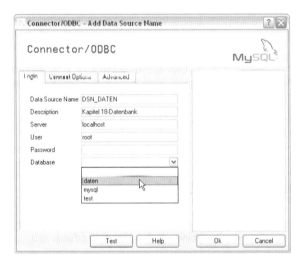

Abbildung 18.5: Einstellungen für den ODBC-Treiber

Sie können nun den Datenquellenmanager schließen und dann mit der Codeeingabe in Excel beginnen.

Datenbankverbindung per VBA

Die Datenbankverbindung aufzubauen, ist mithilfe einer System-DSN ein Klacks. Statt nämlich wie im ersten Beispiel alle Einstellungen über die Verbindungszeichenfolge zu definieren, geben Sie hier nur den Namen der DSN an. Zunächst erzeugen Sie wieder ein neues ADODB.Connection-Objekt. Anschließend sollten Sie die Mode-Eigenschaft auf adModReadWrite fest. Das bewirkt, dass Daten gelesen und geschrieben werden können. Der Eigenschaft ConnectionString weisen Sie dann die Zeichenfolge "DSN=DSN_DATEN" zu. Damit legen Sie fest, dass die System-DSN DSN_DATEN verwendet werden soll. Mit Open öffnen Sie dann wieder die Verbindung und das war es auch schon. Am Ende der Funktion enthält die Variable objVerb die geöffnete Verbindung.

```
Public objVerb As ADODB.Connection

Public Function verbindenMySQL() As ADODB.Connection
    Set objVerb = New ADODB.Connection
    objVerb.Mode = adModeReadWrite
    objVerb.ConnectionString = _
        "DSN=DSN_DATEN"
    objVerb.CursorLocation = adUseClient
    objVerb.Open
    Exit Function
End Function
```

Die Verbindung schließen

Wenn Sie die Verbindung zur MySQL-Datenbank wieder trennen, rufen Sie dazu einfach die Close-Methode auf.

```
Sub trennenMySQL()
    objVerb.Close
End Sub

Sub Testen()
    verbindenMySQL
    trennenMySQL
End Sub
```

Daten abrufen und in Excel darstellen

Nachdem Sie nun gesehen haben, wie einfach es ist, eine Datenbankverbindung herzustellen, geht es um die Details. An einem Beispiel, das eine Access-Datenbank nutzt, erfahren Sie nun, wie Sie Daten ein- und ausgeben können und wie Sie in der Datenbank suchen können.

Das Beispiel nutzt eine Access-Datenbank im Hintergrund. Das hat den Vorteil, dass Sie das Beispiel einfach installieren, nutzen und anpassen können. Es würde hier nämlich zu weit führen, zu erläutern, wie Sie Sicherungen von MySQL-Datenbanken einlesen und herstellen. Der Code, den Sie zum Bearbeiten der Daten benötigen, können Sie jedoch fast 1:1 auch auf eine MySQL-Datenbank übertragen. Lediglich bei den verwendeten Platzhalterzeichen in Abfragen müssen Sie unter Umständen Anpassungen vornehmen.

Die benötigten Tabellen erstellen

Zunächst müssen Sie in der noch leeren Datenbank die notwendigen Tabellen erstellen. Die richten sich natürlich danach, was Sie mit der Datenbank machen möchten. Nachfolgend soll eine kleine Wörterbuch-Datenbank entstehen, die Sie beispielsweise verwenden können, wenn Sie immer wieder Fachbegriffe übersetzen müssen. Die Datenbank muss also ein Wort und dessen Übersetzung speichern können. Für einen universelleren Einsatz sollten Sie zwei Zielsprachen vorsehen. Sie brauchen daher drei Textfelder für Originalwort, für Zielsprache 1 und für Zielsprache 2. Als Zielsprachen werden hier Latein und Englisch vorgesehen. Um Ordnung zu schaffen, sollten Sie außerdem die Einteilung in verschiedene Bereiche ermöglichen. Sie können dann die Wörter verschiedenen Gruppen zuordnen, bei technischen Übersetzungen beispielsweise »Fahrzeugbau«, »Flugzeugbau«, bei Übersetzungen aus dem Tier- und Pflanzenreich beispielsweise »Pflanzen«, »Tiere«, »Insekten« etc.

Dazu benötigen Sie in der Tabelle mit den Wörtern ein numerisches Feld, über das Sie dem Wort die Gruppe zuordnen, und eine zweite Tabelle mit den IDs und Beschreibungen der Gruppe.

Die Tabellen finden Sie in der Datenbank *daten.mdb* in den Beispielen zu diesem Kapitel. Der nachfolgende Quellcode steht in der Datei *K18.xls* in den Modulen *Access* und *frmDaten*.

Wichtig ist dabei, dass beide Tabellen ein Feld *ID* haben sollten, das Primärschlüssel ist und den Datentyp *AutoWert* hat. Damit erzeugt Access automatisch eine eindeutige fortlaufende Nummer für das Feld. Das Feld *Gruppe* muss den Felddatentyp *Zahl* mit der Größe *Long Integer* haben, damit Sie darüber eine Verknüpfung zur Tabelle *Gruppen* herstellen können.

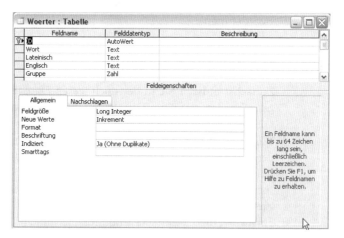

Abbildung 18.6: Aufbau der Tabelle *Woerter*

Die Tabelle *Gruppen* benötigt nur zwei Felder, das ID-Feld und den Namen der Gruppe.

Abbildung 18.7: Aufbau der Tabelle *Gruppen*

Eine UserForm für die Datenerfassung erstellen

Als Erstes benötigen Sie nun eine UserForm, in der Sie die Daten erfassen können. Geschickt gemacht, können Sie ein- und dieselbe UserForm verwenden, um nach Daten zu suchen, Daten einzugeben und die Suchergebnisse auszugeben. Die hier verwendete User-Form wird daher nach und nach erweitert, um alle diese Funktionen zu implementieren.

Das Wichtigste ist, für jedes Tabellenfeld ein Eingabefeld zu erstellen. Wenn Sie mit dem gleichen Formular zwei Tabellen bedienen möchten, sollten Sie die entsprechenden Felder optisch voneinander trennen und für jede Tabelle auch entsprechende Schaltflächen einfügen, mit denen Sie die Daten verwalten können. Die folgende Abbildung zeigt, wie eine solche UserForm aussehen könnte. Die Eingabefelder tragen Namen, die mit dem Präfix »txt« beginnen. Ihm folgt der Name des darin angezeigten Tabellenfeldes. Da in beiden Tabellen ein Feld *ID* vorhanden ist, heißen die beiden Eingabefelder entsprechend *txtGID* und *txtWID*.

Für die Schaltflächen gilt: Sie verwenden das Präfix »bttW« (für die Tabelle *Woerter*) bzw. »bttG« (für die Tabelle *Gruppen*), gefolgt vom Text der Aufschrift. Das Feld zur Auswahl der Gruppenzugehörigkeit heißt entsprechend *cmbGruppe*.

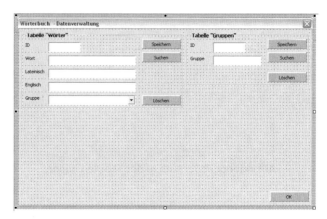

Abbildung 18.8: So könnte der Anfangszustand des Formulars aussehen

Daten hinzufügen

Nun fehlt noch der Code, mit dem Sie Daten eingeben und in die Datenbank schreiben können. Zunächst müssen Sie dazu eine Verbindung zur Datenbank aufbauen, dann eine SQL-Abfrage ausführen und die Verbindung wieder schließen.

Da die Werte abhängig vom Datentyp der Tabellenfelder in verschiedene Begrenzer eingefasst werden müssen, also Texte in Anführungszeichen oder Hochkommata, Datumswerte in #, lohnt es sich, dafür Funktionen zu definieren, die den gewünschten Wert entsprechend formatiert zurückgeben. Dazu sollten Sie die folgenden drei Funktionen in einem normalen Modul der Arbeitsmappe definieren. Dabei ersetzt die Funktion DezimalWert ein eventuell vorhandenes Dezimalkomma in einer Zahl durch einen Dezimalpunkt, wie er für SQL-Anweisungen erforderlich ist. Die Prozedur TextWert umgibt den Text mit den notwendigen Begrenzern. Welche das sind, richtet sich danach, ob ein Begrenzer innerhalb des Textes vorkommt. Sollten beide, also ein Hochkomma und Anführungszeichen vorhanden sein, ersetzt die Replace-Funktion das Hochkomma ' durch ´.

Da es die Replace-Funktion erst ab VBA 6.0 gibt, funktioniert der Code so nicht in Excel 97 und früher und auch nicht auf dem Mac. In Kapitel 20 »Versionsübergreifende Programmierung« erfahren Sie jedoch, wie Sie den Code VBA-5.0-kompatibel gestalten können.

```
Function DezimalWert(dblWert As Variant) As String
    Dim strTemp As String
    If dblWert = "" Then dblWert = 0
    strTemp = CStr(dblWert)
    If InStr(1, strTemp, ",") > 0 Then
        strTemp = Replace(strTemp, ",", ".")
    End If
    DezimalWert = strTemp
End Function


Function TextWert(strText As String) As String
    Dim strBegr As String
    strBegr = """"
    If (InStr(1, strText, "'") > 0) And _
        (InStr(1, strText, """") > 0) Then
        'Ersetzen durch ´
        strText = Replace(strText, "'", "´")
        strBegr = "'"
    ElseIf InStr(1, strText, """") > 0 Then
        strBegr = "'"
    ElseIf InStr(1, strText, "'") > 0 Then
        strBegr = """"
    End If
    'Ergänzen der umgebenden Hochkommata
    TextWert = strBegr & strText & strBegr
End Function


Function DatumWert(dteDatum As Date) As String
    Dim strDatum As String
    strDatum = Format(dteDatum, "mm\/dd\/yyyy")
    DatumWert = "#" & strDatum & "#"
End Function
```

Diese Funktionen können Sie nun einsetzen, um auf möglichst einfache Weise die notwendige SQL-Anweisung zusammenzusetzen, die Sie als Parameter an die Funktion SQLAusfuehren übergeben. Sie führt dann die SQL-Anweisung, mit der Execute-Methode des ADODB.Connection-Objekts aus. Als zweiten Parameter übergeben Sie eine Variable des Typs Long, an der Sie bei Bedarf später feststellen können, wie viele Datensätze bearbeitet wurden. Anschließend wird die Datenbankverbindung getrennt.

```
Function SQLAusfuehren(strSQL)
    Dim lngAnz As Long
    lngAnz = 0
    verbinden
    If Not (objVerb Is Nothing) Then
        On Error GoTo FEHLER
        objVerb.Execute strSQL, lngAnz
        On Error Resume Next
    End If
    trennen
    Exit Function
FEHLER:
    MsgBox "Folgender Fehler ist aufgetreten: " & _
        Err.Description, vbInformation
    Resume Next
End Function
```

Beim Einfügen eines Datensatzes wird der Wert im *ID*-Feld berechnet. Damit der auch im Formular angezeigt wird, müssen Sie im Anschluss den erzeugten Datensatz in der Datenbank suchen und in den Eingabefeldern anzeigen. Auch dazu können Sie sich eine fast universelle Funktion erstellen. Der Funktion Suchen übergeben Sie dazu eine SQL-SELECT-Anweisung. Mit dieser Anweisung können Sie Daten aus der Datenbank abrufen. Die Funktion gibt dann ein Recordset-Objekt zurück, in dem sich alle Datensätze befinden, die dem Suchkriterium genügen.

Innerhalb der Funktion deklarieren Sie dazu eine Variable des Typs Recordset und weisen ihr ein neues Recordset-Objekt zu. Mit der Open-Methode, der Sie die SQL-Anweisung und die Datenbankverbindung übergeben, ermitteln Sie dann die Datensätze aus der

Abfrage und weisen der Funktion zum Schluss das noch geöffnete Recordset-Objekt als Rückgabewert zu.

> Sie dürfen hier auf keinen Fall die Close-Methode des Recordset-Objekts aufrufen oder die Datenbankverbindung schließen, dann kann der Rückgabewert der Funktion nämlich nicht verwendet werden.

```
Function Suchen(strSQL As String) As ADODB.Recordset
    Dim objRS As ADODB.Recordset
    Set objRS = New ADODB.Recordset
    Verbinden
    On Error Resume Next
    objRS.Open strSQL, Access.objVerb
    Set Suchen – objRS
End Function
```

Um die ermittelten Daten im Formular anzeigen zu lassen, definieren Sie die folgende Prozedur anzeigen innerhalb des Klassenmoduls der UserForm. Die Prozedur prüft, ob genau ein Datensatz zurückgegeben wurde, indem es die RecordCount-Eigenschaft abruft. In diesem Fall sorgt die MoveFirst-Methode dafür, dass zum ersten Datensatz gewechselt wird. Danach prüft die Prozedur, wie viele Felder die Datensatzgruppe enthält. Falls es zwei sind, handelt es sich um die Tabelle *Gruppen*, ansonsten um die Tabelle *Woerter*. Abhängig davon werden die Feldwerte in den entsprechenden Formularfeldern angezeigt.

Die gleiche Prozedur können Sie später verwenden, um Suchergebnisse anzuzeigen. Dazu dient der ElseIf-Zweig, der derzeit noch keinen Code enthält.

> Wichtig ist, dass Sie nach Ausgabe der Daten die Datensatzgruppe und die Datenbankverbindung schließen.

```
Sub anzeigen(objRS As ADODB.Recordset)
    If objRS.RecordCount = 1 Then
```

```
          'nur 1 Datensatz gefunden
          objRS.MoveFirst
          If objRS.Fields.Count = 2 Then
              Me.txtGID.Value = _
                  objRS.Fields("ID").Value
              Me.txtGruppe.Value = _
                  objRS.Fields("Gruppe").Value
          Else
              Me.txtWID.Value = objRS.Fields("ID").Value
              Me.txtWort.Value = _
                  objRS.Fields("Wort").Value
              Me.txtLateinisch.Value = _
                  objRS.Fields("Lateinisch").Value
              Me.txtEnglisch.Value = _
                  objRS.Fields("Englisch").Value
              Me.cmbGruppe.Text = _
                  objRS.Fields("Gruppe").Value
          End If
      ElseIf objRS.RecordCount > 1 Then
          'mehrere Datensätze
          '...
      End If
      objRS.Close
      trennen
  End Sub
```

Damit der Benutzer aus dem Kombinationslistenfeld bequem eine Gruppe auswählen kann, müssen Sie das Listenfeld natürlich noch füllen. Da Sie dies häufiger, beispielsweise auch nach Eingabe einer neuen Gruppe, machen müssen, empfiehlt sich auch dazu eine eigene Prozedur.

Die Prozedur ListeFuellen ruft alle Datensätze aus der Tabelle *Gruppen* ab und füllt damit ein Array. Dieses Array weisen Sie dann der List-Eigenschaft des Kombinationslistenfeldes zu, um es zu füllen.

```
  Sub ListeFuellen()
      Dim objRS As ADODB.Recordset
      Dim arrWerte() As String
      Dim lngZeile As Long
```

```
'Liste leeren
Me.cmbGruppe.Clear
Me.cmbGruppe.ColumnCount = 2
Me.cmbGruppe.BoundColumn = 0
Me.cmbGruppe.ColumnWidths = "50pt;"
'Daten abrufen
verbinden
Set objRS = New ADODB.Recordset
objRS.Open "SELECT * FROM Gruppen " & _
    "ORDER BY ID", Access.objVerb
If objRS.RecordCount > 0 Then
    'Array füllen
    ReDim arrWerte(objRS.RecordCount - 1, 1)
    objRS.MoveFirst
    lngZeile = 0
    Do While objRS.EOF = False
        arrWerte(lngZeile, 0) = _
            objRS.Fields("ID").Value
        arrWerte(lngZeile, 1) = _
            objRS.Fields("Gruppe").Value
        objRS.MoveNext
        lngZeile = lngZeile + 1
    Loop
End If
trennen
'Listenfeld füllen
Me.cmbGruppe.List = arrWerte
End Sub
```

Damit sind alle Hilfsprozeduren erstellt, die Sie benötigen. Was jetzt noch fehlt, sind die beiden Ereignisprozeduren für die beiden Schaltflächen. Beide verfahren dabei analog. Zunächst prüfen sie, ob ein vorhandener Datensatz geändert oder ein neuer hinzugefügt werden soll. Das lässt sich daran erkennen, dass bei einem zu ändernden Datensatz das Feld *ID* einen Wert enthält, nämlich die aktuelle Datensatznummer. Ist das Feld hingegen leer, wird ein neuer Datensatz erzeugt. Dazu werden einfach nur unterschiedliche SQL-Anweisungen erstellt und der Variablen strSQL zugewiesen.

Mit der INSERT INTO-Anweisung erstellen Sie einen neuen Datensatz in der Tabelle. Die Syntax lautet:

```
INSERT INTO Tabelle (Feld1,Feld2, ...) VALUES
(Wert1,Wert2, ...);
```

In der ersten Klammer geben Sie eine Liste der Felder an, in denen Sie Werte einfügen möchten, in der zweiten Klammer folgen dann die Werte in der zur Feldliste passenden Reihenfolge.

Wenn Sie vorhandene Daten ändern möchten, verwenden Sie die UPDATE-Anweisung. Sie hat folgenden Aufbau:

```
UPDATE Tabelle SET Feld1=Wert1, SET Feld2=Wert2 WHERE
Schlüsselfeld=Primärschlüssel
```

Wichtig ist hier die WHERE-Klausel. Mit ihr legen Sie eine Bedingung fest, die den oder die zu ändernden Datensätze identifiziert. In unserem Beispiel vergleichen Sie den Wert des Eingabefeldes für die *ID* mit dem Feld *ID*.

```
Private Sub bttGSpeichern_Click()
    Dim strSQL As String
    If Me.txtGID.Value = "" Then
        'Datensatz einfügen
        strSQL = "INSERT INTO GRUPPEN (" & _
            "Gruppe) VALUES (" _
            & TextWert(Me.txtGruppe.Value) & ");"
    Else
        'Datensatz ändern
        strSQL = "UPDATE GRUPPEN SET " & _
            "Gruppe=" & _
            TextWert(Me.txtGruppe.Value) & _
            " WHERE ID=" & DezimalWert( _
            Me.txtGID.Value) & ";"
    End If
    SQLAusfuehren strSQL
    anzeigen Suchen("SELECT * FROM " & _
```

```
                    "Gruppen WHERE Gruppe=" & _
          TextWert(Me.txtGruppe.Value) & ";")
          'Listeninhalt aktualisieren
          ListeFuellen
    End Sub


    Private Sub bttWSpeichern_Click()
        Dim strSQL As String
        If Me.txtGID.Value = "" Then
            'Datensatz einfügen
            strSQL = "INSERT INTO WOERTER (Wort," & _
                "Lateinisch,Englisch,Gruppe) VALUES (" _
                & TextWert(Me.txtWort.Value) & "," _
                & TextWert(Me.txtLateinisch.Value) & _
                "," & TextWert(Me.txtEnglisch.Value) & _
                "," & DezimalWert(Me.cmbGruppe.Text) & ");"
        Else
            'Datensatz ändern
            strSQL = "UPDATE WOERTER SET Gruppe=" & _
                DezimalWert(Me.cmbGruppe.Text) & _
                ", Wort=" & _
                TextWert(Me.txtWort.Text) & _
                ", Lateinisch=" & _
                TextWert(Me.txtLateinisch.Value) & _
                ", Englisch=" & _
                TextWert(Me.txtEnglisch.Value) & _
                " WHERE ID=" & _
                DezimalWert(Me.txtWID.Value) & ";"
        End If
        SQLAusfuehren strSQL
        anzeigen Suchen("SELECT * FROM Woerter " & _
            "WHERE Wort=" & _
            TextWert(Me.txtWort.Value) & ";")
    End Sub
```

Die erzeugte SQL-Anweisung wird dann mit der Funktion SQL-
Ausfuehren ausgeführt. Anschließend rufen Sie die Suchen-Funktion auf, um damit nach dem eben erzeugten oder geänderten Datensatz zu suchen. Den Rückgabewert der Suchen-Funktion können
Sie dann direkt an die Prozedur anzeigen übergeben.

In der Ereignisprozedur für die *Speichern*-Schaltfläche der Tabelle *Gruppen* wird zum Schluss noch das Listenfeld aktualisiert.

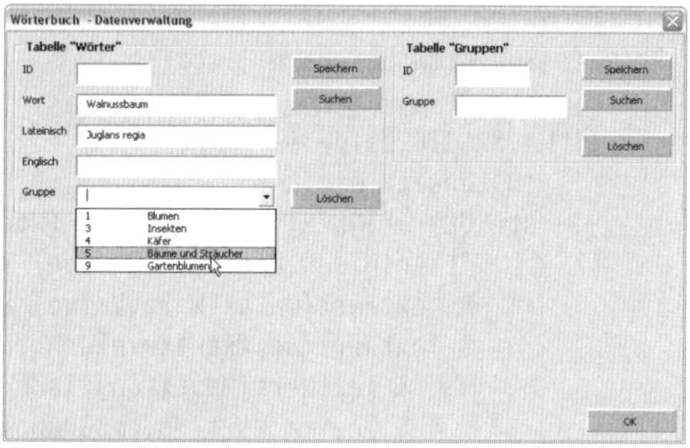

Abbildung 18.9: Erfassen eines Datensatzes und Auswählen der Gruppe

Das Formular initialisieren

Optimal ist das Formular aber noch lange nicht. Zum einen müssen Sie natürlich dafür sorgen, dass beim Laden des Formulars das Listenfeld gefüllt wird. Außerdem ist es ratsam, dass Sie die beiden Felder *txtGID* und *txtWID* deaktivieren, damit der Benutzer hier keine Werte eingeben kann. Ansonsten könnte es dazu kommen, dass der Benutzer dort versehentlich ungültige Werte eingibt und der VBA-Code dann versucht, einen Datensatz zu aktualisieren oder zu löschen, den es nicht gibt oder der gar nicht geändert werden soll.

Erstellen Sie dazu eine Ereignisprozedur für das Initialize-Ereignis und fügen Sie dort den folgenden Code ein:

```
Private Sub UserForm_Initialize()
    Me.txtGID.Enabled = False
    Me.txtWID.Enabled = False
    ListeFuellen
End Sub
```

Die Suchfunktion implementieren

Die Suchfunktion selbst haben Sie bereits fertig gestellt. Was aber noch fehlt, sind die SQL-Abfragen, die Sie an die Funktion übergeben müssen. Wie Sie diese formulieren möchten, hängt davon ab, wie detailliert die Suche erfolgen soll. Für die zu erstellende Anwendung ist es völlig ausreichend, wenn Sie nach dem Feld *Wort* suchen. Ist es nicht ausgefüllt, suchen Sie nach der ersten Übersetzung, ist auch die nicht ausgefüllt, suchen Sie nach der zweiten Übersetzung. Als letzte Alternative sollten Sie aber auch die Suche nach der Gruppe ermöglichen.

Um das zu realisieren, setzen Sie die SQL-Anweisung in der Ereignisprozedur für das Click-Ereignis der Schaltfläche zusammen und übergeben diese Anweisung dann an die suchen-Funktion. Der Hauptteil der SQL-Anweisung ist unabhängig vom Suchkriterium. Wichtig ist dabei, dass Sie gleichnamige Tabellenfelder in beiden Tabellen mit dem AS-Statement innerhalb der SQL-Anweisung so umbenennen, dass die Prozedur anzeigen funktioniert. Das heißt, die auszugebenden Felder müssen die Originalnamen behalten, die gleichnamigen Felder aus der Tabelle *Gruppen* müssen Sie entsprechen umbenennen.

```
Private Sub bttWSuchen_Click()
    Dim strSQL As String
    strSQL = "SELECT Woerter.ID, Woerter.Wort, " & _
        "Woerter.Lateinisch, " & _
        "Woerter.Englisch, Woerter.Gruppe As " & _
        "Gruppe, " & _
        "Gruppen.ID AS GID, Gruppen.Gruppe as " _
        "Gruppenname " & _
        "FROM Gruppen INNER JOIN Woerter ON " & _
        "Gruppen.ID = Woerter.Gruppe WHERE "
    If Me.txtWort.Value <> "" Then
        strSQL = strSQL & "Wort like " & _
            TextWert("%" & Me.txtWort.Value & _
            "%") & ";"
    ElseIf Me.txtLateinisch.Value <> "" Then
        strSQL = strSQL & "Lateinisch like " & _
            TextWert("%" & Me.txtLateinisch.Value _
```

```
                  & "%") & ";"
          ElseIf Me.txtEnglisch.Value <> "" Then
              strSQL = strSQL & "Englisch like " & _
                  TextWert("%" & Me.txtEnglisch.Value & _
                  "%") & ";"
          ElseIf Me.cmbGruppe.ListIndex >= 0 Then
              strSQL = strSQL & "Gruppe=" & _
                  DezimalWert(Me.cmbGruppe.Text) & ";"
          End If
          anzeigen Suchen(strSQL)
      End Sub
```

Die Werte der Suchkriterien in den Textfeldern können Sie in das
Platzhalterzeichen % einfassen und dann den like-Operator für den
Vergleich verwenden. Sucht der Benutzer dann beispielsweise nach
»Sonnen«, würden sowohl Einträge wie »Sonnen«, »Sonnenblume«
und auch »Sonnenhut« gefunden werden.

Für die Suche in den Gruppen ist ohnehin nur ein Suchkriterium –
der *Gruppenname* – sinnvoll. Aber auch dafür sollten Sie den Platzhalter einsetzen.

```
      Private Sub bttGSuchen_Click()
          Dim strSQL As String
          strSQL = "SELECT Gruppen.ID, Gruppen.Gruppe " & _
              "FROM Gruppen "
          If Me.txtGruppe.Value <> "" Then
              strSQL = strSQL & "WHERE Gruppe like " & _
                  TextWert("%" & Me.txtGruppe.Value & _
                  "%") & ";"
          Else
              strSQL = strSQL & "ORDER BY Gruppe;"
          End If
          anzeigen Suchen(strSQL)
      End Sub
```

Das Suchergebnis anzeigen

Bisher wird das Suchergebnis nur dann angezeigt, wenn es genau
einen Datensatz als Suchergebnis gibt. In diesem Fall werden die
ermittelten Daten in den Eingabefeldern angezeigt, so dass der
Benutzer die Daten dann gleich ändern kann.

Nun müssen Sie aber noch dafür sorgen, dass auch mehrere Daten-
sätze als Suchergebnis angezeigt werden. Dazu müssen Sie die
Prozedur anzeigen ändern und ein Steuerelement zur Anzeige der
Datensätze in das Formular einfügen. Für die Anzeige der Daten-
sätze eignet sich ein Listensteuerelement, das Sie am besten lst-
Daten nennen und auf Formularbreite einfügen.

Am Anfang der Prozedur anzeigen müssen Sie zunächst ein paar
Variablen definieren. Die wichtigste ist die Variable arrDaten, die
die Daten für das Listenfeld zwischenspeichert.

```
Sub anzeigen(objRS As ADODB.Recordset)
    Dim arrDaten() As String
    Dim objFeld As ADODB.Field
    Dim bytSpalte As Byte
    Dim lngZeile As Long
    On Error GoTo Fehler
    If objRS.RecordCount = 1 Then
        'nur 1 Datensatz gefunden
...
```

Bevor Sie das Listenfeld neu füllen, rufen Sie die Clear-Methode
auf, um die alten Einträge zu löschen. Anschließend legen Sie anhand der Feld- und Datensatzanzahl der ermittelten Datensatzgruppe die Spaltenzahl des Listenfeldes über die ColumnCount-
Eigenschaft und die Größe des Arrays fest.

In einer Schleife können Sie das Recordset durchlaufen und für jeden Schleifendurchlauf durchlaufen Sie in einer weiteren Schleife
die Fields-Auflistung, um so jedes Feld des Datensatzes in das
Array zu schreiben. Am Ende legen Sie dann noch abhängig von
der Spaltenanzahl die Spaltenbreiten so fest, dass die doppelte Angabe der Gruppennummer entfällt und die Spalten mit den Texten
ausreichend breit sind. Dazu weisen Sie der ColumnWidths-Eigen-
schaft eine Zeichenkette zu, die für jede Spalte die Breite einschließlich einer Einheit (hier pt für Point) enthält. Die einzelnen
Breitenangaben der Spalten trennen Sie durch Semikolons ab.

Um die Liste zu füllen, weisen Sie zum Schluss der List-Eigenschaft des Listensteuerelements das Array zu.

```
...
    ElseIf objRS.RecordCount > 1 Then
        'mehrere Datensätze
        Me.lstErgebnisse.Clear
        ReDim arrDaten(objRS.RecordCount, _
            objRS.Fields.Count - 1)
        Me.lstErgebnisse.ColumnCount = _
            objRS.Fields.Count
        bytSpalte = 0
        lngZeile = 0
        objRS.MoveFirst
        Do While objRS.EOF = False
            bytSpalte = 0
            For Each objFeld In objRS.Fields
                arrDaten(lngZeile, bytSpalte) = _
                    objFeld.Value
                bytSpalte = bytSpalte + 1
            Next objFeld
            objRS.MoveNext
            lngZeile = lngZeile + 1
        Loop
        'Spaltenbreiten festlegen
        If Me.lstErgebnisse.ColumnCount > 2 Then
            Me.lstErgebnisse.ColumnWidths = _
            "40pt;120pt;120pt;120pt;30pt;0pt;"
        Else
            Me.lstErgebnisse.ColumnWidths = "40pt;"
        End If
    End If
    objRS.Close
    'Liste fuellen
    On Error Resume Next
    Me.lstErgebnisse.List = arrDaten
    trennen
    Exit Sub
Fehler:
    If Err.Number = 3704 Then
        MsgBox "Keine Datensätze gefunden!"
    Else
        Debug.Print "FEHLER: " & Err.Number & _
            Err.Description
```

```
        Resume Next
      End If
      Exit Sub
    End Sub
```

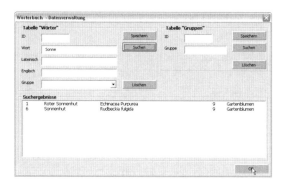

Abbildung 18.10: Anzeige der Suchergebnisse

Damit der Benutzer nun auch bequem ein Suchergebnis in die Eingabefelder übertragen kann, um die Daten zu ändern oder zu löschen, können Sie eine Click-Ereignisprozedur für das Listenfeld erstellen. Das Click-Ereignis tritt ein, wenn der Benutzer auf das Listenfeld klickt und damit beispielsweise eine Zeile markiert. Die Daten der markierten Zeile übertragen Sie dann in die entsprechenden Eingabefelder.

Um die Ereignisprozedur zu erstellen, doppelklicken Sie einfach in der Entwurfsansicht auf das Listenfeld. Die Ereignisprozedur ergänzen Sie dann folgendermaßen: Zunächst ermitteln Sie über die ListIndex-Eigenschaft den Index der markierten Zeile. Danach prüfen Sie über die ColumnCount-Eigenschaft, wie viele Spalten das Listenfeld hat. Sind es nur zwei Spalten übertragen Sie die Daten in die Eingabefelder für die Tabelle *Gruppen*, ansonsten in die Eingabefelder für die Tabelle *Woerter*.

Sie können hierfür über die List-Eigenschaft des Steuerelements auf die einzelnen Tabellenzellen zugreifen. Als ersten Parameter geben Sie dazu die Zeilennummer, als zweiten die Spaltennummer an. Sowohl Zeilen- als auch Spaltennummer beginnen bei 0.

Da der Benutzer die ausgewählten Daten nun sowohl ändern als auch löschen kann, stimmen die angezeigten Suchergebnisse nicht mehr zwingend mit den tatsächlichen Daten überein. Sie sollten daher zum Schluss die Liste mit den Suchergebnissen leeren, indem Sie die Clear-Methode aufrufen.

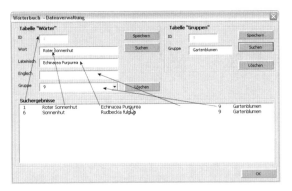

Abbildung 18.11: Eintragen der Werte in die Formularfelder

```
Private Sub lstErgebnisse_Click()
    Dim lngZeile As Long
    lngZeile = Me.lstErgebnisse.ListIndex
    If Me.lstErgebnisse.ColumnCount = 2 Then
        Me.txtGID.Value = _
            Me.lstErgebnisse.List(lngZeile, 0)
        Me.txtGruppe.Value = _
            Me.lstErgebnisse.List(lngZeile, 1)
    ElseIf Me.lstErgebnisse.ColumnCount > 2 Then
        Me.txtWID.Value = _
            Me.lstErgebnisse.List(lngZeile, 0)
        Me.txtWort.Value = _
            Me.lstErgebnisse.List(lngZeile, 1)
        Me.txtLateinisch.Value = _
            Me.lstErgebnisse.List(lngZeile, 2)
        Me.txtEnglisch.Value = _
            Me.lstErgebnisse.List(lngZeile, 3)
        Me.cmbGruppe.Text = _
```

```
                    Me.lstErgebnisse.List(lngZeile, 4)
        End If
        Me.lstErgebnisse.Clear
    End Sub
```

Einen Datensatz löschen

Natürlich sollte es auch möglich sein, Datensätze zu löschen. Das funktioniert im Prinzip ganz einfach. Sie müssen dazu nur die passende DELETE-Anweisung an die Prozedur SQLAusfuehren übergeben.

Um einen Datensatz zu löschen, verwenden Sie die DELETE-Anweisung mit folgender Syntax:

```
DELETE * FROM Tabelle WHERE Feldname=FeldWert;
```

Die Bedingung der WHERE-Klausel definiert die zu löschenden Datensätze. Für die Beispielanwendung müssen Sie also das Feld *ID* der Tabelle mit dem entsprechenden Wert im Eingabefeld vergleichen.

Wenn Sie die SQL-Anweisung ausgeführt haben, sollten Sie die ID des Feldes aus dem Datensatz löschen. Das hat zwei Vorteile. Der Benutzer kann nicht versehentlich durch Klicken auf *Speichern* den Datensatz versuchen zu ändern. Das würde einen Fehler auslösen, weil der Datensatz ja nicht existiert. Zudem kann der Benutzer dann aber einen versehentlich gelöschten Datensatz durch Klicken auf *Speichern* wieder erstellen.

```
Private Sub bttGLoeschen_Click()
    Dim strSQL As String
    strSQL = "DELETE * FROM Gruppen WHERE ID=" & _
        DezimalWert(Me.txtGID.Value) & ";"
    If Me.txtGID.Value <> "" Then
        SQLAusfuehren strSQL
        Me.txtGID.Value = ""
    End If
End Sub
```

```
Private Sub bttWLoeschen_Click()
    Dim strSQL As String
    strSQL = "DELETE * FROM Woerter WHERE ID=" & _
        DezimalWert(Me.txtWID.Value) & ";"
    If Me.txtWID.Value <> "" Then
        SQLAusfuehren strSQL
        Me.txtWID.Value = ""
    End If
End Sub
```

Formular leeren

Wenn der Benutzer Suchkriterien eingeben will, ist es sinnvoll, dass Sie ihm die Möglichkeit bieten, das Formular zu leeren, damit er nicht die vorhandenen Felder selbst leeren muss. Dazu fügen Sie einfach noch eine Schaltfläche bttLeeren ein und erstellen dafür eine Click-Ereignisprozedur.

```
Private Sub bttLeeren_Click()
    Me.lstErgebnisse.Clear
    Me.txtEnglisch.Value = ""
    Me.txtGID.Value = ""
    Me.txtGruppe.Value = ""
    Me.txtLateinisch.Value = ""
    Me.txtWort.Value = ""
    Me.txtWID.Value = ""
End Sub
```

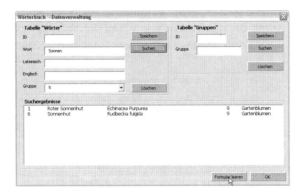

Abbildung 18.12: Die Schaltfläche zum Leeren des Formulars

19 Programmübergreifend programmieren

Eines der interessantesten Dinge an VBA ist die Möglichkeit, Anwendungen zu erstellen, die zwar in einer VBA-Hostanwendung ausgeführt werden, aber Daten aus anderen Anwendungen nutzen. Solche anwendungsübergreifenden VBA-Anwendungen werden möglich, weil Sie mit VBA nicht nur neue Objekte erzeugen können, sondern auch auf existierende Objekte zugreifen und diese steuern können.

Die Grundlagen dazu hat bereits Kapitel 17 »Auf externe Programme zugreifen« vermittelt. Hier geht es jetzt um die Details.

Alle Office-Anwendungen steuern Sie am einfachsten über deren Objektmodell. Das heißt, Sie führen beispielsweise Code in Word aus, der in Excel eine bestimmte Arbeitsmappe lädt, Daten daraus ausliest und diese in Word einfügt und druckt. Aber auch die Kommunikation mit einer Access-Datenbank ist auf diese Weise möglich, indem Sie eine ADO-Datenbankverbindung zur Datenbank initiieren, wie dies in Kapitel 18 »VBA-Anwendungen mit Datenbankzugriff« gezeigt wurde. Das erste Beispiel zeigt die Zusammenarbeit zwischen Word und Excel. Das ist neben der Nutzung von Datenbanken sicherlich die häufigste Form der anwendungsübergreifenden Programmierung.

Der Code funktioniert auch auf dem Mac, so lange Sie zwei Anwendungen nutzen, die auch für den Mac verfügbar sind.

Excel-Daten in Word verwenden

Sie finden den Beispielcode in der Datei *K19.doc*. Die importierten Excel-Daten befinden sich in der Datei *daten.xls*. In dessen Tabellenblatt *Tabelle1* sind Umsatzdaten enthalten, die in ein Word-Dokument übernommen werden sollen. Die Zellen *A3* bis *E7* enthalten die eigentlichen Daten und haben den Bereichsnamen *Daten*, über den Sie dann auch in Word auf die Daten zugreifen können.

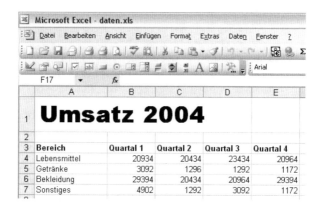

Abbildung 19.1: Aufbau der Tabelle mit den Daten

Verweis einrichten

Wenn Sie frühe Bindung nutzen möchten, um auf das Objektmodell von Excel zuzugreifen und den Code in Word auszuführen, müssen Sie einen Verweis auf die Objektbibliothek von Excel einrichten.

Öffnen oder erzeugen Sie dazu das Word-Dokument, in dem Sie den Code ausführen möchten, und wechseln Sie dann in die Entwicklungsumgebung. Wählen Sie dort *Extras / Verweise*. Aktivieren Sie im Dialogfeld das Kontrollkästchen vor dem Eintrag *Microsoft*

Excel 11.0 Object Library. Damit erstellen Sie einen Verweis auf die Objektbibliothek von Excel 2003. Wenn Sie nur eine Vorversion besitzen, lautet die Versionsnummer der entsprechenden Bibliothek anders, beispielsweise 10.0 für Excel 2002. Schließen Sie das Dialogfeld mit *OK*.

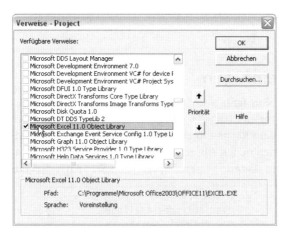

Abbildung 19.2: Erstellen des Verweises auf die Excel-Objektbibliothek

Arbeitsmappe öffnen

Als Erstes müssen Sie die Arbeitsmappe öffnen. Es gibt grundsätzlich zwei Möglichkeiten, wie Sie das erreichen können. Sie können ein `Excel.Application`-Objekt erzeugen und die Arbeitsmappe über die `Open`-Methode der `Workbooks`-Auflistung öffnen. Das ist recht umständlich und in diesem Fall nicht notwendig.

Sie können stattdessen auch direkt das `Workbook`-Objekt aus der Datei erzeugen, indem Sie die `GetObject`-Funktion verwenden. Ihr übergeben Sie als ersten Parameter den Pfad der Excel-Datei. Sie öffnet dann die Arbeitsmappe im Hintergrund und gibt das erzeugte `Workbook`-Objekt zurück.

Den Rückgabewert der `GetObject`-Funktion können Sie dann einfach einer Variablen des Typs `Workbook` zuweisen.

```
Sub Datenimport()
    'Variablendeklarationen
    Dim objWB As Workbook
    'Arbeitsmappe öffnen
    Set objWB = GetObject(ThisDocument.Path & _
        Application.PathSeparator & "daten.xls")
    'Daten importieren
...
End Sub
```

Überschrift einfügen

Nun fehlt noch die Überschrift für die Tabelle. Diese müssen Sie
vor der Tabelle einfügen. Dazu weisen Sie den Überschriftentext
dem Range-Objektes des ersten Absatzes zu und erzeugen dann einen neuen Absatz mit der Add-Methode der Paragraphs-Auflistung.
In diesen zweiten Absatz fügen Sie später die Tabelle ein.

```
Sub Datenimport()
    'Variablendeklarationen
    Dim objWB As Workbook
    'Arbeitsmappe öffnen
    Set objWB = GetObject(ThisDocument.Path & _
        Application.PathSeparator & "daten.xls")
    'Überschrift
    Set objPar = ThisDocument.Paragraphs.Add( _
        ThisDocument.Paragraphs(1).Range)
    objPar.Range.Text = _
        objWB.Worksheets("Tabelle1").Range( _
        "A1").Value
    ThisDocument.Paragraphs.Add
...
```

Daten importieren, darstellen und formatieren

Nachdem Sie einmal das Workbook-Objekt der Arbeitsmappe erzeugt haben, können Sie nun wie aus Excel gewohnt auf die Blätter
und Zellen der Arbeitsmappe zugreifen. Den Zellbereich mit den
Daten können Sie beispielsweise einer Variablen des Typs Range zuweisen.

Da auch das Word-Objektmodell ein Range-Objekt kennt, müssen Sie bei der Deklaration der Variablen darauf achten, den Bibliotheksnamen vor den Klassennamen zu setzen. Innerhalb von Excel bedeutet die Anweisung Dim objZelle as Range nämlich, dass die Variable ein Word-Range-Objekt speichern kann. Nur wenn Sie sie mit Dim objZelle As Excel.Range deklarieren, ist damit ein Range-Objekt aus Excel gemeint.

Für den Import der Daten benötigen Sie zwei Objektvariablen des Typs Range. Eine speichert den kompletten Zellbereich mit den Daten als Zellbereich, die zweite benötigen Sie, um die Zellen des Zellbereichs zu durchlaufen. Außerdem müssen Sie eine Variable des Typs deklarieren, der Sie die Zeilennummer der Zeile vor der ersten Datenzeile zuweisen. Das ist notwendig, weil Sie nur so die Daten in die richtige Zelle der Word-Tabelle schreiben können. Um den Verweis auf die Tabelle zu speichern, mussen Sie außerdem eine Variable des Typs Word.Table erzeugen.

Nachdem Sie die Arbeitsmappe geöffnet haben, müssen Sie nun die Daten auslesen. Zunächst weist die Prozedur dazu der Variablen objZellen den Zellbereich mit den Daten als Wert zu, auf den Sie über den Bereichsnamen *Daten* zugreifen können.

Anschließend müssen Sie in Word eine Tabelle erzeugen, die ausreichend Platz für die Zeilen und Spalten im Excel-Zellbereich hat. Dazu rufen Sie die Add-Methode der Tables-Auflistung aus. Ihr übergeben Sie als ersten Parameter das Word-Range-Objekt, in das die Tabelle eingefügt werden soll. In diesem Fall ist es das Range-Objekt des ersten Absatzes. Der zweite Parameter legt die Anzahl Zeilen fest, der dritte die Spaltenzahl. Diese Angaben können Sie 1:1 den entsprechenden Auflistungen Rows und Columns des Excel-Range-Objekts entnehmen, deren Count-Eigenschaft die Anzahl Zeilen (Rows) bzw. Spalten (Columns) zurückgibt.

Die Add-Methode gibt ein Table-Objekt zurück, über dessen Cell-Eigenschaft Sie auf einzelne Zellen zugreifen können. Da der Datenbereich in Excel jedoch nicht in der ersten Zeile beginnt, müssen

Sie zuvor noch die Zeilennummer der Zeile ermitteln, nach dem der Datenbereich in Excel beginnt. Dazu fragen Sie die Eigenschaft Row des Range-Objekts ab und ziehen davon 1 ab. Die so ermittelte Zeilennummer müssen Sie nun jeweils von dem Wert der Row-Eigenschaft abziehen, bevor Sie sie als Zeilenindex an die Cell-Methode des Table-Objekts übergeben. Das geschieht innerhalb der For-Each-Schleife, die alle Zeilen des Zellbereichs durchläuft und deren Werte in die Word-Tabelle überträgt.

```
Sub Datenimport()
    'Variablendeklarationen
    Dim objWB As Workbook
    Dim objZellen As Excel.Range
    Dim objZelle As Excel.Range
    Dim objTab As Word.Table
    Dim lngZeile As Long
    'Arbeitsmappe öffnen
    Set objWB = GetObject(ThisDocument.Path & _
        Application.PathSeparator & "daten.xls")
    'Daten importieren
    Set objZellen = _
        objWB.Worksheets("Tabelle1").Range("Daten")
    'Tabelle in Word erzeugen
    Set objTab = ThisDocument.Tables.Add( _
        ThisDocument.Paragraphs(1).Range, _
        objZellen.Rows.Count, objZellen.Columns.Count)
    lngZeile = objZellen.Row - 1
    'Daten in die Tabelle schreiben
    For Each objZelle In objZellen.Cells
        objTab.Cell(objZelle.Row - lngZeile, _
            objZelle.Column).Range.Text = _
            objZelle.Value
    Next objZelle
    'Arbeitsmappe schließen
    objWB.Close
    Set objWB = Nothing
End Sub
```

Abbildung 19.3: Die erzeugte Tabelle in Word

Arbeitsmappe schließen

Am Ende der Prozedur müssen Sie dann noch die Arbeitsmappe mit Close schließen und die Objektvariablen freigeben, indem Sie sie auf Nothing setzen.

```
Sub Datenimport()
  ...
  'Arbeitsmappe schließen
  objWB.Close
  Set objWB = Nothing
End Sub
```

Excel-Diagramme in PowerPoint-Präsentationen einfügen

Das nächste Beispiel zeigt die Zusammenarbeit zwischen Excel und PowerPoint. Dazu wird aus Excel heraus eine neue PowerPoint-Präsentation erstellt und in die erste Folie ein Excel-Diagramm als Objekt eingefügt.

Den Quellcode dazu finden Sie in der Datei *K19.xls*, das zu exportierende Diagramm in der Datei *daten.xls*.

Da der VBA-Code eine Präsentation erzeugt, die im gleichen Verzeichnis wie die Datei *K19.xls* abgelegt wird, können Sie das Beispiel nicht direkt von der CD starten, da darauf die Datei ja nicht angelegt werden kann.

Für das Beispiel benötigen Sie zunächst einen Verweis auf die PowerPoint-Objektbibliothek. Anschließend erzeugen Sie ein Power-Point-Presentation-Objekt und fügen der Präsentation eine Folie hinzu.

Verweis erstellen

Zunächst müssen Sie den Verweis auf die Objektbibliothek von PowerPoint erstellen. Dazu wählen Sie in der IDE für das Projekt, in dem Sie den Code erzeugen möchten, den Menübefehl *Extras / Verweise*.

Aktivieren Sie nun das Kontrollkästchen vor dem Eintrag *Microsoft PowerPoint 11.0 Object Library* und klicken Sie dann auf *OK*, um das Dialogfeld zu schließen.

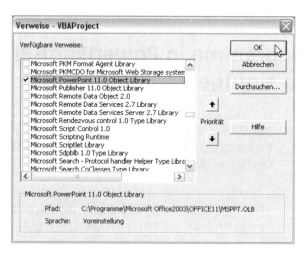

Abbildung 19.4: Verweis erstellen

Die PowerPoint-Präsentation erzeugen

Während Sie im ersten Beispiel eine vorhandene Arbeitsmappe mit der GetObject-Funktion öffnen konnten, geht das bei PowerPoint nicht. Das liegt allerdings nicht an PowerPoint, sondern daran, dass Sie hier eine neue PowerPoint-Datei erzeugen müssen und diese nicht schon in Dateiform vorliegt. Sie müssen daher zuerst Power-Point starten. Dazu weisen Sie der Objektvariablen appPP ein neues PowerPoint.Application-Objekt zur, das Sie mit dem New-Schlüsselwort erzeugen.

Haben Sie das Application-Objekt erzeugt, können Sie mit der Add-Methode der Presentations-Auflistung die Präsentation erzeugen und der Variablen objPr zuweisen.

```
Sub DiagrammExport()
    Dim appPP As PowerPoint.Application
    Dim objPr As PowerPoint.Presentation
    'PP starten und Präsentation erstellen
    Set appPP = New PowerPoint.Application
    Set objPr = appPP.Presentations.Add(msoFalse)
    'Folie hinzufügen
    ...
    End Sub
```

Anders als bei den anderen Office-Anwendungen müssen Sie bei PowerPoint beim Erstellen der Präsentation festlegen, ob sie sichtbar oder unsichtbar erzeugt werden soll. Dazu übergeben Sie an die Add-Methode eine Konstante. Die hier verwendete Konstante msoFalse bewirkt, dass die Präsentation ohne Fenster erzeugt wird und damit auch nachträglich nicht sichtbar gemacht werden kann. Das geht erst wieder, nachdem Sie die Präsentation geschlossen und erneut geöffnet haben.

Folie und Diagramm einfügen

Anders als wenn Sie mit PowerPoint über das Menü eine Präsentation erstellen, müssen Sie zunächst eine Folie einfügen, weil neue, per VBA erzeugte Präsentationen keine Folien enthalten.

Um die Folie zu erstellen, rufen Sie die Add-Methode auf und übergeben als ersten Parameter den Index der Folie. Dies ist gleichzeitig auch die Position innerhalb der Präsentation, an der die Folie eingefügt werden soll. Mit dem zweiten Parameter legen Sie dann das Seitenlayout fest. Darüber bestimmen Sie unter anderem, welche Platzhalter für Titel und Text eingefügt werden. Mit ppLayoutBlank erzeugen Sie eine leere Folie.

Über die Objektvariable objFol, die den Rückgabewert der Add-Methode und damit ein Slide-Objekt speichert, können Sie nun das Diagrammblatt als OLE-Objekt einfügen. Dazu erzeugen Sie über die AddOleObject-Methode der Shapes-Auflistung ein OLE-Objekt. Dessen Eigenschaften legen Sie über die Parameter der Methode fest.

Die ersten vier Parameter legen die Position, Breite und Höhe des Objekts fest. Über den Parameter Filename können Sie die Datei bestimmen, die als OLE-Objekt eingefügt werden soll. Hier geben Sie also den Pfad und Namen der Datei *daten.xls.* an.

```
Sub DiagrammExport()
...
    'Folie hinzufügen
    Set objFol = objPr.Slides.Add(1, ppLayoutBlank)
    'Diagrammobjekt einfügen
    objFol.Shapes.AddOLEObject Left:=120, _
        Top:=110, Width:=480, Height:=320, _
        Filename:=ThisWorkbook.Path & _
            Application.PathSeparator & "daten.xls", _
        Link:=msoFalse
    'Präsentation speichern
...
End Sub
```

Präsentation speichern und schließen

Zum Schluss müssen Sie die Präsentation noch speichern. Dazu rufen Sie einfach die SaveAs-Methode der Präsentation auf. Anschließend können Sie die Präsentation schließen und PowerPoint mit der Quit-Methode beenden.

```
...
    'Präsentation speichern
    objPr.SaveAs ThisWorkbook.Path & _
        Application.PathSeparator & "K19.ppt", _
        ppSaveAsDefault
    'Präsentation und PP schließen
    objPr.Close
    appPP.Quit
    Set appPP = Nothing
End Sub
```

Wenn Sie den Code nun ausführen und anschließend das Ergebnis in PowerPoint betrachten, fällt Ihnen eventuell auf, dass nicht immer das gewünschte Diagrammblatt als Objekt eingefügt wird. Aber woher sollte PowerPoint auch wissen, welches Blatt der Arbeitsmappe eingefügt werden soll, da Sie ja kein Blatt, sondern nur die Datei angeben können.

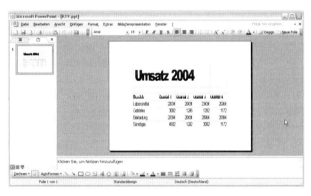

Abbildung 19.5: Unter Umständen wird ein Tabellenblatt anstelle des Diagramms eingefügt

Tatsächlich ist es so, dass immer das Blatt als Objekt eingefügt wird, das aktives Blatt der Arbeitsmappe ist. Diese Einstellung bleibt auch beim Speichern der Datei erhalten, so dass auch bei einer geschlossenen Arbeitsmappe das aktive Blatt bekannt ist.

Und das ist auch gleich die Lösung für das Problem. Sie müssen lediglich dafür sorgen, dass das Diagrammblatt aktives Blatt ist. Dazu fügen Sie die folgenden Anweisungen hinzu. Sie öffnen die Arbeitsmappe, aktivieren mit der Activate-Methode das gewünschte Blatt, speichern die Änderungen mit Save und schließen dann die Arbeitsmappe wieder.

```
...
'Folie hinzufügen
Set objFol = objPr.Slides.Add(1, ppLayoutBlank)
'Arbeitsmappe vorbereiten
Set objWB = Application.Workbooks.Open( _
     ThisWorkbook.Path & _
     Application.PathSeparator & "daten.xls")
objWB.Sheets("Umsatz2004").Activate
objWB.Save
objWB.Close
'Diagrammobjekt einfügen
...
```

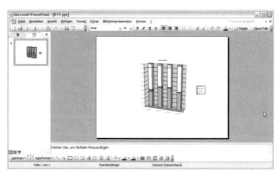

Abbildung 19.6: Jetzt wird korrekt das Diagrammblatt eingefügt

Internet-Explorer und Outlook nutzen

Selbstverständlich können Sie nicht nur auf VBA-Hostanwendungen zugreifen, sondern auch auf viele andere Programme. Genau genommen kommen dazu alle Programme in Frage, die ein Objektmodell anbieten, das Sie nutzen können. Eines dieser Programme ist beispielsweise der Internet Explorer. Aber auch Outlook lässt sich sehr gut über Objektautomation steuern, auch wenn es ähnlich wie FrontPage nicht die typische VBA-Hostanwendung darstellt. Für beide Programme folgt nun je ein Beispiel.

Den Code finden Sie in der Datei *K19.xls* im Modul *IE*. Er lässt sich jedoch ohne Änderungen auch in Word oder jeder anderen VBA-Hostanwendung verwenden.

Automatisch surfen mit dem Internet Explorer

Wenn Sie den Internet Explorer steuern möchten, sollten Sie auch dafür wieder einen Verweis einrichten.

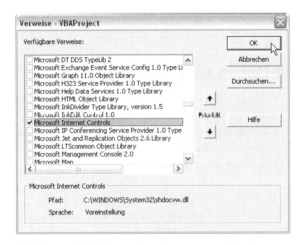

Abbildung 19.7: Verweis auf den Internet Explorer setzen

Im Code müssen Sie dann eine Variable des Typs Internet-Explorer erstellen und ihr eine neue Instanz dieser Klasse zuweisen. Damit starten Sie den Internet Explorer und können ihn danach einblenden, indem Sie die Visible-Eigenschaft auf True setzen.

```
Sub laden(strURL As String)
    Dim appIE As InternetExplorer
    Set appIE = New InternetExplorer
    appIE.Visible = True
    appIE.Navigate strURL
    Set appIE = Nothing
End Sub
```

Über die Navigate-Methode können Sie den Internet Explorer dann veranlassen eine bestimmte Webseite aufzurufen oder einen Download zu starten, indem Sie der Methode die URL als Parameter übergeben.

Sie können zwar einen Download starten, indem Sie dessen URL eingeben. Leider muss der Benutzer dann dennoch die Dialoge bedienen, in denen beispielsweise der Dateiname und Pfad gewählt wird. Daher müssten Sie diese über die Sendkeys-Anweisung regeln. Mit Objektautomation funktioniert das nicht.

Auf Outlook-Daten zugreifen

Outlook-Adressen, die Sie als Liste ausgeben möchten, lassen sich in Outlook nur schwer formatieren und drucken. Viel einfacher und komfortabler geht das mit Excel. Daher soll das folgende Beispiel zeigen, wie Sie die Outlook-Kontaktdaten auslesen und in einer Excel-Tabelle darstellen können.

Den Code finden Sie im Modul *OLImport* in der Datei *K19.xls*.

Wenn Sie die Outlook-Objektbibliothek nutzen möchten, sollten Sie auch dafür einen Verweis auf die Objektbibliothek erstellen. Gerade das Objektmodell von Outlook ist nämlich ohne IntelliSense nicht ganz einfach zu verstehen.

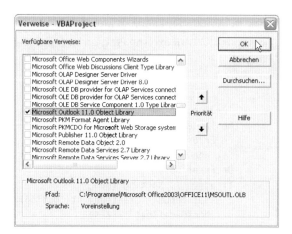

Abbildung 19.8: Der notwendige Verweis auf die Objektbibliothek von Outlook

In der Prozedur, die den Import durchführen soll, müssen Sie außer einer Variablen des Typs Outlook.Application noch eine Variable des Typs ContactItem erstellen. Diese Variable können Sie später verwenden, um alle Kontakte von Outlook zu durchlaufen. Der Ordner, in dem sich die Kontakte befinden, ist ein Objekt vom Typ MAPIFolder. Auch dafür benötigen Sie eine Objektvariable.

```
Sub Importieren()
    Dim appOL As Outlook.Application
    Dim objKontakt As ContactItem
    Dim objOrdner As Outlook.MAPIFolder
    Dim objNameSP As Outlook.Namespace
    Dim boolGeoeffnet As Boolean
    Dim lngZeile As Long
    ...
```

Nach den Variablendeklarationen sollten Sie zunächst prüfen, ob Outlook bereits gestartet ist. Der Grund hierfür ist der, dass Sie Outlook natürlich auch wieder schließen sollten, falls Sie es extra gestartet haben. Ist es aber bereits geöffnet, können Sie diese Instanz von Outlook nicht schließen, der Benutzer könnte ja vielleicht gerade eine E-Mail schreiben.

Wie Sie prüfen, ob eine Anwendung bereits gestartet ist, wurde in Kapitel 17 »Auf externe Programme zugreifen« ausführlich erläutert.

```
...
    'Prüfen, ob Outlook bereits gestartet ist
    boolGeoeffnet = True
    On Error Resume Next
    Set appOL = GetObject(, "Outlook.Application")
    On Error GoTo 0
    If appOL Is Nothing Then
        Set appOL = CreateObject("Outlook.Application")
        boolGeoeffnet = False
    End If
...
```

Als Nächstes müssen Sie mit der getNameSpace-Methode den Namensraum der MAPI-Ordner abrufen, weil Sie nur darüber auf die einzelnen Ordner von Outlook zugreifen können. Über den Namensraum, der dann in der Variablen objNameSP gespeichert ist, können Sie mit der GetDefaultFolder-Methode einen MAPI-Ordner zurückgeben.

Jeder Ordner in Outlook, also *Notizen, Posteingang, Postausgang, Kontakte* etc., ist ein MAPI-Ordner und stellt damit ein MAPIFolder-Objekt dar. Sie können ihn über die GetDefaultFolder-Methode zurückgeben. Über den Parameter der Methode bestimmen Sie, welchen Ordner die Methode zurückgibt. Für den *Kontakte*-Ordner geben Sie beispielsweise 10 an. Alternativ könnten Sie auch die Konstanten olFolderContacts verwenden. Weiter Konstanten für die Outlook-Ordner finden Sie in Tabelle 1 weiter unten in diesem Kapitel.

In einer Schleife können Sie dann alle Kontakte durchlaufen und die einzelnen Werte in die entsprechenden Zellen schreiben. Nach jedem Schleifendurchlauf erhöhen Sie dazu den Wert der Variablen *lngZeile*. Sie gibt die Zeilennummer der Tabelle an.

```
...
Set objNameSP = appOL.GetNamespace("MAPI")
Set objOrdner = objNameSP.GetDefaultFolder( _
    10) '10=Kontakte-Ordner
lngZeile = 1
'Daten einfügen
For Each objKontakt In objOrdner.Items
    'Daten ins Array schreiben
    With ThisWorkbook.Worksheets("Tabelle1")
        .Cells(lngZeile, 1).Value = _
            objKontakt.LastName
        .Cells(lngZeile, 2).Value = _
            objKontakt.FirstName
        .Cells(lngZeile, 3).Value = _
            objKontakt.CompanyName
        .Cells(lngZeile, 4).Value = _
            objKontakt.Department
        .Cells(lngZeile, 5).Value = _
            objKontakt.HomeAddressStreet
        .Cells(lngZeile, 6).Value = _
            objKontakt.HomeAddressPostalCode
        .Cells(lngZeile, 7).Value = _
            objKontakt.HomeAddressCity
        .Cells(lngZeile, 8).Value = _
            objKontakt.BusinessAddressStreet
        .Cells(lngZeile, 9).Value = _
            objKontakt.BusinessAddressPostalCode
        .Cells(lngZeile, 10).Value = _
            objKontakt.BusinessAddressCity
        .Cells(lngZeile, 11).Value = _
            objKontakt.Email1Address
    End With
    lngZeile = lngZeile + 1
Next objKontakt
...
```

Nach Abschluss der Schleife, wenn Sie also alle Kontakte ausgegeben haben, schließen Sie Outlook mit der Quit-Methode, falls die Variable boolGeoeffnet den Wert False hat. Das ist dann der Fall, wenn Sie Outlook auch im Hintergrund gestartet haben, weil es noch nicht gestartet war.

```
...
'OL beenden
If boolGeoeffnet = False Then
    appOL.Quit
End If

Set appOL = Nothing
Set objNameSP = Nothing
Set objOrdner = Nothing
End Sub
```

Wenn Sie den Code ausführen, werden die Kontaktdaten importiert. Allerdings müssen Sie dazu noch eine Sicherheitsabfrage schließen und bestätigen, dass der Zugriff auf die Outlook-Kontakte erfolgen darf. Aktivieren Sie dazu das Kontrollkästchen *Zugriff gewähren für* und klicken Sie dann auf *Ja*.

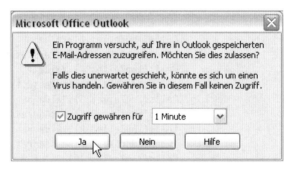

Abbildung 19.9: Zugriff auf die Outlook-Kontakte gewähren

Wenn die Daten importiert sind, können Sie sie in Excel nach Belieben formatieren, sortieren und drucken.

Konstante	Ordner
olFolderCalendar	Kalender
olFolderContacts	Kontakte
olFolderDeletedItems	Gelöschte Objekte
olFolderDrafts	Entwürfe

Konstante	Ordner
olFolderInbox	Posteingang
olFolderJournal	Journal
olFolderNotes	Notizen
olFolderOutbox	Postausgang
olFolderSentMail	gesendete Objekte
olFolderTasks	Aufgaben
olFolderJunk	Junk-Mails

Tabelle 19.1: *olFolder*-Konstanten für den Zugriff auf Outlook-Ordner

20 Versionsübergreifend programmieren

So lange Sie Ihren Code nur für eine VBA-Anwendung in einer Version entwickeln, ist VBA-Programmierung einfach und es sind keine größeren Probleme zu erwarten.

Schwierig wird es erst, wenn Sie Ihren Code so gestalten möchten, dass er nicht nur in Excel 2003 für Windows läuft, sondern auch auf den Mac-Versionen oder gar in Excel 97 und früher. Dann müssen Sie nicht nur mit den unterschiedlichen VBA-Versionen und Einschränkungen der Betriebssysteme kämpfen, sondern auch mit verschiedenen Objektmodellen, weil die natürlich durch Hinzufügen neuer Funktionen zur VBA-Hostanwendung auch ergänzt und verandert werden.

Und dann gibt es da noch ein paar kleinere Bugs die Sie finden werden. Nicht immer ist ein nicht funktionierendes VBA-Programm nämlich ein Fehler des VBA-Entwicklers.

Versionsprobleme im Überblick

VBA-Code, der in mehreren Versionen einer VBA-Anwendung funktionieren soll, muss zwingend mit vielen großen und kleineren Problemen umgehen können. Sie sollten also wissen, auf was Sie sich da einlassen. Zu den Problemen gehören im Wesentlichen folgende:

✔ Sie nutzen oder benötigen VBA-Befehle, die jedoch erst ab VBA 6.x zur Verfügung stehen. Die Anwendung soll aber auch mit VBA 5.0-Hostanwendungen funktionieren, beispielsweise mit den Macintosh-Versionen.

✔ Sie nutzen betriebssystemabhängige Befehle oder Anweisungen, die nur auf dem Macintosh oder nur auf Windows-PCs verfügbar sind.

✔ Sie möchten zwar, dass die Grundfunktionen Ihrer Anwendung in allen Programmversionen funktionieren, möchten aber dennoch einige zusätzliche Möglichkeiten neuerer Versionen nutzen.

Zur Lösung dieser Probleme gibt es mehrere Möglichkeiten, die Sie jedoch zum Teil auch kombinieren müssen, damit Sie fehlerfreien und für den Benutzer komfortablen Code erstellen können. Dazu können Sie folgende Methoden nutzen:

✔ Sie erstellen verschiedene Programmversionen. Das ist nachteilig, weil Sie dann bei Erweiterungen und Fehlerbeseitigungen auch immer mehrere Versionen warten müssen. Lediglich bei Access lässt sich das nicht vermeiden, wenn Sie auch Access-97-Anwender unterstützen möchten, weil Sie die Datenbank dann ohnehin in zwei verschiedenen Datenbankformaten benötigen.

✔ Sie nutzen die bedingte Kompilierung. Damit können Sie festlegen, dass bestimmte Anweisungen nur dann vom Compiler berücksichtigt werden, wenn die definierte Bedingung erfüllt ist. Auf diese Weise können Sie auch VBA-Befehle verwenden, die in VBA 5.0 noch nicht zur Verfügung stehen. Sie müssen dann natürlich für VBA 5.0 dafür sorgen, dass die Anwendung auch ohne diese Anweisung irgendwie funktioniert.

✔ Sie nutzen die `CallByName`-Funktion. Damit können Sie Eigenschaften und Methoden von Objekten aufrufen, ohne dass die Syntaxprüfung feststellen kann, ob es die Eigenschaften oder Methode gibt. Damit haben Sie die Möglichkeit, Eigenschaften und Methoden des Objektmodells einer VBA-Hostanwendung zu nutzen, die in früheren (oder späteren) Versionen nicht mehr zur Verfügung stehen, ohne dass die VBA-Syntaxprüfung schon vor der Ausführung einen Syntaxfehler meldet.

Die beiden letztgenannten Möglichkeiten, also die `CallByName`-Funktion und die bedingte Kompilierung, werden nachfolgend im Detail erläutert.

Bedingte Kompilierung

Wenn Sie eine VBA-Anwendung erstellen möchten, die nicht nur mit einer Version von VBA funktioniert, sondern mit mehreren, müssen Sie steuern können, in welcher VBA-Version welcher Code ausgeführt wird. Das ist wichtig, weil beim Versuch, Anweisungen, Prozeduren und Funktionen zu verwenden, die es in der aktuell vorhandenen VBA-Version nicht gibt, schon beim Kompilieren eine Fehlermeldung erscheint, auch dann, wenn die Anweisung aufgrund von Verzweigungen und Bedingungen nicht ausgeführt werden würde. Die Lösung für dieses Problem ist die bedingte Kompilierung.

Grundlagen

Bedingte Kompilierung bedeutet, dass Sie über bestimmte Anweisungen den Compiler steuern. Sie können so Quellcode definieren, den der Compiler nur dann kompiliert, wenn bestimmte Bedingungen erfüllt sind. Auf diese Weise können Sie beispielsweise eine Funktion Replace oder Split erstellen, die der Compiler nur dann beachtet, wenn die VBA-Version 5.0 verwendet wird. Alle Aufrufe von Replace in VBA-6.x-Hostanwendungen rufen dann die integrierte Replace-Funktion auf.

Sie können mithilfe der bedingten Kompilierung aber nicht nur Funktionen ergänzen, die in älteren VBA-Versionen fehlen, sondern auch abhängig von der VBA-Version diese Funktionen unterschiedlich aufrufen. In jedem Fall kommt dabei eine Verzweigung #if-then-#else zur Verwendung. Sie können diese Anweisung sowohl auf Modulebene, als auch innerhalb einer Prozedur verwenden. Außerhalb einer Prozedur können Sie sie beispielsweise verwenden, um abhängig von der Bedingung Prozeduren zu definieren. Innerhalb einer Prozedur können Sie sie einsetzen, um abhängig von der VBA-Version oder einer anderen Bedingung eine unterschiedliche Anweisung auszuführen. Die Syntax lautet in jedem Fall:

```
#If Bedingung Then
    Anweisungen bei erfüllter Bedingung
#Else
    Anweisungen bei nicht erfüllter Bedingung
#End if
```

Optisch sieht die #If-Verzweigung also fast so aus wie eine normale If-Verzweigung, die Sie zur Programmablaufsteuerung verwenden. Allerdings gibt es einen kleinen Unterschied bei der Formulierung der Bedingung. Als Bedingung kommen boolesche Konstanten für die bedingte Kompilierung in Frage. Diese Konstanten haben den Wert False, falls sie nicht definiert sind und den Wert True, falls sie definiert sind. Wichtig ist hierbei jedoch die korrekte Formulierung der Bedingung. Möchten Sie prüfen, ob eine Variable den Wert True hat, schreiben Sie:

```
#If Variablenname Then
```

Möchten Sie hingegen prüfen, ob sie den Wert False hat, müssen Sie sie explizit mit False vergleichen. Richtig wäre die Anweisung:

```
#If VBA6 Then
```

Die lange Schreibweise

```
#If VBA6=True Then
```

die in normalen If-Anweisungen durchaus zulässig wäre, ist jedoch genauso fehlerhaft wie #If Not(VBA6) Then anstelle von #If VBA6=False Then.

Über die definierten Compiler-Konstanten können Sie nicht nur abfragen, welche VBA-Version die Hostanwendung nutzt, sondern auch, ob eine 16-Bit- oder 32-Bit-Entwicklungsumgebung oder Mac OS verwendet wird.

Konstante	Wert	Beschreibung
Win16[*)]	True	Zeigt an, dass es sich um eine 16-Bit-Entwicklungsumgebung handelt.
Win32	True	Zeigt an, dass es sich um eine 32-Bit-Entwicklungsumgebung handelt.

Konstante	Wert	Beschreibung
Vba6	True	Zeigt an, dass VBA 6.0, 6.1 oder 6.3 verwendet wird.
Vba6	False	Zeigt an, dass es sich nicht um VBA 6.x handelt. Zurzeit gibt es nur VBA 5.0 als Alternative. Vba6 = false kann also nur VBA 5.0 bedeuten.
Mac	True	Zeigt an, dass die Entwicklungsumgebung ein Macintosh ist.

*) In 32-Bit-Entwicklungsumgebungen hat die Konstante Win16 den Wert False und Win32 den Wert True, in 16-Bit-Umgebungen ist dies genau umgekehrt.

Tabelle 20.1: Definierte Compiler-Konstanten

Das folgende Beispiel soll die Anwendung der bedingten Kompilierung zeigen. Wenn Sie es beispielsweise für zu aufwandig erachten, den Code VBA-5.0-kompatibel zu gestalten, können Sie mit dem folgenden Code sicherstellen, dass Nutzer von Office-Anwendung mit VBA 5.0 eine Meldung angezeigt bekommen, dass der Code nicht ausgeführt werden kann.

Sie finden den Code in der Datei *K20.xls* im Modul *DieseArbeitsmappe*. Allerdings ist er nicht von Excel abhängig. Sie können ihn auch in Word, PowerPoint oder einer anderen VBA-Hostanwendung einsetzen.

Sie können den Code sowohl in eine Open-Ereignisprozedur einfügen als auch in eine Auto_Open-Prozedur. Das spielt keine Rolle. Wichtig ist nur, dass der Code beim Öffnen der Datei ausgeführt wird.

Damit es dann nicht doch noch zu Fehlermeldungen kommt, wenn Befehle im Code auftauchen, die die Hostanwendung nicht kennt, sollten Sie den kompletten Code in eine auf Modulebene definierte #If-Verzweigung einfügen.

```
Private Sub Workbook_Open()
    #If VBA6 = False Then
```

```
        MsgBox "Leider verwenden Sie " & _
            "die falsche VBA-Version! " & _
            "Bitte setzen Sie die Datei " & _
            "nur in Office 2000-Anwendungen" & _
            " oder höher unter Windows ein!"
    #End If
End Sub

#If VBA6 Then
    'Hier folgt der komplette Code
    'der Anwendung
    ...
#End If
```

Abbildung 20.1: Beim Öffnen der Arbeitsmappe in Excel 97 oder früher wird nun eine Meldung ausgegeben

Das Beispiel finden Sie in der Datei *K20.xls* im Modul *bedKomp*.

Genauso können Sie auch Code abhängig vom Betriebssystem ausführen. Leider ist es nicht möglich, Mac OS X von den Vorgängerversionen zu unterscheiden. Nützlich ist diese Unterscheidung zwischen Windows und Mac aber dennoch. Eine solche Verzweigung könnte beispielsweise folgendermaßen aussehen:

```
#If Mac Then
'Hier den Code für den Mac
...
#ElseIf Win16 Then
'Code für Windows 3.x und Windows NT 3.x
...
#ElseIf Win32 Then
```

```
'Code für Windows NT 4.x, Windows 95 u. höher
...
#End If
```

Beispiele

Nach diesen kleinen theoretischen Grundlagen sollen nachfolgend noch ein paar nützliche Beispiele gezeigt werden.

Das folgende Beispiel zeigt, wie Sie für Excel 97 und früher (natürlich gilt das auch für andere VBA-5-Hostanwendungen) eine Replace-Funktion zum Ersetzen von Teilzeichenfolgen und eine Split-Funktion zum Aufteilen einer Zeichenfolge in ein Array implementieren können. Die hier gezeigten Beispiele bieten zwar nicht alles, was die VBA-Funktionen Split und Replace können, unterstützen sie aber die wichtigsten Funktionen.

Das Beispiel finden Sie in der Datei *K20.xls* im Modul *bedKomp*.

Zunächst benötigen Sie dazu eine Verzweigung der bedingten Kompilierung auf Modulebene:

```
Option Explicit
#If VBA6 = False Then
'Code der nur in Nicht-VBA-6-Umgebungen benötigt wird.
...
#End If
```

Innerhalb dieser Verzweigung definieren Sie dann die beiden Funktionen Split und Replace. Das führt dazu, dass in VBA-5.0-Hostanwendungen diese beiden Funktionsdefinitionen verwendet werden, wenn die Funktionen Split oder Replace aufgerufen werden. Für VBA-6.0-Hostanwendungen sind diese Funktionen definiert und daher werden die eingebauten gleichnamigen VBA-Funktionen verwendet.

Richtig funktioniert das natürlich nur dann, wenn Sie für die definierten Funktionen die gleichen Parameter vorsehen oder zumindest die ersten, notwendigen Parameter in der passenden Reihenfolge und mit den passenden Typen definieren, wie sie auch in den VBA-6-Funktionen vorhanden sind.

Die Split-Funktion dient dazu, ein Array aus einer Zeichenkette zu erzeugen. Dabei werden die einzelnen Feldwerte an einem Trennzeichen aufgeteilt. Wenn Sie beispielsweise die Zeichenkette »Maier;Müller;Schulze« als ersten Parameter und die Zeichenkette »;« als zweiten Parameter übergeben, gibt die Funktion ein Array zurück, das die Werte »Maier«, »Müller« und »Schulze« enthält.

Um das nachzuprogrammieren, benötigen Sie zunächst eine Funktion, die einen Variant-Wert zurückgibt. Prinzipiell könnten Sie zwar auch ein Array aus einer Funktion zurückgeben, in VBA 5.0 funktioniert das aber noch nicht, daher müssen Sie den Datentyp Variant verwenden.

Dann benötigen Sie noch zwei Parameter des Typs String (strText). Der erste stellt den Text dar, der aufgeteilt werden soll, der zweite die Zeichenkette, an der die Trennung erfolgt, hier strTZ. Innerhalb der Funktion müssen Sie dazu zunächst ein dynamisches Array arrTeile definieren und mit ReDim dimensionieren.

Dann starten Sie eine Do-Schleife, die so lange ausgeführt wird, bis die Variable strTemp den Wert "" enthält oder die Zeichenfolge in strTZ nicht gefunden werden konnte. Innerhalb der Schleife ermitteln Sie zunächst die Position des Trennzeichens mit der InStr-Funktion und speichern sie in der Variablen lngPos. Falls das Trennzeichen gefunden wurde, ist der Ausdruck lngPos > 0 wahr. In diesem Fall prüft die Funktion, ob das letzte Feld des Arrays arrTeile leer ist. Falls nicht, wird das Array vergrößert. Anschließend wird dem letzten Feld des Arrays der Teil der Zeichenkette zugewiesen, der vor dem Trennzeichen liegt. Der Teil nach dem Trennzeichen wird dann der Variablen strTemp zugewiesen, so dass mit dem nächsten Schleifendurchlauf der Rest der Zeichenkette auf die gleiche Weise abgearbeitet wird. Am Ende wird dann das Array als Rückgabewert dem Funktionsnamen zugewiesen.

Die Funktion Replace verfährt im Prinzip genauso, nur dass sie eine neue Zeichenkette aus den gefundenen Teilzeichenfolgen zusammensetzt und diese durch das Ersatzzeichen im Parameter strErsetzen trennt. Die Funktion Replace gibt dann die neu erzeugte Zeichenkette zurück.

```
#If VBA6 = False Then
Function Split(strText As String, _
    strTZ As String) As Variant
    Dim lngPos As Long
    Dim strTemp As String
    Dim arrTeile() As String
    strTemp = strText
    ReDim arrTeile(0)
    Do
        lngPos = InStr(1, strTemp, strTZ)
        If lngPos > 0 Then
            If arrTeile(UBound(arrTeile)) <> "" Then
                'Array vergrößern
                ReDim Preserve arrTeile( _
                    UBound(arrTeile) + 1)
            End If
            arrTeile(UBound(arrTeile)) = _
                Mid(strTemp, 1, lngPos - 1)
            strTemp = Mid(strTemp, lngPos + 1)
        Else
            If arrTeile(UBound(arrTeile)) <> "" Then
                'Array vergrößern
                ReDim Preserve arrTeile( _
                    UBound(arrTeile) + 1)
            End If
            arrTeile(UBound(arrTeile)) = strTemp
        End If
    Loop Until (strTemp = "") Or (lngPos <= 0)
    Split = arrTeile
End Function

Function Replace(strText As String, _
```

```
        strSuchen As String, _
        strErsetzen As String) As String
        'Ersetzt alle Teilzeichenfolgen von
        'strSuchen in strText durch strErsetzen
        Dim strTeil As String
        Dim strRest As String
        Dim strErg As String
        Dim lngPos As String
        strRest = strText
        strErg = ""
        Do
            lngPos = InStr(1, strRest, strSuchen)
            If lngPos > 0 Then
                strErg = strErg & Mid(strRest, _
                1, lngPos - 1) & strErsetzen
                strRest = Mid(strRest, _
                (lngPos) + Len(strSuchen))
                lngPos = InStr(1, strRest, _
                strSuchen)
            End If
        Loop Until lngPos <= 0
        Replace = strErg & strRest
    End Function
#End If
```

Zum Testen benötigen Sie natürlich noch eine Funktion, die unabhängig von der VBA-Version aufgerufen werden muss und daher außerhalb der #If-Verzweigung steht. Die Prozedur ruft zunächst die Split-Funktion auf und durchläuft dann mit einer For Each-Schleife deren Rückgabewert, um das erzeugte Array auszugeben. Anschließend wird der Rückgabewert der Replace-Funktion ausgegeben. Sie ersetzt in der angegebenen Zeichenfolge alle Schrägstriche durch »\«.

```
Sub Test()
    Dim arrNamen As Variant
    Dim varName As Variant
    arrNamen = Split("Maier;Müller;Schulze", ";")
    For Each varName In arrNamen
        Debug.Print varName
    Next varName
```

```
Debug.Print Replace("C:/1703/Daten", "/", "\")
End Sub
```

Die CallByName-Funktion

Unterschiede im Objektmodell einer Bibliothek oder einer Anwendung lassen sich in der Regel nur dadurch vermeiden, dass Sie entweder auf frühe Bindung verzichten, was nicht in jedem Fall möglich ist, oder die Methode oder Eigenschaft nicht nutzen. Das Problem lässt sich leider nicht mit bedingter Kompilierung aus der Welt schaffen, zumindest nicht in jedem Fall.

Den Code finden Sie in der Excel-Datei *K20.xls* im Modul *CallB-Name* sowie in der Access-Datenbank *K20.mdb* im Modul *CallB-Name*.

Bei Eigenschaften und Methoden, die in Office 2000 neu eingeführt wurden, also lediglich in den VBA-5.0-Hostanwendungen nicht zur Verfügung stehen, ist die bedingte Kompilierung noch eine Lösung. Vor allem in Access ist die bedingte Kompilierung keine Lösung, da Access 97 eine Access-2000-Datei ohnehin nicht öffnen kann und in diesem Fall sowieso zwei Datenbankdateien erforderlich sind. Allerdings haben Sie dann immer noch das Problem, dass Objektmodell und VBA-Version nicht immer korrespondieren. Das Objektmodell von Office 2004 für Mac entspricht weitgehend dem von Office 2003 für Windows. Würden Sie also mit bedingter Kompilierung nach VBA-Version unterscheiden, könnten Mac-Anwender Neuerungen nicht nutzen.

Problematisch wird es gerade bei den feinen Unterschieden zwischen Office 2000, Office XP und Office 2003. Das eigentliche Problem besteht darin, dass Sie nicht prüfen können, ob eine Eigenschaft oder Methode existiert, weil schon das Auftauchen im Code (bei früher Bindung) dazu führt, dass VBA einen Syntaxfehler meldet. Zum Ausführen des Codes kommt es also gar nicht.

Die Wahl zwischen früher und später Bindung haben Sie jedoch nur, wenn Sie auf externe Bibliotheken zugreifen. Auf Elemente des Access-Objektmodells können Sie innerhalb von Access aber genauso wenig mit später Bindung zugreifen wie auf die Excel-Objekte innerhalb von Excel. Folglich können Sie solchen Syntaxfehlern auch nicht aus dem Weg gehen. Sie müssen also auf jeden Fall einen Weg finden, wie Sie ein unbekanntes Element des Objektmodells vor der Syntaxprüfung verbergen und dieser Weg ist die CallByName-Funktion.

Folgendes Beispiel soll den Einsatz der Funktion verdeutlichen. Wenn Sie vom Benutzer einen Ordnernamen einlesen möchten, steht Ihnen dazu ab Office XP ein Auswahldialog zur Verfügung, den Sie über die Eigenschaft FileDialog des Application-Objekts abrufen können.

Näheres dazu finden Sie in Kapitel 12 »Benutzeroberflächen gestalten« beschrieben.

Diese Eigenschaft und auch das von ihr zurückgegebene FileDialog-Objekt steht aber erst ab Office 2002 zur Verfügung, würde also unter Excel, Access oder Word 2000 und früher einen Syntaxfehler verursachen. Aber nicht nur das. Selbst ohne Syntaxfehler würde natürlich auch der Dialog nicht angezeigt und der Pfad könnte nicht zurückgegeben werden. Zuerst müssen Sie also dieses Problem lösen. Um zu prüfen, in welcher Version der Code ausgeführt wird, können Sie die Version-Eigenschaft des Application-Objekts abrufen. Das steht in Access jedoch erst ab der Version 2002 zur Verfügung und würde daher unter Access 2000 eine Fehlermeldung erzeugen. Falls Sie den Code nicht nur in Access oder nur in den anderen Office-Anwendungen ausführen möchten, müssen Sie also zunächst unterscheiden, ob Access verwendet wird. Falls ja, können Sie die SysCmd-Methode des Application-Objekts verwenden, um die Access-Version zu ermitteln.

Den Namen der Anwendung können Sie am einfachsten mit der Name-Eigenschaft abrufen. Allerdings dürfen Sie dann in der Verzweigung nicht den Fehler machen und die Eigenschaft Version oder die Methode SysCmd direkt aufrufen. Dazu müssen Sie die CallByName-Funktion verwenden, damit es nicht zu Syntaxfehlern kommt, weil beispielsweise in Excel die SysCmd-Methode ja nicht zur Verfügung steht.

Im Then-Zweig der Verzweigung rufen Sie mit der CallByName-Funktion die Methode SysCmd auf. Dass es sich um eine Methode handelt, besagt die Konstante vbMethod. Den Parameter, den Sie an die Methode übergeben, der dafür sorgt, dass die Version von Access zurückgegeben wird, geben Sie als vierten Parameter an. Die CallByName-Funktion ruft dann die Methode auf und gibt deren Rückgabewert zurück.

Analog dazu rufen Sie in anderen VBA-Hostanwendungen als Access den Wert der Eigenschaft Version ab. Da es sich hier um eine Eigenschaft handelt, müssen Sie als dritten Parameter VbGet angeben.

```
Public Function Pfadauswaehlen() As String
    Dim varAntw As Variant
    Dim objDlg As Object
    Dim lngVersion As Long

    On Error Resume Next
    If Application.Name = "Microsoft Access" Then
        lngVersion = Val(CallByName(Application, _
            "SysCmd", VbMethod, acSysCmdAccessVer))
    Else
        lngVersion = Val(CallByName(Application, _
            "Version", VbGet))
    End If
...
```

Hat die Variable lngVersion anschließend einen Wert größer als 9, zeigen Sie den Dialog an, ansonsten wird hier eine Schleife mit der

Inputbox initialisiert und der Benutzer muss den Pfad eingeben, statt ihn auswählen zu können.

Das Problem mit dem Syntaxfehler ist damit aber noch nicht behoben. Für den Aufruf der FileDialog-Methode benötigen Sie die CallByName-Funktion. Sie ruft eine Eigenschaft oder eine Methode über deren Namen auf. Sie übergeben dazu als ersten Parameter das Objekt, auf das Sie das Element anwenden möchten. Hier übergeben Sie also einfach das Application-Objekt. Als Nächstes folgt der Name des Elements, also in diesem Fall FileDialog. Damit VBA weiß, ob es sich um eine Eigenschaft oder eine Methode handelt, müssen Sie nun eine Konstante angeben, die bestimmt, ob eine Eigenschaft oder Methode aufgerufen wird. Da Sie hier den Wert einer Eigenschaft abrufen möchten, geben Sie VbGet an. Der letzte Parameter ermöglicht es Ihnen, einen Parameter an die Eigenschaft oder Methode zu übergeben. Ohne CallByName würde der hier benötigte Aufruf Application.FileDialog(4) lauten. Den Index 4, mit dem Sie den Ordnerauswahl-Dialog zurückgeben können, übergeben Sie einfach als letzten Parameter.

Gibt die Eigenschaft oder Methode einen Wert zurück, ist dies immer der Rückgabewert der CallByName-Funktion. In diesem Fall können Sie den Rückgabewert also der Objektvariablen objDlg zuweisen. Wichtig ist aber, dass Sie diese natürlich nur vom Typ Object oder Variant definieren dürfen, weil Sie sonst den Syntaxfehler bei der Variablendeklaration erhalten.

```
...
If lngVersion > 9 Then
    Set objDlg = CallByName(Application, _
        "FileDialog", VbGet, 4)
    With objDlg
        .ButtonName = "Auswählen"
        .AllowMultiSelect = False
        varAntw = .Show()
        Pfadauswaehlen = .SelectedItems.Item(1)
    End With
Else
    Pfadauswaehlen = InputBox( _
```

```
                    "Bitte geben Sie den Pfad an, " & _
                    "in dem die Daten gespeichert werden " & _
                    "sollen!", "Pfad eingeben")
                    'Prüfen, ob der Pfad vorhanden ist
                    Do While (Pfadauswaehlen <> "") And _
                    (Dir(Pfadauswaehlen, vbDirectory) = "")
                    Pfadauswaehlen = InputBox( _
                        "Das eingegebene Verzeichnis " & _
                        "existiert nicht!" & vbCrLf & _
                        "Bitte geben Sie " & _
                        "einen gültigen Pfad an, " & _
                        "in dem die Daten gespeichert " & _
                        "werden sollen!", "Pfad eingeben")
            Loop
        End If
    End Function
```

Die CallByName-Anweisung im Detail

Mit der CallByName-Anweisung können Sie Methoden und Eigenschaften aufrufen, den Wert einer Eigenschaft abrufen und neu setzen. Für alle diese verschiedenen Funktionen setzen Sie lediglich
den dritten und vierten Parameter entsprechend. Der dritte Parameter legt fest, ob es sich um den Aufruf einer Eigenschaft oder den
Aufruf einer Methode handelt. Damit bestimmen Sie gleichzeitig,
welche Bedeutung der letzte Parameter hat.

Der vierte Parameter hat den Typ Variant. Sie können hier entweder einen einfachen Wert angeben, wie den der Eigenschaft
zuzuweisenden neuen Wert, oder ein Array, mit dem Sie dann
auch mehrere Parameter an eine Methode übergeben können.
Wichtig ist in diesem Fall, dass Sie die Parameterwerte in der Reihenfolge im Array angeben, in der die Methode sie erwartet.

Konstante	Bedeutung
vbGet	Es handelt sich um eine Eigenschaft, deren Wert abgefragt wird. Nur in Ausnahmefällen, wie im vorliegenden Beispiel, müssen Sie den vierten Parameter angeben. Die CallByName-Funktion gibt dann den Wert der Eigenschaft zurück.
vbSet	Der Eigenschaft wird ein neuer Wert zugewiesen und der Wert ist ein Objekt. Sie müssen immer dann vbSet verwenden, wenn Sie beim direkten Aufruf der Eigenschaft den Set-Operator für die Wertzuweisung verwenden würden. Der vierte Parameter bestimmt den Wert, den Sie der Eigenschaft zuweisen.
vbLet	Der Eigenschaft wird ein neuer Wert zugewiesen, der kein Objekt ist, sondern einen einfachen Datentyp hat. Verwenden Sie diese Konstante, wenn Sie bei direkter Zuweisung des Wertes an die Eigenschaft nur den Zuweisungsoperator »=« (ohne Set) verwenden würden. Der vierte Parameter bestimmt den Wert, den Sie der Eigenschaft zuweisen.
vbMethod	Es handelt sich um eine Methode. Der vierte Parameter bestimmt dann die Parameter, die an die Methode übergeben werden.

Tabelle 20.2: Verfügbare Konstanten für den calltype-Parameter

Prüfen, ob es eine Funktion oder Eigenschaft gibt

Auch die CallByName-Funktion verursacht einen Laufzeitfehler, wenn Sie die falschen Parameter übergeben oder eine Methode bzw. Eigenschaft aufrufen, die es nicht gibt. Das muss nicht zum Problem werden. Sie können sich das zunutze machen, um eine Funktion zu erstellen, die prüft, ob es eine Eigenschaft oder Methode gibt. Das ist vor allem dann ganz hilfreich, wenn Sie nicht wissen, ob ein Element auf dem Zielsystem vorhanden ist. Wie das aussehen könnte, zeigen die folgenden Funktionen. Sie geben True zurück, wenn die angegebene Eigenschaft bzw. die angegebene Methode vorhanden ist.

Wichtig ist dabei die Fehlerbehandlungsroutine. Mit On Error Goto FEHLER vor der CallByName-Funktion verzweigen Sie im Fehlerfall zur Sprungmarke FEHLER. Dort sollten Sie aber unbedingt abhängig von der Fehlernummer unterschiedlich verfahren. Während der

Fehler 450 »Falsche Anzahl an Argumenten oder ungültige Zuweisung zu einer Eigenschaft« aussagt, dass es die Eigenschaft im Prinzip gibt und dass nur die Anzahl Parameter falsch ist, sagen die anderen Fehlernummer, insbesondere 438 ‚tatsächlich aus, dass die Eigenschaft nicht vorhanden ist. Abhängig von der Fehlernummer müssen Sie also mal True und mal False zurückgeben.

```
Function Eigenschaftvorhanden(objObjekt As Object, _
    strName As String) As Boolean
    Dim varWert As Variant
    On Error GoTo FEHLER
    varWert = CallByName(objObjekt, _
        strName, VbGet)
    Eigenschaftvorhanden = True
    Exit Function
FEHLER:
    If Err.Number = 450 Then
        Eigenschaftvorhanden = True
    Else
        Eigenschaftvorhanden = False
    End If
End Function


Function Methodevorhanden(objObjekt As Object, _
    strName As String) As Boolean
    Dim varWert As Variant
    On Error GoTo FEHLER
    varWert = CallByName(objObjekt, _
        strName, VbMethod)
    Methodevorhanden = True
    Exit Function
FEHLER:
    If Err.Number = 450 Then
        Methodevorhanden = True
    Else
        Methodevorhanden = False
    End If
End Function


Sub Test()
```

```
      Debug.Print Eigenschaftvorhanden(_
         Application, "ABC")
      Debug.Print Methodevorhanden(_
         Application, "SysCmd")
   End Sub
```

Besonderheiten in Access

Die CallByName-Funktion hat auch einen positiven Nebeneffekt auf
Access. Wenn Sie in Access 2002 oder höher eine Access 2000-Da-
tenbank öffnen, blendet die IDE alle Elemente aus, die in Access
2000 noch nicht verfügbar sind. Das heißt, auch in Access 2002
würde der Aufruf Application.FileDialog(4) nicht ohne Syntaxfehler klappen und das, obwohl eigentlich die Eigenschaft File-
Dialog vorhanden ist. Mit Hilfe der CallByName-Funktion können
Sie die Eigenschaft aber dennoch nutzen, ohne dass es in älteren
Access-Versionen zu Fehlern kommt.

Abwärtskompatibilität zu VBA 5.0

Die CallByName-Funktion ist Bestandteil von VBA 6.0. Sie ist daher
in Office 97 und auf dem Mac noch nicht verfügbar. Dennoch können Sie die Funktionen so gestalten, dass Sie in VBA-5.0-Anwen-
dungen funktioniert. Dazu nutzen Sie bedingte Kompilierung und
fassen die beiden Funktionen einfach in eine #if-Anweisung #If
VBA6 Then ... #End If ein und definieren im Else-Zweig zwei
Dummy-Funktionen, die konstant den Wert False zurückgeben.
Sinnvoll ist das allerdings nur, wenn Sie mit den beiden Funktionen
nur Eigenschaften und Methoden prüfen, die ohnehin erst ab VBA
6 verfügbar sein können.

```
      #If VBA6 Then
      Function Eigenschaftvorhanden(...)
      ...
      End Function

      Function Methodevorhanden(...)
      ...
```

```
End Function
#Else
Function Eigenschaftvorhanden(objObjekt As Object, _
    strName As String) As Boolean
    Eigenschaftvorhanden = False
End Function

Function Methodevorhanden(objObjekt As Object, _
    strName As String) As Boolean
    Methodevorhanden = False
End Function
#End If
```

Auch die Funktion Pfadauswaehlen können Sie VBA-5-kompatibel gestalten. Dazu fassen Sie die Teile des Codes, die nur unter VBA 6 ausgeführt werden können, in die #If-VBA6-Then-Bedingung ein. Die Schleife mit der Input-Anweisung muss dann im #Else-Zweig stehen.

```
Public Function Pfadauswaehlen() As String
    Dim varAntw As Variant
    Dim objDlg As Object
    Dim lngVersion As Long
    On Error Resume Next
#If VBA6 Then
    If Application.Name = "Microsoft Access" Then
        lngVersion = Val(CallByName(Application, _
            "SysCmd", VbMethod, acSysCmdAccessVer))
    Else
        lngVersion = Val(CallByName(Application, _
            "Version", VbGet))
    End If
    If lngVersion > 9 Then
    ...
    Else
#Else
        Pfadauswaehlen = InputBox( _
            "Bitte geben Sie den Pfad an, " & _
            "in dem die Daten gespeichert werden " & _
            "sollen!", "Pfad eingeben")
        'Prüfen, ob der Pfad vorhanden ist
```

```
...
        Loop
    #End If
    #If VBA6 Then
    End If
    #End If
End Function
```

Mac-kompatiblen Code erstellen

In Kapitel 13 »Zugreifen auf das Dateisystem« haben Sie erfahren, wie Sie mit dem FileSearch-Objekt nach Dateien suchen können. Allerdings funktioniert das nur unter Windows, weil auf dem Mac das FileSearch-Objekt nicht verfügbar ist. Dort gibt es nur das FileFind-Objekt, das jedoch die gleiche Aufgabe übernimmt.

In Excel auf dem Macintosh müssen Sie statt des FileSearch-Objekts oder des FileSystemObject-Objekt, für die Suche nach Dateien das FileFind-Objekt verwenden. Es funktioniert prinzipiell genauso, nur ist es leider so, dass es auch hier mit der neuesten Version von Excel 2004 Probleme gibt. Der gleiche Code, der noch mit Excel v.X problemlos funktioniert, erzeugt hier Laufzeitfehler, weil angeblich Methoden und Eigenschaften nicht vorhanden sind. Auch der Originalcode aus der Hilfe funktioniert hier nicht. Der nachfolgend vorgestellte Code wurde jedoch so gestaltet, dass er unter Excel v.X korrekt funktioniert, unter Excel 2004 aber zumindest keine Fehler verursacht.

Beide hier dargestellten Prozeduren suchen die als strDateiname angegebene(n) Datei(en) in dem durch strPfad bestimmten Pfad und geben sie in einer Schleife aus. Die bedingte Kompilierung sorgt dafür, dass die Mac-Versionen das FileFind-Objekt und die Windows-Programme das FileSearch-Objekt nutzen.

```
#If Mac = False Then
Sub DateienSuchen(strDateiname As String, _
    strPfad As String)
    Dim objFS As FileSearch
```

```
Dim lngI As Long
Set objFS = Application.FileSearch
With objFS
    .LastModified = msoLastModifiedLastWeek
    .Filename = strDateiname
    .LookIn = strPfad
    .SearchSubFolders = True
    .Execute msoSortByFileName, _
        msoSortOrderDescending
    If .FoundFiles.Count > 0 Then
        'Dateien gefunden
        For lngI = 1 To .FoundFiles.Count
            Debug.Print .FoundFiles(lngI)
        Next lngI
    End If
End With
End Sub
#Else
Sub DateienSuchen(strDateiname _
    As String, strPfad As String)
    Dim objFF As FileFind
    Dim lngI As Long
    Set objFF = Application.FileFind
    objFF.Filename = strDateiname
    objFF.SearchPath = strPfad
    objFF.SearchSubFolders = True
    objFF.Execute
    For lngI = 0 To objFF.FoundFiles.Count - 1
        Debug.Print objFF.FoundFiles(lngI)
    Next lngI
End Sub
#End If
```

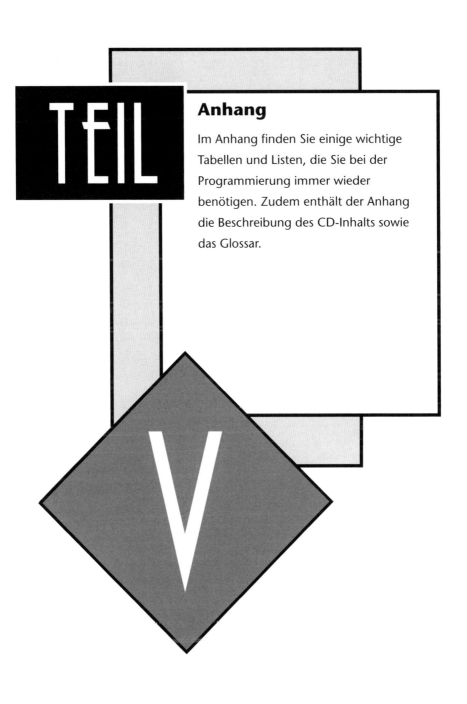

TEIL

Anhang

Im Anhang finden Sie einige wichtige Tabellen und Listen, die Sie bei der Programmierung immer wieder benötigen. Zudem enthält der Anhang die Beschreibung des CD-Inhalts sowie das Glossar.

V

A CD-Inhalt

Die Buch-CD enthält neben den Beispielen aus dem Buch auch Demo- und Testversionen verschiedener Setup-Tools. Alle Programme finden Sie im Verzeichnis \soft\, die Beispiele im Verzeichnis \bsp\.

Auf alle Dateien können Sie über die HTML-Benutzeroberfläche zugreifen, die Sie durch Ausführen der Datei *index.html* im Stammverzeichnis der CD starten können.

Software und Demo-Versionen der CD

Alle Programme und Demoversionen auf der CD wurden von den jeweiligen Herstellern für die Buch-CD zur Verfügung gestellt bzw. sind Freeware bzw. wurden unter der GNU-Lizenz veröffentlicht. Sie dürfen sie nutzen, so lange sich die Art der Nutzung im Rahmen der Lizenzbedingungen hält, die jeder Software beiliegen. Das Vorhandensein einer Software auf der Buch-CD lässt in keinem Fall den Schluss zu, dass das Programm beliebig weiterverteilt werden darf.

In folgender Tabelle finden Sie einen Überblick über die vorhandene Software:

Verzeichnis	Lizenz	Inhalt	Hersteller, Anbieter, nähere Infos.
\soft\setup\ Inf-Tool	Freeware	INF-Tool Ein Programm zum Erstellen von Setup-INF-Dateien	Richard Fellner *http://inner-smile.com/*
\soft\setup\ Installer	Shareware	Installer Setup-Tool	Andreas Kapust *http://www.akinstaller.de/* *info@akinstaller.de*
\soft\setup\ InstallCreator	Freeware	Install Creator Setup-Tool	Clickteam *http://www.clickteam.com/*

Verzeichnis	Lizenz	Inhalt	Hersteller, Anbieter, nähere Infos.
\soft\setup\ SetupSpecialist	Shareware	Setup Specialist Setup-Tool	TG Byte Software GmbH http://www.setupspecialist.com/ info@tgbyte.de
\soft\setup\ Z-UpMaker	Shareware	Z-UpMaker Setup-Tool	Ingo Bordasch Software http://www.ib-software.de/ webmaster@ib-software.de
\soft\MyODBC	GNU	MySQL-ODBC-Treiber	http://www.mysql.de
\soft\MySQL	GNU	MySQL-Datenbankserver für Windows	http://www.mysql.de

Tabelle A.1: Software der Buch-CD

Nutzung der Beispiele

Die Beispiele sind kapitelweise in eigenen Verzeichnissen untergebracht. Das Beispiel zu Kapitel 6 finden Sie also beispielsweise im Verzeichnis \bsp\K06. Sie werden also keine Mühe haben, die Beispiele zu den einzelnen Kapiteln zu finden.

Wenn Sie die Beispiele nutzen und testen möchten, müssen Sie sie in aller Regel von der CD auf Ihre Festplatte kopieren und den Schreibschutz entfernen. Gehen Sie dazu wie folgt vor:

✔ Kopieren Sie das ganze Verzeichnis mit dem Beispielen bzw. das übergeordnete Verzeichnis \bsp\ samt Inhalt und untergeordneten Verzeichnissen auf Ihre Festplatte – wohin ist egal.

✔ Markieren Sie nun das kopierte Verzeichnis im Arbeitsplatz oder Explorer und wählen Sie im Kontextmenü der Markierung den Eintrag *Eigenschaften* aus.

✔ Deaktivieren Sie das Kontrollkästchen *Schreibgeschützt* und klicken Sie dann auf *OK*, um den Schreibschutz aufzuheben.

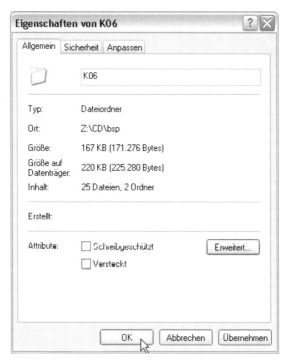

Abbildung A.1: Schreibschutz autheben

☑ Bestätigen Sie, dass die Einstellungen auch für untergeordnete Dateien und Verzeichnisse übernommen werden sollen, wenn Sie danach gefragt werden.

Nun können Sie die Dateien mit der jeweiligen Office-Anwendung öffnen und bearbeiten.

B Übersichten

Klassennamen für die Objektautomation

Anwendung	Klassenname ohne Versionsangabe	Klassenname mit Versionsangabe
Word	Word.Application	Word.Application.11
Excel	Excel.Application	Excel.Application.11
Outlook	Outlook.Application	Outlook.Application.11
PowerPoint	PowerPoint.Application	PowerPoint.Application.11
FrontPage	Frontpage.Application	Frontpage.Application
Access	Access.Application	Access.Application.11

Tabelle B.1: Klassennamen der Office-Anwendungen

Interessante Systemprogramme

Programm	Beschreibung	Parameter
format.com	Format-Befehl	Volume gibt den Laufwerkbuchstaben (gefolgt von einem Doppelpunkt), den Bereitstellungspunkt oder den Volume-Namen an. /FS:Dateisystem gibt den Typ des Dateisystems an (FAT, FAT32 oder NTFS). /V:Bezeichnung gibt die zuzuweisende Volume-Bezeichnung an. /Q führt eine Formatierung mit Schnellformatierung durch.
Logoff.exe	Beendet eine Terminal-Server-Sitzung. Syntax: LOGOFF [Sitzungsname | Sitzungskennung] [/SERVER:Servername] [/V]	Sitzungsname ist der Name der Sitzung. Sitzungskennung, die Kennung der Sitzung, / SERVER:Servername bestimmt den Terminalserver, der die Benutzersitzung enthält, die abgemeldet wird (Standard ist der aktuelle Server)

Programm	Beschreibung	Parameter

Makecab.exe	Erzeugt eine CAB-Datei. Syntax:
	`MAKECAB [/V[n]]`
	`[/D var=value ...]`
	`[/L dir] source`
	`[destination]`
		`source` ist die zu komprimierende Datei.
		`destination` ist die Zieldatei, falls der Parameter entfällt, wird der Quelldateiname verwendet, wobei der letzte Buchstabe durch ein "_" ersetzt wird.
		`/D var=value`, definiert Variablen mit einem bestimmten Wert (`value`).
		`/L dir` legt das Zielverzeichnis fest, in dem die Zieldatei gespeichert werden soll. Standardmäßig wird das aktuelle Verzeichnis verwendet.
		`/V[n]` Gibt die CAB-Datei-Version ein. Zulässig sind die Werte 1, 2 und 3.

Shutdown.exe	Fährt den Rechner herunter, Syntax: `shutdown.exe [-l` `| -s	-r	-a] [-f]` `[-m \\Computer]` `[-t xx]` `[-c "Kommentar"]` `[-d up:xx:yy]`	`-l` abmelden (kann nicht mit der Option -m verwendet werden), `-s` fährt den Computer herunter, `-r` fährt den Computer herunter und startet ihn neu, `-a` bricht das Herunterfahren des Systems ab, `-t xx` Zeitlimit für das Herunter-fahren in xx Sekunden, `-f` erzwingt das Schließen aus-geführter Anwendungen ohne Warnung.

mmc.exe	Startet die Microsoft Management-Konsole, Syntax:
	`mmc`
	`Pfad\Dateiname.msc`
	`[/64] [/32]`
	`Pfad\Dateiname.msc`
		`/64` öffnet die 64-Bit-Version von MMC (MMC64). Setzen Sie diese Option nur ein, wenn Sie ein 64-Bit-Betriebssystem von Microsoft verwenden.
		`/32` öffnet die 32-Bit-Version von MMC (MMC32). Wenn Sie ein 64-Bit-Betriebssystem von Microsoft verwenden, können Sie 32-Bit-Snap-Ins durch Öffnen von MMC mit dieser Befehlszeilenoption aus-führen.
		`Pfad\Dateiname.msc` ist der Platz-halter für die zu öffnende Konsolen-datei.

Programm	Beschreibung	Parameter
rasphone.exe	Wählt eine DFÜ-Verbindung oder beendet sie. Syntax: `Rasphone.exe [-h] Eintrag`	-h trennt die Verbindung, Eintrag ist der Name der Verbindung, die gewählt oder getrennt werden soll.

Tabelle B.2: Systemprogramme von Windows

Tastencodes für »OnKey« und »SendKeys«

Taste	Code
⇐	{BACKSPACE}, {BS} oder {BKSP}
Pause	{BRFAK}
⇪	{CAPSLOCK}
Entf	{DELETE} oder {DEL}
↓	{DOWN}
Ende	{END}
↵	{ENTER}oder ~
Esc	{ESC}
HILFE	{HELP}
Pos1	{HOME}
Einfg	{INSERT} oder {INS}
←	{LEFT}
Num	{NUMLOCK}
Bild↓	{PGDN}
Bild↑	{PGUP}
Druck	{PRTSC}
→	{RIGHT}
Rollen	{SCROLLLOCK}
⇥	{TAB}
↑	{UP}

Taste	Code
F1	{F1}
F2	{F2}
F3	{F3}
F4	{F4}
F5	{F5}
F6	{F6}
F6	{F7}
F8	{F8}
F9	{F9}
F10	{F10}
F11	{F11}
F12	{F12}
F13	{F13}
F14	{F14}
F15	{F15}
F16	{F16}
⇧	+
Strg	^
Alt	%

Tabelle B.3: Tastencodes

Datentypen, Variablen und Konstanten

Datentypen

Datentyp	Speicherbedarf	Wertebereich
Byte	1 Byte	0 bis 255
Boolean	2 Bytes	True oder False

Datentyp	Speicherbedarf	Wertebereich
Integer	2 Bytes	-32.768 bis 32.767
Long (lange Ganzzahl)	4 Bytes	-2.147.483.648 bis 2.147.483.647
Single (Gleitkommazahl mit einfacher Genauigkeit)	4 Bytes	-3,402823E38 bis -1,401298E-45 für negative Werte; 1,401298E-45 bis 3,402823E38 für positive Werte
Double (Gleitkommazahl mit doppelter Genauigkeit)	8 Bytes	-1,79769313486232E308 bis -4,94065645841247E-324 für negative Werte; 4,94065645841247E-324 bis 1,79769313486232E308 für positive Werte
Currency (skalierte Ganzzahl)	8 Bytes	-922.337.203.685.477,5808 bis 922.337.203.685.477,5807
Date	8 Bytes	1. Januar 100 bis 31. Dezember 9999
Object	4 Bytes	Beliebiger Verweis auf ein Objekt vom Typ Object
String (variable Länge)	10 Bytes plus Zeichenfolgen- länge	0 bis ca. 2 Milliarden
String (feste Länge)	Zeichenfolgen- länge	1 bis ca. 65.400
Variant (mit Zahlen)	16 Bytes	Nummerische Werte im Bereich des Datentyps Double
Variant (mit Zeichen)	22 Bytes plus Zeichenfolgen- länge	Wie bei String mit variabler Länge

Tabelle B.4: Verfügbare Datentypen

DefType-Anweisungen zur Zuweisung von Standard-datentypen

Anweisung	Datentyp
DefBool	Boolean
DefByte	Byte

Anweisung	Datentyp
DefInt	Integer
DefLng	Long
DefCur	Currency
DefSng	Single
DefDbl	Double
DefDate	Date
DefStr	String
DefObj	Object
DefVar	Variant

Tabelle B.5: Verfügbare DefType-Anweisungen

Konvertieren von Datentypen

Konvertierungsfunktion	Zieldatentyp
CBool()	Boolean
CByte()	Byte
CCur()	Currency
CDate()	Date
CDbl()	Double
CInt()	Integer
CLng()	Long
CSng()	Single
CVar()	Variant
CStr()	String

Tabelle B.6: Konvertierungsfunktionen im Überblick

Wichtige Operatoren

Mathematische Operatoren

Rechenzeichen	Verwendung
+	Addition von Zahlen und Verkettung von Zeichenketten
-	Subtraktion
/	Division mit Rückgabe einer Fließkommazahl
\	Division mit Rückgabe einer ganzen Zahl
^	Potenzieren
Mod	Division mit Rückgabe des Restes
*	Multiplikation

Tabelle B.7: Rechenzeichen

Logische Operatoren

A	B	A OR B	A AND B	A XOR B	NOT(B)
-1	-1	-1	-1	0	0
-1	0	-1	0	-1	-1
0	0	0	0	-1	-1
0	-1	-1	0	0	0

Tabelle B.8: Ergebnisse der logischen Operatoren – Wahrheitstabelle

Vergleichsoperatoren

Operator	Beschreibung	Wahr, wenn	Falsch, wenn	Null, wenn
Is	Vergleicht zwei Objekte: Objekt1 Is Objekt2	Objekt1 und Objekt2 auf die gleiche Instanz einer Klasse verweisen.	Objekt1 und Objekt2 auf unterschiedliche Instanzen verweisen.	

Operator	Beschreibung	Wahr, wenn	Falsch, wenn	Null, wenn
<	Kleiner als	Ausdruck1 < Ausdruck2	Ausdruck1 >= Ausdruck2	Ausdruck1 oder Ausdruck2 = Null
<=	Kleiner oder gleich	Ausdruck1 <= Ausdruck2	Ausdruck1 > Ausdruck2	Ausdruck1 oder Ausdruck2 = Null
>	Größer als	Ausdruck1 > Ausdruck2	Ausdruck1 <= Ausdruck2	Ausdruck1 oder Ausdruck2 = Null
>=	Größer oder gleich	Ausdruck1 >= Ausdruck2	Ausdruck1 < Ausdruck2	Ausdruck1 oder Ausdruck2 = Null
=	Gleich	Ausdruck1 = Ausdruck2	Ausdruck1 <> Ausdruck2	Ausdruck1 oder Ausdruck2 = Null
<>	Ungleich	Ausdruck1 <> Ausdruck2	Ausdruck1 = Ausdruck2	Ausdruck1 oder Ausdruck2 = Null

Tabelle B.9: Vergleichsoperatoren

Ein- und Ausgaben

Formatieren der mit »MsgBox« erzeugten Dialogfelder

Konstante	Wert	Beschreibung
vbOKOnly	0	Nur Schaltfläche *OK* (Voreinstellung)
vbOKCancel	1	Schaltflächen *OK* und *Abbrechen*
vbAbortRetryIgnore	2	Schaltflächen *Abbruch*, *Wiederholen* und *Ignorieren*
vbYesNoCancel	3	Schaltflächen *Ja*, *Nein* und *Abbrechen*
vbYesNo	4	Schaltflächen *Ja* und *Nein*

Konstante	Wert	Beschreibung
vbRetryCancel	5	Schaltflächen *Wiederholen* und *Abbrechen*

Tabelle B.10: Konstanten zur Anzeige einer Schaltfläche

Konstante	Wert	Beschreibung	Icon
vbCritical	16	kritischer Fehler	
vbQuestion	32	Frage	
vbExclamation	48	Warnmeldung	
vbInformation	64	Information oder Hinweis	

Tabelle B.11: Konstanten zur Anzeige eines Symbols

Konstante	Wert	Beschreibung
vbDefaultButton1	0	Erste Schaltfläche ist Standardschaltfläche
vbDefaultButton2	256	Zweite Schaltfläche ist Standardschaltfläche
vbDefaultButton3	512	Dritte Schaltfläche ist Standardschaltfläche
vbDefaultButton4	768	Vierte Schaltfläche ist Standardschaltfläche
vbApplicationModal	0	An die Anwendung gebundenes Meldungsfeld. Mit der Anwendung kann nur weitergearbeitet werden, wenn das Meldungsfeld geschlossen wurde.
vbSystemModal	4096	An das System gebundenes Meldungsfeld. Mit einer beliebigen Anwendung kann nur weitergearbeitet werden, wenn das Meldungsfeld geschlossen wurde.
vbMsgBoxHelpButton	16384	Fügt eine Hilfeschaltfläche zum Meldungsfeld hinzu.

Konstante	Wert	Beschreibung
VbMsgBoxSetForeground	65536	Legt das Meldungsfeld als Vordergrundfenster fest.
vbMsgBoxRight	524288	Der Text ist rechtsbündig ausgerichtet.
vbMsgBoxRtlReading	1048576	Legt fest, dass der Text von rechts nach links dargestellt wird. Dieser Wert gilt nur für hebräische und arabische Systeme.

Tabelle B.12: Konstanten für das Verhalten des Dialogfeldes

Rückgabewerte der »MsgBox«-Funktion

Konstante	Wert	Beschreibung
vbOK	1	OK
vbCancel	2	Abbrechen
vbAbort	3	Abbruch
vbRetry	4	Wiederholen
vbIgnore	5	Ignorieren
vbYes	6	Ja
vbNo	7	Nein

Tabelle B.13: Rückgabewerte der MsgBox-Funktion

Type-Parameter der Inputbox-Methode in Excel

Wert	Bedeutung
0	Formel
1	Zahl
2	Text (Zeichenfolge)
4	boolescher Wert (True oder False)
8	Zellbezug, z.B. ein Range-Objekt
16	Fehlerwert, z.B. #N/A
64	Wertematrix

Tabelle B.14: Verfügbare Werte für das Type-Parameter

Code automatisch ausführen

Anwendung	Code ausführen beim Starten	Code ausführen beim Beenden
Outlook	Ereignisprozedur für das `Startup`-Ereignis des `Application`-Objekts	Ereignisprozedur für das `Quit`-Ereignis des `Application`-Objekts
FrontPage	Nur über selbstdefinierte COM-Add-Ins	
PowerPoint-Add-In	`Auto_Open`-Prozedur	`Auto_Close`-Prozedur
PowerPoint-Datei	Ereignisprozedur für das Ereignis `Presentation-Open` des `Application`-Objekts. Dazu ist eine Klasse mit `WithEvents` erforderlich.	Ereignisprozedur für das Ereignis `Presentation-Close` des `Application`-Objekts. Dazu ist eine Klasse mit `WithEvents` erforderlich.
Word-Vorlage	Ereignisprozedur für das `New`-Ereignis des `Document`-Objekts	Ereignisprozedur für das `Close`-Ereignis des `Document`-Objekts
Excel-Arbeitsmappe	Ereignisprozedur für das `Open`-Ereignis des `Work-book`-Objekts	Ereignisprozedur für das `BeforeClose`-Ereignis des `Workbook`-Objekts
Excel-Vorlage	Ereignisprozedur für das `Open`-Ereignis des `Work-book`-Objekts	Ereignisprozedur für das `BeforeClose`-Ereignis des `Workbook`-Objekts
Access	`AutoExec`-Makro, das eine VBA-Funktion aufruft oder eine Ereignisprozedur für das `Load`-Ereignis einer Form, die über die Start-optionen als Startformular festgelegt ist. Bestimmte Einstellungen zur Benut-zeroberfläche können außerdem über die Start-optionen bestimmt wer-den.	Ereignisprozedur für das `Unload`-Ereignis eines Formulars. Das setzt jedoch voraus, dass Sie dafür sorgen, dass das Formular vom Benutzer nicht geschlossen werden kann, also so lange geöff-net ist, bis die Datenbank geschlossen wird.

Tabelle B.15: Code beim Starten und Beenden von Anwendungen ausführen

Excel-Ereignisse

Ereignis	Beschreibung
Worksheet_Activate()	Dieses Ereignis tritt ein, wenn das Blatt aktiviert wird.
Worksheet_Calculate()	Das Calculate-Ereignis tritt ein, wenn das Blatt berechnet wird.
Worksheet_Change(ByVal Target As Range)	Bei jeder Änderungen im Blatt tritt das Change-Ereignis ein. Über den Parameter Target können Sie auf den Zellbereich zugreifen, in dem die Änderung erfolgt.
Worksheet_Deactivate()	Das Ereignis tritt ein, wenn ein Blatt deaktiviert wird.
Worksheet_SelectionChange (ByVal Target As Range)	Das Ereignis tritt ein, wenn die Markierung geändert wird, also wenn der Benutzer beispielsweise eine andere Zelle oder einen anderen Zellbereich markiert. Den Zellbereich der neuen Markierung können Sie wieder über den Parameter Target ermitteln.

Tabelle B.16: Wichtige Ereignisse von Tabellenblättern

Weiterführende Literatur

Titel	Autor	ISBN
Das bhv TASCHENBUCH Microsoft Access 2003 – Anwendung und Programmierung	Winfried Seimert	3-8266-8126-6
Das bhv TASCHENBUCH Visual Basic .NET	Helma Spona	3-8266-8007-3

Tabelle B.17: Weiterführende Literatur zu Access und Visual Basic .Net

C Glossar

Abfrage

Eine Datenbankabfrage liefert einen Ausschnitt aus Daten einer Datenbank. Die Daten können aus einer oder mehreren Tabellen stammen und müssen die durch die Abfrage definierten Bedingungen erfüllen. Das Ergebnis einer Abfrage ist eine neue temporäre Tabelle, die genau wie normale Datenbanktabellen für Berichte oder Formulare verwendet werden kann.

Abschnitte

Ein Abschnitt ist ein Teil eines Word-Dokuments, der durch Abschnittsende-Markierungen, Dokumentanfang und Dokumentende begrenzt wird. Für jeden Abschnitt können Sie eigene Kopf- und Fußzeilen definieren. Manuell können Sie Abschnitte über den Menübefehl *Einfügen / Manueller Wechsel* erzeugen.

Anweisung

Als Anweisung wird die kleinste Einheit von VBA-Programmen bezeichnet. Sie besteht in der Regel aus einem Befehl, einer Methode oder einem Prozeduraufruf.

API

ist die Abkürzung für Application Programmers Interface und bezeichnet die Programmierschnittstelle von Windows, die Windows-Funktionen für die Programmierung von Anwendungen zur Verfügung stellt. In der Developer-Version von Office 2002/2000 ist ein API-Viewer integriert. Damit können Sie bestimmte Funktionen einsehen und in allen Office-Anwendungen verwenden.

Array

Als Array werden Datenfelder bezeichnet, also eine ein- oder mehrdimensionale Matrix von gleichartigen Werten. Mit gleichartig ist hier gemeint, dass alle Werte vom gleichen Datentyp sein müssen.

Assistenten

Assistenten dienen dazu, komplexe Aufgaben in mehrere über-
schaubare, nacheinander zu lösende Teilaufgaben zu gliedern und
so auch dem unerfahrenen Anwender die Lösung des Problems zu
ermöglichen. Im Office-Paket werden Assistenten z.B. dazu genutzt, Access-Formulare oder -Tabellen zu erstellen oder Pivot-
Tabellen-Berichte in Excel zu erzeugen. Sie bestehen in der Regel
aus zwei oder mehr Dialogen, die in einer festgelegten Reihenfolge
angezeigt werden und vom Anwender bestimmte Eingaben erwarten.

AutoFormen

Office 2000 und höher bietet in Excel, Word und PowerPoint in der
Zeichnen-Symbolleiste das Pulldown-Menü *AutoFormen* an, mit
dem Sie bestimmte Standardformen einfügen können. Dazu gehören verschiedene Arten von Pfeilen, geometrische Figuren, Elementen für Programmablaufpläne und in PowerPoint auch interaktive
Schaltflächen zur Steuerung von PowerPoint-Präsentationen.

Benutzeroberfläche

Die Benutzeroberfläche einer Anwendung ist die Gesamtheit der
Dialoge und Komponenten, die der Steuerung der Anwendung
durch den Benutzer dienen. Dazu zählen Dialoge, Onlinehilfe, Menüleisten, Kontextmenüs und Befehlsleisten sowie die Anordnung
dieser Komponenten auf dem Bildschirm.

Bereichsobjekte

Als Bereichsobjekte werden Objekte vom Typ Range bezeichnet, die
einen bestimmten Bereich eines Tabellenblattes oder eines Word-
Dokuments umfassen. Der Bereich besteht wiederum aus einer
Auflistung von kleineren Elementen wie Zellen oder Zeichen. Bereichsobjekte können mit der For-Each-Next-Schleife durchlaufen
werden.

Bibliothek

Eine Bibliothek enthält kompilierten Quelltext, der entweder eine Klasse (*.OLB), Prozeduren, Funktionen oder Dialoge definiert (*.DLL) oder z.b. ActiveX-Komponenten enthält (*.OCX). Wie eine Bibliothek anzuwenden ist, richtet sich nach der Art der Bibliothek. Die in DLLs enthaltenen Funktionen und Prozeduren können Sie z.b. in VBA-Prozeduren aufrufen und ActiveX-Komponenten in Formulare oder Befehlsleisten einfügen.

DAO

DAO ist die Abkürzung für Data Access Object. Die DAO-Bibliotheken von Access beinhalten Objekte, Methoden und Eigenschaften zum Zugriff auf Daten in einer MS-Jet-Datenbank.

Datenbank

Eine Datenbank ist ein Gebilde aus Tabellen, Abfragen, Berichten und Beziehungen. Sie benötigt ein DBMS (Datenbank-Managementsystem) zur Verwaltung der vorhandenen Komponenten. Es ist prinzipiell egal, ob alle Komponenten einer Datenbank in einer Datei gespeichert werden, wie bei MS-Jet-Datenbanken, oder in einzelnen Dateien, wie z.b. bei dBase-Datenbanken.

Datenfelder

Ein Datenfeld ist ein Array oder eine Matrix aus Werten, deren Elemente alle den gleichen Datentyp haben müssen und auf die über einen Index oder zwei Indizes (bei zweidimensionalen Feldern) zugegriffen werden kann. Datenfelder sind nicht mit Listenfeldern zu verwechseln.

DBMS

Ein DBMS (DataBase Management System oder Datenbank-Managementsystem) dient dazu, die Verwaltung mehrerer Datenbanken durch eine einheitliche Oberfläche und Datenbankabfragesprache zu vereinfachen. Access ist ein solches DBMS zur Verwaltung von MS-Jet-Datenbanken.

Default-Werte

Default-Werte sind Ausprägungen von Eigenschaften, Objekten oder Methoden, die verwendet werden, wenn die Angabe fehlt. Es gibt beispielsweise Default-Objekte zu bestimmten Eigenschaften oder Methoden, genau wie es Default-Werte für Eigenschaften gibt. Wird z.B. beim Aufruf einer Methode ein Parameter, der die Ausprägung einer Eigenschaft bestimmt, nicht angegeben und ist der Parameter optional, wird ein Default-Wert verwendet.

Dialog

Ein Dialog oder Formular dient der Kommunikation mit dem Anwender. Er kann Meldungen ausgeben oder Eingaben anfordern, aber auch der Einstellung von Eigenschaften und der Auswahl von Optionen dienen.

Drag & Drop

Drag and Drop (= ziehen und ablegen) ist ein Verfahren, mit dem Sie in fast allen Windows-Programmen arbeiten können, um Dokumente, Grafiken und Tabellen zu ändern oder Dateien von einem Verzeichnis in ein anderes zu verschieben. Dazu wird das zu verschiebende Objekt markiert, die primäre (meist die linke) Maustaste gedrückt und so lange während des Verschiebens gedrückt gehalten, bis sich das Objekt an der Stelle befindet, an die es verschoben werden sollte. Nun wird die Maustaste losgelassen, um das Objekt abzulegen.

Dynamische Datenfelder

Als dynamische Felder werden Arrays bezeichnet, deren Größe, also Anzahl der Elemente, erst zur Laufzeit festgelegt wird und sich auch während des Programmablaufs ändern kann.

Eigenschaften

Eigenschaften definieren Objekte. Sie können durch unterschiedliche Werte oder Ausprägungen ein Objekt von einem anderen Objekt der gleichen Klasse differenzieren. So unterscheiden sich zwei leere, noch nicht bearbeitete Arbeitsmappen nur durch die Ausprägung der Eigenschaft Name voneinander. Eine heißt vielleicht *Mappe1*, die andere *Mappe2*.

Ereignisprozeduren

Eine Ereignisprozedur wird automatisch ausgeführt, wenn ein bestimmtes Ereignis eintritt. Typische Ereignisse sind beispielsweise das Öffnen und Schließen von Dateien.

Ereignisse

Jedes Objekt besitzt neben Eigenschaften auch Ereignisse, die eintreten können. Bei Arbeitsmappen und Word-Dokumenten gibt es z.B. das Ereignis Open, das eintritt, wenn die Datei geöffnet wird. Die wichtigste Eigenschaft ist Click. Sie tritt ein, wenn der Anwender mit der Maus auf das Objekt klickt. Damit wird dann die Ereignisprozedur ausgeführt, die dem Click-Ereignis zugeordnet ist, falls sie vorhanden ist.

Formular

Ein Formular ist ein Dialog der IDE oder von Access, der vom Benutzer gestaltet werden kann. Das Aussehen eines Formulars richtet sich nach seinem Zweck und den darauf angeordneten Steuerelementen.

Funktionen

Funktionen sind Prozeduren, die einen Wert über ihren Namen zurückgeben.

Gültigkeitsbereiche

Der Gültigkeitsbereich einer Variablen, Konstanten oder eines Objekts ist der Bereich im VBA-Projekt, in dem die Variable oder Konstante ihren Wert behält bzw. in dem Sie auf das Objekt zugreifen können. Der Gültigkeitsbereich von Variablen und Konstanten richtet sich danach, wo diese deklariert sind.

IDE

Die IDE ist die integrierte Entwicklungsumgebung, in der nun in Excel, Word und PowerPoint VBA-Anwendungen erstellt werden können. IDE ist die Abkürzung für Integrated Development Environment.

Instanzen

Instanzen sind Ableitungen aus einer Klasse, also die Objekte, die aus der Klasse erzeugt wurden.

IntelliSense

IntelliSense bezeichnet die integrierten Programmierhilfen der IDE, die Ihnen z.B. bei der Quellcodeeingabe die verfügbaren Eigenschaften und Methoden zu einem Objekt anzeigen.

Klassen

Klassen definieren das Aussehen und die Funktionsweise von Objekten. Sie sind eine Art von Schablone zum Erstellen von Objekten.

Klassenmodule

In VBA definieren Sie Klassen mithilfe von Klassenmodulen. In Access sind Klassenmodule außerdem jedem Datenbankobjekt zugeordnet, das Code ausführen kann, wie Formulare und Berichte. In Word und Excel verfügen die Arbeitsmappe, die Tabellenblätter und das Word-Dokument ebenfalls über ein integriertes Klassenmodul.

Konstanten

Eine Konstante stellt einen Wert dar, der sich während des Programmablaufs nicht ändern kann. Er wird durch einen Namen repräsentiert.

Kontextmenüs

Jedes moderne Windows-Programm verfügt über Kontextmenüs, über die dem Anwender die wichtigsten Befehle zur Verfügung gestellt werden, die im aktuellen Zusammenhang ausgeführt werden können. Kontextmenüs werden über die sekundäre (meist die rechte) Maustaste geöffnet.

Laufvariable

Als Laufvariablen werden in Schleifen Variablen bezeichnet, die das Ende der Schleife bestimmen und innerhalb der Schleife hoch- oder runtergezählt werden.

Laufzeitfehler

Als Laufzeitfehler werden Fehler bezeichnet, die nicht schon beim Kompilieren des Programms auftreten, sondern erst dann, wenn das Programm ausgeführt wird.

Listenfelder

Listenfelder ermöglichen die Auswahl von Werten aus einer Liste. Es gibt verschiedene Arten von Listenfeldern. Je nach gesetzten Eigenschaften kann nur ein Eintrag oder es können mehrere Einträge gewählt werden.

Listenobjekte

Ein Listenobjekt oder eine Aufzählung ist eine Liste gleichartiger Objekte, also von Objekten einer Klasse, deren Position in einer Liste durch einen Index definiert ist. Der Zugriff auf ein einzelnes Objekt einer solchen Klasse wird durch den Index oder Namen des Objekts möglich.

Mehrfachauswahl

Ist für Listenfelder Mehrfachauswahl erlaubt, so bedeutet dies, dass mehr als ein Eintrag aus der Liste ausgewählt werden kann. Bei erweiterter Mehrfachauswahl können auch mehrere Listeneinträge gewählt werden, die nicht hintereinander liegen. Dazu müssen Sie

die Taste [Strg] gedrückt halten, während Sie die einzelnen gewünschten Listeneinträge mit der Maus anklicken.

Mehrfachverzweigungen

Mehrfachverzweigungen bieten die Möglichkeit, mehrere Bedingungen zu prüfen. Abhängig von den Ergebnissen der Prüfung wird
dann unterschiedlicher Code ausgeführt. Solche Mehrfachverzweigungen gehören zu den Konstrukten zur Programmablaufsteuerung.

Methoden

Methoden sind Funktionen und Prozeduren einer Klasse, die auf
die Instanzen der Klassen, also die Objekte angewendet werden
können. Methoden, die Funktionen entsprechen, geben einen Wert
zurück, wie z.b. `MsgBox`. Methoden, die Prozeduren entsprechen,
geben keinen Wert zurück, wie z.b. die `RemoveItem`-Methode.

Modul

Ein Modul ist ein Dokument innerhalb eines VBA-Projekts, in dem
Sie Code erfassen.

MSDN

MSDN ist die Abkürzung für Microsoft Developer Network und
bezeichnet eine Sammlung von Hilfetexten, technischen Dokumen-
tationen und Beispielen zu VB, VBA und den anderen Programmiersprachen Microsoft. Sie finden die MSDN-Library im Internet
unter *http://www.msdn.de* oder auf der MSDN-CD, die zu den Developer Tools gehört.

Objekte

Objekte sind Instanzen einer Klasse. Im Office-Paket bilden alle Bestandteile der Anwendung je ein Objekt. Alle Instanzen einer Klasse
unterscheiden sich durch mindestens eine Eigenschaft voneinander.
Die Dokumente in Word werden z.b. durch die `Document`-Objekte
dargestellt. Selbst wenn die Inhalte zweier Dokumente gleich sind,

unterscheiden sie sich durch den Dokumentnamen, also den Wert der Name-Eigenschaft.

Objektmodell

Das Objektmodell bestimmt, welche Objekte, Methoden und Eigenschaften zur Verfügung stehen und in welcher Hierarchie sie vorliegen.

Objektorientierte Programmierung (OOP)

Die objektorientierten Programmierung ist eine Art zu programmieren, bei der Objekte verwendet werden, um Daten zu speichern. Diese Objekte kommunizieren mithilfe von Methoden miteinander.

Objektvariablen

Objektvariablen verweisen auf ein beliebiges Objekt, indem sie einen Zeiger auf ein Objekt speichern. Dieser Verweis wird mit der Set-Anweisung erstellt und dient dem Zugriff auf ein Objekt.

Operatorvorrang

Er regelt ähnlich wie in der Mathematik, welche Teile eines Ausdrucks vorrangig berechnet werden, wie z.B. Punkt- vor Strichrechnung.

Ordner

In Betriebssystemen mit grafischen Oberflächen, wie Windows und Mac OS X werden Verzeichnisse als Ordner bezeichnet.

Prozeduren

Prozeduren sind benannte Codeblöcke, die Sie aufrufen können und an die Sie Werte als Parameter übergeben können. Sie werden eingeleitet mit den Schlüsselwörtern Sub oder Function.

Pulldown-Liste – Pulldown-Listenfeld

Mit Pulldown-Liste wird ein Listenfeld bezeichnet, dessen Einträge erst durch Klicken auf einen bestimmten Button sichtbar werden. Auf diese Weise wird das Listenfeld sozusagen aufgeklappt.

Schleifen

Mithilfe von verschiedenen Schleifen ist die Steuerung des Programmablaufs möglich. Schleifen ermöglichen die mehrfache Ausführung einer oder mehrerer Anweisungen, die nur einmal geschrieben werden müssen. Wie oft die Anweisungen ausgeführt werden, richtet sich nach der Art der Schleife und der definierten Abbruchbedingung.

Schleifenbedingung

Eine Schleifenbedingung ist eine Bedingung, die bestimmt, ob eine Schleife betreten wird (Eintrittsbedingung) oder verlassen wird (Austrittsbedingung).

Schleifenkopf

Der Schleifenkopf ist der Teil einer Schleife, der vor den innerhalb der Schleife auszuführenden Anweisungen steht und die Schleife damit einleitet.

Schleifenrumpf

Der Schleifenrumpf enthält die auszuführenden Anweisungen der Schleife. Er wird begrenzt durch Schleifenkopf und Schleifenfuß.

Schlüssel

In Datenbanken dienen Schlüssel dazu, Datensätze zu sortieren und zu identifizieren. Ein Schlüssel kann aus einem oder mehreren Feldern der Tabelle bestehen.

Stapelspeicher – Stack

Auf dem Stapelspeicher oder Stack werden die Prozedur- und Funktionsaufrufe sowie Formularaufrufe eines VBA-Makros gespeichert. Diese werden wieder vom Stack gelöscht, wenn ihre Ausführung und die Ausführung aller von ihnen aufgerufenen Prozeduren beendet ist. Ist der Stack voll, führt ein weiterer Prozeduraufruf zum Fehler »Zu wenig Stapelspeicher«.

Steuerelemente

Steuerelemente sind visuelle Elemente, die auf Formularen und in Befehlsleisten angeordnet sind, um dem Anwender die Eingabe von Daten oder das Schließen des Dialogs zu ermöglichen. Dazu gehören Eingabefelder, Scrolleisten, Schaltflächen und Ähnliches.

String

Als String wird in den meisten Programmiersprachen jede Zeichenkette bezeichnet. Gleichzeitig stellt String auch einen Datentyp dar.

Task

Tasks sind die aktuell ausgeführten Anwendungen unter Windows. Windows 95/98/Me zeigen diese als Schaltflächen in der Task-Leiste und als Einträge in der Task-Liste an.

TrueType-Schriften

Eine TrueType-Schrift ist eine Schrift, die auf dem Bildschirm genauso angezeigt wird, wie sie gedruckt wird. Es können jedoch nur Schriften dargestellt und verwendet werden, die auf dem Rechner installiert sind. Fehlen Schriften, die in Dokumenten verwendet wurden, auf dem Rechner, weil das Dokument von einem anderen Rechner stammt oder Schriften gelöscht wurden, werden diese durch Standardschriften ersetzt.

Twips

Twip ist die Maßeinheit, mit der Positionen von Steuerelementen und Feldern auf Formularen und Berichten in Access festgelegt werden. 1 Twip ist 1/20 Punkt oder ein 1/1.440 Zoll. Ein Zentimeter entspricht somit 567 Twips.

Unterprozedur

Als Unterprozedur wird eine Prozedur bezeichnet, die keinen Wert zurückgibt. In VBA werden Unterprozeduren auch Subprozeduren genannt und mit dem Schlüsselwort Sub definiert.

UserForm

Eine Userform ist ein benutzerdefiniertes Dialogfeld, auf dem Sie Steuerelemente anordnen können. Per VBA können Sie die Steuerelemente manipulieren und das Dialogfeld anzeigen und ausblenden. UserForms stehen allerdings nicht in Access zur Verfügung.

Variablen

Eine Variable stellt einen Wert dar, der sich im Programmverlauf ändern und durch einen Variablennamen angesprochen werden kann.

Verweise

Ein Verweis ist ein Zeiger oder Pointer auf ein Objekt. Objektvariablen werden häufig auch als Zeiger oder Verweis auf ein Objekt bezeichnet. In der IDE sind Verweise Links auf Bibliotheken, deren Inhalte auf diese Weise durch VBA genutzt werden können. Verweise richten Sie in der IDE über *Extras / Verweise* ein.

Verzweigungen

Als Verzweigung wird ein Konstrukt zur Programmablaufsteuerung bezeichnet, mit dem Sie Code abhängig davon ausführen können, ob eine Bedingung erfüllt ist oder nicht.

Zeichenketten

Als Zeichenkette werden Textwerte bezeichnet, die in VBA immer durch Anführungszeichen begrenzt werden.

Index